FRA

MW01384771

Rosemerry

kehyaian

FONO
YAYINLARI

FONO YAYINLARI: 008
STANDART SÖZLÜKLER DİZİSİ

Kapak Tasarımı : Hüseyin BİLİŞİK
Sayfa Düzeni : Ayşegül DEMİRKIRAN
Kapak Baskı : Begüm Ofset
Baskı ve Cilt : Ayhan Matbaası (22749)
Basım Tarihi : Nisan 2014
Baskı sayısı : 11. Baskı

ISBN: 978 975 471 028 1
YSN: 11627

FONO ÖZEL EĞİTİM KURUMLARI VE YAYIN DAĞITIM
SAN. VE TİC. LTD. ŞTİ.
Ambarlı Beysan Sitesi Birlik Cad. No:32 Avcılar-İstanbul
Tel: 0212 422 77 60 Faks: 0212 422 29 01
www.fono.com.tr
fono@fono.com.tr

FRANSIZCA – TÜRKÇE
TÜRKÇE – FRANSIZCA
Standart Sözlük

TURC – FRANÇAIS
FRANÇAIS – TURC
Dictionnaire Standard

Hazırlayan

Aydın KARAAHMETOĞLU

ÖNSÖZ

Fransızca-Türkçe, Türkçe-Fransızca olmak üzere iki bölümden oluşan bu sözlükte, her iki dilin de çağdaş sözvarlığından titizlikle seçilmiş toplam 35.000 sözcük bulunmaktadır. Sözlük, gündelik dilde kullanılan binlerce sözcük ve deyimin yanı sıra çeşitli bilim dallarına ait binlerce terimi de içine almaktadır.

Bir sözcüğe birden çok karşılık verilmesi durumunda eşanlamlı ve/veya yakın anlamlı karşılıklar virgül ile, değişik bir anlamı yansıtan karşılıklar ise noktalı virgül ile ayrılmıştır. Sözlüğün Fransızca-Türkçe bölümünde temel girişleri izleyen / / içindeki okunuşlar, okura kolaylık olması açısından Türk harfleri ile gösterilmiştir. Yine bu bölümde, Fransızca sözcüklerin anlamlarının daha da iyi kavranması için sık sık italik harflerle ayraç içinde açıklamalar yapılmıştır.

Orta ve lise öğrencilerine olduğu gibi Fransızca ile ilgili hemen herkesin orta boy bir sözlüğe duyacakları gereksinimler göz önüne alınarak hazırlanan bu sözlüğün güvenilir ve yararlı bir kılavuz olacağı inancındayız.

FONO

* Bir ad ya da sıfatın dişil biçimi farklı ise bu durum sözlükte gösterilmiştir:

cascadeur, euse **lecteur, trice**
gentil, le **petit, e**

Buna göre yukarıdaki adların eril biçimleri **cascadeur, lecteur;** dişil biçimleri ise **cascadeuse, lectrice** şeklindedir. Örnekteki sıfatların eril biçimleri **gentil, petit;** dişil biçimleri ise **gentille** ve **petite** olacaktır.

* Sözlükte çoğulu düzensiz olan adlar belirtilmiştir:

œil /öy/, *ç.* **yeux** /yö/
travail, aux /travay, o/

* Türkçe karşılıklarda kullanılan + işareti, söz konusu adın sıfat gibi kullanılacağını gösterir:

public, ique /püblik/ halkla ilgili, halk+, kamu+
solaire /soler/ güneşle ilgili, güneş+

* Karışıklığa yol açmaması nedeniyle bir sözcüğün ad anlamı, onun eylem, sıfat, vb. anlamlarından sonra verilmiştir:

diner /dine/ akşam yemeği yemek; *le* akşam yemeği
végétal, e, aux /vejetal, o/ bitkisel; *le* bitki

* Fransızca sözcüklerin okunuşları Türk harfleriyle gösterilmiştir. Sözlükte /n/ ve /ö/'nün yanı sıra /**n**/ ve /*ö*/ de kullanılmıştır:

/**n**/ : /a, e, o/ ve /ö/ ünlülerinden sonra gelen bu ses, genizden çıkan bir /n/ sesini gösterir.
Örn.: **dans** /da**n**/, **bien** /bye**n**/, **bombe** /bo**n**b/, **parfum** /parfö**n**/

/*ö*/ : Belli belirsiz çıkarılan /ö/ sesini gösterir. Bu sesin isteğe bağlı olarak çıkarıldığı yerler, harfin ayraç içine alınmasıyla gösterilmiştir.
Örn.: **dedans** /d*ö*da**n**/, **premier** /pr*ö*mye/ **averse** /avers(*ö*)/, **chambre** /şa**n**br(*ö*)/

* Bir adın eril mi dişil mi olduğu, başka bir deyişle hangi tanımlığı (artikeli) aldığı sözlükte belirtilmiştir.

Le	=	eril adları,
La	=	dişil adları,
le+la	=	hem eril hem de dişil olarak kullanılabilen adları,
le, la	=	eril ya da dişil olarak kullanılabilen adları,
le+ç.	=	çoğul olarak kullanılan eril adları,
la+ç.	=	çoğul olarak kullanılan dişil adları,
s+le	=	sıfat olarak da kullanılan eril adları,
s+la	=	sıfat olarak da kullanılan dişil adları,
s+a.	=	sıfat, eril ya da dişil ad olarak da kullanılabilen sözcükleri belirtir.

KISALTMALAR

anat.	anatomi	**anatomie**
ask.	askerlik	**domaine militaire, armée**
bitk.	bitkibilim	**botanique**
biy.	biyoloji	**biologie**
coğ.	coğrafya	**géographie**
den.	denizcilik	**nautique**
dilb.	dilbilgisi, dilbilim	**grammaire, linguistique**
fiz.	fizik	**physique**
hayb.	hayvanbilim	**zoologie**
hek.	hekimlik	**médecine**
huk.	hukuk	**domaine juridique**
kim.	kimya	**chimie**
mat.	matematik	**mathématique**
müz.	müzik	**musique**
oto.	otomobil	**l'automobile**
sp.	spor	**sport**
tek.	teknik, teknoloji	**technique, technologie**
tic.	ticaret	**commerce**
tiy.	tiyatro	**théâtre**

arg.	argo	**argot**
bkz.	bakınız	**voir**
ç.	çoğul	**pluriel**
kb.	kaba	**vulgaire**
kd.	konuşma dili	**langue familière**
mec.	mecaz	**emploi figuré**
le+ç.	le+çoğul	
la+ç.	la+çoğul	
s+le	sıfat+le	
s+la	sıfat+la	
s+a.	sıfat+ad	
qch	***quelque chose***	bir şey
qn	***quelqu'un***	biri

FRANÇAIS-TURC
FRANSIZCA-TÜRKÇE

A

à /a/ -e, -a, -ye, -ya; -de, -da; -li, -lı
abaisser /abese/ indirmek, alçaltmak; k ç k d ş rmek ***s'abaisser*** alçalmak
abandon /abandon/ *le* bırakma, terk etme; vazgeçme
abandonner /abandone/ bırakmak, terk etmek; vazgeçmek, yarıda bırakmak
abasourdir /abazurdir/ sersemletmek, afallatmak
abat-jour /abajur/ *le* abajur
abats /aba/ *le+ç.* sakatat
abattement /abatman/ *le* umutsuzluk, ruhsal çök nt ; indirme, indirim
abattoir /abatuar/ *le* mezbaha, kesimevi
abattre /abatr(*ö*)/ devirmek, yıkmak; kesmek; vurmak, öld rmek ***s'abattre*** d şmek, yıkılmak
abbaye /abey/ *la* manastır
abbé /abe/ *le* başpapaz
abcès /apse/ *le* çıban
abdiquer /abdike/ tahttan çekilmek; vazgeçmek, el çekmek
abdomen /abdomen/ *le* karın
abeille /abey/ *la* arı
abhorrer /abore/ tiksinmek, nefret etmek
abîme /abim/ *le* uçurum
abîmer /abime/ bozmak, batırmak, berbat etmek
abject, e /abjekt/ aşağılık, alçak, iğrenç
abnégation /abnegasyon/ *la* vazgeçme, feragat
aboiement /abuaman/ *le* havlama, r me
abolir /abolir/ *(ortadan, yürürlükten)* kaldırmak ***abolition*** *la (ortadan, yürürlükten)* kaldırma
abominable /abominabl(*ö*)/ iğrenç, tiksinç
abondance /abondans/ *la* bolluk, bereket
abondant, e /abondan, ant/ bol, çok
abonder /abonde/ çok bulunmak, bol olmak
abonnement /abonman/ *le* abone olma; abonman kartı
abonner /abone/ : ***s'abonner à*** -e abone olmak
abord /abor/ *le* yanaşma, girme ***abords*** *le+ç.* çevre, yöre ***au premier abord*** ilk gör şte ***d'abord*** önce, ilkin
abordable /abordabl(*ö*)/ yanaşılabilir, yanına varılabilir
aborder /aborde/ kıyıya varmak, karaya çıkmak; ulaşmak, varmak; ele almak, işlemek
aborigène /aborijen/ *le* yerli
aboutir /abutir/ sona ermek, sonuçlanmak ***aboutir à*** sonu -e varmak, -e yol açmak
aboyer /abuaye/ havlamak, r mek
abrégé /abreje/ *le* özet
abréger /abreje/ kısaltmak; özetlemek
abreuver /abröve/ sulamak, suvarmak ***s'abreuver*** içmek
abréviation /abreviasyon/ *la* kısaltma
abri /abri/ *le* barınak, sığınak ***à l'abri*** g venlikte, emniyette
abricot /abriko/ *le* kayısı
abriter /abrite/ barındırmak, korumak ***s'abriter*** sığınmak
abroger /abroje/ *(yürürlükten)* kaldırmak
abruti, e /abr ti/ *le+la, kd.* aptal,

sersem

abrutir /abr tir/ aptallaştırmak, şaşkına çevirmek

absence /apsans/ *la* bulunmayış, yokluk

absent, e /apsan, ant/ *(bir yerde)* bulunmayan, olmayan, yok

absolu, e /apsol / salt, saltık, mutlak ***absolument*** mutlaka; kesinlikle

absorbant, e /apsorban, ant/ emici, soğurucu

absorber /apsorbe/ içmek, emmek, soğurmak

absoudre /apsudr(*ö*)/ *(suçunu, günahını)* bağışlamak

abstenir /apst*ö*nir/ : ***s'abstenir*** çekimser kalmak ***abstention*** *la* çekimserlik

abstinence /apstinans/ *la* perhiz

abstraction /apstraksyon/ *la* soyutlama ***faire abstraction de*** hesaba katmamak, göz ön nde bulundurmamak

abstrait, e /apstre, et/ soyut

absurde /aps rd(*ö*)/ saçma, anlamsız; *le* saçmalık

abus /ab / *le* köt ye kullanma; aşırılık

abuser /ab ze/ aldatmak, kandırmak ***abuser de*** -i köt ye kullanmak ***s'abuser*** aldanmak, yanılmak ***abusif, ive*** aşırı; usuls z, yolsuz

académie /akademi/ *la* akademi ***académique*** akademik

acajou /akaju/ *le* akaju, maun

acariâtre /akaryatr(*ö*)/ hırçın, huysuz, geçimsiz

accablement /akabl*ö*man/ *le* bunalma, ezilme

accabler /akable/ ezmek, belini b kmek, göz açtırmamak

accaparer /akapare/ kendi tekeline almak; b t n zamanını almak, yakasını bırakmamak

accéder /aksede/ : ***accéder à*** varmak, erişmek; -e girmek

accélérateur /akseleratör/ *le* gaz pedalı

accélération /akselerasyon/ *la* hızlanma, ivme

accélérer /akselere/ hızlandırmak; *oto.* gaza basmak

accent /aksan/ *le* vurgu; ağız, aksan; ses tonu

accentuer /aksant e/ vurgulamak; artırmak, çoğaltmak

acceptable /akseptabl(*ö*)/ kabul edilebilir

acceptation /akseptasyon/ *la* kabul

accepter /aksepte/ kabul etmek

acception /aksepsyon/ *la* anlam

accès /akse/ *le* yanaşma, girme, giriş; kriz, nöbet

accessible /aksesibl(*ö*)/ erişilebilir, varılabilir, açık

accessoire /aksesuar/ ikincil, tali; *le* aksesuar

accident /aksidan/ *le* kaza; aksaklık, arıza ***acciddenté, e*** kaza geçirmiş, kazaya uğramış; engebeli, arızalı ***accidentel, le*** rastlantısal, tesad fi

acclamer /aklame/ alkışlamak

acclimater /aklimate/ *(iklime, ortama)* alıştırmak ***s'acclimater*** *(iklime, ortama)* alışmak

accommoder /akomode/ *(yemek)* hazırlamak, yapmak; uzlaştırmak ***s'accommoder de*** ile yetinmek

accompagnement /akonpanyman/ *le, müz.* eşlik

accompagner /akonpanye/ eşlik etmek

accomplir /akonplir/ yapmak, gerçekleştirmek, yerine getirmek

accomplissement *le* yapma, gerçekleştirme; yapılma, gerçekleşme
accord /akor/ *le* anlaşma; uyum; *müz.* akort ***d'accord*** tamam, anlaştık ***être d'accord*** anlaşmak, aynı gör şte olmak
accordéon /akordeo**n**/ *le* akordeon
accorder /akorde/ vermek, bağışlamak; *müz.* akort etmek ***s'accorder*** anlaşmak, uzlaşmak
accotement /akotma**n**/ *le* yol kenarı
accouchement /akuşma**n**/ *le* doğum, doğurma
accoucher /akuşe/ doğurmak ***accoucheuse*** *la* ebe
accouder /akude/ : ***s'accouder*** dirseklerine dayanmak
accoutumer /akut me/ alıştırmak ***s'accoutumer à*** -e alışmak
accroc /akro/ *le* yırtık; *mec.* engel, p r z
accrocher /akroşe/ asmak, takmak; ele geçirmek; çarpmak ***s'accrocher à*** -e asılmak, -e askıntı olmak; -e sarılmak, -e tutunmak
accroissement /akruasma**n**/ *le* artma, çoğalma
accroître /akruatr(*ö*)/ artırmak, çoğaltmak ***s'accroître*** artmak, çoğalmak
accroupir /akrupir/ : ***s'accroupir*** çömelmek
accueil /aköy/ *le* karşılama, kabul
accueillir /aköyir/ karşılamak; *(yanına)* kabul etmek
accumulateur /ak m latör/ *le* ak , ak m latör
accumulation /ak m lasyo**n**/ *la* biriktirme, yığma; birikme
accumuler /ak m le/ biriktirmek, yığmak
accusation /ak zasyo**n**/ suçlama; kınama
accusé /ak ze/ *le+la* sanık
accuser /ak ze/ suçlamak; göstermek, ortaya koymak ***accuser réception de*** -in alındığını bildirmek
acerbe /aserb(*ö*)/ sert, acı
acharné, e /aşarne/ zorlu, çetin
acharnement /aşarn*ö*ma**n**/ *le* hırs, inatçılık
acharner /aşarne/ : ***s'acharner à*** -e dört elle sarılmak, zerine d şmek ***s'acharner sur*** -e y klenmek, -e saldırmak
achat /aşa/ *le* satın alma, alım; satın alınan şey ***faire des achats*** alışveriş yapmak
acheminer /aşmine/ yola çıkarmak, göndermek ***s'acheminer vers*** -e doğru gitmek, yolunu tutmak
acheter /aşte/ satın almak ***acheteur, euse*** *le+la* alıcı, m şteri
achèvement /aşevma**n**/ *le* bitirme, tamamlama; bitme, bitim
achever /aşve/ bitirmek ***s'achever*** bitmek, sona ermek
acide /asid/ ekşi; *le* asit
acier /asye/ *le* çelik
acné /akne/ *la* sivilce
acompte /ako**n**t/ *le* borca sayılmak zere ödenen para; taksit
acoustique /akustik/ *la* akustik
acquéreur /akerör/ *le* alıcı, m şteri
acquérir /akerir/ elde etmek, edinmek; kazanmak
acquiescer /akyese/ uymak, kabul etmek, razı olmak
acquis, e /aki, iz/ *le* deneyim, tecr be
acquisition /akizisyo**n**/ *la* edinme, kazanma, edinim; satın alma
acquit /aki/ *le* alındı, makbuz, fiş
acquittement /akitma**n**/ *le* aklama, temize çıkarma; ödeme
acquitter /akite/ ödemek; aklamak,

beraat ettirmek ***s'acquitter de*** *(borç)* ödemek; yapmak, yerine getirmek

âcre /akr(*ö*)/ acı, sert, yakıcı

acrobate /akrobat/ *le+la* akrobat, cambaz

acrobatie /akrobasi/ *la* akrobasi, cambazlık ***acrobatique*** akrobatik

acte /akt(*ö*)/ *le* iş, eylem; hareket, davranış; belge; *tiy.* perde

acteur /aktör/ *le* aktör, erkek oyuncu

actif, ive /aktif, iv/ etkin, faal, aktif; çalışkan, hamarat; *dilb.* etken

action /aksyon/ *la* iş, eylem; davranış, tutum; etki; *tic.* hisse senedi ***actionnaire*** *le+la* hissedar

activer /aktive/ hızlandırmak ***s'activer*** acele etmek, elini çabuk tutmak

activité /aktivite/ *la* etkinlik, faaliyet

actrice /aktris/ *la* aktris, kadın oyuncu

actualité /akt alite/ *la* g ncellik; g ncel olaylar

actuel, le /akt el/ g ncel, şimdiki ***actuellement*** şimdi, şimdilik, şu anda

acuponcture, acupuncture /ak ponkt r/ *la* akupunktur

adaptateur, trice /adaptatör, tris/ *le* adaptör, uyarlaç

adaptation /adaptasyon/ *la* uyum, adaptasyon; uyarlama

adapter /adapte/ uydurmak; uyarlamak

additif /aditif/ *le* ek, katkı

addition /adisyon/ *la mat* toplama; *(lokanta, vb.'de)* hesap ***additionnel, le*** ek, katma, eklenmiş

additionner /adisyone/ toplamak

adhérence /aderans/ *la* yapışma

adhérent, e /aderan, ant/ *le+la* ye, yandaş, taraftar

adhérer /adere/ yapışmak ***adhérer à*** -e yapışmak; -e katılmak; -e ye olmak; -ı desteklemek ***adhésif, ive*** *s+le* yapıştırıcı, yapışkan ***adhésion*** *la* yapışma, bitişme; yelik, katılma

adieu, x /adyö/ allahaısmarladık, hoşça kal, hadi eyvallah; *le* veda

adjacent, e /adjasan, ant/ bitişik, komşu

adjectif /adjektif/ *le, dilb.* sıfat

adjoint, e /adjuen, ent/ *le+la* yardımcı

adjudication /adj dikasyon/ *la* *(satışta)* artırma usul ; *(satın alışta)* eksiltme usul ; ihale

adjuger /adj je/ *(ödül)* vermek; ihale etmek

admettre /admetr(*ö*)/ kabul etmek, almak

administrateur, trice /administratör, tris/ *le+la* yönetici

administratif, ive /administratif, iv/ yönetimsel, yönetsel, idari

administration /administrasyon/ *la* yönetim, idare

administrer /administre/ yönetmek

admirable /admirabl(*ö*)/ hayran olunacak, takdire değer

admirateur, trice /admiratör, tris/ *le+la* hayran

admiration /admirasyon/ *la* hayranlık

admirer /admire/ hayran olmak

admissible /admisibl(*ö*)/ kabul edilebilir, akla yatkın

admission /admisyon/ *la* kabul, alınma

adolescence /adolesans/ *la* yeniyetmelik, ergenlik

adolescent, e /adolesan, ant/ *le+la* yeniyetme, ergen, delikanlı

adonner /adone/ : ***s'adonner à***

kendini -e vermek
adopter /adopte/ evlat edinmek; kabul etmek, benimsemek ***adoptif, ive*** öz olmayan, manevi ***adoption*** *la* evlat edinme; kabul etme
adoration /adorasyon/ *la* tapma, tapınma; b y k sevgi, tapma
adorer /adore/ tapmak, tapınmak; taparcasına sevmek, tapmak
adosser /adose/ : ***adosser qch à qch*** bir şeyin sırtını bir şeye dayamak
adoucir /adusir/ yatıştırmak; yumuşatmak; tatlılaştırmak
adresse /adres/ *la* ustalık, beceri; adres
adresser /adrese/ göndermek; konuşmak, hitap etmek ***s'adresser à*** -e başvurmak; -e seslenmek, hitap etmek
adroit, e /adrua, uat/ usta, becerikli
adulte /ad lt(ö)/ *le+la* yetişkin, ergin
adultère /ad lter/ zinayla ilgili; *le+la* zina yapan; *le* zina
advenir /advönir/ olmak, meydana gelmek
adverbe /adverb(ö)/ *le* belirteç, zarf
adverse /advers(ö)/ birbirine hasım; karşı
adversité /adversite/ *la* bahtsızlık, kara baht
aérateur /aeratör/ *le* havalandırıcı, vantilatör
aération /aerasyon/ *la* havalandırma
aérer /aere/ havalandırmak ***s'aérer*** hava almak, kafasını dinlendirmek
aérien, ne /aeryen, yen/ havayla ilgili, havai; *mec.* hafif
aéro- /aero/ *'hava' anlamında bir önek* ***aérodrome*** *le* havaalanı ***aérodynamique*** aerodinamik ***aéronautique*** *la* havacılık ***aéroport*** *le* havalimanı ***aérosol*** *le* aerosol
affable /afabl(ö)/ nazik, tatlı dilli
affaiblir /afeblir/ g çs zleştirmek, zayıflatmak ***affaiblissement*** *le* zayıflama, g çs zl k
affaire /afer/ *la* iş; sorun; dava; alışveriş, ticaret ***affaires*** *la+ç.* iş, ticaret; eşya, öteberi ***avoir affaire à*** ile işi olmak, -e işi d şmek ***faire l'affaire*** iş görmek, işe yaramak
affaisser /afese/ : ***s'affaisser*** çökmek, yıkılmak
affamer /afame/ aç bırakmak
affecter /afekte/ gibi gör nmek, taslamak, takınmak; etkilemek; zmek, dokunmak ***affecter qch à*** bir şeyi -e ayırmak ***affecter qn à*** birini -e atamak
affection /afeksyon/ *la* sevgi; duygulanma, duygulanım; hastalık, rahatsızlık ***affectionner*** sevmek, beğenmek
affectueux, euse /afekt ö, öz/ sevecen, şefkatli
affiche /afiş/ *la* afiş
afficher /afişe/ ilan asmak; açığa vurmak, ilan etmek
affilier /afilye/ : ***s'affilier à*** -e ye olmak, girmek
affiner /afine/ arıtmak, tasfiye etmek
affinité /afinite/ hısımlık; ilgi, yakınlık
affirmatif, ive /afirmatif, iv/ olumlu
affirmation /afirmasyon/ *la* sav, iddia
affirmer /afirme/ ileri s rmek, iddia etmek; doğrulamak
affliction /afliksyon/ *la* acı, dert, keder
affliger /aflije/ zmek, sarsmak, acı vermek
affluence /afl ans/ *la* kalabalık
affoler /afole/ korkutmak, rk tmek
affranchir /afranşir/ pul yapıştırmak;

azat etmek
affréter /afrete/ *(oto vb.)* kiralamak
affreux, euse /afrö, öz/ iğrenç, çirkin; korkunç
affronter /afronte/ göğ s germek, karşı çıkmak
afin /afen/ : ***afin de (que)*** için, diye, zere
agacer /agese/ sinirlendirmek, sıkmak, gıcık etmek
âge /aj/ *le* yaş; öm r; çağ ***quel âge as-tu?*** kaç yaşındasınız? ***âgé, e*** yaşlı ***âgé de*** ... yaşında
agence /ajans/ acente, ajans; şube ***agence immobilière*** emlakçı ***agence matrimoniale*** evlilik b rosu ***agence de voyages*** seyahat acentası
agenda /ajenda/ *le* ajanda, andaç
agenouiller /ajnuye/ : ***s'agenouiller*** diz çökmek
agent /ajant/ *le* polis; görevli; etken ***agent (secret)*** casus, ajan
agglomération /aglomerasyon/ *la* yerleşim yeri, meskûn yer
aggraver /agrave/ ağırlaştırmak, köt leştirmek; *(ceza)* artırmak ***s'aggraver*** ağırlaşmak, köt leşmek
agile /ajil/ çevik, atik ***agilité*** *la* çeviklik, atiklik
agir /ajir/ hareket etmek, davranmak; harekete geçmek; etkimek ***il s'agit de*** söz konusu olan ... -dır
agitation /ajitasyon/ *la* karışıklık, kargaşa, huzursuzluk
agité, e /ajite/ yerinde duramayan, huzursuz; çalkantılı
agiter /ajite/ sallamak, çalkalamak; tartışmak ***s'agiter*** yerinde duramamak, huzursuzlanmak
agneau, x /anyo/ *le* kuzu
agonie /agoni/ *la* can çekişme
agoniser /agonize/ can çekişmek
agrafe /agraf/ *le* kopça ***agrafer*** kopçalamak
agrandir /agrandir/ b y tmek; genişletmek ***agrandissement*** *le* b y tme; genişletme ***agrandisseur*** *le* agrandisör, b y lteç
agréable /agreabl(*ö*)/ hoş, şirin
agréer /agree/ kabul etmek ***agréer à*** -in hoşuna gitmek
agrément /agreman/ *le* rıza, izin, onay; zevk
agressif, ive /agresif, iv/ saldırgan, sataşkan
agression /agresyon/ *la* saldırı
agricole /agrikol/ tarımsal
agriculteur /agrik ltör/ *le* çiftçi
agriculture /agrik lt r/ *la* tarım, çiftçilik
agrumes /agr m/ *le+ç.* turunçgiller, narenciye
aguets /age/ : ***être aux aguets*** pusuda beklemek, gözetlemek
ahurissement /a risman/ *le* şaşkınlık, afallama
aide /ed/ *la* yardım; *le+la* yardımcı ***à l'aide de*** yardımıyla ***venir en aide à*** -in yardımına koşmak
aider /ede/ yardım etmek
aïeux /ayö/ *le+ç.* atalar, dedeler
aigle /egl(*ö*)/ *le* kartal
aigre /egr(*ö*)/ ekşi, acı, sert ekşi, acı, sert ***aigreur*** *la* ekşilik ***aigrir*** ekşitmek; hırçınlaştırmak ***s'aigrir*** ekşimek; hırçınlaşmak
aigu, ë /eg / sivri, keskin
aiguille /eguiy/ *la* iğne; ibre
aiguillon /eguiyon/ *le (böcek)* iğne; *mec.* d rt ***aiguillonner*** kışkırtmak, kamçılamak, d rtmek
aiguiser /egize/ bilemek; *mec.* kışkırtmak, uyarmak, kamçılamak
ail /ay/ *le* sarmısak

aile /el/ *la* kanat ***ailé, e*** kanatlı
ailleurs /ayör/ başka yere, başka yerde ***d'ailleurs*** ayrıca, bundan başka ***par ailleurs*** öte yandan
aimable /emabl(*ö*)/ nazik, ince, sevimli
aimant /eman/ *le* mıknatıs
aimer /eme/ sevmek; beğenmek, hoşlanmak ***aimer mieux*** yeğlemek, tercih etmek
aine /en/ *la* kasık
aîné, e /ene/ yaşça b y k; *le+la* ağabey, abla
ainsi /ensi/ böyle, şöyle; böylece, böylelikle ***ainsi que*** -diği gibi, nasıl ki
air /er/ *le* hava ***avoir l'air de*** -e benzemek
aire /er/ *la* alan
aise /ez/ *la* rahat, huzur, keyif ***à votre aise*** keyfinize bakın
aisselle /esel/ *la* koltuk altı
ajournement /ajurn*ö*man/ *le* başka g ne bırakma; erteleme
ajourner /ajurne/ başka g ne bırakmak; ertelemek
ajouter /ajute/ katmak, eklemek
ajuster /aj ste/ ayarlamak, d zeltmek; uydurmak
alarme /alarm(*ö*)/ *la* alarm ***alarmer*** rk tmek, korkutmak, telaşlandırmak ***s'alarmer*** rkmek, kaygılanmak, telaşlanmak
albatros /albatros/ *le* albatros
album /albom/ *le* alb m
alcool /alkol/ *le*: ***l'alcool*** alkol ***alcoolique*** *le+la* alkolik, ayyaş ***alcoolisé, e*** alkoll ***alcoolisme*** *le* alkolizm, içki d şk nl ğ
alentour /alantur/ çevrede, ortalıkta ***alentours*** çevre, yöre
alerte /alert(*ö*)/ çevik, atik; *la* alarm, uyarı ***alerter*** uyarmak, tehlikeyi bildirmek, alarm vermek
algèbre /aljebr(*ö*)/ *la* cebir ***algébrique*** cebirsel
algorithme /algoritm(*ö*)/ *le* algoritma
algue /alg(*ö*)/ *la* suyosunu
alibi /alibi/ suç işlendiği sırada başka yerde bulunduğunu kanıtlama
aliénation /alyenasyon/ *la* yabancılaşma
aliéné, e /alyene/ *le+la* deli, akıl hastası
aliéner /alyene/ yabancılaştırmak; vermek, devretmek
alignement /alinyman/ *le* dizme, sıralama; sıra, hiza
aligner /alinye/ dizmek, sıralamak
aliment /aliman/ *le* besin
alimentation /alimantasyon/ *la* besi, beslenme; besleme, bakım
alimenter /alimante/ beslemek
alinéa /alinea/ *le* satırbaşı
aliter /alite/ : ***s'aliter*** yatağa d ş-mek, hastalanmak
allaiter /alete/ emzirmek, meme vermek
allée /ale/ *la* bahçe yolu, ağaçlı yol
alléger /aleje/ yatıştırmak, dindirmek; hafifletmek
allègre /alegr(*ö*)/ canlı, kıpır kıpır, neşeli
allégresse /alegres/ *la* canlılık, sevinç, keyif, neşe
alléguer /alege/ ileri s rmek
aller /ale/ gitmek; *le* gidiş; gidiş bileti ***comment allez-vous?*** nasılsınız? ***comment ça va?*** işler nasıl? ***s'en aller*** çekip gitmek, ayrılıp gitmek ***aller et retour*** *le* gidiş dön ş; gidiş dön ş bileti
allergie /alerji/ *la* alerji ***allergique*** alerjik
alliage /alyaj/ *le* alaşım

alliance /alyans/ *la* ittifak, birleşme; evlilik; nişan y z ğ
allié, e /alye/ *le+la* m ttefik, bağlaşık
allier /alye/ birleştirmek; karıştırmak
allô /alo/ alo!
allocation /alokasyon/ *la* ödenek; para yardımı ***allocation (de) chômage*** işsizlik ödeneği ***allocation (de) logement*** kira ödeneği ***allocations familiales*** aile zammı
allocution /alok syon/ *la* kısa konuşma, demeç
allonger /alonje/ uzatmak ***s'allonger*** uzamak; uzanmak
allumage /al maj/ *le* ateşleme, yakma
allumer /al me/ yakmak ***s'allumer*** yanmak
allumette /al met/ *la* kibrit
allure /al r/ *la* y r y ş, gidiş; tutum, tavır ***à toute allure*** son hızla
allusion /al zyon/ *la* anıştırma, ima ***faire allusion à*** -i ima etmek, anıştırmak
almanach /almana/ *le* almanak, takvim
aloi /alua/ *le*: ***de bon aloi*** iyi, değerli, iyi cins
alors /alor/ o zaman; o halde, öyleyse ***alors que*** iken, -diği sırada; -diği halde, oysa ki
alouette /aluet/ *la* tarlakuşu, çayırkuşu
aloyau /aluayo/ *le* sığır filetosu
alphabet /alfabe/ *le* alfabe, abece ***alphabétique*** alfabetik, abecesel
alpinisme /alpinism(*ö*)/ *le* dağcılık
alpiniste /alpinist(*ö*)/ *le+la* dağcı
altérer /altere/ susatmak; bozmak, değiştirmek ***s'altérer*** bozulmak
alternance /alternans/ *la* almaşıklık, m navebe
alternatif, ive /alternatif, iv/ *la* seçenek, alternatif
alterner /alterne/ almaşmak, birbirini izlemek
altier, ière /altye, yer/ kibirli, kendini beğenmiş
altitude /altit d/ *la* y kselti, irtifa
alto /alto/ *le* alto, viyola
aluminium /al minyom/ *le* al minyum
amabilité /amabilite/ *la* nezaket, incelik
amadouer /amadue/ pohpohlamak, yağlamak
amaigrir /amegrir/ zayıflatmak; inceltmek
amalgamer /amalgame/ karıştırmak, birleştirmek, karmak
amande /amand/ *la* badem; çekirdek içi
amant /aman/ *le* âşık, sevgili
amarre /amar/ *la* palamar, halat
amas /ama/ *le* yığın, k me
amateur /amatör/ *le* amatör ***amateur de musique*** m ziksever ***amateur de sport*** sporsever
ambassade /anbasad/ *la* b y kelçilik ***ambassadeur*** *le* b y kelçi
ambiance /anbyans/ *la* çevre; hava, ortam
ambigu, ë /anbig / belirsiz, anlaşılmaz
ambitieux, euse /anbisyö, öz/ hırslı, tutkulu
ambition /anbisyon/ *la* hırs, istek, tutku
ambre /anbr(*ö*)/ *le* amber
ambulance /anb lans/ *la* cankurtaran, ambulans
ambulant, e /anb lan, ant/ gezici, seyyar
âme /am/ *la* ruh, can
améliorer /amelyore/ d zeltmek, iyileştirmek ***s'améliorer*** d zelmek,

iyileşmek
aménagement /amenajma**n**/ *le* d zenleme
aménager /amenaje/ d zenlemek
amende /ama**n**d/ *la* para cezası
amender /ama**n**de/ d zeltmek, değiştirmek, iyileştirmek
amener /amne/ getirmek; neden olmak, yol açmak
amer, amère /amer/ acı, sert
amertume /amert m/ *la* acılık
ameublement /amöbl*ö*ma**n**/ *le* döşeme, mobilya
ami, e /ami/ *le+la* dost, arkadaş; sevgili
amiable /amyabl(*ö*)/ : ***à l'amiable*** karşılıklı anlaşarak
amiante /amya**n**t/ *le* amyant
amical, e, aux /amikal, o/ dostça, dostane
amidon /amido**n**/ *le* nişasta, kola
amiral, aux /amiral, o/ *le* amiral
amitié /amitye/ *la* dostluk ***prendre en amitié*** ile dost olmak
ammoniaque /amonyak/ *la* amonyak
amnistie /amnisti/ *la* genel af
amoindrir /amue**n**drir/ azaltmak, k ç ltmek
amollir /amolir/ yumuşatmak
amonceler /amo**n**sle/ yığmak, biriktirmek ***s'amonceler*** yığılmak, birikmek
amorce /amors(*ö*)/ *la* yem; başlangıç ***amorcer*** *(oltaya, kapana)* yem takmak; başlamak, girişmek
amorphe /amorf(*ö*)/ silik, cansız, durgun
amortir /amortir/ azaltmak, hafifletmek; *(borç)* ödemek
amour /amur/ *le* aşk, sevi; sevgili ***faire l'amour*** sevişmek ***amoureux, euse*** âşık, tutkun, vurgun
amour-propre *le* özsaygı, izzetinefis
ampère /a**n**per/ *le* amper
amphibie /a**n**fibi/ ikiyaşayışlı, amfibi
amphithéâtre /a**n**fiteatr(*ö*)/ *le* amfiteatr
amplificateur /a**n**plifikatör/ *le* amplifikatör, y kselteç
amplifier /a**n**plifye/ b y ltmek, genişletmek
ampoule /a**n**pul/ *la* ampul; *hek.* kabarcık
amputer /a**n**p te/ *hek.* *(organı)* kesmek, kesip almak; kısaltmak, budamak
amusement /am zma**n**/ *le* eğlence, eğlenme
amuser /am ze/ eğlendirmek; kandırmak, oyalamak ***s'amuser*** eğlenmek; oyalanmak
amygdale /amidal/ *la* bademcik
an /a**n**/ *le* yıl
anal, e, aux /anal, o/ anal, an sle ilgili
analogie /analoji/ *la* benzerlik, benzeşme; örnekseme, kıyas
analphabète /analfabet/ *le+la* okuması yazması olmayan
analyse /analiz/ *la* çöz mleme, analiz ***analyser*** çöz mlemek, analiz etmek ***analytique*** çöz msel, analitik
ananas /anana/ *le* ananas
anarchie /anarşi/ *la* anarşi ***anarchiste*** *le+la* anarşist
anatomie /anatomi/ *la* anatomi ***anatomique*** anatomik
ancêtre /a**n**setr(*ö*)/ *le+la* ata
anchois /a**n**şua/ *le* hamsi
ancien, ne /ansye**n**, yen/ eski ***ancienneté*** *la* eskilik; kıdem
ancre /a**n**kr(*ö*)/ *la* çapa, demir
âne /an/ *le* eşek

anéantir /aneantir/ yok etmek, ortadan kaldırmak
anecdote /anekdot/ *la* fıkra, k ç k öyk
anémie /anemi/ *la* kansızlık ***anémique*** kansız
anémone /anemon/ *la* manisalalesi
anesthésie /anestezi/ *la* anestezi, duyum yitimi ***anesthésier*** anestezi yapmak, duyumsuzlaştırmak ***anesthésique*** anestezik, uyuşturucu
ange /anj/ *le* melek ***angélique*** meleksi, melekçe
angine /anjin/ *la* anjin, boğak
angle /angl(ö)/ *le* açı; köşe ***angle aigu*** dar açı ***angle droit*** dik açı ***angle obtus*** geniş açı
anglican, e /anglikan, an/ Anglikan
angoisse /anguas/ *la*: ***l'angoisse*** sıkıntı, kaygı, acı
anguille /angiy/ *la* yılanbalığı
anguleux, euse /ang lö, öz/ köşeli, çıkıntılı
anicroche /anikroş/ *la* p r z, aksaklık, engel
animal, e, aux /animal, o/ hayvansal; *le* hayvan
animateur, trice /animatör, tris/ *le+la* sunucu; canlandırıcı, hareketlendirici
animation /animasyon/ *la* canlılık; canlandırma
animer /anime/ canlandırmak, hareketlendirmek; y reklendirmek, kışkırtmak ***s'animer*** canlanmak
animosité /animozite/ *la* hınç, kin, d şmanlık
anis /ani/ *le* anason
anneau, x /ano/ *le* halka; y z k
année /ane/ *la* yıl
annexe / aneks(ö)/ eklemek, katmak
annihiler /aniile/ yok etmek, ortadan kaldırmak
anniversaire /aniverser/ *le* doğum g n ; yıldön m
annonce /anons/ *la* duyuru, bildiri; ilan
annoncer /anonse/ bildirmek, ilan etmek ***annonceur, euse*** *le+la* sunucu, spiker
annotation /anotasyon/ *la* çıkma, not
annoter /anote/ çıkmalar yapmak, notlar koymak
annuaire /anuer/ *le* yıllık ***annuaire téléphonique*** telefon rehberi
annuel, le /anuel, an el/ yıllık, yılda bir; bir yıl s ren
annulation /an lasyon/ *la* iptal, bozma
annuler /an le/ iptal etmek, bozmak
anode /anod/ *la* anot
anodin, e /anoden, in/ zararsız; önemsiz, hafif, silik
anomalie /anomali/ *la* sapaklık, anomali
anonymat /anonima/ *le* adsızlık, ad açıklamama, imza koymama
anonyme /anonim/ anonim, adsız
anorak /anorak/ *le* anorak
anormal, e, aux /anormal, o/ anormal
anse /ans/ *la* kulp, sap; *coğ.* k ç k koy
antagoniste /antagonist(ö)/ karşıt, çelişik; *le* hasım, d şman
antarctique /antarktik/ antarktik; *le*: ***l'Antarctique*** Antarktika
antenne /anten/ *la* anten; duyarga
antérieur, e /anteryör/ önceki; ön ***antérieur, e à*** -den önce
anthologie /antoloji/ *la* seçki, antoloji
anthracite /antrasit/ *le* antrasit
anthropologie /antropoloji/ *la*

antropoloji, insanbilim ***anthropologique*** antropolojik ***anthropologue*** *le+la* antropolog, insanbilimci

antiaérien, ne /antiaeryen, en/ uçaksavar

antialcoolique /antialkolik/ yeşilaycı, içkiye karşı

antibiotique /antibyotik/ *le* antibiyotik

antibrouillard /antibruyar/ : ***phare antibrouillard*** sis lambası

antichambre /antişanbr(*ö*)/ *la* bekleme odası, giriş odası

anticipation /antisipasyon/ *la* önceleme, öne alma, önceden görme, önceden sezme ***film d'anticipation*** bilimkurgu filmi ***livre d'anticipation*** bilimkurgu kitabı

anticiper /antisipe/ öncelemek, öne almak; önceden görmek, önceden sezmek

anticonceptionnel, le /antikonsepsyonel/ gebelik önleyici

anticorps /antikor/ *le* antikor

anticyclone /antisiklon/ *le* antisiklon

antidater /antidate/ eski tarih atmak

antidérapant, e /antiderapan, ant/ kaymaz, kayma önleyici

antidote /antidot/ *le* panzehir

antilope /antilop/ *la* antilop

antipathie /antipati/ *la* antipati, soğukluk ***antipathique*** sevimsiz, soğuk, antipatik

antiquaire /antiker/ *le+la* antikacı

antique /antik/ eski, antika

antiquité /antikite/ *la* antika ***magasin d'antiquités*** antikacı, antika d kkânı

antirides /antirid/ *(krem)* kırışık önleyici

antisémite /antisemit/ Yahudi d şmanı ***antisémitisme*** *le* Yahudi d şmanlığı

antiseptique /antiseptik/ *s+le* antiseptik

antithèse /antitez/ *la* karşısav, antitez

antonyme /antonim/ *le* karşıt anlamlı sözc k

antre /antr(*ö*)/ *le* in, k ç k mağara

anus /an s/ *le* an s

anxiété /anksyete/ *la* kaygı, tasa, sıkıntı

anxieux, euse /anksyö, öz/ kaygılı, tasalı, sıkıntılı

aorte /aort(*ö*)/ *la* b y k atardamar

août /u/ *le* ağustos

apaiser /apeze/ yatıştırmak, dindirmek ***s'apaiser*** yatışmak, dinmek

aparté /aparte/ *le, tiy.* kendi kendine konuşma; özel konuşma

apathie /apati/ *la* duyumsamazlık, duygusuzluk, ilgisizlik ***apathique*** duyumsuz, duygusuz, ilgisiz

apercevoir /apers*ö*vuar/ görmek ***s'apercevoir de*** -ın farkına varmak, anlamak

aperçu /apers / *le* özet

apéritif, ive /aperitif, iv/ iştah açıcı; *le* aperitif ***prendre l'apéritif, ive*** aperitif almak

aphrodisiaque /afrodizyak/ *s+le* cinsel g c artırıcı, şehvet uyandırıcı

aplanir /aplanir/ d zleştirmek; *(sorun, güçlük)* stesinden gelmek, yenmek

aplati, e /aplati/ yassı, yassılaşmış

aplatir /aplatir/ yassıltmak, yassılaştırmak ***s'aplatir*** yassılaşmak; *(boylu boyunca)* yere yatmak

aplomb /aplon/ *le* denge; özg ven, kendine g ven ***d'aplomb*** sağlamca, sapasağlam; dikey olarak

apogée /apoje/ *le* doruk, en y ksek nokta

apologie /apoloji/ *la* savunma; övme
apostrophe /apostrof/ *la* apostrof, kesme işareti; azarlama, paylama
apôtre /apotr(*ö*)/ *le* havari
apparaître /aparetr(*ö*)/ gör nmek
appareil /aparey/ *le* aygıt, cihaz, alet; makine; uçak; telefon ***qui est à l'appareil*** *(telefonda)* kimsiniz?
apparence /aparans/ *la* gör n ş ***en apparence*** gör n şte, gör n rde
apparent, e /aparan, ant/ gör n r, gözle gör len; belli, açık, ortada
apparition /aparisyon/ *la* gör nme, belirme; gör nt , hayalet
appartement /apart*ö*man/ *le (apartman)* daire
appartenir /apart*ö*nir/ : ***appartenir à*** -e ait olmak
appât /apa/ *le (olta, tuzak)* yem; çekicilik ***appâter*** yemlemek, yemle çekmek; yemlemek, kandırmak
appel /apel/ *le* çağırma; çağrı; yoklama ***faire appel à*** -e başvurmak ***faire l'appel*** yoklama yapmak
appeler /aple/ çağırmak; gerektirmek, istemek ***en appeler à*** -e bırakmak, havale etmek ***s'appeler*** denmek, adı ... olmak
appendice /apendis/ *le* ek, ilave ***appendicite*** *la* apandisit
appentis /apanti/ *le* sundurma
appétissant, e /apetisan, ant/ iştah açıcı, ağız sulandırıcı
appétit /apeti/ *le* iştah ***bon appétit!*** afiyet olsun
applaudir /aplodir/ alkışlamak ***applaudissements*** *le+ç.* alkış
application /aplikasyon/ *la* uygulama
applique /aplik/ *la* aplik, duvar lambası
appliqué, e /aplike/ çalışkan; uygulamalı
appliquer /aplike/ uygulamak
appointements /apuentman/ *le+ç.* aylık, maaş
apporter /aporte/ getirmek
apposer /apoze/ koymak, atmak, basmak
appréciable /apresyabl(*ö*)/ oldukça önemli, zerinde durmaya değer
appréciation /apresyasyon/ *la* takdir, beğenme; tahmin, kestirme; değer biçme
apprécier /apresye/ takdir etmek, beğenmek; tahmin etmek, kestirmek; değer biçmek
appréhender /apreande/ korkmak, çekinmek; yakalamak, kavramak, tutmak
appréhension /apreansyon/ *la* korku, çekinme
apprendre /aprandr(*ö*)/ öğrenmek; haber almak ***apprendre qch à qn*** birine bir şeyi haber vermek; birine bir şey öğretmek ***apprendre à faire*** -meyi öğrenmek ***apprendre à qn à faire*** birine -meyi öğretmek
apprenti, e /apranti/ *le+la* çırak; acemi ***apprentissage*** *le* çıraklık
apprivoiser /aprivuaze/ evcilleştirmek, ehlileştirmek
approbateur, trice /aprobatör, tris/ onaylayıcı
approbation /aprobasyon/ *la* onay, onama
approche /aproş/ *la* yaklaşma; yaklaşım
approcher /aproşe/ yaklaşmak; yaklaştırmak ***s'approcher de*** -e yanaşmak
approfondi, e /aprofondi/ derin, ayrıntılı
approfondir /aprofondir/ derinleştirmek

approprié, e /apropriye/ uygun, elverişli

approprier /apropriye/ : ***s'approprier*** sahip çıkmak, kendine mal etmek

approuver /apruve/ onaylamak

approvisionner /aprovizyone/ vermek, gereç sağlamak, tedarik etmek

approximatif, ive /aproksimatif, iv/ yaklaşık, aşağı yukarı ***approximativement*** yaklaşık olarak, aşağı yukarı

appui /apui/ *le* destek

appuyer /apuiye/ dayamak; desteklemek ***appuyer sur*** basmak; vurgulamak ***s'appuyer sur*** -e dayanmak; -e g venmek

âpre /apr(ö)/ acı, sert

après /apre/ -den sonra; sonradan, daha sonra ***d'après*** -e göre ***après-demain*** öb r g n, yarından sonra ***après-midi*** *le, la* öğleden sonra

à-propos /apropo/ *le* hazırcevaplık, yerindelik

apte /apt(ö)/ : ***apte à*** -e yatkın, -e elverişli

aptitude /aptit d/ *la* yetenek, yatkınlık

aquarelle /akuarel/ *la* suluboya resim

aquarium /akuaryom/ *le* akvaryum

aquatique /akuatik/ suyla ilgili, su

aqueduc /akd k/ *le* sukemeri

arable /arabl(ö)/ *(toprak)* işlenebilir, ekilebilir

arachide /araşid/ *la* yerfıstığı

araignée /arenye/ *la* ör mcek

arbitrage /arbitraj/ *le* hakemlik

arbitre /arbitr(ö)/ *le* hakem ***arbitrer*** hakemlik etmek

arbre /arbr(ö)/ *le* ağaç; dingil ***arbre généalogique*** soyağacı

arbrisseau, x /arbriso/ *le* ağaççık, çalı

arbuste /arb st(ö)/ *le* çalı

arc /ark/ *le* yay

arcade /arkad/ *la* kemer ***arcades*** sıra kemerler

arc-en-ciel /arkansyel/ *le* gökkuşağı, ebemkuşağı, alkım

archaïque /arkaik/ arkaik, eski

arche /arş(ö)/ *la* köpr kemeri ***arche de Noé*** Nuh'un gemisi

archéologie /arkeoloji/ *la* arkeoloji, kazıbilim ***archéologique*** arkeolojik ***archéologue*** *le+la* arkeolog, kazıbilimci

archet /arşe/ *le (keman, vb.)* yay

archevêque /arşövek/ *le* başpiskopos

archipel /arşipel/ *le* takımadalar

architecte /arşitekt(ö)/ *le* mimar

architecture /arşitekt r/ *la* mimarlık

archives /arşiv/ *la+ç.* arşiv, belgelik

arctique /arktik/ arktik; *le*: ***l'Arctique*** kuzey kutup bölgesi ***l'océan Arctique*** Kuzey Buz Denizi

ardent, e /ardan, ant/ yakıcı, kızgın; şiddetli; ateşli, coşkun

ardeur /ardör/ *la* yakıcılık, kızgınlık; şevk, coşku

ardoise /arduaz/ *la* arduvaz, kayağantaş, kayrak

ardu, e /ard / çetin, g ç, zor

are /ar/ *le* ar

arène /aren/ *la* arena

arête /aret/ *la* kılçık; dağ sırtı

argent /arjan/ *le* g m ş; para ***argent liquide*** nakit para ***argent de poche*** cep harçlığı ***argenté, e*** g m ş kaplamalı ***argenterie*** *la* g m ş eşya; g m ş takımı

argentin, e /arjanten, in/ *(ses)* berrak, p r zs z

argile /arjil/ *la* kil
argot /argo/ *le* argo ***argotique*** argoyla ilgili, argo+
argument /arg man/ *le* kanıt, delil
argumenter /arg mante/ kanıtlamak
argus /arg s/ *le* kullanılmış arabalar kılavuzu
aride /arid/ kurak, çorak
aristocrate /aristokrat/ *le+la* soylu, aristokrat
aristocratie /aristokrasi/ *la* aristokrasi, soyluerki ***aristocratique*** aristokratik
arithmétique /aritmetik/ aritmetik, aritmetiksel; *la* aritmetik
armateur /armatör/ *le* armatör
arme /arm(ö)/ *la* silah ***armes*** *la+ç.* arma ***les armes*** askerlik
armée /arme/ *la* ordu ***armée de l'air*** hava kuvvetleri ***armée de terre*** kara kuvvetleri
armement /armöman/ *le* silahlanma; donatım
armer /arme/ silahlandırmak
armoire /armuar/ *la* dolap
armure /arm r/ *la* zırh
arôme /arom/ *le* g zel koku
arpentage /arpantaj/ *le* toprak ölçme
arpenter /arpante/ *(toprağı)* ölçmek; adımlamak, arşınlamak
arqué, e /arke/ eğri, yay biçiminde
arrache-pied /araşpye/ : ***d'arrache-pied*** aralıksız, durup dinlenmeksizin
arracher /araşe/ sökmek, çıkarmak, koparmak
arrangement /aranjman/ *le* d zenleme; anlaşma, uzlaşma
arranger /aranje/ d zenlemek; onarmak; çözmek, çöz mlemek; işine gelmek, uymak ***s'arranger*** anlaşmak, uzlaşmak
arrestation /arestasyon/ *la* tutuklama
arrêt /are/ *le* durma; durdurma; durak; yargı, karar
arrêté /arete/ *le* karar
arrêter /arete/ durdurmak; *(ısıtıcı, vb.)* kapamak; saptamak, kararlaştırmak; tutuklamak ***s'arrêter*** durmak
arrhes /ar/ *la+ç.* pey, kaparo
arrière /aryer/ *le* arka, kıç; *sp.* bek ***en arrière*** geriye; geride ***en arrière de*** arkasında ***arriéré, e*** geri, geri zekâlı; geri kalmış; gecikmiş, ödenmemiş; *le* ödenmemiş borç, bakiye ***arrière-boutique*** *la* ardiye, d kkânda arka oda ***arrière-goût le*** ağızda kalan tat ***arrière-pensée*** *la* art d ş nce ***arrière-plan le*** arka plan, geri plan
arriver /arive/ varmak, gelmek; olmak, başa gelmek ***arriver à*** -e varmak, -e ermek ***arriver à faire*** -meyi başarmak
arrogance /arogans/ *la* kibir, kurum, b y klenme
arrogant, e /arogan, ant/ kibirli, k stah
arrondi, e /arondi/ yuvarlak; *le* yuvarlaklık
arrondir /arondir/ yuvarlaklaştırmak
arrondissement /arondisman/ *le* ilçe
arroser /aroze/ sulamak; ıslatmak ***arroseuse*** *la* arozöz ***arrosoir le*** s zgeçli kova, sulama kabı
arsenal, aux /arsönal, o/ *le* askeri tersane; cephanelik
arsenic /arsönik/ *le* arsenik, sıçanotu
art /ar/ *le* sanat ***arts ménagers*** ev idaresi

artère /arter/ *la* atardamar; anayol
artichaut /artişo/ *le* enginar
article / / *le* madde; yazı, makale; *tic.* eşya, mal; *dilb.* tanımlık, artikel
articulation /artik lasyon/ *la* eklem; boğumlama, tane tane söyleme
articuler /artik le/ eklemlemek; boğumlamak, tane tane söylemek
artifice /artifis/ *le* oyun, hile, çkâğıt
artificiel, le /artifisyel/ yapay, yapma; yapmacık
artillerie /artiyri/ *la* topçuluk, topçu sınıfı; toplar
artisan /artizan/ *la* zanaatçı, esnaf
artiste /artist(ö)/ *le+la* sanatçı; oyuncu ***artistique*** sanatsal; sanatlı
as /as/ *le* birli, as
ascendance /asandans/ *la* soy, ata
ascendant, e /asandan, ant/ y kselen; *le* n fuz, etki
ascenseur /asansör/ *le* asansör
ascension /asansyon/ *la* y kselme, çıkma; tırmanma
asiatique /azyatik/ Asyalı, Asya+; *le+la* Asyalı
Asie /azi/ *la* Asya
asile /azil/ *le* sığınak, barınak
aspect /aspe/ *le* gör n ş
asperge /asperj(ö)/ *la* kuşkonmaz
asperger /asperje/ serpmek
asphalte /asfalt(ö)/ *le* asfalt, zift
asphyxie /asfiksi/ *la* boğulma, soluk alamama
aspirateur /aspiratör/ *le* elektrik s p rgesi
aspiration /aspirasyon/ içine çekme; emme, soruma
aspirer /aspire / *(hava)* içine çekmek, çekmek; *(sıvı)* emmek, sorumak ***aspirer à*** -e can atmak, -i çok istemek
aspirine /aspirin/ *la* aspirin
assaillir /asayir/ saldırmak
assainir /asenir/ temizlemek, arıtmak
assaisonnement /asezonman/ *le* çeşnileme, çeşnilenme; baharat
assaisonner /asezone/ baharatlamak, çeşni katmak
assassin /asasen/ *le* katil, cani
assassinat /asasina/ *le* cinayet, kıya
assassiner /asasine/ öld rmek
assaut /aso/ *le* saldırı, baskın
assemblage /asanblaj/ *le* takma, birbirine geçirme
assemblée /asanble/ *la* toplantı; kurul
asembler /asanble/ takmak, monte etmek; toplamak, toparlamak
assentiment /asantiman/ *le* onay, rıza, kabul
asseoir /asuar/ oturtmak; kurmak, yerleştirmek ***s'asseoir*** oturmak
assez /ase/ yeter, yeterince; oldukça, hayli ***en avoir assez de*** -den bıkmak
assidu, e /asid / devamlı, vaktine titiz; özenli, d zenli
assiéger /asyeje/ kuşatmak, sarmak
assiette /asyet/ *la* tabak; oturuş, denge ***assiette creuse*** çorba tabağı, çukur tabak ***assiette plate*** d z tabak
assignation /asinyasyon/ *la* ayırma, tahsis etme; mahkemeye çağırma
assigner /asinye/ ayırmak; vermek, tahsis etmek; mahkemeye çağırmak
assimilation /asimilasyon/ *la* benzetme; sindirme; öz mleme, eritme
assimiler /asimile/ sindirmek, öz mlemek ***assimiler à*** -e benzemek
assis, e /asi, iz/ oturmuş, yerleşmiş,

kurulmuş
assistance /asistans/ *la* izleyiciler, dinleyiciler; yardım
assistant, e /asistan, ant/ *le+la* yardımcı, asistan
assister /asiste/ yardım etmek ***assister à*** -e tanık olmak, görmek; -de hazır bulunmak, -e katılmak, gitmek
association /asosyasyon/ *la* birlik, dernek; ortaklık; çağrışım
associé, e /asosye/ *le+la* ortak
associer /asosye/ birleştirmek ***s'associer*** birleşmek; ortak olmak
assombrir /asonbrir/ karartmak; zmek, kasvet vermek
assommer /asome/ döverek öld r-mek; bunaltmak, usandırmak, canını sıkmak
assorti, e /asorti/ uyan, uygun, uyumlu
assortiment /asortiman/ *le* uygunluk, uyum; takım
assortir /asortir/ uygun d ş rmek, uydurmak
assoupir /asupir/ : ***s'assoupir*** uyuklamak, kestirmek
assouplir /asuplir/ yumuşatmak, esnekleştirmek
assourdir /asurdir/ sağır etmek; *(ses)* azaltmak, hafifletmek
assujettir /as jetir/ egemenliği altına almak, tabi kılmak
assumer /as me/ stlenmek, st -ne almak
assurance /as rans/ *la* g vence, teminat; g ven; sigorta
assuré, e /as re/ kesin; g venli; emin; *le+la* sigortalı kimse
assurer /as re/ sağlamak; sigorta etmek; g vence vermek, teminat vermek ***s'assurer*** emin olmak; kendini sigortalamak
astérisque /asterisk(ö)/ *le* yıldız *(işareti)*
asthmatique /asmatik/ astımlı
asthme /asm(ö)/ *le* astım
astre /astr(ö)/ *le* yıldız
astreindre /astrendr(ö)/ zorlamak, mecbur etmek
astrologie /astroloji/ *la* yıldız falcılığı, astroloji ***astrologue le+la*** astrolog, m neccim
astronaute /astronot/ *le+la* astronot, uzayadamı
astronome /astronom/ *le+la* gökbilimci, astronom
astronomie /astronomi/ *la* gökbilim, astronomi ***astronomique*** astronomik
astuce /ast s/ *la* kurnazlık; d zen, dolap, d men ***astucieux, euse*** kurnaz
asymétrique /asimetrik/ bakışımsız, asimetrik
atelier /atölye/ *le* atölye, işlik
athée /ate/ *le+la* tanrıtanımaz, ateist
athlète /atlet/ *le+la, sp.* atlet ***athlétique*** atletik ***athlétisme le*** atletizm
atlantique /atlantik/ Atlas Okyanusuyla ilgili, Atlantik+; *le*: ***l'(océan) Atlantique*** Atlas Okyanusu
atlas /atlas/ *le* atlas
atmosphère /atmosfer/ *la* atmosfer ***atmosphérique*** atmosferik, hava+
atome /atom/ *le* atom ***atomique*** atomik, atomal
atout /atu/ *le* koz
âtre /atr(ö)/ *le* ocak
atroce /atros/ acımasız, gaddar; korkunç, t yler rpertici ***atrocité*** *la* acımasızlık, gaddarlık, canavarlık
attabler /atable/ : ***s'attabler*** sofraya oturmak
attache /ataş/ *la* raptiye; bağ
attaché, e /ataşe/ bağlı; *le* ataşe

attacher /ataşe/ bağlamak, tutturmak; yapıştırmak ***s'attacher*** bağlanmak

attaque /atak/ *la* saldırı; nöbet, kriz

attaquer /atake/ saldırmak; dava açmek; başlamak, girişmek, ele almak ***s'attaquer à*** -e karşı savaş açmak

attarder /atarde/ : ***s'attarder*** oyalanmak; gecikmek

atteindre /atendr(*ö*)/ yetişmek, ulaşmak, erişmek; vurmak, yaralamak; ile temasa geçmek

atteint, e /aten, ent/ : ***atteint de*** -e yakalanmış, -den mustarip

attenant, e /atnan, ant/ bitişik

attendre /atandr(*ö*)/ beklemek ***s'attendre à*** ummak, beklemek

attendant /atandan/ : ***en attendant*** bu arada, o zamana kadar

attendrir /atandrir/ duygulandırmak, etkilemek; gevrekleştirmek ***s'attendrir (sur) (-e)*** acımak ***attendrissant, e*** acıklı, dokunaklı ***attendrissement le*** acıma, z nt

attendu /atand / beklenen ***attendu que*** -diği için, buna göre, olduğundan

attentat /atanta/ *le* suikast ***attentat à la bombe*** bombalı saldırı

attente /atant/ *la* bekleme; beklenti

attentif, ive /atantif, iv/ dikkatli; titiz, özenli

attention /atansyon/ *la* dikkat; ilgi, özen ***faire attention (à) (-e)*** dikkat etmek

atténuer /atenue/ azaltmak, zayıflatmak

atterrer /atere/ yıkmak, şaşkına dönd rmek

atterrir /aterir/ yere inmek, iniş yapmak ***atterrissage le*** yere inme, iniş

attester /ateste/ doğrulamak; kanıtlamak

attirail /atiray/ *le* takım; eşya; ıvır zıvır

attirance /atirans/ *la* çekicilik, alımlılık

attirant, e /atiran, ant/ çekici, alımlı

attirer /atire/ çekmek, cezbetmek

attiser /atize/ canlandırmak, tutuşturmak; kör klemek

attitré, e /atitre/ imtiyazlı, gedikli; yetkili

attitude /atit d/ *la* tutum, davranış; duruş

attraction /atraksyon/ *la* çekim; çekicilik; varyete, numara, gösteri

attrait /atre/ *le* çekicilik

attraper /atrape/ yakalamak

attrayant, e /atreyan, ant/ çekici, alımlı

attribuer /atribue/ vermek, ayırmak; dayandırmak, atfetmek ***s'attribuer*** kendine mal etmek

attribut /atrib / *le* özellik, nitelik; *dilb.* y klem

attrister /atriste/ zmek

attrouper /atrupe/ : ***s'attrouper*** toplanmak

au /o/ : ***à le 'nün kaynaşmış biçimi***

aubaine /oben/ *la* talih kuşu, d şeş, beklenmedik kazanç

aube /ob/ *la* tan, g n ağarması

auberge /oberj(*ö*)/ *la* han ***auberge de jeunesse*** hostel, gençlik yurdu

aubergine /oberjin/ *la* patlıcan

aubergiste /oberjist(*ö*)/ *le+la* hancı; otelci

aucun, e /okön, n/ hiç, hiçbir; hiçbiri ***d'aucuns*** kimileri, bazıları ***aucunement*** hiç, asla, hiçbir şekilde

audace /odas/ *la* k stahlık, densizlik; y reklilik, cesaret ***audacieux,***

euse y rekli, cesur

au-delà /odla/ ötede; *le* öb r d nya, ahiret

au-dessous /odsu/ altta, altında

au-dessus /ods / stte, st nde

au-devant /odvan/ önde ***aller au-devant de*** gidip karşılamak

audience /odyans/ *la* gör şme, kabul; oturum, celse

audio-visuel, le /odyovizuel/ görsel-işitsel

auditeur, trice /oditör, tris/ *le+la* dinleyici

audition /odisyon/ *la* işitme; dinleme

auditoire /odituar/ *le* dinleyiciler

auge /oj/ *la* yalak, yem teknesi

augmentation /ogmantasyon/ *la* artma, çoğalma ***augmentation (de salaire)*** cret artışı, aylığa zam

augmenter /ogmante/ artırmak; artmak

aujourd'hui /ojurdui/ bug n

aumône /omon/ *la* sadaka

aumônier /omonye/ *le* rahip, papaz

auparavant /oparavan/ *(daha)* önce; önceden

auprès /opre/ : ***auprès de*** yanına, yakınına; yanında, yakınında

auquel /okel/ ***à lequel'in kaynaşmış biçimi***

auréole /oreol/ *la* ayla, ağıl, hale

aurore /oror/ *la* tan, g n ağarması

aussi /osi/ de, da; kadar; bu y zden, onun için

aussitôt /osito/ hemen, derhal ***aussitôt que (yap)***-ar *(yap)*-maz

austère /oster/ sıkı, sert; sade, s ss z ***austérité*** *la* sıkılık, sertlik, çetinlik

autant /otan/ gibi, olduğu kadar ***autant de ... que*** kadar ***autant que possible*** elverdiğince, elden geldiğince ***d'autant plus que*** -dikçe, -diği oranda

autel /otel/ *le* sunak, mihrap

auteur /otör/ *le* yazar

authentique /otantik/ gerçek, özg n, otantik

auto /oto/ *la* oto, araba

autobiographie /otobyografi/ *la* özyaşamöyk s , otobiyografi

autobus /otob s/ *le* otob s

autocar /otokar/ *le* otokar, yolcu otob s

autodidacte /otodidakt(ö)/ *le+la* özöğrenimli, otodidakt

auto-école / otoekol/ *la* s r c l k okulu

automatique /otomatik/ otomatik ***automatiquement*** kendiliğinden, otomatik olarak ***automatiser*** otomatikleştirmek

automne /oton/ *le* g z, sonbahar

automobile /otomobil/ *la* otomobil, araba ***automobiliste le+la*** s r c

autonome /otonom/ özerk ***autonomie*** *la* özerklik

autopsie /otopsi/ *la* otopsi

autorisation /otorizasyon/ *la* izin; yetki

autorisé, e /otorize/ yetkili

autoriser /otorize/ izin vermek, yetki vermek

autoritaire /otoriter/ otoriter, sert

autorité /otorite/ *la* yetke, otorite, n fuz; yetki

autoroute /otorut/ *la* otoyol

auto-stop /otostop/ : ***l'auto-stop*** otostop ***faire de l'auto-stop*** otostop yapmak ***prendre qn en auto-stop*** birisini arabasına almak ***auto-stoppeur, euse le+la*** otostopçu

autour /otur/ çevrede, yörede ***autour de*** çevresinde, yöresinde

autre /otr(*ö*)/ öteki, diğer; başka ***autre chose*** başka bir şey ***autre part*** başka yere, başka yerde ***d'autre part*** öte yandan, ayrıca
autrefois /otr*ö*fua/ eskiden, bir zamanlar
autrement /otr*ö*man/ başka t rl ; yoksa, aksi takdirde ***autrement dit*** başka bir deyişle
autruche /otr ş/ *la* devekuşu
autrui /otrui/ başkası, başkaları
aux /o/ ***à les'in kaynaşmış biçimi***
auxiliaire /oksilyer/ *s+a.* yardımcı
auxquels, auxquelles /okel/ ***à lesquels, à lesquelles 'in kaynaşmış biçimi***
avalanche /avalanş/ *la* çığ
avaler /avale/ yutmak
avance /avans/ *la* ilerleme; erken gelme; avans, öndelik ***à l'avance*** önceden
avancement /avansman/ *le* y k-selme, terfi
avancer /avanse/ ilerlemek, ileri gitmek; ilerlemek, gelişmek; ilerletmek; avans vermek
avant /avan/ -den önce; önce; ileri; *le* ön; *sp.* forvet ***avant tout*** her şeyden önce ***en avant*** ileri ***en avant de*** ön nde
avantage /avantaj/ *le* st nl k, avantaj ***avantageux, euse*** elverişli; yararlı, avantajlı
avant-bras /avanbra/ *le* önkol
avant-coureur /avankurör/ : ***signe avant-coureur*** önc
avant-dernier, ère /avandernye, yer/ sondan bir önceki
avant-garde /avangard(*ö*)/ *la* önc
avant-hier /avantyer/ önceki g n
avant-poste /avanpost(*ö*)/ *le* ileri karakol
avant-première /avanpr*ö*myer/ *la* *(film)* ilk oynatım
avant-propos /avanpropo/ *le* önsöz
avare /avar/ *s+a.* cimri, pinti ***avarice*** *la* cimrilik, pintilik
avarié, e /avarye/ zarar görm ş; bozulmuş, ç r m ş
avec /avek/ ile
avènement /avenman/ *le* tahta çıkış; geliş
avenir /avnir/ *le* gelecek ***à l'avenir*** gelecekte, ilerde
aventure /avant r/ *la* ser ven, macera ***s'aventurer*** tehlikeye atılmak ***aventureux, euse*** ser - venci, göz pek; tehlikeli, maceralı
avenue /avn / *la* ağaçlı yol, cadde
avérer /avere/ : ***s'avérer*** ortaya çıkmak, belli olmak
averse /avers(*ö*)/ *la* sağanak
aversion /aversyon/ *la* tiksinti, iğrenme
avertir /avertir/ uyarmak, haber vermek ***avertissement le*** uyarı
aveu, x /avö/ *le* itiraf
aveugle /avögl(*ö*)/ *s+a.* kör ***aveuglement le*** körl k ***aveuglément*** kör kör ne ***aveugler*** kör etmek; gözlerini kamaştırmak
aviateur, trice /avyatör, tris/ *le+la* havacı, pilot
aviation /avyasyon/ *la* havacılık
avide /avid/ açgözl , obur ***avidité*** *la* açgözl l k, oburluk
avilir /avilir/ aşağılamak, k ç k d ş rmek
avion /avyon/ *le* uçak ***par avion*** uçakla
aviron /aviron/ *le* k rek
avis /avi/ *le* d ş nce, gör ş; ilan ***à mon avis*** bence ***changer d'avis*** fikrini değiştirmek
avisé, e /avize/ işini bilir, aklı başında

aviser /avize/ fark etmek, göz ne ilişmek; bildirmek, haber vermek ***s'aviser de*** -ın farkına varmak, birdenbire anlamak
avocat, e /avoka, at/ *le+la* avukat; *le* amerikaarmudu, avokado
avoine /avuan/ *la* yulaf
avoir /avuar/ sahip olmak; elde etmek; *le* mal, varlık ***il y a*** vardır ***il y a 10 ans*** on yıl önce
avoisinant, e /avuazinan, ant/ komşu, yakın
avoisiner /avuazine/ komşu olmak, yakın olmak
avortement /avortöman/ *le* çocuk d ş rme; başarısızlık
avorter /avorte/ çocuk d ş rmek; başarısızlığa uğramak
avoué, e /avue/ *le* davavekili
avouer /avue/ itiraf etmek
avril /avril/ *le* nisan
axe /aks(ö)/ *le* eksen; dingil
azalée /azale/ *la* açalya
azote /azot/ *le* azot

B

babiller /babiye/ gevezelik etmek, çene çalmak; *(kuş)* cıvıldaşmak
bâbord /babor/ *le (gemi)* iskele
babouin /babuen/ *le, hayb.* şebek
bac /bak/ *le* araba vapuru; b y k gerdel
baccalauréat /bakalorea/ *le* olgunluk sınavı, bakalorya
bâche /baş/ *la* çadır bezi, yelken bezi
bâcler /bakle/ şişirmek, baştan savma yapmak
bactérie /bakteri/ *la* bakteri
badigeon /badijon/ *le* badana ***badigeonner*** badanalamak
badinage /badinaj/ *le* şaka
badiner /badine/ şaka etmek
bafouiller /bafuye/ kekelemek; kem k m etmek
bagage /bagaj/ *le*: ***bagages*** bagaj, eşya ***bagages à main*** yanda taşınacak eşya
bagarre /bagar/ *la* kavga, döv ş ***se bagarrer*** döv şmek, kavga etmek
bagatelle /bagatel/ *la* değersiz şey, ıvır zıvır; önemsiz şey
bagne /bany/ *le* zindan
bagnole /banyol/ *la, kd.* araba, oto
bague /bag/ *la* y z k; halka
baguette /baget/ *la* çubuk; Çinlilerin yemek yerken kullandıkları çubuk; orkestra şefinin sopası; uzun francala ***baguette magique*** sihirli değnek
baie /be/ *la* koy, körfez; *(üzüm, kavun gibi)* taneli meyve
baignade /benyad/ *la* yıkanma, banyo
baigner /benye/ *(bebek)* yıkamak; ıslatmak ***se baigner*** yıkanmak, suya girmek ***baignoire*** *la* banyo teknesi
bail, baux /bay, bo/ *le* kira
bâillement /bayman/ *le* esneme
bâiller /baye/ esnemek
bain /ben/ *le* banyo ***prendre un bain*** banyo yapmak ***bain de soleil*** g neş banyosu ***prendre un bain de soleil*** g neşlenmek, g neş banyosu yapmak
baïonnette /bayonet/ *la* s ng
baiser /beze/ öpmek; *kb.* becermek, d zmek; *le* öp c k, öp ş
baisser /bese/ indirmek, alçaltmak; kısmak, azaltmak, d ş rmek; alçalmak, azalmak, d şmek ***se***

baisser eğilmek

bal /bal/ *le* balo ***bal costumé*** kıyafet balosu

balade /balad/ *la* gezinti, dolaşma

balader /balade/ gezdirmek, dolaştırmak ***se balader*** gezinmek, dolaşmak

balafre /balafr(*ö*)/ *la* kesik, bıçak yarası ***balafrer*** *(bıçak, vb. ile)* kesmek, yaralamak

balai /bale/ *le* s p rge

balance /balans/ *la* terazi; *tic.* denge ***balance des comptes*** ödemeler dengesi ***la Balance*** Terazi burcu

balancer /balanse/ sallamak; atmak, fırlatmak; kovmak, sepetlemek; sallanmak ***se balancer*** sallanmak ***balançoire*** *la* salıncak; tahterevalli

balayer /baleye/ s p rmek; silip s p rmek

balbutier /balb sye/ kekelemek, dili dolaşmak

balcon /balkon/ *le* balkon

baldaquin /baldaken/ *le* tavanlık, tepelik

baleine /balen/ *la* balina

balise /baliz/ *la* radyofar, işaret ışığı; işaret şamandırası

balistique /balistik/ *la* balistik

balivernes /balivern(*ö*)/ *la+ç.* saçma, zırva, boş laf

ballade /balad/ *la* balad

ballant, e / balan, ant/ sallanan

balle /bal/ *la* mermi, kurşun; *sp.* top; balya, denk

ballerine /balrin/ *la* balerin

ballet /bale/ *le* bale

ballon /balon/ *le, sp.* top; balon ***ballon de football*** futbol topu

ballotter /balote/ sallanmak, oynamak; sallamak, sarsmak

balnéaire /balneer/ deniz banyosuyla ilgili, sahil

Baltique /baltik/ *la*: ***la (mer) Baltique*** Baltık Denizi

balustrade /bal strad/ *la* parmaklık, tırabzan

bambin /banben/ *le* yumurcak, tıfıl

bambou /banbu/ *le* bambu, hintkamışı

banal, e /banal/ bayağı, sıradan, beylik ***banalité*** *la* bayağılık, adilik; bayağı söz, basmakalıp söz

banane /banan/ *la* muz

banc /ban/ *le* sıra, kanepe; balık s r s ***banc des accusés*** sanıklara ayrılan yer ***banc de sable*** kumsal

bancal, e /bankal/ eğri bacaklı

bandage /bandaj/ *le* sargı

bande /band/ *la* şerit, bant, kuşak; sargı; çete, s r

bandeau, x /bando/ *le* çatkı, alın bağı; göz bağı

bander /bande/ sarmak, bağlamak; germek ***bander les yeux à*** -in gözlerini bağlamak

banderole /bandrol/ *la* bandrol

bandit /bandi/ *le* haydut, eşkıya

banlieue /banlyö/ *la* banliyö

bannière /banyer/ *la* sancak, bandıra

bannir /banir/ s rmek, s rg ne göndermek

banque /bank/ *la* banka; bankacılık

banqueroute /bankrut/ *la* iflas, batkı ***faire banqueroute*** iflas etmek, batmak

banquet /banke/ *le* ziyafet, şölen

banquette /banket/ *la* kanape; *(tren, vb.'de)* yer, oturacak yer

banquier /bankye/ *le* bankacı; banker

baptême /batem/ *le* vaftiz ***baptiser*** vaftiz etmek

B

bar /bar/ *le* bar
baraque /barak/ *la* baraka, kul be; *kd.* ev
barbare /barbar/ *s+a.* barbar, vahşi
barbe /barb(*ö*)/ *la* sakal
barbelé /barb*ö*le/ *le* dikenli tel
barbier /barbye/ *le* berber
barboter /barbote/ *(suda, çamurda)* çırpınmak, batıp çıkmak; *kd.* araklamak, aşırmak
barboteuse /barbotöz/ *la* çocuk tulumu
barbouiller /barbuye/ bulamak, bulaştırmak
barbu, e /barb / sakallı
barème /barem/ *le* çizelge, tarife; barem
bariolé, e /baryole/ alacalı, rengârenk
baromètre /barometr(*ö*)/ *le* barometre, basınçölçer
baron /baron/ *le* baron ***baronne*** *la* baronun karısı
baroque /barok/ barok; acayip, garip
barque /bark(*ö*)/ *la* kayık, sandal
barrage /baraj/ *le* baraj, bent; *(yolda)* barikat
barre /bar/ *la* çubuk, sopa, sırık; çizgi ***barre fixe*** *sp.* barfiks ***barres parallèles*** *sp.* paralel barlar
barreau, x /baro/ *le* çubuk, parmaklık ***le barreau*** baro
barrer /bare/ tıkamak, kapamak; *(üstünü)* çizmek, karalamak
barrette /baret/ *la* saç tokası, s s iğnesi
barricade /barikad/ *la* barikat ***barricader*** kapamak, tıkamak
barrière /baryer/ *la* çit, engel parmaklığı; pekent, engel
baryton /bariton/ *le* bariton
bas, basse /ba, bas/ alçak; alt; bayağı, adi; alçaktan, aşağıdan; aşağıya, aşağıda; *le* alt *(kısım)*; kadın çorabı ***à bas ...!*** kahrolsun ...! ***bas de*** aşağısında ***en bas*** aşağıda
bascule /bask l/ *la* tahterevalli
basculer /bask le/ sallanmak; devrilmek; devirmek
base /baz/ *la* temel; taban; esas; *ask.* s; *kim.* baz
base-ball /bezbol/ *le* beysbol
baser /baze/ dayandırmak
basilic /bazilik/ *le* fesleğen
basket, basket-ball /basket, basketbol/ *le* basketbol
bassin /basen/ *le* havuz; *coğ.* havza; kalça
bataille /batay/ *la* savaş
bataillon /batayon/ *le* tabur
bâtard, e /batar, ard(*ö*)/ *le+la* piç
bateau, x /bato/ *le* gemi, vapur ***bateau à voilles*** yelkenli gemi
bâtiment /batimann/ *le* yapı, bina; inşaat; gemi
bâtir /batir/ yapmak, kurmak, inşa etmek
bâton /baton/ *le* çubuk, sopa, değnek
battant /batan/ *le (çan)* tokmak; *(kapı)* kanat
battement /batman/ *le (yürek)* vuruş, atış; ara, aralık
batterie /batri/ *la* batarya; bateri, davul
battre /batr(*ö*)/ dövmek, vurmak; *(yumurta, vb.)* çırpmak, çalkalamak; kolaçan etmek, araştırmak; karmak, karıştırmak ***se battre*** döv şmek, çarpışmak ***battre son plein*** doruk noktasına varmak ***battre des mains*** el çırpmak
bavard, e /bavar, ard(*ö*)/ geveze; boşboğaz ***bavardage le*** gevezelik;

dedikodu ***bavarder*** gevezelik etmek, çene çalmak; dedikodu yapmak

bave /bav/ *la* salya ***baver*** salyası akmak ***bavette*** *la* bebek göğ sl - ğ , önl k

bazar /bazar/ *le* çarşı, kapalı çarşı

béant, e / bean, ant/ açık, bir karış açık

béat, e /bea, at/ çok mutlu

beau, bel, belle, beaux /bo, bel/ g zel; yakışıklı ***bel et bien*** adamakıllı, gerçekten ***il fait beau*** hava g zel ***du plus belle*** pekâlâ, yine de

beaucoup /boku/ çok, birçok, pek ***de beaucoup*** kat kat, b y k bir farkla

beau-fils /bofis/ *le* damat; vey oğul

beau-frère /bofrer/ *le* kayınbirader; bacanak; enişte

beau-père /boper/ *le* kaynata, kayınpeder; vey baba

beauté /bote/ *la* g zellik; g zel kadın

beaux-arts /bozar/ *le+ç.* g zel sanatlar

beaux-parents /boparan/ *le+ç.* kaynana ve kaynata

bébé /bebe/ *le* bebek

bec /bek/ *le* gaga; uç; ağızlık; *kd.* ağız

bécane /bekan/ *la* bisiklet

bécasse /bekas/ *la, hayb.* çulluk; *kd.* aptal kadın

bêche /beş/ *la* bel, bahçıvan beli

becqueter /bekte/ gagalamak

bedaine /bőden/ *la* göbek

bée /be/ : ***bouche bée*** açık, bir karış açık

bégayer /begeye/ kekelemek

bégueule /begöl/ *(kadın)* aşırı erdem taslayan, horozdan kaçan

béguin /begen/ *le*: ***avoir le béguin de (pour)*** -e vurulmak, tutulmak

beige /bej/ *s+le* bej

beignet /benye/ *le (yağda kızartılmış)* börek

bel /bel/ *bkz.* ***beau***

bêler /bele/ melemek

belette /bőlet/ *la, hayb.* gelincik

bélier /belye/ *le* koç ***le Bélier*** Koç burcu

belle /bel/ *bkz.* ***beau***; ***belle-fille*** *la* gelin; vey kız ***belle-mère*** *la* kaynana; vey ana ***belle-seur*** *la* gör mce; baldız; elti; yenge

bémol /bemol/ *le* bemol

bénédiction /benediksyon/ *la* kutsama, takdis

bénéfice /benefis/ *le* kazanç, kâr; yarar; st nl k, avantaj ***bénéficiaire*** *le+la* yararlanan kimse, lehtar ***bénéficier de*** -den yararlanmak; -e sahip olmak

bénévole /benevol/ gön ll , çıkar gözetmeyen

bénin, igne /benen, iny/ yumuşak, iyi y rekli; *(ur)* iyicil, selim

bénir /benir/ kutsamak, takdis etmek ***bénit, e*** kutsanmış, takdis edilmiş

benzine /benzin/ *la* benzin

béquille /bekiy/ *la* koltuk değneği

berceau, x /berso/ *le* beşik

bercer /berse/ *(beşikte)* sallamak; yatıştırmak, dindirmek ***berceuse*** *la* ninni

béret /bere/ *le* bere

besogne /bőzony/ *la* iş, çalışma

besoin /bőzuen/ *le* gereksinim, ihtiyaç ***au besoin*** gerekirse, gerektiğinde ***avoir besoin de*** -i gereksinmek, -e ihtiyacı olmak

bétail /betay/ *le* çiftlik hayvanları

bête /bet/ *la* hayvan ***bête noire*** en nefret edilen şey *(ya da kimse)*

bêtise /betiz/ *la* aptallık

béton /beton/ *le* beton ***bétonner*** betonlamak, betondan yapmak ***bétonnière*** *la* betoniyer

betterave /betrav/ *la* pancar ***betterave sucrière*** şekerpancarı

beugler /bögle/ böğ rmek; bangır bangır bağırmak

beurre /bör/ *le* tereyağı ***beurrer*** tereyağı s rmek

bévue /bev / *la* gaf, hata, yanlışlık

bibelot /biblo/ *le* biblo

biberon /bibron/ *le* biberon ***nourrir au biberon*** biberonla beslemek

biblio_ /bibliyo/ *'kitap' anlamında bir önek* ***bibliographie*** *la* kaynakça, bibliyografi ***bibliophile*** *le+la* kitapsever ***bibliothécaire*** *le+la* k t phaneci, k t phane görevlisi ***bibliothèque*** *la* k t phane; kitaplık

biceps /biseps/ *le* pazı, iki başlı kas

biche /biş/ *la* maral, dişi geyik

bicyclette /bisiklet/ *la* bisiklet

bidon /bidon/ *le* bidon, teneke

bidonville /bidonvil/ *le* gecekondu mahallesi

bien /byen/ iyi; pek, pek çok; aşağı yukarı, hemen hemen; *le* iyilik; mal, m lk ***bien que*** -e karşın, -e rağmen ***dire du bien de*** -in lehinde konuşmak ***être bien avec*** ile arası iyi olmak ***faire du bien à*** -e iyi gelmek ***bien-aimé, e*** *s+a.* sevgili ***bien-être*** *le* varlık, gönenç, rahat ***bienfaisance*** *la* yardımseverlik, hayırseverlik ***bienfaisant, e*** yardımsever, hayırsever ***bienfaiteur, trice*** *le+la* iyilikçi, hayırsever, velinimet ***bienheureux, euse*** mutlu

biennal, e, aux /byenal/ iki yıllık

bienséance /byenseans/ *la* görg , yakışık

bienséant, e /byensean, ant/ yerinde, uygun

bientôt /byento/ birazdan, yakında ***à bientôt*** gör ş r z, gör şmek zere

bienveillance /byenveyans/ *la* iyilik, l tuf

bienveillant, e /byenveyan, ant/ iyilikçi, iyiliksever

bienvenu, e /byenvn / hoş karşılanan; *la* geliş, hoş gelme ***souhaiter la bienvenue à*** -e hoş geldiniz demek ***soyez le bienvenu, la bienvenue*** hoş geldiniz

bière /byer/ *la* bira; tabut ***bière brune*** siyah bira ***bière (à la) pression*** fıçı birası

biffer /bife/ çizmek, karalamak

bifteck /biftek/ *le* biftek

bifurquer /bif rke/ *(yol)* ikiye ayrılmak, çatallaşmak; *(taşıt)* sapmak, yön değiştirmek

bigame /bigam/ ikieşli, iki evli ***bigamie*** *la* ikieşlilik, iki evlilik

bigorneau, x /bigorno/ *le* deniz salyangozu

bigot, e /bigo, ot/ *s+a.* yobaz, koyu sofu

bigoudi /bigudi/ *le* bigudi

bijou, x /biju/ *le* m cevher ***bijouterie*** *la* m cevhercilik; kuyumcu, cevahirci d kkânı ***bijoutier, ière*** *le+la* cevahirci, m cevherci

bikini /bikini/ *le* bikini

bilan /bilan/ *le* bilanço

bilatéral, e, aux /bilateral, o/ ikili, iki yanlı

bile /bil/ *la* öd, safra ***se faire de la bile*** *kd.* meraklanmak, kaygılanmak

bilingue /bileng/ ikidilli, iki dil konuşan

billard /biyar/ *le* bilardo; bilardo

masası

bille /biy/ *la* bilya

billet /biye/ *le* kâğıt para, banknot; bilet; tezkere, pusula ***billet d'aller et retour*** gidiş dön ş bileti ***billet de loterie*** piyango bileti

billot /biyo/ *le* k t k

binaire /biner/ ikili

bio_ /byo/ *`yaşam' anlamında bir önek* ***biographie*** *la* yaşamöyk s , biyografi ***biologie*** *la* biyoloji, dirimbilim ***biologique*** biyolojik, dirimsel ***biologiste*** *le+la* biyolog, dirimbilimci

bis, e /bi, biz/ boz, esmer; bir daha! tekrar!

bisannuel, le /bizanuel/ iki yıllık

biscornu, e /biskorn / acayip, tuhaf

biscotte /biskot/ *la* peksimet

biscuit /biskui/ *le* bisk vi

bise /biz/ *la* öp c k; kuzey r zgârı

bistouri /bisturi/ *le* bisturi, neşter

bistro(t) /bistro/ *le* içkili lokanta

bizarre bizar/ acayip, tuhaf

blafard, e /blafar, ard(*ö*)/ soluk, uçuk donuk

blague /blag/ *la* şaka ***sans blague!*** şakayı bırak! deme! yapma be!

blaguer /blage/ şaka yapmak; dalga geçmek, takılmak

blaireau, x /blero/ *le* porsuk; tıraş fırçası

blâme /blam/ *le* ayıplama, kınama; azar ***blâmer*** ayıplamak, kınamak

blanc, blanche /blan, blanş/ beyaz, ak; boş, yazılmamış; temiz; *le+la* beyaz *(insan)*; *le* beyaz *(renk)*

blanc-bec /blanbek/ *le* toy delikanlı

blancheur /blanşör/ *la* çamaşırhane

blanchir /blanşir/ ağartmak, beyazlatmak; ağarmak, beyazlaşmak

blanchisserie /blanşisri/ *la* çamaşırhane

blaser /blaze/ bıktırmak, usandırmak

blason /blazon/ *le* arma

blasphème /blasfem/ *le (kutsal şeylere)* k f r ***blasphémer (kutsal şeylere)*** k fretmek, saygısızca konuşmak

blatte /blat/ *la* hamamböceği

blé /ble/ *le* buğday

blême /blem/ solgun, sapsarı

blessé, e /blese/ *s+a.* yaralı

blesser /blese/ yaralamak; g cendirmek, kırmak

blessure /bles r/ *la* yara

blet, te /ble, blet/ aşırı olmuş, aşırı göyn m ş

bleu /blö/ mavi; *le* mavi renk; acemi, çaylak; morartı

bleuet /blöe/ *le* peygamberçiçeği, mavi kantaron

blizzard /blizar/ *le* tipi

bloc /blok/ *le* blok; yığın ***en bloc*** toptan

blocage /blokaj/ *le* tıkama, tıkanma; *(fiyat, vb.)* dondurma

bloc-notes /bloknot/ *le* bloknot

blocus /blok s/ *le* abluka

blond, e /blon, ond/ *s+a.* sarışın

bloquer /bloke/ tıkamak, kapamak; sıkıştırmak; *(ücret, vb.)* dondurmak

blottir /blotir/ : ***se blottir*** b z lmek

blouse /bluz/ *la* iş gömleği

blue-jean /bludjin/ *le* blucin

bluff /blöf/ *le* blöf, kurusıkı ***bluffer*** blöf yapmak

bobard /bobar/ *le, kd.* yalan, martaval

bobine /bobin/ *la* makara; bobin

bocage /bokaj/ *le* koru, ağaçlık

bocal, aux /bokal, o/ *le* kavanoz

bock /bok/ *le* bira bardağı; bardak dolusu bira

bæeuf /böf, (ç.) bö/ *le* ök z, sığır;

sığır eti

bohème /boem/ bohem, derbeder

bohémien, ne /boemyen, yen/ *le+la* Çingene

boire /buar/ içmek; emmek, içine çekmek

bois /bua/ *le* odun; tahta; ağaç ***de bois, en bois*** ahşap

boisé, e /buaze/ ağaçlı, ağaçlık

boisson /buason/ *la* içecek; içki ***boissons alcoolisées*** alkoll içki

boîte /buat/ *la* kutu ***aliments en boîte*** konserve yiyecekler ***boîte d'allumettes*** kibrit kutusu ***boîte aux lettres*** posta kutusu ***boîte de nuit*** gece kul b ***boîte de vitesses*** vites kutusu

boiter /buate/ topallamak, aksamak ***boiteux, euse*** topal, aksak

bol /bol/ *le* kâse

bolide /bolid/ *le* yarış arabası

bombardement /bonbardöman/ *le* bombalama

bombarder /bonbarde/ bombalamak ***bombardier*** *le* bombardıman uçağı

bombe /bonb/ *la* bomba ***faire la bombe*** âlem yapmak

bombé, e /bonbe/ şişkin, kabarık

bomber /bonbe/ şişmek, kabarmak, t mselmek ***bomber le torse*** şişinmek, kasılmak

bon, bonne /bon, bon/ iyi; *le* bono; kupon, belge ***bon à (pour)*** -e iyi gelen ***bon anniversaire!*** *(doğum gününde)* mutlu yıllar! ***bon marché*** ucuz; ucuza ***bonne année*** yeni yılınız kutlu olsun! ***bonne chance!*** bol şanslar! iyi şanslar! ***bonne nuit!*** iyi geceler! ***bon sens*** *le* sağduyu ***bon voyage!*** iyi yolculuklar! ***de bonne heure*** erkenden ***pour de bon*** gerçekten, ciddi olarak ***sentir bon*** g zel kokmak

bonasse /bonas/ bön, saf, yumuşak

bonbon /bonbon/ *le* şekerleme, bonbon

bond /bon/ *le* sıçrama, atlama

bonde /bond/ *la* tıkaç; delik

bondé, e /bonde/ dopdolu, tıklım tıklım

bondir /bondir/ sıçramak, atlamak, zıplamak

bonheur /bonör/ *le* mutluluk ***au petit bonheur*** rasgele ***par bonheur*** bereket versin, iyi ki

bonhomie /bonomi/ *la* saflık, temiz y reklilik

bonhomme *ç.* ***bonshommes*** /bonom, bonzom/ *le* saf adam ***bonhomme de neige*** kardan adam

boni /boni/ *le* kazanç, kâr

bonjour /bonjur/ g naydın; selâm, merhaba

bonne /bon/ *bkz.* ***bon*** ; *la* hizmetçi *(kadın)*

bonnet /bone/ *le* başlık, bere, k lah

bonneterie /bonetri/ *la* tuhafiye d kkânı

bon-papa /bonpapa/ *le* dede, b - y kbaba

bonsoir /bonsuar/ iyi akşamlar

bonté /bonte/ *la* iyilik

bord /bor/ *le* kenar, kıyı ***à bord*** gemide ***au bord de*** yakınında, kıyısında ***au bord de la mer*** deniz kıyısında

bordeaux /bordo/ bordo; *le* bordo şarabı

bordel /bordel/ *le* genelev

bordereau, x /bordöro/ *le* bordro

bordure /bord r/ *la* kenar, sınır; kenar s s

borgne /borny(ö)/ tek gözl

borne /born(ö)/ *la* sınır taşı ***sans***

borne(s) sınırsız

borné, e / borne/ dar, sınırlı; dar kafalı

borner /borne/ sınırlamak ***se borner à*** ile yetinmek

bosquet /boske/ *le* koru, ağaçlık

bosse /bos/ *la* t msek, kabartı; kambur; hörg ç ***avoir la bosse de*** -e karşı yeteneği olmak

bosser /bose/ *kd.* çalışmak

bossu, e /bos / *le+la* kambur

botanique /botanik/ botanik; *la* botanik, bitkibilim

botaniste /botanist(*ö*)/ *le+la* bitkibilimci, botanikçi

botte /bot/ *la* çizme, bot; demet, deste

botter /bote/ çizme giydirmek; tekme atmak

bottine /botin/ *la* potin

bouc /buk/ *le* teke ***bouc émissaire*** şamar oğlanı

bouche /buş/ *la* ağız ***bouche de métro*** metro girişi

bouchée /buşe/ *la* lokma

boucher /buşe/ kapamak, tıkamak; *le* kasap ***se boucher*** tıkanmak

boucherie /buşri/ *la* kasap d kkânı; kasaplık

bouchon /buşon/ *le* tıkaç, tapa, kapak, mantar

boucle /bukl(*ö*)/ *la* halka; kıvrım; toka; *(saç)* l le ***boucle d'oreilles*** k pe

bouclé, e /bukle/ kıvrımlı, bukleli

boucler /bukle/ tokalamak, bağlamak; kapamak; bitirmek, tamamlamak; kıvrılmak

bouclier /bukliye/ *le* kalkan

bouddhiste /budist(*ö*)/ *le+la* Budist

bouder /bude/ somurtmak, surat asmak ***boudeur, euse*** somurtkan, asık suratlı

boudin /buden/ *le* domuz sucuğu

boue /bu/ *la* çamur

bouée /bue/ *la* şamandıra ***bouée (de sauvetage)*** cankurtaran simidi

boueux, euse /buö, öz/ çamurlu; *le* çöpç

bouffe /buf/ *la, kd.* yiyecek

bouffée /bufe/ *la* soluk, nefes, p f

bouffer /bufe/ *kd.* yemek, atıştırmak; kabarmak, şişmek

bouffi, e /bufi/ şişkin, şiş

bouffon, ne /bufon, on/ g l nç, eğlenceli; *le* soytarı

bouger /buje/ kımıldamak, kıpırdamak; kımıldatmak, oynatmak

bougie /buji/ *la* mum; buji

bougre /bugr(*ö*)/ *le* herif, karı

bouillant, e /buyan, ant/ kaynar, kaynayan; ateşli

bouillir /buyir/ kaynamak; kaynatmak

bouilloire /buyuar/ *la* çaydanlık; ibrik

bouillon /buyon/ *le* et suyu; kabarcık

bouillonner /buyone/ kaynamak, kaynaşmak; köp rmek

bouillotte /buyot/ *la* buyot, sıcak su torbası

boulanger, ère /bulanje, er/ *le+la* fırıncı, ekmekçi

boulangerie /bulanjri/ *la* fırın; fırıncılık, ekmekçilik

boule /bul/ *la* yuvarlak, top, bilye ***boule de neige*** kar topu

bouleau, x /bulo/ *le* kayın *(ağacı)*

bouledogue /buldog/ *le* buldok

boulet /bule/ *le* g lle

boulette /bulet/ *la* k ç k top

boulevard /bulvar/ *le* bulvar

bouleversement /bulvers*ö*man/ *le* kargaşa, sarsıntı, karışıklık

bouleverser /bulverse/ alt st etmek;

sarsmak
boulon /bulon/ *le* cıvata
boulot /bulo/ *le, kd.* iş
bouquet /buke/ *le* demet, buket
bouquin /buken/ *le* kitap ***bouquiniste*** *le+la* sahaf, eski kitap satıcısı
bourbeux, euse /burbö, öz/ çamurlu
bourdon /burdon/ *le* yabanarısı
bourdonnement /burdonman/ *le* vızıltı, uğultu
bourdonner /burdone/ vızıldamak, uğuldamak
bourg /bur/ *le* kasaba
bourgeois, e /burjua, uaz/ *s+a.* burjuva, kentsoylu
bourgeoisie /burjuazi/ *la* burjuvazi, orta sınıf
bourgeon /burjon/ *le* tomurcuk ***bourgeonner*** tomurcuklanmak
bourgogne /burgony(ö)/ *le* Burgonya şarabı
bourrade /burad/ *la* vurma, d rtme
bourrage /buraj/ *le*: ***bourrage de crâne*** beyin yıkama
bourrasque /burask(ö)/ *la* bora, fırtına
bourreau, x /buro/ *le* cellat
bourrer /bure/ doldurmak, tıkıştırmak
bourru, e /bur / suratsız, huysuz, gıcık
bourse /burs(ö)/ *la* burs; para çantası ***la Bourse*** borsa ***boursier, ière*** *le+la* bursiyer
boursouflé, e /bursufle/ şişmiş, şiş
boursoufler /bursufle/ şişirmek ***se boursoufler*** kabarmak
bousculade /busk lad/ *la* itişip kakışma, acele
bousculer /busk le/ itip kakmak; d rt klemek
bousiller /buziye/ *kd.* içine etmek, bozmak, berbat etmek
boussole /busol/ *la* pusula
bout /bu/ *le* uç; son; parça ***au bout de*** sonunda, sonra ***à bout portant*** çok yakında ***pousser à bout*** sabrını taşırmak
bouteille /butey/ *la* şişe
boutique /butik/ *la* d kkân ***boutiquier, ière*** d kkâncı
bouton /buton/ *le* d ğme; *(kapı)* tokmak; gonca; sivilce ***bouton de manchette*** kol d ğmesi ***bouton d'or*** d ğ nçiçeği ***boutonner*** iliklemek, d ğmelemek ***boutonneux, euse*** sivilceli ***boutonnière*** *la (düğme)* ilik ***bouton-pression*** *le* çıtçıt
boxe /boks(ö)/ *la* boks ***boxer*** boks yapmak ***boxeur*** *le* boksör
boyau, x /buayo/ *le* bağırsak; dar ve uzun yol, geçit
boycottage /boykotaj/ *le* boykot
boycotter /boykote/ boykot etmek
bracelet /brasle/ *le* bilezik ***bracelet-montre*** *le* kol saati
braconner /brakone/ kaçak avlanmak ***braconnier*** *le* kaçak avcı
braguette /braget/ *la* pantolon ön
brailler /braye/ zırlamak; bağıra bağıra konuşmak
braire /brer/ anırmak
braise /brez/ *la* kor, köz
braiser /breze/ hafif ateşte pişirmek
brancard /brankar/ *le* teskere, sedye
branche /branş/ *la* dal; böl m, şube
brancher /branşe/ bağlamak, takmak
branchies /branşi/ *la+ç.* solungaçlar
brandir /brandir/ çekmek, sallamak
branle-bas /branlba/ *le* karışıklık, telaş
branler /branle/ sallanmak, oyna-

mak

braquer /brake/ doğrultmak, yöneltmek, çevirmek

bras /bra/ *le* kol; işçi ***bras dessus, bras dessous*** kol kola

brasero /brazero/ *le* mangal, maltız

brasier /brazye/ *le* kor

brasse /bras/ *la* kurbağalama y - z ş; kulaç ***brasse papillon*** kelebek stili

brassée /brase/ *la* kucak dolusu

brasser /brase/ karıştırmak

brasserie /brasri/ *la* birahane; bira fabrikası

brave /brav/ yiğit, cesur; iyi, d r st

braver /brave/ meydan okumak, karşı koymak

bravo /bravo/ bravo! aferin!

bravoure /bravur/ *la* yiğitlik, cesaret

brebis /bröbi/ *la* dişi koyun ***brebis galeuse*** çevresine zararlı kimse

brèche /breş/ *la* gedik

bredouille /bröduy/ başarısız, eli boş

bredouiller /bröduye/ gevelemek, homurdanmak

bref, brève /bref, brev/ kısa; kısacası ***en bref, brève*** kısacası, uzun söz n kısası

Bretagne /brötany/ *la* Fransa'daki Bretanya yarımadası

bretelle /brötel/ *la* kayış ***bretelles*** *la+ç.* pantolon askısı

breton, ne /bröton, on/ *s+a.* Bretanyalı

breuvage /brövaj/ *le* içki

brevet /bröve/ *le* ehliyet, diploma, yeterlik belgesi; patent, berat

bribes /brib/ *la+ç.* artık, kırıntılar, kalıntılar

bricolage /brikolaj/ *le* ufak tefek işler yapma; st nkör onarım

bricoler /brikole/ ufak tefek işler yapmak; onarmak ***bricoleur, euse*** *le+la* elinden her iş gelen kimse

bride /brid/ *la* gem, dizgin ***à bride abattue*** doludizgin

brider /bride/ gem vurmak, dizginlemek

bridge /briç/ *le* briç; *(diş)* köpr

brièvement /briyevman/ kısaca, özetle

brièveté /briyevte/ *la* kısalık

brigade /brigad/ *la* tugay; takım, ekip

brigand /brigan/ *le* eşkıya, haydut

brigandage /brigandaj/ *le* haydutluk, soygun

briguer /brige/ can atmak, çok istemek

brillant, e /briyan, ant/ parlak; parıltılı; *le* pırlanta

briller /briye/ parlamak, ışıldamak

brin /bren/ *le* s rg n, filiz ***un brin de*** azıcık

brindille /brendiy/ *la* ince dal, çalı çırpı

brioche /briyoş/ *la* çörek; göbek

brique /brik/ *la* tuğla

briquet /brike/ *le* çakmak

brise /briz/ *la* esinti

brise-lames /brizlam/ *le* dalgakıran

briser /brize/ kırmak; yıkmak, bozmak

broc /bro/ *le* g ğ m

brocanteur, euse /brokantör, öz/ *le+la* eskici

broche /broş/ *la* broş, iğnes s; şiş

broché, e /broşe/ *(kitap)* ciltsiz, karton kaplı

brochet /broşe/ *le* turnabalığı

brochette /broşet/ *la* şiş

brochure /broş r/ *la* broş r

broder /brode/ nakış işlemek; ballandırmak, şişirmek ***broderie*** *la* işleme, nakış

broncher /bronşe/ : ***sans broncher*** hiç sesini çıkarmadan
bronches /bronş/ *la+ç.* bronşlar ***bronchite*** *la* bronşit
bronze /bronz/ *le* tunç, bronz
bronzé, e /bronze/ bronzlaşmış, yanmış
bronzer /bronze/ bronzlaştırmak; bronzlaşmak
brosse /bros/ *la* fırça ***brosse à cheveux*** saç fırçası ***brosse à dents*** diş fırçası ***brosse à habits*** elbise fırçası ***brosser*** fırçalamak; resim yapmak
brouette /bruet/ *la* el arabası
brouhaha /bruaa/ *le* g r lt , şamata
brouillard /bruyar/ *le* sis
brouille /bruy/ *la* dargınlık, k sk n-l k
brouiller /bruye/ karıştırmak; bozmak ***se brouiller*** karışmak, bozulmak; bozuşmak, araları açılmak
brouillon /bruyon/ *le* karalama, m svedde
broussailles /brusay/ *la+ç.* çalı, çalılık
brouter /brute/ otlamak
broyer /bruaye/ ezmek, öğ tmek
bru /br / *la* gelin
bruine /bruin/ *la* çise, çisenti
bruiner /bruine/ çiselemek
bruire /bruir/ hışırdamak, uğuldamak
bruit /brui/ *le* g r lt ; söylenti
brûler /br le/ yakmak; yanmak
brûlure /br l r/ *la* yanık; yanma
brume /br m/ *la* sis, pus
brun, e /brön, n/ kahverengi; esmer ***brunir*** esmerleştirmek, yakmak; esmerleşmek, yanmak
brusque /br sk(*ö*)/ ani; sert, kaba ***brusquement*** ansızın, birdenbire ***brusquerie*** *la* sertlik, kabalık
brut, e /br t/ ham, işlenmemiş; net, kesintisiz
brutal, e, aux /br tal, o/ kaba, hayvan gibi ***brutaliser*** kaba davranmak, sert davranmak ***brutalité*** *la* kabalık, sertlik
bruyant, e /bruiyan, ant/ g r lt l ; g r lt c
bruyère /br yer/ *la* s p rgeotu, funda
bûche /b ş/ *la* odun, k t k
bûcher /b şe/ *kd.* ineklemek, çok çalışmak; *le* odun yığını
bûcheron /b şron/ *le* oduncu
budget /b dje/ *le* b tçe
buée /bue/ *la* buğu, buhar
buffet /b fe/ *le* b fe
buffle /b fl(*ö*)/ *le* manda
buis /bui/ *le* şimşir
buisson /buison/ *le* çalı
buissonnière /buisonyer/ : ***faire l'école buissonnière*** okuldan kaçmak, okulu kırmak
bulbe /b lb(*ö*)/ *le, bitk, anat.* soğan
bulldozer /buldozör/ *le* buldozer
bulle /b l/ *la* kabarcık
bulletin /b lten/ *le* b lten; alındı, makbuz; *(okul)* karne ***bulletin d'informations*** haber b lteni ***bulletin météorolgique*** hava raporu ***bulletin (de vote)*** oy pusulası
bureau, x /b ro/ *le* çalışma masası; işyeri, b ro ***bureau de location*** gişe ***bureau de poste*** postane ***bureaucrate*** *le* b rokrat ***bureaucratie*** /-krasi/ *la* b rokrasi ***bureaucratique*** b rokratik
burlesque /b rlesk(*ö*)/ g l nç
bus /b s/ *le* otob s
buste /b st(*ö*)/ *le* v cudun st kısmı; b st
but /b , b t/ *le* hedef; amaç, erek; *sp.* gol ***de but en blanc*** birdenbi-

re, damdan d şercesine
buté, e /b te/ inatçı, dik kafalı
buter /b te/ : ***buter contre (sur)*** -e çarpmak; -e dayanmak ***se buter*** inat etmek
buteur /b tör/ *le, sp.* golc
butin /b ten/ *le* yağma; ganimet
butte /b t/ *la* tepecik, k ç k tepe ***être en butte à*** -e maruz kalmak, -e uğramak
buvard /b var/ *le* kurutma kâğıdı
buvette /b vet/ *la* b fe
buveur, euse /b vör, öz/ *le+la* içkici
byzantin, e /bizanten, in/ Bizanslı, Bizans+

C

c' /s/ *bkz.* ***ce***
ça /sa/ bu, şu ***ça va?*** nasılsınız? ne var ne yok? tamam mı? ***c'est ça*** tamam, öyle
çà /sa/ : ***çà et là*** şurda burda
caban /kaban/ *le* kaban
cabane /kaban/ *la* kul be
cabaret /kabare/ *le* kabare, gece kul b
cabillaud /kabiyo/ *le* morina
cabine /kabin/ *la* kamara; *(plajda)* kabin; kabine; kul be ***cabine d'essayage*** prova odası ***cabine (téléphonique)*** telefon kul besi
cabinet /kabine/ *le* b ro, işyeri; muayenehane; kabine; k ç k b fe ***cabinet de toilette*** tuvalet ***cabinet de travail*** çalışma odası
câble /kabl(*ö*)/ *le* kablo; telgraf, telyazı
câbler /kable/ telgraf çekmek, tellemek
cabosser /kabose/ kabartmak, yamru yumru etmek
cabrer /kabre/ : ***se cabrer*** *(at)* şahlanmak; ayaklanmak, başkaldırmak
cabriole kabriyol/ *la* sıçrama, zıplama; takla
cacahuète /kakauet/ *la* yerfıstığı
cacao /kako/ *le* kakao
cache-cache /kaşkaş/ *le*: ***jouer à cache-cache*** saklambaç oynamak
cachemire /kaşmir/ *le* kaşmir
cache-nez /kaşne/ *le* boyun atkısı
cacher /kaşe / gizlemek, saklamak ***se cacher*** gizlenmek, saklanmak
cachet /kaşe/ *le* m h r, damga; kaşe, g llaç; cret; özellik ***cacheter*** m h rlemek
cachette /kaşet/ *la* gizleme yeri, saklanacak yer ***en cachette*** gizlice, çaktırmadan
cachot /kaşo/ *le* zindan
cactus /kakt s/ *le* kakt s, atlasçiçeği
cadavre /kadavr(*ö*)/ *le* ceset, kadavra
cadeau, x /kado/ *le* armağan, hediye
cadenas /kadna/ *le* asma kilit
cadence /kadans/ *la, müz.* kadans; ritim, tartım; hız ***cadencé, e*** ritmik
cadet, te /kade, et/ *(yaşça)* k ç k, en k ç k; *le+la* k ç k, k ç k evlat
cadran /kadran/ *le* kadran ***cadran solaire*** g neş saati
caduc, uque /kad k/ eski, geçersiz; *bitk.* her yıl yapraklarını döken
cafard /kafar/ *le* hamamböceği ***avoir le cafard*** canı sıkılmak, keyfi yerinde olmamak
café /kafe/ *le* kahve; kahvehane, kafeterya ***café au lait*** s tl kahve ***café noir*** s ts z kahve ***caféine*** *la* kafein ***cafetier, ière*** *le+la* kahveci;

la cezve
cage /kaj/ *la* kafes
C
cagneux, euse /kanyö, öz/ çarpık bacaklı
cahier /kaye/ *le* defter
cahin-caha /kaenkaa/ şöyle böyle
cahot /kao/ *le (araba)* sarsıntı, zıplama ***cahoter*** sarsılmak
caille /kay/ *la* bıldırcın
cailler /kaye/ koyulaşmak, pıhtılaşmak
caillot /kayo/ *le* pıhtı
caillou, x /kayu/ *le* çakıl ***caillouteux, euse*** çakıllı
caisse /kes/ *la* sandık; kasa; gişe, vezne ***caisse enregistreuse*** yazar kasa, otomatik kasa ***caissier, ière*** *le+la* kasiyer, veznedar
cajoler /kajole/ tavlamak, pohpohlamak, yaltaklanmak; okşamak, sevmek
cake /kek/ *le* meyveli kek
calcaire /kalker/ kireçli; *le* kireçtaşı
calcium /kalsyom/ *le* kalsiyum
calcul /kalk l/ *le* hesap ***le calcul*** aritmetik ***calcul (biliaire)*** safra taşı ***calcul (rénal)*** böbrektaşı
calculer /kalk le/ hesaplamak
cale /kal/ *la* sintine, gemi ambarı; takoz, yastık
caleçon /kalson/ *le* don ***caleçon de bain*** mayo
calembour /kalanbur/ *le* cinas
calendrier /kalandriye/ *le* takvim
calepin /kalpen/ *le* not defteri
caler /kale/ takoz koymak ***caler (son moteur, véhicule)*** *(motoru, taşıtı)* durdurmak
calfeutrer /kalfötre/ aralıklarını tıkamak
calibre /kalibr(ö)/ *le* grad, kalite; çap
califourchon /kalifurşon/ : ***à califourchon*** ata biner gibi
câlin, e /kalen, in/ sevimli, tatlı
câliner /kaline/ okşamak, sevmek
calleux, euse /kalö, öz/ nasırlı
calmant /kalman/ *le* yatıştırıcı, m sekkin
calme /kalm(ö)/ durgun, sessiz, sakin; *le* durgunluk, sessizlik, s - kûnet
calmer /kalme/ dindirmek, yatıştırmak ***se calmer*** dinmek, yatışmak
calomnie /kalomni/ *la* iftira ***calomnier*** iftira etmek, kara çalmak ***calomnieux, euse*** iftiracı
calorie /kalori/ *la* kalori
calque /kalk(ö)/ *le* kopya
calquer /kalke/ kopyasını çıkarmak
calvitie /kalvisi/ *la* dazlaklık
camarade /kamarad/ *le+la* arkadaş, dost ***camaraderie*** *la* arkadaşlık
cambriolage /kanbriyolaj/ *le* hırsızlık, ev soyma
cambrioler /kanbriyole/ *(ev)* soymak ***cambrioleur, euse*** *le+la* ev hırsızı
cambrure /kanbr r/ *la* eğrilik, kamburluk
caméléon /kameleon/ *le* bukalemun
camelot /kamlo/ *le* işportacı
camelote /kamlot/ *la* köt mal, işporta malı
caméra /kamera/ *la* kamera, alıcı
camion /kamyon/ *le* kamyon ***camion-citerne*** *le* tanker ***camionnette*** *la* kamyonet
kamyonet
camouflage /kamuflaj/ *le* kamuflaj
camoufler /kamufle/ gizlemek, kamufle etmek
camp /kan/ *le* kamp; taraf, cephe ***camp de concentration*** toplama kampı ***camp de nudistes*** çıplaklar kampı ***camp de vacances*** tatil

kampı
campagnard, e /kanpanyar, ard(*ö*)/ köyle ilgili; *le+la* köyl
campagne /kanpany/ *la* kır, köy; kampanya
camper /kanpe/ kamp kurmak ***campeur, euse*** *le+la* kampçı, kamp kuran
camping /kanping/ *le* kamp kurma, kamp yapma; kamp yeri
campus /kanp s/ *le* kamp s, yerleşke
canaille /kanay/ alçak, aşağılık, rezil; *la* hergele, it
canal, aux /kanal, o/ *le* kanal
canalisation /kanalizasyon/ *la* kanalizasyon
canaliser /kanalize/ kanal açmak; yönlendirmek
canapé /kanape/ *le* kanape
canard /kanar/ *le* ördek
canari /kanari/ *le* kanarya
cancans /kankan/ *le+ç.* dedikodu
cancer /kanser/ *le* kanser ***le Cancer*** Yengeç burçu ***cancéreux, euse*** kanserli ***cancérigène*** kanserojen, kanser yapan
cancre /kankr(*ö*)/ *le* tembel öğrenci
candeur /kandör/ *la* saflık, temiz y reklilik
candidat, e /kandida, at/ *le+la* aday
candide /kandid/ saf, temiz y rekli
cane /kan/ *la* dişi ördek
caneton /kanton/ *le* ördek yavrusu
canevas /kanva/ *le* kanaviçe; taslak
caniche /kaniş/ *le* kaniş
canif /kanif/ *le* çakı
canin, e /kanen, in/ köpekle ilgili; *la* köpekdişi
caniveau, x /kanivo/ *le* oluk, çörten
canne /kan/ *la* baston, değnek ***canne à pêche*** olta kamışı ***canne à sucre*** şekerkamışı
cannelle /kanel/ *la* tarçın
cannelure /kanl r/ *la* yiv
cannibale /kanibal/ *le+la* yamyam
canoë /kanoe/ *le* kano
canon /kanon/ *le, ask.* top; namlu; örnek; kilise yasası, dinsel kural
cañon /kanyo/ *le, coğ.* kanyon
canoniser /kanonize/ ermişler arasına katmak, ermiş ilan etmek
canot /kano/ *le* sandal ***canot pneumatique*** lastik bot ***canot de sauvetage*** cankurtaran sandalı, filika
canotier /kanotye/ *le* hasır şapka, kanotiye
cantatrice /kantatris/ *la (kadın)* şarkıcı
cantine /kantin/ *la* kantin
canton /kanton/ *le* bucak; *(İsviçrede)* kanton
canular /kan lar/ *le* işletme, dalga geçme, matrak
caoutchouc /kautşu/ *le* kauçuk
cap /kap/ *le, coğ.* burun
capable /kapabl(*ö*)/ yetenekli, becerikli
capacité /kapasite/ *la* kapasite, sığa; yetenek, g ç
cape /kap/ *la* pelerin, harmani ***rire sous cape*** bıyık altından g lmek
capitaine /kapiten/ *le* kaptan; y zbaşı
capital, e, aux /kapital, o/ başlıca, en önemli; temel; *le* sermaye, anamal; *la* başkent; b y k harf ***capitaliser*** anamala çevirmek; biriktirmek ***capitalisme*** *le* kapitalizm, anamalcılık ***capitaliste*** *s+a.* kapitalist, anamalcı
capiteux, euse /kapitö, öz/ baş dönd r c
caporal, aux /kaporal, o/ *le* onbaşı
capot /kapo/ *le* kaporta, kaput
capote /kapot/ *la (taşıt)* kaput

caprice /kapris/ *le* kapris, geçici heves ***capricieux, euse*** kaprisli, maymun iştahlı, yeltek

Capricorne /kaprikorn/ *le*: ***le Capricorne*** Oğlak burcu

capsule /kaps l/ *la* şişe kapağı; kaps l

capter /kapte/ almak, yakalamak; ele geçirmek, elde etmek, çekmek

captieux, euse /kapsyö, öz/ aldatıcı, sahte

captif, ive /kaptif, iv/ *s+a.* tutsak, esir

captiver /kaptive/ b y lemek, kendine bağlamak, cezbetmek

captivité /kaptivite/ *la* tutsaklık, esaret

capuchon /kap şon/ *le* kukuleta, başlık

caqueter /kakte/ gıdaklamak; gevezelik etmek, çene çalmak

car /kar/ ç nk , zira; *le* otob s, yolcu otob s

carabine /karabin/ *la* karabina

caractère /karakter/ *le* karakter

caractériser /karakterize/ belirtmek, belirlemek, karakterize etmek

caractéristique /karakteristik/ karakteristik, tipik; *la* özellik

carafe /karaf/ *la* s rahi

carambolage /karanbolaj/ *le (taşıtlar)* çarpışma, birbirine girme

caramel /karamel/ *le* karamela

carapace /karapas/ *la* bağa, kabuk

carat /kara/ *le* ayar, kırat

caravane /karavan/ *la* karavan; kervan

carbone /karbon/ *le* karbon; karbon kâğıdı, kopya kâğıdı

carboniser /karbonize/ karbonlaştırmak, köm rleştirmek; pişirirken yakmak

carburant /karb ran/ *le* yakıt

carburateur /karb ratör/ *le* karb ratör

carcasse /karkas/ *la* hayvan iskeleti; v cut, ceset

cardiaque /kardyak/ kalple ilgili, y rek+; *le+la* kalp hastası

cardigan /kardigan/ *le* hırka

cardinal, e, aux /kardinal, o/ başlıca, temel; *le* kardinal

carême /karem/ *le*: ***le Carême*** b y k perhiz, oruç

carence /karans/ *la* g çs zl k; yetersizlik, eksiklik

carène /karen/ *la* karina, omurga

caresse /kares/ *la* okşama ***caresser*** okşamak, sevmek; *(umut, vb.)* beslemek

cargaison /kargezon/ *la* kargo, y k

cargo /kargo/ *le* şilep, y k gemisi

caricature /karikat r/ *la* karikat r

carie /kari/ *la (diş)* ç r k

carillon /kariyon/ *le* çan sesi ***carillonner*** *(çan, vb.)* çalmak

carnage /karnaj/ *le* katliam, kırım

carnassier, ière /karnasye, yer/ etçil, etle beslenen; *le* etobur, etçil

carnaval /karnaval/ *le* karnaval

carnet /karne/ *le* not defteri; *(okul)* karne ***carnet de chèques*** çek defteri

carnivore /karnivor/ etçil, etle beslenen; *le* etobur, etçil

carotte /karot/ *la* havuç

carpette /karpet/ *la* k ç k halı, seccade

carquois /karkua/ *le* sadak, okluk

carré, e /kare/ d r st, samimi; *s+le* kare, dörd l ***mètre carré*** metre kare

carreau, x /karo/ *le* karo, döşeme taşı; pencere camı; dama; *(iskambil)* karo

carrefour /karfur/ *le* kavşak, dört yol

ağzı

carrelage /karlaj/ *le* döşeme, mozaik

carreler /karle/ taş döşemek, mozaik döşemek

carrer /kare/ : ***se carrer*** yerleşmek, kurulmak

carrière /karyer/ *la* taş ocağı; meslek, kariyer

carrosse /karos/ *le (atlı)* yolcu arabası

carrosserie /karosri/ *la* karoser

cartable /kartabl(*ö*)/ *le* öğrenci çantası, okul çantası

carte /kart(*ö*)/ *la* harita; kart; kartpostal; mön , men ***carte de crédit*** kredi kartı ***carte d'identité*** kimlik kartı ***carte postale*** kartpostal ***carte de visite*** kartvizit ***la carte des vins*** şarap listesi

carter /karter/ *le* yağ karteri

cartilage /kartilaj/ *le* kıkırdak

cartographie /kartografi/ *la* haritacılık

carton /karton/ *le* mukavva, karton; mukavva kutu, karton kutu

cartouche /kartuş/ *la* fişek; *(sigara)* karton

cas /ka/ *le* olay; durum ***au cas où*** -diği takdirde ***en aucun cas*** hiçbir şekilde, ne olursa olsun ***en cas de besoin*** gerekirse ***en tout cas*** her ne olursa olsun ***faire cas de*** -e önem vermek

cascade /kaskad/ *la* çağlayan

cascadeur, euse /kaskadör, öz/ *le+la* dublör

case /kaz/ *la* kul be; *(dolap, vb.)* göz; hane

caser /kaze/ koymak, yerleştirmek; -e iş bulmak; -e koca bulmak

caserne /kazern(*ö*)/ *la* kışla

cash /kaş/ : ***payer cash*** peşin ödemek

casier /kazye/ *le* raf; evrak dolabı ***casier judiciaire*** adli sicil

casino /kazino/ *le* gazino

casque /kask(*ö*)/ *le* başlık, miğfer; saç kurutma makinesi; kulaklık

casquette /kasket/ *la* kasket

cassant, e /kasan, ant/ kırılgan, kolay kırılır; sert, kırıcı

casse /kas/ *la*: ***mettre à la casse*** hurdaya çıkarmak

casse- /kas/ : ***casse-cou*** göz pek, korkusuz ***casse-croûte*** *le* hafif yemek ***casse-noisettes*** *le* fındıkkıran, ceviz kıracağı ***casse-pieds*** *le+la* can sıkıcı kimse, baş belası

casser /kase/ kırmak; r tbesini indirmek; bozmak, geçersiz kılmak

casserole /kasrol/ *la* saplı tencere

cassette /kaset/ *la* kaset; çekmece

cassis /kasis/ *le* siyah frenk z m

cassonade /kasonad/ *la* esmer şeker, ham şeker

cassure /kas r/ *la* kırık

castagnettes /kastanyet/ *la+ç.* kastanyet

caste /kast(*ö*)/ *la* kast

castor /kastor/ *le* kunduz

castrer /kastre/ enemek, iğdiş etmek, hadım etmek

catafalque /katafalk(*ö*)/ *le* katafalk

catalogue /katalog/ *le* katalog

cataloguer /kataloge/ sınıflandırmak, kataloglamak

catalyse /kataliz/ *la* kataliz ***catalyseur*** *le* katalizör

cataphote /katafot/ *le* katafot, reflektör

cataplasme /kataplasm(*ö*)/ *le, hek.* lapa

cataracte /katarakt(*ö*)/ *la* çağlayan, çavlan; katarak, perde, akbasma

catarrhe /katar/ *le* nezle, ingin
catastrophe /katastrof/ *la* felaket, facia
catégorie /kategori/ *la* kategori, ulam
catégorique /kategorik/ kesin, açık
cathédrale /katedral/ *la* katedral
cathode /katod/ *la* katot
catholicisme /katolisism(ö)/ *le* Katoliklik
catholique /katolik/ *s+a.* Katolik
cauchemar /koşmar/ *le* karabasan, kâbus
cause /koz/ *la* neden, sebep; dava ***à cause de*** -den dolayı, y z nden ***être en cause*** söz konusu olmak ***pour cause de*** -den dolayı
causer /koze/ neden olmak, yol açmak; konuşmak, çene çalmak
causerie /kozri/ *la* konuşma, söyleşi
caustique /kostik/ yakıcı
cauteleux, euse /kotlö, öz/ kurnaz, d zenbaz
caution /kosyon/ *la* g vence, teminat; *huk.* kefalet ***libéré sous caution*** kefaletle tahliye edilmiş
cautionnement /kosyonman/ *le* g vence
cavalerie /kavalri/ *la* s vari sınıfı
cavalier, ière /kavalye, yer/ ters, kaba; *le+la* binici, atlı; kavalye, eş
cave /kav/ *la* kiler, mahzen; *(yeraltı)* gece kul b
caveau, x /kavo/ *le* k ç k mahzen
caverne /kavern(ö)/ *la* mağara
caviar /kavyar/ *le* havyar
cavité /kavite/ *la* oyuk, boşluk
ce(c'), cet, cette, ces /sö, set, se/ bu; şu; bunlar; şunlar ***c'est*** bu ... -dır ***ce que*** -diği şey ***ce que ...!*** ne kadar ...! ***ce qui*** -en şey; bu da, böyle olması da
ceci /sösi/ bu, bunu
cécité /sesite/ *la* körl k
céder /sede/ bırakmak, terk etmek; boyun eğmek, teslim olmak
cédille /sediy/ *la (ç'deki gibi)* harfin altındaki çengel işareti
cèdre /sedr(ö)/ *le* sedir, dağservisi
ceindre /sendr(ö)/ kuşanmak, takmak
ceinture /sent r/ *la* kemer, kayış; bel; çember
cela /söla/ bu, şu, o; bunu, şunu, onu ***cela ne fait rien*** önemi yok, zararı yok
célèbre /selebr(ö)/ nl , tanınmış
célébrer /selebre/ kutlamak; övmek
célébrité /selebrite/ *la* n; nl kişi, şöhret
céleri /selri/ *le* kereviz
céleste /selest(ö)/ gökle ilgili, göksel, tanrısal
célibat /seliba/ *le* bekârlık
célibataire /selibater/ *s+a.* bekâr
cellule /sel l/ *la* h cre
celui, celle, ceux, celles /sölui, sel, sö/ -en*(ler)*, -an*(lar)*, -en kimse*(ler)* ***celui-ci, celui-là*** bu, bunu; şu, şunu ***ceux-ci, ceux-là; celles-ci, celles-là*** bunlar, bunları; şunlar, şunları
cendre /sandr(ö)/ *la* k l ***cendrier*** *le* k l tablası, k ll k
censé, e /sanse/ gibi sayılan, sanılan
censeur /sansör/ *le (okul)* m d r yardımcısı; sans rc
censure /sans r/ *la* sans r
censurer /sans re/ sans r etmek, denetlemek; kınamak
cent /san/ y z ***pour cent*** y zde ***centaine*** *la*: ***une centaine (de)*** y z kadar ***centenaire*** y z yıllık, y z yaşında; *le* y z nc yıldön m ***centième*** y z nc ***centigrade***

le santigrat ***centigramme*** *le* santigram ***centilitre*** *le* santilitre ***centime*** *le* santim, frangın y zde biri ***centimètre*** *le* santimetre; mezura, mez r

central, e, aux /santral, o/ merkezi; *le* santral

centraliser /santralize/ merkezileştirmek

centre /santr(*ö*)/ *le* merkez, orta ***centrer*** merkeze almak; *sp.* topu ortalamak

cep /sep/ *le* bağ k t ğ , omça

cependant /s*ö*pandan/ bununla birlikte, oysa

céramique /seramik/ *la* seramik

cercle /serkl(*ö*)/ *le* daire; çember; çevre ***cercle vicieux*** kısır döng

cercueil /serköy/ *le* tabut

céréale /sereal/ *la* tahıl

cérébral, e, aux /serebral, o/ beyinsel, beyinle ilgili

cérémonie /seremoni/ *la* tören

cerf /ser/ *le* geyik

cerf-volant /servolan/ *le* uçurtma

cerise /s*ö*riz/ *la* kiraz

cerner /serne/ kuşatmak, sarmak

certain, e /serten, en/ kesin; belirli, belli; emin, kuşkusuz ***certains*** kimileri, bazıları ***certainement*** elbette, kuşkusuz

certes /sert(*ö*)/ elbette, kuşkusuz

certificat /sertifika/ *le* belge, diploma, sertifika

certifier /sertifye/ onaylamak, doğrulamak

certitude /sertit d/ *la* kesinlik; doğruluk

cerveau, x /servo/ *le* beyin; zekâ

cervelle /servel/ *la* beyin

ces /se/ *bkz.* ***ce***

cesse /ses/ : ***sans cesse*** durmadan, s rekli

cesser /sese/ durdurmak; durmak

c'est-à-dire /setadir/ yani, demek ki

cet /set/ *bkz.* ***ce***

cette /set/ *bkz.* ***ce***

ceux /sö/ *bkz.* ***celui***

chacal /şakal/ *le* çakal

chacun, e /şakön, n/ her biri; herkes

chagrin, e /şagren, grin/ zg n; *le* z nt , acı ***chagriner*** zmek

chahut /şay/ *le* g r lt , şamata ***chahuteur, euse*** *le+la* g r lt c , şamatacı

chaîne /şen/ *la* zincir; *(TV)* kanal

chair /şer/ *la* et

chaire /şer/ *la* k rs

chaise /şez/ *la* iskemle, sandalye

chaland /şalan/ *le* mavna, duba

châle /şal/ *le* şal

chalet /şale/ *le* dağ evi; köşk, villa

chaleur /şalör/ *la* ısı; coşku, hararet, gayret

chaleureux, euse /şalörö, öz/ sıcak, ısıtan

chaloupe /şalup/ *la* şalupa, sandal

chalumeau, x /şal mo/ *le* fleç, hamlaç

chalut /şal / *le* s rtme ağı

chamailler /şamaye/ : ***se chamailler*** dalaşmak, ağız kavgası yapmak

chambre /şanbr(*ö*)/ *la* oda; yatak odası ***chambre à air*** iç lastik ***chambre d'amis*** misafir odası ***chambre des machines*** makine dairesi ***chambre noire*** *(fotoğrafçılık)* karanlık oda ***faire chambre à part*** ayrı odalarda yatmak

chameau, x /şamo/ *le* deve

chamois /şamua/ *le* dağkeçisi, elik

champ /şan/ *le* tarla; alan ***champ de courses*** koşu meydanı, hipodrom ***champ de mines*** mayın tarlası

champagne /şa**n**pany/ *le* şampanya

champêtre /şa**n**petr(ö)/ kırsal

champignon /şa**n**pinyo**n**/ *le* mantar

champion, ne /şa**n**pyo**n**, yon/ *s+a.* şampiyon ***championnat*** *le* şampiyona

chance /şa**n**s/ *la* şans, talih; olasılık ***avoir de la chance*** talihi olmak, şanslı olmak

chanceler /şa**n**sle/ sendelemek, sarsılmak

chancelier /şa**n**sölye/ *le (Almanya'da)* başbakan; kançılar

chanceux, euse /şa**n**sö, öz/ şanslı, talihli

chandail /şa**n**day/ *le* kazak

chandelier /şa**n**dölye/ *le* şamdan

chandelle /şa**n**del/ *la* mum

change /şa**n**j/ *le* değiş tokuş; kambiyo

changeant, e /şa**n**ja**n**, a**n**t/ değişken, kararsız

changement /şa**n**jma**n**/ *le* değişme, değiştirme; değişiklik

changer /şa**n**je/ değiştirmek; değişmek ***changer d'idée*** fikrini değiştirmek ***se changer*** st n değiştirmek

chanson /şa**n**so**n**/ *la* t rk , şarkı

chant /şa**n**/ *le* t rk , şarkı; şan; ezgi

chantage /şa**n**taj/ *le* şantaj ***faire du chantage*** şantaj yapmak

chanter /şa**n**te/ şarkı söylemek; ötmek; okumak, söylemek

chanteur, euse /şa**n**tör, öz/ *le+la* şarkıcı

chantier /şa**n**tye/ *le* şantiye ***chantier naval*** tersane

chantonner /şa**n**tone/ şarkı mırıldanmak

chanvre /şa**n**vr(ö)/ *le* kenevir, kendir

chaos /kao/ *le* kaos; kargaşa, d zensizlik

chaparder /şaparde/ aşırmak, araklamak

chapeau, x /şapo/ *le* şapka

chapelet /şaple/ *le* tespih

chapelle /şapel/ *la* k ç k kilise

chapelure /şapl r/ *la* ekmek kırıntıları

chapitre /şapitr(ö)/ *le (kitap)* böl m; konu

chaque /şak/ her, her biri

char /şar/ *le* araba ***char (d'assaut)*** tank

charabia /şarabya/ *le* zırva, anlaşılmaz söz

charbon /şarbo**n**/ *le* köm r ***charbon de bois*** odunköm r ***charbonnier*** *le* köm rc

charcuterie /şark tri/ *la* domuz eti d kkânı, şark teri; domuz etinden yiyecekler ***charcutier, ière*** *le+la* domuz kasabı

chardon /şardo**n**/ *le* devedikeni; kirpi

charge /şarj(ö)/ *la* y k; barut, mermi; sorumluluk, y k ml l k ***à charge de*** koşuluyla, şartıyla

chargé /şarje/ *le*: ***chargé d'affaires*** işg der, maslahatg zar

chargement /şarjöma**n**/ *le* y kleme, doldurma; y k

charger /şarje/ y klemek; doldurmak; saldırmak, h cum etmek ***se charger de*** y klenmek, st ne almak

chariot /şaryo/ *le* y k arabası, el arabası; tekerlekli servis masası; şaryo

charité /şarite/ *la* hayırseverlik, merhamet; sadaka

charlatan /şarlata**n**/ *le* şarlatan

charmant, e /şarma**n**, a**n**t/ b y leyici, çekici

charme /şarm(ö)/ *le* b y , sihir; çekicilik, cazibe ***charmer*** b y lemek
charnel, le /şarnel/ cinsel, şehvetle ilgili; şehvetli, kösn l
charnière /şarnyer/ *la* menteşe
charnu, e /şarn / etli
charogne /şarony/ *la* leş; *arg.* it, piç, fırlama
charpente /şarpant/ *la* iskelet, çatı; v cut, b nye ***charpentier*** *le* d lger, doğramacı
charrette /şaret/ *la* iki tekerlekli y k arabası
charrue /şar / *la* saban
chas /şa/ *le* iğne deliği
chasse /şas/ *la* av; avlanma, avcılık ***tirer la chasse (d'eau)*** *(tuvalette)* sifonu çekmek
chasse-neige /şasnej/ *le* kar temizleme aracı
chasser /şase/ avlamak; kovmak, atmak; kovalamak ***chasseur, euse*** *le+la* avcı; *le* avcı uçağı; *(otelde)* uşak, garson
châssis /şasi/ *le, oto.* şasi; çerçeve
chaste /şast(ö)/ namuslu, iffetli ***chasteté*** *la* namusluluk, iffet
chat /şa/ *le* kedi
châtaigne /şateny/ *la* kestane
châtain /şaten/ kestanerengi; kumral
château, x /şato/ *le* şato, saray
châtier /şatye/ cezalandırmak; d zeltmek ***châtiment*** *le* ceza
chatoiement /şatuaman/ *le* pırıldama, harelenme
chaton /şaton/ *le* kedi yavrusu
chatouiller /şatuye/ gıdıklamak ***chatouilleux, euse*** çabuk gıdıklanır; alıngan, çok hassas
chatoyer /şatuaye/ pırıldamak, harelenmek
châtrer /şatre/ enemek, iğdiş etmek, hadım etmek
chatte /şat/ *la* dişi kedi
chaud, e /şo, od/ sıcak ***avoir chaud*** sıcaklamak, sıcaktan bunalmak ***il fait chaud*** hava sıcak
chaudière /şodyer/ *la* kazan
chauffage /şofaj/ *le* ısıtma; ısınma ***chauffage central*** kalorifer
chauffe-bain /şofben/ *le* şofben
chauffe-eau /şofo/ *le* su ısıtıcısı
chauffer /şofe/ ısıtmak; ısınmak ***se chauffer*** ısınmak
chauffeur /şoför/ *le* s r c , şoför; özel şoför
chaume /şom/ *le* samandan dam ört s ; anız
chaumière /şomyer/ *la* saman ört l kul be
chaussée /şose/ *la* yol, şose
chausse-pied /şospye/ *le* çekecek, kerata
chausser /şose/ *(ayağına)* giymek; ayakkabı giydirmek
chaussette /şoset/ *la* kısa çorap
chausson /şoson/ *le* patik, keçe ayakkabı
chaussure /şos r/ *la* ayakkabı; ayakkabıcılık
chauve /şov/ dazlak, kel
chauve-souris /şovsuri/ *la* yarasa
chauvin, e /şoven, in/ şoven ***chauvinisme*** *le* şovenizm
chavirer /şavire/ batmak, devrilmek, alabora olmak
chef /şef/ *le* şef; amir; baş, başkan; aşçıbaşı ***chef d'atelier*** ustabaşı ***chef de bureau*** b ro şefi ***chef d'entreprise*** işletme m d r ***chef d'équipe*** ekip başkanı ***chef d'état*** devlet başkanı ***chef de famille*** aile reisi ***chef de file*** *(parti, vb.)* önder ***chef d'orchestre*** orkestra

C

şefi ***chef de rayon*** *(mağaza)* bö- l m şefi ***chef de service*** servis şefi

chef-d'æuvre /şedövr(*ö*)/ *le* başyapıt, şahaser

cheik /şek/ *le* şeyh

chemin /ş*ö*men/ *le* yol ***chemin de fer*** demiryolu ***en chemin*** yolda

cheminée /ş*ö*mine/ *la* baca; ocak, şömine

cheminement /ş*ö*minman/ *le* ilerleme, gelişme, yol alma

cheminer /ş*ö*mine/ y r mek, ilerlemek

chemise /ş*ö*miz/ *la* gömlek; dosya kartonu ***chemise de nuit*** gecelik

chemisier /ş*ö*mizye/ *le* şömizye

chenal, aux /ş*ö*nal, o/ *le* kanal

chêne /şen/ *le* meşe

chenille /ş*ö*niy/ *la* tırtıl; tırtıl, palet

chèque /şek/ *le* çek ***chèque au porteur*** hamiline çek

cher, ère /şer/ sevgili, aziz; pahalı

chercher /şerşe/ aramak ***aller chercher*** gidip getirmek ***chercher à faire*** yapmaya çalışmak

chercheur, euse /şerşör, öz/ *le+la* araştırmacı

chère /şer/ *bkz. cher*

chéri, *e* /şeri/ *s+a.* sevgili

chérir /şerir/ çok sevmek, candan sevmek

cherté /şerte/ *la* pahalılık

chétif, ive /şetif, iv/ cılız, zayıf

cheval, aux /ş*ö*val, o/ *le* at ***à cheval*** at sırtında ***cheval de course*** yarış atı ***cheval (vapeur) (C.V.)*** beygirg c

chevaleresque /ş*ö*valresk(*ö*)/ şövalyece, yiğitçe

chevalerie /ş*ö*valri/ *la* şövalyelik

chevalet /ş*ö*vale/ *le* resim sehpası

chevalier /ş*ö*valye/ *le* şövalye

chevalière /ş*ö*valyer/ *la* şövalye y z ğ

chevaucher /ş*ö*voşe/ st ste binmek; apışmak, ata biner gibi durmak

chevelu, e /ş*ö*vl / saçlı, uzun saçlı

chevelure / ş*ö*vl r/ *la* saç

chevet /ş*ö*ve/ *le* başucu

cheveu, x /ş*ö*vö/ *le* saç

cheville /ş*ö*viy/ *la (ayak)* bilek; kama, takoz

chèvre /şevr(*ö*)/ *la* keçi

chevreau, x /şevro/ *le* oğlak

chèvrefeuille /şevr*ö*föy/ *le* hanımeli

chevron /ş*ö*vron/ *le* çatı merteği

chevronné, e /ş*ö*vrone/ pişkin, deneyimli

chewing-gum /şuingom/ *le* çiklet

chez /şe/ evinde, evine ***chez moi*** evimde; evime ***faites comme chez vous!*** rahatınıza bakın! evinizdeymiş gibi hareket edin! ***chez-soi*** *le* ev

chic /şik/ şık; sevimli, g zel; ne g zel! oh! harika!; *le* şıklık, g zellik ***avoir le chic de*** ustası olmak, st ne olmamak

chiche /şiş/ cimri, pinti

chicorée /şikore/ *la* hindiba

chien /şyen/ *le* köpek ***chien de garde*** bekçi köpeği

chien-loup /şyenlu/ *le* kurt köpeği

chienne /şyen/ *la* kancık

chier /şye/ *arg.* sıçmak

chiffon /şifon/ *le* paçavra

chiffonner /şifone/ buruşturmak

chiffre /şifr(*ö*)/ *le* rakam; toplam; şifre ***chiffre d'affaires*** ciro ***chiffrer*** rakamla hesaplamak; şifrelemek

chignon /şinyon/ *le* saç topuzu

chimère /şimer/ *la* hayal, boş hayal

chimie /şimi/ *la*: ***la chimie*** kimya

chimique kimyasal ***chimiste*** *le+la* kimyager, kimyacı
chiot /şyo/ *le* köpek yavrusu
chipoter /şipote/ isteksizce yemek; yavaş çalışmak, ağırdan almak
chips /şips/ *la+ç.* cips
chiquenaude /şiknod/ *la* fiske
chiromancien, ne /kiromansyen, en/ *le+la* el falcısı
chirurgie /şir rji/ *la* cerrahlık ***chirurgie esthétique*** estetik cerrahi ***chirurgien, ne*** *le+la* cerrah
chlore /klor/ *le* klor
chloroforme /kloroform(*ö*)/ *le* kloroform
chlorophylle /klorofil/ *la* klorofil
choc /şok/ *le* çarpma; çarpışma; sarsıntı, şok
chocolat /şokola/ *le* çikolata ***chocolat à croquer*** sade çikolata ***chocolat au lait*** s tl çikolata
chœur /kör/ *le* koro ***en chœur*** koro halinde, topluca
choir /şuar/ d şmek
choisi, e /şuazi/ seçkin, seçme
choisir /şuazir/ seçmek
choix /şua/ *le* seçme; seçim ***de choix*** seçkin, seçme
choléra /kolera/ *le* kolera
cholestérol /kolesterol/ *le* kolesterol
chômage /şomaj/ *le* işsizlik ***être au chômage*** işsiz olmak ***chômer*** çalışmamak, işsiz kalmak, boşta olmak ***chômeur, euse*** *le+la* işsiz *(kimse)*
chope /şop/ *la* b y k bira bardağı
choquer /şoke/ sarsmak, şaşırtmak
choral, e /koral/ koroyla ilgili; *le* koral, dinsel şarkı
chorégraphe /koregraf/ *le+la* koreograf
chorégraphie /koregrafi/ *la* koreografi
chose /şoz/ *la* şey
chou, x /şu/ *le* lahana ***mon petit chou*** tatlım, şekerim, canım
choucas /şuka/ *le* alakarga
chouchou, te /şuşu, ut/ *le+la* sınıfın gözdesi, en sevilen öğrenci
choucroute /şukrut/ *la* lahana turşusu
chouette /şuet/ g zel, hoş; *la* baykuş
chou-fleur /şuflör/ *le* karnabahar
choyer /şuaye/ çok sevmek, st ne titremek
chrétien, ne /kretyen, en/ *s+a.* Hıristiyan
Christ /krist/ *le*: ***le Christ*** İsa ***christianisme*** *le* Hıristiyanlık
chromatique /kromatik/ kromatik
chrome /krom/ *le* krom ***chromé, e*** krom kaplı
chronique /kronik/ s reğen, kronik; *la* yazı; kronik, vakayiname
chronologie /kronoloji/ *la* kronoloji ***chronologique*** kronolojik
chronomètre /kronometr(*ö*)/ *le* kronometre, s reölçer
chrysalide /krizalid/ *la* krizalit
chrysanthème /krizantem/ *le* kasımpatı
chuchoter /ş şote/ fısıldamak
chuinter /şuente/ tıslamak, hışırdamak
chut /ş t/ sus! hışt!
chute /ş t/ *la* d şme, d ş ş ***chute (d'eau)*** çağlayan
_ci /si/ bu
ci_ /si/ burada
ci-après /siapre/ bundan sonraki
cible /sibl(*ö*)/ *la* hedef
ciboule /sibul/ *la* taze sarmısak ***ciboulette*** *la* bir t r sarmısak
cicatrice /sikatris/ *la* yara izi
ci-dessous /sid*ö*su/ aşağıda, altta

ci-dessus /sidös / yukarıda, stte

ci-devant /sidövan/ *le+la* Fransız ihtilalinde nvanını yitiren soylu

cidre /sidr(ö)/ *le* elma şarabı

ciel /syel/ *le* gök, göky z ; cennet ***à ciel ouvert*** açık havada

cierge /syerj(ö)/ *le* mum

cigale /sigal/ *la* ağustosböceği

cigare /sigar/ *le* puro

cigarette /sigaret/ *la* sigara

cigogne /sigony/ *la* leylek

ci-inclus, e /sienkl , z/ ekteki, ilişikteki, zarfın içinde

ci-joint, e /sijuen, ent/ ekteki, ilişikteki

cil /sil/ *le* kirpik

cime /sim/ *la* tepe, doruk

ciment /siman/ *le* çimento ***cimenter*** çimentolamak, çimento dökmek

cimetière /simtyer/ *le* mezarlık, göm tl k

cinéaste /sineast(ö)/ *le+la* sinemacı

cinéma /sinema/ *le* sinema ***cinémascope*** *le* sinemaskop

cinéphile /sinefil/ *le+la* sinemasever

cinétique /sinetik/ kinetik

cinglé, e /sengle/ *kd.* çılgın, kaçık

cingler /sengle/ kamçılamak, vurmak, dövmek

cinq /senk/ beş

cinquante /senkant/ elli ***cinquantième*** ellinci

cinquième /senkyem/ beşinci

cintre /sentr(ö)/ *le* elbise askısı

cirage /siraj/ *le* ayakkabı boyama; ayakkabı boyası

circoncision /sirkonsizyon/ *la* s nnet

circonférence /sirkonferans/ *la* çevre; çember

circonflexe /sirkonfleks(ö)/ : ***accent circonflexe*** ^ işareti

circonscription /sirkonskripsyon/ *la* bölge ***circonscription électorale*** secim bölgesi

circonscrire /sirkonskrir/ sınırlamak, sınır içine almak

circonspect, e /sirkonspekt/ ihtiyatlı, sakıngan, ölç l

circonstance /sirkonstans/ *la* durum, koşul

circuit /sirkui/ *le* gezi, gezme, tur; *(elektrik)* devre

circulaire /sirk ler/ yuvarlak, değirmi; *la* genelge

circulation /sirk lasyon/ *la* dolaşım ***la circulation*** trafik ***mettre en circulation*** piyasaya s rmek

circuler /sirk le/ dolaşmak

cire /sir/ *la* balmumu; kulak kiri

ciré /sire/ *le* yağmurluk, muşamba

cirer /sire/ parlatmak, cilalamak

cirque /sirk(ö)/ *le* sirk

cisaille(s) /sizaj/ *la+(ç.)* b y k makas, bahçıvan makası

ciseau, x /sizo/ *le* çelik kalem, yontma kalemi; *le+ç.* makas

ciseler /sizle/ oymak, kesmek, işlemek

citation /sitasyon/ *la* alıntı, iktibas; celp, çağrı belgesi

cité /site/ *la* kent, şehir

citer /site/ alıntılamak, aktarmak; anmak, adını anmak; mahkemeye çağırmak

citerne /sitern(ö)/ *la* sarnıç

citoyen, ne /situayen, en/ *le+la* yurttaş, vatandaş ***citoyenneté*** *la* yurttaşlık, vatandaşlık

citron /sitron/ *le* limon ***citronnade*** *la* limonata

citrouille /sitruy/ *la* balkabağı

civet /sive/ *le* yahni

civière /sivyer/ *la* sedye, teskere

civil, e /sivil/ medeni, yurttaşlıkla ilgili; *s+le* sivil ***en civil*** sivil kıyafet-

li, sivil
civilisation /sivilizasyon/ *la* uygarlık; uygarlaşma, uygarlaştırma
civiliser /sivilize/ uygarlaştırmak
civique /sivik/ medeni; yurttaşla ilgili, yurttaşlık+
clair, e /kler/ parlak, aydınlık; *(renk)* açık; ortada, açık, belli ***clair de lune*** *le* ay ışığı
clairière /kleryer/ *la* ağaçsız alan, açıklık, d zl k
clairon /kleron/ *le* borazan, boru
clairsemé, e /klersöme/ seyrek
clairvoyant, e /klervuayan, ant/ öngör l , basiretli
clameur /klamör/ *la* g r lt , patırtı
clandestin, e /klandesten, in/ gizli, yolsuz, kaçak
clapier /klapye/ *le* tavşan kafesi
clapoter /klapote/ *(dalga)* hafif ses çıkarmak ***clapotis*** *le* şıpırtı
claque /klak/ *la* şamar, tokat
claquer /klake/ şaklamak, şakırdamak; *(kapı)* çarparak kapamak; şaklatmak; yormak
clarifier /klarifye/ açıklamak, aydınlatmak
clarinette /klarinet/ *la* klarnet
clarté /klarte/ *la* aydınlık, parlaklık; durukluk, berraklık; açıklık, anlaşılırlık
classe /klas/ *la* sınıf; ders ***aller en classe*** okula gitmek ***faire la classe*** ders vermek
classement /klasman/ *le* sınıflama, sınıflandırma, sıralama, d zenleme
classer /klase/ sınıflamak, sınıflandırmak, sıralamak, d zenlemek
classeur /klasör/ *le* klasör
classification /klasifikasyon/ *la* sınıflama, sınıflandırma
classifier /klasifye/ sınıflara ayırmak, sınıflamak, böl mlemek
classique /klasik/ *s+le* klasik
claustrophobie /klostrofobi/ *la* klostrofobi, kapalı yer korkusu
clavecin /klavsen/ *le* klavsen
clavicule /klavik l/ *la* köpr c kkemiği
clavier /klavye/ *le* klavye
clé, clef /kle/ *la* anahtar ***clé anglaise*** ingilizanahtarı ***clé de contact*** kontak anahtarı ***clé de voûte*** kilit taşı
clémence /klemans/ *la* yumuşaklık, acıma, merhamet
clément, e /kleman, ant/ yumuşak, merhametli
clergé /klerje/ *le* rahipler sınıfı
clérical, e, aux /klerikal, o/ papazlarla ilgili, kilise+
cliché /klişe/ *le* klişe; basmakalıp söz
client, e /kliyan, ant/ *le+la* m şteri; hasta; m vekkil ***clientèle*** *la* alıcılar, m şteriler
cligner /klinye/ : ***cligner des yeux*** gözlerini kırpıştırmak ***cligner de l'œil*** göz kırpmak, göz etmek
clignotant /klinyotan/ *le, oto.* sinyal lambası
clignoter /klinyote/ kıpraşmak; yanıp sönmek
climat /klima/ *le* iklim ***climatique*** iklimsel, iklim+
climatisation /klimatizasyon/ *la* havalandırma, iklimleme ***climatisé, e*** klimalı, havalandırma tertibatlı
clin d'œil /klendöy/ *le* göz kırpma ***en un clin d'œil*** göz açıp kapamadan, hemencecik
clinique /klinik/ *s+la* klinik
clinquant, e /klenkan, ant/ göz alıcı, gösterişli

C

cliqueter /klikte/ tıkırdamak, şakırdamak
clitoris /klitoris/ *le* klitoris, bızır
clochard, e /kloşar, ard(*ö*)/ *le+la* serseri
cloche /kloş/ *la (kilise)* çan; *kd.* andavallı, ahmak
clocher /kloşe/ *le* çan kulesi; *kd.* aksamak, köt gitmek
cloison /kluazo**n**/ *la* bölme, ince duvar
cloître /kluatr(*ö*)/ *le* manastır
clopin-clopant /klope**n**klopa**n**/ topallayarak, sendeleyerek; şöyle böyle
cloporte /kloport(*ö*)/ *le* tespihböceği
clore /klor/ kapatmak ***clos, e*** kapalı; *le (etrafı çevrili)* tarla; bağlık
clôture /klot r/ *la* kapatma, bitirme; çit, duvar
clou /klu/ *le* çivi; çıban ***clou de girofle*** karanfil tanesi ***clouer*** çivilemek
clown /klun/ *le* palyaço, soytarı
club /klöb/ *le* kul p
coaguler /koag le/ pıhtılaştırmak; pıhtılaşmak ***se coaguler*** pıhtılaşmak
coalition /koalisyo**n**/ *la* koalisyon, birleşme
coasser /koase/ *(kurbağa)* vıraklamak
cobaye /kobay/ *le* kobay
cobra /kobra/ *le* kobra, gözl kl yılan
cocaïne /kokain/ *la* kokain
cocarde /kokard(*ö*)/ *la* kokart
coccinelle /koksinel/ *la* hanımböceği, gelinböceği
cocher /koşe/ *(kalemle)* işaretlemek; çentiklemek, kertmek; *le* arabacı
cochon, ne /koşo**n**, on/ *le* domuz ***cochonnerie*** *la, kd.* pislik
cocktail /koktel/ *le* kokteyl
cocon /koko**n**/ *le* koza
cocotier /kokotye/ *le* hindistancevizi ağacı
cocotte /kokot/ *la* kulplu tencere ***cocotte (minute)*** d d kl tencere
cocu /kok / *le* boynuzlu, eşi tarafından aldatılan
code /kod/ *le* kod, şifre; yasa, kural ***code civil*** medeni kanun, yurttaşlık yasası ***code de la route*** trafik yasası
coefficient /koefisya**n**/ *le* katsayı
cœur /kör/ *le* kalp, y rek; *(iskambil)* kupa; yiğitlik, cesaret ***avoir mal au cœur*** midesi bulanmak ***de bon cœur*** isteyerek, seve seve
par cœur ezbere
coffre /kofr(*ö*)/ *le* sandık; *oto.* bagaj ***coffre(-fort)*** *le* çelik kasa
cognac /konyak/ *le* konyak
cogner /konye/ çarpmak
cohabiter /koabite/ birlikte oturmak
cohérent, e /koera**n**, a**n**t/ tutarlı, birbirine uygun
cohue /koy/ *la* kalabalık
coiffer /kuafe/ başını örtmek, başına bir şey giydirmek ***coiffer qn*** saçını yapmak, saç tuvaletini yapmak ***se coiffer*** başını yapmak, kendi saç tuvaletini yapmak
coiffeur, euse /kuafför, öz/ *le+la* kuaför, berber; *la* tuvalet masası
coiffure /kuaf r/ *la* saç tuvaleti; başlık, şapka ***la coiffure*** berberlik
coin /kue**n**/ *le* köşe; kama, takoz; yan, yer ***au coin du feu*** ateş başında, ocak başında
coincer /kue**n**se/ sıkıştırmak, kıstırmak
coïncidence /koe**n**sida**n**s/ *la* tesad f, rastlantı; çakışma, aynı zamana rastlama

coïncider /koenside/ çakışmak, aynı zamana rastlamak; uymak, aynı olmak
coing /kuen/ *le* ayva
col /kol/ *le (gömlek)* yaka; boyun; *coğ.* boğaz, geçit ***col roulé*** balıkçı yaka
coléoptère /koleopter/ *le* kınkanatlı
colère /koler/ *la* kızgınlık, öfke ***coléreux, euse*** çabuk öfkelenen, sinirli
colimaçon /kolimason/ *le*: ***escalier en colimaçon*** döner merdiven, sarmal merdiven
colin /kolen/ *le* barlam *(balığı)*
colique /kolik/ *la* s rg n, ishal; karın ağrısı
colis /koli/ *le* koli, paket
collaborateur, trice /kolaboratör, tris/ *le+la* mesai arkadaşı, iş arkadaşı; işbirlikçi
collaboration /kolaborasyon/ *la* işbirliği, katkı
collaborer /kolabore/ işbirliği yapmak, birlikte çalışmak
collant, e /kolan, ant/ yapışan; *(giysi)* v cudu saran; *le* k lotlu çorap; dansçıların giydiği sıkı giysi
colle /kol/ *la* tutkal, yapıştırıcı, kola; kazık soru, zor soru
collectif, ive /kolektif, iv/ ortak, ortaklaşa, toplu
collection /koleksyon/ *la* koleksiyon, derlem; dizi ***collectionner*** koleksiyon yapmak, biriktirmek ***collectionneur, euse*** *le+la* koleksiyoncu
collectivité /kolektivite/ *la* topluluk
collège /kolej/ *le* ortaokul, kolej; kurul ***collégien, ne*** *le+la* öğrenci, kolejli
collègue /koleg/ *le+la* meslektaş
coller /kole/ yapıştırmak; sınıfta bırakmak; yapışmak
collet /kole/ *le* tuzak, ağ ***collet monté*** bağnaz, tutucu
collier /kolye/ *le* kolye; tasma
colline /kolin/ *la* tepe
collision /kolizyon/ çarpışma
colombe /kolonb/ *la* g vercin
colonel /kolonel/ *le* albay
colonial, e, aux /kolonyal, o/ söm rgeyle ilgili
colonie /koloni/ söm rge; koloni ***colonie (de vacances)*** çocuklar için tatil kampı
coloniser /kolonize/ söm rgeleştirmek
colonne /kolon/ *la* s tun, kolon ***colonne (vertébrale)*** omurga
coloration /kolorasyon/ *la* boyama, renklendirme
coloré, e /kolore/ boyalı, renkli
colorer /kolore/ boyamak, renklendirmek
coloris /kolori/ *le* renk
colossal, e, aux /kolosal, o/ kocaman, dev gibi
colporter /kolporte/ gezerek satmak, işportada satmak ***colporteur, euse*** *le+la* işportacı, seyyar satıcı
coma /koma/ *le* koma ***être dans le coma*** komaya girmek
combat /konba/ *le* kavga, döv ş
combattre /konbatr(*ö*)/ savaşmak
combien /konbyen/ ne kadar; kaç tane ***combien de temps*** ne kadar zaman
combinaison /konbinezon/ *la* birleşme, birleşim; kombinezon; işçi tulumu
combine /konbin/ *la* d men, yol, çare
combiné /konbine/ *le* telefon ahizesi, almaç

combiner /konbine/ birleştirmek; d zenlemek, hazırlamak

C

comble /konbl(ö)/ silme, ağzına kadar dolu; *le* doruk, son nokta

combler /konble/ doldurmak

combustible /konb stibl(ö)/ yanar, yanıcı; *le* yakıt

combustion /konb styon/ *la* yanma

comédie /komedi/ *la* g ld r , komedi ***comédien, ne*** *le+la* oyuncu; komedyen

comestible /komestibl(ö)/ yenir, yenilebilir

comète /komet/ *la* kuyrukluyıldız

comique /komik/ komediyle ilgili, g ld r +; g l nç, komik; *le* komik, komedyen

comité /komite/ *le* kurul

commandant /komandan/ *le* komutan; binbaşı; gemi komutanı

commande /komand/ *la* sipariş, ısmarlama ***commande à distance*** uzaktan kumanda

commandement /komandman/ *le* komutanlık; komut

commander /komande/ ısmarlamak, sipariş vermek; buyurmak, emretmek; komuta etmek, yönetmek

commandite /komandit/ *la*: ***(société en) commandite*** komandit ortaklık

commando /komando/ *le* komando

comme /kom/ gibi; -diği için, -den dolayı; -diği sırada, iken; ne kadar; nasıl ***comme ça*** böyle ***comme ci comme ça*** şöyle böyle, orta ***comme si*** sanki

commémoration /komemorasyon/ *la* anma, kutlama

commémorer /komemore/ anmak, kutlamak

commencement /komansman/ *le* başlangıç

commencer /komanse/ başlatmak; başlamak

comment /koman/ nasıl ***comment?*** nasıl? efendim?

commentaire /komanter/ *le* yorum, açıklama

commentateur, trice /komantatör, tris/ *le+la* yorumcu

commérages /komeraj/ *le+ç.* dedikodu

commerçant, e /komersan, ant/ *le+la* satıcı, t ccar

commerce /komers(ö)/ *le* ticaret, alışveriş; işyeri ***commercial, e, aux*** ticari

commettre /kometr(ö)/ yapmak, işlemek

commis /komi/ *le* satıcı, tezgâhtar; banka memuru

commissaire /komiser/ *le* komiser

commissariat /komisarya/ *le* karakol; komiserlik

commission /komisyon/ *la* komisyon, yarkurul; komisyon, y zdelik; mesaj, ileti ***commissionnaire*** *le* ayak işlerine koşulan çocuk, komi, ulak

commode /komod/ uygun, elverişli, kullanışlı; kolay, basit ***commodité*** *la* kullanışlılık, uygunluk, rahatlık

commotion /komosyon/ *la*: ***commotion (cérébrale)*** beyin sarsıntısı

commun, e /komön, n/ ortak; alışılmış, sıradan; bayağı, basit

communauté /kom note/ *la* topluluk; cemaat

commune /kom n/ *la* bucak

communication /kom nikasyon/ *la* iletişim, haberleşme; haber, mesaj, ileti; ulaşım ***communication (téléphonique)*** telefon konuşması

communication interurbaine şehirlerarası telefon

communion /kom nyon/ *la* kom nyon, şarap içme ve yemek yeme ayini

communiqué /kom nike/ *le* bildiri

communiquer /kom nike/ iletmek; geçirmek, bulaştırmak; haberleşmek

communisme /kom nism(*ö*)/ *le* kom nizm ***communiste*** *s+a.* kom nist

compact, e /konpakt/ sıkı, yoğun, tıkız

compagne /konpany/ *la* arkadaş, dost

compagnie /konpanyi/ *la* arkadaşlar; ortaklık, şirket; *ask.* böl k

compagnon /konpanyon/ *le* arkadaş; usta işçi

comparable /konparabl(*ö*)/ karşılaştırılabilir

comparaison /konparezyon/ *la* karşılaştırma

comparatif, ive /konparatif, iv/ karşılaştırmalı

comparer /konpare/ karşılaştırmak

compartiment /konpartiman/ *le* bölme, böl m; kompartıman

compas /konpa/ *le* pergel; pusula

compassion /konpasyon/ *la* acıma, merhamet

compatible /konpatibl(*ö*)/ uygun, tutarlı, bağdaşan

compatir /konpatir/ : ***compatir (à)*** duygularını paylaşmak, acısına katılmak, acımak

compensation /konpansasyon/ *la* giderme, telafi; tazminat

compenser /konpanse/ karşılamak, telafi etmek, tazmin etmek

compère /konper/ *le* suçortağı

compétence /konpetans/ *la* yetenek, anıklık; yetki

compétent, e /konpetan, ant/ yetenekli; yetkili

compétition /konpetisyon/ *la* yarışma; rekabet

compétiteur, trice /konpetitör, tris/ *le+la* yarışmacı

compiler /konpile/ derlemek

complaisance /konplezans/ *la* nezaket, incelik; yaltaklanma, gön l alma

complaisant, e /konplezan, ant/ kibar, saygılı; hoşgör l

complément /konpleman/ *le* tamamlayıcı şey, ek; artan, kalan; *dilb.* t mleç ***complémentaire*** tamamlayıcı, t mleyici; ek

complet, ète /konple, et/ tam, eksiksiz; dolu; *le* takım elbise ***compléter*** tamamlamak, b t nlemek, t mlemek

complexe /konpleks(*ö*)/ karmaşık, karışık; *le* kompleks ***complexé, e*** kompleksli ***complexité*** *la* karışıklık, çapraşıklık

complication /konplikasyon/ *la* karmaşıklık, karışıklık

complice /konplis/ *le* suçortağı ***complicité*** *la* suçortaklığı

compliment /konpliman/ *le* iltifat, kompliman ***complimenter*** kutlamak; iltifat etmek ***compliments*** tebrikler

compliqué, e /konplike/ karışık, çapraşık

compliquer /konplike/ karıştırmak, g çleştirmek ***se compliquer*** karmakarışık olmak, çetinleşmek

complot /konplo/ *le* komplo ***comploter*** hazırlamak, d zenlemek; komplo kurmak

comportement /konportöman/ *le* davranış

C

comporter /konporte/ içermek, kapsamak; sahip olmak; dayanmak, kaldırmak ***se comporter*** davranmak
composé, e /konpoze/ yapmacık, sahte; *s+le* bileşik
composer /konpoze/ yazmak; bestelemek; oluşturmak, meydana getirmek; anlaşmak ***se composer de*** -den oluşmak, meydana gelmek ***composer un numéro*** *(telefon)* numarayı çevirmek
compositeur, trice /konpozitör, tris/ *le+la* besteci; dizgici
composition /konpozisyon/ *la* bileşim; kompozisyon; beste; dizgi
compote /konpot/ *la* komposto, hoşaf
compréhensif, ive /konpreansif, iv/ anlayışlı
compréhension /konpreansyon/ *la* anlayış; anlama, kavrama
comprendre /konprandr(*ö*)/ anlamak; kapsamak, içine almak
compresse /konpres/ *la* kompres
compression /konpresyon/ *la* sıkıştırma; basınç; azaltma
comprimer /konprime/ sıkıştırmak, sıkmak; azaltmak
compris, e /konpri, iz/ içinde, dahil
compromettre /konprometr(*ö*)/ tehlikeye atmak
compromis /konpromi/ *le* uzlaşma, anlaşma
comptable /kontabl(*ö*)/ *le+la* muhasebeci
comptant /kontan/ : ***payer comptant*** peşin ödemek
compte /kont/ *le* sayma, sayım; toplam, sonuç; hesap ***à bon compte*** ucuza ***compte courant*** cari hesap ***compte de dépôt*** mevduat hesabı
compte-gouttes /kontgut/ *le* damlalık
compter /konte/ saymak; hesaplamak; sahip olmak; ödemek
compteur /kontör/ *le* sayaç ***compteur de vitesse*** kilometre saati
comptine /kontin/ *la* tekerleme
comptoir /kontuar/ *le* tezgâh
comte /kont/ *le* kont
comté /konte/ *le* kontluk
comtesse /kontes/ *la* kontes
con, ne /kon, kon/ gerzek, saloz, şaban
concave /konkav/ içb key
concéder /konsede/ vermek, bağışlamak
concentration /konsantrasyon/ *la* bir noktada toplanma; koyulaşma, yoğunlaşma
concentré /konsantre/ *le* derişik madde, ekstre, öz t
concentrer /konsantre/ bir noktaya toplamak; koyulaştırmak, yoğunlaştırmak ***se concentrer*** toplanmak
concentrique /konsantrik/ eşmerkezli
concept /konsept/ *le* kavram
conception /konsepsyon/ *la* kavrama, anlama; d ş nce, gör ş; gebe kalma
concerner /konserne/ ilgilendirmek, ilgili olmak
concert /konser/ *le* konser, dinleti; anlaşma, uyuşma ***de concert*** birlikte
concerto /konserto/ *le* konçerto
concession /konsesyon/ *la* ayrıcalık; öd n, imtiyaz
concevoir /konsvuar/ anlamak, kavramak; tasarlamak; gebe kalmak
concierge /konsyerj(*ö*)/ *le+la* kapıcı

concilier /konsilye/ uzlaştırmak

concis, e /konsi, iz/ kısa, özl

conclure /konkl r/ bitirmek, tamamlamak

conclusion /konkl zyon/ *la* son; sonuç

concombre /konkonbr(*ö*)/ *le* salatalık, hıyar

concordance /konkordans/ *la* uygunluk, uyum

concorde /konkord(*ö*)/ *la* uyum; iyi geçinme

concorder /konkorde/ uymak, birbirini tutmak

concourir /konkurir/ yarışmak

concours /konkur/ *le* yarışma; yardım, katkı

concret, ète /konkre, et/ somut; yoğun

concurrence /konk rans/ *la* yarış, yarışma

concurrent, e /konk ran, ant/ *s+a.* yarışmacı, yarışçı, yarışan

condamnation /kondanasyon/ *la* kınama; ceza, mahkûmiyet

condamner /kondane/ kınamak; cezalandırmak, mahkûm etmek

condensation /kondansasyon/ *la* yoğunlaşma, koyulaşma

condenser /kondanse/ yoğunlaştırmak, koyulaştırmak; sıvılaştırmak ***se condenser*** yoğunlaşmak; sıvılaşmak

condescendre /kondesandr(*ö*)/ : ***condescendre à*** l tfetmek, l tfedip kabul etmek

condition /kondisyon/ *la* durum, hal, vaziyet; koşul, şart; toplumsal durum, mevki; *sp.* kondisyon ***à condition de*** koşuluyla, şartıyla ***conditionnel, le*** koşullu, koşullara bağlı, şartlı; *le, dilb.* koşul kipi, şart kipi ***conditionner*** koşullandırmak, şartlandırmak; malı piyasaya s rmek için hazırlamak

condoléances /kondoleans/ *la+ç.* başsağlığı, taziye

conducteur, trice /kond ktör, tris/ *s+le* iletken; *le+la* s r c , şoför

conduire /konduir/ *(taşıt)* s rmek, kullanmak; göt rmek; iletmek ***se conduire*** davranmak

conduit /kondui/ *le* ark, oluk, boru, kanal

conduite /konduit/ *la (araba)* s rme, kullanma; davranış; boru, kanal

cône /kon/ *le* koni; kozalak

confection /konfeksyon/ *la* yapma, hazırlama; konfeksiyon, hazır giyim

confectionner /konfeksyone/ yapmak, hazırlamak

confédération /konfederasyon/ *la* konfederasyon

conférence /konferans/ *la* konuşma, konferans; toplantı ***conférence de presse*** basın toplantısı ***conférencier, ère*** *le+la* konuşmacı, konferansçı

conférer /konfere/ vermek; karşılaştırmak

confesser /konfese/ itiraf etmek; g nah çıkartmak

confession /konfesyon/ *la* itiraf; g nah çıkarma

confetti /konfeti/ *le* konfeti

confiance /konfyans/ *la* g ven ***avoir confiance en*** -e g venmek ***confiance en soi*** özg ven, kendine g ven

confiant, e /konfyan, ant/ g venen, emin

confidence /konfidans/ *la* sırrını açma

confidentiel, le /konfidansyel/ gizli, mahrem

confier /konfye/ *(sır)* söylemek, açmak; emanet etmek ***se confier à*** -e açılmak, içini dökmek
confiner /konfine/ hapsetmek, kapatmak ***confiner à*** -e benzemek, -ı andırmak
confins /konfen/ *le+ç.*: ***aux confins de*** -ın sınırında
confirmation /konfirmasyon/ *la* doğrulama, gerçekleme
confirmer /konfirme/ doğrulamak, gerçeklemek; onaylamak
confiscation /konfiskasyon/ *la* el koyma, m sadere
confiserie /konfizri/ *la* şekerci d kkânı; şekercilik ***confiseur, euse*** *le+la* şekerci
confisquer /konfiske/ el koymak, m sadere etmek
confit, e /konfi, it/ : ***fruits confits*** meyve şekerlemesi
confiture /konfit r/ *la* reçel
conflit /konfli/ *le* çarpışma, çatışma; uyuşmazlık, anlaşmazlık
confluent /konfl an/ *le (akarsu)* kavşak
confondre /konfondr(*ö*)/ karıştırmak; susturmak, bozum etmek; şaşırtmak ***se confondre*** karışmak ***se confondre en excuses*** bin bir öz r dilemek
conforme /konform(*ö*)/ : ***conforme à*** -e uygun; -e benzer
conformer /konforme/ uydurmak ***se conformer à*** -e uymak, benzemek
conformité /konformite/ *la* uygunluk; benzerlik
confort /konfor/ *le* rahatlık, konfor ***confortable*** rahat, konforlu
confrère /konfrer/ *le* meslektaş
confrontation /konfrontasyon/ *la* y zleştirme; karşılaştırma
confronter /konfronte/ y zleştirmek; karşılaştırmak
confus, e /konf , z/ karışık, belirsiz; utanmış
confusion /konf zyon/ *la* karışıklık; utanma
congé /konje/ *le* tatil, dinlence; izin; işten çıkarma ***en congé*** tatilde, izinli ***congé de maladie*** hastalık izni, istirahat ***congés payés*** cretli izin
congédier /konjedye/ kovmak, çıkarmak, atmak
congélateur /konjelatör/ *le* dondurucu, derin dondurucu
congeler /konjle/ dondurmak
congestion /konjestyon/ *la* kanama
congratuler /kongrat le/ kutlamak
congrès /kongre/ *le* kurultay, kongre
conifère /konifer/ *le* kozalaklı ağaç
conique /konik/ konik
conjonction /konjonksyon/ *la, dilb.* bağlaç, bağ
conjugaison /konj gezon/ *la, dilb.* çekim
conjugal, e, aux /konj gal, o/ evlilikle ilgili
conjuguer /konj ge/ *dilb.* çekmek, çekimini yapmak; birleştirmek
connaissance /konesans/ *la* bilme; bilgi; tanıdık, tanış ***être sans connaissance*** kendinde olmamak ***perdre connaissance*** kendini kaybetmek, bayılmak
connaisseur, euse /konesör, öz/ *le+la* uzman, erbap
connaître /konetr(*ö*)/ bilmek; tanımak; gör p geçirmek, uğramak, tatmak
connu, e /kon / nl , tanınmış
conquérant, e /konkeran, ant/ *le+la* fatih
conquérir /konkerir/ fethetmek, ele

geçirmek ***conquête*** *la* fetih, ele geçirme

consacrer /konsakre/ kutsamak; adamak, vakfetmek

conscience /konsyans/ *la* bilinç, şuur; vicdan, bulunç ***avoir conscience de*** -in bilincinde olmak ***consciencieux, euse*** vicdanlı, insaflı ***conscient, e*** bilinçli

conscription /konskripsyon/ *la* askerlik yoklaması, askere alma

conscrit /konskri/ *le* askere alınan kimse, acemi er

consécutif, ive /konsek tif, iv/ ardışık, birbirini izleyen

conseil /konsey/ *le* öğ t, nasihat; kurul, meclis ***conseil d'administration*** yönetim kurulu ***conseil de guerre*** askeri mahkeme ***conseil municipal*** belediye enc meni

conseiller /konseye/ öğ t vermek, salık vermek

conseiller, ère /konseye, konseyer/ *le+la* danışman, m şavir ***conseiller, ère matrimonial*** evlilik danışmanı ***conseiller, ère municipal*** belediye meclisi yesi

consentement /konsantman/ *le* rıza, onama, muvafakat

consentir /konsantir/ razı olmak, rıza göstermek, uygun görmek

conséquence /konsekans/ *la* sonuç

conséquent, e /konsekan, ant/ makul, aklı başında ***par conséquent*** dolayısıyla, bu nedenle

conservateur, trice /konservatör, tris/ *s+a.* tutucu, muhafazakâr; *le+la* m ze m d r

conservation /konservasyon/ *la* koruma, saklama, muhafaza

conservatoire /konservatuar/ *le* konservatuvar

conserve /konserv(ö)/ *la* konserve ***en conserve*** konserve+

conserver /konserve/ korumak, saklamak, muhafaza etmek; konservesini yapmak

considérable /konsiderabl(ö)/ önemli, hatırı sayılır

considération /konsiderasyon/ *la* dikkatli inceleme; saygı ***prendre en considération*** göz ön ne almak ***considérations*** *la+ç.* gör ş- ler

considérer /konsidere/ d ş nmek, göz ön nde tutmak; d ş nmek, ölç p biçmek; incelemek ***considérer comme*** *(olarak)* saymak

consigne /konsiny/ *la* emanet; dışarı çıkarmama cezası; yönerge, talimat

consigner /konsinye/ yazmak, kaydetmek; *(asker)* izne çıkarmamak, dışarı salmamak; emanet bırakmak

consistance /konsistans/ *la* koyuluk, kıvam; kararlılık, istikrar

consistant /konsistan, ant/ yoğun, koyu; dayanıklı, sağlam

consister /konsiste/ : ***consister en (dans)*** -den oluşmak

consolation /konsolasyon/ *la* avuntu, avunç

consoler /konsole/ avutmak, teselli etmek

consolider /konsolide/ sağlamlaştırmak, pekiştirmek

consommateur, trice /konsomatör, tris/ *le+la* t ketici; *(kafeterya, vb.'de)* m şteri

consommation /konsomasyon/ *la* t ketim; içecek, içilen şey

consommé, e / konsome/ tam, eksiksiz; *le* et suyu

consommer /konsome/ t ketmek; tamamlamak, bitirmek; *(kafeterya,* *vb.'de)* içki almak

consonne /konson/ *la, dilb.* ns z, sessiz harf

conspirateur, trice /konspiratör, tris/ *le+la* suikastçı

conspiration /konspirasyon/ *la* suikast, komplo

conspirer /konspire/ komplo hazırlamak, kumpas kurmak

conspuer /konspue/ yuhalamak

constammant /konstaman/ s rekli olarak, durmaksızın

constant, e /konstan, ant/ s rekli; değişmez, sabit

constatation /konstatasyon/ *la* görme, saptama; gözlem

constater /konstate/ görmek, gözlemlemek, saptamak

constellation /konstelasyon/ *la* takımyıldız

consternation /konsternasyon/ *la* z nt , acı

constipation /konstipasyon/ *la* kabızlık

constipé, e /konstipe/ kabız

constituer /konstitue/ kurmak, oluşturmak

constitution /konstit syon/ *la* kurma, kuruluş; yapı, b nye; yapılış, oluş; anayasa

construction /konstr ksyon/ *la* yapma, inşa; yapı, bina

construire /konstruir/ yapmak, kurmak, inşa etmek

consul /kons l/ *le* konsolos ***consulat*** *le* konsolosluk

consultation /kons ltasyon/ *la* danışma

consulter /kons lte/ danışmak; *hek.* kons ltasyon yapmak

consumer /kons me/ t ketmek, bitirmek

contact /kontakt/ *le* dokunma, temas; kontak; ilişki, ilgi

contagieux, euse /kontajyö, öz/ bulaşıcı

contagion /kontajyon/ *la* bulaşma, geçme

contaminer /kontamine/ kirletmek, pisletmek; bulaştırmak, geçirmek

conte /kont/ *le* öyk , masal ***conte de fées*** peri masalı

contempler /kontanple/ seyretmek

contemporain, e /kontanporen, en/ *s+a.* çağdaş

contenance /kontnans/ *la* sığa, kapasite; davranış, tutum

contenir /kontnir/ içermek, kapsamak; içine almak

content, e /kontan, ant/ hoşnut, memnun ***contentement*** *le* memnuniyet; doyum, tatmin ***contenter*** memnun etmek; doyurmak, tatmin etmek ***se contenter de*** ile yetinmek

contenu /kontn / *le* içindekiler; içerik

conter /konte/ anlatmak, dile getirmek

contestable /kontestabl(*ö*)/ tartışma göt r r

contestation /kontestasyon/ *la* karşı çıkma, itiraz; anlaşmazlık

contester /konteste/ karşı çıkmak, tanımamak, itiraz etmek

conteur, euse /kontör, öz/ *le+la* öyk c , hikâyeci

contexte /kontekst(*ö*)/ *le* bağlam, söz n gelişi, genel durum

contigu, ë /kontig / : ***contigu (à)*** *(-e)* bitişik

continent /kontinan/ *le* kıta, anakara ***continental, e, aux*** kıtasal

contingent /kontenjan/ *le, ask.* kura; *tic.* kota, kontenjan

continu, e /kontin / s rekli, devamlı

continuer /kontinue/ s rd rmek, devam ettirmek; s rmek, devam atmek
continuité /kontinuite/ *la* s reklilik, devamlılık
contourner /konturne/ çevresini dolaşmak
contraceptif, ive /kontraseptif, iv/ gebelik önleyici; *le* gebelik önleyici hap *(araç)*
contraception /kontrasepsyon/ *la* gebeliği önleme
contracter /kontrakte/ b zmek, kasmak, germek; tutulmak, yakalanmak; *(sözleşme, vb.)* yapmak, akdetmek ***se contracter*** b z l-mek, kasılmak, gerilmek ***contraction*** *la* b z lme, kasılma
contractuel, le /kontraktuel/ sözleşmeli, sözleşmeye dayanan
contradiction /kontradiksyon/ *la* çelişme, tutarsızlık, uyuşmazlık; itiraz, karşı çıkma ***contradictoire*** çelişkili, birbirini tutmayan
contraindre /kontrendr(ö)/ zorlamak, mecbur etmek
contraint, e /kontren, ent/ zoraki, zorlama; *la* zorlama, baskı
contraire /kontrer/ ters, karşıt, zıt; *le* tersi, karşıtı ***au contraire*** aksine ***contraire à*** -e aykırı
contrarier /kontrarye/ kızdırmak, canını sıkmak; engellemek
contraste /kontrast(ö)/ *le* karşıtlık, aykırılık ***contraster*** tezat oluşturmak
contrat /kontra/ *le* sözleşme, kontrat
contravention /kontrvansyon/ *la* para cezası; suç, yasaya aykırı davranış
contre /kontr(ö)/ karşı ***par contre*** buna karşılık ***contre-amiral, aux*** *le* tuğamiral ***contre-attaque*** *la* karşı h cum ***contre-attaquer*** karşı h cuma geçmek
contrebande /kontröband/ *la* kaçakçılık; kaçak eşya ***faire la contrebande de ...*** kaçakçılığı yapmak ***contrabandier*** *le* kaçakçı
contrebasse /kontröbas/ *la* kontrbas
contrecarrer /kontrökare/ karşı koymak, engel olmak
contrecæur /kontrökör/ : ***à contrecæ>eur*** istemeyerek, istemeye istemeye
contrecoup /kontröku/ *le* geri tepme; tepki, etki
contredire /kontrödir/ yalanlamak; tersini söylemek
contrée /kontre/ *la* bölge, yöre
contrefaçon /kontröfason/ *la* sahtekârlık; sahte, taklit
contrefaire /kontröfer/ sahtesini yapmak; taklit etmek
contrefait, e /kontröfe, et/ biçimsiz, deforme
contremaître /kontrömetr(ö)/ *le* ustabaşı
contre-manifestation /kontrömanifestasyon/ *la* karşı gösteri
contre-pied /kontröpye/ *le* tersi, zıddı ***prendre le contre-pied de*** -ın tersini savunmak
contre-plaqué /kontröplake/ *le* kontrplak
contre-poids /kontröpua/ *le* karşı ağırlık ***faire contre-poids*** denge sağlamak
contrepoison /kontröpuazon/ *le* panzehir
contresens /kontrösans/ *le* yanlış yorum, yanlış anlam verme ***à contresens*** tersine
contretemps /kontrötan/ *le* terslik,

engel, aksilik ***à contretemps*** zamansız, olmadık bir zamanda

C

contre-torpilleur /kontrötorpiyör/ *le* destroyer, muhrip

contrevenir /kontrövnir/ : ***contrevenir à*** -e aykırı davranmak, -ı çiğnemek

contribuable /kontribuabl(ö)/ *le+la* vergi y k ml s , vergi m kellefi

contribuer /kontribue/ : ***contribuer à*** -e yardım etmek, katkıda bulunmak ***contribution*** *la* yardım, katkı ***les contributions*** vergi dairesi

contrôle /kontrol/ *le* denetim, kontrol; teftiş

contrôler /kontrole/ denetlemek, kontrol etmek ***contrôleur, euse*** *le+la* biletçi, kond ktör

controverse /kontrvers(ö)/ *la* tartışma

contusion /kont zyon/ *la* ezik, ç r k, bere

convaincre /konvenkr(ö)/ inandırmak, ikna etmek

convalescence /konvalesans/ *la* iyileşme, nekahet

convalescent, e /konvalesan, ant/ *s+a.* iyileşen, iyileşme döneminde olan *(kimse)*

convenable /konvnabl(ö)/ uygun, elverişli, doğru d r st

convenance /konvnans/ *la* uygunluk, yerindelik; beğeni, zevk ***convenances*** *la+ç.* görg kuralları

convenir /konvnir/ uygun olmak ***comme convenu*** önceden kararlaştırıldığı gibi ***convenir à*** -e elverişli olmak, uygun olmak ***convenir de*** kabul etmek; saptamak, kararlaştırmak ***convenir de faire*** -meyi kararlaştırmak

convention /konvansyon/ *la* uzlaşma; anlaşma; sözleşme ***conventionnel, le*** klasik, konvansiyonel; saymaca, itibari

converger /konverje/ bir noktada birleşmek

conversation /konversasyon/ *la* konuşma; gör şme

convertir /konvertir/ çevirmek, dön şt rmek; *(dinsel)* inancını değiştirmek

convexe /konveks(ö)/ dışb key

conviction /konviksyon/ *la* kanı, inanç

convier /konvye/ çağırmak, davet etmek

convive /konviv/ *le+la* çağrılı, konuk, davetli

convocation /konvokasyon/ *la* çağırma, davet

convoi /konvua/ *le* konvoy

convoiter /konvuate/ göz dikmek ***convoitise*** *la* açgözl l k; şehvet, aşırı istek

convoquer /konvoke/ toplamak, toplantıya çağırmak

convulsion /konv lsyon/ *la* çırpınma, kıvranma

coopératif, ive /kooperatif, iv/ işbirliği ile ilgili; *la* kooperatif

coopération /kooperasyon/ *la* işbirliği, elbirliği

coopérer /koopere/ işbirliği yapmak, elbirliği yapmak, ortak çalışmak

coordination /koordinasyon/ *la* eşg d m, koordinasyon; d zenleme, ayarlama

coordonner /koordone/ d zenlemek, koordine etmek

copain, copine /kopen, kopin/ *le+la* arkadaş, ahbap

copie /kopi/ *la* suret, kopya; taklit; *(okulda)* ödev kâğıdı

copier /kopye/ kopya etmek, suretini çıkarmak; taklit etmek

copieux, euse /kopyö, öz/ çok, bol
copulation /kopülasyon/ *la* çiftleşme
coq /kok/ *le* horoz
coque /kok/ *la* kabuk ***à la coque*** rafadan
coquelicot /kokliko/ *le* gelincik
coqueluche /koklüş/ *la* boğmaca
coquet, te /koke, et/ cilveli, oynak; süslü, şık; sevimli, cici
coquetier /koktye/ *le* yumurtalık, yumurta koyma kabı
coquillage /kokiyaj/ *le* kabuklu deniz hayvanı
coquille /kokiy/ *la* kabuk; dizgi yanlışı
coquin, e /koken, in/ yaramaz, haylaz; *s+a.* alçak, namussuz, serseri
cor /kor/ *le, müz.* korno; nasır
corail, aux /koray, o/ *le* mercan
Coran /koran/ *le* Kuran
corbeau, x /korbo/ *le* karga
corbeille /korbey/ *la* sepet ***corbeille à papier*** çöp sepeti
corbillard /korbiyar/ *le* cenaze arabası
cordage /kordaj/ *le* halat
corde /kord(*ö*)/ *la* ip; *(çalgı)* tel, kiriş ***corde à linge*** çamaşır ipi ***cordes vocales*** ses telleri
cordial, e, aux /kordyal, yo/ içten, candan, samimi
cordon /kordon/ *le* sicim, ip ***cordon de police*** polis kordonu
cordonnier /kordonye/ *le* kunduracı, ayakkabı tamircisi
coriace /koryas/ çok sert, kayış gibi
corne /korn(*ö*)/ *la* boynuz; korna, klakson
corneille /korney/ *la* kuzgun
cornemuse /korn*ö*müz/ *la* gayda
corner /korner/ *le, sp.* köşe atışı, korner
cornet /korne/ *le* kâğıt külah
corniche /korniş/ *la* korniş, pervaz

C

cornichon /kornişon/ *le* turşuluk hıyar
corporation /korporasyon/ *la* lonca, dernek, birlik
corporel, le /korporel/ bedensel
corps /kor/ *le* gövde, beden; ceset; topluluk, kurul; cisim ***corps d'armée*** kolordu ***corps de ballet*** bale topluluğu ***corps à corps*** göğüs göğüse ***le corps diplomatique (CD)*** kordiplomatik ***le corps enseignant*** öğretim kurulu
corpulent, e /korpülan, ant/ iriyarı, şişman
correct, e /korekt/ doğru, hatasız; dürüst, namuslu
correction /koreksyon/ *la* düzeltme; düzelti, tashih; doğruluk, eksiksizlik; dayak
correspondance /korespondans/ *la* uygunluk; yazışma, mektuplaşma; aktarma, bağlantı
correspondant, e /korespondan, ant/ *le+la* muhabir
correspondre /korespondr(*ö*)/ uygun olmak, uygun düşmek; yazışmak, mektuplaşmak
corrida /korida/ *la* boğa güreşi
corridor /koridor/ *le* koridor
corriger /korije/ düzeltmek; dayak atmak, cezalandırmak
corroborer /korobore/ doğrulamak; desteklemek
corroder /korode/ aşındırmak
corrompre /koronpr(*ö*)/ rüşvet vermek; baştan çıkarmak, ahlakını bozmak
corrosion /korozyon/ *la* aşındırma, kemirme
corruption /korüpsyon/ *la* rüşvet;

C

baştan çıkma, baştan çıkarma
corsage /korsaj/ *le* korsa; bluz
corset /korse/ *le* korse
cortège /kortej/ *le* alay, kortej
corvée /korve/ *la* angarya
cosmétique /kosmetik/ *le* kozmetik
cosmique /kosmik/ evrensel, kozmik
cosmonaute /kosmonot/ *le+la* uzayadamı, kozmonot
cosmopolite /kosmopolit/ kozmopolit
cosmos /kosmos/ *le* evren
cosse /kos/ *la* badıç, baklagillerde tohum zarfı
cossu, e /kosü/ varlıklı, hali vakti yerinde
costaud, e /kosto, od/ gürbüz, iriyarı, güçlü kuvvetli
costume /kostüm/ *le* giysi, kıyafet, kostüm
cote /kot/ *la* fiyat listesi; sıra numarası
côte /kot/ *la* deniz kıyısı; yamaç, bayır; kaburgakemiği ***côte à côte*** yan yana
côté /kote/ *le* yan; kenar; yan, yön, taraf ***à côté de*** yanında ***de côté*** yandan; yanlamasına
coteau, x /koto/ *le* küçük tepe
côtelette /kotlet/ *la* pirzola
côtier, ière /kotye, yer/ sahil+, kıyı+
cotisation /kotizasyon/ *la* ödenti, aidat; ortak gidere katılma
cotiser /kotize/ ortak gidere katılmak ***se cotiser*** masrafı bölüşmek
coton /koton/ *le* pamuk
côtoyer /kotuaye/ *(kıyısı)* boyunca gitmek; yaklaşmak
cou /ku/ *le* boyun
couchant /kuşan/ : ***soleil couchant*** batan güneş
couche /kuş/ *la* kat, katman, tabaka; kundak bezi ***couches*** *la+ç.* loğusalık, doğum
coucher /kuşe/ yatırmak; yatmak, gecelemek; *le (güneş)* batış, batma ***coucher avec*** ile yatmak ***se coucher*** yatmak; *(güneş)* batmak
couchette /kuşet/ *la* kuşet, yatak
coucou /kuku/ *le* guguk *(kuşu)*
coude /kud/ *le* dirsek; dönemeç, kıvrım
coudre /kudr(*ö*)/ dikmek
coulant, e /kulan, ant/ hoşgörülü, yumuşak; akıcı
coulée /kule/ *la* döküm; akma, akıntı
couler /kule/ akmak; sızdırmak, akıtmak; batmak; *(kalıba)* dökmek; batırmak ***se couler*** sokulmak, sessizce girmek
couleur /kulör/ *la* renk; boya
couleuvre /kulövr(*ö*)/ *la* karayılan
coulisse /kulis/ *la, tek.* sürme oluğu, yiv ***coulisses*** *la+ç.* kulis ***porte à coulisse*** sürme kapı
couloir /kuluar/ *le* koridor, geçenek, geçit; *sp.* kulvar
coup /ku/ *le* vurma, vuruş; darbe; *(silah)* patlama, atış ***à coup sûr*** kesinlikle, mutlaka ***après coup*** sonradan ***boire un coup*** biraz içmek, bir kadeh atmak ***coup de feu*** silah sesi ***coup de grâce*** öldürücü darbe, son darbe ***coup de main*** yardım ***coup d'envoi*** *(futbol)* başlama vuruşu ***coup d'æil*** göz gezdirme, göz atma ***coup de pied*** tekme ***coup de poing*** yumruk ***coup de soleil*** güneş çarpması ***coup d'état*** hükümet darbesi ***coup de téléphone*** telefon *(konuşması)* ***coup de tonnerre*** gök gürlemesi ***coup franc*** frikik, serbest vuruş ***coup sur coup*** aralıksız, art arda ***du premier coup*** ilk

anda ***tout à coup*** ansızın, birdenbire
coupable /kupabl(*ö*)/ *s+a.* suçlu
coupe /kup/ *la* kupa; kesme, kesim; kesit
coupe-papier /kuppapye/ *le* kâğıt bıçağı, kitap açacağı
couper /kupe/ kesmek
couple /kupl(*ö*)/ *le* çift
coupler /kuple/ birbirine bağlamak
couplet /kuple/ *le* beyit
coupon /kupon/ *le* kupon
coupure /kupür/ *la* kesik; banknot, kâğıt para; kupür, kesik
cour /kur/ *la* avlu; mahkeme; saray ***cour martiale*** askeri mahkeme ***faire la cour à*** -e kur yapmak
courage /kuraj/ *le* yiğitlik, cesaret ***courageux, euse*** yiğit, cesur
couramment /kuraman/ sık sık, genellikle; rahatça, kolayca
courant, e /kuran, ant/ günlük, her zamanki; *(yıl, ay, vb.)* içinde bulunulan, bu; *le* akıntı; akım ***courant d'air*** cereyan, hava akımı ***courant électrique*** elektrik akımı
courbature /kurbatür/ *la* kırıklık, tutulma
courbe /kurb(*ö*)/ *s+la* eğri
courber /kurbe/ eğmek, bükmek
coureur, euse /kurör, öz/ *le+la* koşucu; çapkın, hovarda
courge /kurj(*ö*)/ *la* kabak, balkabağı
courgette /kurjet/ *la* sakızkabağı, dolmalık kabak
courir /kurir/ koşmak; yarışmak ***courir après qn*** birinin peşinde koşmak
couronne /kuron/ *la* taç; çelenk
couronnement /kuronman/ *le* taç giyme, taç giydirme
courrier /kurye/ *le* posta; *(gazetede)* köşe, sütun; kurye, özel ulak
courroie /kurua/ *la* kayış ***courroie de ventilateur*** vantilatör kayışı
cours /kur/ *le* ders, kurs; akıntı, akış; gidiş, gelişme, seyir; rayiç; fiyat ***au cours de*** sırasında, esnasında ***avoir cours*** yürürlükte olmak, geçmek ***cours d'eau*** akarsu ***le cours du change*** döviz kuru, kambiyo rayici
course /kurs(*ö*)/ *la* koşu, koşma; yarış; gezi; alışveriş
court, e /kur, kurt(*ö*)/ kısa; kısaca, kısa olarak; *le*: ***court (de tennis)*** tenis kortu ***à court de*** -den yoksun, -si olmayan ***court-circuit*** *le* kontak, kısa devre
courtier, ère /kurtye, yer/ *le+la* simsar, aracı
courtois, e /kurtua, uaz/ kibar, nazik, ince
cousin, e /kuzen, in/ *le+la* kuzen, kuzin
coussin /kusen/ *le* yastık
cousu, e /kuzü/ : ***cousu d'or*** para babası, Karun gibi
coût /ku/ *le* fiyat, paha, eder; maliyet ***le coût de la vie*** hayat pahalılığı
couteau, x /kuto/ *le* bıçak ***couteau de poche*** çakı
coutellerie /kutelri/ *la* bıçakçı dükkânı; bıçakçılık
coûter /kute/ değerinde olmak, etmek, tutmak; mal olmak ***combien ça coûte?*** kaç para? ne kadar? ***coûteux, euse*** pahalı
coutume /kutüm/ *la* gelenek, âdet ***coutumier, ère*** alışılmış, olağan, yapılagelen
couture /kutür/ *la* dikiş; terzilik
couturier /kutürye/ *le* kadın terzisi *(erkek)*
couturière /kutüryer/ *la* kadın terzisi *(kadın)*

C

couvent /kuvan/ *le* manastır
couver /kuve/ kuluçkaya yatmak; hazırlamak, kurmak
couvercle /kuverkl(ö)/ *le* kapak
couvert, e /kuver, ert(ö)/ kapalı; *le* sofra takımı; çatal bıçak takımı ***mettre le couvert, e*** sofrayı kurmak
couverture /kuvertür/ *la* örtü, yorgan; dam; kap, kapak
couveuse /kuvöz/ *la* kuluçka makinesi
couvre-feu /kuvröfö/ *le* sokağa çıkma yasağı
couvre-lit /kuvröli/ *le* yatak örtüsü
couvrir /kuvrir/ örtmek, kapamak; kaplamak; *(yol)* almak, katetmek; saklamak; karşılamak ***se couvrir*** kapanmak, bulutlanmak; giyinmek; şapka giymek
crabe /krab/ *le* yengeç
crachat /kraşa/ *le* tükürük
cracher /kraşe/ tükürmek; püskürtmek
crachin /kraşen/ *le* çisenti, ahmak ıslatan
craie /kre/ *la* tebeşir
craindre /krendr(ö)/ korkmak
crainte /krent/ *la* korku ***craintif, ive*** ürkek, çekingen
cramoisi, e /kramuazi/ koyu kırmızı
crampe /kranp/ *la* kramp, kasınç
crampon /kranpon/ *le* çengel, kanca; krampon
cramponner /kranpone/ tutturmak, kenetlemek ***se cramponner à*** -e tutunmak, -e sarılmak
cran /kran/ *le* çentik, kertik; *kd.* cesaret, göt
crâne /kran/ *le* kafatası
crâner /krane/ hava atmak, böbürlenmek
crapaud /krapo/ *le* kurbağa
craquement /krakman/ *le* çatırtı
craquer /krake/ çatırdamak; gıcırdamak
crasse /kras/ *la* kir, pislik
cratère /krater/ *le* krater, yanardağ ağzı
cravate /kravat/ *la* kravat, boyunbağı
crayon /kreyon/ *le* kurşunkalem; kalem
créance /kreans/ *la* güven; alacak ***créancier, ière*** *le+la* alacaklı
créateur, trice /kreatör, tris/ *s+a.* yaratıcı
création /kreasyon/ *la* yaratma; yaratılış; evren
créature /kreatür/ *la* yaratık
crèche /kreş/ *la* hayvan yemliği; yuva, kreş
crédit /kredi/ *le* kredi; saygınlık, itibar ***créditeur, trice*** *s+a.* alacaklı, kredi açan
crédule /kredül/ her şeye inanan, saf ***credulité*** *la* her şeye inanma, saflık
créer /kree/ yaratmak
crème /krem/ krem rengi; *la* kaymak; krema ***crème à raser*** tıraş kremi ***crémerie*** *la* sütçü dükkânı, mandıra ***crémeux, euse*** kaymaklı, kremalı
crêpe /krep/ *la* krep, bir tür gözleme; *le* krep, bürümcük; yas tülü
crépiter /krepite/ çıtırdamak
crépuscule /krepüskül/ *le* alacakaranlık
cresson /kreson/ *le* tere, tereotu
crête /kret/ *la* ibik; doruk
creuser /kröze/ kazmak, oymak; eşelemek, derinleştirmek
creux, euse /krö, öz/ boş; *s+le* oyuk, çukur
crevaison /krövezon/ *la* patlama

crevasse /krövas/ *la* çatlak, yarık
crever /kröve/ patlatmak; patlamak; *kd.* ölmek, gebermek
crevette /krövet/ *la*: ***crevette (rose)*** karides
cri /kri/ *le* çığlık, bağırtı, haykırış
criard, e /kriyar, ard(ö)/ *(renk)* çiğ; cırlak, cırtlak
crible /kribl(ö)/ *le* elek, kalbur ***passer au crible*** -i elekten geçirmek, süzgeçten geçirmek
cric /krik/ *le* kriko, kaldırıcı
crier /kriye/ bağırmak; gıcırdamak
crime /krim/ *le* cürüm, ağır suç; cinayet ***criminel, le*** suçla ilgili, cezai, cinayet+; *le+la* cani, katil, suçlu
crin /kren/ *le* yele, sert kıl
crinière /krinyer/ *la* yele
crique /krik/ *la* küçük koy
criquet /krike/ *le* çekirge
crise /kriz/ *la* bunalım, kriz; *hek.* nöbet, kriz ***crise cardiaque*** kalp krizi ***crise de nerfs*** sinir krizi
crispation /krispasyon/ *la* büzülme; kasılma
crisper /krispe/ büzmek; kasmak, germek ***se crisper*** büzüşmek; gerilmek
crisser /krise/ gıcırdamak
cristal, aux /kristal, o/ *le* kristal, billur
cristallin, e /kristalen, in/ billursu, billur gibi
cristalliser /kristalize/ billurlaştırmak, kristalleştirmek ***se cristalliser*** billurlaşmak, kristalleşmek
critère /kriter/ *le* ölçüt, kriter
critique /kritik/ kritik, tehlikeli; eleştirel; *le+la* eleştirmen; *la* eleştiri
critiquer /kritike/ eleştirmek
croasser /kroase/ *(karga)* gaklamak
croc /kro/ *le* sivri diş; kanca, çengel
croc-en-jambe /krokanjanb/ *le*: ***faire un croc-en-jambe à*** -e çelme takmak
croche /kroş/ *la, müz.* sekizlik
crochet /kroşe/ *le* çengel, kanca; maymuncuk ***crochets*** *le+ç.* köşeli ayraç, köşeli parantez ***vivre aux crochets de*** -ın sırtından geçinmek
crochu, e /kroşü/ çengelli; çengel gibi, eğri
crocodile /krokodil/ *le* timsah
crocus /kroküs/ *le* safran
croire /kruar/ inanmak; sanmak ***croire à, croire en*** -e inanmak
croisade /kruazad/ *la* haçlı seferi
croisé, e /kruaze/ *(ceket)* kruvaze; *le* haçlı; *la* pencere
croisement /kruazman/ *le* kavşak; melezleme, çiftleştirme
croiser /kruaze/ karşılaşmak, yanından geçmek; kesişmek; melezlemek; *(denizde)* kol gezmek
croiseur /kruazör/ *le* kruvazör
croisière /kruazyer/ *la* deniz gezintisi; *(denizde)* kol gezme
croissance /kruasans/ *la* büyüme, gelişme
croissant, e /kruasan, ant/ büyüyen; artan; *le* ayçöreği; ayça, yeniay, hilal
croître /kruatr(ö)/ büyümek, gelişmek
croix /krua/ *la* çarmıh; istavroz, haç
croquant, e /krokan, ant/ gevrek, kıtır kıtır; *le+la* hödük, andavallı, dangalak
croque-monsieur /krokmösyö/ *le* jambon ve peynirli sıcak sandviç
croquer /kroke/ kıtırdatmak; kıtır kıtır yemek; kıtırdamak
croquis /kroki/ *le* taslak, kroki
crosse /kros/ *la* dipçik; piskopos

C

asası; hokey sopası
crotte /krot/ *la* hayvan pisliği, dışkı
crouler /krule/ çökmek, yıkılmak
croupe /krup/ *la* sağrı ***en croupe*** terkide
croupier /krupye/ *le* krupiye
croupir /krupir/ *(durgun su)* kokuşmak, bozulmak
croustillant, e /krustiyan, ant/ gevrek, kıtır kıtır; açık saçık
croustiller /krustiye/ *(yerken)* kıtır kıtır etmek
croûte /krut/ *la* ekmek kabuğu; kabuk
croûton /kruton/ *le* kızarmış ekmek parçası
croyance /kruayans/ *la* inanç; inanma, inanış
croyant, e /kruayan, ant/ *le+la* inanan, mümin
cru, e /krü/ çiğ; ham; kaba; *le (üzüm)* bağ
cruauté /kryote/ *la* acımasızlık, zalimlik
cruche /krüş/ *la* testi
crucifier /krüsifye/ çarmıha germek
crucifix /krüsifi/ *le* İsa'lı haç, haç üstünde bulunan İsa resmi ya da heykel
crudité /krüdite/ *la* çiğlik; kabalık, açık saçıklık ***crudités*** çiğ yenen sebzeler, meyveler
cruel, le /krüel/ acımasız, zalim; dayanılmaz, cok acı
crustacés /krüstase/ *le+ç* kabuklular, kabuklu deniz hayvanları
crypte /kript(*ö*)/ *la* kilise bodrumu
cube /küb/ *le* küp ***mètre cube*** metre küp ***cubique*** kübik
cueillir /köyir/ toplamak, devşirmek
cuiller, cuillère /kuiyer/ *la* kaşık ***cuiller à café*** kahve kaşığı ***cuiller à soupe*** çorba kaşığı ***cuillerée*** *la* kaşık dolusu
cuir /kuir/ *le* deri, kösele, meşin
cuirasse /kuiras/ *la* zırh ***cuirassé*** *le* zırhlı gemi
cuire /kuir/ pişirmek; pişmek ***bien cuit*** iyi pişmiş ***trop cuit*** fazla pişmiş
cuisine /kuizin/ *la* mutfak; aşçılık ***faire la cuisine*** yemek pişirmek ***cuisinier, ière*** *le+la* aşçı; *la* yemek fırını
cuisse /kuis/ *la* uyluk; but
cuivre /kuivr(*ö*)/ *le* bakır
cul /kü/ *le, kd.* kıç, göt
culasse /külas/ *la, oto.* silindir kapağı
culbute /külbüt/ *la* takla; düşme, devrilme ***culbuter*** takla atmak, devrilmek
culinaire /küliner/ aşçılıkla ilgili, mutfakla ilgili
culminer /külmine/ en üst noktasına varmak
culot /külo/ *le* dip, alt; yüzsüzlük, arsızlık
culotte /külot/ *la* külot, kısa pantolon; külot, don, kadın donu
culpabilité /külpabilite/ *la* suçluluk
culte /kült(*ö*)/ *le* tapma, tapınma
cultivateur, trice /kültivatör, tris/ *le+la* çiftçi
cultivé, e /kültive/ kültürlü
cultiver /kültive/ *(toprak)* işlemek, ekmek; yetiştirmek
culture /kültür/ *la* tarım; yetiştirme; kültür, ekin ***culturel, le*** kültürel, ekinsel
cupide /küpid/ açgözlü
cure /kür/ *la* kür; tedavi
curé /küre/ *le* katolik papazı
cure-dent /kürdan/ *le* kürdan
cure-pipe /kürpip/ *le* pipo temizleyeceği

curer /küre/ temizlemek, kazımak
curieux, euse /küryö, öz/ acayip, tuhaf; *s+a.* meraklı ***curiosité*** *la* merak, tecessüs
curriculum vitae /kürikülomvite/ *le* özgeçmiş
curry /küri/ *le* karışık Hint baharatı
cuve /küv/ *la* büyük fıçı, tekne
cuvée /küve/ *la (şarap)* aynı fıçının ürünü
cuvette /küvet/ *la* leğen; küvet, yunak
cycle /sikl(ö)/ *le* devir, dönme; dönem, devre; bisiklet
cyclisme /siklism(ö)/ *le* bisikletçilik, bisiklet sporu
cycliste /siklist(ö)/ *le+la* bisikletçi
cyclomoteur /siklomotör/ *le* motorlu bisiklet
cyclone /siklon/ *le* siklon, kiklon
cygne /siny/ *le* kuğu
cylindre /silendr(ö)/ *le* silindir ***cylindrique*** silindirik
cymbale /senbal/ *la, müz.* zil
cynique /sinik/ sinik, kinik ***cynisme*** *le* sinizm, kinizm
cyprès /sipre/ *le* servi

D

d' *bkz.* ***de***
dactylo /daktilo/ *la* daktilo, daktilograf ***dactylographe*** *la* daktilo, daktilograf ***dactylographie*** *la* daktiloyla yazma ***dactylographier*** daktiloyla yazmak
daigner /denye/ tenezzül etmek
daim /den/ *le* alageyik, sığın; süet
dallage /dalaj/ *le* kapaklık döşeme
dalle /dal/ *la* döşeme taşı, kaldırım taşı
daltonien, ne /daltonyen, yen/ renkkörü
dame /dam/ *la* hanım, bayan; *(iskambil)* kız ***dames*** *la+ç.* dama oyunu
damier /damye/ *le* dama tahtası; damalı süsleme
damner /dane/ lanetlemek
dancing /dansing/ *le* dans salonu
dandiner /dandine/ : ***se dandiner*** salınmak, sallanmak
danger /danje/ *le* tehlike ***mettre en danger*** tehlikeye atmak
dans /dan/ içinde, -de; içine, -e
danse /dans/ *la*: ***la danse*** dans ***danser*** dans etmek, oynamak ***danseur, euse*** *le+la* dans eden, dans sanatçısı
dard /dar/ *le* böcek iğnesi
darder /darde/ fırlatmak, atmak
date /dat/ *la* tarih, gün ***date de naissance*** doğum tarihi ***dater*** tarih atmak
datte /dat/ *la* hurma
dauphin /dofen/ *le* yunusbalığı
davantage /davantaj/ daha çok, daha fazla
de (de + le = du, de + les = des) /dö, dü, de/ -den, -dan; ile; -in, -ın; -ce, tarafından
dé /de/ *le (oyun)* zar; yüksük
débâcle /debakl(ö)/ *la* bozgun, çökme, çözülme
déballer /debale/ *(bavul, vb.)* açmak, boşaltmak
débandade /debandad/ *la* bozgun; dağılma
débarbouiller /debarbuye/ *(birinin)* elini yüzünü yıkamak ***se débarbouiller*** elini yüzünü yıkamak
débarcadère /debarkader/ *le* iskele, rıhtım
débardeur /debardör/ *le* iskele

hamalı

débarquement /debarkömaṉ/ *le* indirme, boşaltma; *ask.* çıkarma

débarquer /debarke/ indirmek, boşaltmak; *(karaya)* çıkmak

D

débarras /debara/ *le* gereksiz eşyaların konduğu yer, sandık odası

débarrasser /debarase/ kurtarmak; derleyip toplamak ***se débarrasser de*** -den kurtulmak

débat /deba/ *le* tartışma; görüşme

débattre /debatr(ö)/ tartışmak, görüşmek ***se débattre*** uğraşmak

débauche /deboş/ *la* ahlaksızlık, sefahat

débaucher /deboşe/ işten atmak; ayartmak, baştan çıkarmak

débile /debil/ güçsüz, cılız, zayıf

débit /debi/ *le* debi; satış, sürüm; borç ***débit de boissons*** içki satış yeri ***débit de tabac*** sigara bayii, tütüncü ***débiter*** üretmek, çıkarmak; satmak; kesmek, parçalamak; borçlandırmak ***débiteur, trice*** *le+la* borçlu

déblai /deble/ *le* toprak kazma

déblayer /debleye/ temizlemek

débonnaire /deboner/ kalender, yumuşak başlı

débordé, e /deborde/ : ***être débordé de*** -den başını kaldıramamak, başından aşkın olmak

débordement /debordömaṉ/ *le* taşma

déborder /deborde/ taşmak; kabarmak

débouché /debuşe/ *le* çıkak, mahreç; *(mal)* pazar, sürüm yeri

déboucher /debuşe/ tıpasını çıkarmak; *(şişe)* ağzını açmak ***déboucher de*** -den çıkmak

débourser /deburse/ kesesinden ödemek

debout /döbu/ : ***être debout*** dikelmek, ayakta durmak ***se mettre debout*** doğrulmak, ayağa kalkmak

déboutonner /debutone/ düğmelerini çözmek

débraillé, e /debraye/ hırpani, pasaklı, çapaçul

débrayage /debreyaj/ *le* debriyaj, kavrama; grev, işi durdurma

débrayer /debreye/ *(oto)* debriyaj yapmak; işi durdurmak

débris /debri/ *le* kırıntı, döküntü, yıkıntı; *le+ç.* kalıntılar

débrouiller /debruye/ çözmek, açmak

début /debü/ *le* başlangıç ***au début*** başlangıçta, ilkin

débutant, e /debütaṉ, aṉt/ *le+la* yeni başlayan, acemi

débuter /debüte/ başlamak

deçà /dösa/ : ***en deçà de*** berisinde; burdan

décade /dekad/ *la* on günlük zaman; on yıllık süre

décadence /dekadaṉs/ *la* çöküş, gerileme

décalage /dekalaj/ *le* aralık; uymama, fark

décaler /dekale/ ileriye almak, geriye almak

décamper /dekaṉpe/ kaçmak, tüymek

décanter /dekaṉte/ süzmek, arıtmak

décapotable /dekapotabl(ö)/ üstü açılabilir

décédé, e /desede/ ölmüş, müteveffa

décéder /desede/ ölmek

déceler /desle/ ortaya çıkarmak; belli etmek, göstermek

décembre /desaṉbr(ö)/ *le* aralık

(*ayı*)
décence /desans/ *la* edep, utanma duygusu; nezaket, kibarlık
décent, e /desan, ant/ terbiyeli, edepli; uygun; doğru dürüst
déception /desepsyon/ *la* hayal kırıklığı, düş kırıklığı
décerner /deserne/ vermek
décès /dese/ *le* ölüm, vefat
décevoir /desvuar/ düş kırıklığına uğratmak
déchaîner /deşene/ kışkırtmak, uyandırmak, alevlendirmek ***se déchaîner*** zincirden boşanmak, patlak vermek; kudurmak, küplere binmek
décharge /deşarj(*ö*)/ *la* çöplük, döküntü yeri; deşarj, boşalım; yaylım ateş
décharger /deşarje/ yükünü boşaltmak; *(silah)* boşaltmak, ateş etmek ***décharger qn de*** birini -den kurtarmak
décharné, e /deşarne/ etsiz, bir deri bir kemik
déchausser /deşose/ *(birinin)* ayakkabısını çıkarmak ***se déchausser*** ayakkabısını çıkarmak
déchéance /deşeans/ *la* düşme, düşüş
déchet /deşe/ *le* artık, döküntü; fire
déchiffrer /deşifre/ şifresini çözmek
déchiqueter /deşikte/ parçalamak, doğramak
déchirant, e /deşiran, ant/ yürekler acısı, içler acısı
déchirer /deşire/ yırtmak; bölmek, parçalamak
déchirure /deşirür/ *la* yırtık; yarık, çatlak
déchoir /deşuar/ düşmek, alçalmak
décibel /desibel/ *le* desibel
décidé, e /deside/ kararlı
décidément /desideman/ kuşkusuz, muhakkak
décider /deside/ karar vermek; ikna etmek; saptamak, kararlaştırmak ***se décider*** kararını vermek; çözümlenmek, hallolmak
décilitre /desilitr(*ö*)/ *le* desilitre
décisif, ive /desizif, iv/ kesin
décision /desizyon/ *la* karar
déclaration /deklarasyon/ *la* bildiri, duyuru; beyan, demeç; beyanname
déclarer /deklare/ bildirmek; açıklamak, ilan etmek
déclencher /deklanşe/ *(makineyi)* avaraya almak; başlatmak, harekete geçirmek
déclin /deklen/ *le* azalma, düşüş; gerileme, zayıflama
déclinaison /deklinezon/ *la, dilb.* çekim, ad çekimi
décliner /dekline/ reddetmek; *dilb.* çekmek; batmak; azalmak
décollage /dekolaj/ *le* havalanma, kalkış
décoller /dekole/ *(yapışmış bir şeyi)* çıkarmak; *(uçak)* havalanmak, kalkmak ***se décoller*** *(yapışmış bir şey)* sökülmek, ayrılmak
décolorer /dekolore/ rengini soldurmak ***se décolorer*** rengi atmak, solmak
décombres /dekonbr(*ö*)/ *le+ç.* yıkıntı, moloz
décommander /dekomande/ iptal etmek
décomposer /dekonpoze/ *(parçalarına)* ayırmak, bölmek; ayrıştırmak; bozmak, çürütmek ***se décomposer*** ayrışmak; bozulmak, çürümek ***décomposition*** *la* ayrışma, ayrıştırma; dağılma; bozulma
décompte /dekont/ *le* indirim;

D

dekont
déconcerter /dekonserte/ şaşırtmak; altüst etmek
décongeler /dekonjle/ buzunu çözmek, donunu gidermek
déconseiller /dekonseye/ salık vermemek
décontracter /dekontrakte/ gevşetmek ***se décontracter*** gevşemek
déconvenue /dekonvnü/ *la* düş kırıklığı
décor /dekor/ *le* dekor; görünüm, manzara
décorateur /dekoratör/ *le* dekoratör
décoratif, ive /dekoratif, iv/ dekoratif, süsleyici
décoration /dekorasyon/ *la* dekorasyon, süsleme; süs; nişan, madalya
décorer /dekore/ süslemek, donatmak, dekore etmek
découper /dekupe/ kesmek, parçalara ayırmak
découragement /dekurajman/ *le* cesareti kırılma
décourager /dekuraje/ cesaretini kırmak, yıldırmak ***se décourager*** cesareti kırılmak, yılmak
décousu, e /dekuzü/ dikişi sökülmüş, sökük; ilgisiz, tutarsız
découvert, e /dekuver, ert(ö)/ açık, çıplak, örtüsüz; *le* açık, hesap açığı; *la* buluş, keşif
découvrir /dekuvrir/ bulmak, keşfetmek; ortaya çıkarmak; görmek, seçmek
décrasser /dekrase/ temizlemek
décret /dekre/ *le* kararname ***décréter*** kararname çıkarmak
décrire /dekrir/ betimlemek, tasvir etmek
décrocher /dekroşe/ *(asılı şeyi)* indirmek; ahizeyi kaldırmak, telefonu açmak
décroître /dekruatr(ö)/ azalmak, eksilmek
dédaigner /dedenye/ küçümsemek, hor görmek; önemsememek ***dédaigneux, euse*** küçümseyici, hor gören
dédain /deden/ *le* küçümseme, hor görme
dédale /dedal/ *le* labirent
dedans /dödan/ içinde, içine; *le* iç, içeri
dédicace /dedikas/ *la* ithaf, adına sunma
dédicacer /dedikase/ ithaf etmek, adına sunmak
dédier /dedye/ adamak, ithaf etmek
dédire /dedir/ : ***se dédire*** sözünden dönmek, sözünü geri almak
dédit /dedi/ *le* sözünden dönme, cayma
dédommagement /dedomajman/ *le* tazmin; tazminat
dédommager /dedomaje/ zararını karşılamak, ödemek
déduction /dedüksyon/ *la (hesaptan)* düşme, çıkarma; tümdengelim
déduire /deduir/ *(hesaptan)* düşmek, çıkarmak; sonucunu çıkarmak
déesse /dees/ *la* tanrıça
défaillance /defayans/ *la* bayılma, baygınlık; zayıflık, güçsüzlük
défaillir /defayir/ bayılmak
défaire /defer/ sökmek; açmak, çözmek ***se défaire*** sökülmek; açılmak, çözülmek ***se défaire de*** -den kurtulmak, başından savmak
défait, e /defe, et/ solgun, yorgun, çökmüş; *la* yenilgi, bozgun
défalquer /defalke/ çıkarmak, düşmek
défaut /defo/ *le* kusur, hata; eksiklik,

yokluk ***faire défaut*** eksik olmak, bulunmamak
défection /defeksyon/ *la* ayrılma, bırakma
défectueux, euse /defektuö, öz/ kusurlu; eksik
défendre /defandr(*ö*)/ savunmak; yasaklamak
défense /defans/ *la* savunma, korunma; *(fil, vb.)* diş ***défense de fumer*** sigara içilmez ***défense de stationner*** park yapılmaz ***défenseur*** *le* savunucu, koruyucu, müdafi
déférent, e /deferan, ant/ saygılı
déférer /defere/ *huk.* sevketmek, vermek
défi /defi/ *le* meydan okuma
défiance /defyans/ *la* güvensizlik, kuşku
déficit /defisit/ *le, tic.* açık
défier /defye/ meydan okumak ***se défier de*** -e güvenmemek
défigurer /defigüre/ bozmak, çirkinleştirmek
défilé /defile/ *le, coğ.* dar geçit, boğaz; geçit töreni
défini, e /defini/ belirli, belli
définir /definir/ tanımlamak, tarif etmek; belirlemek
définitif, ive /definitif, iv/ kesin, son
définition /definisyon/ *la* tanım; tanımlama, açıklama; *(görüntü)* netlik
défoncer /defonse/ kırıp açmak
déformation /deformasyon/ *la* biçimini bozma; saptırma
déformer /deforme/ biçimini bozmak; saptırmak
défraîchir /defreşir/ : ***se défraîchir*** solmak
défricher /defrişe/ toprağı açmak, ekine hazırlamak
défunt, e /defön, önt/ *le+la* ölü, merhum
dégagé, e /degaje/ açık; serbest, rahat
dégager /degaje/ salmak, yaymak; kurtarmak; açmak, temizlemek
dégarnir /degarnir/ *(içini)* boşaltmak, çıkarmak
dégât /dega/ *le* zarar, hasar
dégel /dejel/ *le (buz)* çözülme, erime
dégénéré, e /dejenere/ *s+a.* yoz, soysuz, dejenere
dégénérer /dejenere/ yozlaşmak, soysuzlaşmak
dégivrer /dejivre/ buzunu çözmek, eritmek ***dégivreur*** *le* buz çözücü; kar eritici
dégonflé, e /degonfle/ *(lastik)* havası boşalmış
dégonfler /degonfle/ havasını boşaltmak, söndürmek ***se dégonfler*** *kd.* korkmak
dégouliner /deguline/ damlamak, sızmak
dégourdi, e /degurdi/ becerikli, açıkgöz, uyanık
dégourdir /degurdir/ ılıtmak, ılıştırmak
dégoût /degu/ *le* iğrenme, tiksinti
dégoûter /degute/ iğrendirmek, tiksindirmek
dégoutter /degute/ damlamak
dégrader /degrade/ rütbesini sökmek; zarar vermek, bozmak; alçaltmak, küçültmek ***se dégrader*** alçalmak, küçülmek
dégrafer /degrafe/ düğmelerini çözmek
dégraissage /degresaj/ *le*: ***dégraissage et nettoyage à sec*** kuru temizleme
dégraisser /degrese/ yağ lekelerini çıkarmak, temizlemek

D

degré /dögre/ *le* derece; basamak
dégringoler /degrengole/ yuvarlanmak
dégriser /degrize/ ayıltmak
déguenillé, e /degniye/ hırpani, pejmürde kılıklı
déguerpir /degerpir/ toz olmak, sıvışmak, tüymek
déguisement /degizman/ *le* kılık değiştirme
déguiser /degize/ kılık değiştirmek; gizlemek, saklamak ***se déguiser*** kılık değiştirmek
dégustation /degüstasyon/ *la* tatma, tadına bakma
déguster /degüste/ tatmak, tadına bakmak
dehors /döor/ dışarıda, dışarıya; *le* dış, dışarı; *le+ç. (dış)* görünüş ***en dehors de*** -den başka, dışında
déjà /deja/ şimdiden; çoktan, daha önce; henüz
déjeuner /dejöne/ öğle yemeği yemek; kahvaltı etmek; *le* öğle yemeği; kahvaltı
delà /döla/ : ***par delà, en delà (de), au delà (de)*** ötesinde
délai /dele/ *le* süre, mühlet ***à bref délai*** kısa sürede, çok yakında
délaisser /delese/ bırakmak, terk etmek
délasser /delase/ dinlendirmek, yorgunluk almak ***se délasser*** dinlenmek
délavé, e /delave/ soluk, solgun
délayer /deleye/ sulandırmak
délégation /delegasyon/ *la* yetkilendirme, yetkili kılma; delegasyon
délégué, e /delege/ *le+la* delege, temsilci
déléguer /delege/ delege olarak göndermek, temsilci olarak atamak
délibérer /delibere/ iyice düşünmek, tartmak; görüşmek, konuşmak
délicat, e /delika, ant/ nazik, ince; narin; zarif; lezzetli, nefis ***délicatesse*** *la* kibarlık, incelik; zarafet, güzellik, incelik
délice /delis/ *le* zevk, mutluluk
délicieux, euse /delisyö, yöz/ lezzetli, nefis; zarif, çok güzel
délié, e /delye/ çevik, atik; ince
délier /delye/ çözmek
délinquance /delenkans/ *la* suçluluk, suç işleme
délinquant, e /delenkan, ant/ *s+a.* suçlu
délire /delir/ *le* sayıklama; çılgınlık
délirer /delire/ sayıklamak; çıldırmak, saçmalamak
délit /deli/ *le* suç
délivrance /delivrans/ *la* serbest bırakma, kurtarma; rahatlama
délivrer /delivre/ serbest bırakmak, kurtarmak; vermek, teslim etmek
déloyal, e, aux /deluayal, o/ hain, vefasız; yolsuz, dürüst olmayan
delta /delta/ *le, coğ.* delta, çatalağız
déluge /delüj/ *le* tufan; sağanak
déluré, e /delüre/ uyanık, açıkgöz, becerikli; yırtık, yüzsüz
demain /dömen/ yarın ***à demain!*** yarın görüşürüz!
demande /dömand/ *la* istek; sipariş; dilekçe; istem, talep
demandé, e /dömande/ aranılan, çok istenen
demander /dömande/ istemek; sormak; gerektirmek ***se demander*** kendi kendine sormak ***on vous demande au téléphone*** size telefon var
démangeaison /demanjezon/ *la* kaşıntı, kaşınma
démanger /demanje/ kaşınmak
démaquillant /demakiyan/ *le* mak-

yaj temizleyici

démaquiller /demakiye/ : ***se démaquiller*** makyajını silmek, makyajını temizlemek

démarche /demarş(*ö*)/ *la* yürüyüş, gidiş; yöntem

démarcheur, euse /demarşör, öz/ *le+la* satış bağlantısını gerçekleştiren kişi

démarqué, e /demarke/ *(futbol)* demarke

démarrer /demare/ hareket etmek, çalışmak, kalkmak ***démarreur*** *le, oto.* marş motoru

démêler /demele/ çözmek, açmak

démembrer /demanbre/ parçalamak, bölmek

déménagement /demenajman/ *le* taşınma

déménager /demenaje/ *(ev)* taşımak; taşınmak ***déménageur*** *le* mobilya taşıyıcısı, ev taşıyıcısı

démence /demans/ *la* bunama; çılgınlık, delilik

démener /demne/ : ***se démener*** çırpınmak, çırpınıp durmak

démenti /demanti/ *le* yalanlama, tekzip

démentir /demantir/ yalanlamak

démesure /dem*ö*zür/ *la* aşırılık, ölçüsüzlük ***démesuré, e*** aşırı, ölçüsüz

démettre /demetr(*ö*)/ yerinden çıkarmak; *(görevinden)* çıkarmak, atmak ***se démettre*** istifa etmek

demeurant /d*ö*möran/ : ***au demeurant*** sonuçta, öyle de olsa, zaten

demeure /d*ö*mör/ *la* konut, ev

demeurer /d*ö*möre/ oturmak; kalmak

demi, e /d*ö*mi/ *s+a.* yarım; *le* bir bardak bira; *(futbol)* hafbek; *la* yarım saat, buçuk ***à demi*** yarım, yarısına kadar

demi- /d*ö*mi/ *'yarı', 'yarım' anlamında bir önek* ***demi-cercle*** *le* yarım daire ***demi-douzaine*** *la* yarım düzine ***demi-finale*** *la* yarı final ***demi-frère*** *le* üvey erkek kardeş ***demi-heure*** *la* yarım saat ***demi-pension*** *la* yarım pansiyon ***demi-sœur*** *la* üvey kız kardeş

démission /demisyon/ *la* istifa ***donner sa démission*** istifasını vermek ***démissionner*** istifa etmek

demi-tarif /d*ö*mitarif/ *le* yarı tarife, yarı fiyat, yüzde elli indirim

demi-tour /d*ö*mitur/ *le* geriye çark

démocrate /demokrat/ *s+a.* demokrat

démocratie /demokrasi/ *la* demokrasi

démocratique /demokratik/ demokratik

démodé, e /demode/ demode, modası geçmiş

demoiselle /d*ö*muazel/ *la* genç kız, yetişkin kız; bekâr kadın ***demoiselle d'honneur*** geline eşlik eden kız

démolir /demolir/ yıkmak

démolition /demolisyon/ *la* yıkma

démon /demon/ *le* şeytan, iblis

démonstratif, ive /demonstratif, iv/ kanıtlayan; *dilb.* işaret+, gösterme+

démonstration /demonstrasyon/ *la* gösterme; kanıt; gösteri

démonter /demonte/ sökmek; şaşırtmak

démontrer /demontre/ göstermek; kanıtlamak

démoraliser /demoralize/ ahlakını bozmak; cesaretini kırmak, moralini bozmak

démordre /demordr(*ö*)/ : ***ne pas***

D

démordre de vazgeçmemek, nuh deyip peygamber dememek
démunir /demünir/ : ***démunir qn de*** birini -den yoksun bırakmak ***se démunir de*** -den yoksun kalmak
D
dénaturer /denatüre/ denşirmek, niteliğini değiştirmek; çarpıtmak
dénégation /denegasyon/ *la* yadsıma, inkâr
dénicher /denişe/ saklandğı yerden çıkarmak, arayıp bulmak
dénigrer /denigre/ çekiştirmek, yermek
dénivellation /denivelasyon/ *la* rampa; iniş yokuş
dénombrer /denonbre/ saymak
dénominateur /denominatör/ *le* payda
dénommer /denome/ adlandırmak, ad vermek
dénoncer /denonse/ ele vermek, ihbar etmek; geçersiz saymak, iptal etmek
dénoter /denote/ belirtmek, göstermek
dénouement /denuman/ *le* son, sonuç
dénouer /denue/ çözmek
denrée /danre/ *la* yiyecek, gıda maddesi
dense /dans/ yoğun
densité /dansite/ *la* yoğunluk
dent /dan/ *la* diş ***avoir une dent contre*** -e diş bilemek ***dent de lait*** sütdişi ***dent de sagesse*** akıldişi, yirmi yaş dişi ***du bout des dents*** istemiyerek ***faire ses dents*** *(çocuk)* diş çıkarmak ***dentaire*** dişle ilgili, diş+
dentelé, e /dantle/ diş diş, girintili çıkıntılı
dentelle /dantel/ *la* dantel, dantela, tentene
dentier /dantye/ *le* takma diş
dentifrice /dantifris/ *le* diş macunu
dentiste /dantist(ö)/ *le+la* dişçi, diş hekimi
dénudé, e /denüde/ çıplak; kel
dénuder /denüde/ soymak, çıplak bırakmak
dénué, e /denue/ : ***dénué de*** -den yoksun
déodorant /deodoran/ *le* deodoran
dépannage /depanaj/ *le*: ***service de dépannage*** *oto.* tamir servisi, bakım servisi
dépanner /depane/ onarmak, arızasını gidermek ***dépanneuse*** *la* çekici, onarım aracı
départ /depar/ *le* kalkış, çıkış, hareket
département /departöman/ *le* bölüm, şube; bakanlık
départir /departir/ : ***se départir de*** -den vazgeçmek, bırakmak
dépassé, e /depase/ modası geçmiş
dépassement /depasman/ *le (taşıt)* sollama
dépasser /depase/ geçmek, aşmak; *()*taşıt sollamak
dépêche /depeş/ *la* resmi yazı, mesaj; telgraf, telyazı
dépêcher /depeşe/ göndermek, koşturmak ***se dépêcher*** acele etmek, elini çabuk tutmak
dépeindre /dependr(ö)/ betimlemek, tasvir etmek
dépendance /depandans/ *la* bağımlılık
dépendre /depandr(ö)/ *(asılı şeyi)* indirmek, almak ***dépendre de*** -e bağlı olmak; -e bağımlı olmak
dépens /depan/ *le+ç.*: ***aux dépens de*** -in hesabına, -in sırtından
dépense /depans/ *la* gider, masraf, harcama; tüketim

dépenser /depanse/ harcamak, tüketmek ***se dépenser*** kendini harcamak
dépensier, ière /depansye, yer/ tutumsuz, savurgan
dépérir /deperir/ zayıflamak, erimek, solmak
dépêtrer /depetre/ : ***se dépêtrer de*** -den kurtulmak
dépister /depiste/ ortaya çıkarmak, bulmak; *(iz sürerek)* bulmak
dépit /depi/ *le* küsme, gücenme, kızma ***en dépit de*** -e karşın, -e rağmen
déplacé, e /deplase/ yersiz, uygunsuz
déplacement /deplasman/ *le* yer değiştirme; yolculuk, seyahat
déplacer /deplase/ yerini değiştirmek ***se déplacer*** yer değiştirmek; yolculuk etmek
déplaire /depler/ : ***déplaire à*** -in hoşuna gitmemek ***se déplaire*** hoşlanmamak ***déplaisant, e*** sevimsiz, hoşa gitmeyen, can sıkıcı
déplaisir /deplezir/ *le* hoşnutsuzluk
dépliant /depliyan/ *le* katlanmış broşür *(harita, vb.)*
déplier /depliye/ *(katlanmış şeyi)* açmak
déplorer /deplore/ acımak, üzülmek
déployer /depluaye/ açmak, yaymak; göstermek
déportation /deportasyon/ *la* sürgün, yurt dışı etme
déporter /deporte/ sürmek, sürgün etmek
déposant, e /depozan, ant/ *le+la* para yatıran, mevduat sahibi, mudi
déposer /depoze/ koymak, bırakmak; *(para)* yatırmak; vermek, teslim etmek; tahttan indirmek; çökelti bırakmak, tortu bırakmak
dépositaire *le+la* mutemet, mütevelli; *tic.* temsilci, satıcı ***déposition*** *la* tahttan indirme; *huk.* ifade
dépôt /depo/ *le* tortu, çökelti; mevduat; depozito; depo, ambar; garaj
dépouille /depuy/ *la* post, pösteki
dépouillé, e /depuye/ çıplak ***dépouillé, e de*** -den yoksun
dépouiller /depuye/ derisini yüzmek; varını yoğunu elinden almak; incelemek
dépourvu, e /depurvü/ : ***au dépourvu*** ansızın, hazırlıksız ***dépourvu de*** -den yoksun
dépravation /depravasyon/ *la* ahlak bozukluğu, ahlaksızlık
dépraver /deprave/ ahlakını bozmak, baştan çıkarmak
dépréciation /depresyasyon/ *la* değerini düşürme, değerden düşme
déprécier /depresye/ değerini düşürmek ***se déprécier*** değerden düşmek, değerini kaybetmek
dépression /depresyon/ *la* durgunluk, bunalım, buhran; çöküntü, depresyon; basınç azalması
déprimer /deprime/ çökertmek
depuis /döpui/ -den beri; -den, -dan
députation /depütasyon/ *la* heyet, kurul; milletvekilliği
député, e /depüte/ *le+la* milletvekili; delege; temsilci
déraciner /derasine/ kökünden sökmek
déraillement /derayman/ *le* raydan çıkma
dérailler /deraye/ *(tren)* raydan çıkmak
déraisonnable /derezonabl(ö)/ saçma, aptalca
dérangement /deranjman/ *le* rahatsızlık; bozukluk, bozulma

D

déranger /deranje/ rahatsız etmek; bozmak, karıştırmak ***se déranger*** yerini değiştirmek, işini değiştirmek
dérapage /derapaj/ *le* *(tekerlek)* kayma, patinaj
déraper /derape/ *(taşıt)* kaymak; kontrolden çıkmak
déréglé, e /deregle/ bozuk; aşırı, ölçüsüz
dérégler /deregle/ bozmak
dérision /derizyon/ *la*: ***tourner en dérision*** alay etmek, alaya almak
dérisoire /derizuar/ alaylı; gülünç
dérivation /derivasyon/ *la, mat.* türevini alma; *dilb.* türetme; yolundan sapma
dérivé, e /derive/ türemiş; *le, dilb.* türev; yan ürün; *la, mat.* türev
dériver /derive/ *mat.* türevini almak; *(akarsu)* yatağını değiştirmek; *(gemi)* sürüklenmek
dermatologie /dermatoloji/ *la* dermatoloj, cildiye ***dermatologue*** *le+la* dermatolog, cildiyeci
dernier, ière /dernye, yer/ son; geçen ***en dernier*** son olarak ***dernièrement*** geçenlerde, son zamanlarda
dérobé, e /derobe/ *(kapı, vb.)* gizli ***à la dérobée*** gizlice, çaktırmadan
dérober /derobe/ çalmak; saklamak, gizlemek ***se dérober*** sıvışmak; *(at)* ürkmek ***se dérober à*** -den saklanmak, -den kaçmak
déroger /deroje/ : ***déroger à*** -e karşı gelmek
dérouler /derule/ *(sarılı şeyi)* açmak, yaymak ***se dérouler*** *(sarılı şey)* açılmak; olmak, gelişmek, cereyan etmek
déroute /derut/ *la* bozgun
dérouter /derute/ *(uçak, tren)* yolunu değiştirmek, rotasını değiştirmek; şaşırtmak
derrière /deryer/ arkada, arkadan; arkasına, arkasında; *le* arka *(taraf)*; kıç, geri
des /de/ ***de les***'nin kaynaşmış biçimi
dès /de/ -den beri; -den itibaren ***dés lors*** o zamandan beri ***dés que*** *(yap)*-ar *(yap)*-maz
désabusé, e /dezabüze/ aymış, gözü açılmış
désacccord /dezakor/ *le* anlaşmazlık, uyuşmazlık
désaccordé, e /dezakorde/ *müz.* akortsuz, akordu bozuk
désagréable /dezagreabl(*ö*)/ tatsız, hoşa gitmeyen
désagréger /dezagreje/ : ***se désagréger*** dağılmak, çökmek
désagrément /dezagreman/ *le* sıkıntı, üzüntü
désaltérer /dezaltere/ : ***se désaltérer*** susuzluğunu gidermek
désappointé, e /dezapuente/ düş kırıklığına uğramış
désapprobation /dezaprobasyon/ *la* onaylamama, beğenmeme
désapprouver /dezapruve/ onaylamamak, beğenmemek
désarmement /dezarm*ö*man/ *le* silahsızlanma
désarmer /dezarme/ silahsızlandırmak; yumuşatmak, yatıştırmak
désarroi /dezarua/ *le* karışıklık, düzensizlik
désastre /dezastr(*ö*)/ *le* felaket, afet, yıkım ***désastreux, euse*** felaket getiren, feci, korkunç
désavantage /dezavantaj/ *le* sakınca, dezavantaj; zarar
désavouer /dezavue/ yadsımak, inkâr etmek; reddetmek, benimsememek
désaxé, e /dezakse/ dengesiz

descendant, e /desan**d**an, an**t**/ *le+la* torun, çocuk, soyundan gelen
descendre /desan**d**r(*ö*)/ indirmek; düşürmek; inmek ***descendre de*** -in soyundan gelmek
descente /desan**t**/ *la* inme, indirme; iniş, bayır ***descente de lit*** yatak odası halısı
descriptif, ive /deskriptif, iv/ betimlemeli, betimsel, tasviri
description /deskripsyo**n**/ *la* betimleme, tasvir
désemparé, e /dezan**p**are/ şaşırmış, donakalmış
désemparer /dezan**p**are/ : ***sans désemparer*** durmaksızın, aralıksız
désenfler /dezan**f**le/ şişi inmek
désengagement /dezan**g**ajma**n**/ *le* bağlantısızlık
déséquilibré, e /dezekilibre/ *le+la* dengesiz kimse
désert, e /dezer, ert(*ö*)/ ıssız; *le* çöl
déserter /dezerte/ bırakıp gitmek, terk etmek ***déserteur*** *le* asker kaçağı ***désertion*** *la* askerlikten kaçma, firar
désespéré, e /dezespere/ umutsuz ***désespérément*** umutsuzca
désespérer /dezespere/ umutsuzluğa düşürmek; umutsuzluğa düşmek ***se désespérer*** umutsuzluğa düşmek
désespoir /dezespuar / *le* umutsuzluk
déshabiller /dezabiye/ soymak, giysilerini çıkarmak ***se déshabiller*** soyunmak
désherbant /dezerba**n**/ *le* zararlı otlara karşı ilaç
déshériter /dezerite/ mirastan yoksun bırakmak
déshonneur /dezonör/ *le* onursuzluk, namussuzluk
déshonorer /dezonore/ namusuna leke sürmek
déshydraté, e /dezidrate/ suyu alınmış, kurutulmuş
désignation /dezinyasyo**n**/ *la* seçme, atama; belirtme
désigner /dezinye/ belirtmek, göstermek; atamak, tayin etmek
désillusion /dezilüzyo**n**/ *la* düş kırıklığı
désinfectant, e /deze**n**fekta**n**, an**t**/ *le* dezenfektan, antiseptik
désinfecter /deze**n**fekte/ dezenfekte etmek, mikropsuzlaştırmak
désinfection /deze**n**feksyo**n**/ *la* dezenfeksiyon, mikropsuzlaştırma
désintégrer /deze**n**tegre/ parçalamak ***se désintégrer*** parçalanmak
désintéressé, e /deze**n**terese/ çıkar gözetmeyen
désintéresser /deze**n**terese/ : ***se désintéresser (de)*** *(-den)* soğumak, *(ile)* ilgilenmemek
désinvolte /deze**n**volt(*ö*)/ saygısız, laubali
désir /dezir/ *le* istek, arzu
désirer /dezire/ istemek, arzulamak
désireux, euse /deziró, öz/ : ***désireux de*** -meye istekli
désobéir /dezobeir/ dinlememek, uymamak, itaat etmemek ***désobéissance*** *la* itaatsizlik, karşı gelme ***désobéissant, e*** itaatsiz, söz dinlemez
désodorisant /dezodoriza**n**/ *le* koku giderici
désæuvré, e /dezövre/ işsiz, aylak ***désæuvrement*** *le* işsizlik, aylaklık
désolation /dezolasyo**n**/ *la* üzüntü, acı; yıkım
désolé, e /dezole/ üzgün, üzüntülü; ıssız

D

désoler /dezole/ üzmek
désopilant, e /dezopilan, ant/ güldürücü, gırgır
désordonné, e /dezordone/ dağınık, düzensiz
désordre /dezordr(ö)/ *le* düzensizlik, karışıklık
désorganiser /dezorganize/ düzenini bozmak, altüst etmek
désormais /dezorme/ bundan böyle, artık
désosser /dezose/ kemiğini çıkarmak, kılçığını çıkarmak
desquels, desquelles /dekel/ ***de lesquels, de lesquelles*** *'in kaynaşmış biçimi*
dessécher /deseşe/ kurutmak, kavurmak ***se dessécher*** kurumak
dessein /desen/ *le* tasarı, niyet ***à dessein*** bile bile, kasten ***dans le dessein de*** niyetiyle
desserrer /desere/ gevşetmek
dessert /deser/ *le (yemek sonunda yenen)* tatlı, meyve
desservir /deservir/ *(taşıt)* uğramak, geçmek; zarar vermek; sofrayı kaldırmak
dessin /desen/ *le* resim; desen ***dessin animé*** çizgi film
dessinateur, trice /desinatör, tris/ *le+la* desinatör; ressam
dessiner /desine/ resmini yapmak; çizmek
dessous /dösu/ alta, altta; altına, altında; *le* alt; *le+ç.* iç çamaşırı ***avoir le dessous*** yenilmek ***dessous-de-plat*** *le* tencere altlığı
dessus /dösü/ üste, üstte; üstüne, üstünde; *le* üst ***avoir le dessus*** yenmek ***dessus-de-lit*** *le* yatak örtüsü
destin /desten/ *le* yazgı, alınyazısı
destination /destinasyon/ *la* gidilecek yer, gönderilecek yer; amaç, yapılış amacı ***à destination de*** -e doğru, -e giden
destinée /destine/ *la* yazgı, alınyazısı; yaşam, ömür
destiner /destine/ yöneltmek, hazırlamak; ayırmak, tahsis etmek
destituer /destitue/ görevine son vermek, çıkarmak
destructeur, trice /destrüktör, tris/ yıkıcı
destruction /destrüksyon/ *la* yıkma, tahrip; yok etme, ortadan kaldırma
désuet, ète /desue, et/ eskimiş, modası geçmiş ***désuétude*** *la*: ***tomber en désuétude*** yürürlükten kalkmak, geçerliği kalmamak
détachant /detaşan/ *le* leke çıkarıcı
détachement /detaşman/ *le* kopma, uzaklaşma; ilgisizlik; *ask.* müfreze
détacher /detaşe/ lekesini çıkarmak; çözmek; ayırmak ***se détacher*** ayrılmak, kopmak ***se détacher de*** -den soğumak, artık sevmemek
détail /detay/ *le* ayrıntı ***en détail*** ayrıntılı olarak ***le détail*** perakende satış
détaillant /detayan/ *le* perakendeci
détaillé, e /detaye/ ayrıntılı
détailler /detaye/ perakende satmak; ayrıntılarıyla açıklamak
détective /detektiv/ *le* detektif ***détective (privé)*** özel detektif
déteindre /detendr(ö)/ rengi atmak, solmak
détendre /detandr(ö)/ gevşetmek; yatıştırmak ***se détendre*** gevşemek; yatışmak
détenir /detnir/ elde bulundurmak, elinde tutmak; hapiste tutmak
détente /detant/ *la* dinlenme; gerginliğin yumuşaması, detant; *(silah)* tetik

D

détenteur, trice /detantör, tris/ *le+la* eldeci, zilyet
détenu, e /detnü/ *le+la* tutuklu, mahpus
détergent /deterjan/ *le* deterjan
détérioration /deteryorasyon/ *la* bozma, bozulma
détériorer /deteryore/ bozmak ***se détériorer*** bozulmak
détermination /determinasyon/ *la* saptama, belirleme; azim, karar
déterminé, e /determine/ kararlı, azimli; belli, belirli
déterminer /determine/ belirlemek, saptamak ***déterminer qn à faire*** birini -meye karar verdirmek ***se déterminer à faire*** -meye karar vermek
déterrer /detere/ kazıp çıkarmak
détestable /detestabl(*ö*)/ tiksindirici, iğrenç
détester /deteste/ tiksinmek, nefret etmek
détonant, e / detonan, ant/ patlayıcı
détonateur /detonatör/ *le* fünye, fitil
détoner /detone/ patlamak
détonner /detone/ *müz.* falso yapmak, yanlış ses çıkarmak; uyuşmamak
détour /detur/ *le* dönemeç, kıvrım ***sans détour*** dolambaçsızca, açık açık
détourné, e /deturne/ sapa, dolambaçlı
détournement /deturnöman/ *le* yönünü değiştirme; uçak kaçırma; zimmetine geçirme
détourner /deturne/ yönünü değiştirmek, yolunu değiştirmek; *(uçak)* kaçırmak; *(para)* zimmetine geçirmek
détraquer /detrake/ bozmak ***se détraquer*** bozulmak
détresse /detres/ *la* üzüntü, sıkıntı
détritus /detritüs/ *le+ç.* döküntü, çerçöp
détruire /detruir/ yıkmak; yok etmek, ortadan kaldırmak
dette /det/ *la* borç
deuil /döy/ *le* yas, matem
deux /dö/ iki ***les deux points*** iki nokta üst üste *(:)* ***deuxième*** ikinci ***deux-pièces*** *le* döpiyes
dévaler /devale/ inmek; indirmek
dévaliser /devalize/ soymak, çalmak
dévaluation /devalüasyon/ *la* develüasyon
dévaluer /devalüe/ değerini düşürmek, devalüe etmek
devancer /dövanse/ geçmek, arkada bırakmak; -den önce davranmak ***devancier, ière*** *le+la* öncel, selef
devant /dövan/ önüne, önünde; önce; *le* ön ***aller au-devant de*** *(birinin istek, vb.'ni)* yerine getirmek, söylemeden yapmak
devanture /dövantür/ *la* dükkânın önü; vitrin
dévastation /devastasyon/ *la* yakıp yıkma, harap etme
dévaster /devaste/ yakıp yıkmak, harap etmek
développement /devlopman/ *le* gelişme, büyüme; geliştirme; *(film)* banyo
développer /devlope/ *(film)* banyo etmek; geliştirmek, ilerletmek ***se développer*** gelişmek, ilerlemek
devenir /dövnir/ olmak
dévergondé, e /devergonde/ utanmaz, arsız
déverser /deverse/ dökmek, akıtmak
dévêtir /devetir/ soymak, giysisini

çıkarmak ***se dévêtir*** soyunmak
déviation /devyasyon/ *la* sapma
dévier /devye/ saptırmak, yönünü değiştirmek; sapmak, yolundan ayrılmak
deviner /dövine/ bulmak, tahmin etmek; çözmek
devinette /dövinet/ *la* bilmece, bulmaca
dévisager /devizaje/ *(birine)* dikkatle bakmak
devise /döviz/ *la* parola; döviz
dévisser /devise/ vidalarını çıkarmak
dévoiler /devuale/ örtüsünü açmak
devoir /dövuar/ gerekmek, zorunda olmak; borcu olmak; *le* ödev; görev
dévorer /devore/ parçalayıp yemek; yemek, yutmak; tüketmek
dévot, e /devo, ot/ sofu, dindar
dévotion /devosyon/ *la* sofuluk, dindarlık
dévouement /devuman/ *le* bağlılık, sadakat; kendini verme, kendini adama
dévouer /devue/ : ***se dévouer*** kendini feda etmek ***se dévouer à*** kendini -e vermek, kendini -e adamak
dextérité /deksterite/ *la* beceri, ustalık
diabète /dyabet/ *le* şeker hastalığı ***diabétique*** *le+la* şeker hastası
diable /dyabl(ö)/ *le* şeytan ***diabolique*** şeytanca, şeytansı
diadème /dyadem/ *le* taç
diagnostic /dyagnostik/ *le* tanı, teşhis ***diagnostiquer*** tanılamak, teşhis etmek
diagonal, e, aux /dyagonal, o/ çapraz, verev; *la* köşegen
dialecte /dialekt(ö)/ *le* lehçe
dialogue /dyalog/ *le* diyalog, karşılıklı konuşma
diamant /dyaman/ *le* elmas
diamètre /dyametr(ö)/ *le* çap
diapason /dyapazon/ *le* diyapazon
diaphragme /dyafragm/ *le* diyafram
diapositive /dyapozitiv/ *la* diyapozitif, slayt
diapré, e /dyapre/ alaca, alacalı
diarrhée /dyare/ *la* sürgün, ishal
dictateur /diktatör/ *le* diktatör ***dictature*** *la* diktatörlük
dictée /dikte/ *la* yazdırma, dikte
dicter /dikte/ yazdırmak, dikte etmek
diction /diksyon/ *la* diksiyon, söyleme biçimi
dictionnaire /diksyoner/ *le* sözlük
dièse /dyez/ *le* diyez
diesel /dyezel/ *le* dizel
diète /dyet/ *la* perhiz, diyet
dieu, x /dyö/ *le* tanrı, ilah ***Dieu*** Tanrı, Allah
diffamation /difamasyon/ *la* kara çalma, lekeleme, iftira
diffamer /difame/ kara çalmak, lekelemek, iftira etmek
différence /diferans/ *la* fark, ayrım, ayrılık ***à la différence de*** -ın tersine
différencier /diferansye/ ayırt etmek ***se différencier*** farklı olmak, değişmek
différend /diferan/ *le* anlaşmazlık
différent, e /diferan, ant/ : ***différent (de)*** *(-den)* farklı, değişik, ayrı
différentiel, le /diferansyel/ *s+le* diferansiyel
différer /difere/ ertelemek, geciktirmek ***différer (de)*** *(-den)* farklı olmak
difficile /difisil/ güç, zor; titiz
difficulté /difikülte/ *la* güçlük, zorluk ***avoir de la difficulté à faire*** -

mekte güçlük çekmek
difforme /diform(*ö*)/ biçimsiz ***difformité*** *la* biçimsizlik
diffuser /difüze/ yaymak; yayımlamak; dağıtmak
digérer /dijere/ sindirmek, hazmetmek ***digestion*** *la* sindirim
digital, e, aux /dijital, o/ parmakla ilgili
digne /diny/ ağırbaşlı, ciddi ***digne de*** -e değer, -e layık
dignité /dinyite/ *la* ağırbaşlılık; saygınlık
digue /dig/ *la* set, bent
dilapider /dilapide/ saçıp savurmak, israf etmek
dilater /dilate/ genişletmek, büyütmek; genleştirmek ***se dilater*** genleşmek
dilemme /dilem/ *le* ikilem, dilemma
diluer /dilue/ seyreltmek, sulandırmak
dimanche /dimanş/ *le* pazar *(günü)*
dimension /dimansyon/ *la* boyut; ölçü
diminuer /diminue/ azaltmak; küçültmek; azalmak; küçülmek ***diminutif*** *le, dilb.* küçültme eki ***diminution*** *la* azaltma, düşürme; azalma, düşme
dinde /dend/ *la (dişi)* hindi
dindon /dendon/ *le (erkek)* hindi
dîner /dine/ akşam yemeği yemek; *le* akşam yemeği
dingue /deng/ *kd.* çılgın, deli, kaçık
diphtérie /difteri/ *la* kuşpalazı, difteri
diphtongue /diftong/ *la* diftong, ikizünlü, ikili ünlü
diplomate /diplomat/ *le* diplomat
diplomatie /diplomasi/ *la* diplomatlık ***diplomatique*** diplomatik
diplôme /diplom/ *le* diploma ***diplômé, e*** diplomalı
dire /dir/ demek, söylemek ***vouloir dire*** demek istemek
direct, e /direkt/ doğru, dolaysız, direkt; *le*: ***en direct*** *(yayın)* canlı ***directement*** doğrudan doğruya
directeur, trice /direktör, tris/ *le+la* yönetici, müdür
direction /direksyon/ *la* yönetim, idare; *oto.* direksiyon; yön
directive /direktiv/ *la* yönerge, talimat
dirigeant, e /dirijan, ant/ *s+a.* yönetici
diriger /dirije/ yönetmek; *(taşıt)* sürmek ***se diriger vers (sur)*** -e doğru ilerlemek, yönelmek, gitmek
discerner /diserne/ ayırt etmek, seçmek
disciple /disipl(*ö*)/ *le+la* öğrenci, çırak; mürit, çömez
disciplinaire /disipliner/ disiplinle ilgili, disiplin+
discipline /disiplin/ *la* disiplin ***discipliné, e*** disiplinli ***discipliner*** disiplin altına almak
discontinu, e /diskontinü/ süreksiz, aralıklı, kesik kesik
discordant, e /diskordan, ant/ uyumsuz, uyuşmayan; akortsuz
discorde /diskord(*ö*)/ *la* anlaşmazlık, uyuşmazlık
discothèque /diskotek/ *la* plak koleksiyonu; plaklık, plak dolabı; disko, diskotek
discours /diskur/ *le* söz, konuşma; söylev, nutuk
discréditer /diskredite/ gözden düşürmek, saygınlığını yitirtmek
discret, ète /diskre, et/ ihtiyatlı, ölçülü; ağzı sıkı, ketum
discrétion /diskresyon/ *la* ihtiyatlılık, ölçülülük; ağzı sıkılık, ketumluk ***à discrétion*** istenildiği kadar

discrimination /diskriminasyon/ *la* ayırt etme, ayrım; ayrım, farklı davranma
discussion /disküsyon/ *la* tartışma; görüşme
discuter /disküte/ tartışmak; görüşmek
disette /dizet/ *la* kıtlık
disgrâce /disgras/ *la* gözden düşme
disgracieux, euse /disgrasyö, yöz/ çirkin, tatsız, kaba
dislocation /dislokasyon/ *la* yerinden çıkma, çıkık
disloquer /disloke/ yerinden çıkarmak; sökmek; dağıtmak
disparaître /disparetr(*ö*)/ gözden kaybolmak; yok olmak ***faire disparaître*** ortadan kaldırmak, yok etmek
disparate /disparat/ uyumsuz, tutarsız
disparité /disparite/ *la* uyumsuzluk, tutarsızlık
disparition /disparisyon/ *la* gözden kaybolma; yok olma
disparu, e /disparü/ *le+la* kayıp *(kimse)*; ölü
dispendieux, euse /dispandyö, yöz/ masraflı, pahalı
dispenser /dispanse/ dağıtmak, vermek; muaf tutmak ***se dispenser de*** kendini -den muaf tutmak, kendini ile yükümlü görmemek
disperser /disperse/ dağıtmak ***se disperser*** dağılmak
disponibilité /disponibilite/ *la* elde bulunma, hazır bulunma, kullanılabilirlik
disponible /disponibl(*ö*)/ elde bulunan, kullanılabilen, boş, mevcut
dispos /dispo/ canlı, çevik, formda
disposer /dispoze/ düzenlemek, yerleştirmek; hazırlamak ***disposer de*** istediği gibi kullanmak, yararlanmak ***se disposer à faire*** -meye hazırlanmak
dispositif /dispozitif/ *le* aygıt, alet, düzen
disposition /dispozisyon/ *la* düzen, düzenleme; ruhsal durum; eğilim ***dispositions*** *la+ç.* hazırlık; yetenek; *huk.* hükümler
dispute /dispüt/ *la* kavga, çekişme, tartışma
disputer /dispüte/ kavga etmek, çekişmek; *kd.* azarlamak, fırça atmak ***se disputer*** kavga etmek, tartışmak
disqualification /diskalifikasyon/ *la* diskalifiye olma, yarış dışı bırakma
disqualifier /diskalifye/ diskalifiye etmek, yarış dışı bırakmak
disque /disk(*ö*)/ *le* plak; disk
dissemblable /disanblabl(*ö*)/ benzemez
disséminer /disemine/ saçmak, serpmek
disséquer /diseke/ açımlamak, teşrih etmek; iyice incelemek
dissident, e /disidan, ant/ *s+a.* karşıt görüşlü, ayrı görüşte olan
dissimulation /disimülasyon/ *la* saklama, gizleme; ikiyüzlülük
dissimuler /disimüle/ saklamak, gizlemek
dissipation /disipasyon/ *la* savurganlık, israf; sefahat
dissiper /disipe/ dağıtmak; yok etmek, gidermek; saçıp savurmak, israf etmek
dissoudre /disudr(*ö*)/ eritmek; dağıtmak, feshetmek; geçersiz saymak, bozmak
dissuader /disuade/ caydırmak, vazgeçirmek

dissuasion /disuazyon/ *la* caydırma ***force de dissuasion*** caydırıcı güç

distance /distans/ *la* uzaklık, mesafe; ara, aralık

distant, e /distan, ant/ uzak, ırak; soğuk, kibirli

distiller /distile/ damıtmak, imbikten çekmek

distinct, e /disten, distankt, distenkt(*ö*)/ farklı, ayrı; açık, belli, belirgin ***distinctif, ive*** ayırt edici, belirtici, özel

distinction /distenksyon/ *la* ayırt etme, seçme; ayrım, fark; üstünlük; nişan, madalya

distingué, e /distenge/ seçkin, üstün, güzide

distinguer /distenge/ ayırt etmek, seçmek, ayırmak

distraction /distraksyon/ *la* dalgınlık, dikkatsizlik; eğlence

distraire /distrer/ *(dikkat, vb.)* dağıtmak, başka yöne çekmek; eğlendirmek, oyalamak ***se distraire*** eğlenmek, oyalanmak

distrait, e /distre, et/ dalgın, dikkatsiz

distribuer /distribue/ dağıtmak; düzenlemek ***distributeur*** *le* dağıtıcı, dağıtımcı; parayla çalışan otomatik satış makinesi ***distribution*** *la* dağıtım, dağıtma; düzenleme

divaguer /divage/ başıboş dolaşmak

divan /divan/ *le* divan, sedir

divergence /diverjans/ *la* ayrılma, ayrılık

diverger /diverje/ ayrılmak

divers, e /diver, ers(*ö*)/ çeşitli, değişik; birçok, birkaç

diversité /diversite/ *la* çeşitlilik; değişiklik, farklılık; çeşit

divertir /divertir/ eğlendirmek ***se divertir*** eğlenmek ***divertissement*** *le* eğlence; *müz.* divertimento

dividende /dividand/ *le, mat.* bölünen; *tic.* kâr payı, temettü hissesi

divin, e /diven, in/ tanrısal, ilahi ***divinité*** *la* tanrısallık; tanrı, ilah

diviser /divize/ bölmek ***diviseur*** *le, mat.* bölen ***division*** *la* bölme; bölüm; ayrılık, anlaşmazlık; *ask.* tümen

divorce /divors(*ö*)/ *le* boşanma ***divorcé, e*** *le+la* boşanmış kimse, dul ***divorcer*** boşanmak

divulguer /divülge/ açığa vurmak; ortaya dökmek, yaymak

dix /dis/ on ***dixième*** onuncu

dizaine /dizen/ *la* onluk, on tane ***une dizaine (de)*** on kadar

docile /dosil/ uysal, yumuşak başlı

dock /dok/ *le* dok, havuz; rıhtım

docte /dokt/ bilgili, bilgin

docteur /doktör/ *le* doktor

doctorat /doktora/ *le* doktora

doctrine /doktrin/ *la* öğreti, doktrin

document /doküman/ *le* belge

documentaire /dokümanter/ *s+le* belgesel

documentation /dokümantasyon/ *la* belgeleme; belgeler

documenter /dokümante/ belgelemek, belgelere dayandırmak

dodu, e /dodü/ semiz; tombul

dogmatique /dogmatik/ dogmatik, inaksal

dogme /dogm(*ö*)/ *le* dogma, inak

doigt /dua/ *le* parmak ***doigt de pied*** ayak parmağı

doigté /duate/ *le, müz.* parmak basış, parmakları kullanma; ustalık, beceri

doléances /doleans/ *la+ç.* yakınma, şikâyet

D

dollar /dolar/ *le* dolar
domaine /domen/ *le* mülk, arazi; alan, saha
dôme /dom/ *le* kubbe
D
domestique /domestik/ evle ilgili, aileyle ilgili; evcil; *le+la* uşak, hizmetçi
domestiquer /domestike/ evcilleştirmek
domicile /domisil/ *le* ev, konut
dominant, e /dominan, ant/ egemen; baskın, üstün, başat
dominateur, trice /dominatör, tris/ hükmeden, zorba
domination /dominasyon/ *la* egemenlik; nüfuz
dominer /domine/ egemen olmak, hükmetmek; tutmak, frenlemek; geçmek, üstün olmak
domino /domino/ *le* domino
dommage /domaj/ *le* zarar, hasar, ziyan ***dommages-intérêts*** *le+ç.* zarar ziyan, tazminat
dompter /donte/ evcilleştirmek, eğitmek ***dompteur, euse*** *le+la* *(vahşi)* hayvan terbiyecisi
don /don/ *le* bağış; armağan; yetenek
donateur, trice /donatör, tris/ *le+la* bağışta bulunan *(kimse)*
donation /donasyon/ *la* bağış, bağışlama
donc /donk/ öyleyse, o halde, şu halde
donné, e /done/ belli, belirli; *la* veri
donner /done/ vermek; *tiy.* oynamak; göstermek ***donner dans*** *(tuzak, vb)* düşmek ***donner sur*** -e bakmak, nazır olmak ***se donner à*** kendini -e vermek
donneur, euse /donör, öz/ *le+la, hek.* kan veren kimse; *(kartları)* dağıtan, veren
dont /don/ ki onu, ki onun, ki ondan
doré, e /dore/ altın gibi; yaldızlı
dorénavant /dorenavan/ bundan böyle
dorer /dore/ yaldızlamak; nar gibi kızartmak
dorloter /dorlote/ nazlamak, nazlı alıştırmak
dormir /dormir/ uyumak
dortoir /dortuar/ *le* yatakhane, koğuş
dorure /dorür/ *la* yaldız; yaldızlama, altın kaplama
dos /do/ *le* arka, sırt
dose /doz/ *la* doz
doser /doze/ dozunu ayarlamak
dossard /dosar/ *le* yarışmacının puanı
dossier /dosye/ *le* dosya; *(sandalye)* arkalık
dot /dot/ *la* çeyiz, drahoma
doter /dote/ : ***doter de*** ile donatmak, vermek
douane /duan/ *la* gümrük ***exempté de douane*** gümrüksüz ***passer la douane*** gümrükten geçmek ***douanier, ière*** gümrükle ilgili; *le* gümrük memuru
doublage /dublaj/ *le* sözlendirme, dublaj
double /dubl(*ö*)/ çift, iki; *le* iki kat; kopya
doubler /duble/ ikiyle çarpmak, iki katına çıkarmak; astar geçirmek; geçmek, sollamak; sözlendirmek, dublaj yapmak; iki katına çıkmak ***doubler (la classe)*** tekrar okumak, çifte dikiş yapmak
doublure /dublür/ *la* astar; dublör, benzer
douceur /dusör/ *la* tatlılık; yumuşaklık
douche /duş/ *la* duş ***se doucher***

duş almak

doué, e /due/ yetenekli

douille /duy/ *la* duy; fişek kovanı

douillet, te /duye, et/ yumuşacık; çıtkırıldım, nanemolla

douleur /dulör/ *la* ağrı, sızı; acı, dert ***douloureux, euse*** ağrılı, acı veren

doute /dut/ *le* kuşku, şüphe ***sans doute*** kuşkusuz, şüphesiz

douter /dute/ : ***douter de*** -den kuşkulanmak; -e güvenememek, -den emin olmamak ***se douter de*** tahmin etmek, beklemek

douteux, euse /dutö, öz/ kuşkulu, şüpheli; belirsiz, kapalı, karışık

douve /duv/ *la* şato hendeği; fıçı tahtası

doux, douce /du, dus/ yumuşak; tatlı

douzaine /duzen/ *la* düzine

douze /duz/ on iki

doyen, ne /duayen, en/ *le+la* en eski, en yaşlı, en kıdemli; dekan

dragée /draje/ *la* bademşekeri; *hek.* draje

dragon /dragon/ *le* ejderha

drague /drag/ *la* sürtme ağı; tarak dubası ***draguer*** *(ırmak)* tarakla temizlemek, taramak; kız tavlamak ***dragueur de mines*** mayın tarama gemisi

dramatique /dramatik/ dramatik; *la* televizyon oyunu

dramatiser /dramatize/ oyunlaştırmak, dramatize etmek

dramaturge /dramatürj(*ö*)/ *le* tiyatro yazarı, oyun yazarı

drame /dram/ *le* dram

drap /dra/ *le* çarşaf; yünlü kumaş

drapeau, x /drapo/ *le* bayrak; sancak

draper /drape/ kumaşla örtmek, kumaşla süslemek

drapier /drapye/ *le* kumaşçı

dresser /drese/ dikmek, kaldırmak; *(sözleşme, bilanço, vb.)* yazmak, düzenlemek, yapmak; *(hayvan)* eğitmek, terbiye etmek ***dresser l'oreille*** kulak kesilmek ***se dresser*** dikelmek, doğrulmak

dressoir /dresuar/ *le* mutfak dolabı

drogue /drog/ *la* ecza; ilaç; uyuşturucu

drogué, e /droge/ *le+la* uyuşturucu kullanan, uyuşturucu düşkünü

droguer /droge/ bol ilaç vermek ***se droguer*** ilaç almak; uyuşturucu kullanmak

droit, e /drua, druat/ doğru, düz; dik, dikey; sağ; dürüst; dosdoğru, doğruca; *le* hak; adalet, töre; hukuk, tüze; vergi; *la* doğru *(çizgi)* ***à droite*** sağda; sağa ***de droite*** *(politika)* sağ *(kanat)* ***droit d'auteur*** telif hakkı

droitier, ière /druatye, yer/ *le+la* sağ elini kullanan, solak olmayan

drôle /drol/ eğlenceli, gırgır; acayip, gülünç

dromadaire /dromader/ *le* hecin devesi

dru, e /drü/ sık, gür; *(yağmur)* bol, çok

du /dü/ ***de le*** *'nin kaynaşmış biçimi*

dû, due /dü/ borçlu olunan; *le* borç; alacak ***dû à*** -den dolayı, yüzünden

duc /dük/ *le* dük ***duchesse*** *la* düşes

duel /duel/ *le* düello

dûment /düman/ gerektiği gibi

dune /dün/ *la* kumul

duo /duo/ *le, müz.* düet

duper /düpe/ aldatmak, dolandırmak

duquel /dükel/ ***de lequel****'in kısa biçimi*

dur, e /dür/ sert; güç; acımasız

durable /dürabl(*ö*)/ kalıcı, dayanıklı

durant /düran/ süresince, boyunca
durcir /dürsir/ sertleştirmek ***se durcir*** sertleşmek
durée /düre/ *la* süre, müddet
durer /düre/ sürmek, devam etmek; dayanmak
dureté /dürte/ *la* sertlik
duvet /düve/ *le* tüy; kuştüyü; hav; kuştüyü uyku tulumu
dynamique /dinamik/ dinamik, canlı
dynamisme /dinamism(ö)/ *le* dinamizm, canlılık
dynamite /dinamit/ *la* dinamit
dynamo /dinamo/ *la* dinamo
dynastie /dinasti/ *la* hanedan
dysenterie /disantri/ *la* dizanteri, kanlı basur
dyspepsie /dispepsi/ *la* sindirim güçlüğü

E

eau, x /o/ *la* su ***eau de Cologne*** kolonya ***eau de Javel*** çamaşır suyu ***eau de toilette*** kolonya ***eau douce*** tatlı su ***eau potable*** içme suyu ***eau-de-vie*** *la* alkollü sert içki
ébahi, e /abai/ şaşakalmış, afallamış
ébats /eba/ *le+ç.* eğlence, oyun
ébauche /eboş/ *la* taslak
ébaucher /eboşe/ taslağını yapmak ***s'ébaucher*** biçimlenmek
ébène /eben/ *la* abanoz
éberlué, e /eberlue/ afallamış, şaşakalmış
éblouir /ebluir/ gözünü kamaştırmak
éboulement /ebulman/ *le* heyelan, kayşa, göçü
ébranler /ebranle/ sarsmak ***s'ébranler*** sarsılmak
ébrécher /ebreşe/ çentmek, çentiklemek
ébullition /ebülisyon/ *la* kaynama
écaille /ekay/ *la (balık)* pul; *(hayvan)* kabuk, bağa
écailler /ekaye/ *(balık)* pullarını ayıklamak; kabuğunu çıkarmak ***s'écailler*** kavlamak, pulları kalkmak
écarlate /ekarlat/ kızıl
écarquiller /ekarkiye/ : ***écarquiller les yeux*** gözlerini fal taşı gibi açmak, gözlerini belertmek
écart /ekar/ *le* aralık, mesafe; yoldan sapma; fark ***à l'écart*** bir kenarda, bir kenara ***à l'écart de*** -den uzakta
écarté, e /ekarte/ sapa, uzak
écarter /ekarte/ aralamak, ayırmak; uzaklaştırmak ***s'écarter*** uzaklaşmak, açılmak
ecclésiastique /eklezyastik/ kiliseyle ilgili; *le* kilise adamı
écervelé, e /eservöle/ beyinsiz, kuş beyinli
échafaud /eşafo/ *le* yapı iskelesi; darağacı
échafaudage /eşafodaj/ *le* yapı iskelesi; iskele kurma; yığın, yığıntı
échalote /eşalot/ *la* yabani sarmısak
échange /eşanj/ *le* değiş tokuş, trampa
échanger /eşanje/ değiştirmek, değiş tokuş etmek
échantillon /eşantiyon/ *le* örnek, numune, eşantiyon
échappatoire /eşapatuar/ *la* kurtuluş yolu, çıkar yol
échappement /eşapman/ *le* egzoz
échapper /eşape/ : ***échapper à*** -den kaçıp kurtulmak, yakayı kurtarmak ***l'échapper belle*** kıl payı

kurtulmak
écharde /eşard(ö)/ *la* kıymık
écharpe /eşarp(ö)/ *la* eşarp, atkı
échasse /eşas/ *la* cambaz ayaklığı
échauffement /eşofman/ *le* ısınma; ısıtma, kızdırma
échauffer /eşofe/ ısınmak; kızışmak
échéance /eşeans/ *la* vade, süre bitimi
échéant /eşean/ : ***le cas échéant*** gerekirse
échec /eşek/ *le* başarısızlık ***échecs*** *le+ç.* satranç
échelle /eşel/ *la* el merdiveni, taşınır merdiven; ölçek
échelon /eşlon/ *le (el merdiveninde)* basamak; derece, basamak
échelonner /eşlone/ art arda dizmek, sıraya koymak
échevelé, e /eşövle/ saçı başı dağınık; çılgın, çılgınca
échine /eşin/ *la* omurga, belkemiği
échiquier /eşikye/ *le* satranç tahtası
écho /eko/ *le* yankı
échoir /eşuar/ süresi dolmak, vadesi gelmek
échouer /eşue/ başarısızlığa uğramak; *(gemi)* karaya oturmak
éclair /ekler/ *le* şimşek; parıltı
éclairage /ekleraj/ *le* aydınlatma
éclaircie /eklersi/ *la (kapalı havada gökteki)* açıklık, güneşli yer
éclaircir /eklersir/ aydınlatmak; sulandırmak; belirginleştirmek ***éclaircissement*** *le* açıklama, aydınlatma
éclairer /eklere/ aydınlatmak
éclaireur, euse /eklerör, öz/ *le+la* izci; *le, ask.* keşif eri, gözcü, öncü
éclat /ekla/ *le* parça; parlaklık; görkem; skandal
éclatant, e /eklatan, ant/ parlak
éclater /eklate/ patlamak; patlak vermek; bölünmek, parçalanmak ***éclater de rire*** kahkahayla gülmek
éclipse /eklips(ö)/ *la (güneş, ay)* tutulma
éclipser /eklipse/ tutulmasına neden olmak, karartmak
éclopé, e /eklope/ aksak, topal
éclore /eklor/ yumurtadan çıkmak; *(çiçek)* açılmak
écœurer /eköre/ midesini bulandırmak, tiksindirmek
école /ekol/ *la* okul ***aller à l'école*** okula gitmek ***école de secrétariat*** sekreterlik okulu ***école normale (d'instituteurs)*** öğretmen okulu
écologie /ekoloji/ *la* çevrebilim, ekoloji ***écologique*** çevrebilimsel, ekolojik; çevreyle ilgili, çevre+ ***écologiste*** *le+la* çevrebilimci, ekolojist
éconduire /ekonduir/ kovmak
économe /ekonom/ tutumlu
économie /ekonomi/ *la* ekonomi; tutum, tasarruf ***économies*** *la+ç.* birikmiş para ***économique*** ekonomik
économiser /ekonomize/ idareli harcamak; biriktirmek, artırmak
économiste /ekonomist(ö)/ *le+la* iktisatçı, ekonomist
écorce /ekors(ö)/ *la (ağaç, meyve)* kabuk ***écorcer*** *(ağaç)* kabuğunu soymak
écorcher /ekorşe/ derisini yüzmek; sıyırmak, sıyırıp geçmek ***écorchure*** *la* sıyrık
écot /eko/ *le*: ***payer son écot*** payına düşeni ödemek
écouler /ekule/ satmak ***s'écouler*** *(dışarıya)* akmak; *(zaman)* geçmek
écourter /ekurte/ kısaltmak; kısa kesmek
écouter /ekute/ dinlemek ***écouteur***

le (telefon) ahize; kulaklık
écran /ekran/ *le* ekran
écrasant, e /ekrazan, ant/ ezici
écraser /ekraze/ ezmek
écrémer /ekreme/ kaymağını almak
écrevisse /ekrövis/ *la* kerevides, kerevit, tatlı su ıstakozu
écrier /ekriye/ : ***s'écrier*** haykırmak
écrin /ekren/ *le* mücevher kutusu
écrire /ekrir/ yazmak
écrit /ekri/ *le* yazılı belge; sınav kâğıdı ***par écrit*** yazılı olarak
écriteau, x /ekrito/ *le* ilan, duvar ilanı
écritoire /ekrituar/ *la* yazı takımı
écriture /ekritür/ *la* yazı
écrivain /ekriven/ *le* yazar
écrou /ekru/ *le (cıvata)* somun
écrouler /ekrule/ : ***s'écrouler*** yıkılmak, çökmek
écru, e /ekrü/ ham, işlenmemiş
écu /ekü/ *le* kalkan
écueil /eköy/ *le* resif; engel, tehlike
écuelle /ekuel/ *la* çanak, kâse
écume /eküm/ *la* köpük ***écumer*** köpüğünü almak; soymak, yağmalamak; köpüklenmek; kudurmak, köpürmek ***écumoire*** *la* kevgir
écureuil /eküröy/ *le* sincap
écurie /eküri/ *la* ahır, tavla
écuyer, ère /ekuiye, er/ *le+la* binici
eczéma /egzema/ *le* mayasıl, egzama
édenté, e /edante/ dişsiz
édifice /edifis/ *le* büyük bina; yapı
édifier /edifye/ yapmak, dikmek, inşa etmek
édit /edi/ *le* ferman, buyrultu
éditer /edite/ yayımlamak; *(yazı)* yayına hazırlamak ***éditeur, trice*** *le+la* editör, yayımcı, basıcı ***édition*** *la* baskı, yayım; yayıncılık
éditorial, aux /editoryal, o/ *le* başyazı
édredon /edrödon/ *le* pufla ayak örtüsü
éducatif, ive /edükatif, iv/ eğitimle ilgili; eğitici, eğitsel
éducation /edükasyon/ *la* eğitim; görgü, terbiye
éduquer /edüke/ eğitmek, yetiştirmek
effacer /efase/ silmek ***s'effacer*** silinmek; kenara çekilmek
effarement /efarman/ *le* ürkme, şaşkınlık
effarer /efare/ ürkütmek, korkutmak
effaroucher /efaruşe/ korkutmak, korkutup kaçırmak
effectif, ive /efektif, iv/ gerçek; *le (öğrenci, asker)* mevcut
effectuer /efektue/ yapmak, gerçekleştirmek, yerine getirmek
efféminé, e /efemine/ kadınsı
effet /efe/ *le* etki; sonuç; izlenim; gösteriş ***en effet*** gerçekten *(de)* ***faire de l'effet*** etkili olmak, etkisini göstermek ***effets*** *le+ç.* eşya, giysi
effeuiller /eföye/ yapraklarını koparmak
efficace /efikas/ etkili ***efficacité*** *la* etki, etkililik
effiler /efile/ uzatmak, inceltmek
effleurer /eflöre/ hafifçe dokunmak, okşamak
effondrement /efondröman/ *le* çökme, yıkılma
effondrer /efondre/ : ***s'effondrer*** çökmek, yıkılmak
efforcer /eforse/ : ***s'efforcer*** çabalamak, uğraşmak, gayret etmek
effort /efor/ *le* çaba, gayret
effrayer /efreye/ korkutmak, ürkütmek
effréné, e /efrene/ ölçüsüz, aşırı, çılgın

effriter /efrite/ : ***s'effriter*** ufalanmak, dağılmak
effroi /efrua/ *le* dehşet, korku
effronté, e /efronte/ arsız, yüzsüz, yırtık
effroyable /efruayabl(*ö*)/ korkunç, ürkütücü
égal, e, aux /egal, o/ eşit; düz; değişmez; *le+la* eş, akran, emsal ***ça m'est égal*** bana göre hava hoş ***sans égal*** eşsiz ***également*** eşit olarak; de, da ***égaler*** eşit olmak ***égaliser*** eşitlemek; *sp.* beraberliği sağlamak ***égalité*** *la* eşitlik; düzlük; değişmezlik
égard /egar/ *le* saygı ***à l'égard de*** -e karşı; konusunda, hakkında
égarer /egare/ yitirmek, kaybetmek; yanlış yola saptırmak ***s'égarer*** yitmek, kaybolmak; yön değiştirmek, yanlış yola sapmak
égayer /egeye/ eğlendirmek, neşelendirmek; süslemek
église /egliz/ *la* kilise
égoïsme /egoism(*ö*)/ *le* bencillik ***égoïste*** *s+a.* bencil
égorger /egorje/ boğazlamak, boğazını kesmek
égout /egu/ *le* lağım
égoutter /egute/ *(suyunu)* süzmek, akıtmak ***égouttoir*** *le* damlalık, yıkanmış bulaşıkların süzüldüğü kap
égratigner /egratinye/ tırmalamak; sıyırmak ***égratignure*** *la* tırmık; sıyrık
égrener /egr*ö*ne/ *(üzüm)* tanelemek; tek tek belirtmek
éhonté, e /eonte/ utanmaz, arsız
éjaculation /ejakülasyon/ *la* fışkırma, fışkırtma
éjaculer /ejaküle/ fışkırtmak
éjecter /ejekte/ fırlatmak, atmak; kovmak
élaborer /elabore/ hazırlamak
élaguer /elage/ budamak
élan /elan/ *le* atılım, hamle; hız
élancé, e /elanse/ narin, ince uzun
élancement /elansman/ *le* zonklama, sancıma
élancer /elanse/ : ***s'élancer*** atılmak, fırlamak
élargir /elarjir/ genişletmek; *huk.* serbest bırakmak ***s'élargir*** genişlemek
élasticité /elastisite/ *la* esneklik
élastique /elastik/ esnek; *le* lastik
élection /eleksyon/ *la* seçim ***élection partielle*** ara seçim
électoral, e, aux /elektoral, o/ seçimle ilgili
électorat /elektora/ *le* seçmenlik; seçimler
électricité /elektrisite/ *la* elektrik
électrique /elektrik/ elektrikle ilgili, elektrik+; elektrikli
électriser /elektrize/ elektriklemek
électrocuter /eletroküte/ elektrikle öldürmek
électrocution /elektroküsyon/ *la* elektrikli sandalyede öldürme
électrode /elektrod/ *la* elektrot
électrolyse /elektroliz/ *la* elektroliz
électromagnétique /elektromanyetik/ elektromanyetik
électronique /elektronik/ *s+la* elektronik
électrophone /elektrofon/ *le* pikap
élégance /elegans/ *la* zariflik, şıklık, kibarlık
élégant, e /elegan, ant/ şık, zarif, kibar
élément /eleman/ *le* öğe, eleman; element; parça ***éléments*** *le+ç.* temel bilgiler ***élémentaire*** temel; ilk

E

éléphant /elefan/ *le* fil
élevage /elvaj/ *le* yetiştirme, besleme; hayvancılık
élévation /elevasyon/ *la* yükseltme; yükseklik; tepe, yükselti; yücelik, soyluluk
E
élève /elev/ *le+la* öğrenci
élevé, e /elve/ yüksek; yüce, soylu ***bien élevé*** terbiyeli ***mal élevé*** terbiyesiz
élever /elve/ yetiştirmek; yapmak, dikmek, kurmak; yükseltmek ***s'élever*** yükselmek, çıkmak ***s'élever à*** -e çıkmak, varmak
éligible /elijibl(ö)/ seçilebilir, elverişli
élimination /eliminasyon/ *la* eleme; çıkarma, atma
éliminer /elimine/ elemek, çıkarmak, atmak
élire /elir/ seçmek
élite /elit/ *la* seçkin sınıf, kalburüstü topluluk
elle /el/ o ***elles*** onlar ***elle-même*** kendisi ***elles-mêmes*** kendileri
ellipse /elips(ö)/ *la* elips ***elliptique*** eliptik
élocution /eloküsyon/ *la* söyleyiş, anlatış ***défaut d'élocution*** konuşma bozukluğu
éloge /eloj/ *le* övgü ***faire l'éloge de*** -i övmek
éloigné, e /eluanye/ uzak
éloignement /eluanyman/ *le* uzaklaşma, uzaklaştırma; uzaklık
éloigner /eluanye/ uzaklaştırmak; ertelemek ***s'éloigner (de)*** *(-den)* uzaklaşmak
éloquence /elokans/ *la* etkili söz söyleme, belagat
éloquent, e /elokan, ant/ etkili konuşan, belagatli
élu, e /elü/ *le+la* oyla seçilen kimse, seçimle gelen
éluder /elüde/ atlatmak, sıyrılmak, yırtmak
émacié, e /emasye/ çok sıska, bir deri bir kemik
émail, aux /emay, o/ *le* mine, emay
émaillé, e /emaye/ emaye
émanciper /emansipe/ serbest bırakmak, özgürlüğüne kavuşturmak
emballer /anbale/ paket yapmak, sarmak; *kd.* hoşuna gitmek, sarmak ***s'emballer*** çok hızlı gitmek; coşmak
embarcadère /anbarkader/ *le* iskele
embardée /anbarde/ *la* direksiyon kırma, dümen kırma ***faire une embardée*** direksiyon kırmak
embargo /anbargo/ *le* ambargo
embarquement /anbarköman/ *le* yükleme, bindirme
embarquer /anbarke/ *(taşıta)* yüklemek, bindirmek ***s'embarquer dans*** -e başlamak, girişmek
embarras /anbara/ *le* engel; sıkıntı, güç durum
embarrasser /anbarase/ engellemek; güç duruma düşürmek
embaucher /anboşe/ işçi tutmak, iş vermek
embaumer /anbome/ mumyalamak; kokulandırmak
embellir /anbelir/ güzelleştirmek; süslemek
embêtement /anbetman/ *le* sıkıntı
embêter /anbete/ *(canını)* sıkmak, rahatsız etmek ***s'embêter*** *(canı)* sıkılmak
emblée /anble/ : ***d'emblée*** hemen, birden
emblème /anblem/ *le* amblem, belirtke
emboîter /anbuate/ birbirine geçirmek, eklemek

embouchure /a**n**buşür/ *la, coğ.* ağız; çalgı ağızlığı
embouteillage /a**n**buteyaj/ *le (trafik)* tıkanma, tıkanıklık
emboutir /a**n**butir/ çarpıp çökertmek, göçertmek
embranchement /a**n**bra**n**şma**n**/ *le* kavşak, yol ağzı; kol, dal
embraser /a**n**braze/ : ***s'embraser*** tutuşmak, yanmak
embrasser /a**n**brase/ öpmek; içermek, kapsamak ***s'embrasser*** öpüşmek
embrayage /a**n**breyaj/ *le* kavrama, debriyaj
embrouiller /a**n**bruye/ karıştırmak, karmakarışık etmek
embryon /a**n**briyo**n**/ *le* embriyon, oğulcuk
embuscade /a**n**büskad/ *la* pusu, tuzak ***tendre une embuscade à*** -e tuzak kurmak
éméché, e /emeşe/ çakırkeyif
émeraude /emrod/ *la* zümrüt
émerger /emerje/ suyun yüzüne çıkmak, görünmek
émerveiller /emerveye/ hayranlık uyandırmak ***s'émerveiller de*** -e hayran olmak
émetteur /emetör/ *le* verici
émettre /emetr(*ö*)/ yaymak, çıkarmak; yayın yapmak; belirtmek, söylemek
émeute /emöt/ *la* ayaklanma
émietter /emyete/ ufalamak, dağıtmak
émigrant, e /emigra**n**, a**n**t/ *le+la* göçmen
émigration /emigrasyo**n**/ *la* göç
émigrer /emigre/ göç etmek
éminent, e /emina**n**, a**n**t/ seçkin, üstün
émission /emisyo**n**/ *la (piyasaya)* çıkarma, sürme; yayın
emmagasiner /a**n**magazine/ ambarlamak, depolamak
emmanchure /a**n**ma**n**şür/ *la (giysi)* kol deliği
emmêler /a**n**mele/ karıştırmak, dolaştırmak
emménager /a**n**menaje/ taşınmak, yerleşmek
emmener /a**n**mne/ götürmek
emmitoufler /a**n**mitufle/ sarıp sarmalamak, kalın giysiler giydirmek
émoi /emua/ *le* heyecan, coşku
émonder /emo**n**de/ budamak
émotif, ive /emotif, iv/ heyecanla ilgili; heyecanlı, çabuk heyecanlanan
émotion /emosyo**n**/ *la* heyecan, coşku ***émotionnel, le*** heyecana bağlı, heyecandan
émousser /emuse/ körletmek, köreltmek
émouvoir /emuvuar/ heyecanlandırmak
empailler /a**n**paye/ *(hayvanın derisinin içini)* doldurmak
empaqueter /a**n**pakte/ paketlemek, sarmak
emparer /a**n**pare/ : ***s'emparer de*** -i yakalamak, tutmak; -i ele geçirmek, fethetmek
empâter /a**n**pate/ : ***s'empâter*** şişmanlamak, semirmek
empêcher /a**n**peşe/ engellemek, önlemek
empereur /a**n**prör/ *le* imparator
empeser /a**n**p*ö*ze/ kolalamak
empester /a**n**peste/ kokutmak, kötü koku çıkarmak; pis kokmak
empêtrer /a**n**petre/ : ***s'empêtrer dans*** -e saplanıp kalmak, içine düşmek

E

empiéter /anpyete/ : ***empiéter sur*** -e tecavüz etmek
empiffrer /anpifre/ : ***s'empiffrer*** tıkınmak
empiler /anpile/ üst üste yığmak, istif etmek
empire /anpir/ *le* imparatorluk; etki
empirer /anpire/ kötüleşmek
empirique /anpirik/ ampirik, deneyimsel
emplacement /anplasman/ *le* yer, mevki; arsa
emplâtre /anplatr(*ö*)/ *le* yakı
emplette /anplet/ *la* satın alma ***faire des emplettes*** alışveriş yapmak
emplir /anplir/ doldurmak
emploi /anplua/ *le* kullanma, kullanış; iş
employé, e /anpluaye/ *le+la* işçi, görevli, hizmetli
employer /anpluaye/ kullanmak; çalıştırmak ***s'employer à*** kendini -e vermek, -e çalışmak ***employeur, euse*** *le+la* işveren
empoigner /anpuanye/ tutmak, kavramak
empoisonnement /anpuazonman/ *le* zehirleme, zehirlenme
empoisonner /anpuazone/ zehirlemek, ağılamak; canını sıkmak
emportement /anport*ö*man/ *le* öfke, kızgınlık
emporte-pièce /anport*ö*pyes/ *le* zımba
emporter /anporte/ götürmek, alıp götürmek; kazanmak, elde etmek ***l'emporter (sur)*** *(-e)* üstün gelmek, yenmek ***s'emporter*** öfkelenmek, tepesi atmak
empourpré, e /anpurpre/ kızıl
empreinte /anprent/ *la* iz ***empreinte de pas*** ayak izi ***empreinte digitale*** parmak izi
empressé, e /anprese/ saygılı, kibar; aceleci, tez canlı
empressement /anpresman/ *le* istek, heves, gayret
empresser /anprese/ : ***s'empresser auprès de qn*** birinin çevresinde dört dönmek ***s'empresser de*** -mekte acele etmek
emprisonnement /anprizonman/ *le* hapsetme, hapis
emprisonner /anprizone/ hapsetmek
emprunt /anprön/ *le* ödünç, borç; aktarma, alıntı
emprunté, e /anprönte/ sıkılgan, utangaç
emprunter /anprönte/ ödünç almak; *(yol)* izlemek; benimsemek
ému, e /emü/ heyecanlı
émulsion /emülsyon/ *la* sübye, emülsiyon
en /an/ içinde, -de, -da; -e, -a; ile; iken; ondan; oradan
encadrement /ankadr*ö*man/ *le* çerçeveleme; çerçeve
encadrer /ankadre/ çerçevelemek; kuşatmak, çevresini sarmak
encaisse /ankes/ *la* eldeki nakit para
encaisser /ankese/ *(çek)* bozdurmak; *(para)* toplamak
enceinte /ansent/ gebe, hamile; *la* duvar; çit; etrafı çevrili arazi
encens /ansan/ *le* günlük, tütsü, buhur
encercler /anserkle/ kuşatmak, sarmak
enchaîner /anşene/ zincirlemek, zincire vurmak; birbirine bağlamak
enchanté, e /anşante/ mutlu, memnun ***enchanté, e (de faire votre connaissance)*** tanıştığımıza sevindim, memnun oldum

enchantement /anşantman/ *le* büyü; büyük sevinç
enchanter /anşante/ hayran bırakmak, çok sevindirmek
enchère /anşer/ *la* açık artırma ***faire une enchère*** pey sürmek ***mettre aux enchères*** açık artırmaya koymak
enchevêtrer /anşvetre/ karıştırmak, dolaştırmak
enclin, e /anklen, in/ : ***enclin à*** -e eğilimli, -e yatkın
enclore /anklor/ *(duvar, vb. ile)* çevirmek, kuşatmak
enclos /anklo/ *le* etrafı çevrili arazi; çit
enclume /anklüm/ *la* örs
encoche /ankoş/ *la* kertik, çentik
encoignure /ankonyür/ *la* duvar köşesi
encolure /ankolür/ *la* yaka numarası, yaka ölçüsü; boyun
encombrant, e /ankonbran, ant/ kalabalık eden, havaleli; can sıkıcı
encombre /ankonbr(ö)/ : ***sans encombre*** kazasız belasız
encombrement /ankonbröman/ *le* kalabalık, tıkanıklık
encombrer /ankonbre/ tıkamak, kapamak ***s'encombrer de*** ile kendini sıkıntıya sokmak, -ı kendine yük etmek
encontre /ankontr(ö)/ : ***à l'encontre de*** -ın tersine
encore /ankor/ hâlâ; yine; daha; henüz
encouragement /ankurajman/ *le* yüreklendirme, cesaret verme; özendirme, teşvik
encourager /ankuraje/ yüreklendirmek, cesaret vermek; özendirmek, teşvik etmek
encourir /ankurir/ uğramak, yakalanmak, başına gelmek
encrasser /ankrase/ kirletmek
encre /ankr(ö)/ *la* mürekkep
encroûter /ankrute/ : ***s'encroûter*** kabuk bağlamak
encyclopédie /ansiklopedi/ *la* ansiklopedi ***encyclopédique*** ansiklopedik
endémique /andemik/ yöresel, yerleşik
endetter /andete/ borçlandırmak ***s'endetter*** borçlanmak
endiablé, e /andyable/ çok canlı, çok hareketli
endimancher /andimanşe/ : ***s'endimancher*** bayramlıklarını giymek
endive /andiv/ *la* hindiba
endoctriner /andoktrine/ aşılamak, öğretmek, kafasına sokmak
endommager /andomaje/ zarar vermek, bozmak
endormi, e /andormi/ uyumuş, uyuklayan
endormir /andormir/ uyutmak ***s'endormir*** uykuya dalmak
endosser /andose/ *(sorumluluk)* üstlenmek, yüklenmek; *(çek)* ciro etmek; sırtına giymek
endroit /andrua/ *le* yer; bölüm, parça ***à l'endroit*** düz, doğru yönde
enduire /anduir/ sıvamak ***enduit*** *le* sıva
endurance /andürans/ *la* dayanıklılık
endurant, e /andüran, ant/ dayanıklı
endurcir /andürsir/ sertleştirmek; duygusuzlaştırmak
endurer /andüre/ dayanmak, katlanmak
énergie /enerji/ *la* enerji, erke; güç ***énergique*** güçlü, etkili; sert, şid-

E

detli

énerver /enerve/ sinirlendirmek, kızdırmak ***s'énerver*** sinirlenmek

enfance /anfans/ *la* çocukluk; çocuklar

enfant /anfan/ *le+la* çocuk ***enfanter*** doğurmak; yaratmak, meydana getirmek ***enfantin, e*** çocukça, çocuksu

enfer /anfer/ *le* cehennem

enfermer /anferme/ kapatmak, hapsetmek

enfiler /anfile/ iplik geçirmek; giymek; -den geçmek

enfin /anfen/ sonunda, nihayet; kısacası

enflammer /anflame/ tutuşturmak; *hek.* azdırmak ***s'enflammer*** tutuşmak, alevlenmek

enflé, e /anfle/ şişmiş, şiş

enfler /anfle/ şişirmek, kabartmak ***enflure*** *la* şiş, şişkinlik

enfoncer /anfonse/ *(çivi)* çakmak; *(kapı)* kırıp açmak ***s'enfoncer*** batmak

enfouir /anfuir / gömmek

enfreindre /anfrendr(ö)/ çiğnemek, bozmak, karşı gelmek

enfuir /anfuir/ : ***s'enfuir*** kaçmak

engagement /angajman/ *le* yüklenme, taahhüt; yatırma, yatırım; anlaşma; söz, vaat; *ask.* çarpışma

engager /angaje/ işe almak, tutmak; başlamak; karıştırmak, bulaştırmak; yatırmak, koymak ***s'engager*** girişmek, başlamak, atılmak; asker olmak

engelure /anjlür/ *la* soğuk ısırması

engendrer /anjandre/ doğurmak, yol açmak

engin /anjen/ *le* makine; alet, aygıt; füze

englober /anglobe/ kapsamak, içine almak

engloutir /anglutir/ yutmak

engorger /angorje/ tıkamak

engouffrer /angufre/ yutmak, silip süpürmek ***s'engouffrer dans*** -e hızla girmek, doluşmak, hücum etmek

engourdi, e /angurdi/ uyuşmuş

engourdir /angurdir/ uyuşturmak ***s'engourdir*** uyuşmak

engrais /angre/ *le* gübre

engraisser /angrese/ semirtmek, şişmanlatmak; semirmek, şişmanlamak

engrenage /angrönaj/ *le* dişli çark düzeni

engueuler /angöle/ *kd.* azarlamak, fırça atmak

enhardir /anardir/ : ***s'enhardir*** yüreklenmek, cesaret bulmak

énigmatique /enigmatik/ anlaşılmaz, bilmece gibi

énigme /enigm(ö)/ *la* bilmece

enivrer /anivre/ sarhoş etmek ***s'enivrer*** sarhoş olmak

enjambée /anjanbe/ *la* uzun adım

enjamber /anjanbe/ üstünden atlayıp geçmek

enjeu, x /anjö/ *le* miza, kumarda ortaya konan para

enjôler /anjole/ tatlı sözlerle kandırmak

enjoliveur /anjolivör/ *le, oto.* tekerlek kapağı

enjoué /anjue/ neşeli, şen

enlacer /anlase/ kucaklamak, sarılmak; *(birbirine)* dolamak, sarmak

enlaidir /anledir/ çirkinleştirmek; çirkinleşmek

enlèvement /anlevman/ *le* kaldırma; *(adam)* kaçırma

enlever /anlve/ kaldırmak; çıkar-

mak; kaçırmak
enliser /anlize/ : ***s'enliser*** batmak, saplanmak
ennemi, e /enmi/ *s+a.* düşman
ennui /anui/ *le* can sıkıntısı; dert, bela ***ennuyer*** canını sıkmak, rahatsız etmek ***s'ennuyer*** canı sıkılmak
énoncer /enonse/ anlatmak, belirtmek, açıklamak, dile getirmek
enorgueillir /anorgöyir/ : ***s'enorgueillir de*** -den gurur duymak
énorme /enorm(ö)/ kocaman, dev gibi ***énormément*** çok, aşırı
enquérir /ankerir/ : ***s'enquérir de*** -i soruşturmak, araştırmak, hakkında bilgi toplamak
enquête /anket/ *la* soruşturma; anket ***enquêter*** soruşturmak; anket yapmak
enraciné, e /anrasine/ köklü
enragé, e /anraje/ kudurmuş, kuduz; düşkün, meraklı
enrager /anraje/ kudurmak, küplere binmek
enrayer /anreye/ durdurmak, önlemek ***s'enrayer*** *(silah)* tutukluk yapmak
enregistrement /anrjiströman/ *le* kayıt, kaydetme
enregistrer /anrjistre/ kaydetmek; not etmek
enrhumer /anrüme/ : ***s'enrhumer*** nezle olmak
enrichir /anrişir/ zenginleştirmek ***s'enrichir*** zenginleşmek
enrôler /anrole/ askere almak
enrouer /anrue/ : ***s'enrouer*** sesi kısılmak
enseignant, e /ansenyan, ant/ öğretici, öğreten; *le+la* öğretmen
enseigne /anseny/ *la* tabela, levha; işaret
enseignement /ansenyman/ *le* öğretim ***enseignement primaire*** ilköğretim ***enseignement secondaire*** ortaöğretim
enseigner /ansenye/ ders vermek, öğretmenlik yapmak; okutmak
ensemble /ansanbl(ö)/ birlikte; *le* topluluk, küme; hepsi, tümü; bütünlük; *(kadın)* takım elbise ***dans l'ensemble*** genel olarak ***d'ensemble*** genel
ensemencer /ansmanse/ *(tohum)* ekmek
ensevelir /ansövlir/ gömmek; kefenlemek
ensoleillé, e /ansoleye/ güneşli
ensorceler /ansorsöle/ büyülemek
ensuite /ansuit/ sonra, daha sonra, ondan sonra
ensuivre /ansuivr(ö)/ : ***s'ensuivre*** izlemek, ardından gelmek
entaille /antay/ *la* kertik, yarık; kesik
entailler /antaye/ kertmek, kertiklemek; kesmek
entamer /antame/ *(bir parça)* kesmek; başlamak; sarsmak
entasser /antase/ yığmak, istif etmek
entendre /antandr(ö)/ işitmek, duymak; anlamak; demek istemek; niyetinde olmak ***s'entendre*** anlaşmak, uyuşmak
entendu, e /antandü/ kararlaşmış; becerikli ***bien entendu!*** kuşkusuz! tabii! ***(c'est) entendu!*** tamam! anlaştık!
entente /antant/ *la* anlaşma; uyum
enterrement /anterman/ *le* gömme; cenaze töreni
enterrer /antere/ gömmek
en-tête /antet/ *le* başlık, antet
entêté, e /antete/ inatçı
enthousiasme /antuzyasm(ö)/ *le*

coşma, coşkunluk; hayranlık **enthousiasmer** coşturmak; hayranlık uyandırmak ***s'enthousiasmer*** coşmak; hayran olmak ***enthousiaste*** coşkun, kendinden geçmiş; sıcak, içten

E

enticher /antişe/ : ***s'enticher de*** -e tutulmak, -e vurulmak

entier, ère /antye, yer/ bütün; tam; dediğinden şaşmaz; *le, mat.* Tamsayı ***en entier*** tamamıyla

entité /antite/ *la* varlık

entonnoir /antonuar/ *le* huni

entorse /antors(ö)/ *la* burkulma

entortiller /antortiye/ sarıp sarmalamak; kandırmak, oyuna getirmek

entourage /anturaj/ *le* çevre

entourer /anture/ sarmak, kuşatmak

entracte /antrakt(ö)/ *le (tiyatro, vb.'de)* ara, perde arası

entrailles /antray/ *la+ç.* bağırsaklar

entrain /antren/ *le* canlılık; neşe

entraînement /antrenman/ *le* antrenman, idman

entraîner /antrene/ çekmek; sürüklemek; yol açmak, neden olmak; *sp.* çalıştırmak, antrenman yaptırmak ***entraîneur, euse*** *le+la, sp.* çalıştırıcı, antrenör

entrave /antrav/ *la* engel, ayak bağı

entraver /antrave/ engellemek

entre /antr(ö)/ arasında, arasına

entrebâillé, e /antröbaye/ aralık, yarı açık

entrechoquer /antröşoke/ : ***s'entrechoquer*** çarpışmak, tokuşmak

entrée /antre/ *la* giriş; öğünün ilk yemeği

entrefaites /antröfet/ : ***sur ces entrefaites*** *(tam)* bu sırada

entrefilet /antröfile/ *le (gazete)* kısa yazı

entremets /antröme/ *le (yemekten sonra alınan)* tatlı, pasta

entremettre /antrömetr(ö)/ : ***s'entremettre*** araya girmek, aracı olmak

entremise /antrömiz/ *la* aracılık

entrepôt /antröpo/ *le* ambar, depo, antrepo

entreprenant, e /antröprönan, ant/ girişken, atılgan

entreprendre /antröprandr(ö)/ girişmek, başlamak

entrepreneur /antröprönör/ *le*: ***entrepreneur (de bâtiments)*** müteahhit, üstenci

entreprise /antröpriz/ *la* işyeri, işletme, firma; girişim, teşebbüs

entrer /antre/ girmek ***faire entrer*** içeri almak

entre-temps /antrötan/ bu arada

entretenir /antrötnir/ bakmak, bakımını sağlamak ***s'entretenir (de)*** *(hakkında)* konuşmak, görüşmek

entretien /antrötyen/ bakım; görüşme, konuşma

entrevoir /antrövuar/ hayal meyal görmek

entrevue /antrövü/ *la* buluşma; görüşme

entrouvert, e /antrver, ert(ö)/ biraz açık, aralık

envahir /anvair/ istila etmek ***envahisseur*** *le* istilacı

enveloppe /anvlop/ *la* zarf

envelopper /anvlope/ sarmak, paketlemek

envenimer /anvnime/ kızıştırmak, şiddetlendirmek

envergure /anvergür/ *la (kuş, uçak)* kanat açıklığı; çap, kapsam

envers /anver/ -e karşı; *le* öbür yüz; ters yüz, tersi ***à l'envers*** ters

envie /anvi/ *la* kıskançlık, çekememezlik; istek; ben ***avoir envie de*** istemek ***envier*** kıskanmak, imrenmek ***envieux, euse*** kıskanç, çekemeyen

environ /anviron/ aşağı yukarı, yaklaşık ***environs*** *le+ç.* çevre, yöre

environnement /anvironman/ *le* çevre, ortam

envisager /anvizaje/ göz önüne almak, düşünmek

envoi /anvua/ *le* gönderme, yollama; gönderi, gönderilen şey

envoler /anvole/ : ***s'envoler*** uçmak; *(uçak)* havalanmak

envoyé, e /anvuaye/ *le+la* elçi, delege; muhabir

envoyer /anvuaye/ göndermek, yollamak; atmak

épagneul, e /epanyöl/ *le+la* epanyöl

épais, se /epe, es/ kalın; sık; koyu, yoğun ***épaisseur*** *la* kalınlık; sıklık; koyuluk, yoğunluk ***épaissir*** kalınlaştırmak; koyulaştırmak ***s'épaissir*** kalınlaşmak; koyulaşmak

épancher /epanşe/ *(duygu, vb.)* açmak, dile getirmek ***s'épancher*** içini dökmek

épanouir /epanuir/ : ***s'épanouir*** *(çiçek)* açılmak; gelişmek, serpilmek

épargne /eparny(*ö*)/ *la* para biriktirme, tasarruf

épargner /eparnye/ biriktirmek; esirgemek; canını bağışlamak

éparpiller /eparpiye/ saçmak, dağıtmak

épars, e /epar, ars(*ö*)/ dağınık

épater /epate/ şaşırtmak

épaule /epol/ *la* omuz

épave /epav/ *la* enkaz

épée /epe/ *la* kılıç

épeler /eple/ harf harf söylemek

éperdu, e /eperdü/ şaşırmış, çileden çıkmış, deliye dönmüş

éperon /epron/ *le* mahmuz ***éperonner*** mahmuzlamak

éphémère /efemer/ geçici, kısa

épi /epi/ *le* başak

épice /epis/ *la* baharat

épicé, e /epise/ baharatlı

épicerie /episri/ *la* bakkal dükkânı; bakkaliye ***épicier, ière*** *le+la* bakkal

épidémie /epidemi/ *la* salgın

épiderme /epiderm(*ö*)/ *le* üstderi

épier /epye/ gözetlemek

épilepsie /epilepsi/ *la* sara, tutarık ***épileptique*** sara ile ilgili; *le+la* saralı, tutarıklı

épiler /epile/ kıl yolmak, kıllarını almak ***se faire épiler*** epilasyon yaptırmak

épilogue /epilog/ *le* son, sonuç bölümü

épinard /epinar/ *le* ıspanak

épine /epin/ *la* diken ***épine dorsale*** omurga, belkemiği ***épineux, euse*** dikenli

épingle /epengl(*ö*)/ *la* topluiğne; iğne ***virage en épingle à cheveux*** keskin viraj

épingler /epengle/ iğnelemek, iğneyle tutturmak

Épiphanie /epifani/ *la (Hıristiyanların)* 6 ocak yortusu

épique /epik/ epik, destansı

épiscopal, e, aux /episkopal, o/ piskopasla ilgili

épisode /epizod/ *le* olay; *(roman, vb.)* bölüm ***épisodique*** ara sıra olan; önemsiz, tali

épitaphe /epitaf/ *la* mezar taşı yazıtı

éploré, e /eplore/ ağlayan, gözü yaşlı

éplucher /eplüşe/ ayıklamak, kabuğunu soymak; eni konu incelemek ***éplucheur*** *le* meyve soyacağı, sebze soyacağı ***épluchures*** *la+ç.* soyuntu, soyulup atılan kabuk

éponge /eponj/ *la* sünger ***éponger*** süngerle silmek, bezle silmek

E

épopée /epope/ *la* destan

époque /epok/ *la* çağ; dönem

épouse /epuz/ *la* karı, eş

épouser /epuze/ ile evlenmek

épousseter /epuste/ tozunu almak

épouvantable /epuvantabl(ö)/ korkunç

épouvantail /epuvantay/ *le* bostan korkuluğu; korkuluk

épouvante /epuvant/ *la* büyük korku, dehşet ***film d'épouvante*** korku filmi ***épouvanter*** korkutmak

époux /epu/ *le* koca, eş; *le+ç.* evli çift, karıkoca

éprendre /eprandr(ö)/ : ***s' éprendre de*** -e aşık olmak, -e tutulmak

épreuve /epröv/ *la* sınav; deneme; *(metin)* prova; yarışma

éprouver /epruve/ denemek, sınamak; acı vermek; duymak, hissetmek

éprouvette /epruvet/ *la* deneykap, deney tüpü

épuisé, e /epuize/ yorgun, bitkin; *(kitap)* baskısı tükenmiş

épuisement /epuizman/ *le* bitkinlik; tükenme, tüketme

épuiser /epuize/ yorgun düşürmek; tüketmek, bitirmek

épurer /epüre/ arıtmak; geliştirmek, düzeltmek

équateur /akuatör/ *le* ekvator, eşlek

équation /ekuasyon/ *la* denklem

équerre /eker/ *la* gönye

équilatéral, e, aux /ekuilateral, o/ eşkenar

équilibre /ekilibr(ö)/ *le* denge ***être en équilibre*** dengede olmak ***équilibré, e*** dengeli ***équilibrer*** dengelemek

équinoxe /ekinoks/ *le* gün-tün eşitliği, ekinoks

équipage /ekipaj/ *le* mürettebat, tayfa

équipe /ekip/ *la* takım

équipement /ekipman/ *le* donatma, donatım; donatı, teçhizat

équiper /ekipe/ donatmak

équitable /ekitabl(ö)/ dürüst, adil

équitation /ekitasyon/ *la* binicilik

équité /ekite/ *la* dürüstlük, adalet

équivalent, e /ekivalan, ant/ eşdeğer, eşit; *le* karşılık, eş

équivaloir /ekivaluar/ : ***équivaloir à*** -e eşit olmak, -e denk olmak

équivoque /ekivok/ iki anlamlı; belirsiz, anlaşılmaz; *la* iki anlamlı söz

érable /erabl(ö)/ *le* akçaağaç

érafler /erafle/ sıyırmak ***éraflure*** *la* sıyrık

éraillé, e /eraye/ *(ses)* kısık, boğuk

ère /er/ *la* çağ, devir

érection /erekksyon/ *la* dikme, kurma; *(penis)* sertleşme

éreinter /erente/ yorgun düşürmek; şiddetle eleştirmek

ériger /erije/ *(anıt)* dikmek, kurmak

ermite /ermit/ *le* keşiş; münzevi kimse

éroder /erode/ aşındırmak ***érosion*** *la* aşınma, aşındırma; erozyon

érotique /erotik/ erotik, kösnül ***érotisme*** *le* erotizm, kösnüllük

errer /ere/ aylak aylak dolaşmak, sürtmek

erreur /erör/ *la* hata, yanlış, yanılgı

éruption /erüpsyon/ *la, hek.* döküntü; *(yanardağ)* püskürme

ès /es/ konusunda, alanında ***doc-***

teur ès letters edebiyat doktoru ***docteur ès science*** bilim doktoru
escabeau, x /eskabo/ *le* tabure
escadron /eskadro**n**/ *le* süvari bölüğü; uçak filosu
escalade /eskalad/ *la* tırmanma, tırmanış
escalader /eskalade/ tırmanmak
escale /eskal/ *la* iskele; uğrak, uğrak yeri
escalier /eskalye/ *le* merdiven ***escalier roulant*** yürüyen merdiven
escalope /eskalop/ *la* et dilimi, balık dilimi
escamoter /eskamote/ atlatmak, kaçmak, yan çizmek; *(el çabukluğu ile)* ortadan yok etmek
escargot /eskargo/ *le* salyangoz
escarmouche /eskarmuş/ *la* çarpışma, müsademe
escarpé, e /eskarpe/ sarp, dik
escient /esya**n**/ *le*: ***à bon escient*** bilerek, bilinçli olarak
esclandre /eskla**n**dr(*ö*)/ *le* rezalet
esclavage /esklavaj/ *le* kölelik
esclave /esklav/ *le+la* köle
escompte /esko**n**t/ *le* indirim, iskonto
escompter /esko**n**te/ indirmek, kırmak; beklemek, ummak
escorte /eskort(*ö*)/ *la* muhafız takımı; maiyet ***escorter*** muhafızlık etmek, korumak; eşlik etmek
escrime /eskrim/ *la* eskrim ***escrimeur, euse*** *le+la* eskrimci
escroc /eskro/ *le* dolandırıcı
escroquer /eskroke/ dolandırmak ***escroquerie*** *la* dolandırıcılık
espace /espas/ *le* uzay; alan, saha; süre; aralık, boşluk
espacer /espase/ aralıklı dizmek; seyrekleştirmek ***s'espacer*** seyrekleşmek
espèce /espes/ *la* tür, çeşit, cins ***espèces*** *la+ç.* nakit, peşin para
espérance /espera**n**s/ *la* umut
espérer /espere/ ummak, beklemek ***espérer en*** -e güvenmek
espiègle /espyegl(*ö*)/ yaramaz, afacan ***espièglerie*** *la* yaramazlık, afacanlık
espion, ne /espyo**n**, on/ *le+la* casus
espionnage /espyonaj/ *le* casusluk
espionner /espyone/ gözetlemek, kollamak
esplanade /esplanad/ *la (bina önündeki)* alan, meydan
espoir /espuar/ *le* umut
esprit /espri/ *le* akıl, kafa; bellek, hafıza; espri; ruh, tin; peri, cin; ruh, esans
esquisse /eskis/ *la* taslak; özet
esquisser /eskise/ taslağını çizmek
esquiver /eskive/ savuşturmak, atlatmak, yırtmak ***s'esquiver*** sıvışmak, tüymek
essai /ese/ *le* deneme
essaim /ese**n**/ *le* arı kümesi, oğul
essayer /eseye/ denemek
essence /esa**n**s/ *la* benzin; esans ***prendre de l'essence*** benzin almak
essentiel, le /esa**n**syel/ gerekli, zorunlu; temel, başlıca
essieu, x /esyö/ *le* dingil
essor /esor/ *le* gelişme, ilerleme, atılım
essorer /esore/ sıkmak ***essoreuse*** *la* çamaşır kurutma makinesi
essuie-glace /esuiglas/ *le (taşıt)* silecek
essuie-mains /esuime**n**/ *le* havlu
essuyer /esuiye/ silmek; uğramak, başına gelmek
est /est/ *s+le* doğu ***à l'est*** doğuda

E

estampille /estanpiy/ *la* damga
est-ce que /eskö/ mi? mı? mu? mü?
esthéticienne /estetisyen/ *la* güzellik uzmanı
esthétique /estetik/ çekici; *s+la* estetik
estimation /estimasyon/ *la* değer biçme; tahmin
estime /estim/ *la* saygı
estimer /estime/ saygı duymak; değer biçmek; tahmin etmek
estivant, e /estivan, ant/ *le+la* *(yazın)* tatil yapan, tatile çıkan
estomac /estoma/ *le* mide
estrade /estrad/ *la* seki, set, tribün
estragon /estragon/ *le, bitk.* tarhun
estropié, e /estropye/ *le+la* sakat
estropier /estropye/ sakatlamak; bozmak
estuaire /estuer/ *le* haliç
esturgeon /estürjon/ *le* mersinbalığı
et /e/ ve
étable /etabl(*ö*)/ *la* ahır
établir /etablir/ kurmak; düzenlemek, hazırlamak ***s'établir*** yerleşmek
établissement /etablisman/ *le* kurma; düzenleme, hazırlama; kurum
étage /etaj/ *le* kat
étagère /eetajer/ *la* etajer; raf
étai /ete/ *le* payanda, destek
étain /eten/ *le* kalay
étalage /etalaj/ *le* sergileme; sergi, vitrin ***étalagiste*** *le+la* vitrin düzenleyicisi
étaler /etale/ yaymak, sermek; sürmek; sergilemek ***s'étaler*** yayılmak
étalon /etalon/ *le* ayar, ölçü; aygır
étanche /etanş/ su geçirmez, su sızdırmaz
étancher /etanşe/ *(sıvı)* akmasını durdurmak
étang /etan/ *le* gölcük; havuz
étape /etap/ *la* aşama, evre; konak, menzil
état /eta/ *le* durum, hal; liste; meslek; devlet
état-major /etamajor/ *le* kurmay
étau, x /eto/ *le* mengene
étayer /eteye/ payanda vurmak; desteklemek
été /ete/ *le* yaz
éteindre /etendr(*ö*)/ *(radyo, lamba, vb.)* kapamak; söndürmek ***s'éteindre*** sönmek; ölmek ***éteint, e*** donuk, sönük, cansız
étendard /etandar/ *le* bayrak, sancak
étendre /etandr(*ö*)/ yaymak, sermek; uzatmak, yatırmak; genişletmek; sulandırmak
étendu, e /etandü/ geniş, büyük; *la* genişlik, alan, yüzey; önem
éternel, le /eternel/ sonsuz, ebedi; öncesiz, ezeli
éternité /eternite/ *la* sonsuzluk, ebediyet
éternuer /eternue/ aksırmak
éther /eter/ *le* eter, lokmanruhu
éthique /etik/ ahlaki; *la* etik, törebilim
ethnie /etni/ *la* budun, kavim
étinceler /etensle/ parıldamak, ışıldamak
étincelle /etensel/ *la* kıvılcım
étiqueter /etikte/ etiket koymak
étiquette /etiket/ *la* etiket; teşrifat
étirer /etire/ germek, uzatmak ***s'étirer*** gerinmek
étoffe /etof/ *la* kumaş
étoile /etual/ *la* yıldız ***étoile de mer*** denizyıldızı
étole /etol/ *la* etol
étonnemenet /etonman/ *le* şaşma,

şaşkınlık
étonner /etone/ şaşırtmak
étouffer /etufe/ boğmak; bastırmak, susturmak; güçlükle solumak
étourderie /eturdöri/ *la* düşüncesizlik, dikkatsizlik
étourdi, e /eturdi/ düşüncesiz, dikkatsiz, şapşal
étourdir /eturdir/ sersemletmek; başını döndürmek ***étourdissement*** *le* baş dönmesi
étourneau, x /eturno/ *le* sığırcık, çekirgekuşu
étrange /etranj/ garip, acayip, tuhaf
étranger, ère /etranje, er/ *s+a.* yabancı; *le* yabancı ülke
étranglement /etranglöman/ *le* dar yer, boğaz
étrangler /etrangle/ boğmak
étrave /etrav/ *la* pruva bodoslaması
être /etr(ö)/ olmak; var olmak; bulunmak; *le* varlık, yaratık ***être à*** -e ait olmak ***être de*** -li olmak; -den olmak, -den gelmek ***être humain*** insan
étreindre /etrendr(ö)/ sarılmak ***étreinte*** *la* sarma, sarılma
étrennes /etren/ *la+ç.* yılbaşı hediyesi
étrier /etriye/ *le* üzengi
étriqué, e /etrike/ dar, daracık
étroit, e /etrua, uat/ dar; sıkı; samimi ***étroit d'esprit*** dar görüşlü ***étroitesse*** *la* darlık
étude /etüd/ *la* inceleme; *(noter)* yazıhane; çalışma odası ***études*** *la+ç.* öğrenim
étudiant, e /etüdyan, ant/ *le+la* üniversite öğrencisi
étudier /etüdye/ öğrenim yapmak, okumak; incelemek
étui /etui/ *le* kutu, kılıf
étymologie /etimoloji/ *la* kökenbilim, etimoloji ***étymologique*** kökenbilimsel, etimolojik
eucalyptus /ökaliptüs/ *le* okaliptüs
eunuque /önük/ *le* hadım; harem ağası
euphémisme /öfemism(ö)/ *le* örtmece, edebi kelam
euphorie /öfori/ *la* kendini iyi hissetme, kendini sağlıklı görme
euthanasie /ötanazi/ *la* acısız ölüm, ötanazi
eux /ö/ onlar
évacuation /evakusyon/ *la* boşaltma, tahliye
évacuer /evakue/ boşaltmak; vücuttan atmak
évader /evade/ : ***s'évader*** kaçmak
évaluer /evalue/ değer biçmek; tahmin etmek
évangélique /evanjelik/ İncil ile ilgili
évangile /evanjil/ *le* İncil
évanouir /evanuir/ : ***s'évanouir*** bayılmak; yitip gitmek, kaybolmak
évanouissement /evanuisman/ *le* baygınlık, bayılma
évaporation /evaporasyon/ *la* buharlaşma, buğulaşma
évaporer /evapore/ : ***s'évaporer*** buharlaşmak, buğulaşmak
évasif, ive /evazif, iv/ kaçamaklı
évasion /evazyon/ *la* kaçma
éveil /evey/ *le* uyandırma ***être en éveil*** tetikte olmak
éveiller /eveye/ uyandırmak
événement /evenman/ *le* olay
éventail /evantay/ *le* yelpaze
éventer /evante/ *(sır)* ortaya çıkarmak; yelpazelemek ***s'éventer*** hava alıp bozulmak
éventrer /evantre/ karnını deşmek; zorla açmak
éventualité /evantualite/ *la* olasılık, ihtimal

E

E

éventuel, le /evantuel/ olası, muhtemel
évêque /evek/ *le* piskopos
évertuer /evertue/ : ***s'évertuer*** çabalamak, uğraşmak, çırpınmak
évidemment /evidaman/ kuşkusuz, elbette
évidence /evidans/ *la* açıklık, apaçıklık
évident, e /evidant, ant/ apaçık, besbelli, ortada
évider /evide/ *(içini)* oymak
évier /evye/ *le* bulaşık taşı, lavabo, evye
évincer /evense/ ayağını kaydırmak, atmak, çıkarmak
éviter /evite/ kaçınmak, sakınmak
évocateur, trice /evokatör, tris/ anımsatan, andıran, hatırlatan
évoluer /evolue/ gelişmek, ilerlemek; manevra yapmak ***évolution*** *la* gelişme, ilerleme; evrim
évoquer /evoke/ anımsatmak, çağrıştırmak, hatıra getirmek
exacerber /egzaserbe/ azdırmak, ağırlaştırmak, şiddetlendirmek
exact, e /egzakt/ tam, kesin; doğru; dakik ***exactement*** tam olarak, tam tamına
exactitude /egzaktitüd/ *la* tamlık, kesinlik; doğruluk
exagération /egzajerasyon/ *la* abartma, büyütme
exagérer /egzajere/ abartmak; çok ileri gitmek
exaltation /egzaltasyon/ *la* yüceltme; coşkunluk
exalté, e /egzalte/ coşkun, coşkulu
exalter /egzalte/ coşturmak; yüceltmek, övmek
examen /egzamen/ *le* sınav; muayene; inceleme
examiner /egzamine/ incelemek, gözden geçirmek; muayene etmek; sınav yapmak
exaspération /egzasperasyon/ *la* kızgınlık, öfke
exaspérer /egzaspere/ şiddetlendirmek, ağırlaştırmak; deli etmek, çileden çıkarmak
exaucer /egzose/ *(dilek)* yerine getirmek, kabul etmek
excavateur /ekskavatör/ *le* ekskavatör
excavation /ekskavasyon/ *la* kazı, kazma
excédent /eksedan/ *le* fazla, fazlalık, artık
excéder /eksede/ aşmak, geçmek; yorgun düşürmek
excellence /ekselans/ *la* mükemmellik, üstünlük; ekselans
excellent, e /ekselan, ant/ mükemmel, üstün
exceller /eksele/ üstün olmak, geçmek
excentricité /eksantrisite/ *la* gariplik, tuhaflık ***excentrique*** ayrıksı, eksantrik, garip
excepté /eksepte/ -den başka, hariç
excepter /eksepte/ dışında tutmak, hariç tutmak
exception /eksepsyon/ *la* istisna ***exceptionnel, le*** istisnai, kuraldışı; müstesna, olağanüstü
excès /ekse/ *le* fazla, fazlalık, artık ***excès de vitesse*** hız sınırını aşma ***excessif, ive*** aşırı
excitation /eksitasyon/ *la* uyarma; coşturma; kışkırtma
exciter /eksite/ uyarmak; kızdırmak, sinirlendirmek; cesaret vermek ***s'exciter*** coşmak; kızmak, sinirlenmek
exclamation /eksklamasyon/ *la* haykırış; ünlem

exclamer /eksklame/ : ***s'exclamer*** haykırmak

exclure /eksklür/ çıkarmak, atmak, uzaklaştırmak; hesaba katmamak ***exclusif, ive*** özel ***exclusion*** *la* kovma, çıkarma

excommunier /ekskomünye/ aforoz etmek

excréments /ekskreman/ *le+ç.* dışkı, pislik

excursion /ekskürsyon/ *la* gezi, gezme

excuse /eksküz/ *la* özür, mazeret

excuser /eksküze/ bağışlamak, affetmek, mazur görmek ***s'excuser (de)*** *(-den dolayı)* özür dilemek ***excusez-moi*** özür dilerim

exécrable /egzekrabl(*ö*)/ iğrenç, tiksinç

exécrer /egzekre/ iğrenmek, nefret etmek

exécuter /egzeküte/ idam etmek; yapmak, gerçekleştirmek, yerine getirmek; *müz.* çalmak ***exécutif, ive*** uygulayan, yürüten; *le* yürütme gücü ***exécution*** *la* yapma, yerine getirme; *müz.* çalma

exemplaire /egzanpler/ örnek; *le* nüsha, kopya

exemple /egzanpl(*ö*)/ *le* örnek; numune ***par exemple*** örneğin

exempt, e /egzan, ant/ : ***exempt de*** -den muaf, bağışık

exempter /egzante/ : ***exempter de*** -den muaf tutmak, bağışık tutmak

exercer /egzerse/ yetiştirmek, eğitmek; yapmak, yerine getirmek ***s'exercer*** çalışma yapmak, alıştırma yapmak

exercice /egzersis/ *le* alıştırma, çalışma; yapma, uygulama; talim

exhaler /egzale/ çıkarmak, yaymak

exhiber /egzibe/ göstermek

exigence /egzijans/ *la* istek; gerek, gereklik

exiger /egzije/ istemek, gerektirmek

exigu, ë /egzigü/ *(yer)* küçük, ufak, daracık

exil /egzil/ *le* sürgün ***exiler*** sürgüne göndermek ***s'exiler*** sürgüne gitmek

existence /egzistans/ *la* varlık; varoluş; yaşam, ömür

exister /egziste/ var olmak; yaşamak

exorbitant, e /egzorbitan, ant/ çok fazla, aşırı

exotique /egzotik/ egzotik, yabancıl

expansif, ive /ekspansif, iv/ açık sözlü, duygularını gizlemeyen

expansion /ekspansyon/ *la* büyüme; genleşme; yayılma, genişleme

expatrier /ekspatriye/ : ***s'expatrier*** yurdunu bırakıp gitmek

expédient /ekspedyan/ *le* çare, yol

expédier /ekspedye/ göndermek, yollamak ***expéditeur, trice*** *le+la* gönderen

expédition /ekspedisyon/ *la* gönderme, yollama; sefer, gezi

expérience /eksperyans/ *la* deneyim, tecrübe; deney

expérimental, e, aux /eksperimantal, o/ deneysel

expérimenté, e /eksperimante/ deneyimli, tecrübeli

expérimenter /eksperimante/ denemek, sınamak

expert, e /eksper, ert(*ö*)/ usta, uzman; *le* uzman; bilirkişi

expier /ekspye/ kefaret etmek, cezasını çekmek

expiration /ekspirasyon/ *la* sona erme, bitiş; nefes verme

expirer /ekspire/ süresi dolmak, sona ermek; ölmek; nefes vermek

E

explicatif, ive /eksplikatif, iv/ açıklayıcı
explication /eksplikasyon/ *la* açıklama
explicite /eksplisit/ açık, belli, kesin
expliquer /eksplike/ açıklamak; anlatmak
exploit /eksplua/ *le* kahramanlık
exploiter /ekspluate/ işletmek; sömürmek
explorateur, trice /eksploratör, tris/ *le+la* kâşif
exploration /eksplorasyon/ *la* keşif
explorer /eksplore/ keşfetmek; araştırmak, incelemek
exploser /eksploze/ patlamak ***explosif, ive*** *s+le* patlayıcı ***explosion*** *la* patlama
exportation /eksportasyon/ *la* ihracat, dışsatım
exporter /eksporte/ ihraç etmek
exposant /ekspozan/ *le* sergi açan kimse; *mat.* üs
exposé, e /ekspoze/ *le* açıklama, demeç
exposer /ekspoze/ sergilemek; açıklamak; tehlikeye atmak; maruz bırakmak ***exposition*** *la* sergileme; sergi
exprès /ekspre/ bilerek, bile bile; bilhassa
exprès, esse /ekspres/ kesin, mutlak; ekspres
express /ekspres/ *s+le*: ***(café) express*** esproso kahve ***(train) express*** ekspres tren
expressif, ive /ekspresif, iv/ anlamlı; canlı
expression /ekspresyon/ *la* ifade, anlatım
exprimer /eksprime/ anlatmak, dile getirmek; açığa vurmak
expulser /ekspülse/ kovmak, çıkarmak; *(futbol)* saha dışı etmek
exquis, e /ekski, iz/ nefis, enfes; zarif
extase /ekstaz/ *la* esrime, kendinden geçme
extension /ekstansyon/ *la* uzatma; yayılma; büyüme, gelişme
exténuer /ekstenue/ bitkinleştirmek, yorgun düşürmek
extérieur, e /eksteryör/ dış; *le* dış; dış görünüş; yabancı ülkeler ***à l'extérieur*** dışarıda
exterminer /ekstermine/ yok etmek, kökünü kazımak
externat /eksterna/ *le* gündüzlü okul, yatısız okul
externe /ekstern(ö)/ dış; *le+la* yatısız tıp öğrencisi; gündüzlü, yatısız öğrenci
extincteur /ekstenktör/ *le* yangın söndürme aygıtı
extinction /ekstenksyon/ *la* sönme, söndürme; yok olma, soyu tükenme
extirper /ekstirpe/ kökünden sökmek; kökünü kazımak, yok etmek
extorquer /ekstorke/ zorla almak, koparmak
extra /ekstra/ üstün, ekstra, birinci sınıf; *le* geçici hizmetçi, geçici yardımcı
extraction /ekstraksyon/ *la* çekme, çıkarma, sökme; soy
extrader /ekstrade/ *(suçlu)* ülkesine iade etmek ***extradition*** *la* suçluların iadesi
extraire /ekstrer/ çekmek, çıkarmak ***extrait*** *le* *(bitki)* öz; özet; alıntı, aktarma
extraordinaire /ekstraordiner/ olağanüstü; görülmemiş, olağandışı
extravagance /ekstravagans/ *la*

saçmalık; aşırılık, ölçüsüzlük; çılgınlık
extravagant, e /ekstravagan, ant/ saçma; aşırı, ölçüsüz; çılgın
extraverti, e /ekstraverti/ dışadönük
extrême /ekstrem/ en uçtaki; en son; aşırı; *le* uç
extrémité /ekstremite/ *la* uç; son, sınır; aşırılık; sıkıntı, güç durum ***extrémités*** eller ve ayaklar
exubérant, e /egzüberan, ant/ taşkın, coşkun; bol

F

fable /fabl(ö)/ *la* fabl, öykünce; martaval, masal
fabricant /fabrikan/ *le* imalatçı, fabrikatör
fabrication /fabrikasyon/ *la* yapım, imalat
fabrique /fabrik/ *la* fabrika
fabriquer /fabrike/ yapmak, üretmek, imal etmek
fabuleux, euse /fabülö, öz/ efsanevi; inanılmaz, masal gibi
façade /fasad/ *la* bina yüzü, cephe
face /fas/ *la* yüz, çehre; yüzey ***de face*** önden, cepheden ***en face de*** -in karşısında ***faire face à*** -e karşı koymak; -e bakmak, nazır olmak
facétie /fasesi/ *la* şaka, şaklabanlık
facétieux, euse /fasesyö, öz/ şakacı, şaklaban
fâché, e /faşe/ üzgün; dargın, küskün
fâcher /faşe/ kızdırmak ***se fâcher*** kızmak
fâcheux, euse /faşö, öz/ üzücü, acıklı
facile /fasil/ kolay ***facilité*** *la* kolaylık ***faciliter*** kolaylaştırmak
façon /fason/ *la* biçim, tarz; biçki ***de façon à*** -cek şekilde ***de façon à ce que*** ne olursa olsun
façonner /fasone/ yapmak, imal etmek; biçim vermek
fac-similé /faksimile/ *le* tıpkıbasım, faksimile
facteur, trice /faktör, tris/ *le+la* postacı; *le* etken; *mat.* çarpan
factice /faktis/ yapma, yapay
faction /faksyon/ *la* fesat, komplo; nöbet
facture /faktür/ *la* fatura ***facturer*** fatura düzenlemek
facultatif, ive /fakültatif, iv/ seçimlik, isteğe bağlı
faculté /fakülte/ *la* fakülte; yeti; yetenek; yetki
fadaises /fadez/ *la+ç.* saçmalık, zırva
fade /fad/ tatsız, yavan
fagot /fago/ *le* çalı çırpı demeti
faible /febl(ö)/ zayıf, güçsüz; *le* zayıf nokta; zaaf ***faiblesse*** *la* zayıflık; zaaf ***faiblir*** zayıf düşmek, güçsüzleşmek
faïence /fayans/ *la* fayans, çini
faillible /fayibl(ö)/ yanılabilir, hata yapabilir
faim /fen/ *la* açlık ***avoir faim*** acıkmak
fainéant, e /fenean, ant/ *le+la* aylak, tembel, kaldırım mühendisi
faire /fer/ yapmak; olmak; söylemek; *sp.* oynamak; *müz.* çalmak ***cela ne fait rien*** zararı yok ***faire faire*** yaptırmak ***se faire à*** -e alışmak ***se faire vieux*** yaşlanmak
faisable /fözabl(ö)/ yapılabilir, uygulanabilir
faisan, e /fözan, an/ *le+la* sülün
faisceau, x /feso/ *le* demet

fait /fe/ *le* olay; olgu; iş ***au fait*** kim bilir, iyi düşünülecek olursa ***en fait*** gerçekte
fait, e /fe, fet/ olgun
faîte /fet/ *le* tepe, doruk
falaise /falez/ *la* yalıyar, yar
falloir /faluar/ gerekmek, gerekli olmak
falsifier /falsifye/ değiştirmek, bozmak, tahrif etmek
famé, e /fame/ : ***mal famé*** kötü ün yapmış, adı kötüye çıkmış
fameux, euse /famö, öz/ ünlü; birinci sınıf, mükemmel
familial, e, aux /familyal, o/ ailiyle ilgili
familiariser /familyarize/ alıştırmak
familiarité /familyarite/ *la* teklifsizlik, içli dışlılık
familier, ière /familye, yer/ teklifsiz, samimi; *le* dost, yakın, tanıdık
famille /famiy/ *la* aile
famine /famin/ *la* kıtlık
fan /fan/ *le+la* meraklı, hayran, hasta
fanal, aux /fanal, o/ *le* fener
fanatique /fanatik/ *s+a.* bağnaz; hayran, tutkun
faner /fane/ : ***se faner*** solmak
fanfare /fa**n**far/ *la* bando, mızıka takımı
fanfaron, ne /fa**n**faro**n**, on/ *le+la* palavracı, övüngen
fange /fa**n**j/ *la* çamur
fantaisie /fa**n**tezi/ *la* fantezi, hayal; kapris
fantasque /fa**n**task(*ö*)/ kaprisli
fantastique /fa**n**tastik/ hayali, düşsel; garip; harika
fantoche /fa**n**toş/ *le* kukla
fantôme /fa**n**tom/ *le* hayalet
faon /fa**n**/ *le* geyik yavrusu, karaca yavrusu
farce /fars(*ö*)/ *la* dolma içi; kaba şaka; fars, kaba güldürü ***farceur, euse*** *le+la* şaklaban, soytarı, maskara ***farcir*** *(sebze, vb.)* içini doldurmak
fard /far/ *le* fondöten
fardeau, x /fardo/ *le* yük
farder /farde/ makyaj yapmak, sürmek
farfouiller /farfuye/ eşelemek, karıştırmak
farine /farin/ *la* un ***farineux, euse*** unlu
farouche /faruş/ çekingen, ürkek; yabani, vahşi
fascicule /fasikül/ *le* fasikül
fascination /fasinasyo**n**/ *la* büyüleme
fasciner /fasine/ büyülemek
fascisme /fasism(*ö*)/ *le* faşizm ***fasciste*** *s+a.* faşist
faste /fast(*ö*)/ *le* gösteriş, şatafat
fastidieux, euse /fastidyö, öz/ sıkıcı, usandırıcı
fastueux, euse /fastuö, öz/ gösterişli, şatafatlı
fat /fa/ kendini beğenmiş
fatal, e /fatal/ öldürücü, ölümcül; kaçınılmaz ***fatalité*** *la* alınyazısı, yazgı; kaçınılmazlık
fatigant, e /fatiga**n**, a**n**t/ yorucu; usandırıcı
fatigue /fatig/ *la* yorgunluk; zahmet
fatiguer /fatige/ yormak; usandırmak ***se fatiguer*** yorulmak
fatras /fatra/ *le* yığın, karman çorman şey
faubourg /fobur/ *le* kenar mahalle, varoş
fauché, e /foşe/ *kd.* meteliksiz, cebi delik
faucher /foşe/ biçmek; *kd.* aşırmak, araklamak

faucon /fokon/ *le* doğan, şahin
faufiler /fofile/ teyellemek ***se faufiler*** sızmak, gizlice girmek
faune /fon/ *la* direy, fauna
fausser /fose/ eğmek, bükmek; çarpıtmak, değiştirmek
faute /fot/ *la* yanlış, hata; suç, kabahat ***faute de*** *(para, zaman)* olmadığından, bulunmadığından
fauteuil /fotöy/ *le* koltuk ***fauteuil roulant*** tekerlekli sandalye
fautif, ive /fotif, iv/ yanlış, hatalı; suçlu
fauve /fov/ kızıl, pas rengine çalan; *le* yırtıcı hayvan
faux /fo/ *la* tırpan
faux, fausse /fo, fos/ yanlış; sahte, kalp; yalancı; takma; *le* sahte, taklit; sahtecilik, kalpazanlık ***fausse couche*** çocuk düşürme
faveur /favör/ *la* lütuf; kayırma, koruma ***à la faveur de*** sayesinde ***en faveur de*** -in lehine; -den yana
favorable /favorabl(*ö*)/ elverişli, uygun
favori, te /favori, it/ *s+a.* gözde, favori
favoriser /favorize/ korumak, kayırmak; kolaylaştırmak; tutmak, desteklemek
fébrile /febril/ ateşli, hummalı
fécond, e /fekon, ond/ verimli, bereketli; doğurgan ***fécondité*** *la* verimlilik; doğurganlık
fécule /fekül/ *la* fekül, patates nişastası
fédéral, e, aux /federal, o/ federal
fédération /federasyon/ *la* federasyon
fée /fe/ *la* peri
feindre /fendr(*ö*)/ süsü vermek, numarası yapmak
fêler /fele/ çatlatmak
félicitations /felisitasyon/ *la+ç.* kutlama, tebrik
féliciter /felisite/ kutlamak, tebrik etmek
fêlure /felür/ *la* çatlak
femelle /f*ö*mel/ *s+la* dişi
féminin, e /feminen, in/ kadına özgü, kadınsı; kadınlara ait; *le, dilb.* dişil ***féministe*** feminist ***féminité*** *la* kadınlık, dişilik
femme /fam/ *la* kadın; karı, eş ***femme de chambre*** oda hizmetçisi ***femme de ménage*** gündelikçi kadın
fémur /femür/ *le* uyluk kemiği
fendre /fandr(*ö*)/ çatlatmak; yarmak
fenêtre /f*ö*netr(*ö*)/ *la* pencere
fenouil /f*ö*nuy/ *le, bitk.* rezene
fente /fant/ *la* çatlak; yarık
féodal, e, aux /feodal, o/ feodal, derebeylikle ilgili ***féodalité*** *la* derebeylik, feodalite
fer /fer/ *le* demir; ütü; nal ***fer à cheval*** at nalı
férié, e /ferye/ : ***jour férié*** resmi tatil
ferme /ferm(*ö*)/ sağlam; katı, sert; sıkı; kararlı; *la* çiftlik
ferment /ferman/ *le* maya
fermentation /fermantasyon/ *la* mayalanma
fermenter /fermante/ mayalanmak
fermer /ferme/ kapamak, kapatmak
fermeté /ferm*ö*te/ *la* sağlamlık; sertlik; sıkılık; sarsılmazlık
fermeture /ferm*ö*tür/ *la* kapatma, kapanma; kapanış ***fermeture éclair (à glissière)*** fermuar ***heure de fermeture*** kapanış saati ***jour de fermeture*** dükkânların kapalı olduğu gün
fermier, ière /fermye, yer/ *le* çiftçi; *la* çiftçi kadın; çiftçinin karısı
féroce /feros/ yırtıcı, vahşi; acıma-

F

sız, zalim
ferraille /feray/ *la* hurda demir
ferroviaire /ferovyer/ demiryolu ile ilgili
ferry-boat /ferebot/ *le* feribot
fertile /fertil/ verimli, bereketli ***fertiliser*** verimlileştirmek ***fertilité*** *la* verimlilik
F
fervent, e /fervan, ant/ ateşli, coşkun
ferveur /fervör/ *la* coşku, tutku, şevk
fesse /fes/ *la* kaba et, kıç ***fessée*** *la* poposuna vurma, kıçına kıçına vurma
festin /festen/ *le* şölen
festival /festival/ *le* şenlik, festival
feston /feston/ *le* fisto
fête /fet/ *la* bayram, yortu; şenlik ***fêter*** kutlamak
fétiche /fetiş/ *le* fetiş, put, tapıncak
fétide /fetid/ pis kokulu
feu /fö/ ölü, merhum, rahmetli
feu, x /fö/ *le* ateş; yangın; ışık ***feu d'artifice*** havai fişek ***feu de joie*** şenlik ateşi ***feux (rouges)*** trafik ışıkları ***feux de route*** farlar
feuillage /föyaj/ *le* yapraklar
feuille /föy/ *la* yaprak
feuillet /föye/ *le (kâğıt)* yaprak
feuilleter /föyte/ *(kitap)* yapraklarını karıştırmak
feuilleton /föyton/ *le* tefrika
feutre /fötr(*ö*)/ *le* keçe; fötr şapka
fève /fev/ *la* bakla
février /fevriye/ *le* şubat
fiacre /fyakr(*ö*)/ *le* kira arabası
fiançailles /fyansay/ *la+ç.* nişanlanma
fiancé, e /fyanse/ *le+la* nişanlı
fiancer /fyanse/ : ***se fiancer*** nişanlanmak
fibre /fibr(*ö*)/ *la* lif, tel ***fibre de verre*** fiberglas

ficeler /fisle/ *(sicimle)* bağlamak
ficelle /fisel/ *la* sicim, ip
fiche /fiş/ *la* fiş
ficher /fişe/ fişlemek; saplamak, sokmak, kakmak; vermek ***ficher le camp*** çekip gitmek, kirişi kırmak ***se ficher de*** *kd.* ile alay etmek; -e aldırış etmemek
fichier /fişye/ *le* fiş kutusu, fiş dolabı
fichu, e /fişü/ bitmiş, mahvolmuş, hapı yutmuş; kötü, berbat; *le* başörtüsü
fictif, ive /fiktif, iv/ kurmaca, hayali; uydurma, uyduruk
fiction /fiksyon/ *la* kurmaca yapıt, hayal ürünü eser
fidèle /fidel/ bağlı, sadık; *le+la* mümin, inanan ***fidélité*** *la* bağlılık, sadakat
fiel /fyel/ *le* öd, safra
fiente /fyant/ *la* kuş pisliği
fier /fye/ : ***se fier à*** -e güvenmek
fier, fière /fyer/ gururlu, kibirli; kendini beğenmiş
fièvre /fyevr(*ö*)/ *la, hek.* ateş ***fiévreux, euse*** ateşli
figer /fije/ dondurmak; çok şaşırtmak ***se figer*** donmak; donakalmak
figue /fig/ *la* incir
figurant, e /figüran, ant/ *le+la* figüran
figure /figür/ *la* yüz, çehre; biçim, şekil; resim; figür; mecaz
figuré, e /figüre/ mecazi
figurer /figüre/ bulunmak, yer almak; temsil etmek ***se figurer*** sanmak; tasarlamak
fil /fil/ *le* iplik; tel; *(kesici aletlerde)* ağız ***donner un coup de fil*** telefon etmek ***fil à plomb*** çekül ***fil de fer*** demir tel
filament /filaman/ *le* filaman; iplik,

telcik
file /fil/ *la* dizi, sıra; kuyruk ***à la file*** arka arkaya, birbiri ardından
filer /file/ eğirmek; vermek; akmak; tütmek; sıvışmak, tüymek
filet /file/ *le* ağ; fileto; akıntı, sızıntı ***filet (à provisions)*** eşya filesi, file
filial, e, aux /filyal, o/ evlatla ilgili; *la, tic* kol, şube
filigrane /filigran/ *le* filigran
fille /fiy/ *la* kız; kız evlat ***fille de joie*** orospu ***fille de salle*** kadın garson ***fillette*** *la* küçük kız
filleul, e /fiyöl/ *le+la* vaftiz evladı
film /film/ *le* film ***filmer*** filme almak, filmini çekmek
fils /fis/ *le* oğul, erkek evlat
filtre /filtr(*ö*)/ *le* süzgeç, filtre ***filtrer*** süzmek; süzülmek
fin /fe**n**/ *la* son; amaç, erek ***en fin de compte*** sonunda ***mettre fin à*** -e son vermek ***prendre fin*** son bulmak ***sans fin*** sonsuz, uçsuz bucaksız
fin, e /fe**n**, fin/ ince; kurnaz; saf, arı; değerli
final, e /final/ sonuncu, son; *la, sp.* final ***finalement*** sonunda, en sonunda ***finaliste*** *le+la, sp.* finalist
finance /fina**n**s/ *la* maliye ***finances*** *la+ç.* mali durum ***financer*** finanse etmek, gerekli parayı vermek ***financier, ière*** mali; *le* maliyeci
finaud, e /fino, od/ kurnaz
finesse /fines/ *la* incelik; kurnazlık
fini, e /fini/ bitmiş, tükenmiş
finir /finir/ bitirmek; bitmek
firme /firm(*ö*)/ *la* firma
fisc /fisk/ *le* vergi dairesi ***fiscal, e, aux*** vergiyle ilgili
fission /fisyo**n**/ *la* bölünme, parçalanma
fixation /fiksasyo**n**/ *la* tutturma, tespit; saptama, belirleme
fixe /fiks(*ö*)/ değişmez, sabit; *le* sabit ücret
fixer /fikse/ takmak, tutturmak, tespit etmek; saptamak, kararlaştırmak
flacon /flako**n**/ *le* şişe
flageller /flajele/ kırbaçlamak, kamçılamak
flagrant, e /flagra**n**, a**n**t/ açık, ortada, besbelli ***en flagrant délit*** suçüstü
flair /fler/ *le* koklama duyusu; önsezi ***flairer*** koklamak; sezmek, kokusunu almak
flamant /flama**n**/ *le* flamingo, flamankuşu
flambeau, x /fla**n**bo/ *le* meşale; şamdan
flamber /fla**n**be/ alevlenmek, tutuşmak; alevden geçirmek, ütülemek
flamboyant, e /fla**n**buaya**n**, a**n**t/ parıldayan, ışıldayan; alevler içinde, yanan
flamme /flam/ *la* alev, yalaz; coşku, ateş
flammèche /flameş/ *la* kıvılcım
flan /fla**n**/ *le* kremalı turta
flanc /fla**n**/ *le* yan; böğür
flanelle /flanel/ *la* fanila
flâner /flane/ sürtmek, gezip tozmak
flanquer /fla**n**ke/ yanında bulunmak, yan tarafında olmak
flaque /flak/ *la* su birikintisi
flatter /flate/ pohpohlamak, yağ çekmek; okşamak ***se flatter de*** ile övünmek ***flatterie*** *la* dalkavukluk, yağcılık ***flatteur, euse*** *s+a.* dalkavuk, yağcı
fléau, x /fleo/ *le* felaket, bela; terazi kolu
flèche /fleş/ *la* ok
fléchir /fleşir/ bükmek; bükülmek, bel vermek; boyun eğmek, pes

F

etmek
flegmatique /flegmatik/ soğukkanlı
flegme /flegm(*ö*)/ *le* soğukkanlılık
flétrir /fletrir/ soldurmak
fleur /flör/ *la* çiçek ***à fleur de*** hizasında
fleuri, e /flöri/ çiçek açmış; çiçekli
fleurir /flörir/ çiçek açmak; gelişmek, ilerlemek; çiçeklerle süslemek
fleuriste /flörist(*ö*)/ *le+la* çiçekçi
fleuve /flöv/ *le* ırmak, nehir
flexible /fleksibl(*ö*)/ esnek, bükülgen
flibustier /flibüstye/ *le* korsan
flic /flik/ *le, kd.* polis, aynasız
flirter /flörte/ flört etmek
flocon /flokon/ *le* yumak
floral, e, aux /floral, o/ çiçekle ilgili
flore /flor/ *la* bitey, flora
florissant, e /florisan, ant/ gelişen, ilerleyen; sağlıklı
flot /flo/ *le* sel; deniz kabarması
flottant, e /flotan, ant/ *(giysi)* bol, geniş; dalgalanan; kararsız
flotte /flot/ *la, den.* donanma; *kd.* su; yağmur
flotter /flote/ yüzmek; dalgalanmak; tereddüt etmek
flou, e /flu/ bulanık; belirsiz
fluctuation /flüktuasyon/ *la* dalgalanma, çalkanma
fluet, te /flüe, et/ ince, narin
fluide /fluid/ akıcı; *s+le* akışkan ***fluidité*** *la* akışkanlık; akıcılık
fluorescent, e /flüoresan, ant/ floresan, flüorışıl
flûte /flüt/ *la* flüt; uzun ekmek ***flûte!*** tüh! ***flûtiste*** *le+la* flütçü
flux /flü/ *le (deniz)* kabarma; akış
fluxion /flüksyon/ *la*: ***fluxion de poitrine*** zatürree
focal, e, aux /fokal, o/ odaksal, odakla ilgili
fætal, e, aux /fetal, o/ dölütle ilgili, ceninle ilgili
fætus /fetüs/ *le* dölüt, cenin
foi /fua/ *la* inanç, iman; güven; bağlılık, sadakat
foie /fua/ *le* karaciğer
foin /fuen/ *le* kuru ot
foire /fuar/ *la* panayır, fuar
fois /fua/ *la* defa, kere, kez ***à la fois*** aynı zamanda ***des fois*** bazen
foison /fuazon/ *la*: ***à foison*** bol bol, çok
foisonner /fuazone/ bol olmak, dolup taşmak
fol /fol/ *bkz. fou*
folâtre /folatr(*ö*)/ şen, şakrak
folie /foli/ *la* delilik, çılgınlık
folklore /folklor/ *le* halkbilim, folklor
folle /fol/ *bkz. fou*
foncer /fonse/ koyulaştırmak; koyulaşmak; hızla gitmek
foncier ière /fonsye, yer/ temel, başlıca; araziyle ilgili
fonction /fonskyon/ *la* görev; işlev, fonksiyon; mevki ***faire fonction de*** ... görevi yapmak, işini görmek
fonctionnaire /fonksyoner/ *le+la* memur, devlet memuru
fonctionnel, le /fonksyonel/ işlevsel, fonksiyonel
fonctionner /fonksyone/ işlemek, çalışmak
fond /fon/ *le* dip; içerik, kapsam ***à fond*** derinliğine, tamamıyla ***au fond de*** -in dibinde ***dans le fond, au fond*** aslında, gerçekte ***fond de teint*** fondöten
fondamental, e, aux /fondamantal, o/ esas, temel, ana
fondant, e /fondan, ant/ eriyen
fondateur, trice /fondatör, tris/ *le+la* kurucu
fondation /fondasyon/ *la* kurma, kurulma; vakıf

fondement /fondman/ *le* temel
fonder /fonde/ kurmak; *mec.* dayandırmak ***se fonder sur*** -e dayanmak
fonderie /fondri/ *la* dökümcülük; dökümevi, dökümhane
fondre /fondr(ö)/ eritmek, ergitmek; karıştırmak, kaynaştırmak; erimek, ergimek ***fondre sur*** üzerine atılmak, çullanmak
fondrière /fondriyer/ *la (yolda)* çukur
fonds /fon/ *le* fon; anamal, sermaye ***fonds de commerce*** işyeri
fontaine /fonten/ *la* çeşme; kaynak, pınar
fonte /font/ *la* erime; dökme demir
fonts baptismaux /fonbatismo/ *le+ç.* vaftiz kurnası
football /futbol/ *le* futbol ***footballeur*** *le* futbolcu
footing /futing/ *le* yürüyüş
forain, e /foren, en/ *le* panayır satıcısı, pazar satıcısı; panayır oyuncusu
forçat /forsa/ *le* ağır hapis hükümlüsü
force /fors(ö)/ *la* güç, kuvvet; zor, şiddet; dayanıklılık ***à force de*** -in sayesinde ***de force*** zorla
forcé, e /forse/ zoraki; zorunlu
forcément /forseman/ mecburen, ister istemez
forcené, e /forsöne/ çılgına dönmüş, kudurmuş; *le+la* deli, hasta
forceps /forseps/ *le* forseps
forcer /forse/ zorlamak; zorla açmak; zorla almak
forer /fore/ delmek
forêt /fore/ *la* orman
foreuse /foröz/ *la* matkap, delgi
forfait /forfe/ *le* ağır suç; götürü pazarlık, götürü anlaşma ***déclarer forfait*** yarıştan çekilmek, yarışa katılmamak ***forfaitaire*** götürü
forge /forj(ö)/ *la* demirhane
forger /forje/ *(maden)* dövmek; uydurmak
forgeron /forjöron/ *le* demirci
formaliser /formalize/ : ***se formaliser de*** -den alınmak, -e gücenmek
formalité /formalite/ *la* formalite
format /forma/ *le* boyut, boy
formation /formasyon/ *la* oluşturma, oluşma; kuruluş; eğitim, yetişme; *müz.* topluluk; gelişme
forme /form(ö)/ *la* biçim, şekil; görünüş; kalıp
formel, le /formel/ açık, kesin; biçimsel
former /forme/ oluşturmak; kurmak; biçimlendirmek; yetiştirmek
formidable /formidabl(ö)/ kocaman, çok büyük
formulaire /formüler/ *le* form
formule /formül/ *la* formül; form
formuler /formüle/ açıkça belirtmek; dile getirmek
fort, e /for, fort(ö)/ güçlü, kuvvetli; iriyarı, topluca; sağlam; sert; ağır; kuvvetli, şiddetli; yüksek sesle; çok fazla; *le* tabya, küçük kale; güçlü yan
forteresse /fortöres/ *la* kale
fortification /fortifikasyon/ *la* berkitme, sağlamlaştırma, tahkim
fortifier /fortifye/ güçlendirmek, kuvvetlendirmek; sağlamlaştırmak, tahkim etmek
fortuit, e /fortui, it/ beklenmedik, rastlantısal
fortune /fortün/ *la* şans, talih; kader, kısmet; servet ***de fortune*** derme çatma
fortuné, e /fortüne/ talihli, şanslı; varlıklı
fosse /fos/ *la* çukur; mezar, gömüt

F

fossette /foset/ *la* gamze
fossile /fosil/ *le* taşıl, fosil
fou (fol), folle /fu, fol/ deli, çılgın; saçma; aşırı; *le+la* deli; *le* kral soytarısı; *(satranç)* fil ***être fou de*** -e çok düşkün olmak, hastası olmak
foudre /fudr(ö)/ *la* yıldırım
foudroyant, e /fudruayan, ant/ yıldırım gibi; çarpıcı, şaşırtıcı
foudroyer /fudruaye/ yıldırım çarpmak
fouet /fue/ *le* kırbaç; yumurta teli, çırpıcı ***fouetter*** kırbaçlamak; çırpmak, çalkamak
fougère /fujer/ *la* eğreltiotu
fougue /fug/ *la* ateş, coşku, şevk ***fougueux, euse*** ateşli, coşkulu
fouille /fuy/ *la* arama, yoklama ***fouilles*** *la+ç.* kazı
fouiller /fuye/ araştırmak, aramak; kazı yapmak
fouillis /fuyi/ *le* yığıntı, dağınıklık
foulard /fular/ *le* fular, boyun mendili
foule /ful/ *la* kalabalık
fouler /fule/ ezmek, çiğnemek, basmak
foulure /fulür/ *la* burkulma
four /fur/ *le* fırın
fourbe /furb(ö)/ üçkâğıtçı, fırıldakçı ***fourberie*** *la* dolap, fırıldak, oyun
fourche /furş(ö)/ *la* dirgen, diren
fourchette /furşet/ *la* çatal
fourchu, e /furşü/ çatallı, çatal ağızlı
fourgon /furgon/ *le* kapalı kamyonet; furgon
fourmi /furmi/ *la* karınca
fourmiller /furmiye/ üşüşmek; dolu olmak, çok olmak
fourneau, x /furno/ *le* ocak, fırın
fourni, e /furni/ sık, gür; dolu
fournir /furnir/ sağlamak, tedarik etmek ***fournisseur, euse*** *le+la* mal sağlayan kimse
fourniture /furnitür/ *la* mal sağlama, mal verme
fourreau, x /furo/ *le* kın, kılıf
fourrer /fure/ sokmak, doldurmak, koymak
fourre-tout /furtu/ *le* kırkambar
fourreur /furör/ *le* kürkçü
fourrure /furür/ *la* kürk
foutre /futr(ö)/ *arg.* yapmak ***se foutre de*** aldırış etmemek, iplememek ***va te faire foutre!*** siktir ol!
foyer /fuaye/ *le* ocak; merkez; aile; ev, yuva; odak
fracas /fraka/ *le* gürültü, patırtı, çatırtı
fracasser /frakase/ kırmak, parçalamak
fraction /fraksyon/ *la* kırma, parçalama; parça, bölüm; kesir
fracture /fraktür/ *la* kırma, kırılma; kırık
fracturer /fraktüre/ kırmak
fragile /frajil/ kırılgan, kolay kırılır; nazik, zayıf ***fragilité*** *la* kırılganlık; dayanıksızlık
fragment /fragman/ *le* parça
fraîcheur /freşör/ *la* serinlik; tazelik; yenilik
frais, fraîche /fre, freş/ serin; taze; yeni ***il fait frais*** hava serin
frais /fre/ *le+ç.* gider, masraf ***faire des frais*** masrafa girmek ***frais de déplacement*** yol masrafları ***frais généraux*** genel giderlar
fraise /frez/ *la* çilek; freze
framboise /franbuaz/ *la* ahududu, ağaççileği
franc, franche /fran, franş/ açık sözlü, samimi; açık; tam, gerçek; serbest; *le* frank
franchir /franşir/ aşmak, geçmek
franchise /franşiz/ *la* içtenlik, sami-

miyet; bağışıklık, muafiyet
franco /franko/ taşıma ücreti ödenmiş, posta masrafı olmayan
franc-parler /franparle/ *le* açık sözlülük
frange /franj/ *la* saçak, püskül
frapper /frape/ vurmak; çarpmak
fraternel, le /fraternel/ kardeşlikle ilgili; kardeşçe
fraterniser /fraternize/ kardeşçe geçinmek
fraternité /fraternite/ *la* kardeşlik
fraude /frod/ *la* hile; *(okulda)* kopya ***en fraude*** kaçak olarak ***fraude fiscale*** vergi kaçakçılığı ***frauder*** hile yapmak; kaçakçılık yapmak ***fraudeur, euse*** *le+la* kaçakçı; hileci
frayer /freye/ açmak ***frayer avec*** ile görüşmek, dostluk kurmak
fredaine /fröden/ *la* çılgınlık, yaramazlık
fredonner /frödone/ mırıldanmak
frein /fren/ *le* fren ***frein à main*** el freni
freiner /frene/ fren yapmak; frenlemek, gem vurmak
frêle /frel/ ince, narin; zayıf
frémir /fremir/ titremek, ürpermek
frêne /fren/ *le* dişbudak
frénésie /frenezi/ *la* çılgınlık; kudurganlık ***frénétique*** çılgın
fréquence /frekans/ *la* sıklık, sık sık olma; frekans
fréquent, e /frekan, ant/ sık sık olan, sık
fréquenter /frekante/ sık sık gitmek; sık sık görmek
frère /frer/ *le* erkek kardeş
fresque /fresk(ö)/ *la* fresk
fret /fre/ *le* navlun, taşıma ücreti; yük
fréter /frete/ *(taşıt)* kiralamak
frétiller /fretiye/ oynamak, yerinde durmamak
friable /friyabl(ö)/ ezilgen, gevrek, kolayca ufalanabilen
friand, e /friyan, and/ : ***friand de*** -e düşkün, -e bayılan
friandise /friyandiz/ *la* şekerleme
friction /friksyon/ *la* ovma; sürtünme ***frictionner*** ovmak; masaj yapmak
frigidaire /frijider/ *le* buzdolabı
frigide /frijid/ soğuk ***frigidité*** *la* soğukluk, duygusuzluk
frigo /frigo/ *le* buzdolabı
frileux, euse /frilö, öz/ çok üşüyen, soğuğa karşı dayanıksız
fripé, e /fripe/ buruşuk, kırışık
fripon, ne /fripon, on/ yaramaz, uyanık; *le+la* hergele, hoppa
frire /frir/ *(tavada)* kızartmak; kızarmak
frisé, e /frize/ kıvırcık
friser /frize/ kıvırmak, kıvırcık yapmak; kıvırcıklaşmak ***se faire friser*** saçını kıvırcık yaptırmak
frisson /frison/ *le* titreme ***frissonner*** titremek
frit, e /fri, frit/ *(tavada)* kızarmış, kızartılmış ***(pommes) frites*** patates kızartması ***friteuse*** *la* fritöz ***friture*** *la* kızartma
frivole /frivol/ uçarı, hoppa; önemsiz, boş
froid, e /frua, fruad/ *s+le* soğuk ***avoir froid*** üşümek ***être en froid avec*** ile arası açık olmak ***il fait froid*** hava soğuk ***prendre froid*** üşütmek, soğuk almak
froisser /fruase/ kırıştırmak, buruşturmak; incitmek, gücendirmek ***se froisser*** kırışmak, buruşmak; incinmek, gücenmek
frôler /frole/ hafifçe dokunmak, sıyırıp geçmek

fromage /fromaj/ *le* peynir
froment /froman/ *le* buğday
froncer /fronse/ *(alın)* kırıştırmak; büzgü yapmak ***froncer les sourcils*** kaşlarını çatmak
fronde /frond/ *la* sapan; başkaldırı
front /fron/ *le* alın; yüz, baş; *ask.* cephe ***de front*** önden, cepheden; birlikte, yan yana ***faire front à*** -e karşı koymak
frontière /frontyer/ *la* sınır
frotter /frote/ ovuşturmak; ovmak; sürtmek
fructueux, euse /früktuö, öz/ verimli, kazançlı, kârlı
frugal, e, aux /frügal, o/ az yiyen, yemek seçmeyen; basit, sade
fruit /frui/ *le* meyve; sonuç ***fruits de mer*** deniz ürünleri ***fruits secs*** kuruyemiş ***fruitier, ière*** *le+la* manav, yemişçi
fruste /früst(ö)/ kaba, terbiyesiz
frustration /früstrasyon/ *la* yoksun bırakma; hüsran
frustrer /früstre/ yoksun bırakmak; hüsrana uğratmak
fugace /fügas/ geçici, uçucu
fugitif, ive /füjitif, iv/ kaçak; geçici, kısa süren; *le+la* kaçak, firari
fuir /fuir/ kaçmak; kaçınmak, sakınmak; sızmak, akmak
fuite /fuit/ *la* kaçış; sızma, akma
fumé, e /füme/ füme; *la* duman
fumer /füme/ tütmek; buhar çıkarmak; sigara içmek; gübrelemek
fumeur, euse /fümör, öz/ *le+la* sigara içen
fumier /fümye/ *le* gübre
funambule /fünanbül/ *le* ip cambazı
funèbre /fünebr(ö)/ cenazeyle ilgili; hüzünlü, acıklı
funérailles /füneray/ *la+ç.* cenaze töreni
funeste /fünest(ö)/ uğursuz; ölümcül, öldürücü
fur /für/ : ***au fur et à mesure*** gitgide, gittikçe
fureter /fürte/ araştırmak, kolaçan etmek
fureur /förör/ *la* öfke, hiddet
furie /füri/ *la* büyük öfke; şirret kadın, cadaloz ***furieux, euse*** öfkeli, kızgın
furoncle /füronkl(ö)/ *le* çıban
furtif, ive /fürtif, iv/ gizli, kaçamak
fusée /füze/ *la* füze, roket
fusil /füzi/ *le* tüfek ***fusil-mitrailleur*** *le* makineli tüfek
fusion /füzyon/ *la* erime, ergime ***fusionner*** birleşmek, kaynaşmak
fustiger /füstije/ eleştirmek, kınamak
fût /fü/ *le* fıçı; *(silah)* kundak; ağaç gövdesi, sütun gövdesi
futaie /füte/ *la* orman
futile /fütil/ boş, işe yaramaz; değersiz, önemsiz
futur, e /fütür/ gelecekle ilgili; gelecekteki; *le* gelecek; *dilb.* gelecek zaman
fuyant, e /fuiyan, ant/ kaçan, kaçak, oynak
fuyard, e /fuiyar, ard(ö)/ *le+la* kaçak

G

gâcher /gaşe/ bozmak, berbat etmek; ziyan etmek
gâchette /gaşet/ *la* tetik
gâchis /gaşi/ *le* israf
gaffe /gaf/ *la* gemici kancası; pot kırma, gaf ***faire gaffe*** *kd.* dikkat etmek
gage /gaj/ *le* rehin, tutu; güvence,

teminat ***gages*** *le+ç.* hizmetçi aylığı
gager /gaje/ bahse girmek
gagnant, e /ganyan, ant/ *le+la* kazanan
gagner /ganye/ kazanmak
gai, e /ge/ sevinçli, şen, neşeli
gaieté /gete/ *la* sevinç, neşe
gaillard, e /gayar, ard(*ö*)/ neşeli, şen, canlı; açık saçık; *le* iriyarı adam, dalyan gibi adam
gain /gen/ *le* kazanç
gaine /gen/ *la* kın, kılıf; korse
galant, e /galan, ant/ kibar, nazik, centilmen; çapkın
galaxie /galaksi/ *la* gökada, galaksi
galbe /galb(*ö*)/ *le* kavis
gale /gal/ *la, hek.* uyuz
galère /galer/ *la* kadırga
galerie /galri/ *la* galeri; *oto.* üst bagaj
galet /gale/ *le* yassı çakıl
galette /galet/ *la* galeta; peksimet
galeux, euse /galö, öz/ : ***un chien galeux*** uyuz köpek
galon /galon/ *le, ask.* sırma; şerit
galop /galo/ *le* dörtnal
galoper /galope/ dörtnala gitmek
gambader /ganbade/ hoplamak, zıplamak
gamin, e /gamen, in/ yaramaz, haylaz; *le+la* çocuk, yumurcak
gamme /gam/ *la, müz* gam; *mec.* dizi, çeşit
gangrène /gangren/ *la* kangren
gant /gan/ *le* eldiven
garage /garaj/ *le* garaj; *oto.* servis istasyonu ***garagiste*** *le+la* servis istasyonu sahibi; oto tamircisi
garant, e /garan, ant/ *le+la* kefil; *le* güvence, teminat ***se porter garant de*** -in kefili olmak
garantie /garanti/ *la* güvence, garanti, teminat
garantir /garantir/ garanti etmek; kefil olmak
garçon /garson/ *le* oğlan, erkek çocuk; bekâr erkek; genç, delikanlı ***garçonnière*** *la* garsoniyer, bekâr odası
garde /gard(*ö*)/ *le* gardiyan; bekçi; nöbetçi; *la* koruma; bakma, gözetim; gard ***de garde*** nöbetçi ***garde de corps*** *le* koruma görevlisi ***garde forestier*** orman bekçisi ***monter la garde*** nöbet tutmak ***prendre garde (à)*** *(-e)* dikkat etmek
garde-boue /gard*ö*bu/ *le* çamurluk
garde-fou /gard*ö*fu/ *le* korkuluk, parmaklık
garde-manger /gard*ö*manje/ *le* tel dolap
garder /garde/ korumak; bakmak; saklamak ***se garder de faire*** -memeye dikkat etmek, -mekten sakınmak
garderie /gard*ö*ri/ *la* çocuk yuvası
garde-robe /gard*ö*rob/ *la* gardırop
gardien, ne /gardyen, yen/ *le+la* bekçi; gardiyan; koruyucu ***gardien de but*** *sp.* kaleci ***gardien de nuit*** gece bekcisi
gare /gar/ dikkat!; *la* gar, istasyon ***gare maritime*** iskele ***gare routière*** otobüs garı
garer /gare/ park etmek
gargariser /gargarize/ : ***se gargariser*** gargara yapmak ***gargarisme*** *le* gargara
gargouille /garguy/ *la* gurultu
gargouiller /garguye/ guruldamak
garni, e /garni/ garnitürlü; *le* mobilyalı ev, döşeli oda
garnir /garnir/ süslemek; doldurmak
garnison /garnizon/ *la* garnizon
garniture /garnitür/ *la* garnitür; süs

G

gars /ga/ *le* oğlan, delikanlı; adam, herif
gas-oil /gazoyl/ *le* dizel yakıt
gaspillage /gaspiyaj/ *le* israf, boşa harcama
gaspiller /gaspiye/ boşa harcamak, israf etmek
gastrique /gastrik/ mideyle ilgili
gastronome /gastronom/ *le+la* yemekten anlar, ağzının tadını bilir
gastronomie /gastronomi/ *la* gastronomi, iyi yemek pişirme sanatı
gâteau, x /gato/ *le* pasta ***gâteau sec*** kuru pasta
gâter /gate/ bozmak; çürütmek ***se gâter*** bozulmak, çürümek; kötüleşmek, kötüye gitmek
gauche /goş/ beceriksiz, sakar; *s+la* sol ***à gauche*** solda ***à gauche de*** -ın solunda ***gaucher, ère*** solak ***gauchir*** eğriltmek, çarpıtmak
gaufrette /gofret/ *la* gofret
gaz /gaz/ *le* gaz ***gaz de ville*** havagazı ***mettre les gaz*** *oto.* gaz vermek
gaze /gaz/ *la* gazlı bez
gazelle /gazel/ *la* ceylan, gazal
gazette /gazet/ *la* gazete
gazon /gazon/ *le* çim, çimen; çimenlik
gazouiller /gazuye/ cıvıldamak
géant, e /jean, ant/ dev gibi, kocaman; *le+la* dev
geindre /jendr(ö)/ sızlanmak, yakınmak
gel /jel/ *le* don; donma
gélatine /jelatin/ *la* jelatin
gelé, e /jöle/ donmuş
gelée /jöle/ *la* jöle; don ***gelée blanche*** kırağı
geler /jöle/ dondurmak; donmak
Gémeaux /jemo/ *le+ç.*: ***les Gémeaux*** İkizler burcu
gémir /jemir/ inlemek ***gémissement*** *le* inilti, inleme
gemme /jem/ *la* değerli taş, mücevher
gênant, e /jenan, ant/ sıkıcı, rahatsız edici
gencive /jansiv/ *la* dişeti
gendarme /jandarm(ö)/ *le* jandarma
gendre /jandr(ö)/ *le* damat
gêne /jen/ *la* sıkıntı; rahatsızlık; sıkılma, utanma
gêné, e /jene/ sıkılmış, rahatsız
généalogie /jenealoji/ *la* soyağacı, soy kütüğü ***généalogique*** soyla ilgili, soyağacıyla ilgili
gêner /jene/ rahatsız etmek; engellemek ***se gêner*** utanmak, sıkılmak
général, e, aux /jeneral, o/ genel; *le* general ***en général*** genellikle
généralisation /jeneralizasyon/ *la* genelleştirme
généraliser /jeneralize/ genelleştirmek; genelleme yapmak ***se généraliser*** yaygınlaşmak
généraliste /jeneralist(ö)/ *le+la, hek.* pratisyen
génération /jenerasyon/ *la* üreme; kuşak, soy
généreux, euse /jenerö, öz/ cömert, eli açık
générique /jenerik/ türle ilgili; *le* jenerik, tanıtma yazısı
générosité /jenerozite/ *la* cömertlik
génétique /jenetik/ kalıtımsal, genetik; *la* kalıtımbilim, genetik
génial, e, aux /jenyal, o/ dâhice, çok parlak
génie /jeni/ *le* deha, üstün yetenek
genièvre /jönyevr(ö)/ *le, bitk.* ardıç
génital, e, aux /jenital, o/ cinsel
génitif /jenitif/ *le, dilb.* -in hali, tamlayan durumu
genou, x /jnu/ *le* diz ***genouillère*** *la,*

sp. dizlik
genre /ja**n**r/ *le* cins, çeşit, tür
gens /ja**n**/ *le+ç.* kişiler, halk, insan
gentil, le /ja**n**ti, iy/ nazik, kibar; sevimli, şirin, hoş ***gentillesse*** *la* nezaket, kibarlık; sevimlilik, şirinlik, hoşluk ***gentiment*** kibarca; uslu uslu
géographe /jeograf/ *le+la* coğrafyacı
géographie /jeografi/ *la* coğrafya ***géographique*** coğrafi
geôlier /jolye/ *le* gardiyan
géologie /jeoloji/ *la* yerbilim, jeoloji ***géologique*** yerbilimsel, jeolojik ***géologue*** *le+la* yerbilimci, jeolog
géométrie /jeometr/ *la* geometri ***géométrique*** geometrik
gérance /jera**n**s/ *la* yönetme, yönetim
géranium /jeranyom/ *le* sardunya
gérant, e /jera**n**, a**n**t/ *le+la* yönetici, müdür
gerbe /jerb(*ö*)/ *la* demet
gercé, e /jerse/ çatlak, çatlamış
gerçure /jersür/ *la* çatlak
gérer /jere/ yönetmek
germe /jerm(*ö*)/ *le* tohum, çim; mikrop
germer /jerme/ çimlenmek, filizlenmek
gérondif /jero**n**dif/ *le, dilb.* ulaç, bağfiil
gésir /jezir/ yatmak
geste /jest(*ö*)/ *le* jest
gesticuler /jestiküle/ *(konuşurken)* el kol hareketleri yapmak
gestion /jestyo**n**/ *la* yönetme, yönetim
gibet /jibe/ *le* darağacı
gibier /jibye/ *le* av hayvanı
giboulée /jibule/ *la* sağanak
gicler /jikle/ fışkırmak, sıçramak
gicleur /jiklör/ *le, oto.* jikle
gifle /jifl(*ö*)/ *la* tokat, şamar ***gifler*** şamar atmak
gigantesque /jiga**n**tesk(*ö*)/ dev gibi, koskocaman
gigot /jigo/ *le* but
gilet /jile/ *le* yelek ***gilet de sauvetage*** can yeleği
gin /cin/ *le* cin
gingembre /je**n**ja**n**br(*ö*)/ *le* zencefil
girafe /jiraf/ *la* zürafa
girofle /jirofl(*ö*)/ *le (baharat)* karanfil
girouette /jiruet/ *la* rüzgârgülü
gisement /jizma**n**/ *le* maden yatağı
gitan, e /jita**n**, an/ *le+la* Çingene
gîte /jit/ *le* yuva; barınak
givre /jivr(*ö*)/ *le* kırağı, kırç
glabre /glabr(*ö*)/ tüysüz, kılsız
glace /glas/ *la* buz; dondurma; ayna; cam
glacé, e /glase/ buz gibi; donmuş
glacer /glase/ dondurmak
glacial, e /glasyal/ buz gibi
glacier /glasye/ *le* buzul; dondurmacı
glacière /glasyer/ *la* buzluk
glaçon /glaso**n**/ *le* buz parçası
glaise /glez/ *la* kil, balçık
gland /gla**n**/ *le* meşe palamudu; palamut püskül
glande /gla**n**d/ *la* bez, beze
glapir /glapir/ *(hayvan)* tiz ve kısa bir ses çıkarmak; cıyak cıyak bağırmak
glissade /glisad/ *la* kayma
glissant, e /glisa**n**, a**n**t/ kaygan
glisser /glise/ kaymak ***se glisser*** girivermek, süzülmek ***glissière*** *la* sürgü
global, e, aux /global, o/ tüm, genel, toplam
globe /glob/ *le* küre, top; dünya; lamba karpuzu ***globe oculaire***

G

göz küresi
gloire /gluar/ *la* ün, şan; görkem; şöhret, ünlü kişi ***glorieux, euse*** şanlı, şerefli; görkemli, parlak ***glorifier*** yüceltmek, ululamak; övmek
glossaire /gloser/ *le* küçük sözlük
glousser /gluse/ *(tavuk)* gurk gurk etmek; kıkır kıkır gülmek
glouton, ne /gluton, on/ obur, açgözlü

G

gluant, e /glüan, ant/ yapışkan
go /go/ : ***tout de go*** açıkça, dobra dobra
gobelet /goble/ *le* bardak
gober /gobe/ yutmak
godasse /godas/ *la, kd.* ayakkabı, pabuç
godet /gode/ *le* kadeh; bardak
goéland /goelan/ *le* martı
goélette /goelet/ *la* salak, keriz, enayi
goinfre /guenfr(*ö*)/ *le* obur, pisboğaz
goitre /guatr(*ö*)/ *le* guatr
golf /golf/ *le* golf
golfe /golf(*ö*)/ *le* körfez
gomme /gom/ *la* silgi; zamk ***gommer*** *(silgiyle)* silmek; zamklamak
gond /gon/ *le* zıvana
gondole /gondol/ *la* gondol
gondolier /gondolye/ *le* gondolcu
gonflé, e /gonfle/ şişkin
gonfler /gonfle/ şişirmek; şişmek
gong /gong/ *le* gong
gorge /gorj(*ö*)/ *la* boğaz; göğüs
gorille /goriy/ *le* goril
gosier /gozye/ *le* boğaz, gırtlak
gosse /gos/ *le+la* çocuk, yumurcak
gothique /gotik/ gotik
goudron /gudron/ *le* katran ***goudronner*** katranlamak
gouffre /gufr(*ö*)/ *le* uçurum
goujat /guja/ *le* hödük, ayı, kaba kimse
goulot /gulo/ *le (şişe, vb.)* boğaz
goulu, u /gulü/ açgözlü, obur
gourd, e /gur, gurd(*ö*)/ soğuktan uyuşmuş
gourde /gurd(*ö*)/ *la* matara
gourmand, e /gurman, and/ obur ***gourmandise*** *la* oburluk
gourmet /gurme/ *le* ağzının tadını bilir, yemekten anlar
gousse /gus/ *la*: ***gousse d'ail*** sarmısak dişi
goût /gu/ *le* tat; tatma, tadım; beğeni, zevk ***prendre goût à*** -den zevk almak
goûter /gute/ tatmak; hoşlanmak, zevk almak; ikindi kahvaltısı yapmak; *le* ikindi kahvaltısı ***goûter à*** tadına bakmak
goutte /gut/ *la* damla; *hek.* gut
gouttière /gutyer/ *la* oluk, dam oluğu
gouvernail /guvernay/ *le* dümen
gouvernante /guvernant/ *la* mürebbiye, dadı
gouverner /guverne/ yönetmek; frenlemek, tutmak ***gouverneur*** *le* vali
grâce /gras/ *la* zarafet, incelik; cazibe, çekicilik; iyilik; lütuf; *huk.* af ***de bonne grâce*** isteyerek, seve seve ***grâce à*** sayesinde ***gracieux, euse*** zarif, nazik
gracile /grasil/ ince, narin
grade /grad/ *le* rütbe; aşama, derece
gradin /graden/ *le* basamak; sıra, dizi
graduel, le /graduel/ aşamalı, derece derece olan
graduer /gradue/ derece derece yükseltmek; derecelere ayırmak
graffiti /grafiti/ *le+ç.* duvar yazıları
grain /gren/ *le* tane; sağanak ***grain***

de beauté *(tende)* ben ***grain de café*** kahve çekirdeği ***grain de poivre*** tane biber, toz biber

graine /gren/ *la* tohum

graisse /gres/ *la* yağ ***graisser*** yağlamak ***graisseux, euse*** yağlı

grammaire /gramer/ *la* dilbilgisi ***grammatical, e, aux*** dilbilgisel

gramme /gram/ *le* gram

grand, e /gran, grand/ büyük; geniş; uzun ***grandes vacances*** yaz tatili ***grand ouvert*** ardına kadar açık ***grand magasin*** büyük mağaza ***pas grand-chose*** önemsiz, değersiz ***grandeur*** *la* büyüklük ***grandir*** büyümek; büyütmek, yüceltmek ***grand-mère*** *la* büyükanne, nine ***grand-père*** *le* büyükbaba, dede ***grand-route*** *la* ana yol ***grand-rue*** *la* ana cadde ***grands-parents*** *le+ç.* babaanne ve anneanne, dede-nine

grange /granj/ *la* çiftlik ambarı

granit /granit/ *le* granit

graphique /grafik/ *s+le* grafik

grappe /grap/ *la* salkım

gras, se /gra, gras/ yağlı; şişman; *(harf)* kalın; *le* yağ ***faire la grasse matinée*** sabah keyfi yapmak, yataktan geç kalkmak ***grassouillet, te*** tombul

gratification /gratifikasyon/ *la* ikramiye

gratifier /gratifye/ ödüllendirmek, vermek

gratin /graten/ *le* graten, üstü peynirli yemek

gratitude /gratitüd/ *la* minnet

gratte-ciel /gratsyel/ *le* gökdelen

gratter /grate/ kazımak; kaşımak

gratuit, e /gratui, uit/ parasız, bedava

grave /grav/ ciddi, ağır; ciddi, ağırbaşlı; *(ses)* kalın, pes

graver /grave/ oymak, kazımak ***graveur*** *le* oymacı

gravier /gravye/ *le* küçük çakıl

gravir /gravir/ tırmanmak

gravité /gravite/ *la* ciddiyet; ağırbaşlılık; yerçekimi

gravure /gravür/ *la* oyma, kazma; gravür

gré /gre/ *le* istek, keyif ***de gré ou de force*** istese de istemese de ***de bon gré*** isteyerek, kendi isteğiyle

gréement /greman/ *le* gemi donanımı

greffe /gref/ *la, bitk.* aşı; *hek.* organ nakli

greffer /grefe/ *bitk.* aşılamak; *hek.* *(organ)* nakletmek, aşılamak

greffier /grefye/ *le* zabıt kâtibi

grêle /grel/ incecik, çöp gibi; *la* dolu

grêler /grele/ : ***il grêle*** dolu yağıyor

grêlon /grölon/ *le* dolu tanesi

grelotter /grölote/ titremek

grenade /grönad/ *la* el bombası; nar

grenier /grönye/ *le* tavan arası, çatı arası

grenouille /grönuy/ *la* kurbağa

grès /gre/ *le* kumtaşı

grésiller /greziye/ cızırdamak; çıtırdamak

grève /grev/ *la* grev; kumsal ***faire grève*** grev yapmak ***grève de la faim*** açlık grevi ***grève sur le tas*** oturma grevi ***se mettre en grève*** greve gitmek

grever /gröve/ sıkıntıya sokmak, bunaltmak

gréviste /grevist(ö)/ *le+la* grevci

gribouiller /gribuye/ çiziktirmek, kargacık burgacık yazmak

grief /griyef/ *le* yakınma, şikâyet

grièvement /griyevman/ ağır *(şekilde)*

griffe /grif/ *la* pençe, cırnak; damga, mühür
griffonner /grifone/ çiziktirmek, karalamak
grignoter /grinyote/ kemirmek
gril /gril/ *le* ızgara
grillade /griyad/ *la* ızgara *(yemek)*
grille /griy/ *la* demir parmaklık; kafes; ızgara

G

grille-pain /griypen/ *le* ekmek kızartma makinesi
griller /griye/ ızgara yapmak; *(ekmek)* kızartmak; kavurmak; yakmak
grillon /griyon/ *le* cırcırböceği
grimace /grimas/ *la* yüzünü ekşitme ***faire des grimaces*** yüzünü ekşitmek
grimer /grime/ *(birine)* makyaj yapmak
grimper /grenpe/ tırmanmak
grincer /grense/ gıcırdamak ***grincer des dents*** dişlerini gıcırdatmak
grincheux, euse /grenşö, öz/ hırçın, huysuz
grippe /grip/ *la* grip
gris, e /gri, griz/ gri, külrengi; çakırkeyif, kafası kıyak
griser /grize/ sarhoş etmek, başını döndürmek
grisonner /grizone/ kırlaşmak, ağarmak
grive /griv/ *la* ardıç *(kuşu)*
grivois, e /grivua, uaz/ açık saçık
grogner /gronye/ homurdanmak
groin /gruen/ *le* somak, domuz burnu
grommeler /gromle/ homurdanmak, mırıldanmak
gronder /gronde/ gürlemek; azarlamak, fırça atmak; homurdanmak
gros, se /gro, gros/ iri, büyük; şişman; kalın; önemli; kaba; çok; *le+la* şişko, şişman ***en gros*** kabaca, özet olarak; *tic.* toptan ***gros plan*** yakın çekim, yakından çekilmiş resim
groseille /grozey/ *la* frenküzümü ***groseille à maquereau*** bektaşiüzümü
grossesse /groses/ *la* gebelik
grosseur /grosör/ *la* büyüklük, irilik
grossier, ière /grosye, yer/ kalın, kaba ***grossièrement*** kabaca; nezaketsizce
grossir /grosir/ şişmanlamak; büyümek; *(ırmak)* kabarmak; artırmak; abartmak; büyültmek
grossiste /grosist(*ö*)/ *le+la* toptancı
grotte /grot/ *la* mağara, in
grouiller /gruye/ kaynaşmak ***grouiller de*** ile dolup taşmak
groupe /grup/ *le* grup, küme, öbek ***groupe sanguin*** kan grubu
grouper /grupe/ gruplandırmak, kümelemek
grue /grü/ *la* turna; vinç
grumeau /grümo/ *le* pıhtı
gué /ge/ *le* ırmak geçidi
guenille /gõniy/ *la* paçavra
guépard /gepar/ *le, hayb.* çita
guêpe /gep/ *la* yabanarısı
guêpier /gepye/ *le* tuzak
guère /ger/ *(sıfat ve belirteçlerden önce)* ***ne ... guère*** pek ... değil *(eylemlerle birlikte)* ***ne ... guère*** pek ...-memek
guérilla /geriya/ *la* çete savaşı
guérillero /geriyero/ *le* çeteci, gerillacı
guérir /gerir/ iyileştirmek, sağaltmak; iyileşmek ***guérison*** *la* iyileşme, sağalma
guerre /ger/ *la* savaş ***en guerre*** savaş halinde ***guerre civile*** iç savaş ***guerre mondiale*** dünya

savaşı ***guerre d'usure*** yıpratma savaşı ***guerrier, ière*** *s+a.* savaşçı ***guerroyer*** savaşmak

guet /ge/ *le*: ***faire le guet*** gözetlemek, pusuya yatmak

guet-apens /getapan/ *le* pusu

guêtre /getr(*ö*)/ *la* tozluk

guetter /gete/ gözetlemek; pusuda beklemek

gueule /göl/ *la* ağız; *kd.* surat, yüz

gueuler /göle/ *kd.* bağırmak, bağıra bağıra konuşmak

gueux /gö/ *le* dilenci, serseri

gui /gi/ *le* ökseotu

guichet /gişe/ *le* gişe, tezgâh ***guichetier, ière*** *le+la* gişe memuru

guide /gid/ *le* kılavuz, rehber

guider /gide/ yol göstermek, kılavuzluk etmek

guidon /gidon/ *le* gidon

guillemets /giyme/ *le+ç.* tırnak işareti ***guillemets de répétition*** denden

guilleret, te /giyre, et/ canlı, neşeli

guillotine /giyotin/ *la* giyotin

guindé, e /gende/ yapmacık

guirlande /girland/ *la* çelenk

guise /giz/ *la*: ***à votre guise*** nasıl isterseniz ***en guise de*** yerine

guitare /gitar/ *la* gitar ***guitariste*** *le+la* gitarist

gymnase /jimnaz/ *le* jimnastik salonu

gymnaste /jimnast(*ö*)/ *le+la* jimnastikçi

gymnastique /jimnastik/ *la* jimnastik

gynécologie /jinekoloji/ *la* jinekoloji ***gynécologue*** *le+la* jinekolog

gypse /jips(*ö*)/ *le* alçıtaşı

H

habile /abil/ becerikli; kurnaz ***habileté*** beceri, ustalık

habillement /abiyman/ *le* giyim; giysi

habiller /abiye/ giydirmek ***s'habiller*** giyinmek

habit /abi/ *le* elbise, giysi

habitable /abitabl(*ö*)/ oturulabilir, içinde yaşanabilir

habitant, e /abitan, ant/ *le+la* oturan, sakin

habitat /abita/ *le* konut koşulları; *(bitki, hayvan)* yurt, doğal ortam

habitation /abitasyon/ *la* oturma; ev, konut

habiter /abite/ oturmak, yaşamak

habitude /abitüd/ *la* alışkanlık, âdet ***avoir l'habitude de*** -meye alışmak ***comme d'habitude*** her zaman olduğu gibi ***d'habitude*** genellikle

habitué, e /abitue/ *le+la* müdavim, gedikli; sürekli müşteri

habituel, le /abituel/ alışılmış, her zamanki

habituer /abitue/ alıştırmak ***s'habituer à*** -e alışmak

hâbleur, euse /'ablör, öz/ övüngen

hache /'aş/ *la* balta

haché, e /'aşe/ kıyılmış, doğranmış; kısa kısa, kopuk kopuk

hacher /'aşe/ kıymak, doğramak, parçalamak

hachis /'aşi/ *le (et)* kıyma

hachoir /'aşuar/ *le* kıyma makinesi; kıyma satırı; kıyma tahtası

hagard, e /'agar, ard(*ö*)/ ürkmüş, şaşırmış

haie /'e/ *la* çit; *sp.* engel; sıra, saf

H

haillon /'ayon/ *le* paçavra
haine /'en/ *la* nefret
haïr /'air/ nefret etmek, tiksinmek
hâle /'al/ *le* güneş yanığı ***hâlé, e*** yanmış, esmerleşmiş
haleine /alen/ *la* soluk, nefes ***hors d'haleine*** soluk soluğa, nefes nefese
haleter /'alte/ soluk soluğa kalmak
hall /'ol/ *le* hol, salon
halle /'al/ *la* hal, pazar
hallucination /alüsinasyon/ *la* sanrı, halusinasyon
halte /'alt(ö)/ *la* ara, mola; durak ***faire halte*** durmak, mola vermek
haltère /alter/ *le* halter ***haltères*** *le+ç.* ağırlık kaldırma, halter ***haltérophile*** *le+la* halterci
hamac /'amak/ *le* hamak, ağ yatak
hameau, x /'amo/ *le* küçük köy
hameçon /amson/ *le* olta iğnesi
hamster /'amster/ *le* hamster, cırlak sıçan
hanche /'anş/ *la* kalça
hand-ball /'andbal/ *le* hentbol, eltopu
handicap /'andikap/ *le* engel; *sp.* handikap ***handicapé, e*** *(fiziksel, zihinsel)* özürlü ***handicaper*** engellemek
hangar /'angar/ *le* sundurma, hangar
hanter /'ante/ dadanmak, sık sık gitmek
hantise /'antiz/ *la* takınak, saplantı
happer /'ape/ kapmak
haras /'ara/ *le* hara
harceler /'arsöle/ hırpalamak
hardes /'ard(ö)/ *la+ç.* pılı pırtı, eski püskü giysiler
hardi, e /'ardi/ atılgan, gözü pek, atak
hareng /'aran/ *le* ringa *(balığı)*
haricot /'ariko/ *le* fasulye ***haricot blanc*** kuru fasulye ***haricot vert*** taze fasulye
harmonica /armonika/ *le* armonika
harmonie /armoni/ *la* uyum ***harmonieux, euse*** uyumlu ***harmoniser*** uyuşturmak, bağdaştırmak, uyumlu kılmak
harnacher /'arnaşe/ koşum takmak
harnais /'arne/ *le* koşum takımı
harpe /'arp(ö)/ *la, müz.* harp
harpon /'arpon/ *le* zıpkın
hasard /'azar/ *le* talih; rastlantı ***au hasard*** rasgele, gelişigüzel ***par hasard*** tesadüfen
hasarder /'azarde/ tehlikeye atmak
hasardeux, euse /'azardö, öz/ tehlikeli, rizikolu
haschisch /'aşiş/ *le* esrar, haşiş
hâte /'at/ *la* acele, ivedilik ***à la hâte*** aceleyle, çarçabuk ***hâter*** hızlandırmak ***se hâter*** acele etmek
hâtif, ive /'atif, iv/ acele, aceleyle yapılan; aceleci; erken, vaktinden önce
hausse /'os/ *la* yükselme, artış
hausser /'ose/ yükseltmek; kaldırmak ***hausser les épaules*** omuz silkmek
haut, e /'o, 'ot/ yüksek; uzun; yükseğe, yukarıya, yüksekte; *le* tepe, yükseklik ***à haute voix*** yüksek sesle ***de haut en bas*** tepeden tırnağa ***en haut de*** -ın tepesinde, üstünde ***haute fidélité*** sesi çok doğal veren
hautain, e /'oten, en/ kibirli, kendini beğenmiş
hautbois /'obua/ *le* obua
haut-de-forme /'odform(ö)/ *le* silindir şapka
hauteur /'otör/ *la* yükseklik; tepe; kibir

haut-parleur /'oparlör/ *le* hoparlör
hâve /'av/ zayıf, solgun
havre /'avr(*ö*)/ *le* küçük liman; *mec.* sığınak, barınak
hebdomadaire /edbomader/ haftalık; *le* haftalık dergi
héberger /eberje/ barındırmak, konuk etmek
hébété, e /ebete/ sersemleşmiş, afallamış
hébraïque /ebraik/ İbrani
hécatombe /ekatonb/ *la* katliam, kırım
hectare /ektar/ *le* hektar
hein /'en/ ha? ne? nasıl?
hélas /'elas/ yazık; maalesef
héler /'ele/ seslenmek, çağırmak
hélice /elis/ *la* uskur, pervane
hélicoptère /elikopter/ *le* helikopter
hémisphère /emisfer/ *la* yarıküre
hémorragie /emoraji/ *la* kanama
hémorroïdes /emoroid/ *la+ç.* hemoroit
hennir /'enir/ kişnemek
hépatite /epatit/ *la* hepatit, karaciğer yangısı
herbe /erb(*ö*)/ *la* ot ***en herbe*** olmamış, ham, kozak ***herbeux, euse*** otlu, çayırlık ***herbicide*** *le* zararlı otları yok eden ilaç
héréditaire /erediter/ kalıtsal
hérédité /eredite/ *la* kalıtım, soyaçekim
hérésie /erezi/ *la* sapkın düşünce, dinsel, toplumsal değerlere aykırı düşünce ***hérétique*** *le+la* sapkkın düşünceli, yerleşik değerlerden ayrılan kimse
hérissé, e /'erise/ diken diken olmuş; dikenli
hérisser /'erise/ kızdırmak, öfkelendirmek ***se hérisser*** *(tüyleri)* diken diken olmak
hérisson /'erison/ *le* kirpi
héritage /eritaj/ *le* kalıt, miras
hériter /erite/ mirasa konmak ***héritier, ière*** *le+la* mirasçı, varis
hermétique /ermetik/ hava geçirmez, su geçirmez
hermine /ermin/ *la* kakım, as
hernie /'erni/ *la* fıtık
héroïne /eroin/ *la* kadın kahraman; eroin
héroïque /eroik/ kahramanca, yiğitçe
héroïsme /eroism(*ö*)/ *le* kahramanlık
héron /'eron/ *le, hayb.* balıkçıl
héros /'ero/ *le* kahraman
hésitant, e /ezitan, ant/ kararsız, tereddütlü
hésitation /ezitasyon/ *la* duraksama, tereddüt
hésiter /ezite/ duraksamak, tereddüt etmek
hétéroclite /eteroklit/ çeşitli
hêtre /'etr(*ö*)/ *le* kayın *(ağacı)*
heure /ör/ *la* saat; zaman, vakit ***sur l'heure*** derhal, hemen ***heures supplémentaires*** fazla mesai
heureux, euse /örö, öz/ mutlu; şanslı, talihli
heurt /'ör/ *le* çarpma; çarpışma
heurter /'örte/ çarpmak; incitmek, kırmak ***se heurter à*** -e çarpmak ***heurtoir*** *le* kapı tokmağı
hexagone /egzagon/ *le* altıgen
hiberner /iberne/ kış uykusuna yatmak
hibou, x /'ibu/ *le* baykuş
hideux, euse /'idö, öz/ iğrenç, çirkin, korkunç
hier /yer/ dün ***hier matin*** dün sabah ***hier soir*** dün akşam
hiérarchie /'yerarşi/ *la* hiyerarşi ***hiéarchique*** hiyerarşik

H

hilare /ilar/ sevinçli, neşeli ***hilarité*** *la* kahkaha, gülüşme

hippique /ipik/ atlarla ilgili

hippisme /ipism(*ö*)/ *le* binicilik

hippodrome /ipodrom/ *le* hipodrom, koşu alanı

hippopotame /ipopotam/ *le* suaygırı

hirondelle /irondel/ *la* kırlangıç

hisser /'ise/ yükseltmek, kaldırmak, çekmek ***se hisser*** tırmanmak, yükselmek

H

histoire /istuar/ *la* tarih; öykü, hikâye; iş ***historien, ne*** *le+la* tarihçi ***historique*** tarihsel, tarihi

hiver /iver/ *le* kış ***hivernal, e, aux*** kışla ilgili

hocher /'oşe/ : ***hocher la tête*** başını sallamak

hochet /'oşe/ *le* çıngırak

hockey /'oke/ hokey

homard /'omar/ *le* ıstakoz

homicide /omisid/ *le* cinayet, adam öldürme; *le+la* cani, katil ***homicide involontaire*** kasıtsız adam öldürme

hommage /omaj/ *le* saygı ***hommages*** *le+ç.* saygılar ***présenter ses hommages*** saygılarını sunmak

homme /om/ *le* insan, kimse, kişi; erkek, adam; koca ***homme d'affaires*** işadamı ***homme d'État*** devlet adamı ***homme-grenouille*** *le* kurbağaadam, balıkadam

homogène /omojen/ türdeş, homojen

homonyme /omonim/ *le, dilb* eşsesli *(sözcük)*; adaş

homosexualité /omoseksüalite/ *la* eşcinsellik

homosexuel, le /omoseksüel/ eşcinsel

honnête /onet/ dürüst, namuslu; uygun; yeterli, tatminkâr ***honnêtement*** dürüstçe ***honnêteté*** *la* dürüstlük, doğruluk, namus

honneur /onör/ *le* onur, şeref, namus; ün, şan

honorable /onorabl(*ö*)/ saygıdeğer; sayın; uygun, yeterli

honoraire /onorer/ onursal

honorer /onore/ onurlandırmak, şeref vermek; saygı göstermek

honte /'ont/ *la* utanç, utanma; ayıp ***avoir honte de*** -den utanmak ***faire honte à*** utandırmak ***honteux, euse*** utanmış; utangaç, sıkılgan; utanç verici

hôpital, aux /opital, o/ *le* hastane

hoquet /'oke/ *le* hıçkırık ***avoir le hoquet*** hıçkırık tutmak ***hoqueter*** hıçkırmak

horaire /orer/ saat başına; *le* tarife; ders programı

horizon /orizon/ *le* ufuk, çevren; görünüm, manzara

horizontal, e, aux /orizontal, o/ yatay

horloge /orloj/ *la* duvar saati, masa saati ***horloger, ère*** *le+la* saatçi ***horlogerie*** *la* saatçilik; saatçi dükkânı

hormis /'ormi/ -den başka

hormone /ormon/ *la* hormon

horoscope /oroskop/ *le* yıldız falı

horreur /orör/ *la* korku, dehşet ***avoir horreur de*** -den iğrenmek

horrible /oribl(*ö*)/ korkunç; berbat, çok kötü

horrifier /orifye/ korkutmak, dehşete düşürmek

hors /'or/ dışında, -den başka ***être hors de soi*** kendini kaybetmek ***hors de*** dışında, dışına ***hors-bord*** *le* sürat motoru ***hors-d' œuvre*** *le* çerez, meze ***hors-jeu*** *le* ofsayt ***hors-la-loi*** *le* yasa dışı adam, kanun kaçağı ***hors-taxe*** gümrüksüz

horticulteur, trice /ortikültör, tris/ *le+la* bahçıvan

hospice /ospis/ *le* öksüzler yurdu, güçsüzler yurdu

hospitalier, ière /ospitalye, yer/ konuksever; hasteneyle ilgili

hospitalité /ospitalite/ *la* konukseverlik

hostile /ostil/ düşman; düşmanca ***hostilité*** *la* düşmanlık

hôte /ot/ *le* ev sahibi; konuk

hôtel /otel/ *le* otel ***hôtel de ville*** belediye binası ***hôtelier, ière*** otelcilikle ilgili; *le+la* otelci

hôtesse /otes/ *la* hostes

houblon /'ublon/ *le* şerbetçiotu

houille /'uy/ *la* taşkömürü, madenkömürü

houle /'ul/ *la* dalgalanma, çalkanma

houleux, euse /'ulö, öz/ dalgalı, çalkantılı; *mec.* heyecanlı, fırtınalı

houppette /'upet/ *la* pudra ponponu

houspiller /'uspiye/ azarlamak

housse /'us/ *la* örtü, kılıf

houx /'u/ *le, bitk.* çobanpüskülü

hublot /'üblo/ *le, den.* lomboz

huées /'ue/ *la+ç.* yuha

huer /'ue/ yuhalamak

huile /uil/ *la (sıvı)* yağ; yağlıboya resim; *kd.* kodaman ***huile solaire*** güneş yağı ***huiler*** yağlamak ***huileux, euse*** yağlı

huis /ui/ *le*: ***à huis clos*** gizli oturumla

huissier /uisye/ *le* kapıcı, odacı; mübaşir

huit /'uit/ sekiz ***huitième*** sekizinci

huître /uitr(*ö*)/ *la* istiridye

humain, e /ümen, en/ insanla ilgili, insani; insancıl; *le* insan ***humanitaire*** insancıl ***humanité*** *la* insanlık

humble /önbl(*ö*)/ alçakgönüllü; küçük, mütevazi

humecter /ümekte/ nemlendirmek, ıslatmak

humer /'üme/ koklamak; solumak, içine çekmek

humeur /ümör/ *la* mizaç, huy; öfke, kızgınlık ***bonne humeur*** keyifli ***mauvaise humeur*** keyifsiz, huysuz

humide /ümid/ yaş, ıslak; nemli ***humidité*** *la* nem; ıslaklık

humiliation /ümilyasyon/ *la* küçük düşürme, küçük düşme

humilier /ümilye/ küçük düşürmek, bozmak

humilité /ümilite/ *la* alçakgönüllülük

humoriste /ümorist(*ö*)/ *le+la* mizahçı

humoristique /ümoristik/ nükteli, mizahlı

humour /ümur/ *le* mizah, gülmece

huppé, e /'üpe/ tepeli, sorguçlu; *kd.* zengin, varlıklı

hurlement /'ürl*ö*man/ *le* uluma; çığlık

hurler /'ürle/ ulumak; çığlık atmak

hurluberlu /ürlüberlü/ *le* zirzop, zırtapoz, tip

hutte /'üt/ *la* kulübe

hybride /ibrid/ melez, kırma

hydrate /idrat/ *le*: ***hydrates de carbone*** karbonhidratlar

hydraulique /idrolik/ hidrolik

hydro-électrique /idroelektrik/ hidroelektrik

hydrogéne /idrojen/ *le* hidrojen

hyène /yen/ *la* sırtlan

hygiène /ijyen/ *la* sağlıkbilgisi, hijyen ***hygiénique*** hijyenik, sağlığa uygun, sağlığa yararlı

hymne /imn(*ö*)/ *le* ilahi ***hymne national*** milli marş

hypermétrope /ipermetrop/ hipermetrop
hypertension /ipertansyon/ *la* hipertansiyon, yüksek kan basıncı
hypnose /ipnoz/ *la* hipnoz ***hypnotiser*** ipnotize etmek, uyutmak
hypocrisie /ipokrizi/ *la* ikiyüzlülük
hypocrite /ipokrit/ *s+a.* ikiyüzlü
hypotension /ipotansyon/ *la* tansiyon düşüklüğü, kan basıncı düşüklüğü
hypothèque /ipotek/ *la* ipotek, rehin ***hypothéquer*** ipotek etmek
hypothèse /ipotez/ *la* varsayım, hipotez
hystérie /isteri/ *la* isteri, histeri ***hystérique*** isterik, histerik

I

iceberg /isberg/ *le* buzdağı
ici /isi/ bura, burada, buraya ***d'ici peu*** çok geçmeden ***jusqu'ici*** şimdiye kadar
idéal, e, aux /ideal, o/ *s+le* ideal ***idéaliste*** *s+a.* idealist
idée /ide/ *la* düşünce, görüş, fikir; kanı ***idée fixe*** saplantı
identification /idantifikasyon/ *la* kimliğini saptama; özdeşleşme
identifier /idantifye/ kimliğini saptamak ***s'identifier à*** ile özdeşleşmek
identique /idantik/ : ***identique (à)*** *(ile)* özdeş, *(-e)* benzer
identité /idantite/ *la* kimlik; özdeşlik, benzerlik
idéologie /ideoloji/ *la* ideoloji
idiomatique /idyomatik/ : ***expression idiomatique*** deyim
idiot, e /idyo, idyot/ *s+a.* aptal, budala
idiotie /idyosi/ *la* aptallık, budalalık
idiotisme /idyotism(ö)/ *le* deyim
idolâtrer /idolatre/ taparcasına sevmek
idole /idol/ *la* put
igloo /iglu/ *le* Eskimo kulübesi
ignifugé, e /ignifüje/ yanmaz, yanmayı önleyici
ignominie /inyomini/ *la* bilgisizlik, cahillik
ignorant, e /inyoran, ant/ bilgisiz, cahil; habersiz
ignorer /inyore/ bilmemek
il /il/ o ***ils*** onlar
île /il/ *la* ada
illégal, e, aux /ilegal, o/ yasadışı, kanunsuz ***illégal, e, auxité*** *la* yasadışılık, yolsuzluk
illégitime /ilejitim/ yasadışı, yolsuz; evlilik dışı; haksız ***illégitimité*** *la* yasadışılık, yolsuzluk; gayri meşruluk, piçlik; haksızlık
illettré, e /iletre/ *s+a.* okuma yazma bilmez, kara cahil
illicite /ilisit/ yasak, yolsuz, haksız
illimité, e /ilimite/ sınırsız
illisible /ilizibl(ö)/ okunmaz, okunmayan
illogique /ilojik/ mantıksız, mantıkdışı
illumination /ilüminasyon/ *la* aydınlatma, ışıklandırma
illuminer /ilümine/ aydınlatmak
illusion /ilüzyon/ *la* yanılsama, illüzyon; kuruntu
illustrateur /ilüstratör/ *le* ressam, kitap, gazete vb.ne resim yapan kimse
illustration /ilüstrasyon/ *la* illüstrasyon, resim
illustre /ilüstr(ö)/ ünlü, tanınmış
illustrer /ilüstre/ resimlemek, resimlerle süslemek; açıklamak

image /imaj/ *la* resim; görüntü; imge
imaginaire /imajiner/ düşsel, hayali
imagination /imajinasyon/ *la* hayal gücü, imgelem; kuruntu
imaginer /imajine/ hayal etmek, imgelemek; sanmak, farz etmek; düşünmek, tasarlamak ***s'imaginer*** sanmak
imbécile /enbesil/ *s+a.* aptal, budala
imbiber /enbibe/ ıslatmak
imbu, e /enbü/ : ***imbu de*** ile dolu
imitation /imitasyon/ *la* taklit
imiter /imite/ taklit etmek, öykünmek
immaculé, e /imaküle/ lekesiz, tertemiz
immanquable /enmankabl(*ö*)/ kaçınılmaz, zorunlu
immatriculer /imatriküle/ kaydetmek, yazmak
immédiat, e /imedya, at/ ani; doğrudan doğruya, dolaysız
immense /imans/ sınırsız, uçsuz bucaksız
immerger /imerje/ batırmak, daldırmak ***s'immerger*** batmak, dalmak
immeuble /imöbl(*ö*)/ taşınmaz, gayrimenkul; *le* bina, yapı, ev
immigrant, e /imigran, ant/ *le+la* göçmen
immigration /imigrasyon/ *la* göç
immigré, e /imigre/ *le+la* göçmen
immigrer /imigre/ göç etmek
imminent, e /iminan, ant/ olması yakın, eli kulağında
immiscer /imise/ : ***s'immiscer dans*** -e karışmak, burnunu sokmak
immobile /imobil/ hareketsiz, devinimsiz
immobilier, ière /imobilye, yer/ taşınmaz, gayrimenkul
immobiliser /imobilize/ hareketsizleştirmek; durdurmak ***s'immobiliser*** durmak
immonde /imond/ pis, iğrenç
immondices /imondis/ *le+ç.* pislik, çöp
immoral, e, aux /imoral, o/ ahlaksız; ahlaka aykırı
immortaliser /imortalize/ ölümsüzleştirmek
immortel, le /imortel/ ölümsüz
immunisé, e /imünize/ bağışık
immuniser /imünize/ bağışıklık kazandırmak
immunité /imünite/ *la* bağışıklık; dokunulmazlık
impact /enpakt/ *le* çarpma, çarpışma
impair, e /enper/ tek; *le* gaf, pot
imparfait, e /enparfe, et/ eksik, noksan; kusurlu
impartial, e, aux /enparsyal, o/ yansız, tarafsız ***impartialité*** *la* yansızlık, tarafsızlık
impasse /enpas/ *la* çıkmaz sokak; çıkmaz, açmaz
impassible /enpasibl(*ö*)/ duygusuz, kayıtsız; kaygısız, tasasız
impatience /enpasyans/ *la* sabırsızlık
impatient, e /enpasyan, ant/ sabırsız ***impatienter*** sabrını taşırmak, sinirlendirmek ***s'impatienter*** sabırsızlanmak, sabrı tükenmek
impeccable /enpekabl(*ö*)/ eksiksiz, kusursuz
impératif, ive /enperatif, iv/ emredici, buyurucu; *le, dilb.* emir kipi, buyrum kipi
impératrice /enperatris/ *la* imparatoriçe
impérial, e, aux /enperyal, o/ imparatorla ilgili, imparatorlukla ilgili; eşsiz, şahane; *la (çift katlı taşıtta)* üst kat ***autobus à impériale*** çift

katlı otobüs
impérialiste /e**n**peryalist(*ö*)/ emperyalist
imperméable /e**n**permeabl(*ö*)/ su geçirmez, geçirimsiz; *le* yağmurluk
impersonnel, le /e**n**personel/ *dilb.* kişisiz; kişiliksiz
impertinence /e**n**pertina**n**s/ *la* saygısızlık, arsızlık, sululuk, küstahlık
impertinent, e /e**n**pertina**n**, a**n**t/ saygısız, arsız, sulu, küstah
impétueux, euse /e**n**petuö, öz/ coşkun, taşkın; şiddetli
impitoyable /e**n**pituayabl(*ö*)/ acımasız, merhametsiz
implicite /e**n**plisit/ örtük, üstü kapalı, zımni
impliquer /e**n**plike/ içermek, içine almak; anlamına gelmek
implorer /e**n**plore/ yalvarmak, yakarmak
impoli, e /e**n**poli/ kaba, terbiyesiz ***impolitesse*** *la* kabalık, terbiyesizlik
impopulaire /e**n**popüler/ *(halkça)* sevilmeyen, tutulmayan
importance /e**n**porta**n**s/ *la* önem
important, e /e**n**porta**n**, a**n**t/ önemli
importation /e**n**portasyo**n**/ *la* ithalat, dışalım; ithal malı
importer /e**n**porte/ ithal etmek; önemli olmak ***n'importe*** aldırma, önemli değil ***peu importe*** önemli değil
import-export /e**n**porekspor/ *le* ithalat-ihracat, dışalım-dışsatım
importuner /e**n**portüne/ rahatsız etmek, usandırmak
imposable /e**n**pozabl(*ö*)/ vergilendirilebilir
imposant, e /e**n**poza**n**, a**n**t/ saygı uyandıran; görkemli, heybetli
imposer /e**n**poze/ vergilendirmek; zorla kabul ettirmek
impossibilité /e**n**posibilite/ *la* olanaksızlık
impossible /e**n**posibl(*ö*)/ olanaksız
imposteur /e**n**postör/ *le* yalancı, düzenbaz
impôt /e**n**po/ *le* vergi
impotent, e /e**n**pota**n**, a**n**t/ sakat, kötürüm
imprécis, e /e**n**presi, iz/ belirsiz
imprégner /e**n**prenye/ ıslatmak, doyurmak, içine işletmek ***s'imprégner de*** ile ıslanmak; ile dolu olmak
impresson /e**n**presyo**n**/ *la* izlenim; etki; baskı, basım
impressionnant, e /e**n**presyona**n**, a**n**t/ etkileyici, duygulandırıcı
impressionner /e**n**presyone/ etkilemek; duygulandırmak
imprévu, e /e**n**prevü/ beklenmedik, umulmadık
imprimé /e**n**prime/ *le* matbua, basılı kitap ya da kâğıt; basma, emprime
imprimer /e**n**prime/ basmak ***imprimerie*** *la* basma, basım; basımevi, matbaa ***imprimeur*** *le* basımcı, matbaacı
improbable /e**n**probabl(*ö*)/ olasılık dışı, olası olmayan
impromptu, e /e**n**pro**n**ptü/ hazırlıksız, o anda yapılan
improviser /e**n**provize/ doğaçtan söylemek, hazırlıksız söylemek
improviste /e**n**provist(*ö*)/ : ***à l'improviste*** birdenbire, ansızın
imprudence /e**n**prüda**n**s/ *la* ihtiyatsızlık, düşüncesizlik
imprudent, e /e**n**prüda**n**, a**n**t/ ihtiyatsız, düşüncesiz
impudent, e /e**n**püda**n**, a**n**t/ yüzsüz, arsız, küstah

impuissance /enpusans/ *la* güçsüzlük, zayıflık; *le, hek.* iktidarsızlık
impuissant, e /enpuisan, ant/ etkisiz; *hek.* iktidarsız; *le, hek.* iktidarsız kimse
impulsif, ive /enpülsif, iv/ itici; düşüncesiz, atılgan
impulsion /enpülsyon/ *la, fiz.* itki, impuls; içgüdü
impur, e /enpür/ kirli, pis; ahlaksız ***impureté*** *la* kirlilik, pislik; ahlaksızlık
imputer /enpüte/ üstüne atmak, yüklemek, bağlamak
inaccessible /inaksesibl(*ö*)/ erişilmez, ulaşılmaz, yanına varılmaz
inactif, ive /inaktif, iv/ etkisiz; tembel, aylak
inadapté, e /inadapte/ : ***inadapté à*** -e uyumsuz, -e uyum sağlayamamış
inadvertance /inadvertans/ : ***par inadvertance*** dikkatsizlikle, dalgınlıkla
inanimé, e /inanime/ cansız, hareketsiz
inaperçu, e /inapersü/ : ***passer inaperçu*** gözden kaçmak, fark edilmemek
inappréciable /inapresyabl(*ö*)/ çok değerli, paha biçilmez
inapte /inapt(*ö*)/ : ***inapte à*** -i beceremez, elinden gelmez; *ask.* sakat, çürük
inattendu, e /inatandü/ beklenmedik, umulmadık
inaugural, e, aux /inogüral, o/ açılış töreniyle ilgili, açılış+
inauguration /inogürasyon/ *la* açılış *(töreni)*
inaugurer /inogüre/ *(törenle)* açmak; başlatmak
incapable /enkapabl(*ö*)/ yeteneksiz, beceriksiz
incapacité /enkapasite/ *la* yeteneksizlik, beceriksizlik
incendiaire /ensandyer/ yangın çıkarıcı; *le+la* kundakçı
incendie /ensandi/ *le* yangın
incendier /ensandye/ yakmak, ateşe vermek
incertain, e /enserten, en/ şüpheli; belirsiz; kararsız, güvenilmez
incertitude /ensertitüd/ *la* şüphelilik; belirsizlik; kararsızlık
incessamment /ensesaman/ hemen, birazdan, az sonra
incessant, e /ensesan, ant/ sürekli, aralıksız
inchangé /enşanje/ değiştirilmemiş, bozulmamış
incidemment /ensidaman/ sırası gelmişken; bir ara
incident /ensidan/ *le* olay ***incident de parcours*** pürüz, engel, terslik
incinérateur /ensineratör/ *le* çöp yakma fırını
incinérer /ensinere/ yakıp kül etmek
inciter /ensite/ kışkırtmak, teşvik etmek
inclinaison /enklinezon/ *la* eğme, eğilme; eğiklik, eğim
inclination /enklinasyon/ *la* eğilim
incliner /enkline/ eğmek; eğilmek; eğilimli olmak, eğilim göstermek ***s'incliner*** eğik olmak; eğilmek ***s'incliner (devant)*** *(-in önünde)* saygıyla eğilmek; *(-e)* boyun eğmek
inclure /enklür/ içermek, kapsamak
incognito /enkonyito/ gerçek kimliğini gizleyerek
incohérent, e /enkoeran, ant/ tutarsız, ilgisiz
incolore /enkolor/ renksiz
incommode /enkomod/ sıkıcı,

I

uygunsuz, tedirginlik verici; rahatsız, kullanışsız

incommoder /enkomode/ sıkıntı vermek, rahatsız etmek

incompatibilité /enkonpatibilite/ *la* uyuşmazlık, bağdaşmazlık

incompatible /enkonpatibl(*ö*)/ uyuşmaz, bağdaşmaz

incompétent, e /enkonpetan, ant/ yetersiz, bilgisiz; yetkisiz

incomplet, ète /enkonple, et/ eksik, noksan, bitmemiş

inconcevable /enkonsvabl(*ö*)/ anlaşılmaz, kavranılmaz

I

inconfortable /enkonfortabl(*ö*)/ rahatsız, kullanışsız, konforsuz

inconnu, e /enkonü/ bilinmeyen; yeni, garip; *le+la* bilinmeyen kişi, tanınmayan kişi

inconscience /enkonsyans/ *la* bilinçsizlik; düşüncesizlik

inconscient, e /enkonsyan, ant/ bilinçsiz; düşüncesiz

inconstant, e /enkonstan, ant/ kararsız, değişken; vefasız

incontestable /enkontestabl(*ö*)/ tartışılmaz, su götürmez, kesin

inconvenant, e /enkonvnan, ant/ yersiz, yakışıksız, uygunsuz

inconvénient /enkonvenyan/ *le* sakınca

incorporer /enkorpore/ karıştırmak; sokmak, katmak

incorrect, e /enkorekt/ yanlış, hatalı; kaba, terbiyesiz

incrédule /enkredül/ zor inanan, kolayca kanmayan, kuşkucu; inançsız, imansız

increvable /enkrövabl(*ö*)/ *(lastik)* patlamaz

incriminer /enkrimine/ suçlamak

incroyable /enkruayabl(*ö*)/ inanılmaz, akıl almaz

incroyant, e /enkruayan, ant/ *le+la* inançsız, dinsiz, imansız

incubateur /enkübatör/ *le* kuluçka makinesi; *hek.* kuvöz

incubation /enkübasyon/ *la* kuluçkaya yatma; kuluçka dönemi

inculpation /enkülpasyon/ *la* suçlama

inculper /enkülpe/ : ***inculper (de)*** *(ile)* suçlamak

inculte /enkült(*ö*)/ işlenmemiş, ekilmemiş; kültürsüz, yontulmamış, seviyesiz; bakımsız

incurable /enkürabl(*ö*)/ iyileşmez, onulmaz, devasız

indécence /endesans/ *la* uygunsuzluk, yakışıksızlık; edepsizlik, patavatsızlık

indécent, e /endesan, ant/ uygunsuz, yakışıksız; edepsiz, çirkin

indécis, e /endesi, iz/ belirsiz, kesin olmayan; kararsız

indéfini, e /endefini/ belirsiz

indemne /endemn(*ö*)/ zarar görmemiş, zarara uğramamış

indemniser /endemnize/ zararını ödemek

indemnité /endemnite/ *la* tazminat; ödenek

indépendance /endepandans/ *la* bağımsızlık

indépendant, e /endepandan, ant/ bağımsız

index /endeks/ *le* işaretparmağı, göstermeparmağı; *(kitap, vb.)* dizin

indicateur /endikatör/ *le* muhbir; *(kitap)* kılavuz; gösterge ***indicateur des chemins de fer*** tren tarifesi ***indicateur de direction*** *oto.* sinyal

indicatif, ive /endikatif, iv/ gösteren, belirtici; *le, dilb.* bildirme kipi; sinyal müziği, tanıtma müziği; *(tele-*

fon) kod

indication /endikasyon/ *la* gösterme, belirtme; belirti; bilgi

indice /endis/ *le* belirti, iz; ipucu; gösterge

indifférence /endiferans/ *la* aldırmazlık, ilgisizlik, kayıtsızlık

indifférent, e /endiferan, ant/ aldırmaz, ilgisiz, kayıtsız

indigence /endijans/ *la* yoksulluk

indigène /endijen/ *s+a.* yerli

indigent, e /endijan, ant/ yoksul

indigestion /endijestyon/ *la* sindirim güçlüğü, hazımsızlık

indignation /endinyasyon/ *la* gücenme, kızgınlık, öfke

indigne /endiny/ layık olmayan; iğrenç, çirkin, yakışıksız

indigner /endinye/ gücendirmek, kızdırmak ***s'indigner*** gücenmek, kızmak

indiquer /endike/ göstermek, belirtmek

indirect, e /endirekt/ dolaylı; dolaşık, dolambaçlı

indiscipline /endisiplin/ *la* disiplinsizlik ***indiscipliné, e*** disiplinsiz, söz dinlemez

indiscret, ète /endiskre, et/ boşboğaz, patavatsız, düşüncesiz ***indiscrétion*** *la* boşboğazlık, patavatsızlık, düşüncesizlik

indispensable /endispansabl(*ö*)/ zorunlu, gerekli, vazgeçilmez

indisposé, e /endispoze/ rahatsız, keyifsiz

indistinct, e /endisten, enkt(*ö*)/ belirsiz, belli belirsiz, seçilmez

individu /endividü/ *le* birey

individuel, le /endividuel/ bireysel; kişisel, özel ***chambre individuelle*** tek kişilik oda

indocile /endosil/ haylaz, ele avuca sığmaz, dik başlı

indolent, e /endolan, ant/ tembel, uyuşuk, üşengeç; *hek.* ağrısız, acısız

indolore /endolor/ ağrısız, acısız

induire /enduir/ sonucunu çıkarmak, anlamak ***induire en erreur*** yanıltmak, aldatmak

indulgence /endüljans/ *la* hoşgörü, anlayış gösterme

indulgent, e /endüljan, ant/ hoşgörülü, anlayış gösteren

industrialiser /endüstriyalize/ sanayileştirmek ***s'industrialiser*** sanayileşmek

industrie /endüstri/ *la* endüstri, sanayi ***industriel, le*** endüstriyel, sanayi+; *le* sanayici

inébranlable /inebranlabl(*ö*)/ sağlam, sarsılmaz

inefficace /inefikas/ etkisiz; yetersiz, verimsiz

inégal, e, aux /inegal, o/ eşit olmayan; engebeli; düzensiz

inégalité /inegalite/ *la* eşitsizlik; engebe; düzensizlik

inepte /inept(*ö*)/ aptal, beceriksiz; aptalca, budalaca

inerte /inert(*ö*)/ cansız; tembel; atıl, durgun, süreduran

inertie /inersi/ *la* atalet, durgunluk, süredurum

inestimable /inestimabl(*ö*)/ çok değerli, paha biçilmez

inévitable /inevitabl(*ö*)/ kaçınılmaz, sakınılmaz

inexact, e /inegzakt/ yanlış; dakik olmayan ***inexactitude*** *la* yanlışlık, yanlış

inexcusable /ineksküzabl(*ö*)/ bağışlanamaz, hoş görülemez

inexistant, e /inegzistan, ant/ var olmayan, bulunmayan

inexpérience /ineksperyans/ *la* deneyimsizlik, tecrübesizlik
inexplicable /ineksplikabl(ö)/ açıklanamaz, anlaşılmaz
inexpressif, ive /inekspresif, iv/ anlamsız, boş
in extremis /inekstremis/ son anda, son saniyede
infaillible /enfayibl(ö)/ yanılmaz, şaşmaz
infâme /enfam/ alçak, rezil; iğrenç, utanç verici
infarctus /enfarktüs/ *le*: ***infarctus du myocarde*** koroner enfarktüs
I
infatué, e /enfatue/ kendini beğenmiş
infécond, e /enfekon, ond/ kısır, verimsiz
infect, e /enfekt/ iğrenç, tiksinç, berbat
infecter /enfekte/ bozmak, kirletmek; mikrop bulaştırmak ***s'infecter*** mikrop kapmak
infectieux, euse /enfeksyö, öz/ bulaşıcı
infection /enfeksyon/ *la* bulaşıcı hastalık; enfeksiyon
inférer /enfere/ çıkarsamak
inférieur, e /enferyör/ alt, aşağı; düşük; *le+la* ast ***infériorité*** aşağılık; düşüklük; astlık
infester /enfeste/ sarmak, bürümek, istila etmek
infidèle /enfidel/ vefasız, sadakatsiz; imansız ***infidélité*** *la* vefasızlık, sadakatsizlik
infiltration /enfiltrasyon/ *la* sızma; sızıntı
infiltrer /enfiltre/ : ***s'infiltrer*** sızmak, girmek
infime /enfim/ küçücük, minik
infini, e /enfini/ sonsuz, sınırsız; *le* sonsuzluk
infinité /enfinite/ *la*: ***une infinité de*** pek çok, bir sürü, dünyanın
infinitif, ive /enfinitif, iv/ *le, dilb.* eylemlik, mastar
infirme /enfirm(ö)/ *s+a.* sakat, özürlü
infirmerie /enfirmöri/ *la* revir
infirmier, ière /enfirmye, yer/ *le+la* hastabakıcı
infirmité /enfirmite/ *la* sakatlık
inflammable /enflamabl(ö)/ çabuk tutuşur, parlayıcı
inflammation /enflamasyon/ *la* tutuşma, alevlenme; yangı, iltihap
inflation /enflasyon/ *la* enflasyon
inflexible /enfleksibl(ö)/ eğilmez, bükülmez; acımasız, sert
infliger /enflije/ *(ceza, vb.)* vermek, çarptırmak, uğratmak
influence /enflüans/ *la* etki ***influencer*** etkilemek ***influent, e*** etkili
influer /enflüe/ : ***influer sur*** üzerinde etki yapmak, etkilemek
information /enformasyon/ *la* danışma; soruşturma; inceleme; haber ***agence d'information*** haber ajansı
informatique /enformatik/ *la* bilgi işlem, bilişim
informatiser /enformatize/ bilgisayarlaştırmak
informe /enform(ö)/ biçimsiz, şekilsiz
informer /enforme/ bilgi vermek, haber vermek; bildirmek, haberdar etmek ***s'informer (sur)*** *(hakkında)* bilgi edinmek
infortune /enfortün/ *la* talihsizlik
infraction /enfraksyon/ *la* suç ***infraction à*** -e karşı gelme, -i çiğneme
infrastructure /enfrastrüktür/ *la* altyapı

infroissable /enfruasabl(*ö*)/ buruşmaz, kırışmaz
infuser /enfüze/ demlemek, haşlamak
ingénieur /enjenyör/ *le* mühendis
ingénieux, euse /enjenyö, öz/ becerikli, usta, hünerli ***ingéniosité*** *la* beceri, ustalık
ingénu, e /enjenü/ saf, temiz yürekli
ingérer /enjere/ : ***s'ingérer dans*** -e karışmak, burnunu sokmak
ingrat, e /engra, at/ nankör; verimsiz ***ingratitude*** *la* nankörlük
ingrédient /engredyan/ *le* bir şeyin bileşimine giren madde, içindeki
inhabile /inabil/ beceriksiz, yeteneksiz
inhabité, e /inabite/ boş, ıssız, içinde oturulmayan
inhérent, e /ineran, ant/ : ***inhérent à*** -in içinde olan, -den ayrılmayan, -e bağlı
inhibition /inibisyon/ *la* engelleme, ketleme, dizginleme
inhumain, e /inümen, en/ insanlık dışı, acımasız
inimitié /inimitye/ *la* düşmanlık
inintelligent, e /inentelijan, ant/ akılsız, aptal
inintelligible /inentelijibl(*ö*)/ anlaşılmaz
inintéressant, e /inenteresan, ant/ ilginç olmayan, sıkıcı
initial, e, aux /inisyal, o/ birinci, ilk, baş; *la* ilk harf
initiateur, trice /inisyatör, tris/ *le+la* başlatan, öncü, yol gösteren
initiative /inisyativ/ *la* ilk adım, ön ayak olma; girişim
initier /inisye/ törenle almak; açıklamak, öğretmek, göstermek
injecter /enjekte/ iğne yapmak, şırınga etmek
injection /enjeksyon/ *la* enjeksiyon, iğne yapma
injure /enjür/ *la* sövgü, hakaret
injurier /enjürye/ sövmek, hakaret etmek
injurieux, euse /enjüryö, öz/ onur kırıcı, küfür dolu, hakaret dolu
injuste /enjüst(*ö*)/ haksız; adaletsiz ***injustice*** *la* haksızlık; adaletsizlik
inné, e /ine/ doğuştan, yaradılıştan
innocence /inosans/ *la* suçsuzluk, masumluk
innocent, e /inosan, ant/ *s+a.* suçsuz, masum; saf
innover /inove/ yenilik yapmak
inoccupé, e /inoküpe/ boş, ıssız
inoculer /inoküle/ aşılamak
inondation /inondasyon/ *la* su baskını, taşkın
inonder /inonde/ sel basmak, su altında bırakmak; kaplamak, istila etmek
inopiné, e /inopine/ beklenmedik, ani
inouï, e /inui/ duyulmadık, işitilmemiş, olağanüstü
inoxydable /inoksidabl(*ö*)/ paslanmaz
inquiet, ète /enkye, et/ tasalı, kaygılı
inquiéter /enkyete/ tasalandırmak, kaygılandırmak
inquiétude /enkyetüd/ *la* tasa, kaygı; iç sıkıntısı, tedirginlik
inquisition /enkizisyon/ *la* engizisyon; soruşturma, sorgu
insanité /ensanite/ *la* delilik
insatisfait, e /ensatisfe, et/ tatmin edilmemiş
inscription /enskripsyon/ *la* yazıt, kitabe; yazma, yazılma, kayıt
inscrire /enskrir/ yazmak, kaydetmek

insecte /ensekt(ö)/ *le* böcek ***insecticide*** *le* böceksavar, böcek ilacı
insécurité /ensekürite/ *la* güvensizlik
insémination /enseminasyon/ *la* dölleme
insensé, e /ensanse/ deli; saçma, delice
insensibiliser /ensansibilize/ uyuşturmak, duyumsuzlaştırmak
insensible /ensansibl(ö)/ duyumsuz, acı duymayan; duyarsız, duygusuz
insérer /ensere/ sokmak, katmak, içine koymak
insidieux, euse /ensidyö, öz/ sinsi, kurnaz, aldatıcı
insigne /ensiny/ *le* rozet, amblem
insignifiant, e /ensinyifyan, ant/ önemsiz, değersiz; anlamsız, saçma
insinuation /ensinüasyon/ *la* ima, dolaylı söz
insinuer /ensinüe/ üstü kapalı söylemek, ima etmek ***s'insinuer dans*** -e sokulmak, sızmak
insipide /ensipid/ tatsız; sıkıcı, yavan
insistance /ensistans/ *la* ısrar, ayak direme
insister /ensiste/ üstelemek, dayatmak, ısrar etmek ***insister sur*** üzerinde durmak, ısrar etmek
insolation /ensolasyon/ *la* güneş çarpması; güneşli havalar
insolence /ensolans/ *la* saygısızlık, küstahlık, terbiyesizlik
insolent, e /ensolan, ant/ saygısız, küstah, terbiyesiz
insolite /ensolit/ alışılmamış, garip
insomnie /ensomni/ *la* uykusuzluk
insonore /ensonor/ ses geçirmez ***insonoriser*** ses geçirmez hale getirmek
insouciant, e /ensusyan, ant/ tasasız, gamsız, geniş
inspecter /enspekte/ denetlemek, teftiş etmek
inspecteur, trice /enspektör, tris/ *le+la* müfettiş
inspection /enspeksyon/ *la* denetleme, teftiş
inspiration /enspirasyon/ *la* esin, ilham; soluk alma
inspirer /enspire/ esindirmek, ilham etmek; soluk almak ***s'inspirer de*** -den esinlenmek, ilham almak
instable /enstabl(ö)/ kararsız, değişken, istikrarsız
installation /enstalasyon/ *la* tesisat, döşem; kurma, takma
installer /enstale/ kurmak, takmak, döşemek; yerleştirmek ***s'installer*** yerleşmek, oturmak
instant /enstan/ *le* an ***à l'instant*** o anda, hemen ***par instants*** zaman zaman ***pour l'instant*** şimdilik, şu anda
instantané, e /enstantane/ *kahve, süt* çabuk, hemen yapılabilen; ansızın, birdenbire, bir anlık; *le* şipşak, enstantane fotoğraf
instar /enstar/ : ***à l'instar de*** gibi, örneğinde
instigateur, trice /enstigatör, tris/ *le+la* kışkırtıcı, elebaşı
instinct /ensten/ içgüdü; sezgi, önsezi ***instinctif, ive*** içgüdüsel
instituer /enstitue/ kurmak
institut /enstitü/ *le* kurum; enstitü
instituteur, trice /enstitütör, tris/ *le+la* ilkokul öğretmeni
institution /enstitüsyon/ *la* kurma; kurum, kuruluş; özel okul
instruction /enstrüksyon/ *la* eğitim; öğretim; *huk.* soruşturma, tahkikat;

yönerge, talimat
instruire /enstruir/ öğretmek, okutmak, ders vermek; yetiştirmek
instrument /enstrüman/ *le* alet, araç; çalgı, enstrüman
insu /ensü/ *le*: ***à l'insu de*** -den habersizce, -in haberi olmadan
insubordination /ensübordinasyon/ *la* dik başlılık, itaatsizlik
insuccès /ensükse/ *le* başarısızlık
insuffisance /ensüfizans/ *la* yetersizlik, yetmezlik, eksiklik
insuffisant, e /ensüfizan, ant/ yetersiz, yetmez, eksik, az
insulaire /ensüler/ adayla ilgili, adalı
insulte /ensült(ö)/ *la* hakaret ***insulter*** hakaret etmek
insupportable /ensüportabl(ö)/ çekilmez, dayanılmaz
insurgé, e /ensürje/ *s+a.* ayaklanan, asi
insurger /ensürje/ : ***s'insurger (contre)*** *(-e karşı)* ayaklanmak, başkaldırmak
insurrection /ensüreksyon/ *la* ayaklanma, başkaldırı, isyan
intact, e /entakt/ dokunulmamış, el sürülmemiş
intégral, e, aux /entegral, o/ tam, bütün, eksiksiz
intègre /entegr(ö)/ doğru, dürüst
intégrer /entegre/ tamlamak, bütünlemek; birleştirmek
intégrité /entegrite/ *la* bütünlük; doğruluk, dürüstlük
intellect /entelekt/ *le* anlık, müdrike, entelekt
intellectuel, le /entelektüel/ zihinsel, düşünsel; *le+la* aydın
intelligence /entelijans/ *la* akıl, zekâ, anlayış
intelligent, e /entelijan, ant/ zeki, akıllı, anlayışlı
intelligible /entelijibl(ö)/ anlaşılır, kavranabilir
intendant, e /entandan, ant/ *le+la, ask.* levazım subayı; kâhya
intense /entans/ güçlü, şiddetli; yoğun ***intensif, ive*** yoğun, şiddetli
intensifier /entansifye/ yoğunlaştırmak, artırmak ***s'intensifier*** yoğunlaşmak, artmak
intensité /entansite/ *la* şiddet, yeğinlik
intention /entansyon/ *la* amaç, maksat; niyet ***à l'intention de*** için ***avoir l'intention de*** -mek niyetinde olmak
intentionnel, le /entansyonel/ kasıtlı
intercéder /entersede/ araya girmek, şefaat etmek
intercepter /entersepte/ tutmak, ele geçirmek; yolunu kesmek
interdiction /enterdiksyon/ *la* yasak; yasaklama
interdire /enterdir/ yasaklamak
interdit, e /enterdi, it/ şaşakalmış, afallamış; *le* yasak
intéressant, e /enteresan, ant/ ilginç, ilgi çekici
intéresser /enterese/ ilgilendirmek ***s'intéresser à*** ile ilgilenmek
intérêt /entere/ *le* ilgi; yarar, fayda; çıkar; faiz; kâr
intérieur, e /enteryör/ *s+le* iç ***à l'intérieur, e (de)*** *(-ın)* içinde, içersinde
intérim /enterim/ *le* vekillik süresi ***intérimaire*** geçici, vekâleten yürütülen
interjection /enterjeksyon/ *la* ünlem
interloquer /enterloke/ şaşırtmak, afallatmak
intermède /entermed/ *le, tiy.* ara
intermédiaire /entermedyer/ ara,

I

orta; *le+la* aracı, arabulucu ***sans intermédiaire*** aracısız, doğrudan doğruya

interminable /enterminabl(*ö*)/ bitmez tükenmez

intermittent, e /entermitan, ant/ aralıklı, kesik kesik, bir durup bir başlayan

internat /enterna/ *le* yatılı okul

international, e, aux /enternasyonal, o/ uluslararası; *le+la* milli sporcu

interne /entern(*ö*)/ iç; *le+la* yatılı öğrenci; stajyer doktor

I

interner /enterne/ gözaltına almak

interpeller /enterpele/ sorguya çekmek, sorgulamak; bağırmak, çıkışmak

interphone /enterfon/ *le* dahili telefon sistemi

interposer /enterpoze/ araya koymak, araya sıkıştırmak ***s'interposer*** araya girmek, aracılık etmek

interprétation /enterpretasyon/ *la* yorum; açıklama

interprète /enterpret/ *le+la* tercüman, dilmaç; sözcü

interpréter /enterprete/ yorumlamak; açıklamak

interrogatif, ive /enterogatif, iv/ *dilb.* soru bildiren, soru+

interrogation /enterogasyon/ *la* soru; *(okul)* yazılı, sözlü

interrogatoire /enterogatuar/ *le* sorgu

interroger /enteroje/ sorguya çekmek; sormak

interrompre /enteronpr(*ö*)/ kesmek, durdurmak; yarıda kesmek; sözünü kesmek

interrupteur /enterüptör/ *le* anahtar, düğme, şalter

interruption /enterüpsyon/ *la* kesme, durdurma, kesilme, durma; sözünü kesme

interurbain /enterürben/ *le* şehirlerarası telefon

intervalle /enterval/ *le* aralık, mesafe; ara ***dans l'intervalle*** bu arada

intervenir /enterv*ö*nir/ araya girmek, karışmak; olmak, meydana gelmek

intervention /entervansyon/ *la* karışma, müdahale ***intervention chirurgicale*** ameliyat

intervertir /entervertir/ sırasını değiştirmek, sırayı bozmak

interview /entervyu/ *la* görüşme, mülakat

intestin, e /entesten, in/ iç; *le* bağırsak ***intestin grêle*** incebağırsak ***intestinal, e, aux*** bağırsaklarla ilgili

intime /entim/ içten, candan; yakın, içlidışlı; özel, kişisel; *le+la* yakın arkadaş

intimider /entimide/ korkutmak, sindirmek, yıldırmak

intimité /entimite/ *la* yakın dostluk, içtenlik, içlidışlılık; özel yaşam

intitulé /entitüle/ *le* başlık, ad

intituler /entitüle/ ad vermek, ad koymak

intolérable /entolerabl(*ö*)/ dayanılmaz, çekilmez

intolérance /entolerans/ *la* hoşgörüsüzlük

intolérant, e /entoleran, ant/ hoşgörüsüz

intonation /entonasyon/ *la* tonlama, titremleme; *müz.* ses perdesi

intoxication /entoksikasyon/ *la* zehirleme, zehirlenme

intoxiquer /entoksike/ zehirlemek

intransitif, ive /entranzitif, iv/ *dilb.* geçişsiz

intraveineux, euse /entravenö, öz/

damariçi
intrépide /e**n**trepid/ korkusuz, gözü pek
intrigue /e**n**trig/ *la* entrika, dolap, oyun
intriguer /e**n**trige/ entrika çevirmek; kafasını karıştırmak, düşündürmek
intrinsèque /e**n**tre**n**sek/ aslında var olan, gerçek, asıl, özünlü
introduction /e**n**trodüksyo**n**/ *la* sokma; giriş; önsöz
introduire /e**n**troduir/ sokmak; *(konuk)* buyur etmek, -e almak ***s'introduire dans*** -e girmek
introverti, e /e**n**troverti/ *le+la* içedönük kimse
intrus, e /e**n**trü, üz/ *le+la* davetsiz misafir
intrusion /e**n**trüzyo**n**/ *la* davetsiz girme, izinsiz girme; karışma, müdahale
intuitif, ive /e**n**tüitif, iv/ sezgisel, sezgiyle ilgili; sezgili, sezgileri güçlü
intuition /e**n**tüisyo**n**/ *la* sezgi, önsezi
inutile /inütil/ yararsız, işe yaramaz; gereksiz
invaincu, e /e**n**ve**n**kü/ yenilmemiş
invalide /e**n**valid/ sakat
invalidité /e**n**validite/ *la* sakatlık, maluliyet; geçersizlik, hükümsüzlük
invariable /e**n**varyabl(*ö*)/ değişmez
invasion /e**n**vazyo**n**/ *la* istila
inventaire /e**n**va**n**ter/ *le* envanter; sayım, döküm
inventer /e**n**va**n**te/ bulmak, icat etmek; uydurmak
inventeur /e**n**va**n**tör/ *le* mucit, bulan
invention /e**n**va**n**syo**n**/ *la* icat, buluş; uydurma, atma, yalan
inverse /e**n**vers(*ö*)/ *s+le* ters ***inversement*** tersine ***inverser*** tersine çevirmek ***inversion*** *la* ters çevirme, devrik yapma, devriklik
inverti, e /e**n**verti/ *le+la* eşcinsel
investigation /e**n**vestigasyo**n**/ *la* araştırma, inceleme, soruşturma
investir /e**n**vestir/ *(para)* yatırmak; sarmak, kuşatmak
investissement /e**n**vestisma**n**/ *le* yatırım; kuşatma
invisible /e**n**vizibl(*ö*)/ görülmez, görünmeyen
invitation /e**n**vitasyo**n**/ *la* çağrı, davet
invité, e /e**n**vite/ *le+la* çağrılı, davetli
inviter /e**n**vite/ çağırmak, davet etmek
involontaire /e**n**volo**n**ter/ istemeyerek yapılan, istemsiz; iradedışı, istençdışı
invoquer /e**n**voke/ yakarmak, yardım dilemek; *(bahane)* ileri sürmek; başvurmak
invraisemblable /e**n**vresa**n**blabl(*ö*)/ inanılmaz
iode /yod/ *le* iyot
ion /yo**n**/ *le* iyon
iris /iris/ *le* iris; *bitk.* süsen
ironie /ironi/ *la* alay ***ironique*** alaylı, alaycı
irrationnel, le /irasyonel/ mantıksız, saçma, usdışı
irréel, le /ireel/ gerçekdışı, gerçek olmayan
irréfléchi, e /irefleşi/ düşüncesiz
irrégularité /iregülarite/ *la* düzensizlik; kuralsızlık
irrégulier, ière /iregülye, yer/ düzensiz; kuralsız, kuraldışı
irrésistible /irezistibl(*ö*)/ dayanılmaz, karşı konulmaz
irrespectueux, euse /irespektüö, öz/ saygısız

I

irrévocable /irevokabl(*ö*)/ geri alınamaz, değiştirilemez, bozulamaz
irrigation /irigasyon/ *la* sulama
irriguer /irige/ sulamak
irritable /iritabl(*ö*)/ çabuk kızar, sinirli
irritation /iritasyon/ *la* öfke, kızgınlık; *hek.* azdırma, tahriş
irriter /irite/ sinirlendirmek, kızdırmak; *hek.* azdırmak, tahriş etmek
irruption /irüpsyon/ *la* baskın ***faire irruption*** baskın yapmak
Islam /islam/ *le* Müslümanlık, İslamiyet; İslam dünyası ***islamique*** İslamiyetle ilgili, İslam+
isolation /izolasyon/ *la* yalıtım
isolé, e /izole/ yalnız, tek; ıssız; yalıtık, yalıtılmış
isolement /izolman/ *le* yalıtım; ayırma; yalnızlık, inziva
isoler /izole/ yalıtmak; ayırmak; yalnız bırakmak
issu, e /isü/ : ***issu, e de*** -den doğmuş, -den çıkmış; -den doğan, -den kaynaklanan; *la* çıkış
isthme /ism(*ö*)/ *le, coğ.* kıstak
italique /italik/ *le* italik harf
itinéraire /itinerer/ *le* güzergâh, izlenecek yol
ivoire /ivuar/ *le* fildişi
ivre /ivr(*ö*)/ sarhoş ***ivresse*** *la* sarhoşluk
ivrogne /ivrony(*ö*)/ *le+la* içkici, ayyaş

J

j' /j/ *bkz.* je
jabot /jabo/ *le (kuş)* kursak; jabo, göğüs süsü
jacasser /jakase/ gevezelik etmek, çene çalmak
jachère /jaşer/ *la* nadas
jacinthe /jasent/ *la* sümbül
jade /jad/ *le* yeşim
jadis /jadis/ eskiden, önceden
jaillir /jayir/ fışkırmak; çıkmak
jais /je/ *le* karakehribar
jalouser /jaluze/ kıskanmak
jalousie /jaluzi/ *la* kıskançlık; panjur
jaloux, se /jalu, uz/ kıskanç
jamais /jame/ asla, hiçbir zaman; hiç ***ne ... jamais*** asla, hiç
jambe /janb/ *la* bacak
jambon /janbon/ *le* jambon
jante /jant/ *la* jant
japper /jape/ *küçük köpek* havlamak, ürümek
jaquette /jaket/ *la* ceket; *(kitap)* gömlek
jardin /jarden/ *le* bahçe ***jardin d'enfants*** yuva, anaokulu ***jardin public*** park ***jardinage*** *le* bahçıvanlık, bahçecilik ***jardinier, ière*** *le+la* bahçıvan
jargon /jargon/ *le* anlaşılmaz dil; teknik dil, meslek argosu
jarret /jare/ *le* diz arkası, incik
jarretelle /jartel/ *la* çorap bağı
jarretière /jartyer/ *la* çorap askısı, jartiyer
jaser /jaze/ çene çalmak; dedikodu yapmak
jasmin /jasmen/ *le* yasemin
jatte /jat/ *la* çanak
jauge /joj/ *la* tonaj; ölçü aygıtı ***jauger*** hacmini ölçmek; değerini ölçmek, değerlendirmek
jaune /jon/ *s+le* sarı ***jaune d' œuf*** yumurta sarısı ***jaunir*** sararmak; sarartmak
jaunisse /jonis/ *la, hek.* sarılık
javelot /javlo/ *le, sp.* cirit

jazz /caz/ *le* caz
je, j' /j(*ö*)/ ben
jean /cin/ *le* blucin
jersey /jerze/ *le* yün kazak
jet /je/ *le* atma, fırlatma; fışkırma
jet /cet/ *le* jet, tepkili uçak
jetée /j*ö*te/ *la* dalgakıran
jeter /j*ö*te/ atmak
jeton /j*ö*ton/ *le* fiş, marka; jeton
jeu, x /jö/ *le* oyun ***jeu de cartes*** kâğıt oyunu, iskambil ***jeu de mots*** kelime oyunu, sözcük oyunu ***Jeux olympiques (J.O.)*** olimpiyat oyunları
jeudi /jödi/ *le* perşembe
jeûn /jön/ : ***à jeûn*** aç karnına, aç acına
jeune /jön/ genç ***les jeunes*** gençler, gençlik
jeûne /jön/ *le* oruç; perhiz
jeunesse /jönes/ *la* gençlik
joaillerie /joayri/ *la* cevahircilik, mücevhercilik; cevahir, mücevher ***joaillier, ière*** *le+la* cevahirci, mücevheratçı
jockey /joke/ *le* cokey, jokey
joie /jua/ *la* sevinç, neşe
joindre /juendr(*ö*)/ birleştirmek; bitiştirmek; temas kurmak; katılmak, birleşmek
joint /juen/ *le* eklem; ek; conta
joli /joli/ hoş, şirin, cici, sevimli ***joliment*** güzelce, hoş bir şekilde; *kd.* çok, pek
jonc /jon/ *le* saz, hasırotu
joncher /jonşe/ saçılmak, yayılmak, kaplamak
jonction /jonksyon/ *la* birleşme, birleştirme ***(point de) jonction*** kavşak
jongler /jongle/ hokkabazlık yapmak
jongleur, euse /jonglör, öz/ *le+la* hokkabaz
jonquille /jonkiy/ *la* fulya *(çiçeği)*
joue /ju/ *la* yanak
jouer /jue/ oynamak; *(çalgı)* çalmak ***jouer à*** *(oyun, spor)* oynamak ***jouer avec*** riske atmak, ile kumar oynamak ***jouer de*** *müz.* çalmak ***se jouer de*** *(güçlük)* üstesinden gelmek; aldatmak, kandırmak; ile alay etmek
jouet /jue/ *le* oyuncak
joueur, euse /juör, öz/ *le+la* oyuncu; çalgıcı, çalan
joufflu, e /juflü/ tombul yanaklı
joug /ju/ *le* boyunduruk
jouir /juir/ : ***jouir de*** -in tadını çıkarmak; -e sahip olmak
jouissance /juisans/ *la* zevk, hoşlanma; *huk.* kullanma, yararlanma
joujou /juju/ *le, kd.* oyuncak
jour /jur/ *le* gün; gündüz; gün ışığı; ışık, aydınlık ***au jour le jour*** günü gününe ***de nos jours*** günümüzde, şimdilerde ***donner le jour à*** -i doğurmak, dünyaya getirmek
journal, aux /jurnal, o/ *le* gazete; dergi; günlük, günce
journalier, ière /jurnalye, yer/ günlük, her günkü; *le* gündelikçi
journalisme /jurnalism(*ö*)/ *le* gazetecilik
journaliste /jurnalist(*ö*)/ *le+la* gazeteci
journée /jurne/ *la* gün, gündüz
jovial /jovyal/ neşeli, şen
joyau, x /juayo/ *le* mücevher
joyeux, euse /juayö, öz/ şen, neşeli, sevinçli ***joyeux Noël!*** mutlu Noeller!
jubilé /jübile / *le* jübile; ellinci yıldönümü
jubiler /jübile/ çok sevinmek, sevinçten uçmak
jucher /jüşe/ tünemek; oturmak

J

judaïque /jüdaik/ Yahudi+
judaïsme /jüdaism(*ö*)/ *le* Yahudilik, Yahudi dini
judiciaire /jüdisyer/ adli, türel
judicieux, euse /jüdisyö, öz/ akıllı, aklı başında; akla uygun, isabetli
judo /jüdo/ *le* judo
juge /jüj/ *le* yargıç; hakem ***juge de paix*** sulh yargıcı ***juge de touche*** *sp.* yan hakemi
jugé /üje/ : ***au jugé*** kararlamadan, göz kararıyla
jugement /jüjma**n**/ *le* yargılama; yargı, karar
juger /jüje/ yargılamak; yargıçlık yapmak; hüküm vermek; değerlendirmek, görüş bildirmek
juif, ive /juif, iv/ *s+a.* Yahudi
juillet /jüiye/ *le* temmuz
juin /jue**n**/ *le* haziran
jumeau, elle, x /jümo, el/ *s+a.* ikiz
jumelles /jümel/ *la+ç.* dürbün
jument /jüma**n**/ *la* kısrak
jungle /jo**n**gl(*ö*)/ *la* cengel, balta girmemiş orman
jupe /jüp/ *la* etek; eteklik
junte /jö**n**t/ *la* cunta
jupon /jüpo**n**/ *le* jüpon, iç eteklik
juré, e /jüre/ *le+la* jüri üyesi
jurer /jüre/ ant içmek, yemin etmek; sövmek, küfretmek
juridiction /jüridiksyo**n**/ *la* yargılama yetkisi
juridique /jüridik/ adli, türel; hukuki, tüzel
juriste /jürist(*ö*)/ *le+la* hukukçu
juron /jüro**n**/ *le* sövgü, küfür
jury /jüri/ *le* jüri, yargıcılar kurulu
jus /jü/ *le* su, meyve suyu, sebze suyu; et suyu
jusant /jüza**n**/ *le* cezir, suların alçalması
jusque /jüsk(*ö*)/ : ***jusqu'à*** -e kadar, -e dek ***jusqu'à présent*** şimdiye kadar
juste /jüst(*ö*)/ dürüst, doğru; adaletli, adil; haklı; doğru, yerinde; zar zor yeten, az ***au juste*** tam olarak; doğrusu ***justement*** haklı olarak; doğru olarak
justesse *la* doğruluk, yanlışsızlık; yerindelik, doğruluk
justice /jüstis/ *la* adalet; hak; dürüstlük, doğruluk
justifiable /jüstifyabl(*ö*)/ hak verilebilir, haklı görülebilir, savunulabilir
justification /jüstifikasyo**n**/ *la* haklı gösterme; aklama, temize çıkarma; neden, gerekçe
justifier /jüstifye/ haklı göstermek, haklı çıkarmak; aklamak, temize çıkarmak
jute /jüt/ *le* hintkeneviri
juteux, euse /jütö, öz/ *meyve, vb.* sulu
juvénile /jüvenil/ gençlikle ilgili
juxtaposer /jükstapoze/ yan yana koymak

K

kaki /kaki/ *s+le* haki
kaléidoscope /kaleidoskop/ *le* kaleydoskop, çiçek dürbünü
kangourou /ka**n**guru/ *le* kanguru
karaté /karate/ *le* karate
képi /kepi/ *le* kep, asker kasketi
kermesse /kermes/ *la* panayır, kermes
kidnapper /kidnape/ *(adam)* kaçırmak
kilogramme /kilogram/ *le*, ***kilo*** *le* kilogram, kilo
kilomètre /kilometr(*ö*)/ *le* kilometre

K

kilowatt /kilovat/ *le* kilovat
kinésithérapeute /kineziterapöt/ *le+la* fizyoterapist
kiosque /kyosk(*ö*)/ *le* kulübe, baraka
klaxon /klakson/ *le* klakson ***klaxonner*** klakson çalmak
kleptomane /kleptoman/ *le+la* kleptoman, hırsızlık hastası
knock-out /nokaut/ *le* nakavt
kyste /kist(*ö*)/ *le* kist

L

l' /l/ *bkz. le*
la /la/ *bkz. la*
là orada, oraya; burada; o zaman ***là-bas*** orada ***là-dedans*** içerde; bunda, bunun içinde ***là-dessous*** altta; bunun altında ***là-dessus*** üzerine, üzerinde; bunun üzerine; bu konuda ***là-haut*** yukarda
laboratoire /laboratuar/ *le* laboratuvar
laborieux, euse /laboryö, öz/ güç, zahmetli; çalışkan
labourer /labure/ *(toprağı)* sürmek, işlemek ***laboureur*** *le* çiftçi
labyrinthe /labirent/ *le* labirent
lac /lak/ *le* göl
lacer /lase/ *(ayakkabı, vb.)* bağlamak
lacérer /lasere/ yırtmak, parçalamak
lacet /lase/ *le* bağcık, ayakkabı bağı; *(yol)* zikzak; tuzak ağı
lâche /laş/ korkak; gevşek, bol; *le+la* korkak
lâcher /laşe/ bırakmak, koyvermek, salıvermek; yumurtlamak, ağzından kaçırmak
lâcheté /laşte/ *la* korkaklık; alçaklık
lacté, e /lakte/ sütle ilgili, sütlü, süt+
lacune /lakün/ *la* boşluk; eksiklik
ladre /ladr(*ö*)/ cimri, pinti
lagune /lagün/ *la* denizkulağı, lagün
laid, e /le, led/ çirkin ***laideur*** *la* çirkinlik
laine /len/ *la* yün ***laineux, euse*** yünlü
laïque /laik/ laik
laisse /les/ *la (köpek)* tasma, kayış
laisser /lese/ bırakmak ***laisser-aller*** *le* aldırışsızlık, kayıtsızlık, ihmal
lait /le/ *le* süt ***laiterie*** *la* süthane, sütçü dükkânı, mandıra ***laiteux, euse*** sütlü; sütümsü, süt gibi ***laitier, ière*** sütle ilgili; *le+la* sütçü
laiton /leton/ *le (maden)* pirinç
laitue /letü/ *la* marul
lambeau, x /lanbo/ *le (yırtık)* parça
lame /lam/ *la (kesici alet)* ağız; dalga; yaprak, ince tabaka
lamentable /lamantabl(*ö*)/ acıklı, acınacak, içler acısı
lamentation /lamantasyon/ *la* ağlayıp sızlama
lamenter /lamante/ : ***se lamenter*** ağlayıp sızlamak; yakınmak, şikâyet etmek
lampadaire /lanpader/ *le* lamba
lampe /lanp(*ö*)/ *la* lamba ***lampe de poche*** cep feneri
lampée /lanpe/ *la* büyük bir yudum
lance /lans/ *la* kargı, mızrak
lancer /lanse/ atmak, fırlatmak; göndermek; tanıtmak; yayımlamak ***se lancer*** hız kazanmak, hızını almak; atılmak, fırlamak ***se lancer dans*** -e başlamak, girişmek, atılmak
landau /lando/ *le* çocuk arabası
lande /land/ *la* fundalık arazi
langage /langaj/ *le* dil
langouste /langust(*ö*)/ *la, hayb.*

langust
langue /lang/ *la* dil
languir /langir/ erimek, çökmek; *(konuşma)* uzayıp gitmek
lanière /lanyer/ *la* kayış, kemer
lanterne /lantern(ö)/ *la* fener; ışık, lamba
laper /lape/ yalayarak içmek
lapin /lapen/ *le* tavşan
lapsus /lapsüs/ *le* hata, yanlışlık; sürçme
laque /lak/ *la* laka *(cilası)*
laqué, e /lake/ lake, lakalı
laquelle /lakel/ *bkz. lequel*
larcin /larsen/ *le* çalma, aşırma
lard /lar/ *le* domuz yağı
large /larj(ö)/ geniş, enli, bol; cömert, eli açık; *le* en, genişlik ***largement*** genişçe, geniş olarak; cömertçe, bol bol ***largesse*** *la* cömertlik ***largeur*** *la* en, genişlik
larme /larm(ö)/ *la* gözyaşı
larmoyant, e /larmuayan, ant/ ağlayan, gözleri yaşlı
larmoyer /larmuaye/ *(göz)* sulanmak, yaşarmak; ağlamak
larve /larv(ö)/ *la* kurtçuk
laryngite /larêjit/ *la* larenjit
larynx /larenks/ *le* gırtlak
las, lasse /la, las/ yorgun, bitkin
lascif, ive /lasif, iv/ şehvetli
laser /lazer/ *le* lazer
lasser /lase/ yormak; bıktırmak, usandırmak ***se lasser de*** -den bıkmak
lasso /laso/ *le* kement
latéral, e, aux /lateral, o/ yan, yanal
latin, e /laten, in/ *s+a.* Latin; *le* Latince
latitude /latitüd/ *la* enlem
laurier /lorye/ *le* defne
lavable /lavabl(ö)/ yıkanabilir
lavabo /lavabo/ *le* lavabo ***lavabos*** *le+ç.* tuvalet
lavage /lavaj/ *le* yıkama ***lavage de cerveau*** beyin yıkama
lavande /lavand/ *la* lavanta
lave /lav/ *la* lav
laver /lave/ yıkamak ***se laver*** yıkanmak
laverie /lavri/ *la*: ***laverie (automatique)*** çamaşırhane
laveur, euse /lavör, öz/ *le+la* yıkayıcı
lave-vaisselle /lavvesel/ *le* bulaşık makinesi
laxatif, ive /laksatif, iv/ *s+le (bağırsakları)* yumuşatıcı, müshil
le(l'), la, les /l(ö), la, le/ *(ismin cinsiyet ve sayısına göre değişen, dilbilgisinde `artikel' diye adlandırılan sözcükler)*; onu
lécher /leşe/ yalamak ***lécher les vitrines*** vitrin yalamak, vitrinlere içi giderek bakmak
leçon /löson/ *la* ders
lecteur, trice /lektör, tris/ *le+la* okur, okuyucu; okutman ***lecteur de cassettes*** kasetçalar
lecture /lektür/ *la* okuma
ledit /lödi/, ***ladite*** /ladit/, *le+ç. lesdits* /ledi/, *la+ç. lesdites* /ledit/ yukarıda sözü edilen, adı geçen
légal, e, aux /legal, o/ yasal ***légalité*** *la* yasallık, yasaya uygunluk
légendaire /lejander/ efsanevi
légende /lejand/ *la* efsane, söylence; altyazı
léger, ère /leje, er/ hafif; düşüncesiz ***à la légère*** düşüncesizce ***légèreté*** *la* hafiflik; düşüncesizlik
légiférer /lejifere/ yasamak, yasa yapmak
légion /lejyon/ *la* lejyon
législation /lejislasyon/ *la* yasama, yasa koyma; yürürlükteki yasalar

L

légitime /lejitim/ yasal, meşru; haklı
legs /leg/ *le* miras, kalıt
léguer /lege/ vasiyetle bırakmak
légume /legüm/ *le* sebze
lendemain /landmen/ *le*: ***le lendemain*** ertesi gün ***le lendemain matin*** ertesi sabah
lent, e /lan, lant/ yavaş, ağır ***lentement*** yavaş yavaş, ağır ağır ***lenteur*** *la* yavaşlık, ağırlık
lentille /lantiy/ *la* mercek; mercimek
léopard /leopar/ *le* leopar, pars
lèpre /lepr(ö)/ *la* cüzam ***lépreux, euse*** *le+la* cüzamlı
lequel /lökel/, ***laquelle*** /lakel/, *le+ç. lesquels* , *la+ç. lesquelles* /lekel/ hangisi, hangileri; hangisini, hangilerini; ki o, ki onlar, -en, -an
les /le/ *bkz. le*
lesbienne /lesbyen/ *la* sevici, lesbiyen
léser /leze/ dokunmak, yaralamak, zarar vermek
lésiner /lezine/ : ***lésiner (sur)*** cimrilik etmek, pintilik etmek
lessive /lesiv/ *la* çamaşır tozu; çamaşır yıkama
lest /lest/ *le* safra, balast
leste /lest(ö)/ çevik, dinç
léthargie /letarji/ *la* uyuşukluk, bitkinlik
lettre /letr(ö)/ *la* mektup; harf ***à la lettre*** harfi harfine ***lettre de change*** poliçe, bono
leucémie /lösemi/ *la* kan kanseri, lösemi
leur /lör/ onların; onlara ***le(la) leur, les leurs*** onlarınki, onlarınkiler
leurre /lör/ *le* yem; tuzak
leurrer /löre/ aldatmak, kandırmak
levée /löve/ *la* kaldırma; kapatma; toplama, alma
lever /löve/ kaldırmak ***se lever*** ayağa kalkmak; yataktan kalkmak; *(güneş)* doğmak
levier /lövye/ *le* kaldıraç; kol, levye
lèvre /levr(ö)/ *la* dudak
lévrier /levriye/ *le* tazı
levure /lövür/ *la* maya
lexicographie /leksikografi/ *la* sözlükçülük
lézard /lezar/ *le* kertenkele
lézarde /lezard(ö)/ *la (duvarda)* çatlak
liaison /lyezon/ *la* bağ; bağlantı; ilişki; *dilb.* ulama
liasse /lyas/ *la* deste, tomar
libelle /libel/ *le* taşlama, yergi
libellule /libelül/ *la* kızböceği, yusufçuk
libéral, e, aux /liberal, o/ *s+a.* liberal ***libéralisme*** *le* liberalizm
libération /liberasyon/ *la* kurtarma, kurtuluş; bırakma, salıverme
libérer /libere/ serbest bırakmak, salıvermek; özgür kılmak, kurtarmak
liberté /liberte/ *la* özgürlük
libraire /librer/ *le+la* kitapçı
librairie /libreri/ *la* kitabevi, kitapçı
libre /libr(ö)/ özgür; serbest; boş ***libre-service*** tezgâhtarsız mağaza, selfservis mağaza
licence /lisans/ *la* izin; lisans
licencié, e /lisansye/ *le+la* üniversite lisansı almış kimse
licou /liku/ *le* yular
lie /li/ *la* tortu
liège /lyej/ *le* mantar
lien /lyen/ *le* bağ
lier /lye/ bağlamak; birleştirmek; koyulaştırmak
lierre /lyer/ *le* sarmaşık
lieu, x /lyö/ *le* yer ***au lieu de*** yerine ***avoir lieu*** olmak, meydana gelmek ***avoir lieu de*** -mekte haklı

olmak ***donner lieu à*** -e yol açmak ***tenir lieu de*** ... yerine geçmek, yerini tutmak
lieutenant /lyötnan/ *le* teğmen
lièvre /lyevr(ö)/ *le* tavşan
ligament /ligaman/ *le, hek.* bağ
ligne /liny/ *la* dizi, sıra; yol, hat; çizgi; satır; olta
lignite /linyit/ *le* linyit
ligoter /ligote/ sımsıkı bağlamak
ligue /lig/ *la* birlik, topluluk; dernek; *sp.* lig
lilas /lila/ *le* leylak
limace /limas/ *la* kabuksuz sümüklüböcek
limande /limand/ *la* pisibalığı
lime /lim/ *la* eğe, törpü ***lime à ongles*** tırnak törpüsü ***limer*** eğelemek, törpülemek
limier /limye/ *le* iri av köpeği; detektif, polis
limitation /limitasyon/ *la* sınırlama, sınırlandırma
limite /limit/ *la* sınır
limiter /limite/ sınırlandırmak
limon /limon/ *le* çamur, balçık
limonade /limonad/ *la* limonata
lin /len/ *le* keten
linceul /lensöl/ *le* kefen
linéaire /lineer/ çizgisel, doğrusal
linge /lenj/ *le* çamaşır; çaput, bez
lingerie /lenjri/ *la* iç çamaşırı
lingot /lengo/ *le* külçe
linguiste /lenguist(ö)/ *le+la* dilci, dilbilimci
linguistique /lenguistik/ dilsel; dilbilimsel; *la* dilbilim
lino(léum) /lino(leom)/ *le* linolyum
lion, ne /lyon, lyon/ *le+la* aslan ***le Lion*** Aslan burcu
liqueur /likör/ *la* likör
liquidation /likidasyon/ *la, tic.* tasfiye; ortadan kaldırma, öldürme
liquide /likid/ *s+le* sıvı
liquider /likide/ tasfiye etmek, elden çıkarmak; çözmek, halletmek; ortadan kaldırmak, öldürmek
lire /lir/ okumak; *la* liret
lis /lis/ *le* zambak
lisible /lizibl(ö)/ okunaklı
lisière /lizyer/ *la* kenar, sınır
lisse /lis/ düz, pürüzsüz
liste /list(ö)/ *la* liste, dizelge
lit /li/ *le* yatak ***lit de camp*** portatif yatak
litanie /litani/ *la (kilisede okunan)* uzun dua
litre /litr(ö)/ *le* litre
littéraire /literer/ yazınsal, edebi
littéral, e, aux /literal, o/ harfi harfine, sözcüğü sözcüğüne
littérature /literatür/ *la* yazın, edebiyat
littoral, e, aux /litoral, o/ *s+le* sahil, kıyı
livide /livid/ morumsu, kurşuni; *(yüz)* solgun
livraison /livrezon/ *la (mal)* teslim
livre /livr(ö)/ *le* kitap; *la* lira; yarım kilo ***livre de poche*** kâğıt kapaklı ucuz cep kitabı
livrer /livre/ teslim etmek ***se livrer à*** -e açılmak, sırlarını dökmek; -e teslim olmak; kendini -e vermek
livret /livre/ *le* kitapçık, küçük kitap; libretto ***livret de caisse d'épargne*** tasarruf sandığı cüzdanı ***livret de famille*** evlenme cüzdanı ***livret scolaire*** öğrenci sicili; öğrenci karnesi
livreur, euse /livrör, öz/ *le+la* teslimatçı
lobe /lob/ *le*: ***lobe de l'oreille*** kulak memesi
local, e, aux /lokal, o/ yerel, yöresel; *le* lokal

localiser /lokalize/ yerini saptamak; sınırlandırmak, yayılmasını önlemek
localité /lokalite/ *la* yer, mevki
locataire /lokater/ *le+la* kiracı
location /lokasyon/ *la* kiralama; kira
lock-out /lokaut/ *le* lokavt
locomotive /lokomotiv/ *la* lokomotif
locution /loküsyon/ *la* deyim, tabir
logarithme /logaritm(*ö*)/ *le* logaritma
loge /loj/ *la, tiy.* soyunma odası; loca
logement /lojman/ *le* ev, konut, lojman
loger /loje/ barındırmak, yerleştirmek; oturmak, kalmak ***trouver à se loger*** kalacak yer bulmak
logeur, euse /lojör, öz/ *le+la* pansiyoncu
logiciel /lojisyel/ *le* yazılım
logique /lojik/ mantıklı, mantıksal; *la* mantık
logis /loji/ *le* ev, konut
loi /lua/ *la* yasa, kanun
loin /luen/ uzak, uzakta, uzağa ***au loin*** uzakta, uzağa ***de loin*** uzaktan
lointain, e /luenten, en/ uzak, uzaktaki
loisir /luazir/ *le*: ***heures de loisir*** boş zaman
long, longue /lon, long/ uzun ***à long terme*** uzun vadeli ***à la longue*** zamanla, yavaş yavaş ***de long en large*** bir o başa bir bu başa ***en savoir long*** çok şey bilmek
longer /lonje/ boyunca gitmek
longévité /lonjevite/ *la* uzun ömürlülük
longitude /lonjitüd/ *la* boylam
longtemps /lontan/ uzun zaman, uzun süre ***avant longtemps*** çok geçmeden
longueur /longör/ *la* uzunluk ***longueur d'onde*** dalga boyu
longue-vue /longvü/ *la* dürbün
loque /lok/ *la* bitmiş tükenmiş kişi
loquet /loke/ *le (kapı, pencere)* kol
lorgner /lornye/ göz ucuyla bakmak; göz koymak, göz dikmek
lors /lor/ : ***lors de*** sırasında, esnasında ***lors même que*** -se bile
lorsque /lorsk(*ö*)/ -diğinde, -diği zaman
losange /lozanj/ *le* eşkenar dörtgen
lot /lo/ *le* pay; ikramiye; kısmet, nasip
loterie /lotri/ *la* piyango
lotion /losyon/ *la* koku, losyon
lotir /lotir/ parsellemek, ifraz etmek
loto /loto/ *le* tombala
louable /luabl(*ö*)/ övgüye değer, övülmeye değer
louange /luanj/ *la* övme; övgü
louche /luş/ karanlık, şüpheli, bityeniği olan; *la* kepçe
loucher /luşe/ şaşı olmak, şaşı bakmak
louer /lue/ kiralamak; *(yer)* ayırtmak; övmek
loufoque /lufok/ kaçık, deli
loup /lu/ *le* kurt
loupe /lup/ *la* büyüteç
louper /lupe/ kaçırmak, yetişememek; becerememek, yüzüne gözüne bulaştırmak
lourd, e /lur, lurd(*ö*)/ ağır ***lourdeur*** *la* ağırlık
loutre /lutr(*ö*)/ *la* susamuru
louveteau, x /luvto/ *le* kurt yavrusu; *(izci)* yavrukurt
loyal, e, aux /luayal, o/ sadık, bağlı; dürüst ***loyauté*** *la* sadakat, bağlılık; dürüstlük
loyer /luaye/ *le* kira
lubie /lübi/ *la* kapris, delilik

lubrifiant /lübrifyan/ *le* yağlayıcı madde
lubrifier /lübrifye/ yağlamak
lucarne /lükarn(ö)/ *la* dam penceresi, çatı penceresi
lucide /lüsid/ bilinçli, aklı başında ***lucidité*** *la* bilinçlilik, uyanıklık
lucratif, ive /lükratif, iv/ kârlı, kazançlı
lueur /luör/ *la* ışıltı, pırıltı, parıltı
luge /lüj/ *la* kızak
lugubre /lügübr(ö)/ kasvetli, iç karartıcı
lui /lüi/ o; ona ***lui-même*** kendisi
luire /lüir/ parlamak, parıldamak, ışıldamak
lumbago /lonbago/ *le* lumbago, bel ağrısı
lumière /lümyer/ *la* ışık; aydınlık
luminaire /lüminer/ *le* lamba, ışık
lumineux, euse /lüminö, öz/ ışıklı, aydınlık, parlak; açık, anlaşılır
lunaire /lüner/ ayla ilgili, ay+
lundi /löndi/ *le* pazartesi
lune /lün/ *la* ay ***lune de miel*** balayı
lunette /lünet/ *la*: ***lunettes*** *la+ç.* gözlük ***lunette arrière*** *oto.* arka cam ***lunette d'approche*** dürbün ***lunettes de soleil*** güneş gözlüğü
lurette /lüret/ *la*: ***il y a belle lurette*** çok eskiden
lustre /lüstr(ö)/ *le* avize; parlaklık, cila
lustrer /lüstre/ parlatmak, cilalamak
luth /lüt/ *le* ut, lavta
lutin /lüten/ *le* cin, peri
lutrin /lütren/ *le* *(kilisede)* kitap rahlesi
lutte /lüt/ *la* savaş, savaşım, mücadele; güreş ***lutter*** savaşmak, mücadele etmek; güreşmek ***lutteur*** *le* güreşçi; savaşçı, mücadeleci
luxe /lüks(ö)/ *le* lüks
luxueux, euse /lüksuö, öz/ lüks
luxure /lüksür/ *la* şehvet
lycée /lise/ *le* lise ***lycéen, ne*** *le+la* liseli
lyncher /lenşe/ linç etmek
lynx /lenks/ *le* vaşak
lyre /lir/ *la* lir
lyrique /lirik/ lirik
lys /lis/ *le* zambak

M

m' /m/ *bkz. me*
M. /em/ ***Monsieur*** sözcüğünün kısaltması
macaron /makaron/ *le* badem kurabiyesi
macaronis /makaroni/ *le+ç.* makarna
macédoine /maseduan/ *la*: ***macédoine de fruits*** meyve salatası
mâcher /maşe/ çiğnemek
machin /maşen/ *le, kd.* şey, zımbırtı, dalga
machinal, e, aux /maşinal, o/ makine gibi, mekanik, bilinçsiz
machine /maşin/ *la* makine ***machine à coudre*** dikiş makinesi ***machine à écrire*** daktilo, yazı makinesi ***machine à laver*** çamaşır makinesi ***machine à vapeur*** buhar makinesi ***machinerie*** *la* makineler; makine dairesi
mâchoire /maşuar/ *la* çene
maçon /mason/ *le* duvarcı, yapı ustası
maçonner /masone/ *(duvar)* örmek, yapmak
maçonnerie /masonri/ *la* duvarcı işi; duvar
maculer /maküle/ lekelemek

M

Madame *ç. Mesdames* /madam, medam/ *la* bayan, hanımefendi
Mademoiselle *ç. Mesdemoiselles* /madmuazel, medmuazel/ *la* küçük hanım, bayan
madère /mader/ *le* Madeira şarabı
madrier /madriye/ *le* kalas
maf(f)ia /mafya/ *la* mafya
magasin /magazen/ *le* dükkân, mağaza; ambar, depo
magazine /magazin/ *le* magazin, dergi
magicien, ne /majisyen, yen/ *le+la* büyücü
magie /maji/ *la* büyü ***magique*** büyülü; büyüleyici
magistral, e, aux /majistral, o/ ustaca, mükemmel; büyük
magistrat /majistra/ *le* yargıç; yüksek görevli
magnanime /manyanim/ yüce gönüllü
magnat /magna/ *le* kodaman, sermayedar, kral
magnétique /manyetik/ mıknatıslı, manyetik
magnétiser /manyetize/ mıknatıslamak; büyülemek
magnétisme /manyetism(ö)/ *le* manyetizma
magnétophone /manyetofon/ *le* teyp ***magnétophone à cassettes*** kasetçalar
magnifique /manyifik/ görkemli, parlak, muhteşem
magnolia /manyolya/ *le* manolya
mahométan, e /maometan, an/ Müslüman
mai /me/ *le* mayıs
maigre /megr(ö)/ zayıf, sıska; yağsız; pek az, düşük ***maigreur*** *la* zayıflık, sıskalık ***maigrir*** zayıflamak
maille /may/ *la* ilmik
maillet /maye/ *le* tokmak
maillot /mayo/ *le* kundak bezi; dansçıların giydiği sıkı giysi; *sp.* forma ***maillot de bain*** mayo
main /men/ *la* el ***à la main*** elinde ***attaque à main armée*** silahlı saldırı ***de première main*** ilk elden ***se donner la main*** el ele tutuşmak ***se serrer la main*** el sıkışmak ***sous la main*** el altında
main-d' œuvre /mendövr(ö)/ *la* işçilik, el emeği
maint, e /men, ment/ birçok, nice
maintenant /mentnan/ şimdi; şimdilerde
maintenir /mentnir/ tutmak; korumak; savunmak, ileri sürmek ***se maintenir*** bozulmamak, durumunu korumak, aynı durumda kalmak
maintien /mentyen/ *le* koruma, sürdürme; duruş; durum
maire /mer/ *le* belediye başkanı
mairie /meri/ *la* belediye
mais /me/ ama, fakat
maïs /mais/ *le* mısır
maison /mezon/ *la* ev; firma ***maison close*** genelev ***maison d'arrêt*** cezaevi ***maison de correction*** ıslahevi ***maison de retraite*** düşkünler yurdu ***maison de santé*** akıl hastanesi
maisonnée /mezone/ *la* ev halkı
maisonnette /mezonet/ *la* küçük ev, kulübe
maître, esse /metr(ö), metres/ *le+la* efendi; öğretmen; *le* usta, üstat; *la* metres ***être maître de*** -e egemen olmak, yenebilmek ***maître chanteur*** şantajcı ***maître d'hôtel*** *(otel)* başgarson
maîtrise /metriz/ *la* kendini tutma, kendine hâkim olma; ustalık, bece-

M

ri; master, yüksek lisans
maîtriser /metrize/ tutmak, önlemek, hâkim olmak
majesté /majeste/ *la* ululuk, yücelik; majeste
majestueux, euse /majestuö, öz/ görkemli, muhteşem
majeur, e /majör/ büyük, önemli; *s+a.* ergin, reşit; *le* ortaparmak
majorité /majorite/ *la* çoğunluk; iktidar partisi ***en majorité*** çoğunlukla
majuscule /majüskül/ *(harf)* büyük; *la* büyük harf
mal, maux /mal, mo/ kötü; rahatsız; güç, güçlükle; *le* kötülük; zarar; ağrı, acı; hastalık, sayrılık ***avoir le mal du pays*** yurt özlemi çekmek ***avoir mal à*** -i ağrımak ***dire du mal de*** -in aleyhinde konuşmak ***être mal avec*** ile arası açık olmak ***faire du mal à*** -e kötülük yapmak ***mal de mer*** deniz tutması ***ne voir aucun mal à*** -de bir kötülük görmemek ***prendre mal*** rahatsızlanmak, hastalanmak ***se faire mal*** bir tarafını incitmek, kendini incitmek
malade /malad/ *s+a.* hasta, sayrı ***tomber malade*** hastalanmak ***malade mental*** akıl hastası
maladie /maladi/ *la* hastalık, sayrılık ***maladif, ive*** hastalıklı; zayıf bünyeli, cılız
maladresse /maladres/ *la* beceriksizlik, sakarlık; gaf, pot
maladroit, e /maladrua, uat/ beceriksiz, sakar
malaise /malez/ *le* rahatsızlık, fenalık; huzursuzluk
malaisé, e /maleze/ güç, sıkıntılı
malappris, e /malapri, iz/ *le+la* terbiyesiz, görgüsüz, ayı
malaria /malarya/ *la* sıtma, malarya
malavisé, e /malavize/ düşüncesiz, tedbirsiz
malchance /malşans/ *la* talihsizlik ***malchanceux, euse*** talihsiz, şanssız
mâle /mal/ *s+le* erkek
malédiction /malediksyon/ *la* ilenç, beddua; lanet, kargış
malentendu /malantandü/ *le* yanlış anlama, yanlışlık
malfaisant, e /malfözan, ant/ kötücül, kötülükçü, zararlı
malgré /malgre/ -e karşın, -e rağmen ***malgré tout*** her şeye karşın
malheur /malör/ *le* talihsizlik, şanssızlık; felaket ***malheureux, euse*** *s+a.* mutsuz, zavallı; talihsiz, şanssız
malhonnête /malonet/ namussuz; kaba, terbiyesiz ***malhonnêteté*** *la* namussuzluk; kabalık, terbiyesizlik
malice /malis/ *la* muziplik, şeytanlık ***malicieux, euse*** alaycı, muzip, şeytan
malin, igne /malen, iny/ kurnaz; *hek.* kötücül, habis
malingre /malengr(ö)/ çelimsiz, cılız, sıska
malle /mal/ *la* bavul; *oto.* bagaj
malmener /malmöne/ hırpalamak, kötü davranmak
malotru /malotrü/ *le* terbiyesiz, hödük, ayı
malpropre /malpropr(ö)/ pis, kirli; iğrenç, alçak
malsain, e /malsen, en/ sağlığı bozuk; sağlığa zararlı
malséant, e /malsean, ant/ yakışık almaz, uygunsuz
malt /malt/ *le* malt, biralık arpa
maltraiter /maltrete/ kötü davranmak, hırpalamak
malveillance /malveyans/ *la* kötü

M

niyet, kötü kalplilik
malveillant, e /malveyan, ant/ kötü niyetli, kötü kalpli
maman /maman/ *la* anne
mamelle /mamel/ *la* meme
mamelon /mamlon/ *le* meme ucu
mammifère /mamifer/ *le* memeli *(hayvan)*
mammouth /mamut/ *le* mamut
manche /manş/ *la (giysi)* kol, yen; *le* sap, kulp; *kd.* sakar, gerzek ***manche à balai*** *le* süpürge sapı; *(uçak)* manevra kolu
manchette /manşet/ *la* manşet, kolluk; *(gazete)* manşet, başlık
manchon /manşon/ *le* manşon
manchot /manşo/ *le* çolak, tek kollu kimse; kolsuz kimse; penguen
mandarine /mandarin/ *la* mandalina
mandat /manda/ *le (posta)* havale; vekâlet, vekillik; manda, himaye ***mandataire*** *le+la* temsilci; vekil
mandoline /mandolin/ *la* mandolin
manège /manej/ *le* binicilik okulu; atlıkarınca
manette /manet/ *la* anahtar, kol, manivela
mangeable /manjabl(*ö*)/ yenir, yenilebilir
mangeoire /manjuar/ *la* yemlik
manger /manje/ yemek
mangue /mang/ *la* mango, hintkirazı
maniable /manyabl(*ö*)/ kullanışlı; uysal, yumuşak
maniaque /manyak/ *s+a.* manyak
manie /mani/ *la* mani, manya; tuhaf merak, düşkünlük
maniement /maniman/ *le* kullanma; dokunma; yönetme
manier /manye/ kullanmak; ellemek; yönetmek
manière /manyer/ tarz, usul, biçim ***de cette manière*** böylece, bu şekilde ***de manière à*** -mek için ***de toute manière*** ne olursa olsun ***d'une manière générale*** genel olarak
maniéré, e /manyere/ yapmacık; özentili
manifestant, e /manifestan, ant/ *le+la* gösterici
manifestation /manifestasyon/ *la* gösterme, belirtme; belirti; gösteri
manifeste /manifest(*ö*)/ belli, açık, ortada; *le* manifesto, bildiri, beyanname
manifester /manifeste/ belirtmek, göstermek; gösteri yapmak
manipuler /manipüle/ elle yapmak, kullanmak, çalıştırmak, işlemek
manivelle /manivel/ *la* kol, kaldıraç, manivela
mannequin /manken/ *le* manken
manœuvre /manövr(*ö*)/ *la* manevra; kullanma, işletme, çalıştırma; hile, dolap, oyun; *le* işçi
manœuvrer /manövre/ manevra yaptırmak; çalıştırmak, işletmek; manevra yapmak; *mec.* dolap çevirmek
manoir /manuar/ *le* köşk, konak
manque /mank/ *le* eksiklik, boşluk; eksik
manquer /manke/ eksik olmak, bulunmamak; başaramamak; kaçırmak, yetişememek; tutturamamak, isabet ettirememek ***manquer à*** -i özlemek, göresi gelmek; gereğini yapmamak, yerine getirmemek ***manquer de*** -den yoksun olmak, eksik olmak ***manquer de faire*** az kalsın -mek, neredeyse -mek
mansarde /mansard(*ö*)/ *la* tavan arası, çatı katı
manteau, x /manto/ *le* manto, palto

M

manucure /manükür/ *la* manikürcü
manuel, le /manuel/ el ile ilgili, el+; elle yapılan; *le* el kitabı, kılavuz
manuscrit, e /manüskri, it/ elle yazılmış; *le* el yazması
manutention /manütansyon/ *la, tic.* malı hazırlama, malın tertip ve tanzimi
maquereau, x /makro/ *le* uskumru; *kd.* pezevenk, muhabbet tellalı
maquette /maket/ *la* maket
maquillage /makiyaj/ *le* makyaj; makyaj malzemesi
maquiller /makiye/ makyaj yapmak; değiştirmek, tahrif etmek
maquis /maki/ *le, coğ.* maki
maraîcher, ère /mareşe, mareşer/ *le+la* bostancı, sebzeci
marais /mare/ *le* bataklık, batak
marathon /maraton/ *le* maraton
marbre /marbr(ö)/ *le* mermer
marchand, e /marşan, and/ *le+la* satıcı; tüccar ***marchand de journaux*** gazete satıcısı ***marchand de légumes*** sebzeci, zerzevatçı ***marchand de poissons*** balıkçı, balık satıcısı
marchander /marşande/ pazarlık etmek
marchandise /marşandiz/ *la* mal
marche /marş(ö)/ *la* basamak; yürüyüş; marş; çalışma, işleme; gidiş, gelişme ***mettre en marche*** çalıştırmak, işletmek ***se mettre en marche*** çalışmak, işlemeye başlamak
marché /marşe/ *le* pazar, çarşı; alışveriş ***Marché commun*** Ortak Pazar ***marché noir*** karaborsa ***marché aux puces*** bit pazarı
marchepied /marşöpye/ *le* basamak; *oto.* marşpiye
marcher /marşe/ yürümek; gitmek; çalışmak, işlemek ***marcher sur*** -i çiğnemek, -e basmak
mardi /mardi/ *le* salı
mare /mar/ *la* gölcük, küçük göl
marécage /marekaj/ *le* bataklık ***marécageux, euse*** bataklı, bataklık
maréchal, aux /mareşal, o/ *le* mareşal
maréchal-ferrant /mareşalferan/ *le* nalbant
marée /mare / *la* gelgit; taze balık
margarine /margarin/ *la* margarin
marge /marj(ö)/ *la* kenar; sayfa kenarı
marginal, e, aux /marjinal, o/ sayfa kenarında olan; marjinal, ikincil
marguerite /margörit/ *la* papatya
mari /mari/ *le* koca, eş
mariage /maryaj/ *le* evlenme; evlilik; düğün ***mariage civil*** medeni nikâh ***mariage religieux*** dini nikâh, kilise nikâhı ***un mariage d'amour*** aşk evliliği ***un mariage de raison*** mantık evliliği
marié, e /marye/ evli; *le* damat, güvey; *la* gelin
marier /marye/ evlendirmek ***se marier (avec)*** *(ile)* evlenmek
marin, e /maren, in/ denizle ilgili, deniz+; *le* denizci, gemici ***marine marchande*** ticaret filosu
marinade /marinad/ *la* salamura
marine /marin/ *la* gemicilik, denizcilik; donanma, deniz kuvvetleri
mariner /marine/ salamuraya yatırmak
marionnette /maryonet/ *la* kukla
marital, e, aux /marital, o/ kocayla ilgili ***maritalement*** karı koca gibi
maritime /maritim/ denize yakın; denizle ilgili, deniz+; denizcilikle ilgili, denizcilik+

marjolaine /marjolen/ *la, bitk.* mercanköşk
mark /mark/ *le* mark
marmite /marmit/ *la* tencere
marmonner /marmone/ mırıldanmak
marmot /marmo/ *le* yumurcak, ufaklık, küçük oğlan
marmotter /marmote/ mırıldanmak
maroquin /maroken/ *le* maroken
marotte /marot/ *la* saplantı, aşırı düşkünlük
marque /mark(ö)/ *la* işaret, nişan; iz; belirti; damga; marka; etiket; *sp.* skor ***de marque*** *(mal)* kaliteli, seçkin ***marque de fabrique*** ticari marka
marqué, e /marke/ işaretli; belirgin; şüpheli, mimli
marquer /marke/ işaretlemek; damgalamak; belirtmek; göstermek; *sp.* *(gol)* atmak, sayı yapmak; *sp.* tutmak, marke etmek
marqueterie /markötri/ *la* kakma işi, kakmalı süs
marquis /marki/ *le* marki
marquise /markiz/ *la* markiz; kapı sundurması
marraine /maren/ *la* vaftiz anası
marrant, e /maran, ant/ gülünç, komik
marre /mar/ : ***en avoir marre de*** -den bıkmak
marrer /mare/ : ***se marrer*** gülmekten kırılmak, gülüp eğlenmek
marron /maron/ *le* kestane; kestane rengi ***marrons glacés*** kestane şekeri
mars /mars/ *le* mart
Mars /mars/ *la, le* Mars, Merih
marsouin /marsuen/ *le* domuzbalığı
marsupiaux /marsüpyo/ *le+ç, hayb.* keseliler
marteau, x /marto/ *le* çekiç; *(kapı)* tokmak
marteler /martöle/ çekiçle dövmek
martial, e, aux /marsyal, o/ savaşla ilgili
martinet /martine/ *le* küçük kırbaç; *(kuş)* keçisağan
martin-pêcheur /martenpeşör/ *le* yalıçapkını, emircik, iskelekuşu
martre /martr(ö)/ *la* ağaçsansarı, zerdeva
martyr, e /martir/ *le+la* şehit
martyre /martir/ *le* şehitlik; büyük acı
martyriser /martirize/ şehit etmek; çok çektirmek, işkence etmek
mascarade /maskarad/ *la* maskeli balo
mascotte /maskot/ *la* maskot
masculin, e /maskülen, in/ erkekle ilgili; erkeklere özgü; *s+le, dilb.* eril
masochisme /mazoşism(ö)/ *le* mazoşizm, özezerlik
masque /mask(ö)/ *le* maske ***masque à gaz*** gaz maskesi
masquer /maske/ gizlemek, saklamak
massacre /masakr(ö)/ *le* katliam, kırım, topluca öldürme
massacrer /masakre/ katletmek, kırıp geçirmek, topluca öldürmek; *mec.* katletmek, berbat etmek
massage /masaj/ *le* masaj
masse /mas/ yığın, küme; kitle; sürü; tokmak
massepain /maspen/ *le* badem kurabiyesi
masser /mase/ toplamak, yığmak; ovmak, masaj yapmak
masseur, euse /masör, öz/ *le+la* masajcı
massif, ive /masif, iv/ masif, som; ağır, iri; çok, büyük; *le* dağ kitlesi;

M

çiçek göbeği
massue /masü/ *la* lobut, topuz
mastic /mastik/ *le (cam)* macun
mastiquer /mastike/ çiğnemek; macunlamak
masturbation /mastürbasyon/ *la* mastürbasyon, özdoyunum
mat, e /mat/ donuk, mat; boğuk ***être mat*** *(satranç)* mat olmak
mât /ma/ *le* direk
match /maç/ *le* karşılaşma, maç ***faire match nul*** berabere kalmak ***match nul*** *sp.* beraberlik
matelas /matla/ *le* şilte, döşek
matelasser /matlase/ kıtık doldurmak
matelot /matlo/ *le* gemici, tayfa
matérialiser /materyalize/ : ***se matérialiser*** gerçekleşmek
matérialiste /materyalist(*ö*)/ materyalist, maddeci
matériaux /materio/ *le+ç.* gereç, malzeme
matériel, le /materyel/ maddi, özdeksel; *le* gereç, malzeme, donatı
maternel, le /maternel/ anayla ilgili, ana+; ana gibi; ana tarafından; *la* anaokulu
maternité /maternite/ *la* doğumevi; analık
mathématicien, ne /matematisyen, yen/ *le+la* matematikçi
mathématique /matematik/ matematiksel ***mathématiques*** *la+ç.* matematik
maths /mat/ *la+ç, kd.* matematik
matière /matyer/ *la* madde, özdek; konu; ders ***matières premières*** hammaddeler
matin /maten/ *le* sabah ***de bon matin*** erkenden
matinal, e, aux /matinal, o/ sabahla ilgili, sabah+; erkenci
matinée /matine/ *la* sabah; matine, gündüz gösterisi
matois, e /matua, uaz/ kurnaz, düzenbaz
matraque /matrak/ *la* cop ***matraquer*** coplamak
matriarcal, e, aux /matriyarkal, o/ anaerkil
matrice /matris/ *la* dölyatağı, rahim; *tek.* kalıp; *mat.* matris
matrimonial, e, aux /matrimonyal, o/ evlenmeyle ilgili, evlilik+
maturité /matürite/ *la* olgunluk
maudire /modir/ lanetlemek, kargımak
mausolée /mozole/ *le* anıtkabir
maussade /mosad/ somurtkan, asık suratlı; kasvetli, iç karartıcı
mauvais, e /move, ez/ kötü; yanlış, hatalı, kusurlu; bozuk, kokmuş, çürük; zararlı ***sentir mauvais*** pis kokmak ***mauvaise langue*** dedikoducu
mauve /mov/ mor; *la* ebegümeci
mauviette /movyet/ *la* sıska, nanemolla
maxime /maksim/ *la* özdeyiş
maximum /maksimom/ maksimum, en büyük; *le* maksimum derece, en büyük derece
mayonnaise /mayonez/ *la* mayonez
mazout /mazut/ *le* mazot
me, m' /m(*ö*)/ beni, bana; ben
meandre /meandr(*ö*)/ *le, coğ.* menderes, büklüm
mec /mek/ *le, kd.* herif, adam
mécanicien, ne /mekanisyen, yen/ *le+la* makine ustası, makineci; araba tamircisi; makinist
mécanique /mekanik/ *s+la* mekanik
mécaniser /mekanizi/ makineleştirmek; mekanikleştirmek

mécanisme /mekanism(*ö*)/ *le* mekanizma, düzenek
méchanceté /meşanste/ *la* kötülük; kötü davranış, kötü söz
méchant, e /meşan, ant/ kötü; *(çocuk)* yaramaz; *(hayvan)* huysuz; pis, rezil
mèche /meş/ *la* fitil; *(saç)* meç, lüle ***être de mèche avec*** *(kötü bir işte)* ile işbirliği yapmak
mécompte /mekont/ *le* hesap hatası; düş kırıklığı
mécontent, e /mekontan, ant/ : ***mécontent (de)*** *(-den)* hoşnut olmayan; *(-e)* kırgın ***mécontentement*** *le* hoşnutsuzluk; kırgınlık ***mécontenter*** kırmak, gücendirmek
médaille /meday/ *la* madalya
médecin /medsen/ *le* hekim, doktor
médecine /medsin/ *la* tıp; hekimlik, doktorluk ***médecine légale*** adli tıp
médiateur, trice /medyatör, tris/ *le+la* aracı, arabulucu
médiation /medyasyon/ *la* aracılık, arabuluculuk
médical, e, aux /medikal, o/ tıbbi
médicament /medikaman/ *le* ilaç
médicinal, e, aux /medisinal, o/ iyileştirici, şifalı, yararlı
médiéval, e, aux /medyeval, o/ ortaçağla ilgili, ortaçağ+
médiocre /medyokr(*ö*)/ orta, şöyle böyle, vasat ***médiocrité*** *la* orta hal, vasatlık
médire /medir/ : ***médire de*** -i çekiştirmek, -in aleyhinde konuşmak
médisance /medizans/ *la* dedikoduculuk; dedikodu
méditer /medite/ tasarlamak, kurmak, düşünmek; düşünceye dalmak; düşünüp taşınmak
Méditerranée /mediterane/ *la*: ***la (mer) Méditerranée*** Akdeniz ***méditerranéen, ne*** Akdenizle ilgili, Akdeniz+
médius /medyüs/ *le* ortaparmak
méduse /medüz/ *la* denizanası
méfait /mefe/ *le* kötülük ***méfaits*** *le+ç.* tahribat, zarar
méfiance /mefyans/ *la* güvensizlik
méfiant, e /mefyan, ant/ güvenmeyen, kuşkulu
méfier /mefye/ : ***se méfier*** dikkat etmek ***se méfier de*** -e güvenmemek, -den kuşkulanmak
mégarde /megard(*ö*)/ *la*: ***par mégarde*** dikkatsizlikle, yanlışlıkla
mégère /mejer/ *la* cadaloz, şirret kadın
mégot /mego/ *le (sigara)* izmarit
meilleur, e /meyör/ daha iyi; en iyi; ***la meilleure*** en iyi ***le meilleur*** en iyi
mélancolie /melankoli/ *la* melankoli, karasevda ***mélancolique*** melankolik, karasevdalı; hüzünlü
mélange /melanj/ *le* karıştırma, karışma; karışım
mélanger /melanje/ karıştırmak
mélasse /melas/ *la* melas
mêlée /mele/ *la* kavga, dövüşme, kapışma
mêler /mele/ karıştırmak ***se mêler à*** -e katılmak; ile birleşmek ***se mêler de*** -e karışmak, bulaşmak, burnunu sokmak
mélodie /melodi/ *la* ezgi, melodi ***mélodieux, euse*** ahenkli, kulağa hoş gelen ***mélodique*** melodik, ezgisel, ezgili
mélodrame /melodram/ *le* melodram
mélomane /meloman/ *le+la* müziksever
melon /m*ö*lon/ *le* kavun; melon

şapka ***melon d'eau*** karpuz
membrane /manbran/ *la* zar, çeper
membre /manbr(*ö*)/ *le* organ, uzuv; üye
même /mem/ aynı; kendi, bizzat; aynı kişi, aynı şey; bile, hatta ***de même*** aynı şekilde ***quand même*** yine de
mémento /memento/ *le* ajanda, akıl defteri, andaç
mémoire /memuar/ *la* bellek, hafıza; anı, hatıra; *le* memorandum, muhtıra ***mémoires*** *le+ç.* anılar, hatırat
mémorable /memorabl(*ö*)/ anmaya değer, unutulmaz
mémorandum /memorandom/ *le* muhtıra, memorandum
menaçant, e /m*ö*nasan, ant/ tehditkâr
menace /m*ö*nas/ *la* tehdit, gözdağı
menacer /m*ö*nase/ tehdit etmek
ménage /menaj/ *le* ev işleri; karı koca, evli çift; aile
ménagement /menajman/ *le* gözetme, kollama, bakım
ménager /menaje/ iyi kullanmak; idareli kullanmak; kollamak; düzenlemek
ménager, ère /menaje, er/ ev işiyle ilgili; *la* ev kadını
mendiant, e /mandyan, ant/ *le+la* dilenci
mendicité /mandisite/ *la* dilencilik, dilenme
mendier /mandye/ dilenmek
menées /m*ö*ne/ *la+ç.* düzen, dolap, entrika
mener /m*ö*ne/ götürmek; yönetmek
meneur, euse /m*ö*nör, öz/ *le+la* önder, kılavuz; kışkırtıcı, elebaşı
méningite /menenjit/ *la* menenjit
ménopause /menopoz/ *la* menopoz, yaşdönümü
menottes /m*ö*not/ *la+ç.* kelepçe
mensonge /mansonj/ *le* yalan; yalancılık ***mensonger, ère*** yalan, asılsız; aldatıcı
menstruation /manstrüasyon/ *la* aybaşı, âdet
mensuel, le /mansuel/ aylık, ayda bir
mensurations /mansürasyon/ *la+ç.* beden ölçüsü, beden ölçüleri
mental, e, aux /mantal, o/ zihinsel
mentalité /mantalite/ *la* zihniyet, kafa
menteur, euse /mantör, öz/ *le+la* yalancı
menthe /mant/ *la* nane
menthol /mentol/ *le* mentol
mention /mansyon/ *la* not, yazı ***faire mention de*** -den söz etmek, anmak ***mentionner*** anmak, adını anmak; belirtmek
mentir /mantir/ yalan söylemek
menton /manton/ *le* çene
menu, e /m*ö*nü/ ufak, küçük; önemsiz, ufak tefek; *le* mönü, yemek listesi
menuiserie /m*ö*nüizri/ *la* marangozluk, doğramacılık
menuisier /m*ö*nüizye/ *le* marangoz, doğramacı
méprendre /meprandr(*ö*)/ : ***se méprendre*** yanılmak
mépris /mepri/ *le* küçümseme, hor görme
méprisable /meprizabl(*ö*)/ aşağılık, alçak, rezil
méprisant, e /meprizan, ant/ küçümseyen, küçümseyici, hor gören
méprise /mepriz/ *la* yanılma, yanılgı
mépriser /meprize/ küçümsemek, hor görmek; önemsememek, umursamamak
mer /mer/ *la* deniz; dalga

mercenaire /mersöner/ *le* paralı asker
mercerie /mersöri/ *la* tuhafiyecilik; tuhafiyeci *(dükkânı)*
merci /mersi/ teşekkür ederim, mersi ***merci beaucoup*** çok teşekkür ederim ***merci de*** için teşekkürler
mercier, ière /mersye, yer/ *le+la* tuhafiyeci
mercredi /merkrödi/ *le* çarşamba ***mercredi des Cendres*** büyük perhizin ilk günü
mercure /merkür/ *le* cıva
merde /merd(ö)/ *kd.* tü! Allah kahretsin!; *la* bok, pislik
mère /mer/ *la* anne, ana
méridien /meridyen/ *le* meridyen
méridional, e, aux /meridyonal, o/ güneysel, güney+; *le+la* güneyli
meringue /möreng/ *la* beze, bir tür pasta
mérite /merit/ *le* değer; meziyet
mériter /merite/ hak etmek, layık olmak
merlan /merlan/ *le* mezgit *(balığı)*
merle /merl(ö)/ *le* karatavuk
merveille /mervey/ *la* harika ***à merveille*** çok güzel
merveilleux, euse /merveyö, öz/ harika, olağanüstü
mes /me/ *bkz. mon*
mésaventure /mezavantür/ *la* aksilik, terslik, talihsizlik
Mesdames /medam/ *bkz. Madame*
Mesdemoiselles /medmuazel/ *bkz. Mademoiselle*
mesquin, *e* /mesken, in/ cimri, çingene; aşağılık, bayağı, küçük ***mesquinerie*** *la* cimrilik, çingenelik; aşağılık, bayağılık, küçüklük
message /mesaj/ *le* mesaj, haber, ileti ***messager, ère*** *le+la* haberci, ulak ***messageries*** *la+ç.* gönderme servisi, dağıtım servisi
messe /mes/ *la* ayin
Messieurs /mesyö/, *kısa biçimi Messrs bkz. Monssieur*
mesure /mözür/ *la* ölçü; ılımlılık, ölçülülük; önlem, tedbir ***être en mesure de*** -cek durumda olmak ***sur mesure*** ısmarlama
mesurer /mözüre/ ölçmek; ölçüsünü almak; boyu ... kadar olmak; ayarlamak, düzenlemek
métal, aux /metal, o/ *le* maden, metal ***métallique*** metalik, madensel ***métallurgie*** *la* metalurji
métamorphose /metamorfoz/ *la* biçim değiştirme, başkalaşım
métaphore /metafor/ *la* eğretileme, istiare
métaphysique /metafizik/ *s+la* metafizik, fizikötesi, doğaötesi
météo /meteo/ *la* hava raporu
météore /meteor/ *le* meteor, akanyıldız
météorologie /meteoroloji/ *la* meteoroloji ***météorologique*** meteorolojik, hava+
méthode /metod/ *la* yöntem; *(kitap)* kılavuz ***méthodique*** yöntemli; düzenli
méticuleux, euse /metikülö, öz/ titiz, kılı kırk yaran
métier /metye/ *le* iş, meslek; zanaat; deneyim, tecrübe
métis, se /metis/ *s+a.* melez
métisser /metise/ melezleştirmek
métrage /metraj/ *le (kumaş)* uzunluk, boy; *(sinema)* metraj
mètre /metr(ö)/ *le* metre
métro /metro/ *le* metro
métropole /metropol/ *la* anakent, büyük şehir; başülke
mets /me/ *le* yemek

metteur /metör/ *le*: ***metteur en scène*** *tiy.* rejisör, sahneye koyan; *(sinema)* yönetmen
mettre /metr(*ö*)/ koymak, yerleştirmek; giymek, takmak; açmak, çalıştırmak; varsaymak, farz etmek ***se mettre à*** -e başlamak ***se mettre au lit*** yatmak
meuble /möbl(*ö*)/ *le* mobilya, eşya ***meublé*** *le* mobilyalı oda, mobilyalı daire ***meubler*** döşemek
meugler /mögle/ böğürmek
meunier, ière /mönye, yer/ *le+la* değirmenci
meurtre /mörtr(*ö*)/ *le* cinayet, adam öldürme ***meurtrier, ière*** öldürücü; *le+la* cani, katil
meurtrir /mörtrir/ ezmek, çürütmek, berelemek ***meurtrissure*** *la* ezik, çürük, bere
meute /möt/ *la* sürü, güruh
mi /mi/ *le, müz.* mi
mi- /mi/ *`yarı', `orta' anlamında bir önek à la mi-janvier* ocak ayı ortasında ***à mi-jambes*** dize kadar
miauler /miyole/ miyavlamak
mica /mika/ *le* mika
miche /miş/ *la (ekmek)* somun
mi-chemin /mişmen/ : ***à mi-chemin*** yarı yolda
mi-clos, e /miklo, kloz/ yarı kapalı
micro /mikro/ *le* mikrofon
microbe /mikrob/ *le* mikrop
microfilm /mikrofilm/ *le* mikrofilm
microphone /mikrofon/ *le* mikrofon
microscope /mikroskop/ *le* mikroskop
microsillon /mikrosiyon/ *le (plak)* uzunçalar
midi /midi/ *le* öğle
mie /mi/ *la* ekmek içi
miel /myel/ *le* bal
mielleux, euse /myelö, öz/ ballı, bal gibi
mien, ne /myen, myen/ : ***le(la) mien(ne)*** benimki ***les miens (miennes)*** benimkiler ***les miens*** ailem
miette /myet/ *la* ekmek kırıntısı
mieux /myö/ daha iyi ***le mieux, la mieux*** en iyisi
mièvre /myevr(*ö*)/ yapmacık
mignon, ne /minyon, on/ sevimli, tatlı, hoş
migraine /migren/ *la* migren
migration /migrasyon/ *la* göç
mijoter /mijote/ hafif ateşte pişirmek; kurmak, hazırlamak
milieu, x /milyö/ *le* orta; çevre; ortam ***au milieu de*** -in ortasında
militaire /militer/ askeri; *le* asker
militant, e /militan, ant/ *s+a.* militan
mille /mil/ bin; *le* mil ***millénaire*** *le* bin yıl ***mille-pattes*** *le* kırkayak
millet /miye/ *le* darı
milliard /milyar/ *le* milyar ***milliardaire*** *le+la* milyarder
millier /milye/ *le* bin ***un millier (de)*** bin kadar
milligramme /miligram/ *le* miligram
millimètre /milimetr(*ö*)/ *le* milimetre
million /milyon/ *le* milyon ***millionnaire*** *le+la* milyoner
mime /mim/ *le+la* pantomimci; *le* pantomim
minable /minabl(*ö*)/ hırpani; acınacak, zavallı
minauder /minode/ kırıtmak
mince /mens/ ince; narin; önemsiz, değersiz; tüh! tüh be! ***minceur*** *la* incelik; narinlik
mine /min/ *la* yüz, çehre, yüz ifadesi; görünüş; kalem ucu; maden ocağı; mayın ***faire mine de*** gibi görünmek
miner /mine/ oymak, aşındırmak;

ask. mayın döşemek
minerai /minre/ *le* maden cevheri, maden filizi
minéral, e, aux /mineral, o/ *s+le* mineral
mineur, e /minör/ daha küçük, daha az; *le+la, huk.* küçük, ergin olmayan; *le* maden işçisi
miniature /minyatür/ *s+la* minyatür
minibus /minibüs/ *le* minibüs
mini-jupe /minijüp/ *la* mini etek
minime /minim/ pek küçük, ufacık
minimiser /minimize/ azaltmak; küçümsemek
minimum /minimom/ minimum, en küçük, en az; *le* en az miktar, en küçük derece ***au minimum*** hiç olmazsa
ministère /minister/ *le* bakanlık; hükümet ***ministériel, le*** bakanlıkla ilgili; hükümetle ilgili
ministre /ministr(*ö*)/ *le* bakan; papaz; ortaelçi
minoritaire /minoriter/ azınlıkla ilgili
minorité /minorite/ *la* azınlık; ergin olmama, yaşı tutmama
minuit /minui/ *le* gece yarısı
minuscule /minüskül/ küçücük, mini; *la* küçük harf
minute /minüt/ *la* dakika ***minuterie*** *la* merdiven otomatiği
minutieux, euse /minüsyö, öz/ titiz, çok dikkatli
mioche /myoş/ *le, kd.* yumurcak, bızdık, velet
miracle /mirakl(*ö*)/ *le* mucize, tansık ***miraculeux, euse*** mucizevi, inanılmaz, olağanüstü
mirage /miraj/ *le* serap, ılgım, yalgın
miroir /miruar/ *le* ayna
miroiter /miruate/ parıldamak, harelenmek
misanthrope /mizantrop/ *le+la* insandan kaçan kimse
mise /miz/ *la* koyma, koyuş; miza; giyim, giyiniş ***être de mise*** kabul edilmek, geçmek ***mise en page*** sayfa düzeni ***mise en pli*** mizanpli ***mise en scène*** mizansen
miser /mize/ *(oyunda)* para sürmek ***miser sur*** *(at, vb.)* üzerine bahse girmek, -e oynamak; -e güvenmek, bel bağlamak
misérable /mizerabl(*ö*)/ mutsuz, perişan, zavallı; yoksul, sefil; *le+la* zavallı, sefil
misère /mizer/ *la* yoksulluk, sefalet
miséricorde /mizerikord(*ö*)/ *la* acıma, merhamet, af ***miséricordieux, euse*** bağışlayıcı, merhametli
misogyne /mizojin/ *s+a.* kadın düşmanı
missile /misil/ *le* füze
mission /misyon/ *la* özel görev; görev; misyon, heyet ***missionnaire*** *le+la* misyoner
mite /mit/ *la* güve ***mité, e*** güve yemiş
mi-temps /mitan/ *la, sp.* ara, haftaym ***à mi-temps*** yarımgün
miteux, euse /mitö, öz/ zavallı
mitrailler /mitraye/ makineli tüfekle taramak; poz poz resmini çekmek
mitrailleuse /mitrayöz/ *la* makineli tüfek
mitre /mitr(*ö*)/ *la* piskopos başlığı
mi-voix /mivua/ : ***à mi-voix*** alçak sesle
mixer /miksör/ *le* mikser, karıştırıcı, çırpıcı
mixité /miksite/ *la* karma eğitim
mixte /mikst(*ö*)/ karışık, karma
mixture /mikstür/ *la* karışım
mobile /mobil/ hareketli, devingen,

M

yer değiştirebilen; gezgin, seyyar; *le* itici kuvvet; dürtü
mobilier /mobilye/ *le* mobilya
mobilisation /mobilizasyon/ *la* seferberlik
mobiliser /mobilize/ seferber etmek
mobilité /mobilite/ *la* hareketlilik, devingenlik
mocassin /mokasen/ *le* mokasen
moche /moş/ *kd.* çirkin; kötü
mode /mod/ *la* moda; *le* biçim, şekil, tarz; *dilb.* kip; *müz.* makam ***à la mode*** moda, modaya uygun ***mode d'emploi*** kullanış tarzı ***mode de vie*** yaşam tarzı
modèle /model/ örnek; *le* model; örnek
modeler /modle/ modelini yapmak; biçimlendirmek, biçim vermek
modération /moderasyon/ *la* ılımlılık, ölçülülük; hafifletme, azaltma
modéré, e /modere/ *s+a.* ılımlı, ölçülü
modérer /modere/ ılımlılaştırmak, hafifletmek, azaltmak ***se modérer*** kendini tutmak
moderne /modern(*ö*)/ çağdaş, yeni, modern
moderniser /modernize/ yenileştirmek, çağdaşlaştırmak, modernleştirmek
modeste /modest(*ö*)/ alçakgönüllü; gösterişsiz, sade; ılımlı, ölçülü ***modestie*** *la* alçakgönüllülük; gösterişsizlik, sadelik
modification /modifikasyon/ *la* değiştirme, değişme; değişiklik
modifier /modifye/ değiştirmek ***se modifier*** değişmek
modique /modik/ önemsiz, değersiz, az
module /modül/ *le* modül; çap
moelle /mual/ *la* ilik; öz ***moelle épinière*** omurilik
moelleux, euse /mualö, öz/ yumuşak, tatlı, hoş
mæeurs /mör/ *la+ç.* töre, gelenek, âdet
mohair /moer/ *le* tiftik
moi /mua/ ben; beni, bana
moi-même /muamem/ kendim; ben kendim
moindre /muendr(*ö*)/ daha az, daha düşük ***le(la) moindre, les moindres*** en az, en küçük, en düşük
moine /muan/ *le* keşiş
moineau, x /muano/ *le* serçe
moins /muen/ daha az ***à moins de*** -medikçe, -madıkça ***à moins que*** -medikçe, -madıkça, -mezse, -mazsa ***au moins*** en azından ***du moins*** en azından ***la moins*** en az ***le moins*** en az
mois /mua/ *le* ay
moisi, e /muazi/ küflü, küflenmiş; *le* küf ***odeur de moisi*** küf kokusu
moisir /muazir/ küflenmek
moisissure /muazisür/ *la* küf
moisson /muason/ *la* hasat; ürün ***moissonner*** *(ürün)* toplamak, kaldırmak; toplamak ***moissonneuse-batteuse*** *la* biçerdöver
moite /muat/ nemli, yaş
moitié /muatye/ *la* yarı ***à moitié*** yarı yarıya, yarısına kadar ***à moitié prix*** yarı fiyatına
mol *bkz. mou*
molaire /moler/ *la* azıdişi
molécule /molekül/ *la* molekül
molester /moleste/ hırpalamak, tartaklamak
molle /mol/ *bkz.* mou
mollesse /moles/ yumuşaklık; gevşeklik, uyuşukluk, cansızlık
mollet /mole/ *le* baldır ***æeuf mollet*** rafadan yumurta

mollir /molir/ yumuşamak; yatışmak
mollusque /molüsk(*ö*)/ *le, hayb.* yumuşakça
môme /mom/ *le+la, kd.* yumurcak, çocuk; kız, manita, sevgili
moment /moman/ *le* an; şimdiki zaman ***en ce moment*** şu anda ***pour le moment*** şimdilik
momentané, e /momantane/ bir aralık, geçici, kısa
momie /momi/ *la* mumya
mon /mon/, ***ma*** /ma/, *ç. mes* /me/ benim
monarchie /monarşi/ *la* monarşi, tekerklik
monarque /monark(*ö*)/ *le* hükümdar, kral
monastère /monaster/ *le* manastır
monastique /monastik/ manastırla ilgili, keşişlerle ilgili
monceau, x /monso/ *le* yığın, küme
mondain, e /monden, en/ sosyetik; *le+la* sosyeteden kimse, sosyetik kimse
monde /mond/ *le* dünya ***le monde*** sosyete ***mettre au monde*** doğurmak, dünyaya getirmek ***tout le monde*** herkes
mondial, e, aux /mondyal, yo/ dünya ile ilgili, dünya+; dünya çapında
monétaire /moneter/ parasal, para+
moniteur, trice /monitör, tris/ *le+la* çalıştırıcı, antrenör
monnaie /mone/ *la* para; bozuk para ***faire de la monnaie*** para bozdurmak
monnayer /moneye/ paraya çevirmek
monologue /monolog/ *le* monolog
monopole /monopol/ *le* tekel ***monopoliser*** tekeline almak
monosyllabe /monosilab/ *le* tek heceli sözcük
monotone /monoton/ tekdüze, monoton ***monotonie*** *la* tekdüzelik, monotonluk
monseigneur /monsenyör/ *le* monsenyör
monsieur *ç. messieurs* /mösyö, mesyö/ *le* bay; beyefendi
monstre /monstr(*ö*)/ *le* canavar ***monstrueux, euse*** canavar gibi; koskocaman; ürkünç, korkunç
mont /mon/ *le* tepe, dağ
montage /montaj/ *le* montaj, kurma; *(sinema)* kurgu
montagnard, e /montanyar, ard(*ö*)/ dağla ilgili; *le+la* dağlı
montagne /montany/ *la* dağ
montant, e /montan, ant/ yükselen; *le* toplam, tutar; *(pencere)* dikme
montée /monte/ *la* yükselme, çıkma; yokuş, bayır
monter /monte/ çıkmak; yükselmek; binmek; monte emek, kurmak; *tiy.* sahnelemek ***se monter à*** -e varmak, -e çıkmak
montre /montr(*ö*)/ *la* saat, kol saati, cep saati ***faire montre de*** göstermek ***montre-bracelet*** *la* kol saati
montrer /montre/ göstermek
monture /montür/ *la* binek hayvanı; kaş, yuva; *(gözlük)* çerçeve
monument /monüman/ *le* anıt ***monumental, e, aux*** anıtsal; koskocaman
moquer /moke/ : ***se moquer de*** ile alay etmek; -e aldırış etmemek, umursamamak
moquerie /mokri/ *la* alay
moral, e, aux /moral, o/ ahlaki, törel; manevi, tinsel; *le* moral; *la* ahlak; törebilim, ahlakbilim; ders, kıssadan hisse ***moraliser*** ahlak dersi vermek, vaaz vermek ***moralité*** *la*

M

ahlaklılık; ders, kıssadan hisse
morbide /morbid/ hastalıklı
morceau, x /morso/ *le* parça
mordant, e /mordan, ant/ iğneli, dokunaklı, alaycı
mordre /mordr(*ö*)/ ısırmak; *(hayvan)* sokmak; aşındırmak
mordu, e /mordü/ vurgun, tutkun
morfondre /morfondr(*ö*)/ : ***se morfondre*** beklemekten sıkılmak
morgue /morg(*ö*)/ *la* kibir, kurum; morg
moribond, e /moribon, ond/ can çekişen, ölüm döşeğinde
morne /morn(*ö*)/ üzgün, kederli; kasvetli
morose /moroz/ somurtkan, asık suratlı
morphine /morfin/ *la* morfin
mors /mor/ *le* gem
morse /mors(*ö*)/ *le* mors
morsure /morsür/ *la* ısırma; ısırık
mort /mor/ *la* ölüm
mort, e /mor, mort(*ö*)/ *s+a.* ölü
mortalité /mortalite/ *la* ölüm oranı
mortel, le /mortel/ öldürücü, ölümcül; ölümlü, fani; *le+la* insan, insanoğlu
morte-saison /mort*ö*sezon/ *la* ölü mevsim
mortier /mortye/ *le* harç; havan; havan topu
mortifier /mortifye/ onurunu kırmak, küçük düşürmek
mort-né, e /morne/ ölü doğmuş
mortuaire /mortüer/ cenaze töreniyle ilgili
morue /morü/ *la* morina *(balığı)*
morveux, euse /morvö, öz/ *kd.* sümüklü
mosaïque /mozaik/ *la* mozaik
mosquée /moske/ *la* cami
mot /mo/ *le* sözcük, kelime; söz, laf ***mot de passe*** parola ***mots croisés*** bulmaca
motard /motar/ *le* motosikletli polis
motel /motel/ *le* motel
moteur, trice /motör, tris/ hareket ettirici; *le* motor ***moteur à deux temps*** ik zamanlı motor ***moteur à explosion*** içten yanmalı motor
motif /motif/ *le* güdü, saik; neden, gerekçe; motif, örge
motion /mosyon/ *la* önerge ***motion de censure*** güvensizlik önergesi
motivation /motivasyon/ *la* güdülenme, motivasyon; gerekçe, gerekçe gösterme
moto /moto/ *la* motosiklet ***motocyclette*** *la* motosiklet ***motocyclisme*** motosiklet yarışı ***motocycliste*** *le+la* motosikletli, motosiklet sürücüsü
motorisé, e /motorize/ motorize; arabası olan
motte /mot/ *la*: ***motte de beurre*** yağ topağı ***motte de terre*** kesek, toprak kümesi
mou(mol), molle /mu, mol/ yumuşak; gevşek; zayıf; *le (hayvan)* akciğer
mouche /muş/ *la* sinek ***prendre la mouche*** alınmak, küsmek
moucher /muşe/ *(çocuğun)* burnunu temizlemek ***se moucher*** sümkürmek, burnunu silmek
moucheron /muşron/ *le* küçük sinek
moucheté, e /muşte/ benekli
mouchoir /muşuar/ *le* mendil ***mouchoir en papier*** kâğıt mendil
moudre /mudr(*ö*)/ öğütmek
moue /mu/ *la* somurtma, surat asma ***faire la moue*** somurtmak, surat asmak
mouette /muet/ *la* martı
moufle /mufl(*ö*)/ *la* kolçak, parmak-

sız eldiven

mouillage /muyaj/ *le, den.* demir atma; demirleme yeri

mouillé, e /muye/ ıslak; nemli

mouiller /muye/ ıslatmak, sulandırmak; *den.* demir atmak

moule /mul/ *la* midye; *le* kalıp

mouler /mule/ kalıba dökmek, kalıbını çıkarmak; *(giysi)* üste oturmak, bedeni sarmak

moulin /mulen/ *le* değirmen ***moulin à café*** kahve değirmeni ***moulin à paroles*** geveze, çalçene ***moulin à vent*** yel değirmeni

moulinet /muline/ *le (küçük)* çark

mourir /murir/ ölmek

mousquetaire /musköter/ *le* silahşör

mousse /mus/ *la* yosun; köpük; krema; *le* muço ***bain de mousse*** köpük banyosu ***mousse à raser*** tıraş köpüğü

mousseline /muslin/ *la* muslin

mousser /muse/ köpürmek, köpüklenmek

mousseux, euse /musö, öz/ köpüklü; *le* köpüklü şarap

mousson /muson/ *la* muson

moustache /mustaş/ *la* bıyık ***moustaches*** *la+ç. (kedi)* bıyıklar

moustique /mustik/ *le* sivrisinek

moutarde /mutard(*ö*)/ *la* hardal

mouton /muton/ *le* koyun; koyun eti; koyun postu

mouvant, e /muvan, ant/ hareket eden, yer değiştiren, oynak

mouvement /muvman/ *le* hareket, devinim; etkinlik ***mouvementé, e*** hareketli; olaylı

mouvoir /muvuar/ kımıldatmak, oynatmak, hareket ettirmek ***se mouvoir*** kımıldamak, oynamak, hareket etmek

moyen, ne /muayen, en/ orta; ortalama; *le* araç, vasıta; yol, olanak ***au moyen de*** yardımıyla, vasıtasıyla ***moyen âge*** ortaçağ ***par ses propres moyens*** tek başına, yardım görmeden ***y a-t-il moyen de ...?*** -mek mümkün mü?

moyennant /muayenan/ karşılığında, karşılık olarak

Moyen-Orient /muayenoryan/ *le* Ortadoğu

moyeu, x /muayö/ *le* poyra, tekerlek göbeği

muer /müe/ *(hayvan)* deri değiştirmek, tüy değiştirmek

muet, te /müe, et/ dilsiz; dili tutulmuş; sessiz; *dilb. (harf)* okunmayan; *le+la* dilsiz kimse

mufle /müfl(*ö*)/ *le (hayvan)* burun ucu; ayı, odun, kaba adam

mugir /müjir/ böğürmek

muguet /müge/ *le* inciçiçeği

mule /mül/ *la* dişi katır

mulet /müle/ *le* katır

multicolore /mültikolor/ rengârenk, çok renkli

multiple /mültipl(*ö*)/ çok, birçok; *le, mat.* kat

multiplication /mültiplikasyon/ *la* çarpma, çarpım; çoğalma

multiplier /mültipliye/ çarpmak; çoğaltmak, artırmak ***se multiplier*** artmak, çoğalmak; üremek

multitude /mültitüd/ *la* çokluk; kalabalık, halk yığını

municipal, e, aux /münisipal, o/ belediyeyle ilgili

municipalité /münisipalite/ *la* belediye

munir /münir/ : ***munir de*** ile donatmak, vermek

munitions /münisyon/ *la+ç.* cephane

M

mur /mür/ *le* duvar
mûr, e /mür/ olgun; *la* dut
muraille /müray/ *la* yüksek duvar, büyük duvar
mural, e, aux /müral, o/ duvarda yetişen, duvara asılan, duvar+
mûrir /mürir/ olgunlaşmak; olgunlaştırmak
murmure /mürmür/ *le* mırıltı, fısıltı; homurtu; çağıltı ***murmurer*** mırıldanmak; homurdanmak; çağıldamak; hışırdamak
musc /müsk/ *le* misk
muscade /müskad/ *la* küçük hindistancevizi
muscat /müska/ *le* misket üzümü; misket şarabı
muscle /müskl(*ö*)/ *le* kas, adale ***musclé, e*** kaslı, adaleli, güçlü
museau, x /müzo/ *le (hayvanda)* burun, somak
musée /müze/ *le* müze; sanat galerisi
museler /müzle/ *(hayvana)* burunsalık takmak; *mec.* susturmak ***muselière*** *la* burunsalık
muséum /müzeom/ *le* müze, doğa bilimleri müzesi
musical, e, aux /müzikal, o/ müzikle ilgili, müzikli, müzik+
music-hall /müzikol/ *le* müzikhol
musicien, ne / müzisye**n**, yen/ *le+la* müzisyen
musique /müzik/ *la* müzik; bando, mızıka ***musique de chambre*** oda müziği ***musique de fond*** fon müziği
musulman, e /müzülma**n**, an/ *s+a.* Müslüman
mutilation /mütilasyo**n**/ *la* sakatlama, kesme, koparma
mutilé, e /mütile/ *le+la* sakat, malul
mutiler /mütile/ sakatlamak, sakat bırakmak
mutin, e /müte**n**, in/ uyanık, muzip; *le+la* isyancı, asi
mutiner /mütine/ : ***se mutiner*** ayaklanmak, başkaldırmak ***mutinerie*** *la* başkaldırı, ayaklanma
mutisme /mütism(*ö*)/ *le* sessizlik, suskunluk
mutuel, le /mütuel/ karşılıklı; *la* yardımlaşma kurumu
myope /myop/ miyop ***myopie*** *la* miyopluk
myosotis /myozotis/ *le* unutmabeni *(çiçeği)*
myrtille /mirtiy/ *la* ayıüzümü
mystère /mister/ *le* gizem, sır, esrar ***mystérieux, euse*** gizemli, esrarlı, esrarengiz
mysticisme /mistisism(*ö*)/ *le* gizemcilik, tasavvuf
mystifier /mistifye/ dalga geçmek, işletmek
mystique /mistik/ mistik, gizemsel; *le+la* mistik, gizemci
mythe /mit/ *le* söylence, efsane, mit ***mythique*** efsanevi
mythologie /mitoloji/ *la* mitoloji ***mythologique*** mitolojik

N

n' /n/ *bkz. ne*
nacre /nakr(*ö*)/ *la* sedef ***nacré, e*** sedef gibi
nage /naj/ *la* yüzme ***en nage*** ter içinde
nageoire /njuar/ *la* yüzgeç
nager /naje/ yüzmek ***nageur, euse*** *le+la* yüzücü
naguère /nager/ daha geçenlerde, daha dün

naïf, ïve /naif, naiv/ saf, bön; toy
nain, e /nen, nen/ *le+la* cüce
naissance /nesans/ *la* doğum ***de naissance*** doğuştan ***donner naissance à*** doğurmak
naître /netr(ö)/ doğmak ***faire naître*** doğurmak, yol açmak
naïveté /naivte/ *la* doğallık; saflık, bönlük
nappe /nap/ *la* sofra örtüsü
narcotique /narkotik/ *s+le* uyuşturucu
narine /narin/ *la* burun deliği
narquois, e /narkua, uaz/ sinsi, alaycı
narrateur, trice /naratör, tris/ *le+la* anlatıcı, anlatan
narrer /nare/ anlatmak
nasal, e, aux /nazal, o/ burunla ilgili, burun+; *dilb.* genzel, genizsi
naseau, x /nazo/ *le* burun deliği
natal, e /natal/ doğum yeriyle ilgili
natalité /natalite/ *la* doğum oranı
natation /natasyon/ *la* yüzme
natif, ive /natif, iv/ doğuştan ***natif de*** -de doğmuş, doğumlu
nation /nasyon/ *la* ulus, millet
national, e, aux /nasyonal, o/ ulusal, milli ***nationaliser*** ulusallaştırmak, devletleştirmek ***nationalisme*** *le* ulusçuluk, milliyetçilik ***nationalité*** *la* uyrukluk, tabiiyet; milliyet
natte /nat/ *la* hasır; saç örgüsü
naturaliste /natüralist(ö)/ *le+la* doğabilimci, doğal bilimler uzmanı
nature /natür/ *la* doğa; yaradılış ***nature morte*** natürmort
naturel, le /natürel/ doğal; *(çocuk)* evlilik dışı, piç; *le* doğallık, yapmacıksızlık; yaradılış, huy ***naturellement*** doğuştan, yaradılıştan; doğal, yapmacıksız; elbette
naturiste /natürist(ö)/ *le+la* doğacı, natürist
naufrage /nofraj/ *le (gemi)* batma; yıkılma, çöküş ***faire naufrage*** batmak
nauséabond, e /nozeabon, ond/ mide bulandırıcı, iğrenç
nausée /noze/ *la* bulantı
nautique /notik/ gemicilikle ilgili; suda yapılan, su
nautisme /notism/ *le* su sporları
naval, e /naval/ gemicilikle ilgili, denizcilikle ilgili, deniz
navet /nave/ *le* şalgam; kalitesiz film
navette /navet/ *la* mekik ***faire la navette (entre)*** *(arasında)* mekik dokumak
navigateur /navigatör/ *le* gemici, denizci; pilot
navigation /navigasyon/ *la* denizcilik, gemicilik; deniz yolculuğu
naviguer /navige/ *(gemi, uçak)* gitmek, seyretmek; *(gemi, uçak)* kullanmak, yönetmek
navire /navir/ *le* gemi
navrer /navre/ üzmek
ne, n' /n(ö)/ : ***ne jamais*** asla, hiç ***ne pas*** değil ***ne plus*** artık ***ne que*** ancak, sadece
né, e /ne/ doğmuş, doğan; doğuştan
néanmoins /neanmuen/ bununla birlikte, yine de
néant /nean/ *le* yokluk, hiçlik
nébuleux, euse /nebülö, öz/ bulutlu; belirsiz, bulanık
nécessaire /neseser/ gerekli; zorunlu; kaçınılmaz; *le* gereken, gerekli şey; çanta, kutu
nécessité /nesesite/ zorunluluk; gereksinim, ihtiyaç; yoksulluk
nécessiter /nesesite/ gerektirmek, zorunlu kılmak
nécrologique /nekrolojik/ : ***article***

N

nécrologique ölüm ilanı ***rubrique nécrologique*** ölüm ilanları sütunu
nef /nef/ *la (kilisede)* sahın
néfaste /nefast(ö)/ uğursuz; zararlı
négatif, ive /negatif, iv/ olumsuz; eksi, negatif; *le (fotoğraf)* negatif
négligé, e /neglije/ bakımsız, özen gösterilmemiş; *le* ev kıyafeti, sabah kıyafeti
négligence /neglijans/ *la* dikkatsizlik; özensizlik, ihmal
négligent, e /neglijan, ant/ dikkatsiz; ihmalci
négliger /neglije/ ihmal etmek, savsaklamak; dikkat etmemek
négoce /negos/ *le* iş, ticaret
négociant /negosyan/ *le* tüccar
négociation /negosyasyon/ *la* görüşme; *(senet)* kırdırma
négocier /negosye/ görüşmek; ciro etmek; *(senet)* kırdırmak
nègre /negr(ö)/ *le* zenci
négresse /negres/ *la* zenci kadın
neige /nej/ *la* kar ***neiger*** kar yağmak ***neigeux, euse*** karlı
nénuphar /nenüfar/ *le* nilüfer
néon /neon/ *le* neon
nerf /ner/ *le* sinir; güç, enerji
nerveux, euse /nervö, öz/ sinirsel; sinirli
nervosité /nervosite/ *la* sinirlilik
n'est-ce pas /nespa/ değil mi?
net, nette /net/ temiz; açık, belirli; net; açıkça, dosdoğru ***netteté*** *la* temizlik; açıklık, belirginlik
nettoyage /netuayaj/ *le* temizleme ***nettoyage à sec*** kuru temizleme
nettoyer /netuaye/ temizlemek
neuf /nöf/ dokuz
neuf, neuve /nöf, növ/ yeni
neurologie /nöroloji/ *la* nöroloji, sinirbilim
neutraliser /nötralize/ etkisiz duruma getirmik; tarafsızlaştırmak, yansızlaştırmak
neutralité /nötralite/ *la* yansızlık, tarafsızlık
neutre /nötr(ö)/ yansız, tarafsız; nötr; *le, dilb.* yansız sözcük, cinssiz sözcük
neutron /nötron/ *le* nötron
neveu, x /növö/ *le* erkek yeğen
névrose /nevroz/ *la* nevroz, sinirce ***névrosé, e*** nevrozlu, sinirceli; *le+la* sinir hastası
nez /ne/ *le* burun
ni /ni/ ne, ne de ***ni ... ni ...*** ne ... ne ...
niais, e /nye, ez/ aptal, bön
niche /niş/ *la* köpek kulübesi; duvarda oyuk
nicher /nişe/ yuva yapmak
nickel /nikel/ *le* nikel
nicotine /nikotin/ *la* nikotin
nid /ni/ *le* yuva ***nid de poule*** *(yolda)* çukur
nièce /nyes/ *la (kız)* yeğen
nier /nye/ yadsımak, inkâr etmek
nigaud, e /nigo, od/ *le+la* salak, dangalak, ahmak
n'importe /nenport(ö)/ : ***n'importe comment*** nasıl olursa olsun, şu ya da bu yolla ***n'importe où*** herhangi bir yerde, neresi olursa olsun ***n'importe quel*** herhangi bir ***n'importe qui*** herhangi bir kimse, kim olursa olsu ***n'importe quoi*** herhangi bir şey, ne olursa olsun
nippes /nip/ *la+ç.* eski püskü giysi
nitouche /nituş/ *la*: ***sainte nitouche*** ikiyüzlü
nitrate /nitrat/ *le* nitrat
niveau, x /nivo/ *le* düzey; düzeç, tesviye aleti ***le niveau de la mer*** deniz seviyesi ***le niveau de vie*** yaşam düzeyi, yaşam standardı

niveler /nivle/ düzeçle ölçmek; düzlemek; eşit düzeye getirmek

noble /nobl(*ö*)/ *s+a.* soylu ***noblesse*** *la* soyluluk, asalet

noce /nos/ *la* düğün ***faire la noce*** *kd.* vur patlasın çal oynasın eğlenmek

nocif, ive /nosif, iv/ zararlı

nocturne /noktürn(*ö*)/ gece olan, gece yapılan, gece+

Noël /noel/ *le* Noel

nœud /nö/ *le* düğüm; boğum; bağ ***nœud papillon*** papyon, papyon kravat

noir, e /nuar/ kara, siyah; karanlık; kötü; *le* siyah renk; karanlık; *le+la* zenci; *la, müz.* dörtlük ***noircir*** kararmak; karartmak

noisette /nuazet/ *la* fındık

noix /nua/ *la* ceviz; *kd.* salak, dangalak ***à la noix*** *kd.* değersiz, önemsiz ***noix de coco*** hindistancevizi

nom /non/ *le* ad, isim ***nom commun*** *dilb.* cins ismi, tür adı ***nom de famille*** soyadı ***nom de jeune fille*** kızlık soyadı ***nom propre*** *dilb.* özel ad, özel isim

nomade /nomad/ *s+a.* göçebe

nombre /nonbr(*ö*)/ *le* sayı; rakam

nombreux, euse /nonbrö, öz/ birçok, çok sayıda

nombril /nonbri/ *le* göbek

nominal, e, aux /nominal, o/ *dilb.* adla ilgili, ad gibi; saymaca, itibari

nomination /nominasyon/ *la* atama, atanma

nommer /nome/ adlandırmak; adını söylemek, adını vermek; atamak, tayin etmek ***se nommer*** adı ... olmak

non /non/ hayır; değil; olmayan ***moi non plus*** *(olumsuz anlamda)* ben de

nonchalance /nonşalans/ *la* gevşeklik, uyuşukluk

nonne /non/ *la* rahibe

nonobstant /nonopstan/ -e karşın, -e rağmen

non-sens /nonsans/ *le* saçmalık

nord /nor/ *s+le* kuzey ***nord-est*** *le* kuzeydoğu ***nord-ouest*** *le* kuzeybatı

normal, e, aux /normal, o/ normal ***normalement*** normal olarak ***normaliser*** standartlaştırmak; normalleştirmek

norme /norm(*ö*)/ *la* norm, düzgü; standart, ölçün

nos /no/ *bkz. notre*

nostalgie /nostalji/ *la* yurtsama, yurt özlemi

notable /notabl(*ö*)/ önemli, hatırı sayılır; *le* ileri gelen kişi, önemli kişi

notaire /noter/ *le* noter

notamment /notaman/ özellikle, hele

note /not/ *la* not; nota; hesap *(pusulası)*

noter /note/ yazmak, not etmek; dikkat etmek, göz önünde tutmak

notice /notis/ *la* özet, kısa yazı

notifier /notifye/ bildirmek, tebliğ etmek

notion /nosyon/ *la* kavram; bilgi

notoire /notuar/ herkesçe bilinen; ünlü, tanınmış

notre, nos /notr(*ö*), no/ bizim

nôtre /notr(*ö*)/ : ***la nôtre*** bizimki ***le nôtre*** bizimki ***les nôtres*** bizimkiler

nouer /nue/ bağlamak; düğümlemek

noueux, euse /nuö, öz/ düğümlü; budaklı; boğumlu

nouilles /nuy/ *la+ç.* erişte, makarna

nourrice /nuris/ *la* sütnine, dadı

nourrir /nurir/ beslemek; emzirmek
nourrisson /nurison/ *le* süt bebeği, süt çocuğu
nourriture /nuritür/ *la* besin, yiyecek
nous /nu/ biz; bizi, bize ***nous-mêmes*** kendimiz
nouveau(nouvel), elle, x /nuvo, el/ yeni; *le+la* yeni öğrenci; *la* haber; öykü, hikâye ***à nouveau*** yeniden ***de nouveau*** yeniden, bir daha ***Nouvel An*** yılbaşı, yeni yıl
nouveau-né, e /nuvone/ *le+la* yeni doğmuş bebek
nouveauté /nuvote/ *la* yenilik; yeni çıkmış kitap, film, vb.
nouvel, nouvelle /nuvel/ *bkz. nouveau*
novateur, trice /novatör, tris/ *le+la* yenilikçi
novembre /novanbr(*ö*)/ *le* kasım
novice /novis/ *s+a.* yeni, toy, acemi
noyade /nuayad/ *la (suda)* boğma, boğulma
noyau, x /nuayo/ *le* çekirdek
noyer /nuaye/ *(suda)* boğmak; *le* ceviz ağacı ***se noyer*** *(suda)* boğulmak
nu, e /nü/ çıplak; *le* çıplak, nü ***mettre à nu*** soymak ***se mettre nu*** soyunmak ***nu-pieds*** yalınayak ***nu-tête*** başı açık
nuage /nuaj, nüaj/ *le* bulut ***nuageux, euse*** bulutlu
nuance /nuans/ *la* nüans, ayırtı
nucléaire /nükleer/ nükleer
nudisme /nüdism/ *le* çıplaklık ***nudiste*** *le+la* çıplak
nudité /nüdite/ *la* çıplaklık
nuée /nüe/ *la*: ***une nuée de*** ... sürüsü, kümesi
nues /nü/ *la+ç.*: ***porter aux nues*** göklere çıkarmak ***tomber des nues*** afallamak, şaşakalmak
nuire /nuir/ zararlı olmak ***nuire à*** -e zarar vermek
nuisible /nuizibl(*ö*)/ zararlı
nuit /nui/ *la* gece ***nuit blanche*** uykusuz gece ***nuit de noces*** gerdek gecesi
nuitamment /nüitaman/ geceleyin
nul, nulle /nül/ hiç, hiçbir; değersiz, sıfır; işe yaramaz; hiç kimse ***nulle part*** hiçbir yerde ***nullement*** hiçbir şekilde, asla
nullité /nülite/ *la* geçersizlik; önemsizlik, değersizlik; değersiz kimse
numéraire /nümerer/ *le (nakit)* para
numérique /nümerik/ sayısal
numéro /nümero/ *le* numara ***numéroter*** numaralamak
nuptial, e, aux /nüpsyal, o/ düğünle ilgili, evlenmeyle ilgili
nuque /nük/ *la* ense
nutritif, ive /nütritif, iv/ besleyici; beslenmeyle ilgili
nylon /nilon/ *le* naylon
nymphomane /nenfoman/ *la* nemfomanyak, erkek delisi

O

oasis /oazis/ *la* vaha
obéir /obeir/ itaat etmek, söz dinlemek ***obéir à*** -e itaat etmek, -i dinlemek; -e uymak
obéissance /obeisans/ *la* itaat, söz dinleme
obéissant, e /obeisan, ant/ itaatli, söz dinler
obélisque /obelisk(*ö*)/ *le* dikilitaş
obèse /obez/ şişko, çok şişman ***obésité*** *la* şişkoluk, aşırı şişmanlık
objecter /objekte/ bahane etmek, ileri sürmek

objectif, ive /objektif, iv/ nesnel; yansız, tarafsız; *le* mercek, objektif; amaç, gaye
objection /objeksyo**n**/ *la* itiraz
objet /obje/ *le* nesne; şey, eşya; konu ***objets trouvés*** bulunmuş eşya
obligation /obligasyo**n**/ *la* ödev; zorunluluk; *tic.* tahvil
obligatoire /obligatuar/ zorunlu
obliger /oblije/ zorunda bırakmak, zorlamak, bağlamak; minnettar kılmak
oblique /oblik/ eğri, eğik; dolaylı
oblitérer /oblitere/ iptal etmek
oblong, oblongue /oblo**n**, o**n**g/ boyu eninden fazla, diktörtgen biçiminde
obscène /opsen/ açık saçık, ayıp, müstehçen ***obscénité*** *la* müstehcenlik
obscur, e /opskür/ karanlık; anlaşılmaz ***obscurcir*** karartmak; karanlıklaştırmak; karıştırmak, anlaşılmaz hale getirmek ***obscurité*** karanlık; anlaşılmazlık
obsédé, e /opsede/ *le+la*: ***obsédé(e) sexuel(le)*** seksomanyak, seks delisi
obséder /opsede/ yakasını bırakmamak, musallat olmak; kafasına takılmak
obsèques /opsek/ *la+ç.* cenaze töreni
observateur, euse /opservatör, tris/ dikkatli, gözünden bir şey kaçmaz; *le+la* gözlemci
observation /opservasyo**n**/ *la* gözlem; gözetleme; inceleme; uyma, gözetme; azarlama
observatoire /opservatuar/ *le* gözlemevi, rasathane
observer /opserve/ gözlemek; incelemek; gözlemlemek; uymak, gözetmek
obsession /opsesyo**n**/ *la* saplantı, takınak
obstacle /opstakl(*ö*)/ *le* engel
obstination /opstinasyo**n**/ *la* inat, diretme
obstiné, e /opstine/ inatçı, dik başlı
obstiner /opstine/ : ***s'obstiner*** inat etmek, diretmek
obstruction /opstrüksyo**n**/ *la* tıkanma; *sp.* engelleme
obstruer /opstrüe/ tıkamak ***s'obstruer*** tıkanmak
obtenir /opt*ö*nir/ elde etmek, sağlamak, edinmek; erişmek
obtus, e /optü, üz/ kalın kafalı, anlayışı kıt
obus /obü/ *le* mermi, gülle
occasion /okazyo**n**/ *la* fırsat, vesile; neden, etken; elden düşme mal; kelepir *(mal) d'occasion* eski, elden düşme ***occasionnel, le*** tesadüfi
occasionner /okazyone/ neden olmak, yol açmak
occident /oksida**n**/ *le* batı ***occidental, e, aux*** batı; *le+la* batılı
occulte /okült(*ö*)/ gizli, saklı, doğaüstü
occupant, e /oküpa**n**, a**n**t/ işgalci, işgal eden; *le+la* daire sakini, oturan; *le, ask.* işgal kuvvetleri
occupation /oküpüsyo**n**/ *la* iş, uğraş; işgal
occupé, e /oküpe/ işgal edilmiş, işgal altında; meşgul; dolu, meşgul
occuper /oküpe/ oturmak; *(zaman)* almak, tutmak; işgal etmek, sahip olmak; meşgul etmek ***s'ooccuper de*** ile uğraşmak, meşgul olmak
occurrence /oküra**n**s/ *la*: ***en l'occurrence*** bu durumda

O

océan /osean/ *le* okyanus
ocre /okr(ö)/ *la* aşıboyası
octane /oktan/ *le* oktan
octave /oktav/ *la* oktav
octobre /oktobr(ö)/ *le* ekim *(ayı)*
octogone /oktogon/ *le* sekizgen
octroyer /oktruaye/ vermek, bağışlamak
oculiste /okülist(ö)/ *le+la* göz hekimi
ode /od/ *la* od
odeur /odör/ *la* koku
odorant, e /odoran, ant/ güzel kokulu
odorat /odora/ *le* koklama duyusu
odoriférant, e /odoriferan, ant/ güzel kokulu
œil /öy/, *ç. yeux* /yö/ *le* göz ***à l'œil*** *kd.* bedava ***avoir l'œil à*** -e göz kulak olmak ***faire de l'œil à*** -e göz etmek ***fermer les yeux (sur)*** *(-e)* göz yummak, *(-ı)* görmemezlikten gelmek
œillade /öyad/ *la*: ***lancer une œillade à*** -e göz kırpmak
œillères /öyer/ *la+ç.* atın göz siperi
œillet /öye/ *le* karanfil; küçük delik
œnologue /enolog/ *le+la* şarap uzmanı
œsophage /ezofaj/ *le* yemek borusu
œuf /öf, (ç.) ö/ *le* yumurta ***œuf à la coque*** rafadan yumurta ***œuf au plat*** sahanda yumurta
œuf de Pâques Paskalya yumurtası ***œuf dur*** lop yumurta, katı yumurta
œuvre /övr(ö)/ *la* iş, çalışma; yapıt, eser; hayır kurumu; *le* bir sanatçının tüm yapıtları, külliyat ***œuvre d'art*** sanat yapıtı, sanat eseri
offense /ofans/ *la* hakaret; günah
offenser /ofanse/ kırmak, incitmek; -e karşı günah işlemek ***s'offenser de*** -e kırılmak, -den alınmak
offensif, ive /ofansif, iv/ saldırıcı; saldırmaya yarayan, saldırı+; *la* saldırı, saldırma
office /ofis/ *le* iş, görev; işyeri, ofis, büro; ayin; *le* kiler ***faire office de*** -lik yapmak, görevini yapmak ***office du tourisme*** turizm ofisi
officiel, le /ofisyel/ resmi; *le+la* resmi kişi
officier /ofisye/ *le* görevli, memur; subay
officieux, euse /ofisyö, öz/ yarı resmi
officine /ofisin/ *la* eczane laboratuvarı; eczane
offrande /orand/ *la* bağış, adak
offre /ofr(ö)/ *la* öneri, teklif; sunu, arz ***`offres d'emploi'*** *(gazetede)* iş ilanları
offrir /ofrir/ önermek, teklif etmek; vermek, armağan etmek; sunmak; göstermek, arz etmek ***s'offrir*** ortaya çıkmak, görülmek; kendini ileri sürmek
offset /ofset/ *le* ofset *(baskı)*
offusquer /ofüske/ darıltmak, gücendirmek ***s'offusquer de*** -e darılmak, gücenmek
ogive /ojiv/ *la* sivri kemer; *(mermi)* başlık ***ogive nucléaire*** nükleer savaş başlığı
ogre /ogr(ö)/ *le* dev, canavar
oie /ua/ *la* kaz
oignon /onyon/ *le* soğan
oindre /uendr(ö)/ yağ sürmek
oiseau, x /uazo/ *le* kuş ***oiseau de proie*** yırtıcı kuş ***oiseau-mouche*** *le* sinekkuşu
oisellerie /uazelri/ *la* kuşçu dükkânı
oisif, ive /uazif, iv/ *s+a.* işsiz, aylak ***oisiveté*** *la* işsizlik, aylaklık
oléoduc /oleodük/ *le* petrol boru hattı
olive /oliv/ *la* zeytin ***oliveraie*** *la*

O

zeytinlik

olympiade /olenpyad/ *la* olimpiyat ***les olympiades*** olimpiyat oyunları

olympique /olenpik/ olimpiyatla ilgili, olimpiyat+

ombrage /onbraj/ *le* gölgelik ***prendre ombrage de*** -e gücenmek, -den alınmak ***ombragé, e*** gölgeli, gölgelik ***ombrageux, euse*** *(at)* ürkek; alıngan

ombre /onbr(ö)/ *la* gölge ***ombre à paupières*** göz farı

ombrelle /onbrel/ *la* güneş şemsiyesi

omelette /omlet/ *la* omlet

omettre /ometr(ö)/ atlamak, unutmak

omission /omisyon/ *la* atlama, unutma

omnibus /omnibüs/ *le* her istasyona uğrayan tren

omnipotent, e /omnipotan, ant/ her şeye gücü yeten

omoplate /omoplat/ *la* kürekkemiği

on /on/ *Genel anlamda bir özneyi gösterir: On parle français. Fransızca konuşulur.*; insan; *(adamın)* biri; ben; sen, o, biz, siz, onlar

oncle /onkl(ö)/ *le* amca, dayı

onde /ond/ *la* dalga ***sur les ondes*** radyoda

on-dit /ondi/ söylenti, dedikodu

ondoyer /onduaye/ dalgalanmak

ondulant, e /ondülan, ant/ dalgalı; düzensiz

ondulation /ondülasyon/ *la* dalgalanma; *(saç)* dalga

onduler /ondüle/ dalgalanmak; *(saç)* dalgalı olmak, kıvırcık olmak

onéreux, euse /onerö, öz/ pahalı, masraflı

ongle /ongl(ö)/ *le* tırnak

onguent /ongan/ *le* merhem

onyx /oniks/ *le* balgamtaşı, oniks

onze /onz/ on bir ***onzième*** on birinci

opaque /opak/ saydamsız, ışık geçirmez

opéra /opera/ *le* opera; opera binası

opérateur, trice /operatör, tris/ *le+la* işletmen, operatör, teknisyen; cerrah, operatör ***opérateur, trice (de prise de vues)*** kameraman, alıcı yönetmeni

opération /operasyon/ *la* işleme, çalışma; iş; *mat.* işlem; *ask.* harekât; ameliyat

opérer /opere/ ameliyat etmek; yapmak, gerçekleştirmek; etkisini göstermek ***se faire opérer*** ameliyat olmak ***s'opérer*** yapılmak, olmak

opérette /operet/ *la* operet

ophtalmologie /oftalmoloji/ *la* göz hekimliği ***ophtalmologue*** *le+la* göz hekimi

opiniâtre /opinyatr(ö)/ inatçı, dik kafalı

opinion /opinyon/ *la* fikir, düşünce, kanı ***l'opinion (publique)*** kamuoyu

opium /opyom/ *le* afyon

opportun, e /oportön, ün/ uygun, elverişli ***opportunité*** *la* uygunluk, elverişlilik

opposé, e /opoze/ zıt, ters, karşıt; ayrı, farklı; *le* karşıt, zıt ***à l'opposé, e*** tersine ***opposé à*** -e karşı

opposer /opoze/ karşı karşıya koymak; karşı koymak; ileri sürmek ***s'opposer à*** -e karşı çıkmak, karşı koymak

opposition /opozisyon/ *la* karşıtlık, zıtlık; itiraz, karşı koyma; muhalefet ***opposition à*** -in tersine ***être en opposition avec*** ile çatışmak, ile uyuşamamak

opprimer /oprime/ sıkıştırmak, baskı yapmak; ezmek, zulmetmek
opprobre /oprobr(ö)/ *le* yüzkarası, utanç
opter /opte/ : ***opter pour*** -i seçmek, yeğlemek
opticien, ne /optisyen, en/ *le+la* gözlükçü
optimisme /optimism(ö)/ *le* iyimserlik ***optimiste*** *le+la* iyimser
optimum /optimom/ en uygun, en iyi, optimum
option /opsyon/ *la* seçme; seçilen şey ***matière à option*** seçmeli ders
optique /optik/ görmeyle ilgili, gözle ilgili; *la* optik; görüş açısı
opulence /opülans/ *la* bolluk, zenginlik
opulent, e /opülan, ant/ zengin, varlıklı; bol
or /or/ oysa; *le* altın ***d'or*** altın
oracle /arakl(ö)/ *le* kâhin; kehanet
orage /oraj/ *le* fırtına, boran ***orageux, euse*** fırtınalı

O

oraison /orezon/ *la* dua
oral, e, aux /oral, o/ sözlü; ağızla ilgili; *le* sözlü *(sınav) oralement* sözlü olarak
orange /oranj/ portakal renginde; *la* portakal ***orangé, e*** turuncu, portakal renginde
orateur /oratör/ *le* konuşmacı, hatip
orbite /orbit/ *la* gözevi, göz çukuru; yörünge
orchestre /orkestr(ö)/ *le* orkestra; *tiy.* ön koltuklar ***orchestrer*** orkestraya uyarlamak
orchidée /orkide/ *la* orkide
ordinaire /ordiner/ alışılmış, olağan, her zamanki; bayağı, düşük; *le* her zaman yapılan şey ***d'ordinaire*** genellikle ***à l'ordinaire*** genellikle, her zaman olduğu gibi

ordinal, e, aux /ordinal, o/ sıra gösteren, sıra+
ordinateur /ordinatör/ *le* bilgisayar
ordonnance /ordonans/ *la* düzen; *hek.* reçete; buyruk, emir
ordonné, e /ordone/ düzenli, tertipli
ordonner /ordone/ düzenlemek; buyurmak, emretmek; *hek.* reçeteyle yazmak
ordre /ordr(ö)/ *le* düzen; sıra; buyruk, emir; yol, usul; sınıf; tarikat; oda, birlik, meslek derneği; düzenlilik ***mettre en ordre*** düzene sokmak ***ordre du jour*** gündem
ordure /ordür/ *la* pislik ***ordures*** çöp, süprüntü
oreille /orey/ *la* kulak; sap, kulp
oreiller /oreye/ *le* yastık
oreillons /oreyon/ *le+ç.* kabakulak
ores /or/ : ***d'ores et déjà*** şimdiden
orfèvre /orfevr(ö)/ *le* kuyumcu
organe /organ/ *le* organ; temsilci, sözcü
organique /organik/ organik
organisateur, trice /organizatör, tris/ *le+la* organizatör, düzenleyici
organisation /organizasyon/ *la* örgüt; örgütleme, örgütlenme; düzenleme
organiser /organize/ örgütlemek; düzenlemek, hazırlamak
organisme /organism(ö)/ *le* organizma; vücut; örgüt, kurum
organiste /organist(ö)/ *le+la* orgcu
orgasme /orgasm(ö)/ *le* orgazm, boşalma
orge /orj(ö)/ *la* arpa
orgelet /orjöle/ *le, hek.* arpacık
orgiaque /orjyak/ eğlenceli, cümbüşlü
orgie /orji/ *la* âlem, cümbüş
orgue /org(ö)/ *le* org
orgueil /orgöy/ *le* kibir, kurum

orgueilleux, euse gururlu; kibirli

Orient /oryan/ *le*: ***l'Orient*** doğu *(ülkeleri)*

oriental, e, aux /oryantal, o/ doğuyla ilgili, doğuya özgü, doğu+

orientation /oryantasyon/ *la* yönelme, yöneltme; yön ***orientation professionnelle*** mesleki açıdan yönlendirme, meslek danışmanlığı

orienté /oryante/ yönelmiş, yönelik

orienter /oryante/ yöneltmek, çevirmek; yönlendirmek; kılavuzluk etmek ***s'orienter vers*** -e doğru yönelmek

oriflamme /oriflam/ *la* süs bayrağı, flama

origan /origan/ *le* mercanköşk

originaire /orijiner/ doğuştan; ilk, asıl; yerli

original, e, aux /orijinal, o/ özgün, orijinal; ilk, asıl; garip, tuhaf; *le+la* tuhaf kimse; *le* asıl, asıl nüsha ***originalité*** *la* özgünlük, orijinallik; tuhaflık, gariplik

origine /orijin/ *la* köken, kaynak; başlangıç; esas, asıl neden ***à l'origine*** başlangıçta, ilkin

orme /orm(ö)/ *le* karaağaç

ornement /ornöman/ *le* süs; süsleme ***ornemental, e, aux*** süsleyici; süslü ***ornementer*** süslemek

orner /orne/ süslemek, bezemek

ornière /ornyer/ *la* tekerlek izi

ornithologie /ornitoloji/ *la* kuşbilim, ornitoloji

orphelin, e /orfölen, in/ *s+a.* öksüz, yetim ***orphelinat*** *le* öksüzler yurdu, yetimhane

orteil /ortey/ *le* ayak parmağı

orthodoxe /ortodoks(ö)/ ortodoks; dinsel kurallar içinde kalan, doğru yolda olan; gelenekçi, geleneksel

orthographe /ortograf/ *la* yazım ***orthographier*** yazmak

orthopédie /ortopedi/ *la* ortopedi ***orthopédique*** ortopedik ***orthopédiste*** *le+la* ortopedist

ortie /orti/ *la* ısırgan

os /os, (ç.) o/ *le* kemik ***os à moelle*** ilikli kemik

oscillation /osilasyon/ *la* salınım; titreşim

osciller /osile/ salınmak; tereddüt etmek

osé, e /oze/ cüretkâr, atak, gözü pek

oser /oze/ cesaret etmek

osier /ozye/ *le* sorkun, sepetçi söğüdü

ossature /osatür/ *la* kemik yapısı, kemik çatısı; çatı

osseux, euse /osö, öz/ kemikli; kemikle ilgili, kemik+

ostentation /ostantasyon/ *la* gösteriş, caka, fiyaka

ostracisme /ostrasism(ö)/ *le* çıkarma, uzaklaştırma, ilişik kesme

otage /otaj/ *le* rehine, tutak

otarie /otari/ *la* denizayısı

ôter /ote/ çıkarmak, kaldırmak, gidermek

ou /u/ ya, ya da, veya; yoksa ***ou ... ou*** ya ... ya ...

où /u/ nerede, nereye; ki oraya, ki orada

ouate /uat/ *la* pamuk; vatka

oubli /ubli/ *le* unutma; unutkanlık

oublier /ubliye/ unutmak

oublieux, euse /ubliyö, öz/ unutkan

ouest /uest/ *s+le* batı

oui /ui/ evet

ouï-dire /uidir/ *le*: ***par ouï-dire*** söylentiye göre

ouïe /ui/ *la* işitim

ouïr /uir/ işitmek, duymak

ouragan /uragan/ *le* kasırga; *mec.* fırtına

ourler /urle/ *(kumaş)* kenarını bastırmak
ourlet /urle/ *le (kumaş)* kenar baskısı
ours /urs/ *le* ayı ***ours blanc*** kutup ayısı ***ours brun*** boz ayı ***ours (en peluche)*** oyuncak ayı ***ours mal léché*** ayı, kaba kimse
ourse /urs(ö)/ *la* dişi ayı
oursin /ursen/ *le* denizkestanesi
ourson /urson/ *le* ayı yavrusu
ouste /ust(ö)/ haydi! yallah!
outil /uti/ *le* alet
outillage /utiyaj/ *le* avadanlık, alet takımı
outiller /utiye/ donatmak, araç-gereç vermek
outrage /utraj/ *le* hakaret ***outrage à la pudeur*** ahlaka aykırı davranış ***outrage à magistrat*** mahkemeye saygısızlık
outrager /utraje/ hakaret etmek
outrance /utrans/ *la* aşırılık
outre /utr(ö)/ -den başka, dışında; *la* tulum ***en outre*** ayrıca, bundan başka ***passer outre à*** -e kulak asmamak
outré, e /utre/ aşırı, abartılı
outre-mer /utrömer/ denizaşırı
outrer /utre/ abartmak; gücendirmek, kırmak
ouvert, e /uver, ert(ö)/ açık ***ouvertement*** açıkça, açık açık
ouverture /uvertür/ *la* açılış; açma, açılma; açıklık, delik, ağız; *müz.* uvertür
ouvrable /uvrabl(ö)/ : ***jour ouvrable*** işgünü, çalışma günü
ouvrage /uvraj/ *le* iş; çalışma; yapıt, eser
ouvre-boite(s) /uvröbuat/ *le* kutu açacağı, konserve açacağı
ouvre-bouteille(s) /uvröbutey/ *le* şişe açacağı
ouvreuse /uvröz/ *la (sinema vb.'de)* yer gösterici kadın
ouvrier, ière /uvrye, yer/ işçilerle ilgili, işçi; *le+la* işçi, çalışan ***classe ouvrière*** işçi sınıfı ***ouvrier d'usine*** fabrika işçisi ***ouvrier qualifié*** kalifiye işçi
ouvrir /uvrir/ açmak; açılmak
ovaire /over/ *le* yumurtalık
ovale /oval/ oval, söbe
ovation /ovasyon/ *la* çılgınca alkış, tezahürat
O.V.N.I. /ovni/ *le* ufo, uçandaire
oxygène /oksijen/ *le* oksijen
oxygéné, e /oksijene/ : ***eau oxygénée*** oksijenli su
ozone /ozon/ *le* ozon

P

pacage /pakaj/ *le* otlak
pacifier /pasifye/ yatıştırmak, sakinleştirmek; barış ve düzene kavuşturmak
pacifique /pasifik/ barışçı, barışsever ***le Pacifique, l'océan Pacifique*** Pasifik Okyanusu, Büyük Okyanus
pacotille /pakotiy/ *la* tapon mal
pacte /pakt(ö)/ *le* antlaşma, pakt
pagaie /page/ *la* kısa kürek
pagayer /pageye/ kısa kürekle kayık yürütmek
page /paj/ *la* sayfa ***à la page*** modern, çağdaş
pagode /pagod/ *la* pagoda, tapınak
paie /pe/ *la* ödeme; ücret
paiement /peman/ *le* ödeme
païen, ne /payen, yen/ *s+a.* putperest

paillasson /payason/ *le* paspas
paille /pay/ *la* saman; kusur
pain /pe/ *le* ekmek ***pain bis*** esmer ekmek ***pain complet*** kepekli ekmek ***pain de mie*** sandviç ekmeği ***pain de sucre*** kelle şekeri ***pain grillé*** kızarmış ekmek
pair, e /per/ *(sayı)* çift; *le* eş, denk ***au pair*** *tic.* başabaş ***jeune fille au pair*** yaptığı ev işlerine karşılık bir evde ücretsiz kalan kız
paire /per/ *la* çift
paisible /pezibl(ö)/ sakin, sessiz
paître /petr(ö)/ otlamak
paix /pe/ *la* barış
palace /palas/ *le* palas, lüks otel
palais /pale/ *le* saray; damak ***palais des expositions*** sergi sarayı ***Palais de Justice*** adalet sarayı
pale /pal/ *la* kürek palası; *(vapur)* çark kanadı
pâle /pal/ solgun, soluk
paletot /palto/ *le* palto
palette /palet/ *la* palet
pâleur /palör/ *la* solgunluk, solukluk
palier /palye/ merdiven sahanlığı
pâlir /palir/ solmak, sararmak
palissade /palisad/ *la* çit
palmarès /palmares/ *le* *(ödül)* kazananların listesi
palme /palm(ö)/ *la* hurma yaprağı; hurma ağacı; lastik yüzgeç
palmier /palmye/ *le* palmiye
palmipède /palmiped/ *le, hayb.* perdeayaklı
palombe /palonb/ *la* üveyik, yaban güvercini
palper /palpe/ elle dokunmak, elle yoklamak
palpitant, e /palpitan, ant/ heyecanlı, heyecan verici
palpitation /palpitasyon/ *la* yürek çarpıntısı; atma, seğirme
palpiter /palpite/ *(kalp, nabız)* atmak, çarpmak; titremek
paludisme /palüdism(ö)/ *le* sıtma
pâmer /pame/ : ***se pâmer*** bayılmak, kendinden geçmek
pamphlet /panfle/ *le* yergi
pamplemousse /panplömus/ *le* greyfrut, altıntop
panache /panaş/ *le* sorguç; *mec.* gösteriş, caka
panaché, e /panaşe/ alacalı, karışık ***glace panachée*** karışık dondurma ***salade panachée*** karışık salata
pancarte /pankart(ö)/ *la* duvar ilanı; pankart
pancréas /pankreas/ *le* pankreas
panier /panye/ *le* sepet ***panier à salade*** hapishane arabası ***panier-repas*** *le* paket yemek
panique /panik/ *la* panik, ürkü, büyük korku ***paniquer*** paniğe kapılmak
panne /pan/ *la* arıza, bozulma ***être en panne*** arızalı olmak, çalışmamak ***être en panne d'essence (seche)*** benzini tükenmek ***tomber en panne*** arıza yapmak, bozulmak
panneau, x /pano/ *le* pano; levha ***panneau d'affichage*** ilan panosu ***panneau de signalisation*** yol işareti ***panneau-réclame*** *le* ilan tahtası
panoplie /panopli/ *la* oyuncak takımı; silah takımı
panorama /panorama/ *le* panorama ***panoramique*** panoramik
panse /pans/ *la* göbek
pansement /pansman/ *le* pansuman ***pansement adhésif*** yara bandı
panser /panse/ pansuman yapmak; *(at)* tımar etmek

P

pantalon /pantalon/ *le* pantolon
pantelant, e /pantlan, ant/ soluk soluğa kalmış, güçlükle soluyan
panthère /panter/ *la* panter, pars
pantomime /pantomim/ *la* pantomim
pantoufle /pantufl(ö)/ *la* terlik
paon /pan/ *le* tavus *(kuşu)*
papa /papa/ *le* baba
papauté /papote/ *la* papalık
pape /pap/ *le* papa
papeterie /papetri/ *la* kâğıt fabrikası; kırtasiyeci, kırtasiye dükkânı
papetier, ière /papatye, yer/ *le+la* kırtasiyeci ***papetier-libraire*** *le* kitapçı ve kırtasiyeci
papier /papye/ *le* kâğıt ***papier à lettres*** mektup kâğıdı ***papier à musique*** nota kâğıdı ***papier buvard*** kurutma kâğıdı ***papier calque*** saman kâğıdı ***papier carbone*** kopya kâğıdı ***papier collant*** seloteyp ***papier couché*** kuşe kâğıdı, kaymakkâğıdı ***papier d'aluminium*** alüminyum mutfak folyası ***papier de verre*** zımpara kâğıdı ***papier hygiénique*** tuvalet kâğıdı ***papier journal*** gazete kâğıdı ***papier millimétre*** milimetrik kâğıt ***papier peint*** duvar kâğıdı ***papier pelure*** pelür kâğıdı
papillon /papiyon/ *le* kelebek; *(trafik)* park ceza kâğıdı
paprika /paprika/ *le* kırmızıbiber
paquebot /pakbo/ *le* yolcu gemisi, posta vapuru
pâquerette /pakret/ *la* koyungözü, akpapatya
Pâques /pak/ *le, la+ç.* paskalya
paquet /pake/ *le* paket
par /par/ -den, -dan; -de, -da; ile; tarafından; başına, her biri için ***par-ci, par-là*** şurada burada
parabole /parabol/ *la (dini)* mesel; *mat.* parabol
parachute /paraşüt/ *le* paraşüt
parachutiste /paraşütist(ö)/ *le+la* paraşütçü
parade /parad/ *la* geçit töreni; gösteriş ***faire parade de*** göstermek, sayıp dökmek
paradis /paradi/ *le* cennet
paradoxal, e, aux /paradoksal, o/ mantığa aykırı, tuhaf
paradoxe /paradoks(ö)/ *le* paradoks, aykırı düşünce
paraffine /parafin/ *la* parafin
parages /paraj/ *le+ç.*: ***dans les parages (de)*** yakınında, yöresinde
paragraphe /paragraf/ *le* paragraf
paraître /paretr(ö)/ görünmek; ortaya çıkmak, kendini göstermek; yayımlanmak, çıkmak
parallèle /paralel/ koşut, paralel; *la* koşut çizgi, paralel çizgi ***parallélogramme*** *le* parelelkenar
paralyser /paralize/ felç etmek, kötürüm etmek; *mec.* felce uğratmak
paralysie /paralizi/ *la* inme, felç
paralytique /paralitik/ *s+a.* inmeli, kötürüm, felçli
paranoïaque /paranoyak/ *le+la* paranoyak
parapet /parape/ *le* korkuluk
paraphrase /parafraz/ *la* açımlama, başka sözcüklerle açıklama
parapluie /paraplui/ *le* şemsiye
parasite /parazit/ *le* asalak, parazit ***parasites*** parazit, cızırtı
parasol /parasol/ *le* güneş şemsiyesi
paratonnerre /paratoner/ *le* yıldırımsavar, yıldırımlık, paratoner
parc /park/ *le* park ***parc de stationnement*** araba parkı

P

parcelle /parsel/ *la* küçük parça; parsel
parce que /parsk(*ö*)/ çünkü, -dığı için
parchemin /parş*ö*men/ *le* parşömen, tirşe
parc(o)mètre /park(o)metr(*ö*)/ *le* park saati, otopark sayacı
parcourir /parkurir/ gitmek, katetmek; göz gezdirmek; baştan başa dolaşmak
parcours /parkur/ *le* bir şeyin izlediği yol; parkur
par-delà /pard*ö*la/ ötede, öteden
par-dessous /pard*ö*su/ alttan; altından
pardessus /pard*ö*sü/ *le* pardösü
par-dessus /pard*ö*sü/ üstünden; üstten
par-devant /pard*ö*van/ önünde
pardon /pardon/ pardon, affedersiniz, özür dilerim; *le* af, bağışlama ***demander pardon à*** -den özür dilemek ***je vous demande pardon*** affedersiniz, özür dilerim
pardonner /pardone/ bağışlamak, affetmek
pare-balles /parbal/ kurşun geçirmez
pare-boue /parbu/ *le* çamurluk
pare-brise /parbriz/ *le, oto.* ön cam
pare-chocs /parşok/ *le, oto.* tampon
pareil, le /parey/ benzer; aynı; böyle ***pareil à*** -e benzer ***sans pareil*** eşsiz, benzersiz ***pareillement*** aynı şekilde
parent, e /paran, ant/ *le+la* akraba, hısım ***parents*** *le+ç.* ana baba, ebeveyn ***parenté*** *la* akrabalık, hısımlık; akrabalar
parenthèse /parantez/ *la* ayraç, parantez ***entre parenthèses*** ayraç içinde, parantez içinde; *mec.* aklıma gelmişken, bu arada şunu da belirteyim ki
parer /pare/ süslemek; savuşturmak ***parer à*** -e çare bulmak, önlemini almak
pare-soleil /parsoley/ *le, oto* güneşlik
paresse /pares/ *la* tembellik ***paresser*** tembellik etmek ***paresseux, euse*** tembel
parfaire /parfer / tamamlamak, mükemmelleştirmek
parfait, e /parfe, et/ kusursuz, eksiksiz, tam, mükemmel; *le* geçmiş zaman; dondurmalı krema ***parfaitement*** kusursuzc, eksiksiz olarak; evet, elbette
parfois /parfua/ bazen, kimi kez
parfum /parfön/ *le* koku, parfüm; güzel koku ***parfumé, e*** kokulu; *(kadın)* koku sürünmüş ***parfumer*** güzel bir koku vermek; koku sürmek, parfüm sürmek; kokulandırmak
pari /pari/ *le* bahis ***Pari Mutuel urbain (P.M.U.)*** müşterek bahis
parier /parye/ bahse girmek
Paris /pari/ Paris ***parisien, ne*** Parisli; Paris ile ilgili, Paris'e özgü ***Parisien, ne*** *le+la* Parisli
parité /parite/ *la* eşitlik, başa baş olma; *tic.* parite
parjure /parjür/ *le* yalan yere yemin; yeminini bozma; *le+la* yalan yere yemin eden kimse ***se parjurer*** yalan yere yemin etmek
parking /parking/ *le* park yeri, otopark
parlement /parl*ö*man/ *le* parlamento ***parlementaire*** parlamentoyla ilgili; *le+la* parlamenter, parlamento üyesi
parler /parle/ konuşmak; *le* konuş-

ma; ağız, şive ***sans parler de*** -den hiç söz etmemek

parloir /parluar/ *le (hapishane, hastanede)* ziyaretçi odası

parmi /parmi/ arasında, içinde

parodie /parodi/ *la* parodi ***parodier*** *(gülünç bir biçimde)* taklit etmek

paroi /parua/ *la* duvar

paroisse /paruas/ *la* bir papazın ruhani bölgesi ***paroissien, ne*** *le+la* kilise mensubu; *le* ayin kitabı

parole /parol/ *la* söz; konuşma ***demander la parole*** söz istemek ***tenir parole*** sözünü tutmak ***paroles*** *la+ç.* söz, güfte

paroxysme /paroksism(*ö*)/ *le (hastalık, duygu)* en şiddetli nokta, doruk

parquer /parke/ park etmek; *(hayvan)* ağıla sokmak; kapatmak, tıkmak

parquet /parke/ *le* parke; *huk.* savcılık ***parqueter*** parke döşemek

parrain /pare**n**/ *le* vaftiz babası; koruyucu, destekçi

parsemer /pars*ö*me/ serpmek, saçmak, dağıtmak

part /par/ *la* pay; parça, bölüm ***à part*** ayrıca ***d'autre part*** öte yandan ***de la part de*** -in adına, tarafından ***de part et d'autre*** her iki yandan ***faire part*** bildirmek, haber vermek

partage /partaj/ *le* bölme, bölüşme; pay

partager /partaje/ bölmek, pay etmek; bölüşmek, paylaşmak

partance /parta**n**s/ : ***en partance*** kalkmak üzere ***en partance pour*** -e giden, -e kalkacak

partenaire /part*ö*ner/ *le+la* ortak

parterre /parter/ *le* çiçek bahçesi, çiçekli bölüm; *tiy.* parter

parti /parti/ *le* parti; karar; evlenecek kimse ***parti pris*** önyargı ***prendre le parti de*** -den yana olmak ***prendre le parti de faire*** -meye karar vermek ***tirer parti de*** -den yararlanmak

partial, e, aux /parsyal, o/ taraf tutan, kayıran

participant, e /partisipa**n**, a**n**t/ *le+la* katılan, iştirakçi

participation /partisipasyo**n**/ *la* katılma; ortaklık

participe /partisip/ *le, dilb.* ortaç, sıfatfiil

participer /partisipe/ : ***participer à*** -e katılmak; -i paylaşmak, -e ortak olmak

particularité /partikülarite/ *la* özellik

particule /partikül/ *la* parçacık, tanecik; *dilb.* ilgeç, edat

particulier, ière /partikülye, yer/ özel; *le* kişi, birey ***en particulier*** özellekle; özel olarak ***particulièrement*** özellikle

partie /parti/ *la* parça, bölüm; parti, eğlence; oyun; meslek, iş; *huk.* taraf ***faire partie de*** -e bağlı olmak, -e mensup olmak

partiel, le /parsyel/ kısmi

partir /partir/ gitmek; yola çıkmak, hareket etmek; başlamak ***à partir de*** -den itibaren, -den başlayarak

partisan, e /partiza**n**, an/ *le+la* yandaş, taraftar, partizan ***être partisan de*** -den yana olmak, -e taraftar olmak

partition /partisyo**n**/ *la, müz.* partisyon

partout /partu/ her yere, her yerde

parure /parür/ *la* süs, takı, mücevher takımı

parution /parüsyo**n**/ *la* çıkma, yayımlanma

parvenir /parvönir/ : ***parvenir à*** -e varmak, erişmek, ulaşmak ***parvenir à faire*** -meyi başarmak
parvenu, e /parvönü/ *le+la* sonradan görme kimse
parvis /parvi/ *le* kilise avlusu
pas /pa/ değil *('ne' ile kullanılır ve eylemleri olumsuz yapar)* *pas du tout* hiç, asla ***pas mal de*** çok, hayli
pas /pa/ *le* adım; basamak; ayak izi ***à pas de loup*** gürültüsüzce, sessiz adımlarla ***pas à pas*** adım adım, yavaş yavaş
passage /pasaj/ *le* geçiş, geçme; yol; geçit; pasaj; geçiş ücreti; *(metin)* parça ***passage à niveau*** hemzemin geçit ***passage clouté*** yaya geçidi ***passage souterrain*** yeraltı geçidi
passager, ère /pasaje, er/ geçici; *le+la* yolcu
passant, e /pasan, ant/ işlek; *le+la* yoldan geçen *(kimse)*
passe /pas/ *la, sp.* pas; *den.* küçük boğaz; *le* maymuncuk ***être en passe de faire*** -mek üzere olmak
passé, e /pase/ geçmiş; eski; solmuş; -den sonra; *le* geçmiş; *dilb.* geçmiş zaman
passe-partout /paspartu/ *le* maymuncuk
passeport /paspor/ *le* pasaport
passer /pase/ geçmek; uğramak; gösterilmek, oynanmak; solmak; ölmek; geçirmek ***passer en seconde, passer la seconde*** *oto.* ikinci vitese geçmek ***passer pour*** geçinmek, gibi görünmek ***se passer*** geçmek, olmak, cereyan etmek ***se passer de*** bırakmak, artık kullanmamak
passerelle /pasrel/ *la* yaya köprüsü; *(uçak, gemi)* merdiven
passe-temps /pastan/ *le* eğlence, oyalanma
passif, ive /pasif, iv/ pasif, edilgin; *le, dilb.* edilgen; *tic.* pasif, ödenecek borçlar
passion /pasyon/ *la* tutku, hırs, ihtiras; öfke, kızgınlık ***passioné, e*** tutkulu, ihtiraslı, ateşli
passionner /pasyone/ büyülemek, ilgi uyandırmak ***se passionner pour*** -e merak sarmak, -ın hastası olmak
passoire /pasuar/ *la* süzgeç, kevgir
pastel /pastel/ *s+le* pastel
pastèque /pastek/ *la* karpuz
pasteuriser /pastörize/ pastörize etmek
pastille /pastiy/ *la* pastil ***pastilles pour la toux*** boğaz pastili
pastis /pastis/ *le* pastis, bir tür anasonlu içki
patate /patat/ *la* patates
patauger /patoje/ *(çamurun içinde)* bata çıka yürümek; bocalamak
pâte /pa:t/ *la* hamur; macun
pâté /pate/ *le* ezme; etli börek; mürekkep lekesi ***pâté de maisons*** blok, ev topluluğu
patente /patant/ *la* patent
patère /pater/ *la* duvar askısı, elbise çengeli
paternel, le /paternel/ babayla ilgili, baba tarafından; babacan, baba gibi
paternité /paternite/ *la* babalık
pâteux, euse /patö, öz/ koyu, macun gibi
pathétique /patetik/ acıklı, dokunaklı, etkileyici
pathologie /patoloji/ *la* patoloji
patience /pasyans/ *la* sabır
patient, e /pasyan, ant/ sabırlı; *le+la*

hasta
patienter /pasyante/ sabırla beklemek, sabretmek
patin /paten/ *le* paten ***patin à glace*** buz pateni ***patins à roulettes*** tekerlekli paten
patinage /patinaj/ *le* patinaj ***patinage artistique*** artistik patinaj
patiner /patine/ patenle kaymak; patinaj yapmak ***patineur, euse*** *le+la* patenci ***patinoire*** *la* buz pateni alanı
pâtir /patir/ : ***pâtir de*** -den acı çekmek, -in cezasını çekmek
pâtisserie /patisri/ *la* pastane; pasta; pastacılık ***pâtissier, ière*** *le+la* pastacı
patois /patua/ *le* şive, ağız
patriarche /patriyarş(*ö*)/ *le* patrik
patrie /patri/ *la* yurt, vatan
patriote /patriyot/ *s+a.* yurtsever ***patriotique*** yurtseverlikle ilgili ***patriotisme*** *le* yurtseverlik
patron, ne /patron, on/ *le+la* patron, işveren; *le (giysi, vb.)* kalıp, patron
patronage /patronaj/ *le* koruma, himaye
patronat /patrona/ *le* işverenler
patronner /patrone/ korumak, desteklemek
patrouille /patruy/ *la* kol, devriye ***patrouiller*** kol gezmek, devriye gezmek
patte /pat/ *la* bacak; *(hayvan)* ayak
pattemouille /patmuy/ *la* ütü bezi
pâturage /patüraj/ *le* otlak
pâture /patür/ *la* yiyecek
paume /pom/ *la* aya, el içi
paumer /pome/ *kd.* yitirmek, kaybetmek
paupière /popyer/ *la* gözkapağı
pause /poz/ *la* durma, ara, mola, teneffüs; *müz.* es
pauvre /povr(*ö*)/ *s+a.* yoksul ***pauvreté*** *la* yoksulluk
pavaner /pavane/ : ***se pavaner*** kasıla kasıla yürümek
pavè, e /pave/ kaldırım döşenmiş; *le* kaldırım taşı
pavillon /paviyon/ *le* küçük ev; kulübe; köşk; *(hastane)* koğuş; kulakkepçesi; bayrak
pavot /pavo/ *le* haşhaş
payant, e /peyan, ant/ paralı, ücrete tabi; kârlı, kazançlı
paye /pey/ *la* ücret
payement /peyman/ *le* ödeme
payer /peye/ ödemek; para vermek; para getirmek, kazançlı olmak ***se payer la tête de*** ile dalga geçmek
pays /pey/ *le* ülke; yurt; bölge; köy
paysage /peyzaj/ *le* görünüm, manzara; peyzaj, kır resmi
paysan, ne /peyzan, an/ *le+la* köylü
péage /peaj/ *le* geçiş parası, ayakbastı parası ***pont à péage*** paralı köprü, geçiş ücreti alınan köprü
peau, x /po/ *la* deri ***peau de chamois*** güderi ***Peau-Rouge*** *le+la* Kızılderili
pêche /peş/ *la* balıkçılık, balık avı; şeftali
péché /peşe/ *le* günah
pécher /peşe/ günah işlemek; *mec.* yanılmak, hata etmek
pêcher /peşe/ balık avlamak
pécheur, eresse /peşör, peşres/ *le+la* günahkâr
pêcheur /peşör/ *le* balıkçı ***pêcheur de perles*** inci avcısı
pédagogie /pedagoji/ *la* pedagoji, eğitbilim, eğitim yöntemi ***pédagogique*** eğitimsel; eğitsel ***pédagogue*** *le+la* eğitimci
pédale /pedal/ *la* pedal
pédant, e /pedan, ant/ ukala, bilgiç-

lik taslayan

pédéraste /pederast(*ö*)/ *le* oğlancı, kulampara

pédiatre /pedyatr(*ö*)/ *le+la* çocuk hastalıkları uzmanı

pédiatrie /pedyatri/ *la* pediatri, çocuk hekimliği

pédicure /pedikür/ *le+la* pedikürcü

peigne /peny/ *le* tarak

peigner /penye/ *(-ın saçını)* taramak ***se peigner*** saçını taramak, taranmak

peignoir /penyuar/ *le* sabahlık ***peignoir de bain*** bornoz

peindre /pendr(*ö*)/ boyamak; resmini yapmak; *mec.* betimlemek, tasvir etmek

peine /pen/ *la* acı, üzüntü; emek, zahmet; güçlük; ceza ***à peine*** ancak, henüz, daha yeni; en çok, güç bela ***avoir de la peine à faire*** -mekte güçlük çekmek ***faire de la peine à*** -i üzmek, -e acı vermek

peiner /pene/ çok çalışmak; üzmek

peintre /pentr(*ö*)/ *le* ressam ***peintre d'enseignes*** tabelacı ***peintre en bâtiment*** boyacı, badanacı

peinture /pentür/ *la* boyama; resim, yağlıboya resim; boya; ressamlık

péjoratif, ive /pejoratif, iv/ kötüleyici, küçük düşürücü

pelage /p*ö*laj/ *le (hayvan)* tüy

pêle-mêle /pelmel/ karmakarışık

peler /p*ö*le/ *(kabuğunu)* soymak; *(derisi)* soyulmak

pèlerin /pelren/ *le* hacı ***pèlerinage*** *le* hac; hac yeri

pélican /pelikan/ *le* pelikan

pelle /pel/ *la* kürek ***pelleter*** küremek

pelletier /peltye/ *le* kürkçü

pellicule /pelikül/ *la* boş film ***pellicules*** *la+ç. (saçta)* kepek

pelote /p*ö*lot/ *la* yumak; iğne yastığı

peloter /p*ö*lote/ ellemek, okşamak, sıkıştırmak ***se peloter*** sevişip koklaşmak

peloton /p*ö*loton/ *le* küçük yumak; *ask.* manga

pelotonner /p*ö*lotone/ : ***se pelotonner*** tortop olmak, büzülmek

pelouse /p*ö*luz/ *la* çimenlik

pelure /p*ö*lür/ *la (meyve, sebze)* kabuk

pénal, e, aux /penal, o/ ceza ile ilgili

pénaliser /penalize/ cezalandırmak

pénalité /penalite/ *la* ceza

penalty, ies /penalti, z/ *le, sp.* penaltı

penaud, e /p*ö*no, od/ utanmış, sıkılmış

penchant /panşan/ *le* bayır, yamaç; eğilim

penché, e /panşe/ eğik, yatık

pencher /panşe/ eğmek; eğilmek ***se pencher*** eğilmek, sarkmak

pendant, e /pandan, ant/ sarkan, sarkık; askıda, karara bağlanmamış; sırasında, esnasında; *le* eş, benzer ***pendants d'oreilles*** salkım küpe

pendentif /pandantif/ *le* pandantif

penderie /pandri/ *la* elbise dolabı

pendre /pandr(*ö*)/ asmak

pendule /pandül/ *la* sarkaçlı saat, masa saati, duvar saati; *le* sarkaç

pendulette /pandület/ *la* küçük masa saati

pêne /pen/ *le* kilit dili

pénétrer /penetre/ içine girmek, işlemek; anlamak, kavramak ***pénétrer dans*** -e girmek

pénible /penibl(*ö*)/ güç, yorucu; üzücü, acı ***péniblement*** güçlükle

péniche /peniş/ *la* mavna

pénicilline /penisilin/ *la* penisilin

péninsule /penensül/ *la* yarımada

P

pénis /penis/ *le* penis, kamış
pénitence /penitans/ *la* tövbe; kefaret; ceza
pensée /panse/ *la* düşünme; düşünce; *bitk.* menekşe
penser /panse/ düşünmek; sanmak ***penser à*** -i düşünmek ***penser à faire*** -meyi düşünmek
pensif, ive /pansif, iv/ düşünceli
pension /pansyon/ *la* emekli aylığı; pansiyon; yatılı okul ***pension complète*** tam pansiyon ***pension de famille*** pansiyon
pensionnaire /pansyoner/ *le+la* pansiyoner; yatılı öğrenci
pensionnat /pansyona/ *le* yatılı okul
pentagone /pentagon/ *le* beşgen
pente /pant/ *la* iniş, bayır ***en pente*** inişli
Pentecôte /pantkot/ *la* pantekot, Hıristiyanlarda hamsin yortusu, Musevilerde gül bayramı ***lundi de Pentecôte*** pantekot pazartesisi
pénurie /penüri/ *la* kıtlık, yokluk
pépier /pepye/ cıvıldamak
pépin /pepen/ *le (meyve)* çekirdek; güçlük, sıkıntı; *kd.* şemsiye
pépinière /pepinyer/ *la* fidelik, fidanlık
pépite /pepit/ *la* külçe
percée /perse/ *la* delik, gedik
perce-neige /persönej/ *la* kardelen
percepteur /perseptör/ *le* vergi tahsildarı
perceptible /perseptibl(ö)/ algılanabilir, anlaşılabilir, duyulabilir
perception /persepsyon/ *la* algı; *(vergi, vb.)* toplama
percer /perse/ delmek; yarmak; çözmek, anlamak
perceuse /persöz/ *la* matkap
percevoir /persövuar/ algılamak; *(vergi)* toplamak, almak

P

perche /perş(ö)/ *la* perki, tatlı su levreği; sırık
percher /perşe/ tünemek, konmak ***perchoir*** *le* tünek
percussion /perküsyon/ *la* vurma, çarpma
percuter /perküte/ vurmak, çarpmak
perdant, e /perdan, ant/ *le+la* yenilen, kaybeden
perdre /perdr(ö)/ yitirmek, kaybetmek; ahlakını bozmak; mahvetmek ***se perdre*** yitmek, kaybolmak; yitip gitmek
perdrix /perdri/ *la* keklik
perdu, e /perdü/ yitmiş, kaybolmuş; mahvolmuş; uzak; boş, serbest
père /per/ *le* baba ***le père Noël*** Noel baba ***pères*** atalar
perfection /perfeksyon/ *la* kusursuzluk, mükemmellik, yetkinlik
perfectionner /perfeksyone/ geliştirmek, ilerletmek, yetkinleştirmek
perfide /perfid/ hain, kalleş, vefasız
perforation /perforasyon/ *la* delme, delinme; delik
perforer /perfore/ delmek; zımbalamak
péril /peril/ *le* tehlike
périlleux, euse /periyö, öz/ tehlikeli
périmé, e /perime/ modası geçmiş; süresi dolmuş, zaman aşımına uğramış
périmètre /perimetr(ö)/ *le* çevre
période /peryod/ *la* dönem; süre; çağ, devir ***périodique*** periyodik; süreli; *le* süreli yayın
péripéties /peripesi/ *la+ç. (beklenmedik)* olaylar
périphérie /periferi/ *la* çevre; banliyö, kent çevresi ***périphérique*** çevresel; *le* çevre yolu
périr /perir/ ölmek, yok olmak
périscope /periskop/ *le* periskop

périssable /perisabl(*ö*)/ *(yiyecek)* kolay bozulan
perle /perl(*ö*)/ *la* inci; boncuk
permanence /permanans/ *la* süreklilik, devamlılık; nöbetçi yer, her saat açık olan yer ***en permanence*** sürekli olarak
permanent, e /permanan, ant/ sürekli, devamlı; *la (saç)* perma
perméable /permeabl(*ö*)/ geçirgen, geçirimli
permettre /permetr(*ö*)/ izin vermek, müsaade etmek
permis /permi/ *le* permi, ruhsat, izin belgesi ***permis de chasse*** av tezkeresi ***permis (de conduire)*** sürücü belgesi ***permis de construire*** inşaat ruhsatı ***permis de séjour*** oturma izni
permission /permisyon/ *la* izin, müsaade
pernicieux, euse /pernisyö, öz/ zararlı, tehlikeli
pérorer /perore/ nutuk çekmek
perpendiculaire /perpandiküler/ dik, dikey
perpétrer /perpetre/ *(suç)* işlemek
perpétuel, le /perpetuel/ sürekli, aralıksız; yaşam boyu *(süren)*
perpétuer /perpetue/ sürdürmek, devam ettirmek
perpétuité /perpetuite/ *la*: ***à perpétuité*** ömür boyu, müebbet ***être condamné à perpétuité*** ömür boyu hapse mahkûm edilmek
perplexe /perpleks(*ö*)/ şaşırmış, afallamış
perquisition /perkizisyon/ *la* arama ***perquisitionner*** arama yapmak
perron /peron/ *le* merdivenler; peron
perroquet /peroke/ *le* papağan
perruche /perüş/ *la* muhabbetkuşu
perruque /perük/ *la* peruk, peruka, takma saç
persécuter /persekütе/ işkence etmek, zulmetmek ***persécution*** *la* işkence, zulüm, eziyet
persévérant, e /perseveran, ant/ direşken, sebatkâr
persévérer /persevere/ sebat etmek, ayak diremek
persienne /persyen/ *la* panjur
persiflage /persiflaj/ *le* alay, dalga geçme
persil /persi/ *le* maydanoz
persistant, e /persistan, ant/ ısrarlı, inatçı; sürekli, sürüp giden
persister /persiste/ ısrar etmek, inat etmek; sürüp gitmek ***persister à faire*** -mekte ısrar etmek
personnage /personaj/ *le* önemli kişi, şahsiyet; *tiy.* kişi
personnalité /personalite/ *la* kişilik; önemli kişi
personne /person/ *la* kimse, hiç kimse; *la* kişi, kimse, insan ***personnel, le*** kişisel; özel; *le* çalışanlar, personel ***personnellemenet*** kendi, bizzat; şahsen ***personnifier*** kişileştirmek, kişilik vermek
perspective /perspektiv/ *la* perspektif; görünüm, manzara; bakış açısı, görüş açısı
perspicace /perspikas/ anlayışlı, kavrayışlı
persuader /persuade/ inandırmak, kandırmak, ikna etmek ***persuasif, ive*** inandırıcı, ikna edici ***persuasion*** *la* inanma, inandırma, ikna
perte /pert(*ö*)/ *la* kayıp, yitme, yitirme; zarar, ziyan ***à perte*** *tic.* zararına ***à perte de vue*** göz alabildiğine
pertinent, e /pertinan, ant/ uygun, yerinde

P

perturbation /pertürbasyon/ *la* karışıklık, düzensizlik
perturber /pertürbe/ bozmak, altüst etmek; canını sıkmak, rahatsız etmek
pervers, e /perver, ers(ö)/ sapık
perversion /perversyon/ *la* sapıklık
perverti, e /perverti/ *le+la* sapık
pervertir /pervertir/ ayartmak, baştan çıkarmak
pesant, e /pözan, ant/ ağır; sıkıcı
pesanteur /pözantör/ *la* yerçekimi
peser /pöze/ tartmak; ağırlığında olmak, kadar gelmek; ağır olmak; ağır basmak
pessimisme /pesimism(ö)/ *le* kötümserlik, karamsarlık ***pessimiste*** *s+a.* kötümser, karamsar
peste /pest(ö)/ *la* veba
pet /pe/ *le, kd.* osuruk
pétale /petal/ *le, bitk.* taçyaprağı
pétard /petar/ *le* kestanefişeği, çatpat; gürültü, patırtı
péter /pete/ patlamak; kopmak; *kd.* osurmak
pétiller /petiye/ çıtırdamak; *(şampanya)* köpürmek; *(gözler)* parıldamak
petit, e /pöti, it/ küçük, ufak; *le (hayvan)* yavru ***petit ami*** erkek arkadaş ***petit à petit*** azar azar, yavaş yavaş ***petit déjeuner*** kahvaltı ***petite amie*** kız arkadaş ***petite-fille*** *la* kız torun ***petit-fils*** *le* erkek torun ***petit-pois*** *le* bezelye
pétition /petisyon/ *la* dilekçe
petits-enfants /pötizanfan/ *le+ç.* torunlar
pétrin /petren/ *le* hamur teknesi ***dans le pétrin*** zor durumda, sıkıntılı bir durumda
pétrir /petrir/ yoğurmak
pétrole /petrol/ *le* petrol ***pétrolier, ière*** petrolle ilgili; *le* petrol tankeri
peu /pö/ az ***à peu près*** aşağı yukarı, yaklaşık ***avant peu*** çok geçmeden ***peu à peu*** yavaş yavaş, azar azar
peuple /pöpl(ö)/ *le* halk
peupler /pöple/ yerleştirmek, şeneltmek, iskan etmek
peuplier /pöpliye/ *le* kavak
peur /pör/ *la* korku ***avoir peur (de)*** *(-den)* korkmak ***faire peur à*** -ı korkutmak ***peureux, euse*** korkak, ürkek
peut-être /pötetr(ö)/ belki
phallus /falüs/ *le* penis, kamış
phare /far/ *le, den.* fener; *oto.* far ***phare antibrouillard*** sis lambası
pharmaceutique /farmasötik/ eczacılıkla ilgili
pharmacie /farmasi/ *la* eczacılık; eczane ***pharmacien, ne*** *le+la* eczacı
pharyngite /farenjit/ *la* farenjit, yutak yangısı
pharynx /farenks/ *le* yutak
phase /faz/ *la* evre, safha
phénomène /fenomen/ *le* fenomen, olay, olgu; tuhaf şey; tuhaf kimse
philanthrope /filantrop/ *le+la* insansever, iyilikçi, yardımsever
philanthropie /filantropi/ *la* insanseverlik, iyilikçilik, çıkar gözetmezlik
philatélie /filateli/ *la* pulculuk ***philatéliste*** *le+la* pul koleksiyoncusu
philosophe /filozof/ *le+la* filozof
philosophie /filozofi/ *la* felsefe ***philosophique*** felsefi
phobie /fobi/ *la* fobi, yılgı
phonétique /fonetik/ sesçil; *la* sesbilgisi
phonographe /fonograf/ *le* gramafon

P

phoque /fok/ *le* fok, ayıbalığı
phosphate /fosfat/ *le* fosfat
phosphore /fosfor/ *le* fosfor
phosphorescent, e /fosforesan, ant/ parlak, ışık saçan
photo /foto/ *la* fotoğraf ***photo d'identité*** vesikalık resim ***prendre en photo*** -ın fotoğrafını çekmek
photocopie /fotokopi/ *la* fotokopi ***photocopier*** fotokopisini çekmek
photogénique /fotojenik/ fotojenik
photographe /fotograf/ *le+la* fotoğrafçı
photographie /fotografi/ *la* fotoğrafçılık; fotoğraf ***faire de la photographie*** hobi olarak fotoğrafçılık yapmak ***photographier*** fotoğrafını çekmek
photographique /fotografik/ fotografik, fotoğrafla ilgili
photomaton /fotomaton/ *le* fotomat, otomatik fotoğraf çekme kulübesi
photorobot /fotorobo/ *la* tasviri resim, sanığın tanıkların tanımlamasına göre çizilen resmi
phrase /fraz/ *la* cümle, tümce
physicien, ne /fizisyen, en/ *le+la* fizikçi
physiologie /fizyoloji/ *la* fizyoloji ***physiologique*** fizyolojik
physionomie /fizyonomi/ *la* fizyonomi, yüz ifadesi
physique /fizik/ fiziksel; bedensel; *le* fizik, bünye, vücut yapısı; *la* fizik ***physiquement*** vücutça, fizik olarak
piaffer /pyafe/ eşelenmek, tepinmek
piailler /pyaye/ cıvıldamak; çığrışmak
pianiste /pyanist(*ö*)/ *le+la* piyanist
piano /pyano/ *le* piyano
piauler /pyole/ çığrışmak; cıvıldamak
pic /pik/ *le* kazma; *(dağ)* doruk, sivri tepe; *hayb.* ağaçkakan ***à pic*** dikine, dikey olarak; tam zamanında
pichenette /pişnet/ *la* fiske
pickpocket /pikpoket/ *le* yankesici
pick-up /piköp/ *le* pikap
picorer /pikore/ gagasıyla toplamak, gagasıyla alıp yemek
picoter /pikote/ gagalamak; karıncalandırmak, iğne batar gibi acıtmak
pie /pi/ *la* saksağan; *mec.* geveze, çalçene
pièce /pyes/ *la* oda; *tiy.* oyun; parça; *(madeni)* para; yama, yamalık; belge ***à la pièce*** parça başına, yapılan işe göre ***pièce détachée*** yedek parça ***pièce d'identité*** kimlik belgesi
pied /pye/ *le* ayak; *(masa)* bacak; dip, alt kısım ***à pied*** yayan ***au pied de la lettre*** harfi harfine, hiç değiştirmeden ***de pied en cap*** tepeden tırnağa ***en pied (porter)*** boy, ayakta *(durmuş olarak)* *mettre sur pied* düzene koymak, düzeltmek
piédestal, aux /pyedestal, o/ *le* altlık, ayaklık, taban, kaide
piège /pyej/ *le* tuzak, kapan ***prendere au piège*** tuzağa düşürmek ***tomber dans un piège*** tuzağa düşmek ***piéger*** bubi tuzağı kurmak
pierre /pyer/ *la* taş ***pierre à briquet*** çakmaktaşı ***pierre de touche*** denektaşı, mihenk
pierreries /pyerri/ *la+ç.* değerli taşlar, mücevherat
piété /pyete/ *la* dindarlık
piétiner /pyetine/ tepinmek; yerinde saymak, durmak; çiğnemek
piéton, ne /pyeton, on/ *le+la* yaya
piètre /pyetr(*ö*)/ değersiz, basit

P

pieu, x /pyö/ *le* kazık
pieuvre /pyövr(*ö*)/ *la* ahtapot
pieux, euse /pyö, öz/ dindar
pigeon /pijo**n**/ *le* güvercin ***pigeon voyageur*** posta güvercini
piger /pije/ *kd.* anlamak, çakmak
pigment /pigma**n**/ *le* boya maddesi
pignon /pinyo**n**/ *le* duvar kalkanı; pinyon, küçük dişli çarkı; çamfıstığı
pile /pil/ *la* yığın, küme; pil; *(parada)* yazı ***pile ou face*?** yazı mı tura mı?
piler /pile/ havanda dövmek
pilier /pilye/ *le* direk, sütun
pillard, e /piyar, ard(*ö*)/ *le+la* yağmacı, çapulcu
piller /piye/ yağmalamak, soymak
pilote /pilot/ *le* pilot; *den.* kılavuz; sürücü
piloter /pilote/ *(taşıt)* sürmek, kullanmak, uçurmak; *mec.* kılavuzluk etmek, gezdirmek
pilule /pilül/ *la* hap
pimbêche /pe**n**beş/ *la* kendini beğenmiş kız, burnu bir karış havada kız
piment /pima**n**/ *le* biber; *mec.* çekicilik, renk ***piment rouge*** kırmızıbiber, acı biber
pimpant, e /pe**n**pa**n**, a**n**t/ şık, zarif, şirin
pin /pe**n**/ *le* çam
pince /pe**n**s/ *la* pens, cımbız; *(ıstakoz, yengeç)* kıskaç; *(kumaş)* pens, kıvrım ***pince à épiler*** cımbız ***pince à linge*** mandal
pinceau, x /pe**n**so/ *le* boya fırçası
pincé, e /pe**n**se/ yapmacıklı; soğuk, ciddi, resmi
pincer /pe**n**se/ çimdiklemek; kıstırmak, sıkıştırmak; *müz.* parmakla çalmak, tımbırdatmak; *kd.* yakalamak, enselemek
pingouin /pe**n**gue**n**/ *le* penguen
ping-pong /pingpo**n**g/ *le* masa tenisi, pingpong
pinson /pe**n**so**n**/ *le, hayb.* ispinoz
pioche /pyoş/ *la* kazma ***piocher*** kazmak; *kd.* ineklemek, çok çalışmak
pion, ne /pyo**n**, pyon/ *le+la* gözcü öğrenci, öğrencileri gözleyip denetlemekle görevli öğrenci; *le (satranç)* piyon; *(dama)* taş
pionnier /pyonye/ *le* öncü
pipe /pip/ *la* pipo; boru
pipeau, x /pipo/ *le* kaval
pipe-line /payplayn/ *le* boru hattı
pipi /pipi/ *le, kd.*: ***faire pipi*** çiş etmek
piquant, e /pika**n**, a**n**t/ ucu sivri, batıcı; acı, sert; *le* diken
pique /pik/ *la* kargı, mızrak; kırıcı söz, iğneli söz; *le* maça
piqué, e /pike/ *kd.* kaçık, üşütük; *le* pike
pique-nique /piknik/ *le* piknik
piquer /pike/ delmek; batırmak, saplamak; *(böcek)* sokmak; *(ilgi, vb.)* uyandırmak, çekmek; acıtmak, yakmak; *hek.* iğne yapmak; *kd.* aşırmak, araklamak; teyellemek; *(uçak)* pike yapmak
piquet /pike/ *le* kazık ***mettre un élève au piquet*** öğrenciye ayakta durma cezası vermek ***piquet de grève*** grev gözcüsü
piqûre /pikür/ *la* iğne batması; böcek sokması; *hek.* iğne yapma; teyel
pirate /pirat/ *s+le* korsan ***pirate de l'air*** hava korsanı
pire /pir/ daha kötü ***le(la) pire*** en kötü
pis /pi/ daha kötü; *le (inek)* meme ***le pis*** en kötü ***pis-aller*** *le* geçici çare

P

piscine /pisin/ *la* yüzme havuzu ***piscine couverte*** kapalı yüzme havuzu
pissenlit /pisanli/ *le* karahindiba
pisser /pise/ *kd.* işemek ***pissotière*** *la* genel pisuar
pistache /pistaş/ *la* antepfıstığı, şamfıstığı
piste /pist(*ö*)/ *la* dar yol, patika; iz; pist
pistolet /pistole/ *le* tabanca; boya tabancası
piston /piston/ *le* piston; torpil, arka, kayırma ***pistonner*** torpil yapmak, kayırmak, iltimas etmek
piteux, euse /pitö, öz/ acınacak, acıklı
pitié /pitye/ *la* acıma, merhamet ***avoir pitié de*** -e acımak
pitoyable /pituayabl(*ö*)/ acınacak, acıklı
pitre /pitr(*ö*)/ *le* soytarı, palyaço
pittoresque /pitoresk(*ö*)/ pitoresk; canlı, renkli; çekici, ilginç
pivot /pivo/ *le* mil, eksen
pizza /pidza/ *la* pizza
placage /plakaj/ *le* kaplama
placard /plakar/ *le* gömme dolap; duvar ilanı ***placarder*** *(afiş)* asmak
place /plas/ *la* yer; alan, meydan; iş ***à la place de*** -in yerine ***sur place*** olay yerinde
placement /plasman/ *le* yerleştirme; yatırım
placenta /plasanta/ *le* plasenta, etene, döleşi
placer /plase/ koymak; yerleştirmek; *(para)* yatırmak, yatırım yapmak
placide /plasid/ sessiz, sakin, soğukkanlı
plafond /plafon/ *le* tavan
plage /plaj/ *la* kumsal, plaj
plagiat /plajya/ *le* aşırma, yapıt hırsızlığı
plagier /plajye/ aşırmak, aşırmalar yapmak
plaider /plede/ savunmak; dava etmek, dava açmak ***plaideur, euse*** *le+la (davada)* taraf ***plaidoirie*** *la, huk.* savunma ***plaidoyer*** *le, huk.* savunma
plaie /ple/ *la* yara
plaignant, e /plenyan, ant/ *le+la* davacı
plaindre /plendr(*ö*)/ -e acımak ***se plaindre*** yakınmak, şikâyet etmek
plaine /plen/ *la* ova
plain-pied /plenpye/ : ***de plain-pied*** düzayak, aynı düzeyde; *mec.* doğrudan doğruya ***de plain-pied avec*** ile aynı durumda, ile rahat ilişkiler içinde
plainte /plent/ *la* inilti; yakınma, şikâyet ***plaintif, ive*** kederli, ağlamaklı, yakınan
plaire /pler/ hoşa gitmek, beğenilmek ***se plaire à faire*** -mekten hoşlanmak ***s'il vous plaît*** lütfen
plaisance /plezans/ *la* deniz gezisi, yatla gezi
plaisant, e /plezan, ant/ hoş, güzel; eğlenceli, komik
plaisanter /plezante/ şaka yapmak ***plaisanterie*** *la* şaka ***plaisantin*** şakacı, dalgacı
plaisir /plezir/ *le* zevk, haz ***au plaisir (de vous revoir)*** *(yine)* görüşürüz ***faire plaisir à*** -i sevindirmek ***prendre plaisir à*** -den hoşlanmak
plan, e /plan, an/ düz; *le* plan, tasar; *mat.* düzlem; *(sinema)* çekim ***au premier plan*** ön sırada, ön planda ***au second plan*** ikinci sırada, ikinci planda
planche /planş/ *la* tahta; levha

P

planche à dessin resim tahtası
planche à pain ekmek tahtası
planche à repasser ütü tahtası
les planches tiyatro, sahne

plancher /planşe/ *le* döşeme, zemin, taban

plancton /plankton/ *le* plankton

planer /plane/ süzülerek uçmak

planétaire /planeter/ gezegenlerle ilgili

planète /planet/ *la* gezegen

planeur /planör/ *le* planör

planification /planifikasyon/ *la* *(ekonomik)* planlama

planifier /planifye/ planlamak

planning /planing/ *le* program ***planning familial*** aile planlaması

plant /plan/ *le* fide, fidan

plantation /plantasyon/ *la* *(bitki)* dikme; fidanlık; plantasyon

plante /plant/ *la* bitki ***plante du pied*** ayak tabanı

planter /plante/ dikmek, ekmek; çakmak, kakmak; *(çadır)* kurmak

planton /planton/ *le* emir eri

plantureux, euse /plantürö, öz/ bol, verimli; etine dolgun, etli butlu

plaque /plak/ *la* plaka; levha ***plaque minéralogique, plaque d'immatriculation*** *(taşıt)* plaka

plaquer /plake/ kaplamak

plasma /plasma/ *le* plazma

plastique /plastik/ *s+le* plastik; *la* plastik sanatlar

plat, e /pla, at/ yassı; düz; yavan, tatsız; *le* tabak; yemek ***à plat*** düz, yatay olarak; *(lastik)* inik, sönük ***plat de résistance*** ana yemek

plateau, x /plato/ *le* tepsi; yayla; sahne, set

plate-bande /platband/ *la* *(çiçek)* tarh

plate-forme /platform(ö)/ *la* sahanlık; platform; parti programı

platine /platin/ *le* platin

plâtre /platr(ö)/ *le* alçı ***plâtrer*** alçılamak; *hek.* alçıya almak

plausible /plozibl(ö)/ akla yatkın, makul

plein, e /plen, en/ dolu; tam; *(hayvan)* gebe, yüklü ***à plein temps*** tümgün, tamgün ***en plein air*** açık havada ***en plein jour*** güpegündüz ***en pleine mer*** açık denizde ***en pleine nuit*** gecenin tam ortasında ***en pleine rue*** sokak ortasında ***en plein soleil*** güneşin alnında ***plein de*** ile dolu

pleurer /plöre/ ağlamak; *(gözler)* sulanmak, yaşarmak; yasını tutmak

pleurnicher /plörnişe/ sızlanmak, ağlamak

pleuvoir /plövuar/ *(yağmur)* yağmak

pli /pli/ *le* kıvrım; kırışıklık, buruşukluk; *(mektup)* zarf; mektup

pliant, e /pliyan, ant/ açılır kapanır; *le* açılır kapanır iskemle

plier /pliye/ katlamak; bükmek; eğilmek ***se plier à*** -e uymak, boyun eğmek

plinthe /plent/ *la* süpürgelik

plisser /plise/ kırıştırmak, buruşturmak; kırma yapmak, pli yapmak

plomb /plon/ *le* kurşun; *(elektrik)* sigorta

plombage /plonbaj/ *le* *(diş)* dolgu

plomber /plonbe/ *(diş)* doldurmak, dolgu yapmak

plomberie /plonbri/ *la* sıhhi tesisat, su döşemi

plombier /plonbye/ *le* tesisatçı, muslukçu

plonge /plonj/ *la*: ***faire la plonge*** bulaşık yıkamak

plongée /plonje/ *la* dalma, dalış

P

plongeoir /plonjuar/ *le* tramplen, atlama tahtası
plongeon /plonjon/ *le* dalma, dalış
plonger /plonje/ dalmak; daldırmak, batırmak ***plongeur, euse*** *le+la* dalgıç; bulaşıkçı
ployer /pluaye/ eğmek, bükmek; eğilmek, bükülmek
pluie /plui/ *la* yağmur
plume /plüm/ *la (kuş)* tüy; kalem ucu
plumer /plüme/ tüylerini yolmak
plumier /plümye/ *le* kalem kutusu
plupart /plüpar/ : ***la plupart de*** -ın çoğu, büyük bir kısmı ***pour la plupart*** çoğunlukla, çoğunluk olarak
pluriel /plüryel/ *le* çoğul
plus /plü/ daha; artı ***de plus, en plus*** ayrıca, bundan başka ***de plus en plus*** gitgide, gittikçe ***le(la) plus*** en ***ne ... plus*** artık ***ni plus ni moins*** ne fazla ne eksik, tam tamına ***plus que*** -den daha, -den çok ***(tout) au plus*** olsa olsa, en çok
plusieurs /plüzyör/ birçok
plus-que-parfait /plüsköparfe/ *le* hikâye bileşik zamanı, mişli geçmiş zamanın hikâyesi
plutôt /plüto/ daha çok; daha doğrusu
pluvieux, euse /plüvyö, öz/ yağmurlu
pneu, x /pnö/ *le* lastik
pneumatique /pnömatik/ havalı, pnömatik; *le* lastik
pneumonie /pnömoni/ *la* zatürree
poche /poş/ *la* cep ***de poche*** cep+
poché, e /poşe/ : ***œuf poché*** haşlama yumurta ***œil poché*** morarmış göz
pochette /poşet/ *la* küçük kutu, küçük paket; *(ceket)* mendil cebi; cep mendili ***pochette d'allumettes*** poşet kibrit ***pochette de disque*** plak gömleği
podium /podyom/ *le* podyum
poêle /pual/ *le* soba; *la*: ***poêle (à frire)*** tava, kızartma tavası
poème /poem/ *le* şiir
poésie /poezi/ *la* şiir ***la poésie*** şiir sanatı
poète /poet/ *le* ozan, şair
poétique /poetik/ şiirsel
pognon /ponyon/ *le, kd.* para, mangır
poids /pua/ *le* ağırlık; *sp.* gülle ***prendre du poids*** kilo almak, şişmanlamak ***poids lourd*** ağırsıklet; ağır vasıta, ağır taşıt
poignant, e /puanyan, ant/ dokunaklı, yürek sızlatan
poignard /puanyar/ *le* hançer ***poignarder*** bıçaklamak, hançerlemek
poignée /puanye/ *la* bir tutam, bir avuç; sap, kulp ***poignée de main*** el sıkma, tokalaşma
poignet /puanye/ *le* bilek; yen
poil /pual/ *le* kıl; tüy ***à poil*** çıplak ***au poil*** *kd.* harika, mükemmel
poinçon /puenson/ *le* biz, zımba; çelik kalem; *(altın, vb.)* ayar damgası ***poinçonner*** zımbalamak, delmek; ayar damgası vurmak
poing /puen/ *le* yumruk
point /puen/ *le* yer; nokta; an; konu; sayı, puan; derece; *(okul)* not; ilmik ***à point*** kararında, iyi pişmiş; tam zamanında ***au point mort*** *oto.* boşta ***point d'exclamation*** ünlem işareti ***point de vue*** görüş; bakış açısı ***point d'interrogation*** soru işareti ***point du jour*** tan, şafak ***point faible*** zayıf nokta ***sur le point de faire*** -mek üzere ***points cardinaux*** anayönler
pointe /puent/ *la* uç, sivri uç; *coğ.*

burun, dil; nükte, espri ***sur la pointe des pieds*** ayaklarının ucuna basa basa

pointer /puente/ işaretlemek; *(işyerinde)* çalışanların giriş-çıkışlarını denetlemek

pointillé /puentiye/ *le* noktalı çizgi

pointilleux, euse /puentiyö, öz/ titiz

pointu, e /puentü/ sivri; tiz, keskin

pointure /puentür/ *la (ayakkabı, vb.)* numara, ölçü

point-virgule /puenvirgül/ *le* noktalı virgül

poire /puar/ *la* armut; *kd.* surat, yüz

poireau, x /puaro/ *le* pırasa

pois /pua/ *le* bezelye ***à pois*** *(kumaş)* puanlı, noktalı ***pois chiche*** nohut

poison /puazon/ *le* ağı, zehir

poisseux, euse /puasö, öz/ yapışkan

poisson /puason/ *le* balık ***les Poissons*** Balık *(burcu)* *poisson d'avril!* nisan bir! ***poissonnerie*** *la* balıkçı dükkânı ***poissonnier, ière*** *le+la* balıkçı

P

poitrine /puatrin/ *la* göğüs

poivre /puavr(ö)/ *le* karabiber ***poivre en grains*** *(çekilmemiş)* tane biber ***poivre moulu*** toz karabiber ***poivré, e*** biberli, karabiberli ***poivrier*** *le* biberlik

poivron /puavron/ *le* dolmalık biber ***poivron rouge*** kırmızıbiber ***poivron vert*** yeşil biber

polaire /poler/ kutupsal, kutup+

polariser /polarize/ polarmak; bir noktada toplamak

pôle /pol/ *le* kutup

polémique /polemik/ tartışmalı, çekişmeli; *la* tartışma

poli, e /poli/ kibar, nazik; düz, pürüzsüz; cilalı

police /polis/ *la* polis; poliçe ***police d'assurance*** sigorta poliçesi ***police des mœurs*** ahlak zabıtası

policier, ière /polisye, yer/ polisle ilgili, polis+; *le* polis *(memuru)*; polisiye roman

policlinique /poliklinik/ *la* poliklinik

polio(myélite) /polyo(myelit)/ *la* çocuk felci

polir /polir/ parlatmak, cilalamak

polisson, ne /polison, on/ haylaz, yaramaz; açık saçık

politesse /polites/ *la* kibarlık, nezaket

politicien, ne /politisyen, en/ *le+la* politikacı

politique /politik/ politik, siyasal; *la* politika, siyaset

pollen /polen/ *le* çiçektozu

polluer /polue/ kirletmek, pisletmek ***pollution*** *la* kirletme; kirlilik

poltron, ne /poltron, on/ korkak, tabansız

polyclinique /poliklinik/ *la* poliklinik

polycopier /polikopye/ çoğaltmak, teksir etmek

polygamie /poligami/ *la* çokeşlilik, poligami

polygone /poligon/ *le* çokgen

pommade /pomad/ *la* merhem, pomat

pomme /pom/ *la* elma ***pomme d'Adam*** âdemelması ***pomme de terre*** patates ***pommes vapeur*** haşlanmış patates ***tomber dans les pommes*** *kd.* bayılmak

pommette /pomet/ *la* elmacık kemiği

pompe /ponp/ *la* pompa, tulumba; görkem, tören

pomper /ponpe/ pompalamak; çekmek, emmek

pompeux, euse /ponpö, öz/ gör-

kemli, gösterişli
pompier /ponpye/ *le* itfaiyeci
ponce /pons/ *la*: ***pierre ponce*** süngertaşı
ponctualité /ponktualite/ *la* dakiklik
ponctuation /ponktuasyon/ *la* noktalama
ponctuel, le /ponktuel/ dakik
ponctuer /ponktue/ noktalamak
pondéré, e /pondere/ dengeli, mantıklı, ağırbaşlı
pondre /pondr(ö)/ yumurtlamak; *kd.* doğurmak
poney /pone/ *le* midilli
pongiste /ponjist/ *le+la* masa tenisi oyuncusu, pingpongcu
pont /pon/ *le* köprü ***pont aérien*** hava köprüsü ***pont suspendu*** asma köprü
pont-levis /ponlvi/ *le* kalkar köprü
populace /popülas/ *la* ayaktakımı
populaire /popüler/ popüler, herkesçe sevilen; halkla ilgili, halka özgü, halk için, halk+ ***populariser*** halka yaymak, halkın anlayabileceği biçime sokmak; halka mal etmek ***popularité*** *la* popülerlik, herkesçe sevilme
population /popülasyon/ *la* nüfus
porc /por/ *le* domuz; domuz eti
porcelaine /porsölen/ *la* porselen, çini
porc-épic /porkepik/ *le* kirpi
porche /porş(ö)/ *le* kapı sundurması
porcherie /porşöri/ *la* domuz ahırı
pore /por/ *le* gözenek ***poreux, euse*** gözenekli
pornographie /pornografi/ *la* pornografi ***pornographique*** pornografik, porno
port /por/ *le* liman; taşıma; taşıma ücreti; duruş
portatif, ive /portatif, iv/ portatif, taşınır
porte /port(ö)/ *la* kapı ***mettre à la porte*** kapı dışarı etmek ***porte d'entrée*** giriş kapısı, ön kapı
porte-avions /portavyon/ *le* uçak gemisi
porte-bagages /portbagaj/ *le* bagaj filesi
porte-bonheur /portbonör/ *le* uğurluk, nazarlık
porte-clefs /portökle/ *le* anahtarlık
portée /porte/ *la* erim, menzil; yetenek; değer, önem; kapsam; porte
porte-fenêtre /portfönetr(ö)/ *la* balkon kapısı, camlı dış kapı
portefeuille /portöföy/ *le* cüzdan
portemanteau, x /portmanto/ *le* portmanto
porte-mine /portömin/ *le* sürgülü kurşunkalem
porte-monnaie /portmone/ *le* para çantası
porte-parole /portparol/ *le* sözcü
porte-plume /portöplüm/ *le* kalem sapı
porter /porte/ taşımak; giymek, takmak; götürmek; getirmek; koymak; yöneltmek ***porter sur*** -e dayanmak; ile ilgili olmak ***se porter bien*** *(sağlığı)* iyi olmak ***se porter mal*** *(sağlığı)* kötü olmak
porte-savon /portsavon/ *le* sabunluk
porte-serviettes /portservyet/ *le* havluluk, havlu askısı
porteur, euse /portör, öz/ *le* hamal; *tic. (çek)* taşıyan, hamil
porte-voix /portövua/ *le* megafon
portier /portye/ *le* kapıcı
portière /portyer/ *la (taşıt)* kapı
portion /porsyon/ *la* pay; parça, bölüm; porsiyon

P

porto /porto/ *le* porto *(şarabı)*
portrait /portre/ *le* portre; resim, fotoğraf
pose /poz/ *la* koyma; yerleştirme; duruş, poz; tavır
posé, e /poze/ ciddi, ağırbaşlı
posemètre /pozmetr(*ö*)/ *le* pozometre, fotometre, ışıkölçer
poser /poze/ koymak; yerleştirmek; *(soru)* sormak; poz vermek; kendine ... süsü vermek ***se poser*** konmak; ortaya çıkmak, doğmak
poseur, euse /pozör, öz/ *le+la* gösterişçi, kasıntı, hava atan
positif, ive /pozitif, iv/ olumlu; yapıcı; kesin; artı, pozitif
position /pozisyon/ *la* durum, vaziyet; yer, konum; tavır, hal; mevki, orun; *ask.* mevzi
posséder /posede/ sahip olmak; çok iyi bilmek; *kd.* aldatmak, kandırmak ***possesseur*** *le* sahip, iye ***possessif, ive*** iyelik gösteren, iyelik+; *le, dilb.* tamlayan durumu ***possession*** *la* sahip olma, sahiplik, iyelik

P

possibilité /posibilite/ *la* olanak; olasılık ***avoir la possibilité de faire*** -cek durumda olmak, -mek olanağı olmak
possible /posibl(*ö*)/ olanaklı, mümkün; olası, muhtemel
poste /post(*ö*)/ *la* posta; postane; *le* karakol; görev, mevki; *(TV, radyo)* alıcı ***poste (de police)*** *le* karakol ***poste d'essence*** benzin istasyonu ***poste de radio*** radyo *(alıcısı)* *poste de secours le* ilk yardım ***poste de télévision*** televizyon ***poste restante*** postrestant ***Postes et Télécommunications (P.T.T.)*** Posta, Telgraf, Telefon *(PTT)*
poster /poste/ postalamak
poster /poster/ *le* poster
postérieur, e /posteryör/ sonraki; arka; *le, kd.* kıç, göt
postérité /posterite/ *la* gelecek kuşaklar
posthume /postüm/ yazarın ölümünden sonra yayımlanan
postiche /postiş/ yapma, takma, sahte; *le* takma saç
post-scriptum /postskriptom/ *le* dipnot
postulant, e /postülan, ant/ *le+la* aday, başvuran, istekli
postuler /postüle/ *(iş)* istemek, başvurmak
posture /postür/ *la* durum; davranış, tutum
pot /po/ *le* kavanoz, tencere, çömlek, kap ***boire un pot*** *kd.* içki içmek ***pot d'échappement*** egzoz borusu ***pot de fleurs*** saksı
potable /potabl(*ö*)/ içilir, içilebilir; şöyle böyle, fena değil, idare eder ***eau potable*** içme suyu
potache /potaş/ *le* liseli, kolejli
potage /potaj/ *le* çorba
potager, ère /potaje, er/ *(bitki)* yenir, yenilebilir; sebzeyle ilgili, sebze+ ***(jardin) potager*** sebze bahçesi
potasser /potase/ *kd.* ineklemek, çok çalışmak
pot-au-feu /potofö/ *le* sebzeli sığır haşlaması; haşlamalık et
pot-de-vin /podven/ *le* rüşvet
poteau, x /poto/ *le* direk ***poteau indicateur*** yol levhası, işaret direği ***poteau télégraphique*** telgraf direği
potelé, e /potle/ tombul
potence /potans/ *la* darağacı
potentiel, le /potansyel/ gizil, potansiyel; *le* gizilgüç, potansiyel

poterie /potri/ *la* çömlekçilik; çanak çömlek
potier /potye/ *le* çömlekçi
potins /poten/ *le+ç.* dedikodu
potion /posyon/ *la* sıvı ilaç
potiron /potiron/ *le* kabak
pot-pourri /popuri/ *le* potpuri
pou, x /pu/ *le* bit
poubelle /pubel/ *la* çöp sepeti, çöp tenekesi
pouce /pus/ *le* başparmak
poudre /pudr(ö)/ *la* toz; pudra; barut ***poudrer*** pudra sürmek ***poudreux, euse*** tozlu; toz gibi ***poudrier*** *le* pudriyer, pudralık
pouffer /pufe/ kahkahayı basmak, gülmekten katılmak
poulailler /pulaye/ *le* kümes
poulain /pulen/ *le* tay
poularde /pulard(ö)/ *la* besili piliç
poule /pul/ *la* tavuk; *kd.* orospu
poulet /pule/ *le* piliç; *kd.* polis
pouliche /puliş/ *la* dişi tay
poulie /puli/ *la* makara, kasnak
poulpe /pulp(ö)/ *le* ahtapot
pouls /pu/ *le* nabız ***prendre le pouls de*** nabzına bakmak, nabız saymak
poumon /pumon/ *le* akciğer
poupe /pup/ *la, den.* pupa
poupée /pupe/ *la* oyuncak bebek
poupon /pupon/ *le* bebek ***pouponnière*** *la* kreş
pour /pur/ için; uğruna; yerine, adına; lehinde; -e göre; -e karşı; -den dolayı, yüzünden ***pour cent*** yüzde ***pour que*** -sin diye, -mesi için
pourboire /purbuar/ *le* bahşiş
pourcentage /pursantaj/ *le* yüzde oranı, yüzde
pourchasser /purşase/ aramak, kovalamak, peşine düşmek
pourpre /purpr(ö)/ lal, parlak kırmızı
pourri, e /puri/ çürük, bozuk
pourrir /purir/ çürümek, bozulmak; çürütmek; *mec.* baştan çıkarmak ***pourriture*** *la* çürüme, çürük
poursuite /pursuit/ *la* izleme, kovalama, arama ***poursuites*** *la+ç, huk* kovuşturma
poursuivant, e /pursüivan, ant/ *le+la* izleyen, kovalayan *(kimse)*
poursuivre /pursuivr(ö)/ kovalamak; izlemek, aramak, peşine düşmek; sürdürmek; *huk.* mahkemeye vermek
pourtant /purtan/ yine de, bununla birlikte
pourtour /purtur/ *le* çevre, dolay
pourvoir /purvuar/ sağlamak, vermek ***pourvoir à*** karşılamak, bakmak
pourvu, e /purvü/ : ***pourvu de*** ile donatılmış, -sı olan ***pourvu que*** yeter ki
pousse /pus/ *la* bitme, çıkma; filiz; tomurcuk
poussée /puse/ *la* itme, itiş
pousser /puse/ itmek; özendirmek, teşvik etmek; devam etmek; *(çığlık, vb.)* atmak, koparmak; büyümek, boylanmak
poussette /puset/ *la* puset
poussière /pusyer/ *la* toz ***poussiéreux, euse*** tozlu
poussin /pusen/ *le* civciv
poutre /putr(ö)/ *la* kiriş
pouvoir /puvuar/ -ebilmek, abilmek; *le* güç; yetki; etki, nüfuz; iktidar ***pouvoir d'achat*** alım gücü, satın alma gücü ***les pouvoirs publics*** yetkililer, ilgili makamlar
prairie /preri/ *la* çayır
praticable /pratikabl(ö)/ yapılabilir, gerçekleştirilebilir

praticien, ne /pratisyen, yen/ *le+la* pratisyen
pratique /pratik/ pratik; kullanışlı, elverişli; *la* uygulama; alışkanlık, âdet ***mettre en pratique*** uygulamaya koymak, gerçekleştirmek
pratiquement /pratikman/ uygulamada; gerçekte, aslında
pratiquer /pratike/ yapmak, etmek, uygulamak; kiliseye gitmek, dinin gereklerini yapmak
pré /pre/ *le* çayır
préalable /prealabl(ö)/ ilk, ön ***au préalable*** önce, ilkönce
préavis /preavi/ *le* ihbar, önceden yapılan bildiri ***communication avec préavis*** ihbarlı telefon konuşması
précaire /preker/ kararsız, şüpheli; güvenilmez
précaution /prekosyon/ *la* önlem, tedbir ***par précaution*** önlem olarak
précédent, e /presedan, ant/ önceki; *le* örnek, benzer
précéder /presede/ önde gitmek; önce gelmek
précepteur, trice /preseptör, tris/ *le+la* mürebbiye, dadı, eğitmen
prêcher /preşe/ vaaz vermek; öğütlemek, salık vermek
précieux, euse /presyö, öz/ değerli, pahalı
précipice /presipis/ *le* uçurum
précipitamment /presipitaman/ çabucak, alelacele
précipitation /presipitasyon/ *la* acele ***précipitations (atmosphériques)*** yağış
précipité, e /presipite/ hızlı, çabuk; aceleci
précipiter /presipite/ devirmek, alaşağı etmek; hızlandırmak ***se précipiter*** atılmak; acele etmek
précis, e /presi, iz/ açık, belirgin; belirli; kesin, tam; *le* elkitabı ***précisément*** tam, eksiksiz; elbette, evet öyle
préciser /presize/ açıklamak, aydınlatmak; belirtmek ***se préciser*** belirginleşmek, belli olmak
précision /presizyon/ *la* açıklık, belirlilik; kesinlik, doğruluk ***précisions*** *la+ç.* kesin açıklama, ayrıntılı bilgi
précoce /prekos/ erken; turfanda; erken gelişmiş
préconçu, e /prekonsü/ önyargılı
préconiser /prekonize/ salık vermek, tavsiye etmek
précurseur /prekürsör/ *s+le* haberci, müjdeci
prédécesseur /predezesör/ *le* selef, öncel
prédestiner /predestine/ alnına yazmak, kaderini önceden belirlemek
prédicateur /predikatör/ *le* vaiz
prédiction /prediksyon/ *la* önceden bildirme, kehanet
prédire /predir/ önceden bildirmek, kehanette bulunmak
prédominer /predomine/ üstün olmak, ağır basmak
préfabriqué, e /prefabrike/ prefabrik, prefabrike
préface /prefas/ *la* önsöz ***préfacer*** -e önsöz yazmak
préfecture /prefektür/ *la* il; valilik; vilayet konağı ***préfecture de police*** emniyet müdürlüğü
préférable /preferabl(ö)/ yeğ, daha iyi, tercih edilir
préféré, e /prefere/ *s+a.* en çok sevilen, gözde, favori
préférence /preferans/ *la* tercih,

yeğleme ***de préférence*** tercihen, en iyisi ***préférentiel, le*** tercihli
préférer /prefere/ yeğlemek, tercih etmek
préfet /prefe/ *le* vali ***préfet de police*** emniyet müdürü
préfixe /prefiks(*ö*)/ *le, dilb.* önek
préhistoire /preistuar/ *la* tarihöncesi, prehistorya ***préhistorique*** tarihöncesi, prehistorik
préjudice /prejüdis/ *le* zarar, ziyan ***au préjudice de*** -ın zararına, aleyhine ***porter préjudice à*** -e zarar vermek
préjugé /prejüje/ *le* önyargı ***avoir un préjugé contre*** -e karşı önyargılı olmak
prélèvement /prelevma**n**/ *le* çıkarma, parça alma; örnek, alınan parça ***faire un prélèvement de sang*** kan örneği almak
prélever /prelve/ almak ***prélever (sur)*** *(para) (-den)* kesmek, almak
préliminaire /preliminer/ ilk, ön, hazırlayıcı ***préliminaires*** *le+ç.* hazırlık, hazırlıklar
prélude /prelüd/ *le* prelüd, peşrev; başlangıç
prématuré, e /prematüre/ *hek.* prematüre, erken doğmuş; zamansız, mevsimsiz
préméditation /premeditasyo**n**/ *la*: ***avec préméditation*** önceden tasarlanmış, kasıtlı
préméditer /premedite/ önceden tasarlamak
premier, ière /pr*ö*mye, yer/ birinci, ilk; temel; *la* prömiyer, ilk gösterim ***Premier Ministre*** başbakan
premièrement /pr*ö*myerma**n**/ ilkin, en önce
prémonition /premonisyo**n**/ *la* önsezi
prendre /pra**n**dr(*ö*)/ almak; tutmak; yakalamak; binmek; yemek, içmek; sertleşmek, donmak; başarılı olmak; yanmaya başlamak ***prendre à gauche*** sola dönmek ***prendre qn pour*** birini ... sanmak ***se prendre les doigts dans*** parmağını -e sıkıştırmak ***s'y prendre*** davranmak, hareket etmek
prénom /preno**n**/ *le (küçük)* ad
prénuptial, e, aux /prenüpsyal, o/ evlilik öncesi, düğün öncesi
préoccupation /preoküpasyo**n**/ *la* tasa, kaygı; zihin meşguliyeti
préoccuper /preoküpe/ kaygılandırmak, tasalandırmak; *(zihni)* meşgul etmek, kurcalamak ***se préoccuper de*** ile ilgilenmek
préparatifs /preparatif/ *le+ç.* hazırlık
préparation /preparasyo**n**/ *la* hazırlama, hazırlanma; *(okul)* ödev
préparer /prepare/ hazırlamak ***se préparer*** hazırlanmak
préposé, e /prepoze/ *le+la* görevli, memur; postacı
préposition /prepozisyo**n**/ *la, dilb.* ilgeç, edat
prérogative /prerogativ/ *la* ayrıcalık, imtiyaz
près /pre/ yakın, yakında ***près de*** -in yanında, yakınında; hemen hemen, aşağı yukarı
présage /prezaj/ *le* belirti, alamet; kehanet
présager /prezaje/ -in belirtisi olmak, haber vermek
presbyte /presbit/ presbit
prescription /preskripsyo**n**/ *la* yönerge, emir, talimat; reçete; *huk.* zamanaşımı
prescrire /preskrir/ zamanaşımına uğratmak; emretmek, buyurmak
préséance /presea**n**s/ *la* öncelik

P

hakkı

présence /prezans/ *la* var olma; hazır bulunma, katılma ***en présence de*** -ın önünde, karşısında

présent, e /prezan, ant/ bulunan, hazır, mevcut; şimdiki, şu anki; *le* armağan, hediye ***à présent*** şimdi

présentateur, trice /prezantatör, tris/ *le+la* sunucu

présentation /prezantasyon/ *la* sunma; tanıtma; gösterme; görünüş

présenter /prezante/ sunmak; göstermek; tanıtmak ***se présenter*** ortaya çıkmak, karşısına çıkmak; aday olmak

préservatif /prezervatif/ *le* prezervatif, kılıf

préserver /prezerve/ : ***préserver de*** -den korumak

présidence /prezidans/ *la* başkanlık

président /prezidan/ *le* başkan ***présidentiel, le*** başkanlıkla ilgili, başkanla ilgili, başkanlık+

présider /prezide/ başkanlık etmek; -de şeref konuğu olmak

P

présomption /prezonpsyon/ *la* tahmin, varsayım; kendini beğenme

présomptueux, euse /prezonptüö, öz/ kendini beğenmiş, fodul

presque /presk(*ö*)/ hemen hemen, neredeyse

presqu'île /preskil/ *la* yarımada

pressant, e /presan, ant/ ivedi, acil

presse /pres/ *la* basın; baskı makinesi; pres, cendere, mengene ***presse féminine*** kadın dergileri

pressé, e /prese/ acelesi olan; ivedi, acil ***orange pressée*** portakal suyu

presse-citron /pressitron/ *le* limon sıkacağı

presse-papiers /prespapye/ *le* prespapye, uçmasın diye kâğıtların üzerine konan ağırlık

presser /prese/ sıkmak; sıkıştırmak; basmak; hızlandırmak, çabuklaştırmak; acil olmak ***se presser*** acele etmek; yığılmak, toplaşmak

pressing /presing/ *le* kuru temizleme; kuru temizleme dükkânı

pression /presyon/ *la* basınç; baskı ***pression artérielle*** kan basıncı

pressoir /presuar/ *le* sıkma makinesi, cendere

preste /prest(*ö*)/ çevik, atik; çabuk ***prestement*** çabucak, hemencecik

prestidigitateur, trice /prestidijitatör, tris/ *le+la* hokkabaz

prestidigitation /prestidijitasyon/ *la* hokkabazlık, el çabukluğu

prestige /prestij/ *le* saygınlık ***prestigieux, euse*** saygın, ünlü, tanınmış

présumer /prezüme/ sanmak, varsaymak

prêt, e /pre, pret/ hazır; *le* ödünç verme; ödünç ***prêt-à-porter*** *le* hazır giysi, konfeksiyon

prétendant /pretandan/ *le* talip, bir kadınla evlenmek isteyen erkek

prétendre /pretandr(*ö*)/ ileri sürmek, iddia etmek ***prétendu, e*** sözde

prétentieux, euse /pretansyö, öz/ kendini beğenmiş, iddialı

prétention /pretansyon/ *la* sav, iddia; kendini beğenmişlik

prêter /prete/ ödünç vermek; vermek ***prêter assistance à*** -e yardım etmek ***prêter l'oreille*** kulak vermek ***prêter serment*** ant içmek ***prêteur*** *le* borç veren, ödünç veren

prétexte /pretekst(*ö*)/ *le* bahane

prêtre /pretr(*ö*)/ *le* papaz, rahip ***prêtrise*** *la* papazlık, rahiplik

preuve /pröv/ *la* kanıt, delil; prova
prévaloir /prevaluar/ üstün gelmek, ağır basmak ***se prévaloir de*** -den yararlanmak; ile övünmek
prévenances /prevnans/ *la+ç.* naziklik, düşüncelilik
prévenant, e /prevnan, ant/ nazik, düşünceli
prévenir /prevnir/ önlemek; uyarmak; haber vermek, bildirmek
préventif, ive /prevantif, iv/ önleyici, koruyucu
prévention /prevansyon/ *la* önleme; önleyici tedbir
prévenu, e /prevnü/ *le+la* sanık
prévision /previzyon/ *la* tahmin ***en prévision de*** olacak diye, olasılığına karşı ***prévisions météorologiques*** hava tahmini
prévoir /prevuar/ önceden görmek, kestirmek; öngörmek
prévoyance /prevuayans/ *la* öngörü, ileriyi görme
prier /priye/ dua etmek, yakarmak; yalvarmak ***prier qn de faire*** birinden -mesini rica etmek
prière /priyer/ *la* dua, yakarı, yakarış ***'prière de faire ...'*** -mesi rica olunur
primaire /primer/ ilk
prime /prim/ *la* prim, ikramiye; *tic.* müşteriye verilen hediye; sigorta primi ***de prime abord*** ilk görüşte, hemen
primer /prime/ üstün olmak; ağır basmak; ödüllendirmek
primesautier, ière /primsotye, yer/ düşüncesiz, patavatsız
primeurs /primör/ *la+ç.* turfanda yemiş, turfanda sebze
primevère /primver/ *la* çuhaçiçeği
primitif, ive /primitif, iv/ ilk; asıl, ana; ilkel; *le+la* ilkel *(insan)*
primordial, e, aux /primordyal, o/ önemli, temel, başlıca
prince /prens/ *le* prens
princesse /prenses/ *la* prenses
principal, e, aux /prensipal, o/ en önemli, başlıca, temel; *le (okul)* müdür
principe /prensip/ *le* ilke, prensip ***par principe*** ilke olarak, prensip olarak
printanier, ère /prentanye, yer/ ilkbaharla ilgili, ilkbahar
printemps /prentan/ *le* ilkbahar
priorité /priyorite/ *la* öncelik; *oto.* geçiş üstünlüğü
pris, e /pri, priz/ tutulmuş, boş değil; *(bilet)* satılmış; meşgul
prise /priz/ *la* alma; tutma, yakalama; priz
priser /prize/ burnunu çekmek; değer biçmek
prisme /prism(ö)/ *le* prizma, biçme
prison /prizon/ *la* hapishane, cezaevi ***prisonnier, ière*** *le+la* tutsak; tutuklu, mahkûm
privations /privasyon/ *la+ç.* yoksunluk, yokluk, sıkıntı
privé, e /prive/ özel
priver /prive/ yoksun bırakmak ***se priver de*** -den yoksun olmak
privilège /privilej/ *le* ayrıcalık ***privilégié, e*** ayrıcalıklı
prix /pri/ *le* değer, fiyat; ödül ***à tout prix*** her ne pahasına olursa olsun
probabilité /probabilite/ *la* olasılık
probable /probabl(ö)/ olası, muhtemel ***probablement*** belki, belki de
probité /probite/ *la* dürüstlük, doğruluk
problème /problem/ *le* sorun; problem
procédé /prosede/ *le* yöntem, yol; işlem; davranış

P

procéder /prosede/ davranmak, hareket etmek ***procéder de*** -den kaynaklanmak, ileri gelmek
procès /prose/ *le* dava
procession /prosesyo**n**/ *la* tören alayı
processus /prosesüs/ *le* süreç
procès-verbal, aux /proseverbal, o/ *le* tutanak
prochain, e /proşe**n**, en/ yakın; gelecek ***prochainement*** yakında
proche /proş/ yakın ***de proche en proche*** gitgide, yavaş yavaş ***proches*** *le+ç.* yakınlar, akrabalar
proclamation /proklamasyo**n**/ *la* ilan; bildiri
proclamer /proklame/ ilan etmek; açığa vurmak
procréer /prokree/ döllemek; doğurmak
procuration /prokürasyo**n**/ *la* vekâlet; vekâletname
procurer /proküre/ sağlamak, vermek ***se procurer*** elde etmek
procureur /prokürör/ *le* savcı
prodige /prodij/ *le* mucize, harika; olağanüstü kimse ***prodigieux, euse*** olağanüstü, şaşılacak; kocaman, muazzam
prodigue /prodig/ cömert; savurgan, tutumsuz
producteur, trice /prodüktör, tris/ *le+la* üretici; yapımcı
productif, ive /prodüktif, iv/ verimli, bereketli; kazançlı
production /prodüksyo**n**/ *la* üretim; yapım; ürün; yapıt, eser; verim
productivité /prodüktivite/ *la* verimlilik
produire /produir/ üretmek; yapmak; doğurmak; yetiştirmek; neden olmak, yol açmak; oluşturmak ***se produire*** görünmek, kendini göstermek; olmak, meydana gelmek
produit /produi/ *le* ürün; kazanç
proéminent, e /proemina**n**, a**n**t/ çıkıntılı, çıkık
profane /profan/ dindışı, dinsel olmayan
profaner /profane/ *(kutsal şeylere karşı)* saygısızlık etmek
professer /profese/ açıkça söylemek, itiraf etmek; *(meslek)* icra etmek, yapmak, çalışmak; öğretmenlik yapmak, ders vermek
professeur /profesör/ *le* öğretmen; profesör
profession /profesyo**n**/ *la* meslek, iş, sanat ***professionnel, le*** mesleki; *le+la* profesyonel
profil /profil/ *le* profil, yandan görünüş
profit /profi/ *le* kazanç; yarar, çıkar ***tirer profit de*** -den yararlanmak
profitable /profitabl(*ö*)/ kazançlı, kârlı; yararlı
profiter /profite/ : ***profiter à*** -e yararlı olmak; -e kazanç getirmek ***profiter de*** -den yararlanmak
profond, e /profo**n**, o**n**d/ derin ***profondeur*** derinlik
profusion /profüzyo**n**/ *la* bolluk; savurganlık
progéniture /projenitür/ *la* çocuklar, yavrular, evlatlar
programme /program/ *le* program, izlence ***programmer*** *(TV, radyo)* göstermek, vermek, yayımlamak; *(bilgisayar)* programlamak ***programmeur, euse*** *le+la* bilgisayar programcısı
progrès /progre/ *le* gelişme, ilerleme
progresser /progrese/ gelişmek; ilerlemek ***progressif, ive*** ilerleyen, yavaş yavaş artan ***progression*** *la*

P

ilerleme
prohiber /proibe/ yasaklamak
proie /prua/ *la (hayvanın tuttuğu)* av ***être en proie à*** -e maruz kalmak, ile yüz yüze olmak
projecteur /projektör/ *le* projektör, ışıldak, gösterici
projectile /projektil/ *le* mermi
projection /projeksyo**n**/ *la* atma, fırlatma; *(film)* gösterim, oynatma
projet /proje/ *le* tasarı, proje; taslak ***projet de loi*** yasa tasarısı
projeter /projte/ tasarlamak; *(film)* göstermek, oynatmak; atmak, fırlatmak
prolétaire /proleter/ *le* emekçi ***prolétariat*** *le* emekçi sınıfı, proletarya
proliférer /prolifere/ çoğalmak; üremek
prolifique /prolifik/ doğurgan, çabuk üreyen; verimli
prologue /prolog/ *le* öndeyiş; başlangıç
prolongation /prolo**n**gasyo**n**/ *la* uzatma, uzama ***prolongations*** *la+ç. (futbol)* uzatma
prolongement /prolo**n**jma**n**/ *le* uzatma; uzantı
prolonger /prolo**n**je/ uzatmak ***se prolonger*** uzamak
promenade /promnad/ *la* gezi, gezinti
promener /promne/ gezdirmek, dolaştırmak ***se promener*** gezinmek, dolaşmak
promesse /promes/ *la* söz, vaat
prometteur, euse /prometör, öz/ umut verici
promettre /prometr(*ö*)/ söz vermek; umut vermek
promotion /promosyo**n**/ *la* terfi, yükselme
promouvoir /promuvuar/ terfi ettirmek
prompt, e /pro**n**, pro**n**t/ tez, çabuk, hızlı
pronom /prono**n**/ *le, dilb.* adıl, zamir
prononcer /prono**n**se/ telaffuz etmek; söylemek; bildirmek ***se prononcer*** karara varmak; kararını açıklamak ***prononciation*** *la* telaffuz, söyleniş, sesletim
propagande /propaga**n**d/ *la* propaganda
propager /propaje/ yaymak ***se propager*** yayılmak
prophète /profet/ *le* peygamber
prophétie /profesi/ *la* vahiy yoluyla bildirme; kehanet ***prophétiser*** vahiy yoluyla bildirmek; kehanette bulunmak
propice /propis/ uygun, elverişli
proportion /proporsyo**n**/ *la* oran; orantı ***proportionnel, le*** orantılı
propos /propo/ *le* söz, konuşma; niyet ***à propos*** sırası gelmişken; tam zamanında ***à propos de*** konusunda, hakkında
proposer /propoze/ önermek ***se proposer de faire*** -meye niyetli olmak
proposition /propozisyo**n**/ *la* öneri; önerme; *dilb.* cümle, tümce; yancümle, yantümce
propre /propr(*ö*)/ temiz; kendi, öz ***propre à*** -e özgü; -e uygun, elverişli
proprement /propr*ö*ma**n**/ temiz olarak, temiz temiz; tam olarak ***à proprement parler*** daha doğrusu, açıkçası
propreté /propr*ö*te/ *la* temizlik
propriétaire /propriyeter/ *le+la* sahip, mal sahibi
propriété /propriyete/ *la* iyelik,

P

mülkiyet; mülk; özellik; *(sözcük, vb.)* doğruluk, yerinde kullanım

propulser /propülse/ itmek; fırlatmak

proscrire /proskrir/ sürgüne göndermek; yasaklamak

prose /proz/ *la* düzyazı, nesir

prospectus /prospektüs/ *le* tanıtmalık, prospektüs

prospère /prosper/ başarılı; gönençli, mutlu, refah içinde ***prospérer*** gelişmek, ilerlemek ***prospérité*** *la* gönenç, refah; gelişme

prosterner /prosterne/ : ***se prosterner*** yerlere kapanmak, secdeye varmak

prostituée /prostitüe/ *la* orospu, fahişe

prostitution /prostitüsyon/ *la* orospuluk, fuhuş

protagoniste /protagonist(*ö*)/ *le* başoyuncu; öncü

protecteur, trice /protektör, tris/ *s+a.* koruyucu

protection /proteksyon/ *la* koruma

protéger /proteje/ korumak ***se protéger de (contre)*** kendini -den korumak

protéine /protein/ *la* protein

protestant, e /protestan, ant/ *s+a.* Protestan ***protestantisme*** *le* Protestanlık

protestation /protestasyon/ *la* protesto

protester /proteste/ protesto etmek

protocole /protokol/ *le* protokol; *mec.* görgü kuralları

prototype /prototip/ *le* prototip, ilkörnek

proue /pru/ *la, den.* pruva

prouesse /prues/ *la* başarı, marifet

prouver /pruve/ kanıtlamak, göstermek, ispat etmek

provenance /provnans/ *la* kaynak, köken, çıkış yeri ***avion en provenance de*** -den gelen uçak

provenir /provnir/ : ***provenir de*** -den gelmek; -ın sonucu olmak, -den ileri gelmek

proverbe /proverb(*ö*)/ *le* atasözü ***proverbial, e, aux*** atasözüyle ilgili, atasözü niteliğinde

providence /providans/ *la* inayet, kayra

province /provens/ *la* eyalet; il; taşra ***provincial, e, aux*** taşrayla ilgili, taşra

proviseur /provizör/ *le* lise müdürü

provision /provizyon/ *la* stok; *(avukat, vb.'ne verilen)* avans; *tic.* karşılık, provizyon ***provisions*** *la+ç.* erzak, yiyecek

provisoire /provizuar/ geçici, eğreti ***provisoirement*** geçici olarak, şimdilik

provocant, e /provokan, ant/ kışkırtıcı

provocation /provokasyon/ *la* kışkırtma, tahrik

provoquer /provoke/ kışkırtmak; neden olmak; *(merak)* uyandırmak

proximité /proksimite/ *la* yakınlık ***à proximité de*** -in yakınında

prude /prüd/ erdemlilik taslayan, namuslu geçinen

prudence /prüdans/ *la* ihtiyat

prudent, e /prüdan, ant/ ihtiyatlı

prune /prün/ *la* erik

pruneau, x /prüno/ *le* kuru erik, çir

prunelle /prünel/ *la* gözbebeği

psaume /psom/ *le* mezamir

pseudonyme /psödonim/ *le* takma ad

psychanalyse /psikanaliz/ *la* psikanaliz ***psychanalyste*** *le+la* psikanalist

psychiatre /psikyatr(*ö*)/ *le+la* psikiyatr, ruh hekimi
psychiatrie /psikyatri/ *la* psikiyatri, ruh hekimliği
psychiatrique psikiyatrik
psychique /psişik/ ruhsal, psişik
psychologie /psikoloji/ *la* ruhbilim, psikoloji ***psychologique*** psikolojik, ruhbilimsel ***psychologue*** *le+la* ruhbilimci, psikolog
psychose /psikoz/ *la* psikoz; takıntı
puanteur /püantör/ *la* pis koku
pubère /püber/ erin, ergin, buluğa erişmiş ***puberté*** *la* erinlik, buluğ
public, ique /püblik/ halkla ilgili, halk+, kamu+; genel; devletle ilgili, devlet+; *le* halk, kamu; dinleyiciler, izleyiciler ***en public, ique*** herkesin önünde
publication /püblikasyon/ *la* ilan, kamuya bildirme; yayım; yayın
publiciste /püblisist(*ö*)/ *le+la* reklamcı
publicitaire /püblisiter/ reklamla ilgili; tanıtıcı
publicité /püblisite/ *la* reklamcılık; reklam; açıklık, alenilik
publier /pübliye/ yayımlamak; ilan etmek; açığa vurmak
publique /püblik/ *bkz. public*
puce /püs/ *la* pire ***puces*** *la+ç.* bit pazarı
pucelle /püsel/ : ***être pucelle*** bakire olmak
pudique /püdik/ edepli
puer /püe/ pis kokmak
puéril, e /püeril/ çocuklarla ilgili; çocuksu, çocukça
puis /pui/ sonra ***et puis*** hem sonra, zaten
puiser /puize/ su çekmek
puisque /puisk(*ö*)/ çünkü; madem, -diğine göre
puissance /puisans/ *la* güç, kuvvet; etki; devlet; yetke, otorite
puissant, e /puisan, ant/ güçlü; etkili, nüfuzlu
puits /pui/ *le* kuyu ***puits de mine*** maden kuyusu
pull(-over) /pul(ovör)/ *le* kazak
pulluler /pülüle/ kaynaşmak, dolu olmak
pulpe /pülp(*ö*)/ *la (meyve ve sebzelerde)* et
pulsation /pülsasyon/ *la* nabız atışı, vuru
pulvérisateur /pülverizatör/ *le* püskürteç, pülverizatör
pulvériser /pülverize/ toz haline getirmek; püskürtmek
punaise /pünez/ *la* tahtakurusu; raptiye
punch /ponş/ *le* punç
punir /pünir/ cezalandırmak ***punition*** *la* cezalandırma; ceza
pupille /püpiy/ *la* gözbebeği; *le+la (vesayet altında bulunan)* kimsesiz çocuk, öksüz, yetim
pupitre /püpitr(*ö*)/ *le (okul)* sıra; nota sehpası
pur, e /pür/ saf, arı; temiz; *(içki)* sek
purée /püre/ *la*: ***purée (de pommes de terre)*** patates püresi ***purée de marrons*** kestane püresi
pureté /pürte/ *la* temizlik, arılık, saflık
purgatif /pürgatif/ *le* müshil
purgatoire /pürgatuar/ *le* araf
purge /pürj(*ö*)/ *la* tasfiye, temizlik; *hek.* müshil
purger /pürje/ tasfiye etmek, temizlemek; *hek.* müshil vermek; *huk.* *(ceza)* çekmek
purifier /pürifye/ arıtmak
puritain, e /püriten, en/ *s+a.* Püriten ***puritanisme*** *le* Püritanizm, Püri-

P

tenlik
pur-sang /pürsan/ *le* safkan at
pus /pü/ *le* irin
pusillanime /püzilanim/ korkak, tavşan yürekli
putain /püten/ *la, arg.* orospu
puzzle /pözl(*ö*)/ *le (oyun)* bozyap
pygmée /pigme/ *le* cüce
pyjama /pijama/ *le* pijama
pylône /pilon/ *le* direk
pyramide /piramid/ *la* piramit
python /piton/ *le* piton *(yılanı)*

Q

quadrilatère /k(u)adrilater/ *le* dörtgen, dörtkenar
quadrillé, e /kadriye/ *(kâğıt)* kareli
quadrupède /k(u)adrüped/ *le* dört ayaklı hayvan
quadrupler /k(u)adrüple/ dört katına çıkarmak; dört kat artmak
quadruplés, ées /k(u)adrüple/ *le+la+ç.* dördüz
quai /ke/ *le* rıhtım; peron
qualificatif, ive /kalifikatif, iv/ *dilb.* niteleyici, niteleme+
qualification /kalifikasyon/ *la* niteleme; nitelik
qualifier /kalifye/ nitelemek, nitelendirmek
qualité /kalite/ *la* nitelik; özellik
quand /kan/ ne zaman; -dığı zaman, -ınca, -ince ***quand même*** yine de, bununla birlikte
quant /kan/ : ***quant à*** -e gelince, ise
quantité /kantite/ *la* miktar, sayı; nicelik ***en grande quantité*** çok sayıda ***quantité de*** birçok
quarantaine /karanten/ *la* karantina ***mettre en quarantaine*** karantinaya almak
quarante /karant/ kırk
quart /kar/ *le* çeyrek, dörtte bir
quartier /kartye/ *le* mahelle, semt; *(ölçü olarak)* dörtte bir ***quartier général (QG)*** genel karargâh ***quartiers*** karargâh
quartz /kuarts/ *le* kuvars
quasi /kazi/ hemen hemen, neredeyse
quatorze /katorz(*ö*)/ on dört
quatre /katr(*ö*)/ dört ***à quatre pattes*** emekleyerek ***quatre-vingt-dix*** doksan ***quatre-vingts*** seksen ***quatrième*** dördüncü
quatuor /kuatuor/ *le, müz.* kuartet
que /k*ö*/ ne; -diği, -dığı; ki; *(karşılaştırmalarda)* -den, -dan, kadar
quel, quelle /kel/ hangi; ne ***quel que*** ne olursa olsun
quelconque /kelkonk/ herhangi bir; değersiz, sıradan, basit, önemsiz
quelque /kelk(*ö*)/ bazı, biraz; bir, biri; ne, hangi ***quelque chose*** bir şey ***quelque part*** bir yere, bir yerde ***quelque peu*** biraz; hayli, epey ***quelquefois*** bazen, kimi kez ***quelques*** birkaç, birtakım ***quelques-uns, -unes*** /-zön/ bazıları, kimileri
quelqu'un, une /kelkön, ün/ biri, birisi
quémander /kemande/ yalvararak istemek
querelle /k*ö*rel/ *la* kavga, tartışma, atışma
quereller /k*ö*rele/ : ***se quereller*** kavga etmek ***querelleur, euse*** kavgacı
question /kestyon/ *la* soru; sorun ***en question*** söz konusu *(olan)*
questionnaire /kestyoner/ *le* sorular, soru kâğıdı
questionner /kestyone/ soru sor-

Q

mak; sorguya çekmek
quête /ket/ *la (yardım için)* para toplama; arama, araştırma ***en quête de*** -ın peşinde ***faire la quête*** para toplamak ***quêter*** *(yardım için)* para toplamak; aramak, araştırmak
queue /kö/ *la* kuyruk; sap ***faire la queue*** kuyruğa girmek
qui /ki/ kim; kimi; -en, -an
quiconque /kikonk/ kim ki, her kim; herhangi biri
quincaillerie /kenkayri/ *la* hırdavat; hırdavatçı *(dükkânı)* *quincaillier, ère le+la* hırdavatçı
quinine /kinin/ *la* kinin
quinte /kent/ *la*: ***quinte (de toux)*** öksürük nöbeti
quintette /kentet/ *le, müz.* beşli, kentet
quintuple /kentüpl(*ö*)/ *le* beş katı
quinzaine /kenzen/ *la*: ***une quinzaine (de)*** on beş kadar ***une quinzaine (de jours)*** on beş gün, iki hafta
quinze /kenz/ on beş
quittance /kitans/ *la* makbuz
quitte /kit/ borçtan kurtulmuş
quitter /kite/ ayrılmak, bırakmak, terk etmek; bırakmak, vazgeçmek; *(giysi)* çıkarmak ***se quitter*** *(birbirinden)* ayrılmak ***ne quittez pas*** telefonu kapatmamak, ayrılmamak
quoi /kua/ ne ***à quoi bon?*** ne işe yarar? ***avoir de quoi*** varlıklı olmak ***en quoi puis-je vous aider?*** size nasıl yardımcı olabilirim? ***'il n'y a pas de quoi'*** bir şey değil, rica ederim
quoique /kuak(*ö*)/ -diği halde, -e karşın, ise de
quorum /korom/ *le* yetersayı, nisap
quota /kuota/ *le* kota, kontenjan
quote-part /kotpar/ *la* pay
quotidien, ne /kotidyen, en/ günlük, gündelik; *le* günlük gazete
quotient /kosyan/ *le, mat.* bölüm

R

rabâcher /rabaşe/ aynı şeyleri tekrarlayıp durmak
rabais /rabe/ *le* indirim
rabaisser /rabese/ indirmek, azaltmak, düşürmek; küçük düşürmek, yermek
rabat-joie /rabajua/ *le+la* neşe bozan kimse
rabattre /rabatr(*ö*)/ düşürmek, indirmek, kırmak ***se rabattre*** yolunu değiştirmek, yön değiştirmek
rabbin /raben/ *le* haham
rabot /rabo/ *le* planya, rende ***raboter*** rendelemek
raboteux, euse /rabotö, öz/ pürtüklü, dalgalı, girintili çıkıntılı
rabougri, e /rabugri/ sıska, cılız, çelimsiz
racaille /rakay/ *la* ayaktakımı
raccommodage /rakomodaj/ *le* onarma, yamama, gözeme
raccommoder /rakomode/ onarmak; yamamak, gözemek
raccord /rakor/ *le* birleştirme, bağlama, ekleme; bağlantı
raccorder /rakorde/ birleştirmek, bağlamak, eklemek
raccourci /rakursi/ *le* kestirme *(yol)*
raccourcir /rakursir/ kısaltmak; kısalmak
raccrocher /rakroşe/ yeniden asmak, yeniden takmak; telefonu kapamak ***se raccrocher à*** -e sarılmak, tutunmak, yapışmak

race /ras/ *la* soy; ırk ***de race*** safkan
rachat /raşa/ *le (parasını vererek)* geri alma; *(fidye vererek)* kurtarma
racheter /raşte/ yeniden satın almak; *(parasını vererek)* geri almak; fidye vererek kurtarmak; gidermek, telafi etmek; *(günahını)* bağışlatmak
racial, e, aux /rasyal, o/ ırkla ilgili
racine /rasin/ *la* kök
racisme /rasism(ö)/ *le* ırkçılık ***raciste*** *s+a.* ırkçı
raclée /rakle/ *la, kd.* dayak, kötek
racler /rakle/ kazımak
racoler /rakole/ *(orospu)* asılmak, müşteri bulmaya çalışmak; devşirmek, toplamak
racontars /rakontar/ *le+ç.* dedikodu, söylenti
raconter /rakonte/ anlatmak
racorni, e /rakorni/ sertleşmiş, kurumuş; duygusuzlaşmış
radar /radar/ *le* radar
rade /rad/ *la* liman
radeau, x /rado/ *le* sal
radial, e, aux /radyal, o/ ışınsı, ışınla ilgili ***pneu à carcasse radiale*** radyal lastik
radiateur /radyatör/ *le* radyatör ***radiateur à gaz*** gaz radyatörü ***radiateur électrique*** elektrik radyatörü
radiation /radyasyon/ *la* ışınım, radyasyon
radical, e, aux /radikal, o/ kökle ilgili; köklü, kesin, kökten; *le, dilb.* kök
radier /radye/ silmek
radieux, euse /radyö, öz/ parlak, pırıl pırıl, ışık saçan
radin, e /raden, in/ *kd.* cimri
radio /radyo/ *la* radyo; *hek.* röntgen
radioactif, ive /radyoaktif, iv/ radyoaktif
radioactivité /radyoaktivite/ *la* radyoaktivite
radiodiffuser /radyodifüze/ radyoyla yayımlamak
radiographie /radyografi/ *la* radyografi, röntgen ***radiographier*** röntgenini çekmek, filmini almak
radioscopie /radyoskopi/ *la* radyoskopi
radiothérapie /radyoterapi/ *la* radyoterapi
radis /radi/ *le* turp
radium /radyom/ *le* radyum
radoter /radote/ saçmalamak, abuk sabuk konuşmak
radoucir /radusir/ : ***se radoucir*** yumuşamak, yatışmak
rafale /rafal/ *la* bora, fırtına
raffermir /rafermir/ sağlamlaştırmak, güçlendirmek ***se raffermir*** sağlamlaşmak, güçlenmek
raffinage /rafinaj/ *le* arıtma, arıtım
raffinement /rafinman/ *le* aşırı incelik, aşırı titizlik
raffiner /rafine/ arıtmak ***raffinerie*** *la* rafineri, arıtımevi
raffoler /rafole/ : ***raffoler de*** -e bayılmak, -ın hastası olmak
raffut /rafü/ *le, kd.* gürültü patırtı
rafistoler /rafistole/ *kd.* üstünkörü onarmak
rafle /rafl(ö)/ *la (polis)* baskın, arama tarama
rafler /rafle/ *kd.* soyup soğana çevirmek
rafraîchir /rafreşir/ soğutmak, serinletmek ***se rafraîchir*** soğumak, serinlemek ***rafraîchissant, e*** serinletici ***rafraîchissement*** *le* soğutma, serinletme, serinleme; soğuk içecek
rage /raj/ *la* kuduz; öfke, kudurganlık

R

rage de dents *(şiddetli)* diş ağrısı ***rager*** öfkeden kudurmak ***rageur, euse*** sinirli, huysuz

ragot /rago/ *le, kd.* dedikodu

ragoût /ragu/ *le* yahni

raid /red/ *le* akın, baskın

raide /red/ sert, katı; dik, sarp; birdenbire; dikine ***raideur*** *la* sertlik, katılık; diklik, sarplık ***raidir*** germek, kasmak; sertleştirmek, katılaştırmak

raie /re/ *la, hayb.* vatoz; çizgi, yol; *(saç)* ayırma çizgisi

raifort /refor/ *le* yabanturpu, acırga

rail /ray/ *le* ray; demiryolu

railler /raye/ ile alay etmek, ile dalga geçmek

rainure /renür/ *la* yarık, oluk

raisin /rezen/ *le* üzüm ***raisin muscat*** misket üzümü ***raisins secs*** kuru üzüm

raison /rezon/ *la* neden, gerekçe; us, akıl; sağduyu; kanıt ***avoir raison*** haklı olmak ***raisonnable*** mantıklı, akla yatkın; aklı başında, makul

raisonnement /rezonman/ *le* uslamlama, muhakeme; kanıt

raisonner /rezone/ düşünmek; uslamlamak, muhakeme etmek; inandırmak, ikna etmek

rajeunir /rajönir/ gençleştirmek; yenileştirmek; gençleşmek

rajuster /rajüste/ düzeltmek; ayarlamak, düzenlemek

ralenti /ralanti/ *le (sinema)* yavaşlatılmış hareket ***tourner au ralenti*** *oto.* rölantide çalışmak

ralentir /ralantir/ yavaşlatmak; yavaşlamak ***se ralentir*** yavaşlamak

rallier /ralye/ toplamak, toparlamak; yeniden katılmak ***se rallier à*** -e katılmak

rallonge /ralonj/ *(masada)* uzatma tahtası; ek, fazlalık

rallonger /ralonje/ uzatmak

rallye /rali/ *le* ralli

ramassage /ramasaj/ *le*: ***ramassage scolaire*** taşıtla okula öğrenci getirip götürme

ramassé, e /ramase/ tıknaz, bodur

ramasser /ramase/ toplamak

rame /ram/ *la* kürek; *(metro)* tren

rameau, x /ramo/ *le* küçük dal

ramener /ramne/ geri getirmek; çekmek

ramer /rame/ kürek çekmek ***rameur, euse*** *le+la* kürekçi

ramier /ramye/ *le*: ***(pigeon) ramier*** tahtalı, yaban güvercini

ramifier /ramifye/ : ***se ramifier*** dallanmak, dal budak salmak

ramollir /ramolir/ yumuşatmak

ramoner /ramone/ kurumunu temizlemek ***ramoneur*** *le* baca temizleyicisi

rampe /ranp/ *la* tırabzan, korkuluk; rampa

ramper /ranpe/ sürünmek

rancart /rankar/ *le*: ***mettre au rancart*** ıskartaya çıkarmak

rance /rans/ acımış, ekşi, kekre

rançon /ranson/ *la* fidye, kurtulmalık

rancune /rankün/ *la* hınç, kin

randonnée /randone/ *la* gezi, gezinti

rang /ran/ *le* sıra, dizi; sınıf; mevki, orun

rangé, e /ranje/ düzenli, tertipli

rangée /ranje/ *la* sıra, dizi

ranger /ranje/ dizmek, sıralamak; düzene sokmak, çekidüzen vermek ***se ranger*** kenara çekilmek; sıra olmak; uslanmak, yola gelmek ***se ranger à*** -e katılmak

ranimer /ranime/ diriltmek, canlandırmak
rapace /rapas/ açgözlü; *le* yırtıcı kuş
rapatrier /rapatriye/ yurduna geri göndermek
râpe /rap/ *la* mutfak rendesi; törpü
râpé, e /rape/ eskimiş, yıpranmış; rendelenmiş
râper /rape/ *(sebze, vb.)* rendelemek; törpülemek
rapetasser /raptase/ *kd.* üstünkörü onarmak
rapetisser /raptise/ kısaltmak; küçültmek; kısalmak; küçülmek
rapide /rapid/ hızlı, çabuk; *le* ekspres *(tren) rapidité la* hız, çabukluk
rapiécer /rapyese/ yamamak
rappel /rapel/ *le* geri çağırma
rappeler /raple/ geri çağırmak; anımsatmak, akla getirmek; andırmak, benzemek ***se rappeler*** anımsamak, hatırlamak
rappliquer /raplike/ *kd.* gelmek, dönmek
rapport /rapor/ *le* rapor; gelir, ürün; ilişki, benzerlik; oran ***être en rapport avec*** -e uygun olmak ***par rapport à*** -e göre, -e oranla ***rapports (sexuels)*** *(cinsel)* ilişki
rapporter /raporte/ geri getirmek; getirmek; anlatmak, söylemek; gelir getirmek, para getirmek ***se rapporter à*** ile ilgili olmak ***s'en rapporter à*** -e güvenmek
rapporteur, euse /raportör, öz/ *le+la* sözcü, raportör; dedikoducu, söz getirip götüren; *le, mat.* iletki
rapprochement /raproşman/ *le* yakınlaşma; yakınlık, benzerlik
rapprocher /raproşe/ yaklaştırmak; karşılaştırmak, aralarında bir benzerlik kurmak ***se rapprocher*** yaklaşmak
raquette /raket/ *la* raket
rare /rar/ az, az bulunur, az rastlanır, nadir; seyrek
rareté /rarte/ *la* azlık, kıtlık; seyreklik, nadirlik
ras, e /ra, raz/ kazınmış, dibinden kesilmiş; kısa tüylü ***à ras bords*** silme, ağzına kadar ***au ras de*** düzeyinde, hizasında ***en avoir ras le bol*** *kd.* bıkmak, usanmak
raser /raze/ tıraş etmek; canını sıkmak, kafasını ütülemek; yerle bir etmek; yalayıp geçmek ***se raser*** tıraş olmak; sıkıntıdan patlamak
rasoir /razuar/ *le* tıraş makinesi; ustura ***rasoir électrique*** elektrikli tıraş makinesi
rassasier /rasazye/ doyurmak
rassembler /rasanble/ toplamak ***se rassembler*** toplanmak
rassis, e /rasi, iz/ *(ekmek)* bayat
rassurer /rasüre/ yatıştırmak, rahatlatmak ***se rassurer*** rahatlamak
rat /ra/ *le* sıçan, fare
ratatiné, e /ratatine/ buruşmuş, kırışmış
râteau, x /rato/ *le* tırmık
râtelier /ratölye/ *le* yemlik; takma diş
rater /rate/ başarısızlığa uğramak; kaçırmak
ratifier /ratifye/ onaylamak
ration /rasyon/ *la* yiyecek içecek payı, tayın; *mec.* pay, nasip
rationnel, le /rasyonel/ rasyonel; makul, akla yatkın
rationnement /rasyonman/ *le* karneye bağlama ***ticket de rationnement*** karne
rationner /rasyone/ karneye bağlamak
ratisser /ratise/ tırmıklamak; *(ordu, polis)* taramak, tarama yapmak

R

rattacher /rataşe/ yeniden bağlamak; katmak, birleştirmek; *mec.* bağlamak, vermek
rattraper /ratrape/ yeniden yakalamak; yetişmek, yakalamak; gidermek, telafi etmek
rature /ratür/ *la (iptal için)* çizgi, karalama
rauque /rok/ boğuk
ravager /ravaje/ yakıp yıkmak, harap etmek
ravages /ravaj/ *le+ç.* tahribat
ravaler /ravale/ raspalamak, sıva vurmak; değerden düşürmek, alçaltmak; *(öfke, vb.)* tutmak, belli etmemek
ravauder /ravode/ onarmak
ravin /raven/ *le* sel çukuru
ravir /ravir/ hayran bırakmak; kaçırmak
raviser /ravize/ : ***se raviser*** fikrini değiştirmek
ravissant, e /ravisan, ant/ çok güzel, büyüleyici
ravitailler /ravitaye/ yiyicek vb. sağlamak; *(taşıt)* yakıt vermek
rayé, e /reye/ çizgili, yollu; yivli
rayer /reye/ çizmek, karalamak
rayon /reyon/ *le* ışın; *mat.* yarıçap; raf; bölüm, reyon; petek ***rayon de soleil*** güneş ışını ***rayons X*** X ışınları
rayonnement /reyonman/ *le* ışıldama, parıldama
rayonner /reyone/ ışıldamak; parlamak, ışık saçmak
rayure /reyür/ *la* çizgi, yol; çizinti; yiv
razzia /razya/ *la* baskın
réacteur /reaktör/ *le* tepkili motor; reaktör
réaction /reaksyon/ *la* tepki; gericilik; tepkime, reaksiyon ***moteur à réaction*** tepkili motor ***réactionnaire*** gerici
réadapter /readapte/ yeniden alıştırmak, yeniden uyarlamak
réagir /reajir/ tepkimek; tepki göstermek
réalisateur, trice /realizatör, tris/ *le+la* yönetmen
réalisation /realizasyon/ *la* gerçekleştirme, yapma, gerçekleşme
réaliser /realize/ gerçekleştirmek, yapmak; anlamak
réalisme /realism(ö)/ *le* gerçekçilik
réaliste /realist(ö)/ *s+a.* gerçekçi
réalité /realite/ *la* gerçek; gerçeklik
rébarbatif, ive /rebarbatif, iv/ ters, kaba, itici
rabattu, e /rö̈batü/ basmakalıp, çok söylenmiş, çok yinelenmiş
rebelle /röbel/ *s+a.* ayaklanan, isyancı, asi
rebeller /röbele/ : ***se rebeller*** ayaklanmak, başkaldırmak
rébellion /rebelyon/ *la* ayaklanma, isyan
rebondi, e /röbondi/ tombul, yuvarlak
rebondir /röbondir/ zıplamak, sıçramak
rebord /röbor/ *le* kenar
rebours /röbur/ : ***à rebours*** tersine, ters yönde
rebrousse-poil /rbruspual/ : ***à rebrousse-poil*** tersine
rebrousser /röbruse/ : ***rebrousser chemin*** *(yoldan)* geri dönmek
rebuffade /röbüfad/ *la* tersleme, ters cevap
rebut /röbü/ *le*: ***mettre au rebut*** ıskartaya çıkarmak
rebuter /röbüte/ yıldırmak, kandırmak, bezdirmek
receler /rösöle/ yataklık etmek; içinde bulundurmak; saklamak,

R

gizlemek
récemment /resaman/ geçenlerde, son zamanlarda
recensement /rösansman/ *le* sayım
récent, e /resan, ant/ yeni, son
récépissé /resepise/ *le* makbuz, alındı
récepteur, trice /reseptör, tris/ *s+le* alıcı
réception /resepsyon/ *la* alma; kabul; resepsiyon; kabul töreni ***réceptionniste*** *le+la* resepsiyonist
récession /resesyon/ *la* çekilme; gerileme; *tic.* durgunluk
recette /röset/ *la* yemek tarifesi; reçete; gelir; tahsildarlık
receveur, euse /rösvöd, öz/ *le+la* tahsildar; *(otobüs)* biletçi
recevoir /rösvuar/ almak; kabul etmek; misafir ağırlamak
rechange /röşanj/ : ***de rechange*** yedek
réchapper /reşape/ : ***réchapper de (à)*** -den kurtulmak, -ı atlatmak
recharge /röşarj(ö)/ *la* yeniden yükleme, yeniden doldurma
recharger /röşarje/ yeniden yüklemek, yeniden doldumak
réchaud /reşo/ *le* ocak
réchauffer /reşofe/ *(yeniden)* ısıtmak; canlandırmak, alevlendirmek
rêche /reş/ sert, pürtüklü
recherche /röşerş(ö)/ *la* arama; araştırma
recherché, e /röşerşe/ aranan, az bulunur; yapmacıklı, özentili
rechercher /röşerşe/ aramak; araştırmak
rechute /röşüt/ *la* depreşme, nüks
récif /resif/ *le* resif
récipient /resipyan/ *le* kap
réciproque /resiprok/ karşılıklı
récit /resi/ *le* öykü, hikâye
récital /resital/ *le* resital
récitation /resitasyon/ *la* ezberden okuma; ezber parçası
réciter /resite/ ezbere okumak; anlatmak
réclamation /reklamasyon/ *la* şikâyet
réclame /reklam/ *la* reklam; ilan
réclamer /reklame/ istemek, dilemek; gerektirmek; şikâyet etmek
reclus, e /röklü, üz/ *le+la* dünyadan elini eteğini çekmiş kimse
recoin /rökuen/ *le* köşe bucak; gizli köşe
récolte /rekolt(ö)/ *la (ürün)* toplama; ürün; *mec.* toplama
récolter /rekolte/ *(ürün)* toplamak; *mec.* toplamak
recommandation /rökomandasyon/ *la* salık verme, tavsiye
recommandé /rökomande/ *le*: ***en recommandé*** taahhütlü *(olarak)*
recommander /rökomande/ salık vermek, tavsiye etmek; taahhütlü göndermek
recommencer /rökomanse/ yeniden başlamak
récompense /rekonpans/ *la* ödül; karşılık ***récompenser*** ödüllendirmek
réconciliation /rekonsilyasyon/ *la* barıştırma, uzlaştırma, barışma
réconcilier /rekonsilye/ barıştırmak, uzlaştırmak
reconduire /rökonduir/ uğurlamak, geçirmek; *(sözleşme, vb.)* uzatmak, yenilemek
réconfort /rekonfor/ *le* avuntu, teselli; güç, destek
réconforter /rekonforte/ avutmak, teselli etmek; güçlendirmek, canlandırmak
reconnaissance /rökonesans/ *la*

R

tanıma; itiraf; *ask.* keşif; minnettarlık
reconnaissant, e /rökonesan, ant/ minnettar
reconnaître /rökoetr(ö)/ tanımak; itiraf etmek; keşif yapmak
reconstituer /rökonstitüe/ yeniden kurmak, yenide oluşturmak
reconstruire /rökonstrüir/ yeniden yapmak
record /rökor/ *s+le* rekor
recours /rökur/ *le* başvuru ***avoir recours à*** -e başvurmak
recouvrir /rökuvrir/ yeniden örtmek; gizlemek, saklamak
récréation /rekreasyon/ *la* eğlence, dinlenme; *(okul)* teneffüs
recrue /rökrü/ *la* acemi er
recruter /rökrüte/ askere almak, silah altına çağırmak
rectangle /rektangl(ö)/ *le* dikdörtgen ***rectangulaire*** dikdörtgen biçiminde
recteur /rektör/ *le* bölge eğitim müdürü
rectification /rektifikasyon/ *la* düzeltme
rectifier /rektifye/ düzeltmek
rectitude /rektitüd/ *la* doğruluk
reçu /rösü/ *le* makbuz, alındı
recueil /rököy/ *le* kitap, derleme
recueillement /rököyman/ *le* düşünceye dalma
recueillir /rököyir/ toplamak ***se recueillir*** saygı duruşunda bulunmak; düşünceye dalmak
recul /rökül/ *le* geri çekilme; gerileme
reculé, e /röküle/ uzak, ıssız
reculer /röküle/ geri çekilmek; gerilemek; geri çekmek; genişletmek; ertelemek
récupérer /reküpere/ geri almak; toplamak; kendini toparlamak
récurer /reküre/ ovarak temizlemek
rédacteur, trice /redaktör, tris/ *le+la* yazar; makale yazarı; redaktör
rédaction /redaksyon/ *la* yazma, kaleme alma; yazı kurulu; yazı işleri
rédiger /redje/ yazmak, kaleme almak
redire /rödir/ yeniden söylemek, yinelemek, tekrarlamak ***trouver à redire à*** -e kusur bulmak
redoubler /röduble/ artmak; sınıfta kalmak, çift dikiş yapmak
redoutable /rödutabl(ö)/ korkunç
redouter /rödute/ -den korkmak
redresser /rödrse/ doğrultmak, düzeltmek ***se redresser*** doğrulmak, kalkmak
réduction /redüksyon/ *la* azaltma, indirme; küçültme; kısaltma
réduire /redüir/ azaltmak, indirmek; küçültmek; kısaltmak ***se réduire en*** -e dönüşmek, haline gelmek
réduit /redüi/ *le* küçük oda
réel, le /reel/ *s+le* gerçek
réellement /reelman/ gerçekten
refaire /röfer/ yeniden yapmak; onarmak, düzeltmek ***se refaire*** iyileşmek
réfection /refeksyon/ *la* onarma, düzeltme
réfectoire /refektuar/ *le* yemekhane
référence /referans/ *la* gönderme; kaynak ***faire référence à*** -e göndermek, göndermede bulunmak ***ouvrage de référence*** başvuru kitabı ***références*** *la+ç.* referans
référendum /referandom/ *le* halkoylaması, referandum
référer /refere/ : ***se référer à*** -e başvurmak, -e danışmak
réfléchi, e /refleşi/ düşünceli; iyice

düşünülmüş; *dilb.* *(eylem)* dönüşlü
réfléchir /refleşir/ yansıtmak; düşünmek ***réfléchir à (sur)*** üzerinde düşünmek
reflet /röfle/ *le* yansıma; şavk
refléter /röflete/ yansıtmak ***se refléter*** yansımak
réflexe /refleks(ö)/ *le* refleks, tepke, yansı
réflexion /refleksyon/ *la* yansıma; düşünme; düşünce ***à la réflexion faite*** düşünüp taşındım ***sans réflexion*** düşüncesizce
reflux /röflü/ *le* *(deniz)* alçalma, cezir
réforme /reform(ö)/ *la* reform, ıslahat; *ask.* çürüğe çıkarma
réformé, e /reforme/ *s+a.* Protestan
réformer /reforme/ reform yapmak, düzeltmek; *ask.* çürüğe çıkarmak
refouler /röfule/ geri püskürtmek; bastırmak, tutmak, engellemek
réfracter /refrakte/ *(ışığı)* kırmak
refrain /röfren/ *le, müz.* nakarat
réfrigérateur /refrijeratör/ *le* buzdolabı
réfrigérer /refrijere/ soğutmak, dondurmak
refroidir /röfruadir/ soğutmak ***refroidissement*** *le* soğuma; üşütme, soğuk alma
refuge /röfüj/ *le* sığınak; *(trafik)* röfüj
réfugié, e /refüjye/ *s+a.* mülteci
réfugier /refüjye/ : ***se réfugier*** sığınmak, iltica etmek
refus /röfü/ *le* ret, geri çevirme
refuser /röfüzye/ reddetmek; *(sınavda)* başarısız saymak
réfuter /refüte/ *(fikir, vb.)* çürütmek
regagner /röganye/ yeniden kazanmak, yeniden bulmak; dönmek
régal /regal/ *le* şölen, ziyafet
régaler /regale/ şölen vermek, ziyafet çekmek
regard /rögar/ *le* bakış ***au regard de*** bakımından, açasından ***en regard*** karşılıklı, karşı karşıya
regarder /rögarde/ bakmak; izlemek; ilgilendirmek ***regarder à*** -e dikkat etmek, uymak
régent /rejan/ *le* kral naibi
régie /reji/ *la* tekel; *(sineme, tiyatro)* yapım, yönetim
régime /rejim/ *le* yönetim; rejim ***suivre un régime*** rejim yapmak
régiment /rejiman/ *le, ask.* alay
région /rejyon/ *la* bölge ***régional, e, aux*** bölgesel
régir /rejir/ yönetmek
régisseur /rejisör/ *le* yönetim vekili; yönetmen, rejisör
registre /röjistr(ö)/ *le* kütük, sicil
réglage /reglaj/ *le* uyarlama, düzenleme
règle /regl(ö)/ *la* cetvel; kural ***en règle*** kurala uygun ***en règle générale*** genel olarak ***règles*** *la+ç.* aybaşı, âdet
réglé, e /regle/ düzenli; çizgili
règlement /reglöman/ *le* çözme, halletme; ödeme, hesap görme; yönetmelik, tüzük ***réglementaire*** tüzüğe uygun, yönetmeliğe uygun; tüzükle ilgili, yönetmelikle ilgili
régler /regle/ ayarlamak; düzenlemek; çözmek, halletmek; ödemek
réglisse /reglis/ *la* meyankökü
règne /reny/ *le* hükümdarlık, saltanat
régner /renye/ saltanat sürmek, hüküm sürmek
regret /rögre/ *le* üzüntü, acı; pişmanlık
regrettable /rögretabl(ö)/ acınacak; üzücü, can sıkıcı
regretter /rögrete/ üzülmek, acımak;

pişman olmak
régularité /regülarite/ *la* düzgünlük; düzenlilik; kurala uygunluk
régulier, ière /regülye, yer/ düzgün; düzenli; yasal, usule uygun; *kd.* dürüst
réhabilitation /reabilitasyon/ *la* haklarını geri verme; eski saygınlığını yeniden sağlama; rehabilitasyon
réhabiliter /reabilite/ haklarını geri vermek; eski saygınlığını yeniden sağlamak
rehausser /röose/ yükseltmek
rein /ren/ *le* böbrek ***reins*** *le+ç.* böğür ***avoir mal aux reins*** beli ağrımak
reine /ren/ *la* kraliçe
reine-claude /renklod/ *la* frenk eriği, bardakeriği
réintégrer /reentegre/ eski yerine getirmek; yeniden dönmek
rejet /röje/ *le* atma, fırlatma; ret, geri çevirme; sürgün, filiz
rejeter /röjte/ geri atmak; dışarı atmak
rejoindre /röjuendr(ö)/ birleştirmek; katılmak; kavuşmak ***se rejoindre*** kavuşmak; birleşmek
réjouir /rejuir/ sevindirmek ***se réjouir*** sevinmek, eğlenmek
réjouissances /rejuisans/ *la+ç.* şenlik
relâche /rölaş/ : ***faire relâche*** *(gemi, bir yere)* uğramak; *(sinema)* kapalı olmak, tatil yapmak
relâché, e /rölaşe/ gevşek, laçka
relâcher /rölaşe/ serbest bırakmak; gevşetmek
relais /röle/ *le* röle; vardiya
relatif, ive /rölatif, iv/ bağıl, bağıntılı, göreli, göreceli; *dilb.* ilgi
relation /rölasyon/ *la* ilişki, ilgi; tanıdık; öykü, hikâye ***entrer en relation avec*** ile temasa geçmek ***être en relation avec*** ile temasta olmak
relayer /röleye/ yerine geçmek, nöbetini devralmak ***se relayer*** nöbetleşe yapmak
relégation /rölegasyon/ *la* sürgün, sürgüne gönderme
reléguer /rölege/ sürgüne göndermek
relève /rölev/ *la* nöbet değiştirme
relevé, e /rölve/ kalkık, kıvrılmış; üstün, soylu, yüce; fazla baharatlı; *le* özet; liste, çizelge
relever /rölve/ kaldırmak; yükseltmek, artırmak; nöbetini devralmak; baharat katmak; yanıt vermek, karşılık vermek; yazmak, not etmek ***relever de*** -den kalkmak, iyileşmek; -e bağlı olmak; -e ait olmak
relief /rölyef/ *le* kabartma, rölyef ***mettre en relief*** *mec.* belirtmek, vurgulamak ***reliefs*** *le+ç.* artık, kalıntı
relier /rölye/ bağlamak; ciltlemek
religieux, euse /rölijyö, öz/ dinsel; dindar; *le* keşiş, rahip; *la* rahibe
religion /rölijyon/ *la* din; inanç
relique /rölik/ *la* kutsal emanet; kalıntı
relire /rölir/ yeniden okumak
reliure /rölyür/ *la* cilt; ciltçilik
reluire /röluir/ parlamak, parıldamak
reluisant, e /röluizan, ant/ parlak, ışıldayan
remanier /römanye/ değiştirmek, elden geçirmek, yeniden biçimlendirmek
remarquable /römarkabl(ö)/ dikkate değer; olağanüstü
remarque /römark(ö)/ *la* dikkat;

uyarı; not
remarquer /rőmarke/ fark etmek; dikkat etmek
remblai /ranble/ *le* toprakla doldurma
rembourrage /ranburaj/ *le* kıtık doldurma; kıtık, içirik
rembourrer /ranbure/ kıtık doldurmak
remboursement /ranbursőman/ *le* *(borcu)* ödeme
rembourser /ranburse/ ödemek
remède /rőmed/ *le* ilaç; çare
remédier /rőmedye/ : ***remédier à*** -ı iyileştirmek; -ın çaresini bulmak
remerciements /rőmersiman/ *le+ç.* teşekkürler
remercier /rőmersye/ teşekkür etmek; işten atmak
remettre /rőmetr(ö)/ yerine koymak; vermek, teslim etmek; ertelemek; iyileştirmek; affetmek ***se remettre*** iyileşmek
remise /rőmiz/ *la* verme, teslim etme; indirim; erteleme ***remise de peine*** ceza indirimi ***remise en jeu*** *(futbol)* taç atışı
remontant /rőmontan/ *le* tonik
remontée /rőmonte/ *la* çıkış, yükseliş
R
remonter /rőmonte/ yeniden çıkmak; yükselmek, artmak; yükseltmek, artırmak; yukarı çekmek; kurmak
remords /rőmor/ *le* vicdan azabı, pişmanlık
remorque /rőmork(ö)/ *la* römork ***remorquer*** yedekte çekmek
remous /rőmu/ *le* anafor
remparts /ranpar/ *le+ç.* duvarlar, surlar
remplaçant, e /ranplasan, ant/ *le+la* vekil; yedek
remplacement /ranplasman/ *le* yerine koyma, yerine geçirme; yerini alma
remplacer /ranplase/ yerine koymak, ornatmak; yerine geçmek, yerini almak
rempli, e /ranpli/ dolu ***rempli, e de*** ile dolu
remplir /ranplir/ doldurmak; yapmak, yerine getirmek
remporter /ranporte/ geri götürmek; kazanmak, elde etmek
remue-ménage /rőmümenaj/ *le* gürültü patırtı
remuer /rőmüe/ kımıldatmak, oynatmak; karıştırmak; kımıldanmak, oynamak
rémunération /remünerasyon/ *la* ödül; karşılık, ücret
rémunérer /remünere/ ödüllendirmek; ödemek, ücretini vermek
renaissance /rőnesans/ *la* yeniden doğuş, dirilme ***la Renaissance*** Rönesans
renard /rőnar/ *le* tilki
renchérir /ranşerir/ pahalanmak, pahalılaşmak
rencontre /rankontr(ö)/ *la* karşılaşma; rastlantı; toplantı; çarpışma
rencontrer /rankontre/ ile karşılaşmak ***se rencontrer*** rastlaşmak, karşılaşmak; *(taşıt)* birbiriyle çarpışmak
rendez-vous /randevu/ *le* randevu; buluşma yeri ***avoir rendez-vous avec*** ile randevusu olmak ***donner rendez-vous à*** ile randevulaşmak
rendre /randr(ö)/ geri vermek; geri çevirmek; yapmak, etmek, kılmak; çıkarmak ***se rendre*** teslim olmak
renégat, e /rőnega, at/ *le+la* dönme, dininden dönen kimse
rênes /ren/ *la+ç.* dizginler

renfermer /ranferme/ içermek, kapsamak
renforcer /ranforse/ sağlamlaştırmak, pekiştirmek, desteklemek
renfort /ranfor/ *le* takviye
renfrogner /ranfronye/ : ***se renfrogner*** surat asmak
rengaine /rangen/ *la* terane
renier /rönye/ yadsımak, inkâr etmek
renifler /rönifle/ burnunu çekmek
renne /ren/ *le* ren geyiği
renom /rönon/ *le* ün ***renommé, e*** ünlü; *la* ün
renoncer /rönonse/ : ***renoncer à*** -den vazgeçmek, -ı bırakmak
renouer /rönue/ yeniden bağlamak
renouveler /rönuvle/ yenilemek; yinelemek, tekrarlamak ***se renouveler*** yinelenmek, tekrar olmak
renouvellement /rönuvelman/ *le* yenileme, yenilenme
rénovation /renovasyon/ *la* yenileştirme, iyileştirme; yenilenme
rénover /renove/ yenileştirmek, iyileştirmek
renseignement /ransenyman/ *le* bilgi; haber
renseigner /ransenye/ bilgi vermek ***se renseigner*** bilgi edinmek
rentable /rantabl(ö)/ verimli, kazançlı
rente /rant/ *la* gelir ***rentier, ière*** *le+la* gelir sahibi, rantiye
rentrée /rantre/ *la* dönüş; yeniden açılma; yeni ders yılının başlaması
rentrer /rantre/ *(geri)* dönmek; girmek; yeniden açılmak; içeri sokmak; tutmak, engellemek, belli etmemek ***rentrer dans*** -e girmek; -e yeniden kavuşmak ***rentrer dans ses frais*** masraflarını karşılamak
renverser /ranverse/ devirmek; düşürmek; dökmek; şaşkına çevirmek ***se renverser*** devrilmek; düşmek
renvoi /ranvua/ *le* geri gönderme; kovma, çıkarma; erteleme; geğirme
renvoyer /ranvuaye/ geri göndermek; kovmak, çıkarmak; yansıtmak; ertelemek
réorganisation /reorganizasyon/ *la* yeniden örgütleme, yeniden örgütlenme
réorganiser /reorganize/ yeniden örgütlemek
repaire /röper/ *le* in
répandre /repandr(ö)/ dökmek; yaymak, saçmak ***se répandre*** dökülmek; yayılmak
répandu, e /repandü/ yaygın
réparation /reparasyon/ *la* onarma, onarım
réparer /repare/ onarmak; gidermek; düzeltmek
repartie /röparti/ *la* yerinde cevap, hazırcevap ***avoir de la repartie*** hazırcevap olmak, taşı gediğine koymak
repartir /röpartir/ yeniden gitmek; yeniden başlamak ***repartir à zéro*** sıfırdan başlamak
répartir /repartir/ dağıtmak, bölüştürmek, paylaştırmak ***répartition*** *la* dağıtma, bölüştürme, paylaştırma
repas /röpa/ *le* yemek
repasser /röpase/ yeniden geçmek; ütülemek; yeniden göstermek
repentir /röpantir/ *le* pişmanlık ***se repentir*** pişman olmak
répercussion /reperküsyon/ *la* yansıma; yankı, sonuç
répercuter /reperküte/ : ***se répercu-***

ter yansımak; yankılanmak
repère /röper/ *le* işaret, nişan
repérer /röpere/ işaretlemek; yerini saptamak, yerini bulmak
répertoire /repertuar/ *le* liste, dizelge; dizin, fihrist; fihristli defter; repertuar
répéter /repete/ yinelemek, tekrarlamak; *tiy.* prova yapmak
répétition /repetisyon/ *la* yineleme, tekrar; prova
répit /repi/ *le* ara, mola; dinlenme, soluklanma ***sans répit*** aralıksız, durup dinlenmeden
repli /röpli/ *le* kıvrım; *ask.* geri çekilme
replier /röpliye/ katlamak, kıvırmak ***se replier*** *ask.* geri çekilmek
réplique /replik/ *la* yanıt, karşılık; *tiy.* replik
répliquer /replike/ karşılık vermek
répondre /repondr(ö)/ yanıtlamak, cevap vermek ***répondre à*** -e karşılık vermek; -i karşılamak ***répondre de*** -ın sorumluluğunu üstlenmek
réponse /repons/ *la* yanıt, karşılık, cevap ***en réponse à*** -e karşılık olarak, cevaben
reportage /röportaj/ *le* röportaj
reporter /röporter/ *le* muhabir, röportaj muhabiri
reporter /röporte/ yerine götürmek; ertelemek ***se reporter à*** -i düşünmek, geçmiş bir şeyi kafasında yaşatmak; -e başvurmak
repos /röpo/ *le* dinlenme; huzur
reposer /röpoze/ yerine koymak; dinlendirmek; dinlenmek ***se reposer*** dinlenmek ***se reposer sur*** -e güvenmek
repoussant, e /röpusan, ant/ tiksindirici, iğrenç
repousser /röpuse/ yeniden çıkmak, yeniden büyümek; püskürtmek, geri itmek; reddetmek
reprendre /röprandr(ö)/ geri almak; yeniden ele geçirmek; yeniden yakalamak; yeniden başlamak; azarlamak ***se reprendre*** kendini toparlamak
représailles /röprezay/ *la+ç.* misilleme, karşılık
représentant, e /röprezantan, ant/ *le+la* temsilci
représentatif, ive /röprezantatif, iv/ temsil eden; temsili; tipik, örnek
représentation /röprezantasyon/ *la* temsil; temsilcilik
représenter /röprezante/ temsil etmek; göstermek, betimlemek; oynamak, canlandırmak ***se représenter*** gözünde canlandırmak
répression /represyon/ *la* bastırma, önleme
réprimande /reprimand/ *la* azar, azarlama ***réprimander*** azarlamak
réprimer /reprime/ önlemek, bastırmak
reprise /röpriz/ *la* yeniden oynama; yeniden başlama; yeniden ele geçirme; onarma, gözeme, sökük dikme ***à plusieurs reprises*** defalarca, birçok kez
repriser /röprize/ onarmak, yamamak, gözemek
reproche /röproş/ *le* azarlama, kınama, sitem
reprocher /röproşe/ azarlamak, kınamak, sitem etmek
reproduction /röprodüksyon/ *la* üreme, çoğalma; röprodüksiyon
reproduire /röproduir/ üretmek; çoğaltmak; taklit etmek, kopyasını çıkarmak ***se reproduire*** üremek, çoğalmak; yeniden meydana gel-

mek
réprouver /repruve/ reddetmek; kınamak
reptile /reptil/ *le* sürüngen
républicain, e /repübliken, en/ *s+a.* cumhuriyetçi
république /repüblik/ *la* cumhuriyet
répudier /repüdye/ boşamak; reddetmek
répugnance /repünyans/ *la* tiksinme, nefret
répugnant, e /repünyan, ant/ tiksindirici, iğrenç
répulsion /repülsyon/ *la* tiksinme, nefret
réputation /repütasyon/ *la* ün, şöhret
réputé, e /repüte/ ünlü, tanınmış
requérir /rökerir/ gerektirmek; istemek
requête /röket/ *la* istek, dilek; dilekçe
requiem /rekuiyem/ *le* kilisede ölülerin ruhu için edilen dua
requin /röken/ *le* köpekbalığı
requis, e /röki, iz/ gerekli, istenilen
réquisition /rekizisyon/ *la* istek, talep; el koyma ***réquisitionner*** el koymak
rescapé, e /reskape/ *le+la* kurtulan, sağ kalan
réseau, x /rezo/ *le* ağ, şebeke
réservation /rezervasyon/ *la* yer ayırtma, rezervasyon
réserve /rezerv(ö)/ *la* yedek, ihtiyat; ardiye; koşul, şart, kayıt
réservé, e /rezerve/ ihtiyatlı, sakıngan; ayrılmış, tutulmuş
réserver /rezerve/ *(yer)* ayırtmak; saklamak, ayırmak
réservoir /rezervuar/ *le* depo, sarnıç, hazne
résidence /rezidans/ *la* oturma, ikamet; konut, mesken
résider /rezide/ oturmak, ikamet etmek
résidu /rezidü/ *le* artık, kalıntı; tortu
résignation /rezinyasyon/ *la* vazgeçme, bırakma; tevekkül, kadere boyun eğme
résigner /rezinye/ -den çekilmek, istifa etmek ***se résigner*** tevekkül etmek, kadere boyun eğmek
résilier /rezilye/ bozmak, feshetmek
résille /reziy/ *la* saç filesi
résine /rezin/ *la* reçine
résistance /rezistans/ *la* direnme, karşı koyma; direnç; dayanıklılık
resistant, e /rezistan, ant/ dayanıklı, sağlam
résister /reziste/ dayanmak; direnmek, karşı koymak
résolu, e /rezolü/ kararlı, azimli
résolution /rezolüsyon/ *la* çözüm; karar, azim
résonance /rezonans/ *la* rezonans, seselim; yankı, yankılanma
résonner /rezone/ çınlamak; yankı vermek
résoudre /rezudr(ö)/ çözmek ***se résoudre à faire*** -meye karar vermek
respect /respe/ *le* saygı
respectable /respektabl(ö)/ saygın, saygıdeğer
respecter /respekte/ saygı göstermek
respectif, ive /respektif, iv/ karşılıklı
respectueux, euse /respektüö, öz/ saygılı
respiration /respirasyon/ *la* soluma, solunum ***respiration artificielle*** suni solunum
respirer /respire/ soluk almak; solumak, içine çekmek
resplendir /resplandir/ parlamak,

parıldamak
responsabilité /responsabilite/ *la* sorumluluk
responsable /responsabl(ö)/ *s+a.* sorumlu ***responsable de*** -den sorumlu
resquiller /reskiye/ *(sinema, stadyum)* bedavadan girmek
ressaisir /rösezir/ : ***se ressaisir*** kendini toparlamak
ressemblance /rösanblans/ *la* benzerlik
ressembler /rösanble/ : ***ressembler à*** -e benzemek ***se ressembler*** benzeşmek, birbirine benzemek
ressentiment /rösantiman/ *le* hınç, kin
ressentir /rösantir/ duymak, hissetmek ***se ressentir de*** -ın etkisini hâlâ duymak
resserrer /rösere/ sıkmak; sıkıştırmak
ressort /rösor/ *le* yay, zemberek; güç, enerji ***en dernier ressort*** en sonunda
ressortir /rösortir/ yeniden çıkmak ***ressortir à*** -ın yetkisi içinde bulunmak; ile ilgili olmak
ressource /rösurs(ö)/ *la* çare, yol ***ressources*** *la+ç.* kaynak, zenginlik

R

réssusciter /resüsite/ diriltmek; dirilmek
restant, e /restan, ant/ *s+le (geri)* kalan
restaurant /restoran/ *le* lokanta
restauration /restorasyon/ *la* onarım, yenileme, restorasyon
restaurer /restore/ onarmak, yenilemek, restore etmek; güçlendirmek, canlandırmak
reste /rest(ö)/ *le* kalan, artık ***du reste, au reste*** zaten, üstelik
rester /reste/ kalmak ***en rester à*** -de kalmak, -den daha ileri gitmemek
restituer /restitüe/ geri vermek; eski durumuna sokmak
restreindre /restrendr(ö)/ sınırlamak, kısmak
restriction /restriksyon/ *la* sınırlama, kısıtlama
résultat /rezülta/ *le* sonuç
résulter /rezülte/ : ***résulter de*** -ın sonucu olmak, -den kaynaklanmak
résumé /rezüme/ *le* özet ***en résumé*** özetle, kısacası
résumer /rezüme/ özetlemek
résurrection /rezüreksyon/ *la* dirilme; *mec.* yeniden canlanma
rétablir /retablir/ yeniden kurmak; iyileştirmek, sağlığına kavuşturmak ***se rétablir*** iyileşmek, sağlığına kavuşmak
rétablissement /retablisman/ *le* yeniden kurma; iyileşme, sağlığına kavuşma
retard /rötar/ *le* gecikme; gerilik ***avoir du retard*** gecikmek ***en retard (de 2 heures)*** *(2 saat)* geç ***sans retard*** gecikmeden, gecikmeksizin
retarder /rötarde/ geciktirmek; gecikmek, yavaş gitmek; geri kalmak
retenir /rötnir/ tutmak; alıkoymak; ayırtmak
retentir /rötantir/ çınlamak, yankılanmak
retentissant, e /rötantisan, ant/ çınlayan; yankı uyandıran
retentissement /rötantisman/ *le* çınlama; yankı, etki
retenue /rötnü/ *la* tutma, alıkoyma; kesinti
réticence /retisans/ *la* tereddüt,

kararsızlık
rétif, ive /retif, iv/ huysuz, inatçı; dik başlı, serkeş
rétine /retin/ *la* retina, ağtabaka
retirer /rötire/ geri çekmek; çıkarmak ***se retirer*** geri çekilmek; emekliye ayrılmak ***se retirer de*** -den çekilmek
retomber /rötonbe/ bir daha düşmek; sarkmak, dökülmek
rétorquer /retorke/ karşılık vermek
retors, e /rötor, ors(ö)/ kurnaz, düzenbaz
retouche /rötuş/ *la* düzeltme, rötuş ***retoucher*** düzeltmek, rötuş yapmak
retour /rötur/ *le* dönüş; karşılık ***être de retour (de)*** *(-den)* dönmek
retourner /röturne/ çevirmek, ters çevirmek; tersyüz etmek; geri çevirmek; heyecanlandırmak; geri dönmek
rétracter /retrakte/ geri çekmek; *(sözünü)* geri almak ***se rétracter*** büzülmek; sözünü geri almak
retrait /rötre/ *le* geri çekilme; çekme
retraite /rötret/ *la* geri çekilme; emeklilik; emekli aylığı ***prendre sa retraite*** emekliye ayrılmak ***retraité, e*** *s+a.* emekli
retrancher /rötranşe/ çıkarmak ***se retrancher derrière*** -ın arkasına saklanmak, siper almak; -e sığınmak
rétrécir /retresir/ *(giysi)* daraltmak; daralmak, çekmek
rétribuer /retribüe/ ücretini vermek ***rétribution*** *la* aylık, ücret
rétrograde /retrograd/ gerici ***rétrograder*** gerilemek; *oto.* vites küçültmek
rétrospective /retrospektiv/ *la* anma sergisi; *(sinema)* anma gösterisi
rétrospectivement geriye dönük olarak
retrousser /rötruse/ *(giysi)* sıvamak, yukarı kaldırmak
retrouver /rötruve/ yeniden bulmak; yeniden kavuşmak ***se retrouver*** buluşmak, görüşmek
rétroviseur /retrovizör/ *le* dikiz aynası
réunion /reünyon/ *la* toplama, bir araya getirme; birleşme; toplantı
réunir /reünir/ toplamak; birleştirmek ***se réunir*** toplanmak; birleşmek
réussi, e /reüsi/ başarılı, parlak
réussir /reüsir/ başarmak, başarı göstermek ***réussir à*** -e iyi gelmek ***réussir à faire*** -meyi başarmak
réussite /reüsit/ *la* başarı
revanche /rövanş/ *la* öç, intikam; *sp.* rövanş ***en revanche*** buna karşılık
rêvasser /revase/ hayal kurmak
rêve /rev/ *le* düş, rüya; düş, hayal
revêche /röveş/ hırçın, huysuz
réveil /revey/ *le* uyanma, uyanış; çalar saat
réveille-matin /reveymaten/ *le* çalar saat
réveiller /reveye/ uyandırmak ***se réveiller*** uyanmak
réveillon /reveyon/ *le* Noel arifesi; yeni yıl arifesi; Noel arifesi yemeği; yeni yıl arifesi yemeği
révélateur, trice /revelatör, tris/ açığa vuran, belirten; *le (fotoğrafçılık)* banyo ilacı
révélation /revelasyon/ *la* açığa vurma
révéler /revele/ açığa vurmak; açıklamak; göstermek
revenant, e /rövnan, ant/ *le+la* hortlak
revendication /rövandikasyon/ *la*

hak iddiası, istek, talep
revendiquer /rövandike/ hak iddia etmek, istemek; *(sorumluluk)* üstlenmek
revenir /rövnir/ dönmek, geri gelmek ***revenir à*** -e gelmek, -e mal olmak ***revenir à soi*** ayılmak, kendine gelmek ***revenir de*** -den kurtulmak, atlatmak ***revenir sur*** -den dönmek, vazgeçmek; yeniden gözden geçirmek
revenu /rövnü/ *le* gelir, kazanç
rêver /reve/ düş görmek, rüya görmek; düşlemek, hayal kurmak
réverbération /reverberasyon/ *la* yansıma
réverbère /reverber/ *le* sokak lambası
réverbérer /reverbere/ yansıtmak
révérence /reverans/ *la* derin saygı; reverans
rêverie /revri/ *la* düş, hülya
revers /röver/ *le* ters ***le revers de la médaille*** *mec.* madalyonun ters yüzü
réversible /reversibl(ö)/ tersine çevrilebilir
revêtement /rövetman/ *le* sıva; kaplama
revêtir /rövetir/ örtmek; giydirmek
R
rêveur, euse /revör, öz/ *s+a.* hayalci, hayalperest
revirement /rövirman/ *le* fikir değiştirme, ani değişiklik
réviser /revize/ gözden geçirmek; elden geçirmek
révision /revizyon/ *la* gözden geçirme; elden geçirme, revizyon
revivre /rövivr(ö)/ dirilmek, canlanmak
revoir /rövuar/ yeniden görmek; gözden geçirmek ***au revoir*** allahaısmarladık
révolte /revolt(ö)/ *la* ayaklanma, başkaldırı
révolter /revolte/ ayaklandırmak, isyan ettirmek; kızdırmak, çileden çıkarmak ***se révolter (contre)*** *(-e karşı)* ayaklanmak
révolution /revolüsyon/ *la* devrim; devir, dönme ***révolutionnaire*** *s+a.* devrimci ***révolutionner*** devrim yapmak
revolver /revolver/ *le* tabanca
révoquer /revoke/ görevinden uzaklaştırmak; iptal etmek
revue /rövü/ *la* gözden geçirme; *ask.* geçit töreni; denetleme, teftiş; dergi; revü
rez-de-chaussée /redşose/ *le* zemin katı
rhétorique /retorik/ *la* güzel konuşma sanatı, belagat, retorik
rhinocéros /rinoseros/ *le* gergedan
rhubarbe /rübarb(ö)/ *la, bitk.* ravent
rhum /rom/ *le* rom
rhumatisant, e /rümatizan, ant/ *le+la* romatizmalı kimse
rhumatismal, e, aux /rümatismal, o/ romatizmayla ilgili
rhumatisme /rümatism(ö)/ *le* romatizma
rhume /rüm/ *le* nezle ***le rhume des foins*** saman nezlesi
riant, e /ryan, ant/ güleç, neşeli
ricaner /rikane/ sırıtmak; bıyık altından gülmek
riche /riş/ zengin ***riche en*** bakımından zengin ***richesse*** *la* zenginlik ***richesses*** *la+ç.* mal mülk
ride /rid/ *la* kırışık, kırışıklık
ridé, e /ride/ kırışık, kırış kırış
rideau, x /rido/ *le* perde ***le rideau de fer*** demirperde
rider /ride/ kırıştırmak ***se rider*** kırışmak

ridicule /ridikül/ gülünç; *le* gülünçlük
ridiculiser /ridikülize/ gülünçleştirmek, gülünç duruma düşürmek ***se ridiculiser*** gülünçleşmek, gülünç duruma düşmek
rien /ryen/ hiçbir şey; *le* bir hiç, önemsiz şey ***ça ne fait rien*** zararı yok, önemli değil ***de rien*** bir şey değil
rigide /rijid/ sert, katı ***rigidité*** *la* sertlik, katılık
rigole /rigol/ *la* ark, hark; su akıntısı
rigoler /rigole/ gülmek; eğlenmek, dalga geçmek
rigolo, ote /rigolo, ot/ *kd.* gülünç, komik
rigoureux, euse /rigurö, öz/ sert, şiddetli
rigueur /rigör/ *la* sertlik, şiddet; kesinlik ***à la rigueur*** gerekirse ***de rigueur*** zorunlu
rime /rim/ *la* uyak, kafiye
rinçage /rensaj/ *le* durulama, çalkalama
rincer /rense/ durulamak, çalkalamak
riposte /ripost(*ö*)/ *la* anında verilen yanıt; karşılık, misilleme ***riposter*** misillemede bulunmak
rire /rir/ gülmek; eğlenmek; *le* gülme, gülüş ***rire de*** ile alay etmek ***se rire de*** -ı önemsememek, -e aldırış etmemek
risée /rize/ *la*: ***être le risée de*** -ın alay konusu olmak
risque /risk(*ö*)/ *le* tehlike, risk, riziko
risqué, e /riske/ riskli, tehlikeli
risquer /riske/ tehlikeye atmak, riske sokmak ***se risquer à faire*** -meye kalkışmak
risque-tout /risk*ö*tu/ *le+la* gözü pek kimse, korkusuz kimse
ristourne /risturn(*ö*)/ *la* indirim
rite /rit/ *le* ayin, tören
rituel, le /ritüel/ ayinle ilgili; *le* ayin kitabı
rivage /rivaj/ *le* kıyı, sahil
rival, e, aux /rival, o/ *s+a.* rakip
rivaliser /rivalize/ : ***rivaliser avec*** ile yarışmak, ile rekabet etmek
rivalité /rivalite/ *la* rekabet
rive /riv/ *la* kıyı, sahil; *(ırmak)* kıyı, geçe
river /rive/ perçinlemek
riverain, e /rivren, en/ ırmak *(göl, yol)* kıyısında bulunan; *le+la* ırmak *(göl, yol)* kıyısında oturan
rivet /rive/ *le* perçin çivisi
rivière /rivyer/ *la* ırmak, çay
rixe /riks(*ö*)/ *la* kavga, dövüş
riz /ri/ *le* pirinç ***riz au lait*** sütlaç
robe /rob/ *la* entari, elbise; cüppe ***robe de chambre*** sabahlık ***robe de grossesse*** hamile elbisesi ***robe de mariée*** gelinlik, gelin elbisesi
robinet /robine/ *le* musluk
robot /robo/ *le* robot
robuste /robüst(*ö*)/ gürbüz, dinç, sağlam
roc /rok/ *le* kaya
rocade /rokad/ *la, oto.* yan yol
rocambolesque /rokanbolesk(*ö*)/ inanılmaz, olağanüstü
rocher /roşe/ *le* kaya
rock (and roll) /rok(enrol)/ *le* rak, rakınrol
rodage /rodaj/ *le* alıştırma, rodaj
roder /rode/ *(motor, araba)* alıştırmak, yavaş yavaş çalıştırmak
rôder /rode/ başıboş dolaşmak; kolaçan etmek ***rôdeur, euse*** *le+la* aylak, serseri
rogner /ronye/ kırpmak, budamak; *mec.* azaltmak, kısmak
rognons /ronyon/ *le+ç.* böbrekler

rogue /rog/ kibirli, kendini beğenmiş
roi /rua/ *le* kral; *(iskambil)* papaz; *(satranç)* şah
roitelet /ruatle/ *le* çalıkuşu
rôle /rol/ *le* rol
roman, e /roman, an/ *le* roman ***roman d'espionnage*** casus romanı ***roman photo*** fotoroman
romancier, ière /romansye, yer/ *le+la* romancı
romanesque /romanesk(ö)/ romanesk, roman gibi
roman-feuilleton /romanföyton/ *le* tefrika roman
romantique /rommantik/ romantik
romantisme /romantism(ö)/ *le* romantizm
romarin /romaren/ *le* biberiye
rompre /ronpr(ö)/ kırmak, parçalamak, koparmak; bozuşmak
rompu, e /ronpü/ yorgun, bitkin ***rompu, e à*** -de deneyimli, -in ustası
ronce /rons/ *la* böğürtlen
ronchonner /ronşone/ *kd.* homurdanmak
rond, e /ron, rond/ yuvarlak; toparlak; *le* halka; çember ***en rond*** çepeçevre
rond-de-cuir /rondkuir/ *le* kâtip, kalem efendisi
rondelle /rondel/ *la* rondela, pul
rondement /rondman/ çabuk, hızlı; açıkça, dobra dobra
rondeur /rondör/ *la* yuvarlaklık; içtenlik, açıkyüreklilik
rondin /ronden/ *le* kütük, tomruk
rond-point /ronpuen/ *le* döner kavşak, döner ada
ronflement /ronflöman/ *le* horlama, horultu
ronfler /ronfle/ horlamak; gürüldemek, uğuldamak
ronger /ronje/ kemirmek ***se ronger les ongles*** tırnaklarını yemek ***rongeur, euse*** *le+la* kemirgen, kemirici
ronronner /ronrone/ *(kedi)* mırlamak, mırıldamak
roquet /roke/ *le* huysuz küçük köpek
roquette /roket/ roket, füze
rosaire /rozer/ *le* tespih
rosbif /rosbif/ *le* rozbif, kızartılmış sığır eti
rose /roz/ pembe; *la* gül
roseau, x /rozo/ *le* kamış, saz
rosée /roze/ *la* çiy
roseraie /rozre/ *la* güllük, gül bahçesi
rosette /rozet/ *la* rozet
rosier /rozye/ *le* gül ağacı
rosser /rose/ *kd.* pataklamak, dayak atmak
rossignol /rosinyol/ *le* bülbül; maymuncuk
rot /ro/ *le* geğirti
rotatif, ive /rotatif, iv/ dönen, döner; *la* rotatif
rôti /roti/ *le* kızartma et, rosto ***rôtir*** kızartmak; kızarmak
rôtisserie /rotisri/ *la* kebapçı *(dükkânı)*
rotor /rotor/ *le* rotor, döneç
rotule /rotül/ *la* dizkapağı
rouage /ruaj/ *le* çark
roublard, e /rublar, ard(ö)/ kurnaz, düzenbaz
roucouler /rukule/ ötmek, üveymek, kuğurmak
roue /ru/ *la* tekerlek; çark ***roue de secours*** yedek tekerlek
roué, e /rue/ kurnaz, malın gözü
rouge /ruj/ kırmızı, kızıl; *le* kırmızı renk; kırmızı şarap; allık; *le+la* kızıl, komünist ***passer au rouge*** kırmızı yanmak; *(sürücü)* kırmızıda

R

geçmek ***rouge (à lèvres)*** ruj, dudak boyası ***rouge-gorge*** kızılgerdan, narbülbülü

rougeole /rujol/ *la* kızamık

rougeur /rujör/ *la* kırmızılık; kızarma

rougir /rujir/ kızarmak

rouille /ruy/ pas rengi; *la* pas

rouillé, e /ruye/ paslı; körelmiş, paslanmış

roulant, e /rulan, ant/ *(mobilya)* tekerlekli; yürüyen, giden

rouleau, eaux /rulo/ *le* tomar ***rouleau (à pâtisserie)*** oklava

roulement /rulman/ *le* gürültü; dönme, dönüş ***roulement (à billes)*** bilyalı yatak

rouler /rule/ yuvarlamak; sarmak; silindirle düzlemek; *(oklavayla)* açmak; *kd.* aldatmak, kandırmak; yuvarlanmak; *(taşıt)* gitmek

roulette /rulet/ *la* rulet; küçük tekerlek

roupiller /rupiye/ *kd.* uyumak

rouquin, e /ruken, in/ *le+la* kızıl saçlı kimse

rouspéter /ruspete/ *kd.* itiraz etmek

rousseur /rusör/ *la*: ***tache de rousseur*** çil

roussir /rusir/ hafifçe yakmak; *(yaprak)* kızıllaşmak, sararmak

route /rut/ *la* yol; rota ***en route*** yolda *(giderken) se mettre en route* yola koyulmak

routier, ière /rutye, yer/ yolla ilgili, yol+; *le (uzun yola giden)* kamyon şoförü; uzun yol lokantası; *la* uzun yol otomobili

routine /rutin/ *la* alışkanlık; görenek ***routinier, ière*** alışılmış, rutin, değişiklik göstermeyen; görenekçi

rouvrir /ruvrir/ yeniden açmak; yeniden açılmak

roux, rousse /ru, rus/ kızıl; kızıl saçlı; *le+la* kızıl saçlı kimse; *le (aşçılık)* meyane

royal, e, aux /ruayal, o/ kralla ilgili, krallıkla ilgili; krallara yakışır, şahane

royaliste /ruayalist(ö)/ *s+a.* kralcı

royaume /ruayom/ *le* krallık

royauté /ruayote/ *la* krallık

ruban /rüban/ *le* şerit; kurdele; bant ***ruban adhésif*** izole bant

rubéole /rübeol/ *la* kızamıkçık

rubis /rübi/ *le* yakut; *(saatte)* taş

rubrique /rübrik/ *la (yazı)* başlık; *(gazete)* sütun

ruche /rüş/ *la (arı)* kovan

rude /rüd/ sert; kaba; güç, zor ***rudement*** sert, sertçe; kabaca; çok, son derece

rudimentaire /rüdimanter/ gelişmemiş, ilkel

rudiments /rüdiman/ *le+ç.* temel bilgiler, esaslar

rudoyer /rüduaye/ sert davranmak, terslemek

rue /rü/ *la* sokak

ruée /rüe/ *la* saldırma, saldırı

ruelle /ruel/ *la* dar sokak

ruer /rüe/ *(at)* tepmek, çifte atmak ***se ruer sur*** -ın üzerine atılmak

rugby /rügbi/ *le* rugbi, ragbi

rugir /rüjir/ kükremek; gürlemek ***rugissement*** *le* kükreme; gürleme

rugosité /rügozite/ *la* pürtüklülük, pürüzlülük; pürtük, pürüz

rugeux, euse /rügö, öz/ pürtüklü, pürüzlü

ruine /ruin/ *la* yıkıntı, ören, harabe; iflas, batkı; yıkılma ***ruines*** *la+ç.* yıkıntı, kalıntı

ruiner /ruine/ yıkmak, harap etmek; bozmak, berbat etmek

ruisseau, x /ruiso/ *le* dere, çay

ruisseler /ruisle/ oluk oluk akmak

rumeur /rümör/ *la* uğultu; söylenti
rupture /rüptür/ *la* kırılma, kopma; bozulma
rural, e, aux /rüral, o/ kırsal, köy+
ruse /rüz/ *la* kurnazlık, hile ***rusé, e*** kurnaz, hileci
rustique /rüstik/ kırsal, köyle ilgili; kaba, yontulmamış
rustre /rüstr(*ö*)/ *le* hödük, ayı, kaba kimse
rutabaga /rütabaga/ *le* sarı şalgam
rythme /ritm(*ö*)/ *le* ritim, dizem, tartım; hız ***rythmé, e, rythmique*** ritmik, dizemli, tartımlı

S

s' /s/ *bkz. se*
sa /sa/ *bkz. son*
sable /sabl(*ö*)/ *le* kum ***sables mouvants*** ıslak kum
sablé /sable/ *le* kurabiye
sabler /sable/ kumla döşemek ***sabler le champagne*** şampanya içmek
sableux, euse /sablö, öz/ kumlu
sablier /sabliye/ *le* kum saati
sablonneux, euse /sablonö, öz/ kumlu
sabot /sabo/ *le* nalın, tahta kundura; toynak
sabotage /sabotaj/ *le* baltalama, sabotaj
saboter /sabote/ baltalamak, sabote etmek ***saboteur, euse*** *le+la* baltalayıcı, sabotajcı
sabre /sabr(*ö*)/ *le* kılıç
sac /sak/ *le* çanta; torba; çuval ***sac à dos*** sırt çantası ***sac à main*** el çantası ***sac de couchage*** uyku tulumu

saccade /sakad/ *la* sarsıntı, tekleme
saccager /sakaje/ yağma etmek; altüst etmek
saccharine /sakarin/ *la* sakarin
sacerdoce /saserdos/ *le* papazlık, rahiplik
sachet /saşe/ *le* küçük torba, poşet ***sachet de thé*** çay poşeti
sacoche /sakoş/ *la* çanta
sacre /sakr(*ö*)/ *le (kral)* taç giyme töreni; kutsama töreni
sacré, e /sakre/ kutsal; *kd.* pis, kerata
sacrement /sakr*ö*man/ *le (Hıristiyanlık'ta)* dinsel tören
sacrer /sakre/ *(kral)* taç giydirmek; kutsallaştırmak; sövmek, küfretmek
sacrifice /sakrifis/ *le* kurban; özveri
sacrificier /sakrifye/ kurban etmek; feda etmek
sacrilège /sakrilej/ kutsal şeylere saygısız; *le* kutsal şeylere saygısızlık
sadique /sadik/ *s+a.* sadist
sadisme /sadism(*ö*)/ *le* sadizm, elezerlik
safari /safari/ *le* safari ***faire un safari*** safariye çıkmak
safran /safran/ *le* safran
sagace /sagas/ sağgörülü, akıllı, keskin görüşlü
sage /saj/ akıllı, tedbirli; akıllıca, mantıklı; *(çocuk)* uslu, uysal; *le* bilge
sage-femme /sajfam/ *la* ebe
sagesse /sajes/ *la* bilgelik
Sagittaire /sajiter/ *le* Yay *(burcu)*
saignant, e /senyan, ant/ *(et)* az pişmiş, kanlı; kanayan
saigner /senye/ kanamak; -den kan almak ***saigner du nez*** burnu kanamak

saillant, e /sayan, ant/ çıkıntılı, çıkık; *kd.* göze çarpan, belirgin
saillie /sayi/ *la* çıkıntı; nükte, espri
saillir /sayir/ çıkıntı yapmak, dışa taşmak, pırtlamak
sain, e /sen, sen/ sağlıklı; sağlam ***sain et sauf*** sağ salim
saindoux /sendu/ *le* erimiş domuz yağı
saint, e /sen, sent/ kutsal; *le+la* ermiş, aziz, evliya ***la Saint-Sylvestre*** yeni yıl arifesi ***le Saint-Esprit*** Ruhulkudüs ***le Saint-Père*** papa
sainteté /sentte/ *la* kutsallık
saisie /sezi/ *la* haciz, el koyma
saisir /sezir/ yakalamak; tutmak; anlamak, kavramak; *huk.* haczetmek
saisissant, e /sezisan, ant/ şaşırtıcı, çarpıcı
saison /sezon/ *la* mevsim ***la belle saison*** yaz ayları ***saisonnier, ière*** mevsimlik; *le* mevsimlik işçi
salade /salad/ *la* salata; kıvırcık marul ***salade de concombres*** hıyar salatası ***salade de fruits*** meyve salatası ***salade russe*** Rus salatası ***saladier*** *le* salata tabağı
salaire /saler/ *le* ücret ***salaire minimum interprofessionnel garanti (SMIG), de croissance (SMIC)*** asgari ücret
salaison /salezon/ *la* tuzlama
salami /salami/ *le* salam
salaud /salo/ *le* ibne! piç! it!
sale /sal/ pis, kirli
salé, e /sale/ tuzlu; açık saçık
saler /sale/ tuzlamak, tuz koymak
saleté /salte/ *la* pislik; kir
salière /salyer/ *la* tuzluk
saligaud /saligo/ *le, kd.* ibne, adi herif
salin, e /salen, in/ tuzlu
salinité /salinite/ *la* tuzluluk
salir /salir/ kirletmek ***se salir*** kirlenmek
salive /saliv/ *la* tükürük, salya ***saliver*** tükürük salgılamak
salle /sal/ *la* oda; koğuş; salon ***salle à manger*** yemek salonu ***salle d'attente*** bekleme salonu ***salle de bain(s)*** banyo ***salle de bal*** balo salonu, dans salonu ***salle de classe*** sınıf, derslik ***salle de concert*** konser salonu ***salle de douches*** duş yeri, duş odası ***salle d'embarquement*** *(havaalanı)* çıkış salonu ***salle des machines*** makine dairesi ***salle de séjour*** oturma odası ***salle de spectacle*** tiyatro; sinema ***salle d'opération*** ameliyathane
salon /salon/ *le* salon; oturma odası, misafir odası; sergi ***salon de coiffure*** kuaför salonu ***salon de thé*** çay salonu
salopard /salopar/ *le* ibne, pis herif
salope /salop/ *la* orospu, kaltak
saloperie /salopri/ *la* pislik
salopette /salopet/ *la* tulum, iş elbisesi
saltimbanque /saltenbank/ *le+la* cambaz, panayır cambazı
salubre /salübr(*ö*)/ sağlığa yararlı, temiz
saluer /salue/ selamlamak
salut /salü/ selam! merhaba!; *le* selam; kurtuluş, selamet
salutaire /salüter/ sağlığa yararlı, iyileştirici
salutations /salütasyon/ *la+ç.* selam, selamlar ***recevez mes salutations distinguées (respectueuses)*** saygılarımla
samedi /samdi/ *le* cumartesi

sanatorium /sanatoryom/ *le* sanatoryum
sanctifier /sanktifye/ kutsamak; kutsallaştırmak
sanction /sanksyon/ *la* onay; yaptırım, müeyyide; ceza ***sanctionner*** onaylamak; cezalandırmak
sanctuaire /sanktuer/ *le* kutsal yer; tapınak
sandale /sandal/ *la* *(ayakkabı)* sandal
sandalette /sandalet/ *la* sandalet
sandwich /sanduiç/ *le* sandviç
sang /san/ *le* kan ***se faire du mauvais sang*** üzülmek, kaygılanmak
sang-froid /sanfrua/ *le* soğukkanlılık
sanglant, e /sanglan, ant/ kanlı
sangle /sangl(*ö*)/ *la* kolan
sanglier /sangliye/ *le* yabandomuzu
sanglot /sanglo/ *le* hıçkırık ***sangloter*** hıçkırmak, hıçkıra hıçkıra ağlamak
sangsue /sansü/ *la* sülük
sanguin, e /sangen, in/ kanla ilgili, kan+; *la* kan portakalı
sanguinaire /sanginer/ kan dökücü, acımasız, hunhar; kanlı
sanitaire /saniter/ sağlıkla ilgili, sağlık+
sans /sa/ -sız, -siz; -meksizin, -meden ***sans-abri*** *le+ç.* evsiz barksız *(kalmış kimse)* *sans-emploi* *le+ç.* işsiz ***sans-gêne*** düşüncesiz, patavatsız ***sans-logis*** *le+ç.* evsiz barksız ***sans-travail*** *le+ç.* işsiz
santé /sante/ *la* sağlık, esenlik ***boire à la santé de*** sağlığına içmek ***à ta (votre) santé!*** sağlığınıza!
saper /sape/ temelini kazmak; temelinden yıkmak, çökertmek
sapeur /sapör/ *le, ask.* istihkâm eri ***sapeur-pompier*** *le* itfaiyeci
saphir /safir/ *le* gökyakut, safir
sapin /sapen/ *le* köknar *(ağacı)* *sapin de Noël* Noel ağacı
sarcasme /sarkasm(*ö*)/ *le* ince alay, iğneli söz ***sarcastique*** alaylı, alaycı, iğneleyici
sarcler /sarkle/ zararlı otlarını temizlemek
sardine /sardin/ *la* sardalye, ateşbalığı
sardonique /sardonik/ alaylı, alaycı, şeytanca
sarriette /saryet/ *la* kekik
satanique /satanik/ şeytanla ilgili; şeytanca, şeytansı
satellite /satelit/ *le* uydu
satin /saten/ *le* atlas, saten
satire /satir/ *la* yergi, taşlama ***satirique*** yergili, taşlamalı ***satiriser*** yermek, taşlamak
satisfaction /satisfaksyon/ *la* hoşnutluk, memnuniyet; doyum, tatmin
satisfaire /satisfer/ memnun etmek, hoşnut etmek; doyurmak, tatmin etmek ***satisfaire à*** yerine getirmek; karşılamak
satisfaisant, e /satisfezan, ant/ memnunluk verici; doyurucu, tatmin edici
satisfait, e /satisfe, et/ doyurulmuş, tatmin edilmiş ***satisfait de*** -den memnun
saturation /satürasyon/ *la, kim.* doyma
saturer /satüre/ *kim.* doyurmak
sauce /sos/ *la* salça, sos ***sauce tomate*** domates sosu
saucisse /sosis/ *la* sosis
saucisson /sosison/ *le* kalın sosis
sauf /sof/ -den başka, dışında, hariç ***sauf erreur*** yanılmıyorsam
sauf, sauve /sof, sov/ zarar görme-

S

miş, kurtulmuş
sauge /soj/ *la* adaçayı
saugrenu, e /sogrönü/ tuhaf, gülünç
saule /sol/ *le* söğüt
saumon /somon/ *le* som *(balığı)*
saumure /somür/ *la* salamura
sauna /sona/ sauna
saupoudrer /sopudre/ serpmek, ekmek
saur /sor/ : ***hareng saur*** çiroz
saut /so/ *le* atlama, sıçrama ***faire un saut chez*** -e şöyle bir uğramak ***saut à la corde*** ip atlama ***saut à la perche*** sırıkla atlama ***saut en hauteur*** yüksek atlama ***saut en longueur*** uzun atlama ***saut périlleux*** perende, takla
saute /sot/ *la* ani değişiklik
sauté, e /sote/ *s+le* sote
saute-mouton /sotmuton/ *le*: ***jouer à saute-mouton*** birdirbir oynamak
sauter /sote/ atlamak; havaya uçmak; patlamak
sauterelle /sotrel/ *la* çekirge
sauteur, euse /sotör, öz/ *le+la* *(atlet)* atlayıcı ***sauter à la perche*** sırıkla yüksek atlayan atlet ***sauter à skis*** kayakla atlayan atlet
sautiller /sotiye/ sekmek, seke seke gitmek
sauvage /sovaj/ vahşi, yabani, yabanıl; ürkek; *le+la* vahşi, yabani; çekingen kimse, insandan kaçan kimse ***sauvagerie*** *la* vahşilik, yabanilik; çekingenlik, insandan kaçma
sauve /sov/ *bkz. sauf*
sauvegarde /sovgard(ö)/ *la* koruma ***sauvegarder*** korumak
sauve-qui-peut /sovkipö/ *le* ana baba günü, can pazarı
sauver /sove/ kurtarmak ***se sauver*** kaçmak
sauvetage /sovtaj/ *le* kurtarma
sauveur /sovör/ *le* kurtarıcı
savant, e /savan, ant/ bilgin, çok bilgili; *le* bilgin, bilim adamı
saveur /savör/ *la* tat, lezzet
savoir /savuar/ bilmek ***à savoir*** yani ***savoir-faire*** *le* beceriklilik
savon /savon/ *le* sabun ***passer un savon à*** -e iyi bir fırça atmak, -ı bir güzel azarlamak ***savonner*** sabunlamak ***savonneux, euse*** sabunlu
savourer /savure/ tadını çıkarmak
savoureux, euse /savurö, öz/ lezzetli, nefis; *mec.* açık saçık
saxo(phone) /sakso(fon)/ *le* saksofon ***saxophonist*** *le+la* saksofoncu
scabreux, euse /skabrö, öz/ tehlikeli, riskli; uygunsuz, açık saçık
scandale /skandal/ *le* skandal, rezalet ***scandaleux, euse*** utanç verici, utanılacak, ayıp
scaphandre /skafandr(ö)/ *le* dalgıç elbisesi; uzay giysisi
scarlatine /skarlatin/ *la* kızıl hastalığı
sceau, x /so/ *le* mühür, damga
scélérat, e /selera, at/ *le+la* alçak, adi, vicdansız
sceller /sele/ mühürlemek, damgalamak
scénario /senaryo/ *le* senaryo
scène /sen/ *la* sahne; olay yeri ***mettre en scène*** sahnelemek, sahneye koymak ***scénique*** sahneyle ilgili, tiyatroyla ilgili
scepticisme /septisism(ö)/ *le* kuşkuculuk, şüphecilik
sceptique /septik/ *s+a.* kuşkucu, şüpheci
sceptre /septr(ö)/ *le* hükümdarlık asası
schéma /şema/ *le* şema; özet, taslak ***schématique*** şematik

schizophrène /skizofren/ *le+la* şizofren
schizophrénie /skizofreni/ *la* şizofreni
sciatique /syatik/ *la* siyatik
scie /si/ *le* testere ***scie à découper*** kıl testere
sciemment /syaman/ bile bile, isteyerek
science /syans/ *la* bilim; bilgi ***sciences naturelles*** doğa bilimleri ***science-fiction*** *la* bilimkurgu
scientifique /syantifik/ bilimsel; *le+la* bilim adamı
scintiller /sentiye/ parıldamak
scolaire /skoler/ okulla ilgili, okul+
scolarité /skolarite/ *la* öğrenim
score /skor/ *le, sp.* skor
scorpion /skorpyon/ *le*: ***le Scorpion*** Akrep *(burcu)*
scout, e /skut/ *le* izci ***scoutisme*** *le* izcilik
scrupule /skrüpül/ *le* endişe, kuruntu; ikircim, tereddüt ***scrupuleux, euse*** titiz; kuruntulu; dürüst
scruter /skrüte/ incelemek
scrutin /skrüten/ *le* oy; oylama
sculpter /skülte/ yontmak; oymak ***sculpteur*** *le* yontucu, heykeltıraş
sculpture /skültür/ *la* yontu, heykel; yontuculuk, heykeltıraşlık
se, s' /s(ö)/ kendini, kendine; birbirini, birbirine
séance /seans/ *la* oturum, celse; seans, gösterim
séant, e /sean, ant/ uygun, yaraşır; *le* kıç, popo
seau, x /so/ *le* kova
sec, sèche /sek, seş/ kuru; sert, soğuk; sek, susuz ***à sec*** susuz, kuru
sèche-cheveux /seşşövö/ *le* saç kurutma makinesi
sécher /seşe/ kurutmak; *(ders)* asmak, kaytarmak; kurumak
sécheresse /seşres/ *la* kuruluk; kuraklık
séchoir /seşuar/ *le* kurutma makinesi
second, e /sögon, ond/ ikinci; *le* ikinci kat; *la* ikinci mevki ***secondaire*** ikincil, ikinci derecede olan
seconde /sögond/ *la* saniye
secouer /sökue/ silkmek, sallamak; sarsmak
secourir /sökurir/ yardımına koşmak, yardım etmek
secours /sökur/ *le* yardım ***au secours!*** imdat! yetişin!
secousse /sökus/ *la* sarsıntı
secret, ète /sökre, et/ gizli; ağzı sıkı; *le* giz, sır ***en secret*** gizlice
secrétaire /sökreter/ *le+la* sekreter, yazman; *le* yazı masası ***secrétaire de direction*** özel sekreter ***secrétaire d'État*** *(ABD'de)* bakan; dışişleri bakanı ***secrétaire général*** genel sekreter
secrétariat /sökretarya/ *le* sekreterlik
sécréter /sekrete/ salgılamak ***sécrétion*** /-syon/ *la* salgılama; salgı
sectaire /sekter/ bağnaz, yobaz
secte /sekt(ö)/ *la* mezhep
secteur /sektör/ *le* kesim, sektör; bölge ***le secteur privé*** özel kesim, özel sektör
section /seksyon/ *la* kesme; kesit; şube; paragraf; *ask.* takım, müfreze
séculaire /seküler/ yüzyıllık; çok eski, çok yaşlı
séculier, ière /sekülye, yer/ laik
sécurité /sekürite/ *la* güvenlik, emniyet

S

sédatif, ive /sedatif, iv/ *s+le, hek.* yatıştırıcı
sédiment /sediman/ *le* tortu, çökelti
séduction /sedüksyon/ *la* ayartma, baştan çıkarma; çekicilik
séduire /seduir/ büyülemek; ayartmak, baştan çıkarmak ***séduisant, e*** çok çekici
segment /segman/ *le* parça; segman
ségrégation /segregasyon/ *la* ayrım
seigle /segl(ö)/ *le* çavdar
seigneur /senyör/ *le* derebeyi; bey, beyefendi
sein /sen/ *le* göğüs; rahim
séisme /seism(ö)/ *le* deprem, yersarsıntısı
seize /sez/ on altı ***seizième*** on altıncı
séjour /sejur/ *le* kalma, oturma; oturma odası ***séjourner*** kalmak, oturmak
sel /sel/ *le* tuz ***sel de table*** sofra tuzu
sélection /seleksyon/ *la* seçme, seçim ***sélectionner*** seçmek
self-service /selfservis/ *s+le* self-servis
selle /sel/ *la* eyer; sele
sellier /selye/ *le* saraç
selon /sölon/ -e göre
semaine /sömen/ *la* hafta ***en semaine*** hafta içinde
sémantique /semantik/ anlamsal; *la* anlambilim
sémaphore /semafor/ *le* semafor
semblable /sanblabl(ö)/ benzer; böyle, bu gibi ***semblable à*** -e benzer
semblant /sanblan/ *le* görünüş ***faire semblant (de faire)*** *(-ıyormuş)* gibi görünmek
sembler /sanble/ gibi görünmek
semelle /sömel/ *la (ayakkabı)* taban
semence /sömans/ *la* tohum
semer /söme/ ekmek; saçmak, serpmek
semestre /sömestr(ö)/ *le* yarıyıl, sömestr ***semestriel, le*** altı aylık, altı ayda bir olan
séminaire /seminer/ *le* seminer; papaz okulu
semoule /sömul/ *la* irmik
sempiternel, le /senpiternel/ bitmez tükenmez, sonsuz
sénat /sena/ *le* senato ***sénateur*** *le* senatör
sénile /senil/ yaşlılıkla ilgili; bunak ***sénilité*** *la* yaşlılık, ihtiyarlık
sens /sans/ *le* duyu, his; anlam; düşünce, kanı; anlayış; yön ***sens commun*** sağduyu ***sens dessus dessous*** altüst; karmakarışık ***sens interdit, sens unique*** tek yönlü cadde
sensation /sansasyon/ *la* duyum; duygu; heyecan ***sensationnel, le*** sansasyonel, heyecan uyandıran; *mec.* olağanüstü, müthiş
sensé, e /sanse/ sağduyulu; mantıklı, makul
sensibilité /sansibite/ *la* duyarlık; duygusallık
sensible /sansibl(ö)/ duyarlı, hassas; duygulu; algılanır, hissedilir ***sensiblement*** gözle görülür bir biçimde, hissedilir derecede
sensualité /sansüalite/ *la* nefsine düşkünlük, şehvete düşkünlük
sensuel, le /sansüel/ kösnül, şehvetli, şehvete düşkün; nefisle ilgili
sentence /santans/ *la* yargı, hüküm, karar; özdeyiş
senteur /santör/ *la* koku
sentier /santye/ *le* keçiyolu, patika
sentiment /santiman/ *le* duygu

sentimental, e, aux duygusal; sevgiyle ilgili, aşk+
sentinelle /sa**n**tinel/ *la* nöbetçi
sentir /sa**n**tir/ koklamak; kokmak; tadı vermek, tadında olmak; duymak, hissetmek; sezmek
seoir /suar/ : ***à seoir*** -e yakışmak, gitmek
séparation /separasyo**n**/ *la* ayırma, ayrılma; ayrılık
séparé, e /separe/ ayrı, ayrılmış
séparer /separe/ ayırmak
sept /set/ yedi
septembre /septa**n**br(*ö*)/ *le* eylül
septentrional, e, aux /septa**n**triyonal, o/ kuzey
septième /setyem/ yedinci
septique /septik/ : ***fosse septique*** fosseptik, lağım çukuru
serein, e /s*ö*re**n**, en/ sakin
sérénade /serenad/ *la* seranat; *kd.* gürültü, velvele
serf, serve /ser, serv(*ö*)/ *le+la* toprak kölesi
sergent /serja**n**/ *le* çavuş
série /seri/ *la* dizi, seri; *(alet, tencere, vb.)* takım ***en série*** seri halinde
sérieusement /seryözma**n**/ ciddi olarak, gerçekten; ciddi misin?
sérieux, euse /seryö, öz/ ciddi; güvenilir, sağlam; *le* ciddiyet ***prendre au sérieux*** ciddiye almak
serin /s*ö*re**n**/ *le* kanarya
seringue /s*ö*re**n**g/ *la* şırınga
serment /serma**n**/ *le* ant, yemin
sermon /sermo**n**/ *le* vaaz
serpent /serpa**n**/ *le* yılan ***serpent à sonnettes*** çıngıraklıyılan
serpenter /serpa**n**te/ kıvrıla kıvrıla gitmek
serre /ser/ *la* limonluk, ser, sera
serré, e /sere/ sık; sıkı, dar; sıkışık
serrer /sere/ sıkmak; sıkıştırmak ***serrer à droite*** sağdan gitmek; sağa yanaşmak ***serrer la main à*** ile tokalaşmak ***se serrer*** sıkışmak
serrure /serür/ *la* kilit
serrurier /serürye/ *le* çilingir
sérum /serom/ *le* serum
servante /serva**n**t/ *la* hizmetçi *(kadın, kız)*
serveur, euse /servör, öz/ *le+la* garson
service /servis/ *le* servis; hizmet; yardım; görev; takım, sofra takımı
serviette /servyet/ *la* peçete; havlu; evrak çantası
servile /servil/ kölelere özgü; köle gibi, aşağılık
servir /servir/ hizmet etmek; yardım etmek; servis yapmak ***servir à*** -e yararı dokunmak ***se servir de*** *(yemek)* -den almak; kullanmak
serviteur /servitör/ *le* hizmetçi, uşak
ses /se/ *bkz. son*
session /sesyo**n**/ *la* toplantı; dönem
seuil /söy/ *le* eşik
seul, e /söl/ tek; yalnız
seulement /sölma**n**/ yalnız, ancak, sadece
sève /sev/ *la* özsu, usare
sévère /sever/ sert, şiddetli ***sévérité*** *la* sertlik, şiddet
sévir /sevir/ sert davranmak; ortalığı kasıp kavurmak
sexe /seks(*ö*)/ *le* cinsiyet, eşey ***sexologue*** *le+la* seksolog
sexualité /seksüalite/ *la* cinsellik
sexuel, le /seksüel/ cinsel
shampooing /şa**n**pue**n**/ *le* şampuan ***se faire un shampooing*** saçını şampuanla yıkamak
short /şort/ *le* şort
si /si/ eğer, ise; ise de, her ne kadar; evet; öyle, o kadar
siamois, e /syamua, uaz/ Siyamlı

frères siamois, sæurs siamoises Siyamlı ikizler, yapışık ikizler
siècle /syekl(*ö*)/ *le* yüzyıl; çağ
siège /syej/ *le* oturacak yer, iskemle, koltuk; merkez; *ask.* kuşatma
siéger /syeje/ -de olmak, bulunmak
sien, ne /syen, syen/ : ***le sien, la sienne*** onunki
sieste /syest(*ö*)/ *la* öğle uykusu
sifflement /siflöman/ *le* ıslık; vızıltı, vınlama
siffler /sifle/ ıslık çalmak; düdük çalmak; ıslıklamak, yuhalamak
sifflet /sifle/ *le* düdük
signal, aux /sinyal, o/ *le* işaret; sinyal
signalement /sinyalman/ *le* eşkâl
signaler /sinyale/ işaret etmek; bildirmek ***se signaler par*** ile ün yapmak, tanınmak
signature /sinyatür/ *la* imzalama; imza
signe /siny/ *le* işaret, belirti, im ***en signe de*** -ın bir belirtisi olarak
signer /sinye/ imzalamak
significatif, ive /sinyifikatif, iv/ anlamlı
signification /sinyifikasyon/ *la* anlam
signifier /sinyifye/ anlamına gelmek, demek olmak
silence /silans/ *le* sessizlik ***silencieux, euse*** sessiz; *le* susturucu
silex /sileks/ *le* çakmaktaşı
silhouette /siluet/ *la* siluet; vücut hatları, görünüş
silicone /silikon/ *la* silikon
sillage /siyaj/ *le* dümen suyu
sillon /siyon/ *le* karık, saban izi
simagrées /simagre/ *la+ç.* cilve, naz, havalar
similaire /similer/ benzer
simple /senpl(*ö*)/ yalın, sade, süsüz; kolay; saf, bön; yalnız, tek ***simplement*** yalnızca, sadece ***simplicité*** *la* yalınlık, sadelik; kolaylık; saflık, bönlük ***simplifier*** basitleştirmek, kolaylaştırmak; *mat.* sadeleştirmek
simulacre /simülakr(*ö*)/ *le* taklit, numara, gösteriş
simulateur, trice /simülatör, tris/ *le+la* yalancıktan yapan, numaracı
simulation /simülasyon/ *la* yalandan yapma, taslama
simuler /simüle/ yalandan yapmak, taslamak
simultané, e /simültane/ eşzamanlı, aynı zamanda olan
sincère /senser/ içten, candan, samimi ***sincérité*** *la* içtenlik, samimilik
singe /senj/ *le* maymun
singer /senje/ taklit etmek
singeries /senjri/ *la+ç.* şaklabanlık, soytarılık; numara, ayak, havalar
singularité /sengülarite/ *la* özellik; gariplik, tuhaflık
singulier, ière /segülye, yer/ eşsiz; tuhaf, garip; tekil; *le* tekil, tekillik
sinistre /sinistr(*ö*)/ uğursuz; kötü, korkunç; *le* kaza, felaket; *(sigortalı mal için)* zarar, hasa, ziyan ***sinsitré, e*** *s+a.* kazazede, felaketzede
sinon /sinon/ yoksa, olmazsa; -den başka, dışında; değilse bile
sinueux, euse /sinüö, öz/ kıvrıntılı, yılankavi; *mec.* dolambaçlı
sinus /sinüs/ *le* sinüs ***sinusite*** *la* sinüzit
siphon /sifon/ *le* sifon
sirène /siren/ *la* siren, canavar düdüğü
sirop /siro/ *le* şurup ***sirop contre la toux*** öksürük şurubu

siroter /sirote/ yudum yudum içmek, tadını çıkararak içmek
sismographe /sismograf/ *le* sismograf, depremyazar
site /sit/ *le* görünüm, manzara; güzel yer
sitôt /sito/ hemen, derhal ***sitôt que*** *(yap)*-ar *(yap)*-maz
situation /sitüasyon/ *la* yer, konum; durum, hal; iş
situer /sitüe/ yerleştirmek, oturtmak
six /sis/ altı ***sixième*** altıncı
sketch /skeç/ *le* skeç
ski /ski/ *le* kayak ***faire du ski*** kayak yapmak ***ski nautique*** su kayağı ***skier*** kayak yapmak ***skieur, euse*** *le+la* kayakçı
slalom /slalom/ *le* slalom
slip /slip/ *le* don, külot, slip
slogan /slogan/ *le* slogan
smoking /smoking/ *le* smokin
snack /snak/ *le* snekbar, hafif yemek yenen yer
snob /snob/ *s+a.* züppe ***snobisme*** *le* züppelik
sobre /sobr(ö)/ ölçülü, ılımlı; yalın, sade ***sobriété*** *la* ölçülülük, ılımlılık; yalınlık, sadelik
sobriquet /sobrike/ *le* lakap, takma ad
sociable /sosyabl(ö)/ sokulgan, girgin, sempatik
social, e, aux /sosyal, o/ toplumsal, sosyal
socialisme /sosyalism(ö)/ *le* sosyalizm, toplumculuk ***socialiste*** *le+la* sosyalist, toplumcu
sociétaire /sosyeter/ *le+la* üye
société /sosyete/ *la* toplum; topluluk; dernek, kulüp; ortaklık, şirket ***société anonyme (S.A.)*** anonim ortaklık ***société à responsabilité limitée (S.A.R.L.)*** limited ortaklık
sociologie /sosyoloji/ *la* toplumbilim, sosyoloji ***sociologue*** *le+la* toplumbilimci, sosyolog
socle /sokl(ö)/ *le* oturtmalık, taban, kaide
socquette /soket/ *la* kısa çorap, soket
sodium /sodyom/ *le* sodyum
sœur /sör/ *la* kız kardeş; rahibe
soi /sua/ kendi, kendisi ***soi-disant*** sözde; güya, sanki
soie /sua/ *la* ipek; domuz kılı
soif /suaf/ *la* susama ***avoir soif*** susamak
soigné, e /suanye/ bakımlı, temiz; dikkatli, özenli
soigner /suanye/ tedavi etmek; bakmak, ilgilenmek; dikkat etmek, özen göstermek
soigneux, euse /suanyö, öz/ temiz, bakımlı; özenli, dikkatli
soi-même /suamem/ kendi, kendisi
soin /suen/ *le* özen, dikkat ***avoir (prendre) soin de*** -e bakmak, özen göstermek ***aux bons soins de*** *(mektup)* eliyle ***soins*** *le+ç.* bakım; tedavi
soir /suar/ *le* akşam ***ce soir*** bu akşam ***demain soir*** yarın akşam
soirée /suare/ *la* akşam; gece partisi
soit /sua/ yani; olsun, tut ki, farzedelim ki ***soit ... soit*** ya ... ya da ...
soixante /suasant/ altmış ***soixante-dix*** yetmiş
soja /soja/ *le* soya *(fasulyesi)*
sol /sol/ *le* toprak; yer, zemin; *müz.* sol
solaire /soler/ güneşle ilgili, güneş+
soldat /solda/ *le* asker, er
solde /sold(ö)/ *la* ücret, aylık; *le, tic.* hesap bakiyesi, hesap kalıntısı ***soldes*** *le+ç.* indirimli satılan mal;

S

ucuzluk, indirimli satış
sole /sol/ *la* dilbalığı
soleil /soley/ *le* güneş ***il fait du soleil*** hava güneşli
solennel, le /solanel/ törenli; gösterişli, görkemli ***solennité*** *la* tören, alay; gösteriş, görkem
solidarité /solidarite/ *la* dayanışma
solide /solid/ katı; sağlam, dayanıklı; gürbüz, güçlü kuvvetli; *le* katı cisim
solidifier /solidifye/ katılaştırmak ***se solidifier*** katılaşmak
soliste /solist(*ö*)/ *le+la* solist
solitaire /soliter/ yalnız; ıssız, tenha; *le+la* münzevi
solitude /solitüd/ *la* yalnızlık; ıssızlık
solive /soliv/ *la* kiriş
solliciter /solisite/ çekmek, cezbetmek; istemek, rica etmek
solo /solo/ *le, müz* solo
soluble /solübl(*ö*)/ çözünür, eriyebilir; *mec.* çözülebilir
solution /solüsyo**n**/ *la* çözüm; *kim.* eriyik
solvabilité /solvabilite/ *la* ödeme gücü
solvable /solvabl(*ö*)/ ödeme gücü olan
sombre /so**n**br(*ö*)/ karanlık, loş; *mec.* kasvetli, üzüntülü
sombrer /so**n**bre/ *(gemi)* batmak
sommaire /somer/ basit; kısa, özet; *le* özet
sommation /somasyo**n**/ *la, huk.* ihtarname; uyarı, uyarma
somme /som/ *la* toplam; tutar, miktar; *le* şekerleme, kestirme ***en somme*** sonuçta, sonuç olarak ***faire la somme de*** toplamak ***faire un somme*** kestirmek, şekerleme yapmak ***somme toute*** kısacası, nihayet

sommeil /somey/ *le* uyku ***avoir sommeil*** uykusu gelmek ***sommeiller*** uyuklamak
sommelier /som*ö*lye/ *le* içki servisine bakan garson
sommer /some/ bildirmek, emretmek, yapmaya çağırmak
sommet /some/ *le* tepe, doruk
somnambule /somna**n**bül/ *le+la* uyurgezer
somnifère /somnifer/ *le* uyku ilacı, uyku hapı
somnolent, e /somnola**n**, a**n**t/ uyuklayan
somnoler /somnole/ uyuklamak
son /so**n**/, ***sa*** /sa/, *ç. ses* /se/ onun
son /so**n**/ *le* ses; kepek
sonate /sonat/ *la* sonat
sondage /so**n**daj/ *le* sondaj, sondalama; anket, kamuoyu yoklaması
sonde /so**n**d/ *la* sonda; iskandil
sonder /so**n**de/ sondalamak
songe /so**n**j/ *le* düş, rüya
songer /so**n**je/ rüya görmek; düş kurmak ***songer à*** -ı düşünmek
songeur, euse /so**n**jör, öz/ düşünceli, dalgın
sonner /sone/ çalmak; çınlamak
sonnerie /sonri/ *la* telefon, saat, vb. sesi; zil
sonnet /sone/ *le* sone
sonore /sonor/ ses veren, çınlayan; sesli; *dilb.* titreşimli
sorcellerie /sorselri/ *la* büyücülük
sorcier, ière /sorsye, yer/ *le+la* büyücü
sordide /sordid/ pis, iğrenç
sort /sor/ *le* yazgı, kader; kısmet, şans; kura, adçekme; büyü ***tirer au sort*** kura çekmek, adçekmek
sorte /sort(*ö*)/ *la* çeşit, tür ***de la sorte*** böyle, bu şekilde ***de (telle) sorte que, en sorte que*** öyle ki, o

şekilde ki

sortie /sorti/ *la* çıkış; gezinti, dolaşma; gece dışarı çıkma ***sortie de secours*** tehlike çıkışı, imdat kapısı

sortir /sortir/ çıkmak; çıkarmak

sot, sotte /so, sot/ *s+a.* aptal, salak ***sottise*** *la* aptallık

sou /su/ *le* metelik, para ***sans le sou*** meteliksiz, cebi delik

soubresaut /subröso/ *le* irkilme, birden titreme

souche /suş/ *la (ağaç)* kütük; koçan, dip koçanı

souci /susi/ *le* kaygı, tasa, dert; *bitk.* kadife çiçeği

soucier /susye/ : ***se soucier de*** -den tasalanmak, -ı merak etmek

soucieux, euse /susyö, öz/ kaygılı, tasalı, üzüntülü

soucoupe /sukup/ *la* fincan tabağı ***soucoupe volante*** uçan daire

soudain, e /suden, en/ ani; birdenbire, hemen

soude /sud/ *la* soda, sut

souder /sude/ lehimlemek; kaynak yapmak; birleştirmek

soudoyer /suduaye/ parayla tutmak

soudure /sudür/ *la* lehim; kaynak

souffle /sufl(ö)/ *le* soluk; üfleme; esme; *mec.* esin, ilham ***être à bout de souffle*** soluğu kesilmek, soluk soluğa kalmak

S

soufflé, e /sufle/ sufle, kabarmış; afallamış, şaşırmış; *le* sufle

souffler /sufle/ üflemek; esmek; fısıldamak

soufflet /sufle/ *le* körük; şamar

souffleur, euse /suflör, öz/ *le+la, tiy.* suflör

souffrance /sufrans/ *la* acı, ıstırap ***en souffrance*** askıda, bekleyen

souffrant, e /sufran, ant/ rahatsız, keyifsiz

souffrir /sufrir/ acı çekmek; çekmek, dayanmak; izin vermek, kabul etmek

soufre /sufr(ö)/ *le* kükürt

souhait /sue/ *le* dilek, istek ***à vos souhaits!*** *(aksırık)* çok yaşa!

souhaiter /suete/ dilemek, istemek

souiller /suye/ kirletmek; *mec.* lekelemek ***souillure*** *la* kir; *mec.* leke

soûl, e /su, sul/ sarhoş ***boire tout son soûl*** doyasıya içmek

soulagement /sulajman/ *le* yatışma, dinme, rahatlama, ferahlama

soulager /sulaje/ *(birinin acı, vb.'ni)* dindirmek, azaltmak

soûler /sule/ sarhoş etmek; *mec.* başını döndürmek ***se soûler*** sarhoş olmak

soulèvement /sulevman/ *le* ayaklanma, isyan

soulever /sulve/ kaldırmak; ayaklandırmak, isyan ettirmek; ortaya atmak

soulier /sulye/ *le* ayakkabı

souligner /sulinye/ altını çizmek; *mec.* vurgulamak

soumettre /sumetr/ boyun eğdirmek, egemenliğine almak ***se soumettre (à)*** *(-e)* boyun eğmek

soumis, e /sumi, iz/ uysal, itaatli

soumission /sumisyon/ *la* boyun eğme, itaat; uysallık

soupape /supap/ *la* supap ***soupape de sûreté*** emniyet supabı

soupçon /supson/ *le* kuşku, şüphe ***soupçonner*** kuşkulanmak, şüphelenmek ***soupçonneux, euse*** kuşkucu, şüpheci

soupe /sup/ *la* çorba

soupente /supant/ *la* merdiven altı dolabı

souper /supe/ akşam yemeği yemek; *le* akşam yemeği
soupir /supir/ *le* iç çekme
soupirail, aux /supiray, o/ *le* bodrum penceresi
soupirer /supire/ iç çekmek
souple /supl(ö)/ esnek, yumuşak ***souplesse*** *la* esneklik, yumuşaklık
source /surs(ö)/ *la* kaynak
sourcil /sursi/ *le* kaş
sourd, e /sur, surd(ö)/ sağır; boğuk, kısık; donuk; gizli; *dilb.* titreşimsiz; *le+la* sağır
sourd-muet, sourde-muette /surmüe, surmüet/ *s+a.* sağır ve dilsiz
souricière /surisyer/ *la* fare kapanı; *mec.* tuzak
sourire /surir/ gülümsemek; *le* gülümseme
souris /suri/ *la* sıçan, fare
sournois, e /surnua, uaz/ sinsi, içten pazarlıklı
sournoisement /surnuazman/ sinsice
sous /su/ altına, altında
sous- /su/ alt, az, eksik *(anlamında bir önek)*
sous-alimenté, e /suzalimante/ yetersiz beslenmiş
souscription /suskripsyon/ *la* abone olma
souscrire /suskrir/ : ***souscrire à*** -e abone olmak
sous-développé, e /sudevelope/ az gelişmiş
sous-directeur, trice /sudirektör, tris/ *le+la* müdür yardımcısı
sous-entendre /suzantandr(ö)/ ima etmek, üstü kapalı anlatmak ***sous-entendu, e*** örtülü, kapalı, açıkça belirtilmemiş; *le* ima, anıştırma
sous-estimer /suzestime/ gereğinden az değer biçmek, küçümsemek
sous-jacent, e /sujasan, ant/ alttaki
sous-lieutenant /sulyötnan/ *le* asteğmen
sous-louer /sulue/ ikinci elden kiralamak
sous-marin, e /sumaren, in/ *s+le* denizaltı
sous-officier /suzofisye/ *le* astsubay
sous-produit /suprodüi/ *le* yan ürün
sous-secrétaire /susökreter/ *le*: ***sous-secrétaire d'État*** müsteşar
sous-sol /susol/ *le* bodrum katı; *coğ.* yeraltı, toprakaltı
sous-titre /sutitr(ö)/ *le* altyazı
soustraction /sustraksyon/ *la* çıkarma
soustraire /sustrer/ çıkarmak ***se soustraire à*** -den kaçmak
sous-vêtement /suvetman/ *le* iç çamaşırı, içlik
soutane /sutan/ *la* papaz cüppesi
soutenir /sutnir/ desteklemek; tutmak; karşı koymak, direnmek
soutenu, e /sutnü/ sürekli, değişmeyen, sürüp giden; yüksek, soylu
souterrain, e /suteren, en/ yeraltı; *le* yeraltı geçidi
soutien /sutyen/ *le* destek
soutien-gorge /sutyengorj(ö)/ *le* sutyen
souvenir /suvnir/ *le* anı, hatıra; anmalık, hediye; hediyelik eşya ***se souvenir de*** -ı anımsamak, hatırlamak ***se souvenir que*** -dığını anımsamak, hatırlamak
souvent /suvan/ sık sık, genellikle ***peu souvent*** nadiren, seyrek olarak
souverain, e /suvren, en/ egemen; bağımsız; en yüksek, yüce; *le+la*

hükümdar
soyeux, euse /suayö, öz/ ipekli; ipek gibi
spacieux, euse /spasyö, öz/ geniş, ferah
spaghettis /spageti/ *le+ç.* spagetti
spasme /spazm(*ö*)/ *le* spazm
spatial, e, aux /spasyal, o/ uzayla ilgili, uzay+
spatule /spatül/ *la* ıspatula, mablak
speaker, ine /spikör, krin/ *le+la* spiker
spécial, e, aux /spesyal, o/ özel; garip, tuhaf ***spécialement*** özellikle
spécialiser /spesyalize/ uzmanlaştırmak ***se spécialiser*** uzmanlaşmak
spécialiste /spesyalist(*ö*)/ *le+la* uzman
spécialité /spesyalite/ *la* özellik; uzmanlık
spécieux, euse /spesyö, öz/ aldatıcı, yanıltıcı
spécification /spesifikasyo**n**/ *la* belirtme, belirleme
spécifier /spesifye/ belirtmek, belirlemek
spécifique /spesifik/ özgül; özel
spécimen /spesimen/ *le örnek, numune*
spectacle /spektakl(*ö*)/ *le* görünüm, manzara; gösteri, temsil ***spectaculaire*** görülmeye değer, göz alıcı, olağanüstü
spectateur, trice /spektatör, tris/ *le+la* izleyici, seyirci; tanık
spectre /spektr(*ö*)/ *le* hayalet; tayf, izge
spéculateur, trice /spekülatör, tris/ *le+la* vurguncu, spekülatör
spéculatif, ive /spekülatif, iv/ spekülatif
spéculation /spekülasyo**n**/ *la* vurgunculuk, spekülasyon
spéculer /spekülе/ spekülasyon yapmak
sperme /sperm(*ö*)/ *le* sperma, meni, bel
sphère /sfer/ *la* küre, yuvar; alan ***sphérique*** küresel
spiral, aux /spiral, o/ *le (saat)* zemberek
spirale /spiral/ *la* helezon
spiritisme /spiritism(*ö*)/ *le* ispiritizma
spirituel, le /spirituel/ manevi, tinsel; dinsel; esprili
spiritueux /spiritüö/ *le* alkollü içki
splendeur /spla**n**dör/ *la* görkem; parlaklık
splendide /spla**n**did/ parlak, göz kamaştırıcı; görkemli, muhteşem
spongieux, euse /spo**n**jyö, öz/ süngerimsi, sünger gibi
spontané, e /spo**n**tane/ kendiliğinden
sporadique /sporadik/ seyrek, tek tük
sport /spor/ *le* spor ***faire du sport*** spor yapmak ***sportif, ive*** sportif
square /skuar/ *le* küçük park
squelette /sk*ö*let/ *le* iskelet
stabiliser /stabilize/ dengelemek; sağlamlaştırmak
stabilité /stabilite/ *la* istikrar, değişmezlik; sağlamlık
stable /stabl(*ö*)/ sağlam, dayanıklı; istikrarlı, kararlı; sürekli
stade /stad/ *le* stat, stadyum; evre, safha
stage /staj/ *le* staj ***stagiaire*** *s+a.* stajyer
stagnant, e /stagna**n**, a**n**t/ durgun
stalle /stal/ *la, tiy.* koltuk; *(kilise)* aralıklı iskemle
standard /sta**n**dar/ standart; *le* telefon santralı ***standardiser*** stan-

dartlaştırmak ***standardiste*** *le+la* santral görevlisi
starter /starter/ *le, oto* jigle
station /stasyo**n**/ *la* istasyon; durak ***station de taxis*** taksi durağı
stationnement /stasyonma**n**/ *le* durma, park yapma ***zone de stationnement interdit*** park yasağı olan alan
stationner /stasyone/ durmak, park yapmak
station-service /stasyo**n**servis/ *la* servis istasyonu
statique /statik/ statik, duruk
statistique /statistik/ *la* istatistik
statue /statü/ *la* yontu, heykel
stature /statür/ *la* boy
statut /statü/ *le* statü, durum ***statuts*** *le+ç, huk.* tüzük
stencil /stensil/ *le* stensil, mumlu kâğıt
sténo(dactylo) /steno(daktilo)/ *la* stenocu
sténo(graphie) /steno(grafi)/ *la* steno
steppe /step/ *la* bozkır
stéréo(phonie) /stereo(foni)/ *la* stereo*(foni)* *stéréo(phonique)* stereo*(fonik)*
stérile /steril/ steril, mikropsuz; verimsiz, kısır
stérilet /sterile/ *le, hek.* spiral
stériliser /sterilize/ sterilize etmek, mikroptan arındırmak
stérilité /sterilite/ *la* verimsizlik, kısırlık
stéthoscope /stetoskop/ *le* stetoskop
stigmates /stigmat/ *le+ç.* yara izleri, izler
stimulant, e /stimüla**n**, a**n**t/ uyarıcı; *le* uyarıcı ilaç
stimulation /stimülasyo**n**/ *la* uyarma, uyarım; teşvik, dürtü
stimuler /stimüle/ uyarmak; gayrete getirmek, özendirmek
stimulus, i /stimülüs, i/ *le* uyaran, uyartı
stipulation /stipülasyo**n**/ *la* özel koşul, şart
stipuler /stipüle/ şart koşmak; açıkça belirtmek
stock /stok/ *le* stok
stop /stop/ dur! stop!; *le, oto.* stop lambası
store /stor/ *le* stor, perde
strabisme /strabism(*ö*)/ *le* şaşılık
strapontin /strapo**n**te**n**/ *le* açılır kapanır iskemle
stratégie /strateji/ *la* strateji ***stratégique*** stratejik
strict, e /strikt(*ö*)/ sıkı, katı, sert; titiz; tam, harfi harfine
strident, e /strida**n**, a**n**t/ keskin, tiz
strie /stri/ *la* çizik, yiv
strip-tease /striptiz/ *le* striptiz ***strip-teaseuse*** *la* striptizci
strophe /strof/ *la (şiir)* kıta, bent
structure /strüktür/ *la* yapı
studieux, euse /stüdyö, öz/ çalışkan
studio /stüdyo/ *le* küçük daire; stüdyo, işlik
stupéfaction /stüpefaksyo**n**/ *la* şaşkınlık
stupéfait, e /stüpefe, et/ şaşmış, afallamış
stupéfiant, e /stüpefya**n**, a**n**t/ şaşırtıcı; *le* uyuşturucu *(madde)*
stupéfier /stüpefye/ şaşırtmak, sersemletmek
stupeur /stüpör/ *la* uyuşukluk, sersemlik; şaşkınlık
stupide /stüpid/ aptal, sersem; saçma ***stupidité*** *la* aptallık
style /stil/ *le* biçem, üslup

styliste /stilist(*ö*)/ *le+la* stilist
stylo /stilo/ *le*: ***stylo (à encre)*** dolmakalem ***stylo (à) bille*** tükenmez, tükenmezkalem ***stylo-feutre*** *le* keçeli kalem
suaire /süer/ *le* kefen
suave /süav/ tatlı, yumuşak, ince, hoş
subalterne /sübaltern(*ö*)/ *s+a.* ast, madun
subconscient /süpkonsyan/ *le* bilinçaltı
subdiviser /sübdivize/ *(bölünmüş bir şeyi)* bir daha bölmek ***subdivision*** *la (bölünmüşü)* yeniden bölme; alt bölüm
subir /sübir/ geçirmek, çekmek, uğramak
subit, e /sübi, it/ ani, beklenmedik ***subitement*** birdenbire, ansızın
subjectif, ive /sübjektif, iv/ öznel
subjonctif /sübjonktif/ *le, dilb.* dilek kipi
subjuguer /sübjüge/ boyun eğdirmek, boyunduruk altına almak
sublime /süblim/ yüce, ulu
submerger /sübmerje/ sular altında bırakmak; *mec.* istila etmek, kaplamak
submersible /sübmersibl(*ö*)/ *le* denizaltı
subordonné, e /sübordone/ bağlı, bağımlı; *le+la* ast
subordonner /sübordone/ bağımlı kılmak, emrine vermek
subsistance /sübzistans/ *la* geçim, rızk
subsister /sübziste/ var olmak; yaşamak, geçinmek
substance /süpstans/ *la* madde, özdek; öz
substantif /süpstantif/ *le, dilb.* ad, isim
substituer /süpstitüe/ yerine koymak, ornatmak
substitution /süpstitüsyon/ *la* yerine koyma, yerine geçme
subterfuge /süpterfüj/ *le* kaçamak, kurnazlık
subtil, e /süptil/ ince; karışık, anlaşılmaz; kurnaz; usta, becerikli
subtilité /süptilite/ *la* incelik; kurnazlık; ustalık
subvenir /sübv*ö*nir/ : ***subvenir à*** karşılamak, sağlamak
subvention /sübvansyon/ *la* sübvansiyon, destekleme, devlet yardımı ***subventionner*** para yardımında bulunmak, para vermek
suc /sük/ *le, bitk.* özsu; *(meyve, vb.)* su
succédané /süksedane/ *le* bir diğer şeyin yerini tutabilen şey
succéder /süksede/ : ***succéder à*** -ın yerine geçmek, -ın yerini almak; -ı izlemek, -den sonra gelmek
succès /sükse/ *le* başarı ***avoir du succès*** başarılı olmak
successeur /süksesör/ *le* ardıl, halef
successif, ive /süksesif, iv/ birbirini izleyen, ardışık
succession /süksesyon/ *la* art arda geliş; *huk.* kalıt, miras
succinct, e /süksen, ent/ kısa, özlü
succomber /sükonbe/ ölmek; yenilmek, kaybetmek
succulent, e /sükülan, ant/ sulu, özlü; lezzetli, nefis
succursale /sükürsal/ *la* şube ***magasin à succursales multiples*** çok şubeli mağaza
sucer /süse/ emmek
sucette /süset/ *la* lolipop, saplı şeker
sucre /sükr(*ö*)/ *le* şeker ***sucre de***

betterave pancar şekeri ***sucre de canne*** şekerkamışı şekeri ***sucre de cristallisé*** kristal şeker ***sucre en morceaux*** kesmeşeker ***sucre en poudre*** pudra şekeri ***sucre semoule*** tozşeker ***sucré, e*** şekerli ***sucrer*** tatlandırmak, şeker katmak ***sucrier, ière*** şekerle ilgili, şeker+; *le* şekerlik, şeker kabı

sud /süd/ *s+le* güney ***sud-est*** *s+le* güneydoğu ***sud-ouest*** *s+le* güneybatı

suer /süe, sue/ terlemek; sızıntı yapmak

sueur /suör/ *la* ter

suffire /süfir/ yetmek, yetişmek

suffisamment /süfizaman/ yeterince, yeter derecede

suffisant, e /süfizan, ant/ yeter; yeterli; kendini beğenmiş

suffixe /süfiks(*ö*)/ *le, dilb.* sonek

suffocation /süfokasyon/ *la* boğulma, soluk kesilmesi

suffoquer /süfoke/ boğmak; boğulmak; şaşırtmak

suffrage /süfraj/ *le* oy

suggérer /süjere/ salık vermek

suggestif, ive /sügjestif, iv/ *(cinsel açıdan)* tahrik edici

suggestion /sügjestyon/ *la* öneri, tavsiye

suicide /suisid/ *le* intihar

suicidé, e /suiside/ *le+la* kendini öldüren, intihar eden

suicider /suiside/ : ***se suicider*** kendini öldürmek, intihar etmek

suie /süi/ *la* is, kurum

suif /süif/ *le* içyağı

suinter /süente/ sızmak

suite /suit/ *la* arka, geri; sıra, dizi; sonuç; tutarlılık; maiyet; *müz.* suit ***de suite*** kesintisiz, art arda ***faire suite à*** -ı izlemek, -den sonra gelmek ***par la suite*** sonradan, daha sonra ***suite de*** -ın bir sonucu olarak, yüzünden

suivant, e /suivan, ant/ gelecek, ertesi; aşağıdaki; -e göre

suivi, e /süivi/ sürekli; tutarlı

suivre /suivr(*ö*)/ izlemek, takip etmek

sujet, te /süje, et/ *le+la* uyruk ***sujet à*** -e bağlı; -e maruz

sujet /süje/ *le* konu; neden; *dilb.* özne ***au sujet de*** hakkında, konusunda

sujétion /süjesyon/ *la* bağımlılık

sultan /sültan/ *le* sultan

superbe /süperb(*ö*)/ görkemli, muhteşem

super(carburant) /süper(karbüran)/ *le* süper benzin, yüksek oktanlı benzin

supercherie /süperş*ö*ri/ *la* dümen, dolap, oyun

superficie /süperfisi/ *la* yüzölçümü

superficiel, le /süperfisyel/ yüzeysel; üstünkörü

superflu, e /süperflü/ gereksiz, fazla

supérieur, e /süperyör/ üst; yüksek; üstün; *le+la* üst, amir ***supériorité*** *la* üstünlük

superlatif /süperlatif/ *le, dilb.* enüstünlük derecesi

superpuissance /süperpuisans/ *la* büyük devlet, süper güç

supersonique /süpersonik/ sesten hızlı, süpersonik

superstitieux, euse /süperstisyö, öz/ boş inançlı, batıl itikatlı

superstition /süperstisyon/ *la* boş inanç, batıl itikat

suppléant, e /süplean, ant/ *s+a.* vekil

suppléer /süplee/ tamamlamak, doldurmak; yerine geçmek, vekillik

etmek ***suppléer à*** -ı telafi etmek; -ın yerini tutmak
supplément /süpleman/ *le* ek, ilave ***supplémentaire*** ek, ilave
supplice /süplis/ *le* işkence
supplier /süpliye/ yalvarmak
support /süpor/ *le* destek
supportable /süportabl(*ö*)/ dayanılabilir, katlanılabilir
supporter /süporte/ taşımak, destek olmak; dayanmak, katlanmak; hoşgörüyle karşılamak
supporter /süporter/ *le, sp.* taraftar
supposer /süpoze/ sanmak; varsaymak, farz etmek ***supposition*** *la* sanı, tahmin; varsayım
suppression /süpresyon/ *la* ortadan kaldırma; çıkarma, atma
supprimer /süprime/ ortadan kaldırmak; çıkarmak, atmak
suprématie /süpremasi/ *la* üstünlük
suprême /süprem/ en üstün, en yüksek
sur /sür/ üstüne, üstünde, üstünden; -e doğru; konusunda, üzerine
sur, e /sür/ ekşi
sûr, e /sür/ kesin, su götürmez; güvenilir; emin, sağlam
surabonder /sürabonde/ gereğinden çok olmak
suranné, e /sürane/ eskimiş, modası geçmiş
surcharge /sürşarj(*ö*)/ *la* yük fazlalığı; bolluk, aşırılık ***surcharge de bagages*** fazla bagaj ***surcharger*** fazla yüklemek, fazla doldurmak
surcroît /sürkrua/ *le* artış, fazlalık ***par (de) surcroît*** üstelik
surdité /sürdite/ *la* sağırlık
sureau, x /süro/ *le, bitk.* mürver
surélever /sürelve/ yükseltmek
surenchère /süranşer/ *la (artırmalı satışta)* yeniden artırma, pey sürme
surestimer /sürestime/ fazla değer biçmek
sûreté /sürte/ *la* güvenlik, emniyet; güvence, emniyet
surf /sürf/ *le* sörf
surface /sürfas/ *la* yüzey, yüz; yüzölçümü
surfait, e /sürfe, et/ çok övülmüş, şişirilmiş
surgelé, e /sürj*ö*le/ dondurulmuş, derin dondurulmuş
surgir /sürjir/ birdenbire görünmek, belirivermek; ortaya çıkmak
surhomme /sürom/ *le* üstün insan
surhumain, e /sürümen, en/ insanüstü
sur-le-champ /sürl*ö*şan/ hemen, derhal
surlendemain /sürlandmen/ *le*: ***le surlendemain*** iki gün sonra
surmenage /sürm*ö*naj/ *le* aşırı çalışma ***le surmenage intellectuel*** sürmenaj, zihin yorgunluğu
surmener /sürm*ö*ne/ aşırı çalıştırmak; aşırı yormak ***se surmener*** aşırı yorulmak
surmonter /sürmonte/ üstünde bulunmak; yenmek, üstesinden gelmek
surnaturel, le /sürnatürel/ *s+le* doğaüstü
surnom /sürnon/ *le* lakap, takma ad
surnombre /sürnonbr(*ö*)/ *le*: ***en surnombre*** fazla
surpasser /sürpase/ aşmak, geçmek
surpeuplé, e /sürpöple/ çok kalabalık, çok nüfuslu
surplus /sürplü/ *le* artık, fazla
surprendre /sürprandr(*ö*)/ şaşırtmak; yakalamak; bulmak, anlamak
surpris, e /sürpri, iz/ şaşırmış,

şaşkın
surprise /sürpriz/ *la* şaşkınlık; sürpriz; baskın
surprise-partie /sürprizparti/ *la* parti, danslı eğlence
surréaliste /sürrealist(ö)/ gerçeküstücü
sursaut /sürso/ *le* irkilme, sıçrama ***sursauter*** irkilmek, sıçramak
surseoir /sürsuar/ : ***surseoir* à** -ı ertelemek
sursis /sürsi/ *le* erteleme, geciktirme
surtaxe /sürtaks(ö)/ *la* ek vergi
surtout /sürtu/ özellikle, hele
surveillance /sürveyans/ *la* gözetim; denetim
surveillant, e /sürveyan, ant/ *le+la* gözcü, bekçi; *(okul)* mubassır
surveiller /sürveye/ bakmak, göz kulak olmak; gözetlemek, kollamak
survenir /sürvönir/ olmak, meydana gelmek; gelivermek, çıkagelmek
survêtement /sürvetman/ *le* eşofman
survivant, e /sürvivan, ant/ *le+la* sağ kalan, kurtulan
survivre /sürvivr(ö)/ yaşamak, yaşamayı sürdürmek ***survivre* à** -den sağ kurtulmak, hayatta kalmak; -den fazla yaşamak
sus /sü(s)/ : ***en sus*** ayrıca, üstelik
susceptible /süseptibl(ö)/ alıngan
susciter /süsite/ *(hayranlık)* uyandırmak; yaratmak, yol açmak
susdit, e /süsdi, dit/ anılan, adı geçen
suspect, e /süspe(kt), ekt(ö)/ *s+a.* şüpheli
suspecter /süspekte/ kuşkulanmak, şüphe etmek
suspendre /süspandr(ö)/ asmak; ertelemek, durdurmak
suspendu, e /süspandü/ asılı; askıda
suspens /süspan/ : ***en suspens*** askıda, sürüncemede
suspension /süspansyon/ *la* asma; erteleme; ara verme, durdurma; *oto.* süspansiyon, asıltı
susurrer /süsüre/ fısıldamak
suture /sütür/ *la, hek.* dikiş ***suturer*** *hek.* dikmek
svelte /svelt(ö)/ ince, narin
syllabe /silab/ *la* hece, seslem
sylviculture /silvikültür/ *la* ormancılık
symbole /senbol/ *le* simge, sembol ***symbolique*** simgesel, sembolik ***symboliser*** simgelemek, simgesi olmak
symétrie /simetri/ *la* simetri, bakışım ***symétrique*** simetrik, bakışımlı
sympathie /senpati/ *la* sempati
sympathique /senpatik/ sempatik, sevimli, sıcak
symphonie /senfoni/ *la* senfoni ***symphonique*** senfonik
symptôme /senptom/ *le* belirti, semptom
synagogue /sinagog/ *la* havra, sinagog
synchroniser /senkronize/ eşzamanlı kılmak; *(sinema)* eşlemek
syncope /senkop/ *la, hek.* baygınlık; *müz.* senkop
syndical, e, aux /sendikal/ sendikal, sendikayla ilgili ***syndicaliste*** *le+la* sendikacı
syndicat /sendika/ *le* sendika ***syndicat d'initiative*** turizm bürosu ***syndicat patronal*** işverenler sendikası
syndiqué, e /sendike/ sendikalı, sendikaya kayıtlı
syndiquer /sendike/ : ***se syndiquer*** sendiya girmek; sendikalaşmak

syndrome /sendrom/ *le* sendrom
synonyme /sinonim/ eşanlamlı, anlamdaş; *le* eşanlamlı sözcük
syntaxe /sentaks(ö)/ *la, dilb.* sözdizim, tümcebilim
synthèse /sentez/ *la* bireşim, sentez
synthétique /sentetik/ sentetik
synthétiseur /sentetizör/ *le, müz.* sintisayzır
syphilis /sifilis/ *la* frengi
systématique /sistematik/ dizgeli, düzenli, sistemli
systématiser /sistematize/ dizgeleştirmek, sistemleştirmek
système /sistem/ *le* dizge, sistem ***le système solaire*** güneş sistemi

T

t' /t(ö)/ *bkz. te*
ta /ta/ *bkz. ton*
tabac /taba/ tütün; tütüncü *(dükkânı)* *tabac à priser* enfiye
table /tabl(ö)/ *la* masa; sofra; yemek; çizelge, tablo ***à table!*** yemek hazır! sofraya buyurun! ***faire table rase de*** -ı silip süpürmek ***mettre la table*** sofrayı hazırlamak ***se mettre à table*** sofraya oturmak ***table basse*** sehpa ***table de multiplication*** çarpım tablosu ***table des matières*** *(kitap)* içindekiler ***table ronde*** yuvarlak masa
tableau, x /tablo/ *le* tablo; çizelge, cetvel ***tableau d'affichage*** afiş panosu ***tableau de bord*** kontrol paneli, komuta tablosu ***tableau noir*** tahta, karatahta
tablette /tablet/ *la* raf; tablet
tablier /tabliye/ *le* önlük
tabou /tabu/ *s+le* tabu, yasak
tabouret /tabure/ *le* tabure
tache /taş/ *la* leke
tâche /taş/ *la* görev, iş; ödev
tacher /taşe/ lekelemek
tâcher /taşe/ : ***tâcher de faire*** -meye çalışmak, -meye çabalamak
tacite /tasit/ üstü kapalı, söylenmeden anlaşılan
taciturne /tasitürn(ö)/ az konuşur, ağzı var dili yok
tacot /tako/ *le* külüstür araba, taka
tact /takt/ *le* sezinç, incelik, denlilik, nezaket ***avoir du tact*** ince düşünmek, düşünceli olmak
tactique /taktik/ *s+la* taktik
taie /te/ *la*: ***taie (d'oreiller)*** yastık yüzü, yastık kılıfı
taille /tay/ *la* kesme, biçme; budama; bel; boy
taille-crayon(s) /taykreyon/ *le* kalemtıraş
tailler /taye/ kesmek; budamak; *(kalem)* açmak, yontmak ***se tailler*** *kd.* tüymek, toz olmak
tailleur /tayör/ *le* terzi; tayyör
taillis /tayi/ *le* baltalık, koruluk
taire /ter/ söylememek, gizlemek ***faire taire*** -ı susturmak ***se taire*** susmak ***tais-toi! taisez-vous!*** susun!
talc /talk/ *le* talk pudrası
talent /talan/ *le* yetenek ***talentueux, euse*** yetenekli
talon /talon/ *le* topuk; ökçe; koçan
talonner /talone/ yakından izlemek, peşini bırakmamak
tambour /tanbur/ *le* davul; davulcu; döner kapı
tambourin /tanburen/ *le* tef, darbuka
tambouriner /tanburine/ davul çalmak
tamis /tami/ *le* elek ***tamiser*** elemek,

elekten geçirmek
tampon /tanpon/ *le* tampon; tıkaç, tapa; damga, mühür ***tamponner*** damgalamak, mühürlemek; ile çarpışmak
tandis /tandi/ : ***tandis que*** iken; -diğinde, -diği zaman; -diği halde
tangente /tanjant/ *la, mat.* tanjant
tangible /tanjibl(*ö*)/ dokunulabilir, elle tutulur; somut, açık
tango /tango/ *le* tango
tanière /tanyer/ *la* in
tank /tank/ *le* tank
tanner /tane/ esmerleştirmek; tabaklamak, sepilemek
tant /tan/ o kadar, öyle çok, öylesine, öyle ***tant de*** pek çok ***tant mieux*** ne iyi! harika! iyi ya! ***tant pis*** yazık, çok kötü ***tant que*** -dikçe, -diği sürece; o kadar ... ki
tante /tant/ *la* hala, teyze, yenge
tantôt /tanto/ öğleden sonra ***tantôt ... tantôt ...*** bazen ... bazen ..., kâh ... kâh ...
taon /tan/ *le* büve, büvelek, sığır sineği
tapage /tapaj/ *le* patırtı, gürültü
tapageur, euse /tapajör, öz/ gösterişli, alacalı, göz alıcı; gürültücü
tape /tap/ *la* tokat, şamar
taper /tape/ vurmak; çarpmak; daktiloyla yazmak
tapis /tapi/ *le* halı, kilim; *(masa)* örtü ***tapis-brosse*** paspas
tapisser /tapise/ duvar kâğıdıyla kaplamak
tapisserie /tapisri/ *la* duvar örtüsü, duvar halısı; duvar kâğıdı
tapissier, ière /tapisye, yer/ *le+la* döşemeci; dekoratör
tapoter /tapote/ tıklatmak, hafifçe vurmak
taquin, e /taken, in/ takılgan, muzip
taquiner /takine/ takılmak, şakalaşmak
tard /tar/ geç ***au plus tard*** en geç ***plus tard*** daha sonra
tarder /tarde/ gecikmek, geç kalmak ***sans (plus) tarder*** *(daha)* fazla gecikmeden
tardif, ive /tardif, iv/ geç; gecikmiş, geç kalmış ***tardivement*** geç
tarif /tarif/ *le* tarife, fiyat listesi
tarir /tarir/ kurumak; kurutmak
tarte /tart(*ö*)/ *la* turta, pasta ***tarte à la crème*** kremalı pasta ***tarte aux pommes*** elmalı turta ***tartelette*** *la* küçük turta
tartine /tartin/ *la* tereyağlı *(ya da reçelli)* ekmek dilimi ***tartiner*** *(üzerine)* sürmek
tas /ta/ *le* yığın, küme ***un tas de*** bir sürü
tasse /tas/ *la* fincan
tasser /tase/ sıkıştırmak, bastırmak, tıkmak ***se tasser*** sıkışmak; yatışmak, düzelmek
tâter /tate/ ellemek, elle yoklamak; denemek
tâtonnement /tatonman/ *le*: ***par tâtonnements*** deneme yanılmayla
tâtonner /tatone/ el yordamıyla aramak
tâtons /taton/ : ***à tâtons*** el yordamıyla
tatouage /tatuaj/ *le* *(bedende)* dövme
tatouer /tatue/ dövme yapmak
taudis /todi/ *le* gecekondu, kümes *(gibi ev)*
taupe /top/ *la* köstebek
taureau, x /toro/ *le* boğa ***le Taureau*** Boğa *(burcu)*
tauromachie /toromaşi/ *la* boğa güreşi

taux /to/ *le* oran, yüzde ***taux d'intérêt*** faiz oranı
taxe /taks/ *la* vergi; harç; narh ***taxe à la valeur ajoutée (T.V.A.)*** katma değer vergisi *KDV*
taxer /takse/ vergilendirmek; narh koymak
taxi /taksi/ *le* taksi
taximètre /taksimetr(*ö*)/ *le* taksimetre
taxiphone /taksifon/ *le* genel telefon
te, t' /t(*ö*)/ seni, sana
té /te/ *le* T cetveli
technicien, ne /teknisyen, yen/ *le+la* teknisyen
technique /teknik/ *s+la* teknik ***techniquement*** teknik olarak
technologie /teknoloji/ *la* teknoloji ***technologique*** teknolojik
teindre /tendr(*ö*)/ boyamak
teint, e /ten, tent/ boyanmış, boyalı; *le* beniz, yüz rengi; *la* renk
teinter /tente/ hafifçe boyamak
teinture /tentür/ *la* boyama; boya ***teinture d'iode*** tentürdiyot
teinturerie /tentürri/ *la (dükkân)* kuru temizleyici
tel, telle /tel/ böyle, öyle ***tel que*** gibi ***tel quel*** olduğu gibi
télé /tele/ *la, kd.* televizyon, TV ***à la télé*** televizyonda, TV'de
télécommande /telekomand/ *la* uzaktan kumanda ***télécommander*** uzaktan yönetmek
télécommunications /telekomünikasyon/ *la+ç.* uziletişim, telekomünikasyon
téléférique /teleferik/ *le* teleferik
télégramme /telegram/ *le* telgraf, tel
télégraphe /telegraf/ *le* telgraf, tel ***télégraphier*** telgraf çekmek ***télégraphique*** telgrafla ilgili, telgraf+
téléobjectif /teleobjektif/ *le* teleobjektif
télépathie /telepati/ *la* telepati, uzaduyum
téléphérique /teleferik/ *le* teleferik
téléphone /telefon/ *le* telefon ***téléphoner*** telefon etmek ***téléphonique*** telefonla ilgili, telefon+ ***téléphoniste*** *le+la* telefonist, santral memuru
télescope /teleskop/ *le* teleskop, ırakgörür
téléscripteur /teleskriptör/ *le* teleks
télésiège /telesyej/ *le* telesiyej
téléspectateur, trice /telespektatör, tris/ *le+la* televizyon izleyicisi
téléviser /televize/ televizyonda vermek, televizyonla yayımlamak
téléviseur /televizör/ *le* televizyon *(aygıtı)*
télévision /televizyon/ *la* televizyon ***à la télévision*** televizyonda
télex /teleks/ *le* teleks
telle /tel/ *bkz. tel*
tellement /telman/ öyle, o kadar ***pas tellement*** pek değil
téméraire /temerer/ gözü pek, atılgan
témérité /temerite/ *la* gözü peklik, atılganlık
témoignage /temuanyaj/ *le* tanıklık; *(tanık)* ifade; kanıt
témoigner /temuanye/ göstermek, belirtmek ***témoigner de*** -ın belirtisi olmak, kanıtlamak
témoin /temuen/ *le* tanık ***être témoin de*** -e tanık olmak ***témoin oculaire*** görgü tanığı
tempe /tanp/ *la* şakak
tempérament /tanperaman/ *le* huy, yaradılış
température /tanperatür/ *la* sıcaklık; *hek.* ateş
tempéré, e /tanpere/ ölçülü, ılımlı;

ılıman, ılık

tempérer /tanpere/ yumuşatmak, hafifletmek

tempête /tanpet/ *la* fırtına

temple /tanpl(ö)/ *le* tapınak; Protestan kilisesi

tempo /tempo/ *le* tempo

temporaire /tanporer/ geçici ***temporairement*** geçici olarak

temporel, le /tanporel/ geçici, fani; maddi, dünyevi; zamanla ilgili

temps /tan/ *le* hava; zaman, vakit; çağ ***à temps*** zamanında, vaktinde ***dans le temps*** eskiden, vaktiyle ***de temps en temps, de temps à autre*** zaman zaman, ara sıra ***de tout temps*** her zaman ***temps mort*** *tic.* ölü mevsim

tenace /tönas/ inatçı, sebatkâr ***ténacité*** *la* inat, sebat

tenailler /tönaye/ işkence etmek, kıvrandırmak

tenailles /tönay/ *la+ç.* kerpeten

tendance /tandans/ *la* akım; eğilim ***avoir tendance à*** -e eğilimli olmak

tendon /tandon/ *le, hek.* kiriş

tendre /tandr(ö)/ taze, körpe, yumuşak; gevrek; sevecen, şefkatli; germek; uzatmak; döşemek, kaplamnak ***tendre à*** -e yönelmek ***tendre l'oreille*** kulak kabartmak ***tendrement*** sevgiyle, şefkatle ***tendresse*** *la* sevecenlik, şefkat

tendu, e /tandü/ gergin

ténèbres /tenebr(ö)/ *la+ç.* karanlık ***ténébreux, euse*** karanlık

teneur /tönör/ *la* içerik, kapsam

tenir /tönir/ tutmak; işletmek, yönetmek; kapsamak, içine almak; düzenlemek, yapmak ***se tenir*** durmak; birbirini tutmak, tutuşmak ***se tenir à*** -e tutunmak ***tenir à*** -e bağlı olmak, -den kaynaklanmak ***tenir de*** -e benzemek, çekmek ***tenir pour*** gözüyle bakmak

tennis /tenis/ *le* tenis; tenis kortu ***tennis de table*** masa tenisi ***tennisman*** *le* tenisçi

ténor /tenor/ *le, müz.* tenor

tension /tansyon/ *la* gerilme; gerginlik; *hek.* tansiyon

tentacule /tantakül/ *le* dokunaç

tentation /tantasyon/ *la* günaha girme, şeytana uyma; ayartma

tentative /tantativ/ *la* girişim, kalkışma

tente /tant/ *la* çadır, tente ***tente à oxygène*** oksijen çadırı

tenter /tante/ ayartmak, baştan çıkarmak; özendirmek, imrendirmek; girişmek, denemek

tenu /tönü/ : ***bien tenu*** bakımlı ***être tenu de*** -den sorumlu olmak

ténu, e /tenü/ incecik

tenue /tönü/ *la* giyim, kıyafet; bakım; davranış, tutum; duruş

tergiverser /terjiverse/ hık mık etmek, tereddüt etmek

terme /term(ö)/ *le* vade; son, bitiş; sözcük, terim ***à court terme*** kısa vadeli ***à long terme*** uzun vadeli

terminaison /terminezon/ *la, dilb.* sonek, takı

terminal, e, aux /terminal, o/ son; uç; *le* terminal

terminer /termine/ bitirmek, sonlandırmak ***se terminer*** bitmek, sona ermek

terminologie /terminoloji/ *la* terminoloji

terminus /terminüs/ *le* terminal, son durak

terne /tern(ö)/ donuk, mat

ternir /ternir/ donuklaştırmak; *mec.* lekelemek, gölge düşürmek

terrain /teren/ *le* toprak, yer, arazi;

arsa ***terrain d'aviation*** havaalanı ***terrain de camping*** kamp yeri ***terrain de football*** futbol alanı ***terrain de golf*** golf sahası ***terrain de jeu*** oyun alanı ***terrain de sport*** spor alanı
terrasse /teras/ *la* teras, taraça
terrasser /terase/ yere sermek, yenmek
terre /ter/ *la* yer, toprak; dünya; kara; ülke ***à terre, par terre*** yere, yerde
terrestre /terestr(ö)/ dünyayla ilgili; karasal, karada yaşayan
terreur /terör/ *la* terör, yıldırma; korku, dehşet
terrible /teribl(ö)/ korkunç
terrier /terye/ *le* in, yuva, delik
terrifier /terifye/ çok korkutmak
terrine /terin/ *la* güveç
territoire /terituar/ *le* toprak; bölge; ülke ***territorial, e, aux*** ülkeyle ilgili; toprakla ilgili, karayla ilgili
terroir /teruar/ *le* toprak
terroriser /terorize/ yıldırmak, korkutmak ***terrorisme*** *le* terörizm ***terroriste*** *le+la* terörist
tes /te/ *bkz. ton*
tesson /teson/ *le* cam kırığı
test /test/ *le* test, sınav; deneme, sınama
testament /testaman/ *le* vasiyet
testicule /testikül/ *le* testis, erbezi, taşak
tétanos /tetanos/ *le* tetanos
têtard /tetar/ *le (kurbağa)* iribaş
tête /tet/ *la* baş; kafa ***en tête*** önde, başta ***faire une tête*** *(futbol)* topa kafa vurmak ***tenir tête à*** -e karşı koymak, karşı gelmek ***tête-à-tête*** *le* baş başa konuşma, özel konuşma
tétine /tetin/ *la (hayvan)* meme ucu; *(biberon)* emzik
téton /teton/ *le, kd.* göğüs, meme
têtu, e /tetü/ inatçı, dik başlı
texte /tekst(ö)/ *le* metin
textile /tekstil/ *s+le* tekstil
texture /tekstür/ *la* doku; yapı, örgü
thé /te/ *le* çay ***faire le thé*** çayı yapmak ***prendre le thé*** çay içmek
théâtre /teatr(ö)/ *le* tiyatro
théière /teyer/ *la* çaydanlık
thème /tem/ *le* konu, tema
théologie /teoloji/ *la* ilahiyat, Tanrıbilim ***théologien*** *le* ilahiyatçı, Tanrıbilimci
théorème /teorem/ *le* teorem
théorie /teori/ *la* kuram, teori ***théorique*** kuramsal, teorik
thérapeutique tedaviyle ilgili
thérapie | /terapi/ *la* terapi, tedavi
thermal, e, aux /termal, o/ termal ***cure thermale*** kaplıca tedavisi ***station thermale*** kaplıca, ılıca
thermique /termik/ ısıl, termik
thermomètre /termometr(ö)/ *le* termometre, ısılölçer
thermonucléaire /termonükleer/ termonükleer
thermos /termos/ *le, la* termos
thermostat /termosta/ *le* termostat
thésauriser /tezorize/ para biriktirmek
thèse /tez/ *la* sav, tez
thon /ton/ *le* orkinos, ton
thym /ten/ *le* kekik
thyroïde /tiroid/ *la* kalkanbezi, tiroit
tiare /tyar/ *la* papalık tacı
tic /tik/ *le* tik
ticket /tike/ *le* bilet
tiède /tyed/ ılık
tien, tienne /tyen, tyen/ : ***le tien, la tienne*** seninki ***les tiens, les tiennes*** seninkiler
tiers, tierce /tyer, tyers(ö)/ üçüncü;

T

le, huk. üçüncü kişi, üçüncü şahıs; üçte bir

tige /tij/ *la* sap; çubuk

tigre /tigr(*ö*)/ *le* kaplan

tigré, e /tigre/ benekli, çizgili, yol yol

tilleul /tiyöl/ *le* ıhlamur *(ağacı, çayı)*

timbale /tenbal/ *la* tas

timbre /tenbr(*ö*)/ *le* damga, mühür; pul; zil; *müz.* tını, ses rengi

timbrer /tenbre/ damgalamak; pul yapıştırmak

timide /timid/ utangaç, sıkılgan, çekingen, ürkek ***timidité*** *la* utangaçlık, sıkılganlık, ürkeklik

tintamarre /tentamar/ *le* gürültü, patırtı

tinter /tente/ çalmak; şıngırdamak

tir /tir/ *le* atış; *(silah)* ateş; *(futbol)* şut ***tir à l'arc*** ok atma

tirage /tiraj/ *le* basma, baskı, bası; baskı sayısı, tiraj; çekme; çekiliş ***tirage au sort*** adçekme, kura çekme

tirailler /tiraye/ çekip durmak, çekiştirmek; rasgele ateş etmek

tire-bouchon /tirbuşon/ *le* tirbuşon

tirelire /tirlir/ *la* kumbara

tirer /tire/ çekmek; çıkarmak; çizmek; ateş etmek; basmak, yayımlamak ***se tirer*** *kd.* çekip gitmek

tiroir /tiruar/ *le* çekmece

tisonnier /tizonye/ *le* ocak demiri, uzu ateş karıştırma maşası

tissage /tisaj/ *le* dokuma

tisser /tise/ dokumak

tissu /tisü/ *le* kumaş; doku

titre /titr(*ö*)/ *le* başlık, ad; san, unvan; senet; sıfat ***à titre de*** olarak, sıfatıyla

tituber /titübe/ sendelemek

toast /tost/ *le* tost; kadeh kaldırma

toboggan /tobogan/ *le* kızak

toi /tua/ sen

toile /tual/ *la* bez; tual ***toile cirée*** muşamba

toilette /tualet/ *la* yıkanma; tuvalet ***faire sa toilette*** yıkanmak

toi-même /tuamem/ kendin

toison /tuazon/ *la* yapağı, yün

toit /tua/ *le* dam, çatı

tôle /tol/ *la* sac

tolérable /tolerabl(*ö*)/ hoş görülebilir; katlanılır, çekilir

tolérance /tolerans/ *la* hoşgörü

tolérant, e /toleran, ant/ hoşgörülü

tolérer /tolere/ hoş görmek; katlanmak, dayanmak

tomate /tomat/ *la* domates

tombal, e /tonbal/ : ***pierre tombale*** mezar taşı

tombe /tonb/ *la* mezar, gömüt

tombeau, x /tonbo/ *le* türbe, mezar

tombée /tonbe/ *la*: ***à la tombée du jour (de la nuit)*** gün batarken, karanlık basarken

tomber /tonbe/ düşmek ***laisser tomber*** düşürmek ***tomber sur*** ile karşılaşmak, -e rastlamak

tombeur /tonbör/ *le* çapkın

tombola /tonbola/ *la* tombala

tome /tom/ *le (kitap)* cilt

ton, ta *ç. tes* /ton, ta, te/ senin

ton /ton/ *le* ton

tondeuse /tondöz/ *la* çim biçme makinesi; saç kesme makinesi

tondre /tondr(*ö*)/ biçmek; kesmek, kırkmak

tonifiant, e /tonifyan, ant/ güçlendirici, canlandırıcı

tonifier /tonifye/ güçlendirmek, canlandırmak

tonique /tonik/ güçlendirici; *le, la* tonik, kuvvet ilacı

tonne /ton/ *la* ton

tonneau, x /tono/ *le* fıçı; *den.* tonilato ***faire des tonneaux*** *(taşıt)* takla

atmak, devrilmek
tonner /tone/ gök gürlemek ***il tonne*** gök gürlüyor
tonnerre /toner/ *le* gök gürültüsü
toper /tope/ : ***tope-la! topez-la!*** anlaştık! tamam!
topographie /topografi/ *la* topografya ***topographique*** topografik
torche /torş(*ö*)/ *la* meşale
torcher /torşe/ *kd.* silmek
torchon /torşon/ *le* mutfak bezi, toz bezi
tordre /tordr(*ö*)/ burmak; bükmek ***se tordre de douleur*** acıdan kıvranmak ***se tordre de rire*** gülmekten katılmak
tordu, e /tordü/ çarpık, eğri
torero /torero/ *le* boğa güreşçisi
tornade /tornad/ *la* tornado
torpille /torpiy/ *la* torpil ***torpiller*** torpillemek; *mec.* baltalamak
torréfier /torefye/ kavurmak
torrent /toran/ *le* sel
torse /tors(*ö*)/ *le* gövde; gövde heykeli
tort /tor/ *le* kusur, hata; haksızlık ***à tort*** haksızca, haksız yere ***avoir tort*** haksız olmak
torticolis /tortikoli/ *le* boyun tutulması
tortiller /tortiye/ burmak, bükmek, kıvırmak ***se tortiller*** kıvrılmak
tortue /tortü/ *la* kaplumbağa
tortueux, euse /tortuö, öz/ dolambaçlı, kıvrıntılı, eğri büğrü
torture /tortür/ *la* işkence ***torturer*** işkence yapmak
tôt /to/ erken ***tôt ou tard*** er geç
total, e, aux /total, o/ bütün, tam, tüm; *le* toplam ***totalement*** tamamıyla, büsbütün ***totaliser*** toplamak
totalitaire /totaliter/ totaliter, bütüncül
totalité /totalite/ *la* bütün, tüm, hepsi
toubib /tubib/ *le, kd.* doktor, hekim
touche /tuş/ *la* tuş; *(futbol)* taç
toucher /tuşe/ dokunmak, değmek; etkilemek, dokunmak; görüşmek, temas kurmak; vurmak; *(para)* almak; ilgilendirmek; *le* dokunma *(duyusu)* *toucher à* -e dokunmak; -e değinmek; -e yaklaşmak
touffe /tuf/ *la* tutam, demet
touffu, e /tufü/ sık, gür, yoğun; *mec.* karmaşık, çapraşık
toujours /tujur/ her zaman, hep ***pour toujours*** ebediyen, sonsuza dek
toupie /tupi/ *la* topaç
tour /tur/ *la* kule; *le* dolaşma, gezinti, gezi; dönme, dönüş; çevre; torna ***à tour de rôle*** sırasıyla ***faire le tour de*** dolaşmak, tur atmak
tourbe /turb(*ö*)/ *la* turba
tourbillon /turbiyon/ *le* kasırga; burgaç, girdap ***tourbillonner*** fırıl fırıl dönmek
tourelle /turel/ *la* küçük kule; *ask.* taret
tourisme /turism(*ö*)/ *le* turizm ***agence de tourisme*** turizm acentesi ***touriste*** *le+la* turist ***touristique*** turistik
tourment /turman/ *le* acı, eziyet, azap
tourmente /turmant/ *la* fırtına
tourmenter /turmante/ acı çektirmek, eziyet etmek ***se tourmenter*** üzülmek, sıkılmak
tournant /turnan/ *le* dönemeç; *mec.* dönüm noktası
tournant, e /turnan, ant/ dönen, döner
tourne-disque /turnödisk(*ö*)/ *le* pikap

T

tournée /turne/ *la* gezi, turne
tourner /turne/ döndürmek; çevirmek; dolaşmak; dönmek; çalışmak, işlemek; bozulmak, ekşimek ***bien tourner*** iyiye gitmek
tournesol /turnösol/ *le* ayçiçeği, günebakan, gündöndü
tournevis /turnövis/ *le* tornavida
tourniquet /turnike/ *le* turnike
tournoi /turnua/ *le* turnuva
tournoyer /turnuaye/ fır dönmek, dönüp durmak
tournure /turnür/ *la, dilb.* sözcüklerin sıralanışı, kuruluş; biçim ***la tournure des événements*** olayların gidişi
tourte /turt(ö)/ *la* etli börek
tourterelle /turtörel/ *la* kumru
Toussaint /tusen/ *la*: ***la Toussaint*** tüm ermişler yortusu *(1 kasım)*
tousser /tuse/ öksürmek
tout, e, *ç. tous, toutes* /tu, tus, tut/ bütün; her; tam; her şey; hepsi; çok, pek; *le* bütün, tüm ***du tout*** hiç *(de) en tout* hepsi dahil ***tout à coup*** birdenbire ***tout à fait*** tamamıyla ***tout à l'heure*** birazdan, biraz önce ***tout de même*** yine de, bununla birlikte ***tout de suite*** hemen, derhal ***tout le monde*** herkes ***tout le temps*** her zaman, hep ***tout neuf*** yepyeni
toutefois /tutfua/ bununla birlikte
toutou /tutu/ *le, kd.* köpek, kuçukuçu
toux /tu/ *la* öksürük
toxine /toksin/ *la* toksin, zehir, ağı
toxique /toksik/ zehirli, ağılı
trac /trak/ *le (topluluk karşısında duyulan)* korku, heyecan
tracas /traka/ *le* sıkıntı, kaygı, dert ***tracasser*** canını sıkmak, üzmek, kaygılandırmak
trace /tras/ *la* iz ***traces de pas*** ayak izleri
tracer /trase/ çizmek; yazmak
tract /trakt/ *le* broşür
tracteur /traktör/ *le* traktör
tradition /tradisyon/ *la* gelenek ***traditionnel, le*** geleneksel
traducteur, trice /tradüktör, tris/ *le+la* çevirmen
traduction /tradüksyon/ *la* çeviri
traduire /traduir/ çevirmek; dile getirmek, anlatmak
trafic /trafik/ *le* trafik
trafiquant, e /trafikan, ant/ *le+la* kaçakçı, satıcı, tüccar
trafiquer /trafike/ *(bir mala)* hile karıştırmak; kaçakçılık yapmak, ticaret yapmak
tragédie /trajedi/ *la* trajedi, ağlatı
tragique /trajik/ trajediyle ilgili; çok acıklı, feci, trajik
trahir /trair/ ihanet etmek; açığa vurmak ***trahison*** *la* ihanet
train /tren/ *le* tren; kervan, kafile; yürüyüş, gidiş; takım ***train d'atterrissage*** *(uçak)* iniş takımları ***train de vie*** yaşam tarzı
traîneau, x /treno/ *le* kızak
traînée /trene/ *la* döküntü, serpinti; sürtük, sokak kadını
traîner /trene/ çekmek; sürüklemek; sürünmek; sürtmek, aylak aylak dolaşmak; sürüncemede kalmak ***se traîner*** emeklemek; güçlükle yürümek; sürüp gitmek, bitmek bilmemek
traire /trer/ sağmak
trait /tre/ *le* çizgi; özellik; ok; davranış ***d'un trait*** bir yudumda, bir dikişte ***trait d'union*** tire, kısa çizgi
traité /trete/ *le* antlaşma
traitement /tretman/ *le* davranış; tedavi, sağaltım; *(madde)* işleme;

aylık, maaş
traiter /trete/ davranmak, muamele etmek; *(konu)* ele almak; tedavi etmek; karşılamak; görüşmek; işlemek
traître, esse /tretr(*ö*), tres/ *s+a.* hain ***traîtrise*** *la* hainlik, ihanet
trajet /traje/ *le* yolculuk; *mec.* yol
tram /tram/ *le* tramvay
trame /tram/ *la* argaç, atkı; çatı, kuruluş, örgü
tramer /trame/ *(komplo, vb.)* kurmak, hazırlamak, çevirmek
tramway /tramue/ *le* tramvay
tranchant, e /tranşan, ant/ keskin; *le* ağız, keskin taraf
tranche /tranş/ *la* dilim; *(kitap)* yan kenar
tranchée /tranşe/ *la* hendek, çukur; siper
trancher /tranşe/ kesmek
tranquille /trankil/ sakin, durgun; uslu; rahat, kaygısız ***laisser tranquille*** rahat bırakmak ***tranquillisant*** *le* yatıştırıcı, müsekkin ***tranquilliser*** yatıştırmak, sakinleştirmek ***tranquillité*** *la* sessizlik, sakinlik; rahat, huzur
transaction /tranzaksyon/ *la, tic.* işem, muamele
transatlantique /tranzatlantik/ *s+le* transatlantik
transcription /transkripsyon/ *la* kopya etme; kopya, suret; çevriyazı, transkripsiyon
transcrire /transkrir/ kopya etmek, suretini çıkarmak
transe /trans/ *la*: ***entrer en transe*** kendinden geçmek
transférer /transfere/ geçirmek, taşımak, nakletmek; devretmek, aktarmak ***transfert*** *le* transfer; taşıma, nakil; devir
transformateur /transformatör/ *le* transformatör
transformation /transformasyon/ *la* biçim değiştirme; dönüşme, dönüşüm
transformer /transforme/ biçimini değiştirmek; dönüştürmek ***se transformer*** *(biçimi, huyu)* değişmek
transfusion /transfüzyon/ *la*: ***transfusion sanguine*** kan aktarımı
transi, e /tranzi/ çok üşümüş, donmuş, buymuş
transiger /tranzije/ anlaşmak, uzlaşmak
transistor /tranzistor/ *le* transistor
transit /tranzit/ *le* transit ***transiter*** transit geçmek
transitif, ive /tranzitif, iv/ *dilb. (eylem)* geçişli
transition /tranzisyon/ *la* geçiş, geçme ***de transition*** geçici, ara, geçiş+
transitoire /tranzituar/ geçici
translucide /translüsid/ yarısaydam
transmettre /transmetr(*ö*)/ iletmek, aktarmak; geçirmek; *(radyo, TV)* yayımlamak
transmission /transmisyon/ *la* iletme, aktarma; geçme, geçirme
transparence /transperans/ *la* saydamlık
transparent, e /transparan, ant/ saydam
transpiration /transpirasyon/ *la* terleme
transpirer /transpire/ terlemek
transplanter /transplante/ *hek. (organ)* nakletmek; *bitk.* başka yere dikmek
transport /transpor/ *le* taşıma, nakil; taşımacılık; taşkınlık ***transports en commun*** toplu taşımacılık

T

transporter /transporte/ taşımak, götürmek; iletmek; coşturmak, çılgına çevirmek
transposer /transpoze/ yerini değiştirmek ***transposition*** *la* yer değiştirme
transvaser /transvaze/ kaptan kaba aktarmak
transversal, e, aux /transversal, o/ enine, enlemesine
trapèze /trapez/ *le, mat.* yamuk; trapez
trappe /trap/ *la (döşemede)* kapak biçiminde kapı
trapu, e /trapü/ bodur
traquenard /traknar/ *le* kapan, tuzak
traquer /trake/ izlemek, kovalamak
travail, aux /travay, o/ *le* iş; çalışma; emek; yapıt, eser
travailler /travaye/ çalışmak; işlemek ***travailleur, euse*** çalışkan; *le+la* işçi
travers /traver/ *le* kusur ***à travers*** arasında, arasından ***au travers (de)*** *(-ın)* arasından, ortasından ***de travers*** eğri, çaprazlama ***en travers (de)*** *(-ın)* enine, enlemesine
traverse /travers(*ö*)/ *la* travers
traversée /traverse/ *la* içinden geçme, boydan boya geçme
traverser /traverse/ içinden geçmek, boydan boya geçmek
traversin /traversen/ *le* uzun yastık
travesti /travesti/ *le* maskeli balo giysisi; kadın gibi giyinen eşcinsel
travestir /travestir/ çarpıtmak, değiştirmek
trébucher /trabüşe/ sürçmek, sendelemek
trèfle /trefl(*ö*)/ *le* yonca; *(iskambil)* sinek
treillis /treyi/ *le* kafes; çuval bezi; *ask.* talim elbisesi
treize /trez/ on üç ***treizième*** on üçüncü
tremblement /tranbl*ö*man/ *le* titreme ***tremblement de terre*** deprem, yersarsıntısı
trembler /tranble/ titremek
trémousser /tremuse/ : ***se trémousser*** tepinmek, yerinde duramamak
tremper /tranpe/ ıslatmak; daldırmak, batırmak
tremplin /tranplen/ *le* tramplen, sıçrama tahtası
trente /trant/ otuz ***trentième*** otuzuncu
trépasser /trepase/ ölmek
trépider /trepide/ sarsılmak
trépied /trepye/ *le* sacayağı, sacayak; üç ayaklı eşya
trépigner /trepinye/ tepinmek
très /tre/ çok, pek
trésor /trezor/ *le* hazine, define, gömü
trésorerie /trezorri/ *la* hazine dairesi; hazine, maliye
trésorier, ière /trezorye, yer/ *le+la* veznedar
tressaillir /tresayir/ titremek, ürpermek
tresse /tres/ *la* örgü ***tresser*** örmek
treuil /tröy/ *le* vinç
trêve /trev/ *la* ateşkes, mütareke
tri /tri/ *le* seçme, ayırma
triangle /triyangl(*ö*)/ *le* üçgen
tribu /tribü/ *la* oymak, boy, kabile
tribunal, aux /tribünal, o/ *le* mahkeme
tribune /tribün/ *la* kürsü; tribün
tribut /tribü/ *le* haraç; vergi
tributaire /tribüter/ : ***être tributaire de*** -e bağımlı olmak
tricher /trişe/ hile yapmak, aldatmak ***tricherie*** *la* hile ***tricheur, euse***

le+la hileci; düzenbaz, üçkâğıtçı
tricot /triko/ *le* örme, örgü; kazak ***tricoter*** örmek
trictrac /triktrak/ *le* tavla *(oyunu)*
tricycle /trisikl(*ö*)/ *le* üç tekerlekli bisiklet
trier /triye/ seçmek, ayırmak
trigonométrie /trigonometri/ *la* trigonometri
trimbaler /tre**n**bale/ yanında sürüklemek, yanında taşımak
trimestre /trimestr(*ö*)/ *le (okul)* üç aylık süre; üç aylık ücret ***trimestriel, le*** üç aylık
trinquer /tre**n**ke/ kadeh tokuşturmak
trio /triyo/ *le* üçlü, triyo
triomphant, e /triyo**n**fa**n**, a**n**t/ muzaffer, galip
triomphe /triyo**n**f/ *le* zafer, utku
triompher /triyo**n**fe/ yenmek, zafer kazanmak ***triompher de*** -ın üstesinden gelmek, -ı yenmek
tripes /trip/ *la+ç.* işkembe
triple /tripl(*ö*)/ üç kat, üç misli ***tripler*** üç katına çıkarmak; üç katına çıkmak
tripot /tripo/ *le* batakhane
tripoter /tripote/ kurcalamak, oynamak
triste /trist(*ö*)/ üzgün; acıklı, üzücü ***tristesse*** *la* üzüntü
trivial, e, aux /trivyal, o/ kaba; adi, bayağı
troc /trok/ *le* değiş tokuş, trampa
trognon /tronyo**n**/ *le (yemiş)* eşelek, yenmeyen kısım
trois /trua/ üç ***troisième*** üçüncü
trolleybus /trolebüs/ *le* troleybüs
trombe /tro**n**b/ *la (siklon)* hortum ***des trombes d'eau*** sağanak
trombone /tro**n**bon/ *le, müz.* trombon; *(büroda)* ataş
trompe /tro**n**p/ *la (fil)* hortum; *müz.* boru
tromper /tro**n**pe/ aldatmak, yanıltmak ***se tromper*** aldanmak, yanılmak ***tromperie*** *la* aldatma, yanıltma
trompette /tro**n**pet/ *la* boru, borazan ***trompettiste*** *le+la* trompetçi
trompeur, euse /tro**n**pör, öz/ aldatıcı, yanıltıcı
tronc /tro**n**/ *le* gövde
tronçon /tro**n**so**n**/ *le* parça
trône /tron/ *le* taht
tronquer /tro**n**ke/ kesmek, budamak
trop /tro/ çok, fazla ***de trop, en trop*** fazla, artık
trophée /trofe/ *le* ganimet; kupa, ödül
tropical, e, aux /tropikal, o/ tropikal
tropique /tropik/ *le* dönence
trop-plein /traple**n**/ *le* fazlalık, taşan kısım, artan kısım
troquer /troke/ değiş tokuş etmek, trampa etmek
trot /tro/ *le* tırıs ***trotter*** tırıs gitmek
trottinette /trotinet/ *la* trotinet
trottoir /trotuar/ *le* yaya kaldırımı
trou /tru/ *le* delik, çukur ***le trou de la serrure*** anahtar deliği
trouble /trubl(*ö*)/ bulanık; *le* karışıklık; huzursuzluk; şaşkınlık, heyecan
trouble-fête /trubl*ö*fet/ *le+la* oyunbozan, neşe kaçıran
troubler /truble/ rahatsız etmek; bulandırmak; şaşırtmak ***se troubler*** şaşırmak, heyecanlanmak
troué, e /true/ delikli, delinmiş
trouer /true/ delmek
troupe /trup/ *la, ask.* birlik, bölük; topluluk, grup ***la troupe*** ordu, silahlı kuvvetler ***troupe (de théâtre)*** tiyatro topluluğu, trup
troupeau, x /trupo/ *le* sürü

T

trousse /trus/ *la* çanta, kutu; kalem çantası; doktor çantası ***trousse à outils*** takım çantası ***trousse de toilette*** tuvalet çantası

trousseau, x /truso/ *le* gelin çeyizi ***trousseau de clefs*** anahtar demeti

trouvaille /truvay/ *la* buluş; bulgu

trouver /truve/ bulmak ***se trouver*** olmak; kendini bulmak

truc /trük/ *le* yol, çare; oyun, numara; şey; dalga, zımbırtı

truelle /trüel/ *la* mala

truffe /trüf/ *la* yermantarı, domalan; burun

truie /trüi/ *la* dişi domuz

truite /trüit/ *la* alabalık

truquage /trükaj/ *le* hile

truquer /trüke/ hile yapmak, hile karıştırmak

trust /tröst/ *le, tic.* tröst

tsar /dzar/ *le* çar

tu /tü/ sen

tuba /tüba/ *le, müz.* tuba

tube /tüb/ *le* tüp; boru ***tube digestif*** sindirim borusu

tuberculose /tüberküloz/ *la* verem, tüberküloz

tuer /tue, tüe/ öldürmek ***tuerie*** *la* katliam

tue-tête /tütet/ : ***à tue-tête*** avazı çıktığı kadar

tueur /tuör/ *le* katil ***tueur à gages*** kiralık katil

tuile /tuil/ *la* kiremit; *kd.* kaza, aksilik

tulipe /tülip/ *la* lale

tumeur /tümör/ *la* ur, tümör

tumulte /tümült(*ö*)/ *le* karışıklık, gürültü, patırtı

tumultueux, euse /tümültüö, öz/ gürültülü patırtılı, dağdağalı, fırtınalı

tunique /tünik/ *la* tünik

tunnel /tünel/ *le* tünel

turban /türban/ *le* sarık, türban

turbin /türben/ *le, kd.* iş

turbine /türbin/ *la* türbin

turbulent, e /türbülan, ant/ gürültücü, azgın, ele avuca sığmaz

turf /türf/ *le* at yarışı ***turfiste*** *le+la* at yarışı meraklısı

turquoise /türkuaz/ *s+la* turkuaz

tutelle /tütel/ *la, huk.* vesayet, vasilik; koruma, koruyuculuk

tuteur /tütör/ *le, huk.* vasi

tutoyer /tütuaye/ -e \`sen' diye hitap etmek

tuyau, x /tuiyo/ *le* boru ***tuyau d'échappement*** egzoz borusu

tympan /tenpan/ *le, hek.* kulakdavulu

type /tip/ *le* tip; örnek; *kd.* herif, adam

typhoïde /tifoid/ *la* tifo

typhon /tifon/ *le* tayfun

typhus /tifüs/ *le* tifüs

typique /tipik/ tipik

tyran /tiran/ *le* tiran, zorba, zalim ***tyrannie*** *la* diktatörlük, istibdat; zorbalık ***tyranniser*** zulmetmek, baskı yapmak

U

ulcère /ülser/ *le* ülser ***ulcère à l'estomac*** mide ülseri

ultérieur /ülteryör/ sonraki ***ultérieurement*** *(daha)* sonra

ultimatum /ültimatom/ *le* ültimatom

ultime /ültim/ son

ultrasonique /ültrasonik/ ültrasonik

ultraviolet, te /ültravyole, et/ morötesi, ültraviyole

un, une /ön, ün/ bir

unanime /ünanim/ birlikte, oybirliği halinde; genel, toplu
unanimité /ünanimite/ *la* oybirliği ***à l'unanimité*** oybirliğiyle
uni, e /üni/ düz; birleşik
unification /ünifikasyon/ *la* birleştirme, birleşme
unifier /ünifye/ birleştirmek
uniforme /üniform(ö)/ tek biçimli; tekdüze, değişmeyen; benzer, aynı; *le* üniforma ***uniformité*** *la* tek biçimlilik; tekdüzelik, değişmezlik; benzerlik, aynılık
union /ünyon/ *la* birleşme, birleştirme; evlilik; birlik
unique /ünik/ tek; eşsiz, benzersiz ***uniquement*** yalnız. sadece
unir /ünir/ birleştirmek; evlendirmek ***s'unir*** birleşmek; evlenmek
unisson /ünison/ : ***à l'unisson*** birlik içinde, uyum içinde
unité /ünite/ *la* birlik; birim
univers /üniver/ *le* evren
universel, le /üniversel/ evrensel
universitaire /üniversiter/ üniversiteyle ilgili, üniversite+; *le+la (üniversitede)* öğretim görevlisi
université /üniversite/ *la* üniversite
uranium /üranyom/ *le* uranyum
urbain /ürben, en/ kentle ilgili, kent+
urbanisme /ürbanism(ö)/ *le* şehircilik, şehir planlaması, kentbilim
urbaniste /ürbanist(ö)/ *le+la* şehirci, kentbilimci
urgence /ürjans/ *la* acele, ivedilik; acil durum
urgent, e /ürjan, ant/ acil, ivedi
urinal, aux /ürinal, o/ *le* sürgü, ördek, idrar kabı
urine /ürin/ *la* sidik, idrar ***uriner*** işemek
urinoir /ürinuar/ *le* pisuar, işeme yeri
urne /ürn(ö)/ *la* oy sandığı; vazo, testi ***aller aux urnes*** oy vermeye gitmek
usage /üzaj/ *le* kullanım, kullanma; alışkı, âdet; görgü ***à l'usage de*** -e yönelik, için ***en usage*** kullanılmakta olan ***hors d'usage*** hizmet dışı, kullanımdan kalkmış
usagé, e /üzaje/ kullanılmış
usager, ère /üzaje, er/ *le+la* kullanan, kullanıcı
usé, e /üze/ eskimiş, yıpranmış; basmakalıp, bayat
user /üze/ eskitmek; yıpratmak; tüketmek ***s'user*** eskimek; yıpranmak ***user de*** kullanmak
usine /üzin/ *la* fabrika
ustensile /üstansil/ *le* takım, avadanlık ***ustensile de cuisine*** mutfak eşyası
usuel, le /üzuel/ alışılmış, her günkü
usure /üzür/ *la* eskime, yıpranma; tefecilik
usurper /üzürpe/ zorla almak, el koymak
utérus /üterüs/ *le* dölyatağı, rahim
utile /ütil/ yararlı, faydalı
utilisation /ütilizasyon/ *la* kullanma, yararlanma
utiliser /ütilize/ kullanmak, yararlanmak
utilité /ütilite/ *la* yarar, fayda; yararlılık
utopie /ütopi/ *la* ütopya, ütopi

V

vacance /vakans/ *la* boş olma, münhal olma; açık, boş yer, münhal yer ***aller en vacances*** tatile çıkmak ***vacances*** *la+ç.* tatil, din-

V

lence

vacant, e /vakan, ant/ boş, açık, münhal

vacarme /vakarm(ö)/ *le* patırtı, gürültü

vaccin /vaksen/ *le* aşı; aşılama ***vaccination*** *la* aşılama, aşılanma ***vacciner*** aşılamak

vache /vaş/ *kd.* kötü, adi; *la* inek ***vache à lait*** enayi, keriz, avanak ***vacherie*** *la, kd.* adilik, hıyarlık; adice laf

vaciller /vasiye/ sallanmak; titremek; *mec.* duraksamak, tereddüt etmek

va-et-vient /vaevyen/ *le (iler geri)* sallanma; gidiş geliş

vagabond, e /vagabon, ond/ başıboş; *le* serseri

vagabondage /vagabondaj/ *le* serserilik; gezip tozma

vagabonder /vagabonde/ serserilik etmek, gezip tozmak

vagin /vajen/ *le* dölyolu, vajina

vague /vag/ belirsiz; *(giysi)* bol; *le* belirsizlik; *la* dalga

vaillant, e /vayan, ant/ yiğit, cesur; sağlıklı, dinç

vain, e /ven, ven/ boş, nafile; kibirli, kendini beğenmiş ***en vain*** boşuna

vaincre /venkr(ö)/ yenmek

vainqueur /venkör/ *le* galip, yenen; *sp.* kazanan, galip

vaisseau, x /veso/ *le* damar; gemi ***vaisseau spatial*** uzaygemisi

vaisselle /vesel/ *la* çanak çömlek, sofra takımı; bulaşık; bulaşık yıkama ***faire la vaisselle*** bulaşık yıkamak

val, vaux (vals) /val, vo/ *le* koyak, vadi

valable /valabl(ö)/ geçerli

valet /vale/ *le* uşak; *(iskambil)* oğlan, bacak

valeur /valör/ *la* değer; senet, tahvil ***mettre en valeur*** değerlendirmek, işletmek ***prendre de la valeur*** değer kazanmak

valide /valid/ sağlıklı, sağlam; geçerli ***validité*** *la* geçerlik

valise /valiz/ *la* valiz, bavul

vallée /vale/ *la* koyak, vadi

valoir /valuar/ etmek, değerinde olmak; eşit olmak, denk olmak; kazandırmak, sağlamak, getirmek ***faire valoir*** değerlendirmek, işletmek ***vaille que vaille*** ne olursa olsun ***valoir la peine*** zahmetine değmek

valse /vals(ö)/ *la* vals ***valser*** vals yapmak

valve /valv(ö)/ *la* valf, supap

vampire /vanpir/ *le* vampir

vandale /vandal/ *le+la* vandal, güzellik düşmanı ***vandalisme*** *le* vandallık, güzellik düşmanlığı

vanité /vanite/ *la* kendini beğenmişlik; geçicilik, boşluk ***vaniteux, euse*** kibirli, kendini beğenmiş

vantard, e /vantar, ard(ö)/ övüngen ***vantardise*** *la* övüngenlik

vanter /vante/ övmek ***se vanter (de)*** *(ile)* övünmek

vapeur /vapör/ *la* buhar, buğu

vaporiser /vaporize/ buharlaştırmak, buğulaştırmak; püskürtmek

variable /varyabl(ö)/ değişken, kararsız; *la, mat.* değişken

variante /varyant/ *la* varyant, değişik biçim

variation /varyasyon/ *la* değişim; değişiklik

varice /varis/ *la* varis

varicelle /varisel/ *la, hek.* suçiçeği

varier /varye/ değişmek; değişik olmak, farklı olmak; değiştirmek

variété /varyete/ *la* çeşit; değişiklik, çeşitlilik ***spectacle de variétés*** varyete
variole /varyol/ *la* çiçek *(hastalığı)*
vase /vaz/ *le* vazo; *la* çamur, balçık
vaseline /vazlin/ *la* vazelin
vaste /vast(ö)/ engin, geniş
vau-l'eau /volo/ : ***à vau-l'eau*** suyun akıntısına; *mec.* yıkılmaya doğru, mahva doğru
vaurien, ne /voryen, en/ *le+la* haylaz, hayta, bıçkın
vautour /votur/ *le* akbaba
vautrer /votre/ : ***se vautrer*** yere yatmak, uzanmak
veau, x /vo/ *le* dana; dana eti
vedette /vödet/ *la (sanatçı, vb.)* yıldız; bot, motorlu tekne
végétal, e, aux /vejetal, o/ bitkisel; *le* bitki
végétation /vejetasyon/ *la* bitki örtüsü, bitey
véhément, e /veeman, ant/ şiddetli, ateşli
véhicule /veikül/ *le* taşıt
veille /vey/ *la* gece nöbeti; uykusuzluk ***la veille*** bir önceki gün
veillée /veye/ *la* gece; gece toplantısı
veiller /veye/ uyanık durmak; nöbet beklemek; *(hasta, ölü)* başında durmak, beklemek ***veiller à*** -e bakmak, ile ilgilenmek ***veiller sur*** -e göz kulak olmak
veilleuse /veyöz/ *la* gece lambası; *oto.* yan lambası
veinard, e /venar, ard(ö)/ *le+la, kd.* şanslı, talihli
veine /ven/ *la* toplardamar; *(taş, vb.)* damar; esin, ilham ***avoir de la veine*** şanslı olmak
vélo /velo/ *le* bisiklet
velours /völur/ *le* kadife ***velours côtelé*** fitilli kadife
velouté, e /völute/ kadife gibi, yumuşacık
velu, e /völü/ kıllı, tüylü
venaison /vönezon/ *la* av eti
vendange /vandanj/ *la* bağbozumu; üzüm ürünü, üzümler
vendeur, euse /vandör, öz/ *le+la* satıcı, tezgâhtar
vendre /vandr(ö)/ satmak ***'à vendre'*** satılık
vendredi /vandrödi/ *le* cuma
vénéneux, euse /venenö, öz/ zehirli, ağılı
vénérable /venerabl(ö)/ saygıdeğer
vénération /venerasyon/ *la* saygı
vénérer /venere/ saygı göstermek
vénérien, ne /veneryen, en/ zührevi
vengeance /vanjans/ *la* öç, intikam
venger /vanje/ öcünü almak ***se venger*** öcünü almak; öç almak
venimeux, euse /vönimö, öz/ zehirli, ağılı
venin /vönen/ *le (yılan, vb.)* zehir; *mec.* kin, zehir
venir /vönir/ gelmek ***venir de*** -den gelmek ***faire venir*** *(doktor, vb.)* çağırtmak, getirtmek
vent /van/ *le* rüzgâr, yel; osuruk, yel ***dans le vent*** *kd.* son moda ***il y a du vent*** hava rüzgârlı
vente /vant/ *la* satış ***mettre en vente*** satışa çıkarmak ***vente aux enchères*** açık artırmalı satış, müzayede ***vente de charité*** yardım amacıyla düzenlenen satış
ventilateur /vantilatör/ *le* vantilatör
ventilation /vantilasyon/ *la* havalandırma
ventiler /vantile/ havalandırmak
ventouse /vantuz/ *la* çekmen, vatuz
ventre /vantr(ö)/ *le* mide; karın; göbek ***avoir mal au ventre*** midesi

ağrımak ***prendre du ventre*** göbeklenmek, göbek bağlamak
ventricule /vantrikül/ *le* karıncık
ventriloque /vantrilok/ *le+la* vantrilok
venue /vönü/ *la* geliş, gelme
ver /ver/ *le* kurt; solucan ***ver à soie*** ipekböceği ***ver de terre*** yer solucanı ***ver luisant*** ateşböceği
véranda /veranda/ *la* veranda
verbal, e, aux /verbal, o/ sözlü, ağızdan; sözel
verbe /verb(ö)/ *le, dilb.* eylem, fiil
verdict /verdik(t)/ *le* jüri kararı
verdir /verdir/ yeşermek
verdure /verdür/ *la* yeşillik
verge /verj(ö)/ *la* penis, kamış; değnek, sopa
verger /verje/ *le* meyve bahçesi
verglas /vergla/ *le (yerde)* ince buz
vergogne /vergony/ : ***sans vergogne*** utanmadan
véridique /veridik/ doğru sözlü; doğru, gerçek
vérification /verifikasyon/ *la* denetim, denetleme
vérifier /verifye/ denetlemek; doğrulamak, gerçeklemek
véritable /veritabl(ö)/ gerçek
vérité /verite/ *la* doğru, gerçek; doğruluk; içtenlik
vermeil, le /vermey/ parlak kırmızı; *le* altın yaldızlı gümüş
vermine /vermin/ *la (bit, pire gibi)* haşarat, böcek
vermout(h) /vermut/ *le* vermut
verni, e /verni/ *kd.* şanslı, talihli
vernir /vernir/ verniklemek
vernis /verni/ *le* vernik, cila ***vernis à ongles*** tırnak cilası, oje
vérole /verol/ *la* çiçek hastalığı; *kd.* frengi
verre /ver/ *le* cam; bardak; kadeh ***verres de contact*** kontaklens
verrou /veru/ *le* sürgü
verrue /verü/ *la* siğil
vers /ver/ -e doğru; *le* dize, mısra ***les vers*** şiir
versant /versan/ *le* yamaç
verse /vers(ö)/ : ***à verse*** bardaktan boşanırcasına ***il pleut à verse*** *(yağmur)* bardaktan boşanırcasına yağıyor
Verseau /verso/ *le*: ***le Verseau*** Kova *(burcu)*
versement /versöman/ *le* ödeme, para yatırma
verser /verse/ *(çay, vb.)* koymak, doldurmak; aktarmak, dökmek; ödemek; *(taşıt)* devrilmek, yuvarlanmak
version /versyon/ *la* versiyon, değişik biçim; yorum; *(anadiline yapılan)* çeviri
verso /verso/ *le (kâğıt, vb.)* arka
vert, e /ver, vert(ö)/ yeşil; taze; ham; *le* yeşil *(renk)*; çayır, çimenlik
vertébral, e, aux /vertebral, o/ omurla ilgili
vertèbre /vertebr(ö)/ *la* omur ***vertébré, e*** *s+a.* omurgalı
vertical, e, aux /vertikal, o/ düşey, dikey; *la* düşey çizgi
vertige /vertij/ *le* baş dönmesi ***vertigineux, euse*** baş döndürücü
vertu /vertü/ *la* erdem, fazilet ***vertueux, euse*** erdemli; namuslu
verve /verv(ö)/ *la* etkili konuşma; *(ifade)* canlılık
vessie /vesi/ *la* sidiktorbası, mesane
veste /vest(ö)/ *la* ceket
vestiaire /vestyer/ *le* vestiyer; soyunma odası
vestibule /vestibül/ *le* hol
vestige /vestij/ *le* kalıntı
veston /veston/ *le* ceket

vêtement /vetman/ *le* giysi, elbise ***vêtements de sport*** spor giyim
vétéran /veteran/ *le* eski asker; emektar
vétérinaire /veteriner/ veterinerlikle ilgili; *le+la* veteriner
vétille /vetiy/ *la* önemsiz şey, boş şey
vêtir /vetir/ giydirmek
veto /veto/ *le* veto ***opposer un veto à*** -ı veto etmek
vêtu, e /vetü/ : ***vêtu de*** ... giymiş
vétuste /vetüst(*ö*)/ eski, eskimiş, yıpranmış
veuf, veuve /vöf, vöv/ dul; *le* dul erkek; *la* dul kadın
veule /völ/ gevşek, cansız, zayıf
veuvage /vövaj/ *le* dulluk
vexer /vekse/ incitmek, kırmak, üzmek
viable /vyabl(*ö*)/ yaşayabilir; sürebilir, yürüyebilir
viaduc /vyadük/ *le* viyadük, köprü
viager, ère /vyaje, er/ ömür boyu
viande /vyand/ *la* et
vibration /vibrasyon/ *la* titreşim
vibrer /vibre/ titremek
vicaire /viker/ *le* papaz yardımcısı
vice /vis/ *le* kötülük; kusur
vice-consul /viskonsül/ *le* konsolos yardımcısı
vice-président, e /visprezidan, ant/ *le+la* başkan yardımcısı, ikinci başkan
vice-versa /viseversa/ karşılıklı olarak
vicieux, euse /visyö, öz/ ahlaksız, sapık; yanlış, hatalı
vicomte /vikont/ *le* vikont
victime /viktim/ *la* kurban ***être (la) victime de*** -ın kurbanı olmak
victoire /viktuar/ *la* zafer, yengi, utku ***victorieux, euse*** muzaffer, galip, utkulu
vidange /vidanj/ *la* boşaltma; *oto* yağ değiştirme; pissu borusu ***vidanger*** boşaltmak
vide /vid/ boş; *le* boşluk
vider /vide/ boşaltmak; *(kümes hayvanı, balık) (içini)* temizlemek; çok yormak, canını çıkarmak; kapı dışarı etmek, defetmek
vie /vi/ *la* yaşam, hayat; ömür
vieil /vyey/ *bkz. vieux*
vieillard /vyeyar/ *le* ihtiyar, yaşlı adam
vieille /vyey/ *bkz. vieux*
vieillesse /vyeyes/ *la* yaşlılık, ihtiyarlık
vieillir /vyeyir/ yaşlanmak; eskimek, modası geçmek
vierge /vyerj(*ö*)/ bakire, kız, erden; bakir, el değmemiş, kullanılmamış; *la* bakire ***la Vierge*** Başak *(burcu)*
vieux(vieil), vieille /vyö, vyey/ yaşlı; eski; *le+la* yaşlı *(insan) mon vieux, ma vieille kd.* dostum ***vieille fille*** *la* evde kalmış kız, kalık
vif, vive /vif, viv/ canlı, hareketli; keskin, şiddetli; kırıcı, acı, sert; parlak, büyük, derin
vigilance /vijilans/ *la* uyanıklık
vigilant, e /vijilan, ant/ uyanık
vigne /viny/ *la (üzüm)* asma; *(üzüm)* bağ
vignette /vinyet/ *la* firma markası; *(ilaçta)* fiyat etiketi
vignoble /vinyobl(*ö*)/ *le* bağlık; bağlar
vigoureux, euse /vigurö, öz/ gürbüz, güçlü kuvvetli
vigueur /vigör/ *la* güç, kuvvet, dinçlik ***entrer en vigueur*** yürürlüğe girmek ***en vigueur*** yürürlükte
vil, e /vil/ alçak, aşağılık, adi ***à vil prix*** çok düşük fiyata

V

vilain, e /vilen, en/ çirkin; aşağılık, alçak; yaramaz
villa /vila/ *la* villa, köşk
village /vilaj/ *le* köy ***villageois, e*** *le+la* köylü
ville /vil/ *la* kent, şehir
villégiature /vilejiatür/ *la* yazlığa gitme, yazlıkta oturma; yazlık
vin /ven/ *le* şarap
vinaigre /vinegr(*ö*)/ *le* sirke ***vinaigrette*** *la* sirkeli salça, Fransız sosu
vindicatif, ive /vendikatif, iv/ kinci
vingt /ven, vent/ yirmi ***vingtième*** yirminci
viol /vyol/ *le* ırza geçme; tecavüz, çiğneme
violation /vyolasyon/ *la* bozma, çiğneme; saldırma, tecavüz
violence /vyolans/ *la* şiddet; zor
violent, e /vyolan, ant/ şiddetli, sert, zorlu
violer /vyole/ ırzına geçmek, kirletmek; bozmak, çiğnemek
violet, te /vyole, et/ *s+le* mor; *la* menekşe
violon /vyolon/ *le* keman
violoncelle /vyolonsel/ *le* viyolonsel, çello ***violoncelliste*** *le+la* viyolonselist
violoniste /vyolonist(*ö*)/ *le+la* kemancı
vipère /viper/ *la, hayb.* engerek
virage /viraj/ *le (taşıt)* dönüş, dönme; dönemeç, viraj ***prendre un virage*** viraj almak
virement /virman/ *le, tic.* transfer, aktarma
virer /vire/ dönmek; *(para)* aktarmak, transfer etmek; *kd.* kovmak, kapı dışarı etmek
virginité /virjinite/ *la* bekaret, kızlık, erdenlik; el değmemişlik, dokunulmamışlık
virgule /virgül/ *la* virgül
viril, e /viril/ erkeğe özgü; erkekçe ***virilité*** *la* erkeklik; yiğitlik
virtuose /virtüoz/ *le+la* virtüoz; usta
virus /virüs/ *le* virüs
vis /vis/ *la* vida
visa /viza/ *le* vize
visage /vizaj/ *le* yüz ***visagiste*** *le+la* güzellik uzmanı
vis-à-vis /vizavi/ karşı karşıya; *le* birinin karşısındaki kimse ***vis-à-vis de*** -ın karşısında, -e karşı; -e oranla, -e göre
visée /vize/ *la* nişan *(alma)*; amaç, hedef
viser /vize/ nişan almak; göz dikmek; ilgilendirmek
visibilité /vizibilite/ *la* görünürlük; görüş uzaklığı
visible /vizibl(*ö*)/ görülebilir, görünür; belli, açık
visière /vizyer/ *la (kasket, vb.)* siper, siperlik
vision /vizyon/ *la* görme, görüş; hayal, boş düşünce
visite /vizit/ *la* ziyaret; ziyaretçi; *hek.* vizite ***rendre visite à qn*** birini ziyaret etmek
visiter /vizite/ ziyaret etmek ***visiteur, euse*** *le+la* ziyaretci
vison /vizon/ *le* vizon; vizon kürk
visser /vise/ vidalamak, döndürerek sıkıştırmak
visuel, le /vizüel/ görsel
vital, e, aux /vital, o/ hayati, yaşamsal, dirimsel; yaşam için gerekli
vitalité /vitalite/ *la* canlılık, dirilik, hayatiyet
vitamine /vitamin/ *la* vitamin
vite /vit/ hızlı, çabuk
vitesse /vites/ *la* hız; *oto.* vites ***à toute vitesse*** son hızla, tam gaz

faire de la vitesse hızlı sürmek, hız yapmak
vitrail, aux /vitray, o/ *le* vitray
vitre /vitr(*ö*)/ *la (pencere, kapı, arabada)* cam ***vitrer*** cam takmak
vitrine /vitrin/ *la* vitrin
vivace /vivas/ *(ağaç, bitki)* uzun ömürlü; dayanıklı, sağlam
vivacité /vivasite/ *la* canlılık, hareketlilik; çeviklik
vivant, e /viva**n**, a**n**t/ yaşayan, canlı ***du vivant de qn*** birinin sağlığında
vivats /viva/ *le+ç.* alkış, tezahürat
vive /viv/ yaşasın! çok yaşa!
viveur /vivör/ *le* zevk düşkünü
vivier /vivye/ *le* balık havuzu
vivre /vivr(*ö*)/ yaşamak; oturmak ***faire vivre*** geçindirmek, bakmak ***vivre de*** ile beslenmek; ile geçinmek ***vivres*** *le+ç* yiyecek, azık
vocabulaire /vokabüler/ *le* küçük sözlük; sözcük dağarcığı
vocal, e, aux /vokal, o/ sesle ilgili; *müz.* vokal
vocation /vokasyo**n**/ *la* yetenek; eğilim
vodka /vodka/ *la* votka
væu, x /vö/ *le* dilek; adak; ant
vogue /vog/ *la* rağbet, moda ***en vogue*** rağbette, moda
voguer /voge/ *(su üzerinde)* gitmek, yol almak
voici /vuasi/ işte ***voici un an*** bir yıl önce ***voici un an que*** bir yıl oluyor
voie /vua/ *la* yol ***la voie lactée*** Samanyolu ***voie ferrée*** demiryolu
voilà /vuala/ işte ***voilà un an*** bir yıl önce ***voilà un an que*** bir yıl oluyor
voile /vual/ *le* örtü, perde; peçe, tül; *la* yelken; yelkenli; *(spor)* yelkencilik
voiler /vuale/ örtmek, kapamak; gizlemek ***se voiler*** donuklaşmak; *(hava)* kapanmak, bulutlanmak
voilier /vualye/ *le* yelkenli
voir /vuar/ görmek; görüşmek ***faire voir*** göstermek ***se voir*** görülmek; görüşmek
voire /vuar/ hatta
voirie /vuari/ *la* karayolu bakımı
voisin, e /vuaze**n**, in/ komşu; yakın; *le+la* komşu
voisinage /vuazinaj/ *le* yakınlık; yöre, dolay; komşuluk
voiture /vuatür/ *la* araba, otomobil; yolcu vagonu ***voiture d'enfant*** çocuk arabası ***voiture de sport*** spor araba ***voiture d'infirme*** sakat arabası
voix /vua/ *la* ses; oy ***à haute voix*** yüksek sesle ***à voix basse*** alçak sesle
vol /vol/ *le* uçuş; hırsızlık; çalıntı *(eşya) à vol d'oiseau* dümdüz, dosdoğru ***vol à main armée*** silahlı soygun
volaille /volay/ *la* kümes hayvanı
volant, e /vola**n**, a**n**t/ uçan, uçucu; *le* direksiyon; volan
volatile /volatil/ *le (evcil)* kuş
volcan /volka**n**/ *le* yanardağ ***volcanique*** volkanik, yanardağ+
volée /vole/ *la* uçuş; *(kuş)* sürü; *(tenis)* vole
voler /vole/ uçmak; çalmak, aşırmak; soymak
volet /vole/ *le* pencere kanadı
voleur, euse /volör, öz/ *le+la* hırsız
volontaire /volo**n**ter/ istemli; iradeli; *le+la* gönüllü
volonté /volo**n**te/ *la* istenç, irade; istek ***bonne volonté*** iyi niyet ***mauvaise volonté*** kötü niyet
volontiers /volo**n**tye/ seve seve, memnuniyetle
volt /volt/ *le* volt ***voltage*** *le* voltaj

V

voltiger /voltije/ uçuşmak
volume /volüm/ *le* hacim, oylum; *(kitap)* cilt
volupté /volüpte/ *la* cinsel zevk ***voluptueux, euse*** zevk düşkünü; şehvetli; seksi
vomir /vomir/ kusmak; iğrenmek
vomissement /vomisman/ *le* kusma; kusmuk
vorace /voras/ açgözlü, obur
vos /vo/ *bkz. votre*
vote /vot/ *le* oy ***voter*** oy vermek
votre /votr(*ö*)/ *ç. vos* /vo/ sizin
vôtre /votr(*ö*)/ : ***le vôtre, la vôtre*** sizinki ***les vôtres*** sizinkiler
vouer /vue/ adamak
vouloir /vuluar/ istemek, dilemek ***en vouloir à*** -e kin beslemek; -e göz dikmek ***sans le vouloir*** istemeden ***vouloir dire*** demek istemek, anlamına gelmek
vous /vu/ siz; sizi, size; kendiniz ***vous-même*** kendiniz ***vous-mêmes*** kendiniz
voûte /vut/ *la* kemer, tonos
voûté, e /vute/ tonoslu, kubbeli; kamburlaşmış, beli bükülmüş
vouvoyer /vuvuaye/ `siz' diye hitap etmek
voyage /vuayaj/ *le* gezi, yolculuk, seyahat ***voyage de noces*** balayı ***voyage organisé*** grup turu, paket tur
voyager /vuayaje/ gezmek, seyahat etmek ***voyageur, euse*** *le+la* seyahat eden kimse; yolcu
voyant, e /vuayan, ant/ göz alıcı, dikkat çekici; *la* falcı *(kadın)*
voyelle /vuayel/ *la, dilb* ünlü, sesli harf
voyeur, euse /vuayör, öz/ *le+la* dikizci, röntgenci
voyeurisme /vuayör, öz/ *le* dikizcilik, röntgencilik
voyou /vuayu/ *le* serseri, it, kabadayı; sokak çocuğu, fırlama
vrac (en) /anvrak/ açık, ambalajsız, dökme
vrai, e /vre/ doğru, gerçek ***à vrai dire*** doğrusunu söylemek gerekirse ***êtra dans le vrai*** haklı olmak ***pas vrai?*** öyle değil mi?
vraiment /vreman/ gerçekten ***vraiment?*** öyle mi?, sahi mi?
vraisemblable /vresanblabl(*ö*)/ gerçeğe benzer; olası, muhtemel
vraisemblance /vresanblans/ *la* gerçeğe benzerlik
vrombir /vronbir/ vınlamak, vızlamak
vu /vü/ göz önüne alındığında ***vu que*** -diği için
vue /vü/ *la* görme, görüş; görünüm, manzara; görüş, düşünce
vulgaire /vülger/ kaba, bayağı, adi; halka özgü ***vulgarité*** kabalık, bayağılık, adilik
vulnérable /vülnerabl(*ö*)/ yaralanabilir

W

wagon /vagon/ *le* vagon ***wagon-lit*** *le* yataklı vagon ***wagon-poste*** *le* posta vagonu ***wagon-restaurant*** *le* yemekli vagon
waters /uater/ *le+ç.* tuvalet
watt /uat/ *le* vat
week-end /uikend/ *le* hafta sonu
western /uestern/ *le* kovboy filmi
whisky, *ç. whiskies* /uiski/ *le* viski

X

xénophobe /ksenofob/ *le+la* yabancı düşmanı
xylophone /ksilofon/ *le* ksilofon

Y

y /i/ oraya, orada; onu, ona
yacht /yot/ *le* yat
yaourt /yaurt/ *le* yoğurt
yeux /yö/ *bkz.* æil
yoga /yoga/ *le* yoga

Z

zèbre /zebr(*ö*)/ *le* zebra
zèle /zel/ *le* çaba, gayret, şevk ***zélé, e*** gayretli, şevkli
zéro /zero/ *le* sıfır
zeste /zest(*ö*)/ *le (portakal, vb.)* kabuk
zézayer /zezeye/ peltek konuşmak
zibeline /ziblin/ *la* samur; samur kürk
zigzag /zigzag/ *le* zikzak ***zigzaguer*** zikzak yapmak
zinc /zeng/ *le* çinko; tezgâh, bar
zodiaque /zodyak/ *le* Zodyak, burçlar kuşağı
zone /zon/ *la* bölge; kuşak
zoo /zoo/ *le* hayvanat bahçesi
zoologie /zooloji/ *la* hayvanbilim, zooloji ***zoologique*** zoolojik ***zoologiste*** *le+la* zoolog, hayvanbilimci
zut /züt/ tüh! tüh be!

TURC - FRANÇAIS
TÜRKÇE- FRANSIZCA

A

aba bure, feutre ***abayı yakmak*** tomber amoureux, s'éprendre de qn, s'amouracher de qn
abajur abat-jour
abanmak s'appuyer sur, se coucher sur
abanoz ébène
abartı exagération
abartmak exagérer
abece alphabet
abecesel alphabétique
abes absurde, inutile, vain
abide monument
abla sæur ainée
ablak joufflu
abluka blocus ***ablukaya almak*** bloquer ***ablukayı kaldırmak*** lever le blocus
abone abonné ***abone olmak*** s'abonner ***abone ücreti*** prix d'abonnement
abonman abonnement ***abonman kartı*** carte d'abonment
aborda abord
abstre abstrait
abuk sabuk absurde, absurdités, divagation, galimatias, élucubration ***abuk sabuk konuşmak*** parler pour ne rien dire
abur cubur aliments, indigestes, absorbés à fort et à travers ***abur cubur sözler*** paroles incohérentes
acaba exprime la curiosité, ou l'interrogation: vous croyez? ***acaba nerede?*** où peut-il être?
acar énergique, turbulent, entreprenant
acayip étonnant, étrange, drôle, bizarre, incroyable, impossible
acele hâte, urgence, empressement ***acele etmek*** se dépêcher, se hâter ***acele işe şeytan karışır*** hâte-toi lentement ***acelesi olmak*** avoir hâte de, être pressé
aceleci pressé
acemi inexpérimenté, débutant, apprenti ***acemi çaylak*** blanc-bec ***acemi er*** recrue
acemilik noviciat, maladresse, inexpérience ***acemilik çekmek*** souffrir d'inexpérience
acente agence, agent, représentant
acı amer, triste, pénible, douloureux; deuil, souffrance, souci, affliction ***acı çekmek*** souffrir ***acı çektirmek*** tourmenter ***acı vermek*** affliger, éprouver ***acısını çıkarmak*** venger, se venger de ***acısını çekmek*** se repentir
acıbadem amande amére
acıklı triste, lugubre, attendrissant
acıkmak avoir faim, être affamé
acılaşmak devenir âcre, rancir
acılı amer, piquant; douloureux, triste, en deuil
acılık amertume; aigreur, âcreté
acıma pitié, compassion, commisération; action de rancir
acımak faire mal, avoir mal; avoir pitié, plaindre; prendre une saveur amère
acımasız impitoyable, cruel, inflexible
acımasızlık atrocité, cruauté
acımtırak un peu amer
acınacak digne de pitié, regrettable, pitoyable
acındırmak se faire plaindre
acıtmak faire mal, endolorir
acil pressé, urgent, rapide ***acil servis*** service d'urgence

acilen rapidement, immédiatement
aciz impuissance, incapacité
âciz impuissant, incapable ***âciz kalmak*** n'en pouvoir plus
âcizane incapablement
aç affamé, famélique ***aç açına*** sur un estomac vide ***aç bırakmak*** donner faim à qn, mettre qn sur sa faim ***aç kalmak*** rester sur sa faim ***aç karnına*** sans rien manger, à jeûn ***aç susuz*** sans manger ni boire ***acından ölmek*** mourir de faim, crever de faim
açacak tire-bouchon
açalya azalée
açgözlü glouton, gourmand, insatiable, vorace
açgözlülük gloutonnerie, gourmandise, voracité, insatiabilité
açı angle ***açısından*** au regard de
açık ouvert, découvert, clair, distinct; libre, vacant, déficit ***açık açık*** ouvertement, franchement ***açık artırma*** adjudication publique ***açık çek*** chèque en blanc ***açık deniz*** haute mer ***açık eksiltme*** adjudication ***açık elli*** généreux ***açık fikirli*** franc, franche ***açık hava*** temps clair ***açık havada*** en plein air, à ciel ouvert ***açık kalpli olmak*** parler franchement ***açık konuşmak*** parler franchement ***açık oturum*** audience publique ***açık saçık*** indécemment vêtu; croustillant, gaillard, grivois, obscène ***açığa vurmak*** divulger, manifester
açıkça ouvertement, franchement, clairement ***açıkça belirtmek*** formuler, stipuler
açıkçası à proprement parler
açıkgöz roublard, malin
açıklama explication, commentaire, éclaircissement
açıklamak expliquer, clarifier, déclarer, exposer, illustrer, initier
açıklık clarté
açıksözlü franc, expansif
açıksözlülük franc-parler
açıktan sans zèle, extra
açıktohumlular gymnospermes
açılım déclinaison
açılış ouverture, commencement
açılmak être ouvert, s'ouvrir, éclore; prendre la large
açımlamak élucider, éclaircir, expliquer
açındırmak développer
açınmak se développer
açınsamak explorer
açıortay bissectrice
açkı polissage; clé
açlık faim, famine ***açlık çekmek*** souffrir de famine ***açlık grevi*** grève de la faim ***açlıktan ölmek*** mourir d'inanition
açmak ouvrir; déboucher; défaire; aller bien
açmaz *mec.* impasse
ad nom, appellation ***ad koymak/takmak*** donner le nom à qn ***adı çıkmak*** être malfamé, avoir de mauvaise réputation ***adı geçen/anılan*** mentionné ***adına*** au nom de ***adını anmak*** parler de qn
ada île, îlot
adabımuaşeret savoir-vivre
adaçayı sauge
adak offrande, vœu
adalı insulaire
adale muscle
adaleli musculeux, musclé
adalet justice ***Adalet Bakanı*** ministre de la justice ***Adalet Bakanlığı*** ministère de la justice
adaletli juste
adaletsiz inique, injuste

adaletsizlik iniquité, injustice
adam homme, être humain, individu ***adam başına*** par personne ***adam beğenmemek*** ne pas être content des hommes ***adam çekiştirmek*** médire de qn ***adam değiştirme*** échange d'homme ***adam etmek*** faire l'éducation de qn, élever ***adam gibi*** correctement, franchement ***adam içine çıkmak*** paraître parmi les hommes ***adam olmak*** s'instruire bien ***adam öldürmek*** tuer qn ***adam sarrafı*** qui connait bien le caractère des hommes ***adam tutmak*** protéger qn, prendre qn à son service; *sp.* marquer qn ***adamdan saymak*** avoir égard à qn, considérer, respecter
adamak faire væeu, promettre
adamakıllı convenablement, richement
adamcıl misanthrope
adamotu mandragore
adamsendecilik indifférence
adap bienséance, bonnes mæurs, convenances, savoir-vivre
adaptasyon adaptation
adapte adapté ***adapte etmek*** adapter ***adapte olmak*** s'adapter *(à)*
adaptör adaptateur
adaş homonyme, celui qui porte le même nom qu'un autre
adatavşanı lapin
aday candidat, postulant ***aday adayı*** candidat nominatif
adçekme tirage au sort
adçekmek tirer au sort
addetmek considérer, regarder comme, prendre pour
Adem adam
âdemoğlu les hommes, le genre humain
adet nombre
âdet coutume, habitude; menstrues règles ***âdet haline gelmek*** être passé en coutume ***âdet görmek*** avoir ses règles, les menstrues ***âdetten kesilmek*** avoir sa ménopause ***âdet yerini bulsun diye*** par pure forme
âdeta médiocrement, pas beaucoup, comme si, on aurait dit, apparement, pour ainsi dire
adıl *dilb.* pronom
adım pas, enjambée ***adım adım*** pas à pas ***adım atmak*** faire un pas ***adım başı(nda)*** à chaque pas ***adımlarını açmak*** marcher vite
adımlamak arpenter
adi bas, banal, de qualité inférieure ***adi alacak*** créance chirographaire ***adi iflas*** faillite simple ***adi mektup*** lettre ordinaire ***adi şirket/ortaklık*** compagnie/association simple
adil juste, équitable
adilane équitablement
adilik vulgarité, banalité, vacherie
adlandırmak nommer
adli judiciaire, juridique ***adli hata*** erreur juduciaire ***adli makam*** autorité judiciaire ***adli sicil*** casier judiciaire ***adli tıp*** médecine légale ***adli yıl*** année judiciaire
adliye administration de la justice ***adliye sarayı*** palais de justice
adres adresse ***adres değiştirmek*** changer d'adresse
adsız anonyme ***adsız kahraman*** héros inconnu
aerodinamik aérodynamique
aerosol aérosol
af pardon, grâce; amnistie ***af buyurunuz*** je vous demande pardon ***af dilemek*** demander pardon ***affa***

uğramak être amnistié
afacan vif, espiègle
afacanlık espièglerie
afallamak, afallaşmak être ahuri, ébahi
aferin bravo!, très bien; bon point ***aferin almak*** recevoir une bonne note
afet fléau, calamité, cataclysme, catastrophe, malheur
afetzede sinistré
affetmek excuser, pardonner, grâcier; remercier ***affedersiniz*** excusez-moi, je vous demande pardon, pardon
Afgan afghan
Afganca afghan
afiş affiche, placard
afiyet bien-être, santé ***afiyet olsun*** bon appétit
aforoz excommunication ***aforoz etmek*** excommunier
Afrika l'Afrique
Afrikalı africain
afsun ensorcellement, enchantement, magie, sorcellerie
afyon opium
afyonkeş opiomane
agrandisman agrandissement
agrandisör agrandisseur
ağ filet, rêts, résille; réseau; piège ***ağ çekmek*** relever les filets ***ağına düşürmek*** faire tomber dans ses rêts, tromper, séduire
ağa personne notable d'un village; père; maître
ağabey frère aîné
ağaç arbre; bois, de bois ***ağaç budamak*** tailler l'arbre ***ağaç gövdesi*** trone ***ağaç kabuğu*** écorce d'arbre ***ağaç yaş iken eğilir*** il faut courber l'arbre quand il est jeune
ağaççileği framboise
ağaçkakan pic, pivert
ağaçkavunu cédrat
ağaçlık boisé; bocage, bosquet
ağarmak devenir blanc ou gris, blanchir, se lever
ağartmak blanchir
ağda sirop dépilatoire épais et visqueux formé de sucre fondu, caramel, mélasse raisiné ***ağda yapmak*** enduire la peau de visqueux pour l'épilation
ağdalı pompeux, grandiloquent
ağı poison, venin
ağıl étable, bergerie, parc à bétail
ağılamak empoisonner
ağılanmak être empoisonné
ağılı toxique, venimeux, vénéneux
ağılıböcek carabe
ağınmak se rouler sur la terre
ağır lourd, pesant; difficile, pénible; grave; lent, digne, vénérable, respectable ***ağır ağır*** lentement ***ağır basmak*** peser, prédominer, prévaloir ***ağır ceza mahkemesi*** cour d'assises ***ağır davranmak*** procéder lentement, faire lentement ***ağır hapis cezası*** peine de réclusion ***ağır hasta*** gravement malade ***ağır iş*** travail pénible ***ağır işitmek*** être dur d'oreille ***ağır kayıp*** grosse perte ***ağır sanayi*** industrie lourde ***ağır suç*** crime, forfait ***ağır yaralı*** grièvement blessé ***ağır yük*** lourde charge
ağırbaşlı sérieux, grave
ağırbaşlılık dignité, gravité
ağırlamak faire à un hôte les honneurs de sa maison
ağırlaşmak s'alourdir; s'aggraver; ralentir
ağırlık poids, pesanteur, gravité; sérieux, lenteur; bagages, dot ***ağırlık merkezi*** centre de gravité

ağırlık ölçüleri mesures de poids
ağırsıklet poids lourd
ağıt chant funèbre, élègie, complainte
ağız bouche; *(kedi, köpek)* gueule; (şişe, vb.) goulot; (bıçak, vb.) tranchant, fil; ouverture; *coğ.* embouchure ***ağız açtırmamak*** empêcher de parler ***ağız dolusu*** à pleine gorge ***ağız kalabalığı*** un flot de paroles ***ağız kokusu*** mauvaise haleine ***ağız tadı*** tranquillité; confort ***ağızdan ağıza dolaşmak*** aller de bouche en bouche ***ağzı bir karış açık kalmak*** rester bouche bée ***ağzı bozuk*** grossier ***ağzı gevşek*** bavard ***ağzı küfürlü olmak*** avoir l'injure à la bouche ***ağzı sıkı*** discret, secret ***ağzı var dili yok*** taciturne ***ağzına kadar*** à ras bords ***ağzından kaçırmak*** lâcher ***ağzından baklayı çıkarmak*** lâcher le morceau ***ağzını aramak*** tâter le terrain ***ağzını bozmak*** insulter, injurier ***ağzını burnunu kırmak*** casser les dents à qn ***ağzını tutmak*** tenir sa langue ***ağzının suyu akmak*** avoir l'eau à la bouche ***ağzının suyunu akıtmak*** faire venir l'eau à la bouche ***ağzının tadı kaçmak*** perdre sa tranquillité ***ağzınızı toplayınız*** ménagez vos paroles
ağızbirliği union, réunion ***ağızbirliği etmek*** s'unir, se concerter
ağızlık fume-cigarette
ağlamak pleurer, larmoyer, pleurnicher ***ağlayıp sızlamak*** se lamenter
ağlamaklı pleurard, pleurnicheur
ağlaşmak pleurer ensemble
ağlatı tragédie
ağlatmak faire pleurer
ağrı douleur, peine, chagrin, mal, souffrance
Ağrı dağı Mont Ararat
ağrımak avoir mal
ağrısız indolent, indolore
ağrıtmak faire mal, causer de la douleur
ağtabaka rétine
ağustos août
ağustosböceği cigale
ah! ah! ***ah çekmek*** gémir, soupirer ***ahı tutmak*** être maudit
ahali habitant, population
ahbap ami, amie
ahbaplık amitié
ahdetmek faire voeu, jurer, être résolu
ahenk harmonie, concordance, accord
ahenkli mélodieux
ahenksiz inharmonieux
aheste lentement, doucement ***aheste gitmek*** aller lentement
ahır écurie, étable
ahit consentement, serment
ahize récepteur
ahkâm décisions, dispositions, conclusions ***ahkâm kesmek*** décider arbitrairement
ahlak morale, mæurs, conduite, caractère ***ahlak bozulması*** démoralisation ***ahlak kuralları*** les règles de morale ***ahlak zabıtası*** police des mæurs ***ahlaka aykırı*** immoral ***ahlakını bozmak*** corrompre, démoraliser, dépraver
ahlakbilim morale
ahlakçı moraliste
ahlaki moral, éthique
ahlaksız immoral, impur
ahlaksızca immoralement
ahlaksızlık immoralité
ahlat poire sauvage

ahmak bête, sot, stupide, imbécile
ahmaklık bêtise; sottise
ahret l'autre monde ***ahreti boylamak*** mourir
ahşap en bois, de bois
ahtapot poulpe, pieuvre
ahu gazelle
ahududu framboise
aidat cotisation, quote-part ***aidatını ödemek/vermek*** payer sa cotisation
aile famille ***aile bireyleri/fertleri*** membres de la famille ***aile çevresi*** cercle de la famille ***aile planlaması*** planning familial ***aile reisi*** chef de famille ***aile zammı*** allocation familiale
ailevi familial
ait appartenant, concernant, relatif ***ait olmak*** appartenir être à, concerner, se rapporter à
ajan agent
ajanda agenda
ajans agence
ak blanc ***ak saçlı*** aux cheveux blancs ***akla karayı seçmek*** passer un mauvais quart d'heure
akaç drain
akaçlama drainage
akaçlamak drainer
akademi académie ***akademi üyesi*** académicien
akademik académique
akağaç bouleau blanc
akaju acajou
akanyıldız étoile filante
akarsu eau courante
akaryakıt carburant
akasya acacia
akbaba vautour
akciğer poumon
akça blanchâtre
akçaağaç érable
Akdeniz la Méditerranée
akdetmek conclure, contracter
akdiken aubépine
akıbet fin, dénouement, issue, sort
akıcı coulant, courant, fluide ***akıcı üslup*** style coulant, aisé
akıcılık facilité
akıl raison, entendement, intelligence, esprit, idée ***akıl almak/danışmak*** consulter qn ***akıl almaz*** inimaginable ***akıl hastanesi*** maison de santé ***akıl hastası*** aliéné, malade mental ***akıl hocası*** mentor, ami intime ***akıl kârı değil*** c'est insensé ***akla uygun*** conforme à la raison ***aklı başına gelmek*** devenir raisonnable ***aklı başında*** avisé, conséquent, judicieux ***aklı başında olmak*** avoir toute sa raison ***aklı yatmak*** croire à la possibilité de ***aklıma gelmişken*** à propos ***aklına gelmek*** venir à l'esprit ***aklında kalmak*** ne pas oublier ***aklından çıkarmak*** bannir de sa mémoire ***aklını çelmek*** séduire, égarer ***aklını kaybetmek*** perdre la raison
akılcı rationaliste
akılcılık rationalisme
akıldışı irrationnel
akıllanmak retourner à la raison, à la bonne voie
akıllı raisonnable, intelligent
akıllılık sagesse, bon sens ***akıllılık etmek*** agir avec sagesse
akılsız déraisonnable, stupide
akılsızlık stupidité, bêtise ***akılsızlık etmek*** faire une bêtise
akım courant, tendance
akın incursion, raid; invasion, afflux ***akın etmek*** envahir, affluer
akıntı courant; pus, suppuration
akış écoulement, courant, circula-

tion, course, marche
akışkan fluide, liquide
akıtmak laisser couler, faire couler lentement, verser goutte à goutte
akide croyance, foi, dogmes, conviction
akik agate, cornaline
akis reflet, écho; répercussion
akkan lymphe
akkavak peuplier blanc
akkor incandescent
aklama acquisition
aklamak acquérir
aklanmak être acquis
aklık blancheur, blanc
aklıselim bon sens
akmadde substance blanche
akmak couler, goutter
akordeon accordéon
akort accord ***akort etmek*** accorder
akraba parent
akrabalık parenté
akran égal
akreditif lettre de crédit
akrep scorpion; petite aiguille d'une montre ***Akrep (burcu)*** le Scorpion
akrobasi acrobatie
akrobat acrobate
akrobatik acrobatique
aks essieu
aksak boiteux
aksaklık claudication
aksam parties, parts, pièces
aksamak boîter, être boîteux
aksan accent
aksatmak estropier; paralyser; retarder, arrêter, gêner, empêcher
aksesuar accessoires
aksırık éternuement
aksırmak éternuer
aksi opposé; contraire; inverse; adverse ***aksi halde*** autrement; sinon ***aksi tesir*** retroaction ***aksi tesadüf*** infortune ***aksini söylemek*** contredire
aksilik obstacle, difficulté ***aksilik çıkmak*** avoir de la difficulté ***aksilik etmek*** faire des difficultés
aksine au contraire
aksiyon axiome
aksu *hek.* cataracte
akşam soir, soirée ***akşam gazetesi*** journal du soir ***akşam karanlığı*** crépuscule ***akşam oluyor*** le jour baisse ***akşam üzeri*** au soir tombant ***akşam yemeği*** dîner ***akşam yıldızı*** étoile du berger ***akşama doğru*** vers le soir
akşamcı buveur du soir
akşamlamak rester jusqu'au soir
akşamleyin le soir
akşamüstü au soir tombant
akşın albinos
aktar droguiste
aktarıcı tireur, transmetteur, passeur
aktarma transbordement ***aktarma yapmak*** changer
aktarmak transborder, changer
aktarmalı transbordable
aktarmasız direct
aktif actif
aktör acteur
aktöre moral
aktris actrice
aktüalite actualité
aktüel actuel
akupunktur acuponcture, acupuncture
akustik acoustique
akümülatör accumulateur
akvaryum aquarium
akyuvar leucocyte, globule blanc
al rouge, vermeil ***al basmak*** avoir un cauchemar ***al kanlara boyanmak*** devenir rouge sang ***al san-***

cak le drapeau turc
ala divers couleur; bariolé; multicolore
alabalık truite
alabanda les flancs d'un vaisseau ***alabanda iskele*** babord-toute ***alabanda sancak*** tribord-toute
alabora *den.* renversement ***alabora etmek*** chavirer, retourner ***alabora olmak*** verser, capoter, chavirer
alaca bariolé, bigarré, tacheté, divers couleur ***alaca bulaca*** multicolore
alacak créance
alacaklı créancier
alacalanmak devenir multicolore
alacalı bariolé, diapré, panaché
alafranga européen, à l'européenne
alageyik daim
alaka rapport, relation, intérêt ***alaka göstermek*** s'intéresser
alakadar intéressé ***alakadar etmek*** intéresser
alakalanmak s'intéresser
alakarga choucas
alamet signe, marque, indice; caractère, symptôme ***alameti farika*** marque déposée
alan surface, superficie, place ***alan talan etmek*** entremêler, confondre
alarm alarme
alaşağı etmek renverser, arracher, démolir
alaşım mélange, alliage
alaturka à la turque ***alaturka müzik*** musique turque
alavere intrigue, tromperie ***alavere dalavere çevirmek*** former en secret de mauvais desseins
alay *ask.* régiment; cortège; moquerie, raillerie, ironie ***alay alay*** en foule ***alay etmek*** se moquer de qn
alaycı railleur, moqueur
alaylı dérisoire, ironique, sarcastique
alaz flamme
albastı fièvre puerpérale
albay colonel
albeni charme, grâce
albüm album
albümin albumine
alçak bas, peu élevé, mal élevé ***alçak sesle*** à voix basse, à mi-voix
alçakça assez bas, peu élevé
alçakgönüllü humble, modeste, soumis
alçakgönüllülük humilité, modestie
alçaklık bassesse, vilenie
alçalmak s'abaisser, s'affaisser, s'incliner, baisser, diminuer; se déshonorer, s'humilier, s'avilir
alçaltmak baisser, abaisser, diminuer, dégrader, humilier, avilir
alçı plâtre, gypse, bande plâtrée ***alçıya almak/koymak*** plâtrer
alçıtaşı pierre à plâtre
aldanmak se tromper, faire erreur, s'iliusionner, s'abuser
aldatıcı trompeur
aldatılmak être trompé
aldatmaca tromperie, fraude, imposture, tricherie
aldatmak tromper, induire en erreur; duper, séduire, enjôler, leurrer
aldırış souci ***aldırış etmemek*** ne se soucier de rien
aldırmak faire prendre, faire acheter, se soucier
aldırmazlık indifférence ***aldırmazlıktan gelmek*** montrer de l'indifférence
alelacele vite, promptement
alelade ordinaire, habituel
alem drapeau, bannière

âlem monde, univers; amusement ***âlem yapmak*** s'amuser
alenen publiquement, en public
aleni public
alerji allergie
alerjik allergique
alet outil, instrument ***alet sandığı*** boite à outils ***alet olmak*** devenir l'instrument
alev flamme ***alev almak*** prendre feu
alevi partisan de Ali
alevilik alisme
alevlendirmek enflammer, mettre en feu
alevlenmek s'enflammer
aleyh contre, défavorable ***aleyhinde konuşmak*** dire du mal de qn ***aleyhinde olmak*** être opposé à ***aleyhine*** au préjudice de
aleyhtar opposant
alfabe alphabet
alfabetik alphabétique
algı perception
algılamak percevoir
algılanmak être perçu
alıcı acheteur, preneur, client, destinataire; radio-récepteur ***alıcı gözüyle bakmak*** examiner avec attention ***alıcı kuş*** oiseau de proie
alık stupide, étourdi, nigaud, sot
alıkoymak tenir, empêcher, retarder, retenir; garder, protéger, conserver
alım achat, acquisition, emplette; charme, attrait, grâce ***alım gücü*** pouvoir d'achat ***alım satım*** achat et vente
alımlı attractif
alın front ***alın teriyle kazanmak*** gagner à la sueur de son front ***alnı açık olmak*** avoir le front haut
alındı reçu
alıngan susceptible, sensible
alınganlık susceptibilité, sensibilité
alınlık fichu, mouchoir
alınmak se formaliser, se fâcher, se froisser ***alındığını bildirmek*** *tic.* accusser réception
alıntı citation
alınyazısı destin, sort
alışık accoutumé, habitué
alışkanlık habitude, coutume
alışmak s'accoutumer, s'habituer
alıştırma exercice, entraînement
alıştırmak accoutumer, habituer, familiariser; instruire, dresser; apprivoiser
alışveriş achat et vente, commerce, emplettes ***alışveriş etmek*** faire des achats
alimallah au nom de Dieu! par Dieu, ma foi
alize vent tropical, alizé ***alkış*** acclamations, applaudissement
alkışlamak acclamer, applaudir
alkol alcool
alkolik alcoolique
alkolizm alcoolisme
alkollü alcoolisé ***alkollü içki*** boisson alcoolisée
Allah Dieu ***Allah Allah*** oh! mon Dieu ***Allah aşkına*** au nom de Dieu ***Allah bağışlasın/korusun*** (que) Dieu protège ***Allah belanı versin*** va-t-en au diable ***Allah bilir*** Dieu le sait ***Allah büyüktür*** Dieu est grand ***Allah kısmet ederse*** Plût à Dieu ***Allah ne muradınız varsa versin*** Dieu vous entende ***Allah rahmet eylesin*** Dieu ait son âme ***Allah saklasın*** Que Dieu m'en garde ***Allah sizi korusun*** Dieu vous bénisse ***Allah yardımcınız olsun*** Dieu soit avec vous ***Allaha şükür*** Dieu merci ***Allahtan*** par Dieu ***Allahtan bul-***

sun Dieu le punisse ***Allahtan kork*** aie peur de Dieu
allahaısmarladık au revoir, adieu
allahlık sans ressource, pauvre
allahsız athée
allak bullak désordonné, troublé ***allak bullak etmek*** bouleverser ***allak bullak olmak*** être bouleversé, troublé
allık rougeur
almaç récepteur
almak prendre, obtenir, recevoir, accepter, saisir, emporter, manger, boire, ôter, faire,
Alman allemand
Almanca allemand
Almanya Allemagne
almanak almanach
almaş alternative
almaşık alternatif, alternant
alo allô!
alt bas, dessous, partie inférieure ***alt alta üst üste*** l'un sur après l'autre ***alt basamak*** la marche du bas ***alt etmek*** vaincre ***alta doğru*** en bas ***altına*** dessous, sous ***altına kaçırmak*** pisser dans la culotte ***altında*** au-dessous, dessous, sous ***altını çizmek*** souligner ***altını üstüne getirmek*** bouleverser ***altta*** dessous ***alttan*** par-dessous ***alttan almak*** répondre humblement
altbölüm sous-section, sous-division
altcins sous-espèce
altçene mâchoire inférieure
altderi derme
altgeçit passage souterrain
altı six
altıgen héxagone
altın or; d'or ***altın bilezik*** bracelet d'or ***altın çağı*** époque d'or ***altın kaplama*** dorure ***altın topu gibi olmak*** être beau, avoir une excellente santé
altınsuyu eau régale
altıntop pamplemousse
altıpatlar pistolet à six coups
altışar une demie douzaine
altlık support, sous-main
altmış soixante
altmışıncı soixantième
altsınıf sous-classe
alttakım sous-ordre
alttür sous-espèce
altüst sens dessus dessous ***altüst etmek*** mettre qch sens dessus dessous ***altüst olmak*** être sens dessus dessous
altyapı infrastructure
altyapısal infrastructural
altyazı légende, sous-titre
alüminyum aluminium
alüvyon alluvion
alyans bague de fiançailles
alyuvar globule rouge, érithrocyte
ama mais, cependant, pourtant
âmâ aveugle
amaç désir, but ***amacına erişmek*** atteindre son but
amaçsız sans but
aman aïe, au secours, pour l'amour du Ciel, de grâce ***aman dilemek*** demander pardon ***aman vermek*** épargner quelqu'un
amatör amateur
ambalaj emballage, paquetage ***ambalaj kâğıdı*** papier d'emballage ***ambalaj yapmak*** emballer, empaqueter
ambar magasin, entrepôt, dépôt, grenier
ambargo embargo
ambarlamak emmagasiner
amber ambre

amblem emblème, insigne
ambulans ambulance
amca oncle
amel acte, action, travail; diarrhée ***amel olmak*** avoir la diarrhée
amele ouvrier
ameli pratique
ameliyat opération ***ameliyat masası*** table d'opération ***ameliyat olmak*** se faire opérer
ameliyathane salle d'opération
Amerika Amérique ***Amerika Birleşik Devletleri, ABD*** États-Unis d'Amérique, EUA
Amerikalı, Amerikan américain; Américain
ametal non-métallique
amfiteatr amphithéâtre
âmin amen, ainsi soit-il
amip amibe
amir maître, directeur, supérieur, chef
amiral amiral
amiyane vulgaire, vulgairement
amma *bkz.* ama
amme public ***amme hizmeti*** service public ***amme hukuku*** droit public
amonyak ammoniaque
amorti amortissement, mise récupérée d'un billet de loterie
amortisman amortissement
amortisör amortisseur
amper ampère
ampermetre ampèremètre
amplifikatör amplificateur
ampul ampoule
amut perpendiculaire
amyant amiante
an instant, moment
ana mère, principale ***ana baba*** parents ***ana baba günü*** jour de résurrection; cohue, grande foule ***ana kucağı*** sein maternel ***anadan doğma*** complètement nu(e) ***anasından emdiği süt burnundan gelmek*** suer sang et eau ***anasının gözü*** bien rusé
anaarı reine des abeilles
anaç expérimenté, expert, arrivé à sa croissance
anadili langue maternelle
Anadolu Anatolie
anaerkil matriarcal
anafor tourbillon
anaforcu parasite, pique-assiette
anahtar clef, clé; chiffre
anahtarlık porte-clefs
anakara continent
analık maternité
analitik analytique
analiz analyse ***analiz etmek*** analyser
anamal fonds
anamalcı capitaliste
anamalcılık capitalisme
ananas ananas
anane tradition
ananevi traditionnel
anaokulu école maternelle
anarşi anarchie
anarşist anarchiste
anason anis
anatomi anatomie
anatomik anatomique
anavatan pays natal
anayasa constitution
anayasal constitutionnel
anayol grande-route
anayön point cardinal
ancak ne... que, seulement, à peine, juste, mais
andaç souvenir
andavallı cloche, croquant
andırmak rappeler, ressembler, tenir de
anestezi anesthésie

angaje engagé ***angaje olmak*** s'engager
angarya corvée
Anglosakson anglo-saxon
angut sot, niais
anı mémoire, souvenir
anılmak être rappelé, remémoré
anımsamak se souvenir de, se rappeler
anımsatmak rappeler, évoquer
anırmak braire
anıt monument
anıtkabir mausolée d'Atatürk
anıtsal monumental
anız chaume
ani imprévu, soudain, brusque
anjin angine
anket enquête ***anket yapmak*** faire une enquête, enquêter
anlak intelligence
anlam signification, acception ***anlamına gelmek*** impliquer, signifier, vouloir dire
anlamak entendre, comprendre, saisir, concevoir, savoir
anlambilim sémantique
anlamdaş synonyme
anlamlı signifiant
anlamsız insignifiant
anlaşılır compréhensible, intelligible, clair, précis
anlaşılmak apparaître, se comprendre, être compris
anlaşılmaz incompréhensible
anlaşma entente, arrangement, accord, contrat
anlaşmak se comprendre, s'entendre, s'arranger ***anlaştık*** tope-la! topez-la! entendu!
anlaşmazlık désaccord, malentendu, mésentente
anlatı narration
anlatılmak faire comprendre, expliquer, raconter, conter, dire, rapporter
anlatmak conter, expliquer, exprimer, narrer, raconter, rapporter, réciter, traduire, énoncer
anlayış compréhension, intelligence
anlayışlı intelligent, compréhensif, perspicace
anlayışsız incompréhensif
anlayışsızlık sottise, incompréhension, stupidité
anlık intellect
anma commémoration ***anma töreni*** commémoration
anmak se souvenir, évoquer, penser à, commémorer
anne mère ***anneler günü*** fête des mères
anneanne grand-mère
anonim anonyme ***anonim şirket*** société anonyme
anorak anorak
anormal anormal
anot anode
ansızın soudain, soudainement, inopinément, à l'improviste ***ansızın gelmek*** arriver à l'improviste
ansiklopedi encylopédie
ansiklopedik encyclopédique
ant serment, promesse, væu ***ant içmek*** jurer
Antarktika l'Antarctique
anten antenne
antepfıstığı pistache
antet en-tête
antibiyotik antibiotique
antidemokratik antidémocratique
antika antique, antiquités, drôle, bizarre, excentrique
antikacı antiquaire
antilop antilope
antipati antipathie
antipatik antipathique

antiseptik antiseptique
antitez antithèse
antlaşma traité, pacte, convention, accord
antoloji anthologie
antrasit anthracite
antre entrée
antrenman entraînement ***antrenman yapmak*** faire de l'entraînement
antrenör entraîneur
antropolog anthropologue
antropoloji anthropologie
anüs anus
apaçık tout à fait ouvert, tout à fait évident, clair comme le jour, clair comme de l'eau de roche
apandis appendice
apandisit appendicite
apansızın soudain
apartman maison, bâtiment, bâtisse
apar topar en toute hâte
apayrı tout à fait different
aperitif apéritif
apış la fourche des jambes
apışmak *arg.* perdre contenance ***apışıp kalmak*** rester indécis
aplik applique
apolet épaulette
apostrof apostrophe
apse abcès
aptal sot, stupide
aptalca déraisonnable, inepte
aptallaşmak devenir stupide
aptallık sottise, bêtise ***aptallık etmek*** faire des bêtises
aptes ablution ***aptes almak*** faire ses ablutions ***aptes bozmak*** aller au cabinet
apteshane cabinets d'aisance, water-closet
ar are *100 m2*
ar honte ***ar damarı çatlamak*** avoir toute honte bue
ara distance, intervalle ***ara bozmak*** semer la discorde ***ara bulmak*** reconcilier ***ara sıra (arada sırada)*** de temps à autre, parfois, de temps en temps ***ara sokak*** rue adjacente ***ara vermek*** espacer, interrompre ***arada bir*** parfois ***arası açık/bozuk olmak*** avoir de mauvais rapports ***araya almak*** entourer ***araya girmek*** intercéder, intervenir
araba véhicule, voiture; automobile ***araba vapuru*** bac
arabacı cocher
arabesk arabesque
arabozan agitateur
arabulucu pacificateur, qui travaille pour la paix
arabuluculuk médiation
aracı médiateur, intermédiaire
aracılık médiation, entremise
araç moyen, procédé
arakesit ligne de démarcation
araklamak voler, dérober, chiper
aralamak espacer, entrebâiller, entrouvrir
aralık entrebâillement, intervalle, écart, distance, fente, brèche; *(ay)* Décembre
aralıksız continu
arama recherche; perquisition, visite ***arama emri*** ordre de visite ***arama hakkı*** droit de visite ***arama yapmak*** fouiller, visiter
aramak chercher, rechercher, faire des recherches
aranağme interlude, intermède
Arap arabe; Arabe
Arapça langue arabe, Arabe
arapsabunu savon noir
arapsaçı cheveux crépus, affaire très embrouillée

arasına entre
arasında entre, parmi, à travers
arasından au travers, à travers
araştırma recherche, étude, investigation
araştırmak examiner, scruter, rechercher
aratmak faire regretter l'absence
arayıcı chercheur
araz *hek.* symptôme
arazi terrain, région ***arazi vergisi*** impôt foncier ***araziye uymak*** s'adapter, s'assimiler au milieu
arbede émeute, vacarme, rixe
ardıç genévrier
ardıçkuşu grive
ardıl successeur
ardışık successif, consécutif
ardiye magasin, dépôt
argo argot; argotique
arı abeille ***arı kovanı*** ruche ***arı yetiştiricisi*** apiculteur
arı pur, propre, net ***arı su*** eau distillée
arıcılık apiculture
arınmak se nettoyer, se laver, se purifier
arıtımevi raffinerie
arıtmak nettoyer, purifier, décrasser
arıza accroc, difficulté, empêchement, panne
arızalanmak avoir une panne
arızalı accidenté, tourmenté ***arızalı olmak*** être en panne ***arızasını gidermek*** dépanner
arızi accidentel
arif instruit, connaisseur, sage
arife veille, un jour avant
aristokrasi aristocratie
aristokrat aristocrate
aristokratik aristocratique
aritmetik arithmétique ***aritmetik dizi*** progression arithmétique ***aritmetik orantı*** proportion arithmétique
Arjantin Argentine
ark canal d'irrigation, fosse d'irrigation
arka dos, postérieur, arrièrè ***arka çıkmak*** appuyer, soutenir, protéger ***arka üstü düşmek*** tomber à la renverse ***arka üstü yatmak*** se coucher sur le dos ***arka tekerlek*** roue arrièrè ***arkası var*** à suivre ***arkasını dönmek*** tourner le dos à qn
arkadaş camarade, compagnon, collègue, ami
arkadaşlık camaraderie, amitié ***arkadaşlık etmek*** être ami
arkalamak protéger
arkalık porte-bagages
arkasına derrière
arkasında derrière, en arrière de
arkeolog archéologue
arkeoloji archéologie
arlanmak avoir honte
arma gréement, agrés, armoiries
armağan cadeau, présent ***armağan etmek/vermek*** faire cadeau
armatör armateur
armonika harmonica
armut poire ***armut ağacı*** poirier
Arnavut Albanais
Arnavutluk Albanie
arozöz arroseuse
arpa orge ***arpa ekmeği*** pain d'orge
arpacık *hek.* orgelet; *(silahta)* guidon
arsa terrain
arsız éhonté, gâté, impudique, mal élevé
arsızlık impudeur, impudence, mauvaises manières
arşınlamak arpenter
arşiv archives

art arrière, derrière ***art arda*** coup sur coup, de suite ***art düşünce*** arrière-pensée ***ardına düşmek*** poursuivre ***ardına kadar açık*** grand ouvert
artakalan restes
artan croissant
artezyen (kuyusu) puits artésien
artı *mat.* plus, positif
artık plus, finalement, à présent, désormais, donc, reste, surplus, excédent
artıkyıl année bissextile
artırma enchère, adjudication
artırmak augmenter, accroître, épargner, économiser
artış hausse, surcroît
artikel *dilb.* article
artist acteur, actrice, artiste ***artist gibi*** beau, belle
artistik artistique ***artistik patinaj*** patinage artistique
artmak augmenter, s'accroitre
arz exposé, explication, présentation, offre ***arz etmek*** soumettre, présenter ***arz ve talep*** offre et demande
arzu désir, souhait, væu, intention ***arzu etmek*** désirer, souhaiter, avoir envie
arzulamak avoir envie de, désirer
as as; vice-
asa bâton, canne, sceptre
asabi nerveux
asabilik nervosité
asabiye maladies nerveuses
asabiyeci neurologiste, neurologue
asalak parasite
asalet noblesse
asansör ascenseur
asap nerf ***asabı bozulmak*** être nerveux
asayiş ordre public, sécurité
asbest asbeste, amiante
asetilen acétylène
aseton acétone
asfalt asphalte ***asfalt dökmek*** asphalter
asgari minimum, le plus petit ***asgari ücret*** salaire minimum interprofessionnel garanti
asık boudeur; suspendu ***asık suratlı*** boudeur, maussade
asıl racine, race, origine, source, cause, base, original ***aslı astarı olmamak*** être dénué de fondement
asılı accroché; suspendu, pendu
asılmak être accroché, racoler, s'accrocher à
asılsız mal fondé, dénué de fondement
asır siècle
asi insoumis, rebelle, révolté, insurgé, désobéissant
asil noble
asileşmek devenir rebelle
asilik rebellion, désobéissance
asillik noblesse
asilzade noble
asistan assistant
asit acide
asker soldat; militaire ***asker kaçağı*** déserteur ***asker olmak*** s'engager ***askere almak*** recruter, mobiliser des soldats
askeri militaire ***askeri ateşe*** attaché militaire ***askeri hastane*** hôpital militaire ***askeri mahkeme*** tribunal militaire ***askeri mıntıka*** terrain militaire
askerlik état et métier militaire, service militaire ***askerlik yoklaması*** conscription ***askerliğini yapmak*** faire son service militaire
askı bretelles, patére, support,

soutien, cintre ***askıda*** en souffrance, en suspens, pendant, suspendu ***askıya almak*** étayer, raidir ***askıya çıkarmak*** annoncer officiellement

asla jamais

aslan lion ***Aslan (burcu)*** le Lion ***aslan payı*** la part du lion

aslanağzı bitk. muflier

aslen à l'origine, proprement dit

aslında en vérité

asma *bitk.* vigne; suspension; pendaison; suspendu ***asma kilit*** cadenas ***asma köprü*** pont suspendu

asmak suspendre, accrocher, pendre

aspirin aspirine

asri moderne, mondain

ast inférieur, subalterne, subordonné

astar doublure

astarlamak doubler

asteğmen sous-lieutenant

astım asthme

astigmat astigmate

astrolog astrologue

astroloji astrologie

astronom astronome

astronomi astronomie

astronomik astronomique

astronot astronaute

astsubay sous-officier

Asya Asie

Asyalı asiatique

aş repas

aşağı dessous, en bas ***aşağı görmek*** abaisser, mépriser ***aşağı yukarı*** à peu près

aşağıda en bas, ci-dessous ***aşağıdan*** d'en bas

aşağılamak avilir

aşağılık bassesse, bas, vil, ignoble ***aşağılık kompleksi (karmaşası)*** complexe d'infériorité

aşama étape, grade

aşamalı par étapes

aşçı cuisinier

aşçıbaşı chef-cuisinier

aşçılık cuisine

aşı vaccin, vaccination, inoculation; *bitk.* greffe ***aşı olmak*** se faire vacciner ***aşı yapmak*** vacciner

aşıboyası ocre

aşık osselet

âşık amoureux ***âşık olmak*** être amoureux

aşılamak greffer, inoculer, vacciner; endoctriner

aşılanmak se faire vacciner, se greffer, être greffé

aşındırmak s'user, éroder, ronger, corroder, attaquer

aşınma usure, corrosion, érosion

aşınmak s'user, être détérioré, corrodé

aşırı excessif, exorbitant, trop ***aşırı doyma*** sursaturation ***aşırı ergime*** surfusion

aşırılık outrance, exagération, excés

aşırmak faire franchir, faire passer, faire traverser, dérober, voler, chiper

aşikâr évident, clair, précis

aşina ami, connaissance, intime, familier, connaisseur

aşiret nomade, tribu

aşk amour, affection, tendresse

aşmak franchir, traverser

aşure soupe turque faite de fruits secs

at cheval ***at yarışı*** course de chevaux ***ata binmek*** monter à cheval

ata père

ataerkil patriarcal

atak audacieux, téméraire, hardi, entreprenant
ataklık audace, imprudence, hardiesse
atama désignation
atamak désigner, nommer
atanmak être désigné, être nommé
atardamar artère
atasözü proverbe
ataş trombone
ataşe attaché
Atatürkçülük Ataturkisme
ateist athée
atelye atelier
ateş feu, fièvre ***ateş açmak*** mettre le feu ***ateş almak*** prendre feu ***ateş altında*** sous le feu ***ateş düşürücü*** fébrifuge, antipyrétique ***ateş etmek*** décharger, tirer ***ateş kesmek*** cesser le feu ***ateş nöbeti*** frisson ***ateş pahası olmak*** coûter les yeux de la tête, être à un prix fou ***ateşe vermek*** incendier
ateşböceği ver luisant
ateşçi chauffeur
ateşkes cessez-le-feu
ateşleme allumage ***ateşleme bujisi*** bougie d'allumage
ateşlemek mettre le feu, allumer
ateşlenmek s'allumer, s'enflammer, prendre feu, se mettre en colère, s'emporter
ateşli ardent, vif, fiévreux
atıcı tireur, fanfaron, blagueur, vantard
atıf attribution, renvoi
atıl inerte
atılgan énergique, intrépide, audacieux, entreprenant
atılım essor, élan
atılmak se jeter, se précipiter, être jeté
atış manière de projeter, de tirer, coup, coup de feu, de fusil ***atış alanı*** stand de tir
atışmak se disputer
atıştırmak manger vite, engloutir, manger sur le pouce
atik agile, alerte
atkestanesi marron d'Inde
atkı cache-col, foulard, châle
atlamak sauter, bondir, faire un saut, franchir
atlas atlas, satin
Atlas okyanusu océan Atlantique
atlasçiçeği cactus
atlatmak faire sauter, faire franchir, fa ire passer, faire bondir
atlet athlète
atletik athlétique
atletizm athlétisme
atlı homme à cheval, cavalier
atlıkarınca corrousel
atmaca faucon
atmak jeter, lancer, se vanter, fanfaronner, exagérer ***atıp tutmak*** se vanter
atmosfer atmosphère ***atmosfer basın cı*** pression atmosphérique
atom atome ***atom bombası*** bombe atomique ***atom enerjisi*** énergie nucléaire ***atom çağı*** âge atomique ***atom çekirdeği*** noyau atomique ***atom reaktörü*** réacteur atomique
atölye atelier
av chasse, pêche, gibier, proie ***av tüfeği*** fusil de chasse ***ava çıkmak*** aller à la chasse ***ava giden avlanır*** qui va à la chasse perd sa place
avadan outil
avadanlık trousse à outils
avam plèbe, vulgaire ***Avam kamarası*** Chambre des Communes
avanak sot, bête, naïf
avans avance ***avans vermek***

avancer
avanta profit ***avanta elde etmek*** tirer profit
avantaj avantage, profit, intérêt
avare oisif, vagabond, flâneur ***avare gezmek*** flâner, errer ça et là
avcı chasseur ***avcı taburu*** bataillon de chasseur ***avcı uçağı*** avion de chasse
avcılık chasse
avize lustre
avlak chasse
avlamak chasser
avlanmak chasser, être chassé, être pris, attrapé, trompé
avlu cour
Avrasya Eurasie
Avrupa Europe
Avrupalı européen; Européen
Avrupalılaşmak s'européaniser
Avrupalılaştırmak européaniser
avuç creux de la main, paume, poignée ***avuç açmak*** mendier, tendre la main ***avuç dolusu*** à pleines mains ***avuç içi kadar*** tout petit ***avucunu yalamak*** être déçu
avukat avocat
avuçlamak empoigner
avunmak être amusé, consolé, se consoler
avuntu consolation, réconfort
avurt joue
Avustralya Australie
Avustralyalı australien; Australien
Avusturya Autriche
Avusturyalı autrichien; Autrichien
avutmak consoler, réconforter
ay lune; mois ***ay başı*** commencement du mois ***ay ışığı*** clair de lune ***ay tutulması*** éclipse de lune ***aydan aya*** au mois, chaque mois
ay! aïe, tiens
aya paume
ayak pied, jambe, patte, marche ***ayak bağı*** entrave ***ayak diremek*** s'entêter, s'obstiner ***ayak izi*** empreinte de pas, piste ***ayak sesi*** bruit de pas ***ayaklarına kapanmak*** se jeter aux pieds de qn ***ayakta*** debout ***ayakta durmak*** être debout ***ayakta uyumak*** dormir debout, être ignorant ***ayağa kalkmak*** se lever, se mettre debout ***ayağı alışmak*** fréquenter ***ayağını denk almak*** prendre des précautions ***ayağının altına almak*** fouler aux pieds
ayakkabı soulier, chaussure ***ayakkabı boyası*** cirage ***ayakkabı tamircisi*** cordonnier ***ayakkabılarını çıkarmak*** oter ses chaussures ***ayakkabılarını giymek*** mettre ses chaussures
ayakkabıcılık chaussure
ayaklandırmak révolter, soulever
ayaklanma insurrection, mutinerie, rébellion, révolte, soulèvement, émeute
ayaklanmak se soulever, se révolter, s'insurger
ayaktakımı bas peuple, plèbe
ayaküstü debout, sans s'asseoir
ayakyolu lieu d'aisance
ayar modèle, mesures, titre, aloi, carat, règlement, arrangement ***ayar etmek*** régler
ayarlamak régler, arranger
ayartmak corrompre, débaucher, séduire, aguicher, allécher, tenter, soudoyer
ayaz froid rigoureux des nuits claires
aybaşı menstruation, règles
ayça croissant
ayçiçeği tournesol
ayçöreği croissant

aydın clair, lumineux; éclairé, intellectuel
aydınlanmak s'éclaircir, s'illuminer, être instruit, être éclairé
aydınlatmak éclairer
aydınlık clair, lumineux; clarté, luminosité
ayet verset
aygır étalon
aygıt appareil
ayı ours
ayıbalığı phoque
ayık dégrisé, dessoûlé
ayıklamak trier, nettoyer, éplucher
ayıklık dégrisement, désenivrement
ayılmak se dégriser, se dessoûler, être désillusionné, revenir à soi, se remettre d'un évanouissement
ayıltmak dégriser, dessoûler, faire revenir à soi, faire remettre d'un évanouissement
ayıp honte, défaut, malséant, honteux ***ayıp etmek*** commettre une faute ***ayıptır söylemesi*** sauf votre respect
ayıplamak blâmer, réprouver
ayırmak différencier, discerner, distinguer, disjoindre, détacher, écarter, séparer, éloigner
ayırt etmek discerner, distinguer
ayırtmak louer, retenir, réserver
ayırtman examinateur
ayin rite; cérémonie
aykırı contraire, disparate
ayla auréole
aylak oisif, désæuvré, chômeur ***aylak aylak dolaşmak*** errer, traîner
aylaklık chômage, oisiveté
aylık appointements, traitement, salaire, mensualité
aylıkçı qui vit de ses appointements
aymak se dégriser, se désenivrer
ayna miroir, glace
aynen sans changer, exactement
aynı même, pareil ***aynı görüşte olmak*** être d'accord ***aynı kapıya çıkmak*** revenir au même ***aynı şekilde*** de même, pareillement ***aynı şey*** la même chose ***aynı zamana rastlamak*** coïncider ***aynı zamanda*** en même temps
ayol mon cher! eh bien! non mais
ayraç parenthèse
ayran babeurre
ayrı autre, différent, séparé; séparement, indépendamment ***ayrı fikirde olmak*** être d'un avis différent
ayrıca d'autre part
ayrıcalık privilège
ayrık disjoint; exceptionnel
ayrılık séparation
ayrılmak être séparé, disjoint, se séparer; divorcer; s'éloigner; quitter; se diviser; se décomposer
ayrım différence
ayrımlaşmak se différencier
ayrımlı différent
ayrıntı détail ***ayrıntılarıyla açıklamak*** détailler
ayrıntılı détaillé ***ayrınıtılı olarak*** en détail
ayrışık décomposé
ayrışmak se décomposer
ayrıştırmak décomposer
ayva coing ***ayva ağacı*** cognassier ***ayvayı yemek*** périr, être perdu
ayyaş grand buveur, ivrogne
az peu, médiocrement, pas beaucoup ***az gelişmiş ülkeler*** les pays sous développés ***az önce*** peu avant, tout à l'heure, depuis peu ***az pişmiş*** saignant ***az sonra*** peu aprés, sous peu, bientôt ***az yemek*** manger peu

aza membre, organe
azalmak diminuer, décroître, se réduire
azaltmak diminuer
azamet grandeur, puissance, fierté
azametli orgueilleux, fier, magnifique
azami maximum
azap peine, torture
azar gronderie, réprimande ***azar işitmek*** être grondé
azar azar petit à petit, peu à peu
azarlamak gronder, disputer, engueuler, houspiller, reprendre, reprocher, réprimander
azat congé
azdırmak exalter, surexciter; gâter; corrompre; envenimer
Azerbaycan Azerbaïdjan
azgın agité, emporté, exalté, fou, furieux
azı molaire
azıcık un peu, un brin de
azıdişi molaire
azık nourriture, provision
azılı fieffé; enragé
azımsamak trouver peu, considérer insuffisant, dédaigner
azınlık minorité ***azınlıkta kalmak*** être en minorité
azıtmak aller trop loin, dépasser les limites
azim résolution, volonté, détermination
azimli résolu, énergique, déterminé
aziz cher, chéri, respectable; saint
azletmek destituer, renvoyer, révoquer
azmak s'emporter, s'égarer, se fourvoyer, être gâté; s'envenimer, s'enflammer; s'aggraver
azman géant, monstre
azmetmek se résoudre, se déterminer, prendre une résolution
azot azote

B

baba père; bitte d'amarrage
babaanne grand-mère
babacan gaillard
babalık paternité
babayiğit brave, vaillant, courageux
babayiğitlik courage, vaillance
baca cheminée
bacak jambe, cuisse ***bacak kadar*** mince, court
bacaksız qui n'a pas de jambes, courtaud
bacanak beau-frère
bacı soeur aînée, soeur
badana badigeon; badigeonnage ***badana etmek/yapmak*** badigeonner
badanalamak badigeonner
badem amande
bademcik amygdale
bademyağı huile d'amande
badi canard ***badi badi yürümek*** marcher en se dandinant, se dandiner
badire mésaventure
bagaj bagage; porte-bagages
bağ vigne; jardin; lien, attache, bande ***bağ budamak*** tailler la vigne
bağa carapace, écaille
bağbozumu vendange
bağcı vigneron, viticulteur
bağcık lacet de soulier
bağcılık viticulture
bağdaş s'asseoir en croisant les jambes ***bağdaş kurmak*** s'assoir en tailleur

bağdaşık homogène
bağdaşmak s'accorder, aller bien, s'entendre
bağıl relative
bağımlı dépendant ***bağımlı olmak*** dépendre de, être tributaire de
bağımlılık dépendance
bağımsız indépendant
bağımsızlık indépendance
bağıntı relation, rapport
bağır sein, poitrine ***bağrı yanık*** au coeur brisé ***bağrına basmak*** serrer qn sur son coeur
bağırmak crier, vociférer, hurler
bağırsak intestin
bağırtı cri
bağış don, donation, cadeau, présent
bağışık exempt de, immunisé
bağışıklık immunité, franchise
bağışlamak faire don, donner; excuser, disculper, pardonner
bağıt contrat, traité
bağlaç *dilb.* conjonction
bağlam contexte
bağlama action de lier, d'attacher; instrument de musique turque à cordes
bağlamak attacher, lier, nouer, enchaîner, joindre, relier
bağlantı lien, liaison, næud, bande
bağlı lié; attaché; noué; engagé; fidèle, loyal; subordonné ***bağlı olmak*** dépendre de, faire partie de, relever de, tenir à, être fidèle à
bağlık vignoble
bağlılık fidélité, dévouement
bağnaz fanatique
bağnazlık fanatisme
bağrışmak crier, s'écrier
bahane prétexte
bahar printemps
baharat épice, assaisonnement
bahçe jardin
bahçıvan jardinier
bahçıvanlık jardinage
bahis question, sujet, matière, conversation, chapitre; pari ***bahis tutuşmak*** parier, faire un pari
bahsetmek parler de, traiter
bahşiş pourboire ***bahşiş almak*** recevoir un pourboire ***bahşiş vermek*** donner un pourboire
baht destin, destinée, chance, fortune, hasard, sort ***bahtı açık*** favorisé par la chance, chanceux ***bahtı kara*** malheureux
bakakalmak regarder fixement
bakan ministre ***Bakanlar Kurulu*** conseil des ministres
bakanlık ministère
bakarkör distrait, étourdi
bakıcı garde-malade
bakım soins, entretien, surveillance; point de vue, égard
bakımlı soigné, cultivé, bien tenu
bakımsız négligé
bakınmak regarder ça et là, regarder autour de soi
bakır cuivre
bakış manière de regarder, regard, coup d'æil ***bakış açısı*** perspective, point du vue
bakışmak se regarder l'un l'autre
bakir vierge, intacte
bakire vierge
bakiye reste, reliquat, solde
bakkal épicier; *(dükkân)* épicerie
bakkaliye épicerie
bakla fève ***baklayı ağzından çıkarmak*** révéler un secret
baklagiller légumineuse
bakmak regarder, entretenir
bakraç seau
bakteri bactérie

B

bakteriyolog bactériologue
bakteriyoloji bactérologie
bal miel ***bal gibi tatlı*** doux comme le miel
balarısı mouche de miel
balast ballast
balata garniture de frein
balayı lune de miel, voyage de noces
balçık boue, glaise, limon
baldır mollet ***baldır kemiği*** tibia
baldıran ciguë
baldız belle-sæur
bale ballet
balerin ballerine
balgam crachat, expectoration ***balgam çıkarmak/sökmek*** expectorer
balık poisson ***balık ağı*** filet ***balık avı*** pêche ***Balık (burcu)*** les Poissons ***balık tutmak/avlamak*** pêcher
balıkadam plongeur
balıkçı pêcheur, poissonnier
balıkçıl héron
balıkçılık profession de pêcheur
balıkhane poissonnerie
balıklama plongeant
balıksırtı en forme d'échine
balıkyağı huile de poisson
balina baleine
balistik balistique
balkabağı potiron jaune
Balkanlar les Balkans
balkon balcon
ballandırmak embellir, louer, faire l'éloge de ***ballandıra ballandıra anlatmak*** raconter avec exagération
ballı mielleux, miellé
balmumu cire de miel
balo bal
balon ballon
balta cognée, hache ***balta girmemiş orman*** jungle
baltalama sabotage
baltalamak donner des coups de hache; saboter
balya balle, ballot
balyoz lourd marteau, casse-pierres, masse
bambaşka tout à fait différent
bambu bambou
bamya gombo
bana me, à moi, moi ***bana gelince*** quant à moi, en ce qui concerne ***bana göre hava hoş*** cela m'est indifférent, cela m'est égal ***bana kalırsa*** à mon avis ***bana ne*** peu importe
bandıra pavillon
bandırmak tremper
bando fanfare
bandrol banderole
bangır bangır à haute voix
bank banc
banka banque ***banka cüzdanı*** carnet de banque ***banka hesabı*** compte en banque ***bankada parası olmak*** avoir de l'argent en banque
bankacı banquier
bankacılık système bancaire
banker banquier
banknot billet de banque
banliyö banlieue ***banliyö treni*** train de banlieue
banmak tremper
bant bande
banyo bain, baignade; développement ***banyo yapmak*** se baigner, prendre le bain
bar bar, boîte de nuit
baraj barrage
baraka baraque
barbar barbare, sauvage, peu

civilisé

barbunya hayb. rouget; *bitk.* haricot rouge, flageolet

bardak verre

barem barème

barfiks barre fixe

barınak abri, asile, refuge, logement

barındırmak donner asile, abriter, loger

barınmak s'abriter

barış paix ***barış antlaşması*** conclusion de la paix ***barış içinde yaşamak*** vivre en paix ***barış yapmak*** conclure la paix ***barışta*** en temps de paix

barışçı pacifique

barışık en paix, en bonne intelligence

barışmak se réconcilier, faire la paix

barışsever pacifique

barıştırmak réconcilier, racommoder

bari au moins

barikat barricade

barisfer barysphère

bariton baryton

bariz évident, visible

baro le barreau

barok baroque

barometre baromètre

baron baron

baroskop baroscope

barut poudre

baryum baryum

basamak marche, degré, échelon, gradin, marchepied

basbayağı comme tout le monde

basık bas

basıklık action de devenir bas

basılı imprimé

basım impression, tirage

basımevi imprimerie

basın presse ***basın kartı*** carte de presse ***basın özgürlüğü*** liberté de la presse ***basın toplantısı*** conférence de presse

basınç pression, compression

basil bacille

basiret finesse, sagacité, perspicacité

basit simple, élémentaire; modeste, insignifiant, sans recherche

basitleşmek devenir simple

basitleştirmek simplifier

basitlik simplicité

basketbol basket-ball

baskı impression, tirage, édition; pression ***baskı hatası*** faute d'impression ***baskı yapmak*** exercer une pression sur, presser ***baskıda olmak*** être sous presse

baskın fort, puissant; attaque, agression, incursion, razzia, descente; inondation; surprise ***baskın yapmak*** attaquer, surprendre, razzier, faire une descente ***baskına uğramak*** être attaqué, surpris

basküI bascule

basma action de presser, d'imprimer, impression; imprimé; toile de coton peinte ou imprimé, indienne, toile imprimée, imprimé

basmak écraser, presser, serrer, appuyer sur

basmakalıp rabattu, usé ***basmakalıp söz*** banalité, cliché

bastıbacak nabot, marmouset

bastırmak presser, serrer; faire imprimer; opprimer, réprimer; surprendre

baston canne, bâton

basur hémorroïde

baş tête, commencement, début, chef ***baş belası*** casse-pieds ***baş döndürücü*** capiteux, vertigineux ***baş dönmesi*** vertige, étourdisse-

B

ment ***baş göstermek*** avoir lieu, arriver ***baş göz olmak*** se marier ***başa baş gelmek*** être au pair ***başı açık*** nu-tête ***başı ağrımak*** avoir mal à la tête ***başı derde girmek*** avoir un litige avec qn ***başı dönmek*** avoir le vertige ***başında*** au début ***başından beri*** dès les début ***başından büyük işlere karışmak*** entreprendre des affaires difficiles ***başından savmak*** se défaire de ***başını dinlemek*** se reposer ***başını döndürmek*** griser, soûler, étourdir ***başını şişirmek*** échauffer la tête ***başının çaresine bakmak*** chercher le moyen de se délivrer

başak épi; glanage ***Başak (burcu)*** la Vierge

başarı succès, réussite ***başarı kazanmak*** réussir

başarılı réussi, avec succès ***başarılı olmak*** avoir du succès

başarısız sans succès

başarısızlık avortement, insuccès, échec ***başarısızlığa uğramak*** avorter, rater, échouer

başarmak réussir

başat dominant

başbakan président du conseil, premier ministre

başçavuş sergent-major

başıboş errant ***başıboş bırakmak*** laisser libre, errant ***başıboş dolaşmak*** divaguer, rôder

başka autre, différent, autrement, différemment ***başka biri*** un autre ***başka bir deyişle*** autrement dit ***başka bir şey*** autre chose ***başka türlü*** autrement ***başka yer(d)e*** ailleurs, autre part ***başka zaman*** une autre fois

başkalaşım métamorphose

başkalaşmak se métamorphoser

başkaldırı fronde, insurrection, mutinerie, révolte

başkaldırmak s'insurger *(contre)*, se cabrer, se mutiner, se rebeller

başkan président, chef

başkanlık présidence ***başkanlık etmek*** présider

başkası autrui

başkâtip premier secrétaire

başkent capitale

başkomutan commandant en chef

başkonsolos consul général

başkonsolosluk consulat général

başlamak commencer, débuter

başlangıç commencement, début; avant-propos, préface

başlangıçta au début, à l'origine

başlatmak faire commencer

başlı başına indépendant, indépendamment, à part

başlıca principal; principalement, essentiellement

başlık bonnet, capuchon, casque, coiffure, en-tête, manchette, titre, ogive

başmakale article de fond

başmüfettiş inspecteur en chef

başoyuncu acteur en chef

başörtüsü fichu, châle

başparmak pouce

başpehlivan champion de lutte

başpiskopos archevêque

başrol grand rôle

başsağlığı condoléances

başsavcı procureur général

başşehir capitale

baştan de nouveau, à nouveau ***baştan aşağı*** complétement, de la tête jusqu'aux pieds ***baştan çıkarmak*** corrompre, débaucher, dépraver, pervertir, séduire ***baştan çıkmak*** être séduit, être cor-

rompu, se corrompre ***baştan savma*** négligé ***baştan savma yapmak*** bâcler ***baştan sona*** du début à la fin
baştankara échoué
başucu chevet
başvurmak s'adresser, invoquer, postuler, avoir recours à, faire appel à, se reporter à, se référer à
başvuru demande
başyapıt chef d'æuvre
başyazar rédacteur en chef
başyazı article de fond, éditorial
başyazman premier secrétaire
batak marais
batakhane tripot
bataklı marécageux
bataklık marais, marécage, bourbier
batarya batterie
bateri batterie
batı ouest, occident; occidental
batık plongé, abîmé, naufragé
batıl faux; nul ***batıl itikat*** superstition
batılı occidental
batın ventre, abdomen; génération
batırmak enfoncer, piquer, couler, immerger, plonger
batkın failli
batmak s'enfoncer, couler, sombrer, faire naufrage; se coucher; faire faillite; tremper
battal encombrant, colossal, énorme; sans valeur, nonvalable
battaniye couverture de lit
bavul valise
bay monsieur
bayağı ordinaire, habituel; vulgaire, banal, médiocre, simple
bayağıkesir fraction ordinaire
bayağılık banalité, mesquinerie, vulgarité
bayan femme, dame, demoiselle
bayat rassis, insipide
baygın évanoui, sans connaissance
baygınlık évanouissement, syncope ***baygınlık geçirmek*** se trouver mal, s'évanouir
bayılmak s'évanouir, se trouver mal, perdre connaissence
bayındır florissant, prospère
bayındırlık prospérité ***Bayındırlık Bakanlığı*** ministère des travaux publics
bayır montée, côte, pente
bayi vendeur, dépositaire
baykuş hibou, chouette
bayrak drapeau, étendard, fanion, bannière, pavillon ***bayrak çekmek/asmak*** arborer un drapeau ***bayrağı yarıya indirmek*** mettre un drapeau en berne
bayram fête ***bayram etmek*** se faire une fête ***bayram günü*** jour de fête ***bayramınız kutlu olsun*** bonne fête
baytar vétérinaire
bazalt basalte
bazen parfois, de temps en temps, quelquefois
bazı quelque, certain
bebek poupée; bébé, nourrisson
becayiş permutation; permuter
beceri adresse, dextérité, doigté, maîtrise
becerikli adroit, habile, débrouillard
beceriklilik adresse, habilité, débrouillardise
beceriksiz gauche, maladroit, incapable
beceriksizlik maladresse, gaucherie
becermek faire, réussir; abîmer
bedava gratuit ***bedava vermek*** donner gratuitement
bedbaht malheureux, misérable

B

bedbin pessimiste
beddua malédiction ***beddua etmek*** faire des imprécations, maudire
bedel équivalent, contre-valeur
beden corps ***beden eğitimi*** exercice physique
bedensel corporel, physique
begonya bégonia
beğendirmek faire plaire
beğeni goût
beğenmek plaire, admirer, estimer, agréer, trouver beau, choisir
beher chaque
bej beige
bekâr célibataire
bekâret virginité, chasteté
bekârlık célibat
bekçi gardien, veilleur ***bekçi köpeği*** chien de garde
bekleme attente ***bekleme salonu*** salle d'attente
beklemek attendre, veiller; espérer
beklenmedik fortuit, imprévu, inattendu
beklenti attente
bekletmek faire attendre
bekri ivrogne, soûlard
bel taillie, hanche; sperme ***bel bağlamak*** compter sur ***bel vermek*** se courber ***beli ağrımak*** avoir mal aux reins ***beli gelmek*** émettre le sperme
bela calamité, souffrance, chagrin, fléau; malheur, infortune, désastre ***bela aramak*** chercher querelle, chercher noise ***bela çıkarmak*** provoquer une querelle, faire un malheur
belalı chicaneur, mauvais tête
belde ville, cité
belediye municipalité, mairie ***belediye başkanı*** maire ***belediye binası*** hôtel de ville
belemek langer, emmailloter
beleş gratuit, gratuitement
belge document, pièce, acte
belgelemek documenter
belgesel documentaire ***belgesel film*** film documentaire
belgin clair, évident
belgisiz indéfini ***belgisiz adıl*** pronom indéfini ***belgisiz sıfat*** adjectif indéfini ***belgisiz tanımlık*** article indéfini
belirgin distinct, marqué, précis, saillant
belirlemek déterminer, définir, spécifier
belirli certain, donné, défini, déterminé, net
belirmek paraître, apparaître, se montrer, faire son apparition
belirsiz indistinct, vague, imperceptible
belirteç adverbe
belirti indication, indice, manifestation, signe, symptôme ***belirtisi olmak*** témoigner de
belirtmek manifester, faire déclarer, mettre en évidence; déterminer
belit axiome
belkemiği échine, épine dorsale
belki peut-être, mais
bellek mémoire
bellemek apprendre par cæur, retenir, apprendre
bellemek bêcher
belletmek apprendre, enseigner; faire mémoriser, faire retenir; faire bêcher
belli évident, clair, apparent, certain, défini ***belli etmek*** déceler ***belli olmak*** s'avérer, se préciser
belsoğukluğu blennorragie
bembeyaz tout à fait blanc, tout blanc

bemol bémol
ben je, me, moi; grain de beauté
bence à mon avis, d'après moi
bencil égoïste
bencillik égoïsme
benek tache, moucheture
benekli moucheté, tigré
beni me, moi
benim mon, ma, mes
benimki le mien, la mienne
benimsemek s'approprier, adopter, emprunter
beniz teint ***benzi atmak/uçmak*** devenir pâle, pâlir
benlik égo, personnalité
bent barrage, digue
benzemek ressembler
benzer semblable, analogue, pareil, similaire
benzerlik ressemblance, similitude, analogie
benzersiz sans pareil, unique
benzeşmek se ressembler
benzetme imitation; comparaison
benzetmek rendre semblable; imiter
benzin essence ***benzin istasyonu*** poste d'essence ***benzini tükenmek*** être en panne d'essence
beraat acquittement ***beraat etmek*** être acquitté ***beraat ettirmek*** acquitter
beraber avec, ensemble, conjointement, en commun, en collaboration ***berabere kalmak*** faire match nul
beraberlik réunion, ensemble; match nul
berat brevet
berbat mauvais, sale, souillé ***berbat etmek*** salir, souiller; gâter, corrompre, abîmer
berber barbier, coiffeur; salon de coiffure
bere béret; meurtrissure
bereket abondance; fécondité ***bereket versin*** heureusement, par bonheur
bereketli fertile, fécond
beri plus près, en deçà; depuis
berilyum béryllium
berk dur, solide
berkitmek renforcer, consolider
berrak clair, limpide, transparent
berraklık clarté, limpidité
bertaraf etmek écarter, éliminer
besbelli très évident, bien connu
besi engraissement
besidoku endosperme
besin nourriture, aliment
beslemek nourrir, alimenter; ravitailler; donner à manger; renforcer, fortifier
besleyici nourrissant, nutritif
beste composition ***beste yapmak*** composer
besteci, bestekâr compositeur
bestelemek mettre en musique, composer
beş cinq ***beş para etmez*** il ne vaut pas la corde pour le pendre
beşer homme, être humain
beşeri humain
beşgen pentagone
beşibirlik pièce d'or de cinq livres
beşik berceau
beşinci cinquième
bet visage ***bet beniz*** couleur du visage ***beti benzi sararmak*** devenir pâle, pâlir
beter pire, pis
betimlemek décrire, dépeindre, peindre
beton béton
betoniyer bétonnière
bevliye urologie
bevliyeci urologue

B

bey monsieur, seigneur
beyan déclaration
beyanname déclaration écrite
beyaz blanc
beyazımtrak blanchâtre
beyazlanmak devenir blanc
beyazlatmak rendre blanc, blanchir
beyazlık blancheur
beyazperde écran
beyefendi monsieur, seigneur
beygir cheval, cheval de somme
beygirgücü cheval-vapeur
beyin cerveau, encéphale, cervelle; intelligence, entendement ***beyin kanaması*** hémorragie cérébrale ***beyin yıkama*** lavage de cerveau
beyinsiz écervelé
beyit distique
beylik principauté, seigneurie; banal
beysbol base-ball
beyzi ovale
bez toile
bezdirmek lasser, dégoûter, fatiguer, blaser, tourmenter, embêter
beze glande, ganglion
bezek ornement, parure
bezelye pois, petit-pois
bezemek parer, orner
bezgin las, fatigué, découragé
bezik bésigue
bezir grain de lin
beziryağı huile de lin
bezmek se lasser, se dégoûter
bıçak couteau; poignard ***bıçak altına yatmak*** se faire opérer
bıçaklamak poignarder
bıçkı scie
bıçkın vaurien, apache
bıkkın dégoûté, blasé
bıkkınlık dégoût, blasement
bıkmak se dégoûter de, en avoir ras
bıktırıcı dégoûtant, fatiguant
bıktırmak lasser, dégoûter, fatiguer
bıldırcın caille
bıngıldak fontanelle
bırakmak laisser, quitter, abandonner, délaisser, lâcher, renoncer
bıyık moustache ***bıyık altından gülmek*** rire sous cape
bıyıklı moustachu
bızır clitoris
biber poivre, poivron
biberli poivré
biberon biberon
bibliyografi bibliographie
biblo bibelot
biçare pitoyable, pauvre; misérable, malheureux
biçem style
biçerbağlar moissonneuse-lieuse
biçerdöver moissonneuse-batteuse
biçim façon, figure, forme, manière, tournure ***biçim vermek*** façonner, modeler ***biçimini bozmak*** déformer
biçimci formaliste
biçimcilik formalisme
biçimlendirmek donner la forme, former, modeler
biçimlenmek se former, prendre la forme
biçimli bien bâti, bien fait
biçimsel formel
biçimsiz mal bâti, mal fait, contrefait, difforme, informe
biçki coupe, façon ***biçki-dikiş okulu*** école de coupe-couture
biçme coupe; fauchage; sciage; prisme
biçmek couper, tailler; faucher; scier; estimer
bidon bidon
biftek bifteck
bigudi bigoudi
bikini bikini
bilakis au contraire

bilanço bilan
bilardo billard
bildik connu, connaissance
bildiri annonce, avertissement, communication, notification
bildirişim communication
bildirme avertissement, avis, information, notification ***bildirme kipi*** mode indicatif
bildirmek annoncer, informer, avertir, faire savoir, signaler, communiquer, notifier
bile même, aussi, également
bileği outil à aiguiser
bileğitaşı meule, pierre à aiguiser
bilek poignet, cheville ***bileğine güvenmek*** se fier à sa force physique ***bileğinin kuvvetiyle*** à la force du poignet
bilemek aiguiser, affûter
bileşik composé
bileşim composition, combinaison
bileşke résultant
bileşmek se composer
bileştirmek composer
bilet billet, ticket ***bilet gişesi*** guichet
biletçi contrôleur, receveur
bilezik bracelet
bilfiil en effet, de fait, effectivement
bilge savant, sage
bilgelik sagesse
bilgi connaissance ***bilgi almak*** s'informer ***bilgi elde etmek*** se renseigner ***bilgi vermek*** avertir, instruire, mettre au courant
bilgiç érudit, instruit, docte; savant; pédant; roublard
bilgili érudit, savant, instruit
bilgin savant
bilgisayar ordinateur ***bilgisayar programcısı*** programmeur
bilgisiz ignorant
bilhassa surtout, particulièrement
bilim science, savoir ***bilim adamı*** savant, scientifique
bilimkurgu science-fiction
bilimsel scientifique
bilinç conscience ***bilincinde olmak*** avoir conscience de
bilinçaltı subconscient
bilinçdışı inconscience
bilinçli conscient
bilinçsiz inconscient
bilinen connu
bilinmeyen inconnu
bilirkişi expert
bilişim informatique
billur cristal
bilmece devinette, énigme, rébus, mots croisés
bilmek savoir, connaître, être au courant, être informé; deviner ***bile bile*** exprès, sciemment, à dessein
bilmukabele également, aussi de même
bilye bille
bin mille ***bin dereden su getirmek*** opposer des prétextes futiles ***bin tarakta bezi olmak*** avoir plusieurs cordes à son arc ***binde bir*** millième ***binlerce*** milliers de, par milliers
bina bâtiment, édifice, construction, maison ***bina etmek*** bâtir, construire
binaenaleyh donc, par conséquent, en conséquence
binbaşı chef de bataillon, commandant
bindallı velours violet de fils d'or
bindirmak faire monter; aborder; heurter
binek monture ***binek atı*** cheval de selle
binici cavalier
binmek monter; monter à cheval

bir un, une ***bir aylık*** mensuel ***bir daha*** de nouveau ***bir dakika*** un instant ***bir deri bir kemik*** décharné, émacié ***bir sürü*** un tas de, une infinité de ***bir şey*** quelque chose ***bir şey değil*** cela ne fait rien ***bir varmış bir yokmuş*** il était une fois ***bir yıllık*** annuel ***bir zamanlar*** dans le passé

bira bière

birader frère

birahane brasserie

biraz un peu, quelque peu, un petit peu ***biraz önce*** tout à l'heure ***biraz sonra*** peu après

birazdan sous peu, bientôt

birbiri l'un l'autre ***birbirini sevmek*** s'aimer

birçok nombreux, plusieurs, beaucoup

birden tout à coup, inopinément

birdenbire brusquement, de but en blanc, à l'improviste

birdirbir saute-mouton ***birdirbir oynamak*** jouer à saute-mouton

birebir efficace, infaillible

bireşim synthèse

bireşimsel synthétique

birey individu

bireyci individualiste

bireycilik individualisme

bireysel individuel

bireyselleştirmek individualiser

birgözeli unicellulaire

biri quelqu'un

biricik unique, seul; singulier

birikim accumulation

birikmek s'amonceler

biriktirmek assembler, rassembler, réunir, collectionner; épargner, économiser

birim unité ***birim fiyatı*** prix unitaire

birinci premier ***birinci elden*** en première main ***birinci mevki*** première classe ***birinci olmak*** être le *(la)* premier

birisi quelqu'un

birkaç quelques

birleşik uni, composé

birleşmek s'allier, se réunir, s'associer, se coaliser, fusionner, s'unir

birleşmiş uni ***Birleşmiş Milletler*** Les Nations Unis

birleştirmek réunir, joindre, unifier, relier, attacher, fusionner

birlik union, réunion, association, alliance, ligue

birlikte ensemble, de concert

birtakım quelques, certains

birterimli monôme

bisiklet bicyclette

bisküvi biscuit

bisturi bistouri

bit pou

bitap très fatigué, éreinté

bitaraf neutre

biteviye continuel, constant, sans interruption, sans arrêt

bitik épuisé, fichu

bitirim expérimenté

bitirmek finir, terminer, achever, accomplir; consommer, manger

bitişik contigu; voisin

bitişmek se joindre, se toucher, confiner

bitişken agglutinant ***bitişken diller*** langues agglutinantes

bitiştirmek joindre

bitki plante

bitkibilim botanique

bitkin fatigué, épuisé, exténué

bitkinlik léthargie, épuisement

bitkisel végétale

bitmek finir, se terminer, s'achever; croître, pousser ***bitmez tükenmez*** interminable, sempiternel

bitpazarı marché aux puces
biyofizik biophysique
biyografi biographie
biyokimya biochimie
biyolog biologiste
biyoloji biologie
biyolojik biologique
biyonik bionique
biyopsi biopsie
biyosfer biosphère
biz nous ***biz bize*** nous même
bizce d'après nous
bizim notre, nos
bizimki nôtre
bizon bison
bizzat même, en personne
blok bloc
blokaj blocage
bloke bloqué ***bloke etmek*** bloquer
blöf bluff, tromperie ***blöf yapmak*** bluffer, tromper, blouser, flouer
blucin blue-jean, jean
bluz blouse
boa hayb. boa
bobin bobine
bocalamak hésiter, louvoyer, tâtonner, lutter
bodrum cave, sous-sol, caveau
bodur courtaud, petit, de petite taille
boğa taureau ***Boğa (burcu)*** signe de Taureau ***boğa güreşi*** course de taureau
boğaz gorge, larynx, cou, passage, détroit, goulot ***boğaz ağrısı*** mal de gorge ***boğaz tokluğuna çalışmak*** servir, employer au pair ***boğazı ağrımak*** avoir mal à la gorge ***boğazına düşkün*** gourmand ***boğazına kadar borç içinde yüzmek*** être dans les dettes ***boğazına sarılmak*** prendre à la gorge
Boğaziçi Bosphore
boğazlamak égorger
boğmaca coqueluche
boğmak étrangler, étouffer, suffoquer; noyer
boğucu étouffant
boğuk enroué, rauque, sourd
boğulmak étouffer, suffoquer, s'étrangler; être asphyxié, étranglé, noyé, étouffé; noyer, périr
boğum næud, articulation ou nodosité
boğumlu noueux
boğuntu tricherie ***boğuntuya getirmek*** tromper qn
boğuşma mêlée, rixe
boğuşmak combattre, lutter, se battre, en venir aux mains, se chamailler
bohça paquet de toile
bok excrément, déjection, fange, saleté, crotte ***bok atmak*** inculper ***bok etmek*** salir ***boku bokuna*** pour rien du tout ***boku çıkmak*** se gâter
boks boxe ***boks yapmak*** boxer
boksör boxeur
bol ample, large; abondant; beaucoup; copieux ***bol bol*** largement, à foison ***bol keseden atmak*** se vanter, fanfaronner
bolluk ampleur, abondance, opulence ***bolluk içinde yaşamak*** vivre dans l'abondance
bomba bombe, grenade
bombalamak bombarder
bombardıman bombardement ***bombardıman etmek*** bombarder
bombok très mauvais
bombe bombé
bomboş tout à fait vide
boncuk verroterie, perle
bone bonnet de bain
bono billet à ordre, bon
bonservis certificat, état de service,

certificat de bons et loyaux services
bora bourrasque, ouragan
borazan trompette
borç dette; obligation, débit ***borç almak*** contracter, faire un emprunt à qn ***borç bakiyesi*** solde débiteur ***borç ödemek*** acquitter, payer une dette ***borç vermek*** prêter ***borca girmek*** contracter/faire des dettes ***borçlarını ödemek*** payer des dettes
borçlanmak s'endetter
borçlu débiteur; obligé ***borçlu olmak*** devoir
borda côté d'un navire
bordro bordereau
bornoz peignoir de bain
borsa bourse
boru tube, tuyau, conduit; trompette, clairon ***borusu ötmek*** être influent
bostan potager; melon, pastèque ***bostan korkuluğu*** épouvantail, homme de paille
boş vide, creux, désert, inoccupé, vacant, chômeur; vain, inutile ***boş daire*** appartement vide ***boş inanç*** superstition ***boş kafa*** tête vide ***boş laf*** baliverne ***boş vermek*** ne pas s'en faire ***boş yer*** vacance ***boş zaman*** heures de loisir ***boşa almak*** débrayer, déclencher ***boşa dönmek*** tourner à vide ***boşa gitmek*** ne servir à rien
boşalma écoulement; décharge; orgasme
boşalmak se vider, s'évacuer; se soulager
boşaltmak évacuer, vider, vidanger, débarquer
boşamak répudier une femme
boşanma divorce ***boşanma davası*** le divorce
boşanmak divorcer; s'écouler, fuir, se répandre, s'épancher, se vider
boşboğaz indiscret, bavard
boşboğazlık indiscrétion
boşluk vide, cavité; vanité
Boşnak Bosnien
boşta chômeur ***boşta olmak*** chômer
boşuna en vain, vainement
bot botte, vedette
botanik botanique
boy taille, stature, longueur ***boy atmak*** grandir, pousser ***boy ölçüşmek*** se mesurer avec qn ***boydan boya*** de haut en bas ***boyu bosu yerinde*** de haute taille ***boyunun ölçüsünü almak*** échouer
boya teinture; couleur ***boya fırçası*** brosse
boyacı marchand de couleur; teinturier; cireur
boyalı teint, colorié; ciré
boyamak peindre, teinter, colorer, vernir
boykot boycottage ***boykot etmek*** boycotter
boylam longitude
boylamak atteindre, gagner, longer
boynuz corne
boynuzlamak encorner; *mec.* faire qn cocu
boynuzlu cornu; *mec.* cocu, cornu
boyun cou, nuque ***boyun atkısı*** foulard ***boyun borcu*** obligation morale ***boyun eğmek*** céder, fléchir, se plier à ***boynu bükük*** triste ***boynunu bükmek*** obéir
boyuna sans cesse, toujours
boyunbağı cravate
boyunca le long de, durant
boyunduruk joug, esclavage ***boyunduruk altına almak*** soumet-

tre, mettre sous le joug
boyut dimension
boz gris, cendré
boza boisson fermentée
bozdurmak faire altérer; faire annuler; changer
bozgun défaite, déroute ***bozguna uğramak*** essuyer une défaite
bozguncu défaitiste, trouble-fête
bozkır steppe, lande
bozmak gâter, corrompre, détériorer, abîmer, démolir; démonter; changer; casser
bozuk gâté, corrompu, pourri ***bozuk para*** petite monnaie
bozukluk manque, défaut
bozulmak se gâter, se détériorer, s'avarier, pourrir; être humilié, déconcerté
bozuntu caricature, soi-disant
bozuşmak se brouiller, se fâcher
bozyap puzzle
böbrek rein
böbürlenmek prendre des airs, se pavaner, se vanter, se rengorger
böcek insecte; ver
böğür flanc; côté
böğürmek mugir, meugler, beugler
böğürtlen mûre, ronce
bölen diviseur
bölge zone, région
bölgesel régional
bölme partage; cloison; division
bölmek diviser, couper, séparer
bölü divisé par
bölük compagnie, troupe
bölüm division; partie, chapitre, section
bölünen dividende
bölünmek se diviser; être divisé
bölünmez indivisible, inséparable
bölüşmek partager, se partager
bölüştürmek répartir
bön niais, nigaud
bönlük niaiserie
böyle tel, pareil, semblable; ainsi
böylece ainsi, de cette manière
brakisefal brachycéphale
branda hamac
branş branche
bravo bravo
Brezilya Brésil
briç bridge
brifing briefing
briket briquette
Britanya Grande-Bretagne
briyantin brillantine
brom brome
bromür bromure
bronş bronche
bronşit bronchite
bronz bronze ***bronz gibi*** bronzé
bronzlaşmak bronzer
broş broche
broşür brochure, tract
bu ce, celui, cette, ceci, ces ***bu arada*** dans l'intervalle, en attendant, entre-temps ***bu durumda*** en ce cas ***bu gibi*** semblable ***bu kadar*** si, tant, à ce point ***bu kez*** cette fois ***bu sırada*** sur ces entrefaites ***bu şekilde*** de cette manière, de la sorte ***bu yüzden*** aussi, à cause de cela ***buna göre*** par conséquent ***buna karşılık*** en revanche, par contre ***buna rağmen*** malgré cela ***bundan başka*** d'ailleurs, de plus, bien plus ***bundan böyle*** à partir de maintenant, dorénavant, désormais ***bunsuz*** sans cela ***bununla birlikte*** pourtant, cependant, néanmoins, quand même, tout de même
bucak coin, commune
buçuk demi
budak nœud

B

budaklı noueux
budala idiot, sot, bête, stupide
budalalık idiotie, sottise, bêtise, stupidité
budamak tailler, élaguer; diminuer
Budizm boudhisme
budun éthnie
budunbetim ethnographie
budunbilim ethnologie
bugün aujourd'hui ***bugüne kadar*** jusqu'à ce jour
buğday blé, froment
buğu vapeur, buée
buğulanmak se couvrir de buée
buhar vapeur
buharlaşmak s'évaporer
buharlaştırmak vaporiser
buhran crise
buhur encens
buhurdan encensoir
buji bougie
bukağı chaîne
bukalemun caméléon
buket bouquet
bukle boucle
bulamaç bouillie
bulamak rouler; salir, souiller, tremper
bulandırmak troubler, brouiller; faire mal au cœur, donner des nausées
bulanık trouble, flou, ***bulanık suda balık avlamak*** pêcher en eau trouble
bulanmak se rouler; se couvrir, se gâter, se troubler
bulantı nausée
bulaşıcı contagieux, infectieux
bulaşık sale, malpropre, souillé; contagieux; vaisselle à faire ***bulaşık makinesi*** lave-vaisselle ***bulaşık yıkamak*** laver la vaisselle
bulaşmak se souiller; gagner, passer; se mêler à
bulaştırmak salir, souiller; infecter, contaminer, transmettre
buldok bouledogue
buldozer bulldozer
Bulgar bulgare; Bulgare
Bulgaristan Bulgarie
bulgu découverte, invention
bulmaca mots croisés
bulmak trouver, rencontrer; découvrir, dénicher
buluğ puberté
bulundurmak avoir chez soi, à sa disposition; tenir en réserve
bulunmak se trouver, exister, assister, être présent; être trouvé
buluş invention, découverte, création, trouvaille
buluşmak se rencontrer, se réunir, s'assembler, se rejoindre
bulut nuage
bulutlanmak se couvrir, se voiler
bulutlu nuageux, nébuleux
bulvar boulevard
bunak gâteux, dément, décrépit
bunaklık décrépitude, démence, sénile, gâtisme
bunalım angoisse, crise
bunalmak étouffer, respirer difficilement, suffoquer; s'ennuyer; n'en pouvoir plus
bunaltı étouffement, accablement
bunaltıcı étouffant, accablant
bunaltmak accabler, étouffer, suffoquer; gêner
bunamak tomber en enfance, tomber en démence, devenir gâteux, s'abrutir
bunca tant, beaucoup ***bunca zaman*** longtemps
bura ici, cet endroit, en ce lieu
burada ici, à cet endroit, en ce lieu
burası ici, cet endroit
buraya ici ***buraya kadar*** jusqu'ici,

jusqu'à présent
burç bastion; constellation, signe
burçak vesce
burgaç tourbillon
burgu vrille
burjuva bourgeois
burjuvazi bourgeoisie
burkmak fouler, tordre
burkulmak être tordu; se fouler, se tordre
burmak tordre, tortiller; châtrer
burs bourse
bursiyer boursier
buruk âpre
burun nez, cap, pointe ***burun deliği*** narine, naseau ***burun kıvırmak*** faire la moue ***burnu havada olmak*** être fier, orgueilleux, vaniteux ***burnu kanamak*** saigner du nez ***burnunu çekmek*** renifler, priser ***burnunu her şeye sokmak*** fourrer son nez partout ***burnunu silmek*** se moucher ***burnunun doğrusuna gitmek*** aller tout droit
buruşmak être chiffonné, froissé, être ridé
buruşturmak chiffonner, froisser, rider
buruşuk ride; froissé, ridé, chiffonné, ratatiné
buse baiser
but cuisse, gigot
buyruk ordre, commandement ***buyruk vermek*** donner un ordre
buyurmak ordonner, donner des ordres, commander; vouloir, daigner; avoir la bonté
buz glace ***buz gibi*** glacé, glacial ***buz pateni*** patin à glace ***buz tutmak*** se congeler
buzağı veau
buzdağı iceberg
buzdolabı réfrigérateur
buzhane glacière
buzlu glacé, congelé
buzlucam vitre opaque
buzul glacier
bücür petit
büfe buffet
büklüm boucle ***büklüm büklüm*** en boucles
bükmek tordre, courber, plier
bükük tordu, courbé, arqué
bükülmek se plier, se ployer, se courber, se tordre; être filé, tordu
bükülmez inflexible, qui ne peut pas être plié
bükülgen flexible
bülbül rossignol
bülten bulletin
bünye conformation, constitution
büro bureau
bürokrasi bureaucratie
bürokrat bureaucrate
bürokratik bureaucratique
bürümek envelopper, couvrir
bürünmek s'envelopper, se couvrir
büsbütün tout à fait, complètement, entièrement
büst buste
bütan butane
bütçe budget
bütün tout, toute, tous, toutes, entier, total, complet
bütünleme examen de rattrapage, de passage
bütünlemek compléter, intégrer
bütünlük totalité
büyü charme, enchantement, magie ***büyü yapmak*** pratiquer la magie
büyücü magicien, sorcier
büyük grand, vaste, long, gros; important ***büyük harf*** capital, majuscule ***büyük ikramiye*** le gros lot ***Büyük Millet Meclisi*** Grande Assemblée Nationale ***Büyük Okya-***

nus le Pacifique, l'océan Pacifique
büyükanne grand-mère
büyükbaba grand-père, bon-papa
büyükçe assez grand
büyükelçi ambassadeur
büyükelçilik ambassade
büyüklük grandeur, étendu, volume, ampleur, célébrité
büyülemek captiver, charmer, ensorceler, fasciner
büyüleyici charmant, magique, ravisant
büyültmek amplifier
büyümek grandir, devenir grand, croître
büyüteç loupe
büyütmek agrandir, accroître, développer; exagérer
büzgü fronce
büzmek reserrer, serrer, contracter, rétrécir, plisser
büzülmek se contracter, se resserrer, se plisser, se blottir, se pelotonner

C

caba gratuit, gratis
cabadan gratuitement, par dessus la marché, de plus
cacık salade au yaourt dilué et aux concombres hachés plus ail
cadaloz mégère, furie
cadde avenue, boulevard, grand'rue
cadı sorcière, magicienne, commère
cafcaf fanfaronnade
cafcaflı pompeux
cahil ignorant; illettré
cahillik ignorance ***cahillik etmek*** faire des bêtises; commettre une faute
caiz admissible, licite
caka fanfaronnade, hâblerie, parade ***caka satmak*** parader, se pavaner
cakacı fanfaron, vantard
cam verre, carreau, glace, en verre
cambaz acrobate, saltimbanque; rusé, roublard
cambazhane cirque
cambazlık acrobatie; ruse, roublardise
camcı vitrier
camekân vitrine, devanture
camgöbeği vert bouteille, glauque
camız buffle
cami mosquée
camia communauté, société
camlı vitreux
can vie, âme, animation ***can alıcı nokta*** point sensible ***can atmak*** aspirer, briguer ***can çekişmek*** agoniser, être à l'agonie ***can düşmanı*** ennemi mortel ***can sıkıcı*** ennuyeux, déplaisant, encombrant ***can sıkıntısı*** ennui ***can sıkmak*** ennuyer ***can yeleği*** gilet de sauvetage ***cana yakın*** charmant ***canı acımak*** avoir mal ***canı cehenneme*** va-t-en au diable! ***canı çıkmak*** mourir, crever ***canı sıkılmak*** s'ennuyer, avoir le cafard ***canına kıymak*** se suicider ***canını acıtmak*** faire mal ***canını dişine takmak*** prendre son courage â deux mains ***canını sıkmak*** assommer, contrarier, ennuyer, perturber
canan bien-aimé
canavar bête sauvage, monstre ***canavar düdüğü*** sirène
canciğer intime
candan sincère, cordial, intime
caneriği prune verte
cani assassin, criminel, malfaiteur

C

cankurtaran ambulance ***cankurtaran arabası*** ambulance ***cankurtaran sandalı*** canot de sauvetage ***cankurtaran simidi*** bouée de sauvetage
canlandırmak animer, ranimer, vivifier
canlanmak s'animer, se vivifier
canlı vivant, vif, en vie, plein de vie, de vivacité, animé, actif
cansız sans vie, inanimé, mort; faible
cari courant; en vigueur ***cari hesap*** compte courant
casus espion, mouchard
casusluk espionnage
cascavlak sans cheveux, chauve
cavlak chauve
caydırmak dissuader
cayır cayır yanmak être tout en flammes, flamber
caz jazz
cazibe attrait, attraction
cazibeli attirant, attrayant
cazibesiz sans attrait
cazip attirant, attrayant
cebellezi furtivement
cebir violence, contrainte, force; algèbre ***cebir kullanmak*** user de violence
Cebrail Ange Gabriel
cebren par contrainte, par force
cefa tourment, torture, supplice ***cefa çekmek*** subir des peines, tourments
cefakâr celui qui tourmente
cehalet ignorance
cehennem enfer ***cehennem azabı*** supplices de l'enfer ***cehennem gibi*** très chaud ***cehennemin dibine git*** va-t-en à tous les diables! ***cehennemin dibine gitmek*** descendre aux enfers
cehennemlik damné
ceket veste, veston, jaquette
celep marchand de bestiaux
cellat bourreau
celp appel, citation
celse séance, session, audience, réunion
cemaat foule, multitude; communauté
cemiyet association, société
cenah aile, flanc
cenap titre honorifique
cenaze cadavre ***cenaze alayı*** cortège funèbre ***cenaze töreni*** enterrement, funérailles
cendere presse; douleur, inquiétude
cengâver guerrier, belliqueux, combattant
cengel jungle
cenin fætus
cenk combat, bataille
cennet paradis, ciel
cennetkuşu paradisier
cennetlik bienheureux
centilmen gentil
centilmence gentiment
centilmenlik gentillesse
cep poche; de poche ***cep feneri*** lampe de poche ***cep harçlığı*** argent de poche ***cep saati*** montre de poche ***cep sözlüğü*** dictionnaire de poche ***cebi delik*** fauché, sans le sou ***cebinden çıkarmak*** mettre qn dans sa poche ***cebine indirmek*** mettre dans sa poche ***cepini doldurmak*** se remplir les poches
cephane munition
cephanelik arsenal, dépôt de munitions
cephe façade; front ***cephe almak*** agir ouvertement en ennemi
cepken jaquette courte

C

cerahat pus
cerahatlenmek former du pus, suppurer
cerahatli purulent, suppurant
cereme amende
cereyan courant, tendance, écoulement, courant d'air ***cereyan etmek*** se dérouler, se passer
cerrah chirurgien, opérateur
cerrahi chirurgical
cerrahlık chirurgie
cesaret courage, bravoure, hardiesse, audace ***cesaret etmek*** prendre courage, oser ***cesaret göstermek*** faire preuve de courage, montrer du courage ***cesaret vermek*** encourager, exciter ***cesareti olmak*** avoir du courage ***cesaretini yitirmek*** perdre son courage
cesaretlendirmek encourager
cesaretli courageux
cesaretsiz découragé
ceset cadavre, mort
cesur brave, courageux, hardi, audacieux, intrépide
cet grand-père, aïeul, ancêtre
cetvel règle; tableau, bordereau
cevahir bijou, joyau
cevap réponse, réplique ***cevap olarak*** en réponse ***cevap vermek*** répondre ***cevapsız bırakmak*** laisser sans réponse
cevher substance, l'essentiel; minéral
ceviz noix ***ceviz ağacı*** noyer
ceylan gazelle
ceza peine, punition, châtiment ***ceza almak*** être puni ***ceza kanunu*** loi pénale ***ceza mahkemesi*** cour d'assises ***ceza sahası*** surface de réparation ***ceza vermek*** infliger une peine ***ceza vuruşu*** coup franc ***cezasını çekmek*** pâtir de
cezaevi prison, maison d'arrêt
cezalandırmak punir, châtier, condamner, corriger, pénaliser
cezalı puni
cezbetmek attirer; charmer, fasciner
cezir reflux, marée basse
cezve cafetière
cılız chétif, faible, débile, maigre
cılk nonfrais, pourri
cımbız pincette
cırcır bavard
cırcırböceği grillon, cri-cri
cırlak aigu, criard, strident
cırlamak criailler
cıva vif-argent, mercure ***cıva gibi*** vif, plein de vie, actif
cıvata boulon, cheville
cıvık mou, molle; émancipé, importun
cıvıl cıvıl onomatopé pour désigner le bruit des oiseaux
cıvıldamak gazouiller, chanter
cıvıldaşmak se gazouiller
cıvıltı gazouillement
cıvımak devenir mou, s'amollir, être fondu, devenir gluant
cıvıtmak amolir, rendre mou; s'émanciper
cıyak cıyak cri perçant ***cıyak cıyak bağırmak*** glapir
cızbız grillé
cızırdamak pétiller, grésiller, crier
cızırtı pétillement, grésillement
cibiliyet dispositon, nature
cibiliyetsiz dépravé
cibinlik moustiquaire
cici joli, gentil, charmant, mignon, coquet
cicianne bonne-maman
cidden sérieusement
ciddi sérieux, grave, sévère ***ciddiye***

C

almak prendre au sérieux
ciddiyet sérieux, gravité
cidar paroi
ciğer poumon; foie ***ciğeri beş para etmez*** il ne vaut pas la corde pour le pendre
cihan monde
cihat guerre de religion
cihaz appareil
cihet direction, sens
cila lustre, poli, vernis ***cila vurmak*** lustrer, polir, vernir
cilalamak polir, vernir
cilalı poli, verni
cildiye dermatologie
cildiyeci dermatologue
cilt reliure, volume, tome
ciltçi relieur
ciltlemek relier
cilve coquetterie
cilveli coquette
cimnastik gymnastique
cimri avare, ladre, chiche
cimrilik avarice, ladrerie
cin démon, malin; rusé, madré ***cin fikirli*** rusé
cinas calembour
cinayet crime, meurtre
cingöz rusé, finaud
cinnet folie ***cinnet getirmek*** perdre la raison
cins espèce, sorte, genre
cinsel sexuel ***cinsel ilişki*** rapports sexuels ***cinsel ilişkide bulunmak*** avoir commerce avec
cinsellik sexualité
cinsiyet genre, sexe, sexualité
cips chips
ciranta endosseur
cirit javelot ***cirit atmak*** s'en payer
ciro endossement, chiffre d'affaires ***ciro etmek*** endosser
cisim corps
cisimcik corpuscule
civar environs, entourage, alentours
civciv poussin
civelek agile, leste, alerte, vif
coğrafya géographie
cokey jockey
conta joint
cop matraque
coşku enthousiasme, ardeur, chaleur, ferveur
coşkulu exalté, fougueux
coşkun ardent, enthousiaste, exalté, exubérant, fervent
coşkunluk enthousiasme, exaltation
coşmak s'enthousiasmer, s'emballer, s'exciter
coşturmak enthousiasmer, exciter, encourager, exalter
cömert généreux, large, prodigue
cömertlik générosité, largesse
cuma vendredi
cumartesi samedi
cumburlop pouf! patatras!
cumhurbaşkanı président de la république
cumhuriyet république
cumhuriyetçi républicain
cunta junte
curcuna danse collective ***curcunaya çevirmek*** faire un grand bruit
cüce nain, pygmée
cücük noyau, pépin; poussin
cülus avènement au trône
cümbüş divertissement, ripaille; instrument de musique à plusieurs cordes
cümle phrase, proposition; tous, toutes, tout, toute
cümleten tout entier, tous ensemble
cüppe robe ample et longue, toge
cüret audace, hardiesse, intrépidité ***cüret etmek*** oser, avoir le cou-

rage, la hardiesse de, se permettre de
cüretkâr osé, hardi, audacieux
cüruf scorie
cürüm crime, délit, faute ***cürmü meşhut*** flagrant délit
cüsse stature, corpulence
cüsseli corpulent
cüzam lèpre
cüzamlı lépreux
cüzdan portefeuille
cüzi petit, peu important, insignifiant

Ç

çaba effort, activité, zèle ***çaba göstermek*** faire un effort, s'efforcer, s'évertuer
çabalamak s'efforcer, faire un effort, tâcher, essayer, se démener
çabucak prestement, précipitamment
çabuk rapide, promtement ***çabuk olmak*** se dépêcher
çabuklaştırmak accélérer, presser
çabukluk vitesse, rapidité
çaçabalığı sprat
çadır tente ***çadır kurmak*** dresser une tente
çağ époque, période, siècle, ère; âge
çağanoz crabe
çağdaş contemporain, moderne, à la page
çağıldamak (ırmak) murmurer, *(dalga)* mugir
çağıltı murmure
çağırmak appeler, faire venir; inviter, convoquer
çağırtmak faire appeler, faire venir, faire inviter, faire convoquer
çağırtkan chanterelle, appelant
çağla fruit vert
çağlamak murmurer
çağlayan chute, cascade, cataracte
çağrı invitation, convocation
çağrılı convive, invité
çağrışım association
çakal chacal
çakaleriği prunelle
çakı canif
çakıl caillou, gravier
çakılmak être cloué, être planté
çakır gris bleuté
çakırkeyf éméché, gris
çakışmak coïncider
çakmak briquet
çakmak chasser *(clou)*; enfoncer; éclairer; comprendre, entendre; être refusé, ne pas réussir
çaktırmadan en cachette, à la dérobée
çaktırmak faire chasser, faire enfoncer; coller
çalakalem vite ***çalakalem yazmak*** écrire vite
çalar saat réveil, réveille-matin
çalçene moulin à paroles, pie
çaldırmak faire voler, dérober; faire jouer
çalgı instrument de musique
çalgıcı musicien
çalı broussaille, buisson ***çalı çırpı*** bois mort
çalıfasulyesi haricot nain
çalık défiguré, difforme
çalıkuşu roitelet
çalılık broussailles, buissons
çalım parade, arrogance, morgue ***çalım satmak*** parader
çalınmak être volé, dérobé; être sonnê, être joué, sonner
çalışkan laborieux, actif, travailleur, studieux

çalışma action de travailler, activité, travail ***Çalışma Bakanlığı*** ministère du Travail ***çalışma müsadesi*** permis de travail ***çalışma odası*** cabinet de travail, étude ***çalışma aşkı*** ardeur du travail ***çalışma kampı*** camp de travail ***çalışma süresi*** durée du travail
çalışmak travailler; fonctionner; s'occuper de, s'efforcer de, tâcher de, chercher
çalıştırıcı entraîneur, moniteur
çalıştırmak faire travailler, faire fonctionner, employer, entraîner
çalkalamak agiter, secouer; rincer
çalkantı roulis, tangage
çalmak voler; dérober; jouer
çam pin, sapin ***çam devirmek*** faire une gaffe ***çam yarması gibi*** mal dégrossi, fruste
çamaşır linge ***çamaşır değiştirmek*** changer de linge ***çamaşır ipi*** corde à linge ***çamaşır makinesi*** machine à laver ***çamaşır suyu*** eau de Javel ***çamaşır tozu*** lessive ***çamaşır yıkamak*** laver du linge
çamaşırcı kadın blanchisseuse
çamaşırhane blanchisserie
çamfıstığı pignon de pin
çamlık lieu planté de pins
çamsakızı résine des conifères
çamur boue, vase, bourbe ***çamur atmak*** calomnier, diffamer ***çamurdan çıkarmak*** désembourber
çamurlu boueux, plein de boue
çamurluk garde-boue, pare-boue
çan cloche
çanak jatte, écuelle, gamelle, pot ***çanak çömlek*** poterie, vaisselle ***çanak tutmak*** tendre la main, mendier/s'exposer à un mauvais traitement ***çanak yalayıcı*** pique-assiette
Çanakkale Boğazı Dardanelle
çançiçeği campanule
çanta cartable, serviette, sac ***çantada keklik*** c'est tout assuré
çap diamètre; calibre; plan d'un terrain
çapa houe; ancre
çapaçul débraillé
çapak chassie
çapaklı chassieux
çapaklanmak être chassieux
çapalamak serfoir, biner
çapar courrier
çapari arondelle
çapkın coureur de filles, galant, tombeur
çapkınlık galanterie
çapraşık confus, compliqué; pêle-mêle
çapraz en écharpe, en biais, croisé
çaprazlama de travers
çaprazlamak croiser
çapul pillage
çapulcu pillard
çapulculuk pillage, maraude ***çapulculuk etmek*** piller, marauder
çaput chiffon, torchon, hâillon
çar tsar
çarçabuk à toute vitesse
çarçur dilapidation ***çarçur etmek*** dilapider, dissiper ***çarçur olmak*** être dilapidé, être dissipé
çardak treille, tonnelle
çare moyen, issue, remède ***çare bulmak*** parer à
çaresizlik impuissance, impossibilité, malheur, désespoir
çarık chaussure demodé de cuir écru des paysans turcs
çariçe tsarine
çark rouage, engrenage; roue; mécanisme
çarkçı mécanicien

Ç

çarkıfelek grenadille
çarlık tsarisme
çarmıh croix ***çarmıha germek*** crucifier, mettre en croix
çarpan multiplicateur, facteur
çarpı signe de multiplication
çarpık courbé, courbe, tordu, crochu
çarpılan multiplicande
çarpılmak devenir tordu, courbé, se déformer, se tordre, se courber
çarpım produit ***çarpım tablosu*** table de multiplication
çarpıntı battements de cœur, palpitations
çarpışma heurt, collision; combat; conflit; tamponnement
çarpışmak combattre; se tamponner
çarpıtmak tordre, dénaturer, fausser, gauchir, travestir
çarpma coup, heurt, choc, collision; multiplication
çarpmak heurter, cogner, frapper, buter contre, se heurter à
çarpuk çurpuk difforme
çarşaf drap
çarşamba mercredi
çarşı marché, bazar
çatal fourche, fourchette; fourchu, bifurqué
çatı toit, toiture, charpente, ossature, trame ***çatı katı*** étage sous le toit, mansarde ***çatı arası*** grenier
çatık froncé ***çatık kaş*** sourcils froncés
çatırdamak craquer, pétiller, crépiter
çatırtı craquement, fracas
çatışmak se heurter; entrer en collision, se quereller, se disputer
çatlak crevasse, lézarde, gerçure, fente; fêlé
çatlamak crever, casser, éclater, se briser, se casser
çatlatmak faire éclater, exploser, crever, crevasser, lézarder
çatma faufilure; reproche, injure
çatmak faufiler; joindre; chercher noise; reprocher, injurier, engueuler
çatpat comme ci, comme ça
çavdar seigle
çavuş sergent, sous-officier
çavuşkuşu huppe
çay thé, rivière, ruisseau ***çay fincanı*** tasse à thé ***çay içmek*** prendre du thé, le thé ***çay demlemek*** infuser le thé ***çay servisi*** service à thé
çaydanlık théière
çayevi salon du thé
çayır pré, prairie, pâturage
çayırlık prairie
çehre face, visage, figure, physionomie
Çek Tchèque
çek chèque ***çek defteri*** carnet de chèques
çekecek chausse-pied, corne
çekememek être jaloux, envier; jalouser, ne pas supporter
çekememezlik envie, jalousie
çekici attirant, attrayant, charmant, dépanneuse
çekicilik attirance, attraction, attrait, charme, séduction
çekiç marteau
çekidüzen ordre ***çekidüzen vermek*** mettre qch en ordre
çekiliş tirage
çekilmek reculer, céder, se retirer, battre en retraite; démissionner, donner sa démission, prendre sa retraite, se retirer
çekilmez insupportable, intolérable, intenable

çekim attraction; attrait; charme; déclinaison, conjugaison
çekimser abstentionniste ***çekimser kalmak*** s'abstenir
çekimserlik abstention
çekingen timide, réservé, craintif, farouche
çekingenlik crainte, appréhension, gêne, timidité
çekinik atavique
çekinme crainte, appréhension, peur, timidité
çekinmeden sans gêne
çekinmek se gêner, être gêné, hésiter, s'abstenir, ne pas oser, avoir peur
çekirdek noyau, pépin, graine ***çekirdek kahve*** café en grains
çekirge sauterelle, grillon
çekişme dispute, querelle
çekişmek se tirer mutuellement
çekiştirmek tirailler; médire *(de)*
çekmece coffre
çekmek tirer, traîner, remorquer, entraîner, amener, attirer; retirer, enlever, arracher, extraire; ôter; boire; expédier ***çek arabanı*** filez! décampez! ***çeksin gitsin*** laissez le partir ***çekip gitmek*** s'en aller, se tirer, ficher le camp
Çekoslavak tchécoslovaque
Çekoslavakya Tchécoslovaquie
çektirmek faire retirer, faire arracher; faire arborer, faire hisser; faire conjuguer, décliner; tourmenter, torturer
çekül fil à plomb
çelenk couronne, guirlande ***çelenk koymak*** déposer une couronne
çelik acier
çelim stature, corpulence
çelimsiz faible, débile, chétif
çelişik contradictoire
çelişki contradiction
çelişkili contradictoire
çelişmek être en contradiction
çelme croc-en-jambe ***çelme takmak*** faire un croc-en-jambe
çeltik riz
çember circonférence; cerceau; encerclement
çene menton, mâchoire; *mec.* bavard, jaseur ***çene çalmak*** babiller, bavarder, caqueter, causer, jaser, jacasser ***çenesi düşük*** bavard ***çenesini tutmak*** faire silence
çenet valve
çengel croc, crochet
çentik encoche, cran, entaille, brèche
çentmek ébrécher, faire des entailles, des coches
çepçevre tout autour, alentour
çepel sale, boueux
ceper paroi
çerçeve cadre, châssis, monture
çerçevelemek encadrer, mettre dans un cadre
çerçöp sans valeur
çerez hors-d' æuvre
Çerkez Circassien
çeşit assortiment, sorte, espèce, qualité, modèle, nuance, exemplaire, échantillon
çeşitli différent, divers
çeşme fontaine
çeşni goût, saveur
çete bande
çetin acharné, ardu ***çetin ceviz*** noix dure
çetrefil confus, compliqué, embrouillé, indéchiffrable
çevik agile, leste, alerte, vif
çeviklik agilité, promptitude, vivacité
çeviri traduction
çevirmek tourner, faire tourner,

retourner; traduire
çevirmen traducteur
çevre cercle, millieu, environnement; environs, entourage, alentours; circonscription ***çevre kirlenmesi*** pollution de l'environnement
çevrebilim écologie
çevrebilimci écologiste
çevriyazı transcription
çeyiz trousseau, dot
çeyrek quart
çıban abcès, clou, furoncle
çığ avalanche
çığır chemin, voie, sentier ***çığır açmak*** frayer la voie à
çığırtkan crieur, apologiste
çığlık cri, clameur, hurlement ***çığlık atmak*** pousser un cri
çıkagelmek survenir, arriver inopinément, surgir
çıkar intérêt, avantage, profit ***çıkar yol*** issue, solution
çıkarma extraction, débarquement, soustraction, renvoi, congédiement, licenciement
çıkarmak ôter, tirer, retirer, arracher, retrancher; extraire, faire sortir; jeter dehors, mettre à la porte; publier, éditer
çıkık dislocation; proéminent, saillant
çıkıkçı rebouteur, rebouteux
çıkın sachet, bourse
çıkıntı saillie, saillant; note marginale
çıkış sortie, issue
çıkışmak gronder, réprimander, engueuler, tancer
çıkmak sortir; monter; s'ensuivre, résulter de; s'accomplir, se réaliser
çıkmaz impasse ***çıkmaz ayın son çarşambası*** aux calendes grecques ***çıkmaz sokak*** impasse, cul-de-sac ***çıkmaza girmek*** être dans une impasse
çıkrık rouet, treuil
çıldırmak devenir, être fou, perdre la raison, délirer
çıldırtmak rendre fou; mettre en colère, fâcher, irriter; affoler
çılgın fou, folle, cinglé, dingue, effréné, frénétique, échevelé
çılgınca follement, éperdument
çılgınlık folie, égarement, extravagance, délire, démence, fredaine
çılgınlık yapmak faire des folies
çıma amarre
çın çın ötmek tinter
çınar platane
çıngar bagarre, querelle, dispute ***çıngar çıkarmak*** occasionner, provoquer une bagarre
çıngırak sonnette, clochette
çıngıraklıyılan serpent à sonnettes
çıngırdamak sonner, résonner, retentir
çıngırtı tintement, sonnerie
çınlamak résonner, retentir, tinter, sonner
çıplak nu, dénudé, découvert, dépouillé, nudiste ***çıplaklar kampı*** camp de nudistes
çıplaklık nudisme, nudité
çıra bois résineux, allume-feu
çırak apprenti, élève, novice
çıraklık apprentissage
çırçıplak tout nu
çırpı broussailles
çırpınmak se débattre, s'agiter, se démener, trémousser, se trémousser; se donner beaucoup de peine
çırpıntı clapotis
çırpıştırmak faire à la hâte
çırpmak secouer; épousseter

çıta latte
çıtçıt bouton-pression
çıtı pıtı délicat, gentil, mignon
çıtır çıtır etmek craquer, croquer
çıtırdamak craquer, crépiter, grésiller, pétiller
çıtırtı crépitation, crépitement
çıtkırıldım homme trop coquet, douillet
çıtlamak faire craquer
çıyan mille-pattes, scolopendre
çızıktırmak écrire mal, griffonner
çiçek fleur; petite vérole, variole ***çiçek açmak*** fleurir ***çiçek koparmak*** cueillir des fleurs ***çiçekçi kız*** fleuriste ***çiçek pazarı*** marché aux fleurs ***çiçek demeti*** bouquet
çiçekçi fleuriste
çift couple; double, labour, paire ***çift sayı*** nombre pair ***çift sürmek*** labourer ***çift anlamlı*** à double sens ambigu ***çift motorlu*** bimoteur
çiftçi agriculteur, cultivateur, fermier
çifte double; fusil de chasse; canot à deux rames; ruade
çiftleşme copulation
çiftleşmek s'unir pour la génération en parlant des animaux
çiftleştirmek joindre deux choses ensemble, mettre deux à deux, accoupler; unir
çiftlik ferme
Çigan tzigane
çiğ cru, criard
çiğdem colchique
çiğlik crudité; brutalité, grossière
çiğnemek mâcher, mastiquer; écraser; fouler, piétiner
çiklet chewing-gum
çikolata chocolat
çil tache de rousseur
çile écheveau; peine, épreuve, souffrance ***çile çekmek*** souffrir ***çileden çıkarmak*** exaspérer, révolter ***çileden çıkmak*** s'emporter, sortir de ses gonds
çilek fraise
çilekeş malheureux
çilingir serrurier
çim pelouse, gazon
çimdik pincement, action de pincer
çimdiklemek pincer
çimen gazon, pelouse
çimento ciment
çimlendirmek faire germer
Çin Chine
çinakop espèce de petite bonite
Çince chinois
Çingene bohémien, gitan
çingene mesquin, ladre
çini faïence
çinko zinc
Çinli Chinois
çiriş sorte de colle employée surtout par les cordonniers et les relieurs
çirkef masse d'eau croupie; personne déloyale, malhonnête, salaud, homme vil
çirkin laid, vilain, affreux, hideux, abominable, horrible
çirkinleşmek devenir laid
çirkinlik laideur
çiroz maquereau séché, hareng saur, personne très maigre
çise pluie fine, bruine
çiselemek bruiner
çiş pipi, urine, pissat, pisse ***çiş etmek*** faire pipi, pisser
çit haie, claie, clôture
çitilemek frotter le linge
çitlembik fruit du térébinthe
çivi clou ***çivi çakmak*** chasser, cogner, enfoncer, faire entrer un clou ***çivi sökmek*** arracher un clou, déclouer

Ç

çivilemek clouer, clouter
çivit indigo, bleu à linge
çiviyazısı écriture cunéiforme
çizelge liste, tableau
çizgi ligne, trait ***çizgi çizmek*** tirer, tracer un trait, une ligne ***çizgi film*** dessin animé ***çizgi roman*** bande dessinée
çizgili rayé, réglé
çizik sillon, rayure, égratignure, éraflure
çiziktirmek gribouiller, griffonner
çizilmek être rayé, biffé, effacé; être égratigné, éraflé
çizim construction
çizinti petite égratignure
çizme botte
çizmek tirer, tracer, rayer, biffer, raturer; égratigner, érafler, dessiner
çoban berger, pâtre ***çoban köpeği*** chien de berger
Çobanyıldızı étoille du berger, Vénus
çocuk enfant, garçon, garçonnet, fille, fils; gamin ***çocuk arabası*** poussette ***çocuk bakıcısı*** nourrice ***çocuk doğurmak*** mettre un enfant au monde, accoucher ***çocuk doktoru*** pédiatre ***çocuk düşürmek*** avorter ***çocuk felci*** paralysie infantile ***çocuk hastalıkları*** maladies infantiles ***çocuk yuvası*** garderie ***çocuk zammı*** allocation familiale
çocukça enfantin
çocukluk enfance, enfantillage
çocuksu enfantin, puéril
çoğalmak augmenter, se multiplier
çoğaltmak augmenter, accroître, multiplier
çoğul pluriel
çoğunluk majorité
çoğunlukla en majorité, pour la plupart
çok beaucoup, nombreux; beaucoup, très, trop, fort, bien, vivement, très beau, bon ***çok bilmiş*** sournois, audacieux, malin ***çok fazla*** exorbitant, fort ***çok geçmeden*** avant longtemps, avant peu, d'ici peu ***çok güzel*** délicieux, ravissant, à merveille ***çok ileri gitmek*** exagérer ***çok iyi*** très beau ***çok kötü*** horrible, tant pis ***çok olmak*** fourmiller ***çok renkli*** multicolore ***çok sayıda*** en grande quantité, nombreux ***çok yakında*** à bout portant, à bref délai
çokanlamlı équivoque
çokeşli polygamie
çokgen polygone
çokkarılı polygame
çokkocalı polyandre
çokluk majorité; abondance; fréquemment
çoksesli polyphonique
çoktan déjà, auparavant ***çoktan beri*** depuis longtemps
çoktanrıcılık polythéisme
çokterimli polynôme
çokuluslu multinational
çokyüzlü polyèdre
çolak manchot, estropié
çoluk çocuk femme et les enfants
çomak bâton, baguette
çomar chien de garde
çopur qui a des marques de petite vérole
çorak aride, sec, stérile
çoraklık aridité sécheresse
çorap bas, chaussette ***çorap giymek*** mettre ses bas ***çorap çıkarmak*** retirer ses bas ***çorap söküğü gibi*** de tout près
çorba soupe, potage, confusion

çorba kâsesi soupière ***çorba kepçesi*** louche
çökelti dépôt, sédiment
çökertmek déprimer, saper
çökmek s'écrouler, s'effondrer, s'affaisser; s'enfoncer; tomber; s'agenouiller; s'affaler; former un dépôt
çökük affaissé, écroulé, enfoncé, creux
çöküş décadence, naufrage
çöl désert
çömelmek s'accroupir
çömez apprenti; disciple
çömlek pot
çöp brin de paille; ordures, balayures, immondices ***çöp kutusu*** poubelle
çöpçatan marieur
çöpçü balayeur municipal
çöplenmek picorer, grappiller
çöplük décharge publique
çörek gâteau, brioche
çöreklenmek se lover
çöreotu nigelle
çöven saponaire
çözelti dissolution, solution
çözmek dénouer, défaire, détacher, séparer
çözülmek se dénouer, se détacher; se décomposer, se résoudre; se dégeler
çözüm dénouement, solution, résolution
çözümleme analyse
çözümlemek analyser; arranger
çözümsel analytique
çözünmek se décomposer, se désintégrer
çubuk pipe, barre, baguette, tige
çuha drap
çuhaçiçeği primevère
çukur fosse, trou, ravin; creux, creusé, vide, enfoncé ***çukur kazmak*** creuser un trou
çul coverture de cheval
çullanmak tomber sur, fondre sur
çulluk bécasse
çuval sac
çuvaldız passe-lacet
çuvallamak arg. être vaincu
çük pénis
çünkü parce que, car, puisque
çürük gâté, pourri, corrompu, vermoulu; pourriture; fragile, ecchymose, meurtrissure ***çürük diş*** dent cariée ***çürük meyve*** fruit gâté, pourri ***çürüğe çıkmak*** être trouvé inapte
çürüklük carie, défectuosité, fragilité; inaptitude; fausseté
çürümek se gâter, pourrir, se pourrir, se corrompre, se décomposer, se détériorer, se carier
çürütmek pourrir, gâter; rêfuter; ecchymoser
çüş hue! dia!

D

da en, à, dans; aussi
dadanmak s'adonner, fréquenter; s'amouracher
dadı nourrice, bonne d'enfant, gouvernante, nurse
dağ mont, montagne ***dağ başı*** sommet de montagne ***dağ silsilesi*** chaîne de montagnes
dağcı alpiniste
dağcılık alpinisme
dağarcık besace, gibecière, carnier
dağılım dissociation, dissémination, dispersion
dağılmak se disperser, se dissiper,

se séparer; se décomposer; se propager
dağınık dispersé, éparpillé, confus, disséminé, brouillon, épars
dağınıklık désordre

D

dağıtıcı distributeur
dağıtım distribution
dağıtımcı distributeur
dağıtmak disperser, éparpiller, dissiper; distribuer, répartir, partager; dissoudre
dağkeçisi chamois
dağlamak stigmatiser, cautériser
dağlı montagnard
daha plus, encore ***daha çok*** plus de, davantage ***daha doğrusu*** plutôt, à proprement parler ***daha fazla*** davantage ***daha iyi*** mieux, meilleur ***daha neler*** tiens, vous nous en direz tant ***daha sonra*** puis, après, ensuite, par la suite, plus tard ***dahası var*** ce ne sont pas tous, ce n'est pas tout
dahi aussi, également, même
dâhi génie
dahil intérieur, dedans; y compris, inclus ***dahil etmek*** renfermer, embrasser, comprendre ***dahil olmak*** entrer, pénétrer; être membre
dahili intérieur, interne, intestin
dahiliye maladies internes
daima toujours, sans arrét
daimi durable, permanent
dair relatif à, concernant, en ce qui concerne
daire cercle, circonférence; bureau, office, administration, service; appartement
dakik ponctuel, exact
dakika minute
daktilo machine à écrire; dactylo ***daktiloda yazmak*** écrire à la machine, taper
dal branche, rameau; section, division ***dal budak salmak*** se ramifier; augmenter ***dalına basmak*** importuner
dalak rate
dalalet égarement, erreur, aberration
dalamak piquer
dalaş querelle, dispute, rixe
dalaşmak se battre, se quereller; se disputer
dalavere intrigues ***dalavere çevirmek*** machiner, intriguer, tromper
daldırmak plonger, tremper, immerger
dalga vague, lame, houle, flot; intrigue, manigance; distraction; onde ***dalga geçmek*** être distrait, être dans la lune; lambiner ***dalga uzunluğu*** longueur d'onde
dalgacı songe-creux, distrait
dalgakıran brise-lames, jetée
dalgalandırmak onduler, agiter
dalgalanma ondulation, fluctuation
dalgalanmak s'agiter, flotter; ondoyer, onduler
dalgalı houleux, ondulant, raboteux
dalgıç plongeur, scaphandrier
dalgın distrait, songeur
dalgınlık inattention, distraction; assoupissement
dalkavuk flatteur, adulateur, flagorneur
dalkavukluk flatterie, aduler, flagorneur ***dalkavukluk etmek*** flatter, aduler
dallandırmak ramifier; exagérer; embrouiller, compliquer
dallı branchu, ramifié
dalmak plonger, se plonger, immerger, entrer, faire irruption, rester sous l'eau,

dalyan bordigue ***dalyan gibi*** de taille élancée
dam toit ***damdan düşer gibi*** brusquement
dama jeu de dames
damacana dame-jeanne
damak palais
damaksıl palatale
damalı à carreaux
damar veine, vaisseau ***damar sertliği*** artériosclérose ***damar tıkanıklığı*** embolie ***damarına basmak*** agacer
damarlı veinée
damat gendre, beau-fils
damga timbre, cachet, empreinte ***damga pulu*** timbre à quittances
damgalamak timbrer, poinçonner, oblitérer, apposer un timbre
damıtma distillation
damıtmak distiller
damızlık reproducteur
damla goutte
damlalık compte-gouttes
damlamak goutter, dégoutter, s'égoutter
damping dumping
dana veau
dangalak nigaud, niais, lourdaud, croquant
danışıklı concerté, feint, simulé ***danışıklı döğüş*** combat simulé,coup monté, chiqué
danışma information; consultation
danışmak prendre avis, conseil, consulter, demander conseil, conférer
danışman conseiller
Danıştay conseil d'Etat
Danimarka Danemark
Danimarkalı Danois
daniska le meilleur, la meilleure
dans danse ***dans etmek*** danser
dansör danseur
dansöz danseuse
dantel dentelle
dar étroit, serré, exigu, étriqué, rétréci ***dar açı*** angle aigu ***dar görüşlü*** à l'esprit étroit ***dar gelirliler*** à faibles revenus ***dar kafalı*** borné ***darda olmak*** être dans la difficulté
dara tare ***darasını almak*** tarer
darağacı potence, gibet, échafaud
daracık très étroit
daralmak devenir étroit, se rétrécir
daraltmak rendre étroit, plus étroit, rétrécir
darbe coup, tape, heurt
darboğaz *coğ.* cluse
darbuka espèce de tambourin turc
dargın fâché, brouillé ***dargın olmak*** être fâché
dargınlık brouille
darı millet
darılmak se fâcher, se brouiller, se mettre en colère
darıltmak offusquer
darlık étroitesse, rétrécissement; manque, misère, détresse
darmadağın sens dessus dessous, en désordre
darphane hôtel des monnaies
dava procès, cause, litige ***dava açmak*** intenter un procès ***dava etmek*** plaider ***davadan vazgeçmek*** renoncer à une prétention
davacı demandeur
davalı défendeur
davar bétail, bestiaux, troupeau
davet invitation, convocation; citation, assignation; banquet ***davet etmek*** inviter, convier
davetiye billet, lettre d'invitation, lettre de convocation, convocation, citation
davetli invité, convié, convive

davetlisi olmak avoir des invités
davlumbaz manteau de cheminée
davranış comportement, attitude, conduite, contenance, posture, trait, tenue
davranmak agir, se comporter, se conduire; traiter; essayer ***davranma!*** ne bouge pas!
davul grosse caisse, tambour
dayak coup, volée, bastonnade, raclée ***dayak atmak*** battre, frapper, corriger, rosser ***dayak yemek*** recevoir une volée, être battu
dayalı appuyé ***dayalı döşeli*** meublé
dayamak appuyer, adosser, baser, fonder
dayanak appui, support
dayanıklı consistant, persévérant, résistant, tenace, solide
dayanıklılık consistance, stabilité, solidité, persistance, résistance, endurance
dayanıksız inconsistant, faible, débile
dayanılmaz irrésistible, intolérable, insupportable
dayanışma solidarité
dayanmak s'appuyer, s'adosser, se baser; endurer, résister, supporter
dayatmak appuyer, baser; résister, tenir bon, insister
dayı oncle, oncle maternel
dayılık protecteur
dazlak chauve, dégarni
de aussi, également
debdebe pompe, faste, somptuousité, luxe
debdebeli pompeux, somptueux, luxueux
debelenmek se rouler dans
debriyaj débrayage, embrayage ***debriyaj pedalı*** pédale de débrayage ***debriyaj yapmak*** débrayer
dede grand-père, grand-papa
dedikodu cancan, commérage, potin, rumeur, racontar ***dedikodu yapmak*** faire des cancans, bavarder, jaser
dedikoducu cancanier
defa fois
defalarca à plusieurs reprises
defetmek chasser, expulser, déloger, éloigner, écarter
defile défilé
defin enterrement
define trésor
defne laurier
defnetmek enterrer
defolmak s'éloigner, s'absenter, s'en aller, ficher le camp
defter cahier; liste, registre, bordereau ***defter tutmak*** tenir les livres ***deftere geçmek*** passer en écriture, passer en compte ***defteri kebir*** grand-livre ***defterini dürmek*** tuer qn
defterdar trésorier général
değdirmek toucher; faire toucher; faire parvenir
değer valeur, prix, importance, mérite, portée ***değer biçmek*** apprécier, estimer, priser, évaluer ***değerden düşmek*** se déprécier ***değerinde olmak*** coûter, valoir ***değerini düşürmek*** déprécier, dévaluer
değerlendirmek faire valoir, jauger, juger, mettre en valeur
değerli précieux, de grande valeur ***değerli olmak*** avoir de la valeur
değersiz sans valeur, futile, insignifiant, mince, modique
değgin concernant
değil ne ... pas, ne ... point
değin jusqu'à

değinmek toucher, mentionner
değirmen moulin
değirmenci meunier
değirmentaşı meule à moulin
değirmi ronde
değiş échange, troc ***değiş etmek*** faire un échange, échanger, troquer ***değiş tokuş*** échange, change, troc ***değiş tokuş etmek*** troquer, échanger
değişik variable, instable, différent, dissemblable, distinct
değişiklik changement, modification, transformation, altération, mutation
değişim changement, modification, variation, transformation, altération, mutation
değişken changeant, inconstant, instable, variable
değişme changement, modification
değişmek changer, se modifier, être modifié, se transformer
değişmez constant, fixe, invariable
değiştirmek changer, modifier, corriger, altérer, convertir
değmek toucher; atteindre; effleurer
değnek bâton, baguette, verge
deha génie
dehliz vestibule
dehşet frayeur, effroi, épouvante, terreur ***dehşet saçmak*** semer la terreur ***dehşete kapılmak*** être glacé de terreur
dehşetli terrible, étonnant
dejenere dégénéré ***dejenere olmak*** dégénérer, s'abâtardir
dek jusqu'à
dekametre décamètre
dekan doyen
dekanlık décanat
dekar dix ares
deklanşör déclencheur
dekolte décolleté
dekont décompte
dekor décor
dekorasyon décoration
dekoratif décoratif
dekoratör décorateur
dekore décoré
delalet indication, signification, portée, sens, acception ***delalet etmek*** mener, guider
delegasyon délégation
delege délégué, député, envoyé
delgeç ciseau
delgi poinçon
deli fou, aliéné, insensé, dingue, forcené, loufoque ***deli divane olmak*** traiter qn en ami ***deli etmek*** rendre fou ***deli gibi*** comme fou ***deli olmak işten değil*** c'est une petite affaire pour perdre la raison ***deliye dönmek*** perdre la raison
delice follement
delicesine à la folie
delik trou, ouverture; prison; troué, percé ***delik açmak*** creuser, faire, percer un trou ***delik deşik*** plein de trous ***delik kapamak/tıkamak*** boucher un trou ***deliğe tıkmak arg.*** mettre qn en prison
delikanlı adolescent, gars, garçon
delikanlılık jeunesse, adolescence
delikli perforé
deliksiz sans trou
delil preuve, argument, témoignage ***delil göstermek*** apporter, fournir une preuve
delilik démence, folie, insanité, lubie
delinmek se percer, être percé, percer
delmek trouer, perforer, percer, creuser, piquer, poinçonner, trouer

delta delta
dem sang
demagog démagogue
demagoji démagogie
demarke démarqué
D
demeç déclaration ***demeç vermek*** faire une déclaration
demek dire, parler; signifier, vouloir dire ***demek istemek*** entendre, vouloir dire ***demek öyle!*** c'est donc cela
demet bouquet, fagot, liasse, botte
demin, demincek tout à l'heure
demir fer, ancre ***demir almak*** lever l'ancre ***demir atmak*** jeter l'ancre ***demir gibi olmak*** avoir une santé de fer ***demir tavında dövülür*** il faut battre le fer tant qu'il est chaud
demirbaş inventorié
demirci forgeron
demirhindi tamarin
Demirkazık étoile polaire
demirperde le rideau de fer
demiryolu chemin de fer, voie ferrée
demlemek infuser
demlenmek s'infuser; boire, picoler
demlik théier
demode démodé
demokrasi démocratie
demokrat démocrate
demokratik démocratique
denden guillemets de répétition
denek essayé
denektaşı pierre de touche
deneme épreuve, expérience, essai ***denemesini yapmak*** faire l'épreuve
denemek éprouver, expérimenter, essayer
denet contrôle, inspection
denetçi inspecteur, contrôleur
denetim contrôle, inspection, surveillance
denetimli inspecté
denetleme contrôle, inspection ***denetleme kurulu*** comité d'inspection
denetlemek contrôler, inspecter
deney épreuve, expérience, essai
deneyim expérience
deneyimli expérimenté
deneyimsiz inexpérimenté
deneysel expérimental
denge balance, équilibre ***dengede olmak*** être en équilibre
dengelemek stabiliser, équilibrer
dengeli pondéré, équilibré
deniz mer; marin, naval ***deniz akıntısı*** courant marin ***deniz kazası*** naufrage ***deniz kıyısı*** côte ***deniz kuvvetleri*** forces navales ***deniz nakliyat şirketi*** compagnie de messageries maritimes ***deniz okulu*** école navale ***deniz savaşı*** combat naval ***deniz seviyesi*** le niveau de la mer ***deniz tutması*** mal de mer ***deniz ürünleri*** fruits de mer ***deniz üssü*** base navale ***deniz yolculuğu*** navigation ***deniz yoluyla*** par voie maritime ***denize açılmak*** prendre le large
denizaltı sous-marin
denizanası méduse
denizaşırı outre-mer
denizbilim océonographie
denizci marin, navigateur
denizcilik navigation
denizkızı sirène
denk balle, égal ***denk gelmek*** contre balancer, compenser ***denk getirmek*** saisir le bon moment
denklem équation
denklik équivalance, équilibre
denli à tel point, tant; plein de tact

densiz qui manque de tact
deodoran déodorant
deplasman déplacement
depo dépôt, entrepôt, magasin, réservoir
depolamak emmagasiner
depozito dépôt, cautionnement, consigne
deprem tremblement de terre, séisme
depresyon dépression
derbeder bohème
dere ruisseau ***dereden tepeden konuşmak*** parler de la pluie et du beau temps ***dereyi görmeden paçaları sıvamak*** vendre le peau de l'ours avant de l'avoir tué
derebeyi seigneur féodal
derebeylik régime féodal, féodalité
derece degré; thermomètre
dereotu aneth
dergi périodique, revue, magazine
derhal tout de suite, aussitôt, immédiatement, à l'instant
deri peau, cuir ***derisini yüzmek*** peler, dépouiller
derin profond, creux ***derin uyku*** sommeil profond
derinlik profondeur
derişik concentré
derleme rassemblement, ramassage
derlemek cueillir, rassembler, compiler
derli toplu ordonné, en ordre
derman remède; force
dermansızlık débilité, faiblesse
derme çatma mal fait, en désordre, irrégulier, de fortune
dermek collecter
dernek association, société, corporation
ders enseignement, instruction, cours, leçon ***ders vermek*** enseigner, instruire, donner des leçons
dershane classe; école privée qui offre des cours spéciaux
derslik classe
dert douleur, peine, chagrin
derviş pauvre, derviche
derya mer, océan
desen dessin
desilitre décilitre
desimetre décimètre
desinatör dessinateur
desise intrigue, ruse
despot despote
destan poème épique, épopée
deste trousseau, bouquet, paquet
destek support, appui, soutien, assistance, secours ***destek olmak*** prêter son appui à qn
desteklemek soutenir, appuyer, favoriser, patronner, renforcer, étayer
destelemek lier ensemble, faire un paquet
destur permission, autorisation; attention, gare
deşarj décharge
deşik percé, crevé
deşmek percer; renouveler, réveiller
detay détail
detaylı en détail
detektif détective
dev ogre, géant, monstre ***dev gibi*** gigantesque, énorme, colossal
deva remède, médicament
devam continuité, durée ***devam etmek*** continuer, durer, persister, poursuivre ***devam ettirmek*** continuer, perpétuer ***devamı var*** à suivre
devamlı continu, durable, perpétuel, assidu, permanent
devamlılık continuité, permanence

deve chameau ***devede kulak*** très peu, insignifiant, dèrisoire
deveboynu tuyau à double courbure
devedikeni chardon
D
devekuşu autruche
develüasyon dévaluation
deveran circulation
devetabanı tussilage
devim mouvement
devimbilim dynamisme
devimsel cinétique
devingen mobile
devingenlik mobilité
devinim motion, mouvement
devinmek se mouvoir
devir époque, période; tour, mouvement
devirli périodique
devirmek faire tomber, renverser, bouleverser
devlet état, empire, royaume ***devlet adamı*** homme d'État ***devlet başkanı*** chef d'état ***devlet hazinesi*** Trésor public ***devlet hizmeti*** service public ***devlet kuşu*** fortune inespérée ***devlet memuru*** fonctionnaire ***devlet yardımı*** subvention
devletleştirme étatisation, nationalisation
devletleştirmek étatiser, nationaliser
devre époque, période, phase; mi-temps; circuit
devretmek tourner, pivoter; remettre, transférer; transmettre
devrik renversé, abattu
devrilmek être renversé, bouleversé, s'écrouler, se renverser, capoter, verser, chavirer; être détrôné
devrim révolution
devrimci révolutionnaire
devriye patrouille ***devriye gezmek*** patrouiller
devşirmek cueillir; plier, replier
deyim expression, terme, locution, idiome, idiotisme
deyiş prononciation, expression
dézavantaj désavantage
dezenfekte désinfecté ***dezenfekte etmek*** désinfecter
dır dır bavardage, babillage; dénigrement ***dır dır etmek*** marmonner, gronder
dırıltı querelle,scène ***dırıltı etmek*** se quereller
dış extérieur, externe ***dış açı*** angle externe ***dış hat*** ligne externe ***dış pazar*** marché externe ***dış ticaret*** commerce extérieur
dışalım importation
dışalımcı importateur
dışarı extérieur, dehors; étranger ***dışarı çıkmak*** sortir; aller à la garde-robe, aller à la selle
dışarıda au dehors
dışavurumcu expressionniste
dışavurumculuk expressionnisme
dışbükey convexe
dışında hors de, en dehors de, outre, sauf, sinon
dışişleri affaires étrangères ***Dışişleri Bakanı*** ministre des affaire étrangères ***Dışişleri Bakanlığı*** Ministère des affaires étrangères
dışkı crotte, excréments
dışlamak isoler, exclure
dışmerkezli excentrique
dışsatım exportation
dışsatımcı exporteur
Dicle Tigres
didiklemek mettre en lambeaux
didinmek se donner beaucoup de peine, peiner, lutter, s'efforcer, se débattre, trimer

didişmek se quereller, se disputer, se battre
diferansiyel différentiel
difteri diphtérie
dijital digital
dik perpendiculaire, vertical, escarpé ***dik açı*** angle droit ***dik başlı*** indocile, obstiné, rétif, têtu ***dik dik bakmak*** regarder avec défi, avec haine ***dik kafalı*** buté, opiniâtre
dikdörtgen rectangle
dikelmek se dresser
diken épine, piquant ***diken üstünde oturmak*** être sur des épines
dikenli épineux, hérissée de difficultés, pénible
dikey droit, perpendiculaire, vertical
dikili cousu; plante, érigé, arboré
dikilitaş obélisque
dikilmek être planté, cousu, érigé, arboré, élevé
dikiş couture, suture ***dikiş makinesi*** machine à coudre
dikiz regard ***dikiz aynası*** rétroviseur ***dikiz etmek*** observer d'un regard scrutateur
dikkat attention, considération, soin, scrupule, sollicitude ***dikkat etmek*** faire attention, prendre garde, veiller à, prendre en considération, tenir compte de, écouter ***dikkati üzerine çekmek*** attirer l'attention sur soi
dikkatli soigneux, attentif, scrupuleux
dikkatsiz inattentif, distrait
dikkatsizlik insouciance, inattention, négligence, étourderie
diklenmek, dikleşmek tenir tête
dikme trés petit arbre; couture; action de planter
dikmek planter; poser, arborer, élever, dresser, ériger, établir
diksiyon diction
diktatör dictateur
diktatörlük dictature
dikte dictée ***dikte etmek*** dicter
dil langue, langage, dialect ***dil çıkarmak*** tirer la langue ***dile gelmek*** commencer à parler ***dile getirmek*** conter, exprimer, formuler, traduire, énoncer, épancher ***dile kolay*** c'est facile à dire ***dili çözülmek*** commencer à parler ***dili dolaşmak*** parler en bégayant ***dilini tutmak*** se taire ***dilinde tüy bitmek*** répéter plusieurs fois ***dilinin altında bir şey olmak*** cacher qch pour ne pas dire ***dillere düşmek*** devenir la fable de la ville
dilbaz coquet, coquette; coquetterie
dilber charmant, gracieux, séduisant, bien-aimée
dilbilgisi grammaire
dilbilim linguistique
dilbilimci linguiste
dilek désir, souhait, væu, sollicitation
dilekçe demande, requête, pétition ***dilekçe yazmak, vermek*** formuler, présenter une demande écrite
dilemek désirer, souhaiter, prier, demander
dilenci mendiant, gueux
dilencilik mendicité
dilenmek mendier
dilim rondelle, tranche ***dilim dilim*** par tranche
dillenmek commencer à parler
dilmaç interpréte, truchement
dilmek couper en tranches
dilsel linguistique
dilsiz muet
dimağ cerveau
dimdik tout droit
din religion, foi

dinamik dynamique
dinamit dynamite
dinamo dynamo
dinar dinar
dinç vif, robuste, vigoureux
dinçlik force, vigueur, vivacité
dindar religieux, pieux, dévot
dindarlık religiosité; piété
dindirmek calmer; apaiser; arrêter, alléger
dingil essieu, axe, arbre
dingildemek branler
dingin tranquile, calme
dinlemek écouter, entendre; obéir à
dinlence vacance
dinlendirici reposant
dinlendirmek faire reposer
dinlenmek être écouté, être entendu, être obéi; se reposer, se délasser
dinleti concert
dinleyici auditeur
dinleyiciler auditeurs, auditoire
dinmek cesser, se calmer, apaiser
dinozor dinosaure
dinsel réligieux, spirituel
dinsiz athée, incroyant
dip fond, pied, derrière ***dibine darı ekmek*** dépenser, consommer tout
dipçik crosse
dipdiri vigoureux, plein de vie
diploma diplôme, certificat
diplomasi diplomatie
diplomat diplomate
diplomatik diplomatique ***diplomatik ilişkiler*** relations diplomatiques
dipnot post-scriptum
dipsiz sans fond, insondable; mal fondé, dénué de fondement
dirayet habileté, adresse, capacité
direk poutre, colonne, pilier, poteau
direksiyon volant, direction
direkt direct
direktif directive, instruction
direktör directeur
direnç résistance
direnmek résister, insister, persister
diretmek s'obstiner
direy faune
dirhem ancienne mesure de poids
diri vivant, en vie
dirilmek ressusciter, revivre
diriltmek ranimer, ressusciter
dirim vie
dirimbilim biologie
dirlik accord de sentiments, bonne intelligence, entente ***dirlik düzenlik içinde yaşamak*** vivre en bonne intelligence
dirsek coude ***dirsek çürütmek*** travailler long temps en usant ses fonds
disiplin discipline
disiplinli discipliné
disiplinsiz indiscipliné
disk disque
diskalifiye disqualifié ***diskalifiye etmek*** disqualifier
disko(tek) discothèque
dispanser dispensaire
diş dent; fourchon; gousse ***diş bilemek*** avoir une dent contre ***diş çekmek*** se faire extraire une dent ***diş dolgusu*** plombage ***diş fırçası*** brosse à dents ***diş hekimi*** dentiste ***diş macunu*** dentifrice ***dişinden tırnağından artırmak*** épargner sur la dépense de nourriture ***dişini sıkmak*** serrer les dents ***dişlerini fırçalamak*** se brosser les dents ***dişlerini gıcırdatmak*** grincer des dents
dişçi dentiste
dişeti gencive
dişi femelle; féminin
dişil féminin

dişlek prognathe
dişlemek mordre, donner un coup de dent
dişli denté; dentelé, déchiqueté, crénelé; engrenage ***dişli çark*** roue dentée, roue d'engrenage
dişotu sauge
ditmek défaire fil à fil, effiler
divane fou, folle
diyar pays, contrée
diye afin de, afin que, pour que; sous prétexte que
diyet diète
diyez dièse
dizanteri dysenterie
dizbağı bas de sport
dize ligne
dizel diesel
dizge système
dizgeli systématique
dizgi composition
dizgici compositeur
dizgin bride ***dizginleri eline almak*** prendre le contrôle
dizi série, rangée, file; colonne
dizilmek être rangé, enfilé; se ranger
dizin index
dizkapağı rotule
dizlik protège-genou
dizmek ranger, enfiler; composer
dobra franc, sincère, direct ***dobra dobra*** rondement, tout de go ***dobra dobra konuşmak*** parler sans détours
doçent chargé de cours, maître de conférences
dogma dogme
doğa nature
doğal naturel
doğma naissance; natif, né
doğmak naître, venir au monde; se lever, poindre; provenir, résulter, surgir, s'ensuivre
doğrama découpage, morcellement, dépècement, dépeçage; ouvrage de menuisier, menuiserie
doğramacı menuisier, charpentier
doğramak couper, morceler, dépecer, émietter
doğru droit, aligné, direct; honorable, honnête; vrai, juste, exact; tout droit, sans détours, directement, carrément, sincère ***doğru bulmak*** approuver ***doğru durmak*** se tenir droit ***doğru dürüst*** convenable, décent ***doğru yoldan ayrılmak*** s'égarer ***doğrudan doğruya*** directement
doğrulamak confirmer, affirmer, attester, certifier, vérifier
doğrulmak se redresser; se diriger vers; se mettre debout, se lever
doğrultmak redresser, diriger vers; rectifier
doğrultu direction
doğruluk justesse, droiture, loyauté, exactitude, honnêteté, intégrité, probité
doğrusu au juste ***doğrusunu söylemek gerekirse*** à vrai dire
doğu est, orient, levant
doğum naissance, accouchement ***doğum kontrolü*** contrôle de naissance ***doğum sancısı*** douleur de l'enfantement ***doğum tarihi*** date de naissance ***doğum yapmak*** accoucher ***doğum yeri*** lieu de naissance ***doğum yıldönümü*** anniversaire de naissance
doğumevi maternité, clinique d'accouchement
doğurmak mettre au monde, enfanter, accoucher, causer, produire
doğurtmak accoucher
doğuş naissance

doğuştan de naissance, inné, natif
dok dock
doksan quatre-vingt-dix
doktor médecin, docteur
doktora doctorat
doktorluk médecine
doktrin doctrine
doku tissu, texture
dokuma tissage; tissu, textile ***dokuma sanayii*** industrie textile ***dokuma tezgâhı*** métier à tisser
dokumacı tisserand
dokumak tisser
dokunaklı touchant, émouvant, mordant, poignant
dokundurmak faire toucher, faire effleurer
dokunmak toucher, tâter, palper, effleurer, frôler
dokunulmazlık immunité
dokuz neuf ***dokuz doğurmak*** s'impatienter beaucoup
doküman document
dolamak enrouler, envelopper
dolambaç sinuosité, tortusité, détour, courbe
dolambaçlı sinueux, tortueux, contoruné, détourné
dolandırıcı trompeur, fraudeur, escroc
dolandırıcılık escroquerie
dolandırmak tromper, duper, escroquer, détourner
dolanmak s'enrouler; circuler, rôder
dolap armoire, buffet; ruse, astuce, machination, intrigue, manigance; noria, carrousel, placard ***dolap çevirmek*** intriguer, tramer, machiner
dolar dollar
dolaşık détourné; enchevêtré
dolaşım circulation
dolaşmak aller çà et là, se promener, flâner, faire le tour de, circuler
dolaştırmak balader, emmêler, enchevêtrer, promener
dolay pourtour, voisinage
dolayı à cause de, en raison de, étant donné que, à la suite de, par suite de
dolayısıyla par conséquence
dolaylı indirect
dolaysız direct
doldurmak emplir, remplir, garnir, bourrer, combler; charger; empailler
dolgu plombage ***dolgu yapmak*** plomber *(une dent)*
dolgun bien fourni de chair, charnu, potelé
dolma mets farci, farce
dolmak se remplir
dolmakalem stylo
dolmuş plein, rempli; taxi loué en groupe; taxibus
dolu plein, rempli, complet; chargé; grêlon, grêle
doludizgin à bride abattue
dolunay pleine lune
domates tomate
domuz porc, sanglier; personne malpropre, cochon ***domuz gibi*** comme un cochon
don caleçon, culotte, slip; gelée, gel
donakalmak rester immobile
donanım **den.** gréement; *(bilgisayar)* matériel
donanma flotte; illumination
donanmak être illuminé; se parer
donatı matériel, équipement
donatım équipement, armement
donatmak décorer, parer, orner, illuminer, pavoiser
dondurma congélation; glace
dondurmak congeler, geler, glacer
donmak geler, se congeler

donuk mat, terne, pâle, trouble, éteint
doping doping
doru bai
doruk sommet, apogée, cime, comble, crête, faîte
dosdoğru tout droit
dost ami, amant, amante, maîtresse; amoureux, camarade, copain
dostça amical, aimable, cordial; en ami, amicalement
dostluk amitié, sympathie, affection, tendresse ***dostluk göstermek*** témoigner de l'amitié ***dostluk kurmak*** se lier d'amitié avec qn
dosya dossier
doymak se rassasier, n'avoir plus faim, être rassasié
doyum contentement, satisfaction
doyurmak rassasier, nourrir; satisfaire, assouvir
doz dose
dozaj dosage
dökme action de verser; fonte
dökmek verser, répandre, déverser, fondre
dökülmek être versé, coulé; se déverser, se répandre, tomber
döküm fonte, moulage, coulée
dökümevi fonderie
döküntü déchet, débris, décombres, résidu
döl génération, descendance, postérité, race
döllemek féconder
dölüt fætus
dölyatağı matrice, utérus
dölyolu vagin
döndürmek tourner, faire tourner, retourner, renverser, inverser
dönek inconstant, versatile, changeant, infidèle
dönem période, session, cycle, époque
dönemeç virage, tournant
dönence tropique
döner tournant, rotatif ***döner kapı*** porte tournante ***döner merdiven*** escalier roulant ***döner sermaye*** capital roulant
döngel nèfle
dönmek se retourner, faire le tour de, tournoyer, tourner en rond, tourner; revenir, retourner
dönüm changement de direction, tour ***dönüm noktası*** tournant, moment décisif
dönüşlü dilb. réfléchi
dönüşmek se transformer
dönüştürmek transformer, convertir
dönüşüm transformation
döpiyes deux-pièces
dörder quatre chacun; quatre à quatre
dördüncü quatrième
dördüz quadruplés
dört quatre ***dört başı mamur*** sans défaut ***dört elle sarılmak*** s'acharner à ***dört gözle beklemek*** s'impatienter
dörtayak quadrupède
dörtgen carré, quadrilatère
dörtlük croche
dörtnal galop
dörtyol croisement
döş poitrine; garrot
döşek matelas; lit
döşeli meublé
döşem installation
döşeme action et manière de meubler; mobilier, ameublement; plancher, sol, parquet
döşemek meubler, installer
döviz devise ***döviz kuru*** le cours du change

dövme action de battre; tatouage ***dövme yapmak*** tatouer
dövmek battre, frapper, taper, rosser
dövünmek se frapper; gémir

D

dövüş combat, lutte, querelle, dispute, rixe
dövüşmek se battre, lutter, combattre
drahmi unité monétaire grecque, drachme
dram drame
dramatik dramatique
drenaj drenage
dua prière ***dua etmek*** prier
duba chaland
dublaj doublage ***dublaj yapmak*** doubler
duble double
dubleks duplex
dublör doubleur
dudak lèvre ***dudak boyası*** rouge à lèvres
duhuliye entrée, billet
duka ducat
dul veuf, veuve; divorcé
duman fumée; brume, brouillard; poussière
dumanlı fumeux, brumeux
durak arrét, station
duraklamak faire une pause, s'interrompre; hésiter
duraksamak hésiter, vaciller
durdurmak arrêter, interrompre, cesser, enrayer, suspendre
durgun stagnant, inactif, immobile, inerte; languissant
durgunluk stagnation, langueur, calme, inertie
durmak s'arrêter, rester, stationner, cesser, faire halte, se tenir
durmaksızın constammant, sans désemparé
duru clair, limpide
durulamak clarifier, rincer
durulmak se clarifier
durum situation, position, posture, attitude, état, manière, condition
duruş attitude, pose, posture
duruşma débats; audience, procès, séance
duş douche ***duş almak*** prendre une douche
dut mûre ***dut yemiş bülbüle dönmek*** devenir muet
duvak voile de la mariée
duvar mur, muraille, paroi ***duvar ilanı*** placard, écriteau ***duvar kâğıdı*** papier peint, tapisserie ***duvar saati*** pendule, horloge
duvarcı maçon
duvarcılık maçonnerie
duy douille, fiche femelle
duyarlı sensible
duyarlık sensibilité
duyarsız insensible
duyarsızlık insensibilité
duygu sentiment, sensibilité
duygulandırmak attendrir, impressionner
duygulu sensible, sentimental
duygusal sentimental
duygusallık sensibilité
duygusuz insensible, impassible
duymak entendre, ouïr, sentir, ressentir, éprouver, percevoir
duyu sens
duyulmak être senti, être ressenti, être entendu
duyum sensation
duyuru annonce
düdük sifflet, klaxon ***düdük çalmak*** siffler ***düdüklü tencere*** cocotte *(minute)*
düello duel
düğme bouton

düğmelemek boutonner
düğüm nœud ***düğüm atmak*** faire un nœud
düğümlemek nouer, faire un nœud
düğümlenmek se nouer, être noué
düğün noce, noces
düğünçiçeği renoncule
dük duc
dükkân magasin, boutique
dülger charpentier, menuisier
dümbelek tambourin
dümdüz tout uni, tout plat
dümen gouvernail, barre, volant ***dümen suyu*** sillage
dün hier
dünür parent par alliance
dünya monde, terre, globe terrestre, univers ***dünya âlem*** tout le monde ***dünya evine girmek*** se marier ***dünya rekoru*** record du monde ***dünya şampiyonası*** championnat du monde ***dünya şampiyonu*** champion du monde ***dünyadan elini eteğini çekmek*** vivre loin du monde ***dünyaya gelmek*** naitre ***dünyaya gözlerini kapamak*** mourir
dünyevi laïc, temporel, matériel, terrestre
düpedüz ouvertement, sans détour
dürbün lunette d'approche, jumelles
dürmek plier, mettre en rouleau
dürtmek piquer, bousculer, pousser, heurter, aiguillonner
dürtü aiguillon, stimulation
dürtüklemek bousculer
dürüm pliement rouleau
dürüst honnête, correct, loyal, probe, intègre, de bonne foi
dürüstlük honnêteté, loyauté, probité, droiture
düstur recueil des lois
düş rêve ***düş görmek*** faire un rêve ***düş kırıklığı*** déception, déconvenue, désillusion ***düş kırıklığına uğratmak*** décevoir ***düş kurmak*** songer
düşes duchesse
düşeş aubaine
düşey vertical
düşkün disgracié, déchu, infortuné, pauvre, malheureux; épris, friand, passionné
düşlemek rêver
düşman ennemi, adversaire, rival
düşmanlık hostilité, inimitié, animosité
düşmek tomber, faire une chute, choir; baisser, tomber, s'effondrer; se déshonorer ***düşe kalka*** à grand-peine, clopin-clopant ***düşüp kalkmak*** fréquenter
düşük incorrect, défectueux; tombé, déchu; bas; avortement, fausse couche
düşün idée
düşünce pensée, idée, réflexion, considération, esprit ***düşünceye dalmak*** méditer, se recueillir
düşünceli réfléchi, sage, avisé; soucieux, pensif, préoccupé
düşüncesiz irréfléchi; insouciant, sans souci
düşüncesizlik insouciance, négligence
düşündürmek faire réfléchir, faire penser, faire méditer
düşündürücü important, grave
düşünmek penser, songer, raisonner, opiner, présumer, réfléchir ***düşünüp taşınmak*** penser sur
düşünür penseur
düşürmek faire tomber, laisser tomber; faire baisser, renverser
düşüş chute, descente
düve génisse

düz poli, lisse, uni, net, plat
düzayak de plain-pied
düzelmek s'améliorer, s'arranger; aller mieux, se corriger
düzeltme reprise, réparation, restauration, correction, arrangement, rectification, mise au point
düzeltmek polir, lisser, aplanir, niveler; rectifier, corriger; arranger
düzeltmen correcteur
düzen disposition, accord, harmonie, ordre établi ***düzene sokmak*** mettre en ordre, ranger
düzenbaz trompeur, rusé, imposteur
düzenek mécanisme
düzenleme arrangement
düzenlemek arranger, ordonner, organiser, régler, disposer
düzenli ordonné, assidu, réglé, régulier
düzensiz désordonné, irrégulier
düzensizlik désarroi, inégalité, irrégularité
düzey niveau
düzgün réglé, régulier
düzine douzaine
düzlem plan
düzlemek aplanir, égaliser, niveler, polir
düzlük plaine
düzme, düzmece faux, inventé, mensonger, joué, feint
düzmek ordonner, ranger, règler, mettre en ordre
düztaban pied plat; néfaste
düzyazı prose

E

ebat dimensions
ebe sage-femme; accoucheuse
ebedi éternel
ebediyen éternellement, à jamais, pour toujours
ebediyet éternité, perpétuité
ebegümeci bitk. mauve
ebe(m)kuşağı arc-en-ciel
ebeveyn parents
ebleh sot, stupide, idiot
ebonit ébonite
ebru marbrure
ecdat ancêtres, aïeux
ece reine
ecel terme de la vie prédéterminé par Dieu; mort; destin ***eceliyle ölmek*** mourir de mort naturelle, de sa belle mort
ecnebi étranger
ecza drogue
eczacı pharmacien
eczane pharmacie
eda paiement; grâce, charme; air; manière, attitude, pose
edat particule, préfixe, suffixe, préposition
edebi littéraire
edebiyat littérature, lettres, belles-lettres
edep pudeur, chasteté, décence, politesse
edepli décent, chaste, poli, honnête, modeste
edepsiz éhonté, impudent, cynique, effronté, impoli
edepsizlik effronterie, impudence, indécence
eder coût
edilgen passif
edim acte
edimsel effectif
edinmek acquérir, obtenir; se procurer; se faire; adopter; prendre

editör éditeur
efe paysan batailleur de l'Anatolie Occidentale; brave, courageux, vaillant
efektif effectif
efendi monsieur, seigneur
efkâr tristesse, inquiétude ***efkâr basmak*** s'inquiéter, s'attrister
efkârlı triste, attristé, affligé, désolé
eflatun lilas, mauve
efsane légende, mythe, fable
efsanevi fabuleux, légendaire, mythique
efsun ensorcellement
Ege mer Egée
egemen dominant, souverain ***egemen olmak*** dominer, être maitre de
egemenlik domination
egoist égoiste
egoizm égoisme
egzama eczéma
egzersiz exercice
egzotik exotique
egzoz échappement ***egzoz borusu*** pot d'échappement
eğe lime
eğelemek limer
eğer si, au cas où, dans le cas où
eğik incliné, penché, oblique
eğiklik inclinaison
eğilim tendance; inclination
eğilimli enclin à ***eğilimli olmak*** avoir tendance à
eğilmek se pencher, se courber, se baisser, fléchir; se soumettre, s'abaisser, s'incliner
eğim déclivité, pente, inclinaison, côte
eğirmek filer
eğitbilim pédagogie
eğitici éducateur; éducatif
eğitim éducation, instruction, enseignement
eğitmek éduquer, instruire, dresser, exercer
eğitsel éducatif, pédagogique
eğlence plaisir, agrément, distraction, amusement, divertissement
eğlenceli amusant, plaisant, drôle
eğlendirici amusant, divertissant, plaisant
eğlendirmek réjour, amuser, divertir
eğlenmek s'amuser, se réjouir, se divertir; plaisanter, badiner
eğmek courber, arquer, fléchir, incliner, pencher
eğreti emprunté, factice, postiche, faux
eğri courbe, courbé, oblique, tordu
eğrilmek se courber, se tordre, pencher, fléchir, se recourber
eh eh!
ehemmiyet importance
ehil possesseur, doué; capable, compétent
ehli apprivoisé, domestique
ehliyet capacité, compétence; permis de conduire
ehliyetli capable, digne, compétent
ehram pyramide
ejder, ejderha dragon
ek appendice, annexe, jointure, supplément, rallonge; *dilb.* suffixe, préfixe
ekâbir supérieurs
ekim octobre; ensemencement, semailles
ekin semence, semailles; culture ***ekin ekmek*** semer
ekinsel culturel
ekip équipe
eklem joint; jointure
eklemek ajouter, annexer, emboîter, raccorder
eklenti chose ajoutée, addition; ci-

inclus
ekmek semer, faire les semailles
ekmek pain ***ekmek elden su gölden*** vivre aux dépens d'autrui ***ekmek kabuğu*** croûte de pain ***ekmek kapısı*** gagne-pain ***ekmek kızartma makinesi*** grille-pain ***ekmek tahtası*** planche à pain ***ekmeğine yağ sürmek*** porter de l'eau à son moulin ***ekmeğini alnının teri ile kazanmak*** gagner son pain à la sueur de son front ***ekmeğini eline almak*** avoir un métier
ekol école
ekoloji écologie
ekonomi économie
ekonomik économique
ekran écran
ekselans Votre Excellence
eksen axe, arbre, essieu
ekseri, ekseriya le plus souvent, pour la plupart, la plupart du temps, généralement
ekseriyet majorité
eksi moins
eksik manquant, en moins, incomplet ***eksik etmemek*** avoir toujours ***eksik olmayın*** c'est gentil à vous
eksiklik lacune, manque, défaut
eksiksiz complet, irréprochable
eksilmek diminuer, manquer, s'amoindrir
eksiltme adjudication, réduction
eksiltmek diminuer, amoindrir, réduire, atténuer
eksper expert
ekspertiz expertise
ekspres express
ekstra extra
ekşi aigre, sur, acide; fermenté
ekşilik aigreur
ekşimek fermenter; devenir aigre, s'aigrir
ekşimsi aigrelet
ekşitmek aigrir, rendre aigre
ekvator équateur
el main ***el açmak*** mendier ***el altında olmak*** avoir sous la main ***el altından*** en sous main ***el ayası*** paume ***el bombası*** grenade ***el çabukluğu*** prestidigitation ***el çantası*** sac à main, serviette ***el çekmek*** abdiquer ***el çırpmak*** battre des mains, applaudir ***el değirmeni*** moulin à café ***el ele tutuşmak*** se donner la main ***el freni*** frein à main ***el işi*** travail fait à la main, travail manuel ***el kaldırmak*** lever la main *(pour battre)* ***el kitabı*** manuel ***el koymak*** confisquer, réquisitionner, usurper ***el sıkışmak*** se serrer la main ***el yazısı*** écriture ***el yazması*** manuscrit ***elde etmek*** acquérir, capter, emporter, obtenir, remporter ***elden düşme*** d'occasion ***elden ele*** de main en main ***elden geçirmek*** remanier, réviser ***elden geldiğince*** autant que possible ***ele almak*** prendre en main, aborder, attaquer, traiter ***ele avuca sığmaz*** indomptable, turbulent ***ele geçirmek*** accrocher, capter, conquérir, intercepter ***ele geçmek*** être arrêté, être trouvé ***eli açık*** généreux, prodigue, large ***eli kulağında*** imminent ***eli sıkı*** avare ***elinden geldiği kadar yapmak*** faire de son mieux ***elini çabuk tutmak*** s'activer, se dépêcher ***eller yukarı*** hauts les mains!
el étranger
ela couleur marron de l'æil
elâlem tout le monde
elastiki élastique
elastikiyet élasticité

elbet, elbette sûrement, certainement, certes, sans doute
elbise vêtement, costume, complet, habit, habillement; robe ***elbise dolabı*** penderie ***elbise fırçası*** brosse à habits
elçi ambassadeur
elçilik ambassade, hôtel de l'ambassadeur
eldiven gant
elebaşı meneur, instigateur
elek tamis, crible ***elekten geçirmek*** passer au tamis, au peigne fin
elektrik électricité; électrique ***elektrik süpürgesi*** aspirateur
elektrikli électrique
elektro electro
elektrokardiyografi électrocardiographie
elektrolit électrolyte
elktroliz électrolyse
elektromanyetik électromagnétique
elektron électron
elektronik électronique
elektrot électrode
elem douleur, mal, souffrance, chagrin, peine inquiétude
eleman élément, corps simple
eleme tamisage ***eleme sınavı*** épreuve éliminatoire
elemek cribler, tamiser, passer au crible; éliminer
element élement
eleştirel critique
eleştiri critique
eleştirmek critiquer
eleştirmen crtique
elhamdülillah Dieu Merci
elim douloureux, cruel, navrant
ellemek toucher, manier
elli cinquante
ellinci cinquantième
elma pomme
elmacıkkemiği os malaire
elmas diamant, brillant
elti belle-sæur
elveda adieu
elverişli propice, favorable, opportun, approprié, convenable ***elverişli olmak*** convenir à
elverişsiz impropre, mal à propos, inepte
elvermek suffire, être suffisant
elyaf fibres
elzem très nécessaire, urgent, indispensable
emanet consignation; consigne ***emanet etmek*** confier ***emanet bırakmak*** laisser en dépôt
emare signe, marque, indice, trace
emay émail
emaye émaillé
embriyon embryon
emek travail, peine, application, activité ***emek vermek*** prendre la peine ***emeği geçmek*** contribuer
emekçi prolétaire, laboureur
emeklemek ramper
emekli retraité, en retraite ***emekli maaşı*** pension de retraite, retraite ***emekli olmak*** prendre sa retraite
emektar vieux serviteur, vétéran
emel désir, souhait, væu
emin certain, sûr, de confiance; fidèle, digne de confiance; persuadé ***emin olmak*** être sûr
emir ordre ***emir almak*** recevoir un ordre ***emir subayı*** officier d'ordonnance ***emir vermek*** donner un ordre, ordonner ***emri altında*** sous son commandement, sous ses ordres ***emrinizdeyim*** je suis à vos ordres, je suis à votre service
emisyon émission
emlak immeubles, biens immobiliers, proriété foncière ***emlak ko-***

misyoncusu agent immobilier
emmek sucer, téter, absorber, aspirer, pomper
emniyet sûreté, sécurité; confiance ***emniyet etmek*** avoir confiance ***emniyet müdürlüğü*** préfecture de police ***emniyet müdürü*** préfet de police ***emniyet tedbiri*** mesure de sécurité
emniyetli sûr, de confiance
emniyetsiz peu sûr
emniyetsizlik incertitude, manque de sûreté, insécurité
emperyalist impérialiste
emperyalizm impérialisme
empresyonist impressioniste
empresyonizm impressionisme
emprime imprimé
emretmek ordonner, commander, prescrire, sommer
emrivaki fait accompli
emsal exemples, pareils, égaux; coefficient
emsalsiz sans égal, sans pareil
emtia marchandise
emzik sucette
emzirmek allaiter, donner à téter, faire téter
en largeur; le plus; le mieux ***en azından*** au moins, du moins ***en geç*** au plus tard ***en sonunda*** en dernier ressort, finalement ***eninde sonunda*** finalement, en fin de compte
enayi crédule, naïf, sot
encümen comité, commission
endam stature, taille
endamlı de belle stature, gracieux
ender rare
endişe inquiétude, anxiété ***endişe etmek*** s'inquiéter
endişeli inquiet; inquiétant, périlleux
endişesiz calme, tranquille, insouciant
Endonezya Indonesie
endüstri industrie
endüstriyel industriel
enerji énergie
enerjik énergique
enfarktüs infartus
enfeksiyon infection
enfes délicieux, excellent, exquis
enfiye tabac à priser
enflasyon inflation
engebe accident, inégalité
engebeli accidenté, inégal
engel obstacle, entrave, empêchement, barricade, contretemps ***engel olmak*** empêcher, embarrasser; refuser, éviter
engellemek contrarier, embarrasser, empêcher, gêner
engerek vipère, couleuvre
engin large, étendu, vaste
enginar artichaut
enik petit chien
enikonu en détail, longuement
enişte beau-frère; mari de la sæur ou de la tante
enjeksiyon injection
enkaz décombres, débris, ruines
enlem latitude
enli large, ample, vaste
ense nuque
enselemek attraper, arrêter, pincer
ensiz étroit
enstitü institut
enstrüman instrument
entari robe
entrika intrigue, menées ***entrika çevirmek*** intriguer
entrikacı intrigant
envanter inventaire
epey, epeyce passable, assez important, assez, passablement, pas mal

epik épique
er homme; simple soldat
er tôt ***er geç*** tôt ou tard
erbap expert, connaisseur, habile, digne, compétant
erbaş sous-officier
erdem vertu
erdemli vertueux
erek intention, but
ergen adulte, adolescent
ergenlik célibat, adolescence
ergimek se fondre
ergin adulte, pubère
erguvan arbre de Judée
erik prune
eril masculin
erim halte, portée
erimek fondre, dépérir
erinç paix, aise
erişmek atteindre, arriver, parvenir
erişte vermicelle turque
eritmek fondre, dissoudre, dégivrer
eriyik solution
erk pouvoir
erkân règles, usages, coutumes magistrats
erke énergie
erkek mâle, masculin, viril; homme, mari ***erkek çocuk*** garçon ***erkek delisi*** nymphomane ***erkek evlat*** fils ***erkek kardeş*** frère ***erkek oyuncu*** acteur ***erkek yeğen*** neveu
erkeklik virilité, bravement, courageusement
erken de bonne heure, tôt; prématurement
erkenden de bon matin, de bonne heure
ermek atteindre, arriver, parvenir
ermiş saint
eroin héroïne
erotik érotique
erotizm érotisme
erozyon érosion
ertelemek ajourner, retarder, remettre
ertesi lendemain ***ertesi akşam*** le lendemain soir ***ertesi gün*** le lendemain ***ertesi sabah*** le lendemain matin
erzak provisions, vivres
esans parfum
esaret esclavage, captivité
esas fondement, base; principal, essentiel, fondamental
esasen fondamentalement, principalement
esatir fables, mythes; mythologie
esef regret, chagrin ***esef etmek*** regretter, déplorer
esen sain, sauf
esenlik santé, état de santé
eser piste, empreinte, signe; æuvre, ouvrage
esin inspiration, souffle
esinlemek inspirer
esinlenmek être inspiré
esinti brise
esir prisonnier de guerre, captif; esclave ***esir almak*** faire prisonnier, se rendre, capturer
esirgemek garder, sauvegarder, protéger, épargner
esirgeyici protecteur
eski vieux, vieille; ancien
eskici chiffonnier
eskiçağ antiquité
eskiden autrefois, dans le temps
eskilik vétusté, vieillesse
eskimek vieillir, s'user
Eskimo Esquimau, esquimaude
eskrim escrime
esmek souffler
esmer brun
esna intervalle; temps

esnaf artisan
esnaflık artisanat
esnasında pendant, durant
esnek élastique, souple
esneklik élasticité, souplesse
esnemek bâiller, plier sous la pression
E
espri humour, plaisanterie ***espiri yapmak*** faire de l'esprit
esrar mystére; haschisch
esrarlı mystérieux, secret, discret
estağfurullah je vous en prie
estetik esthétique
eş semblable, égal, identique, similaire; conjoint, époux, mari, épouse, femme ***eş dost*** ami
eşanlamlı synonyme
eşantiyon échantillon
eşarp écharpe
eşcinsel homosexuel
eşdeğer équivalent
eşek âne; stupide ***eşek gibi çalışmak*** travailler comme un nègre
eşekarısı guêpe
eşeklik ânerie, bêtise ***eşeklik etmek*** faire des bêtises
eşelemek creuser, farfouiller
eşey sexe
eşgüdüm coordination
eşik seuil; chevalet
eşinmek creuser, gratter la terre
eşit égal, pareil, semblable, équivalent ***eşit olmak*** valoir, égaler
eşitlik égalité
eşitsizlik inégalité
eşkâl formes, figures, signalement
eşkıya brigand, bandit
eşkin amble
eşleşmek se ressembler
eşlik accompagnement ***eşlik etmek*** accompagner, escorter
eşmek creuser
eşofman survêtement
eşraf notables, notabilités
eşsiz impérial, unique, singulier, sans pareil, sans égal
eşya objets, choses, meuble; bagage, marchandise, article
et viande; chair ***et suyu*** bouillon, consommé ***etine dolgun*** plantureux
etajer étagère
etap étape
etçil carnassier, carnivore
etek pan; jupe; pied ***etekleri tutuşmak*** être dans l'embarras ***etekleri zil çalmak*** ne pas se sentir de joie
eteklik jupon
eter éther
etiket étiquette
etiketlemek étiqueter
etilen éthylène
etimoloji étymologie
etken facteur; *dilb.* actif
etki effet, influence
etkilemek influencer, affecter, impressionner
etkileşim interaction
etkileyici impressionnant, pathétique
etkili influent, efficace, puissant
etkin actif
etkinlik activité
etmek faire, agir
etnik éthnique
etnografya ethnographie
etoburlar carnivores
etol étole
etraf côtés, autour; environs, entourage, alentours
etrafında dans les environs de, autour de
etraflı en détail, détaillé, minutieux
etrafta aux alentours, aux environs
ettirgen dilb. causatif
etüd étude

ev maison, habitation, logement, demeure, logis, résidence, appartement; domicile, foyer intérieur, chez soi ***ev kadını*** ménagère ***ev kirası*** loyer ***ev sahibi*** propriétaire, hôtesse
evcil domestique
evcilleştirmek apprivoiser, domestiquer, dompter
evermek marier
evet oui, si
evham angoisse, anxiété, illusion, chimère, soupçon
evhamlı soupçonneux, inquiet, ombrageux, anxieux
evirmek tourner, changer ***evirip çevirmek*** tourner ou retourner
evlat enfant ***evlat edinmek*** adopter
evlatlık enfant adoptif
evlendirmek marier, unir
evlenmek épouser, se marier, s'unir
evli marié
evlilik mariage, alliance, union ***evlilik dışı*** illégitime ***evlilik hayatı*** vie conjugale ***evlilik öncesi*** prénuptial
evliya saint
evrak feuilles, papiers, pièce, document
evre phase, stade, étape
evren univers
evrensel universel
evveliyat commencement, début, origine, précédent
evye évier
ey ô!
eyalet province
eyer selle
eylem verbe
eylemek faire
eylül septembre
eyvah hélas! quel malheur!
eza tourment
ezan appel à la prière chez les musulmans
ezber par cœur, de mémoire
ezbere par cœur ***ezbere bilmek*** savoir par cœur ***ezbere okumak*** lire par cœur, réciter
ezberlemek apprendre par cœur
ezberletmek faire apprendre par cœur
ezel éternité
ezeli éternel
ezgi air, mélodie
ezici écrasant, accablant ***ezici çoğunluk*** majorité écrasante
ezik contusion, meurtrissure
ezilmek être écrasé, broyé, se faire écraser
eziyet supplice, tourment, torture ***eziyet etmek*** tourmenter, torturer, martyriser, importuner, tracasser, harceler
eziyetli atroce, torturant, pénible
ezme broiement, broyage; écrasement
ezmek écraser, fracasser, chiffonner, piler, broyer, meurtrir

F

faal actif; laborieux, appliqué, énergique, résolu; exploitable
faaliyet activité, occupation ***faaliyet alanı*** champ d'action ***faaliyete geçmek*** entrer en fonction
fabl fable
fabrika usine, fabrique, manufacture ***fabrika işçisi*** ouvrier, ouvrière
fabrikatör fabricant
facia catastrophe; drame
fahiş excessif, intempérant
fahişe prostituée, putain

fahri honoraire
faik supérieur
fail auteur; coupable
faiz intérêt ***faiz oranı*** taux de l'intérêt ***faize para yatırmak*** prêter de l'argent à intérêt
fakat mais
fakir pauvre
fakirleşmek s'appauvrir
fakirlik pauvreté
faksimile fac-similé
faktör facteur
fakülte faculté
fal augure
falan un tel, une telle
falanca une telle personne
falso fausse note; erreur, faute, gaffe
falsolu discordant
familya famille
fanatik fanatique
fani périssable, mortel
fanila tissu de laine, de coton sous vêtement
fantezi fantaisie
far phare
faraş pelle à balayures
faraza supposons que, à supposer que
fare souris, rat
fark différence ***fark etmek*** aviser, remarquer ***farkına varmak*** remarquer, s'apercevoir de, comprendre
farklı divers, différent, distinct
farksız sans distinction, sans exception, indistinctement, indifféremment; semblable, identique
farmakoloji pharmacologie
fars farce
Fars Perse
Farsça langue persane
farz supposition, hypothèse ***farz etmek*** imaginer, supposer
Fas Maroc
fasa fiso paroles en l'air
fasarya vaines paroles
fasıl paragraphe, passage, chapitre
fasıla séparation, distance; interruption
fasikül fascicule
fasulye haricot
faşing carnaval
faşist fasciste
faşizm fascisme
fatih conquérant
fatura facture, note, addition
faul faute ***faul yapmak*** faire la faute
favori favori, préféré
fay faille
fayans faïence
fayda utilité; profit; intérêt
faydalanmak profiter de
faydalı utile ***faydalı olmak*** être utile à
faydasız inutile
fayton voiture ouverte, calèche, phaéton
faz phase
fazilet mérite, vertu
faziletli vertueux
fazla surplus, surcroît, excédent; trop, plus reste, solde; excédentaire, superflu ***fazla mal göz çıkarmaz*** abondance de biens ne nuit pas ***fazla mesai*** heures supplémentaires ***fazla mesai yapmak*** faire des heures supplémentaires
fazlalık superfluité
fecaat horreur, atrocité, frayeur
feci terrible, tragique, horrible, épouvantable, effrayant
feda sacrifice, abandon, renoncement ***feda etmek*** sacrifier
fedai personne résolue à se sacrifier pour le succés d'un but
fedakâr dévoué

fedakârlık sacrifice, dévouement, générosité, abnégation ***fedakârlık etmek*** faire des sacrifices
federal fédéral
federasyon fédération
federatif fédératif
federe fédéré
felaket catastrophe, désastre, malheur, accident, sinistre ***felakete uğramak*** essuyer des revers
felaketzede sinistré
felç paralysie, apoplexie ***felce uğratmak*** paralyser
felçli paralytique
felek sphère céleste, ciel; planète; fortune, sort, providence ***felekten bir gün çalmak*** passer un jour plaisant ***feleğin çemberinden geçmek*** gagner d'expérience
felsefe philosophie
felsefi philosophique
feminist féministe
feminizm féminisme
fen science, art, technique
fena mauvais, facheux, désagréable, mal ***fena değil*** pas mal
fenalık mal; dommage; gêne, indisposition, malaise, évanouissement
fener lanterne, phare
feodal féodal
feodalite féodalité
feragat abnégation ***feragat etmek*** renoncer, se désister
ferah large, spacieux, ample
ferahlamak se tranquilliser, se soulager, éprouver du soulagement
ferahlık aise, soulagement
feraset sagacité, finesse
ferdi individuel
feribot ferry-boat
ferman ordre, ordonnance, commandement
fermantasyon fermentation
fermuar fermeture éclair
fersiz terne, sans éclat
fert individu, personne
feryat cri, clameur, cri de douleur, appel au secours
fes fez
fesat corruption, dépravation; méchanceté, perversité
fesatçı conspirateur, fauteur
feshetmek abolir, dissoudre, résilier
fesih levée, abolition, résiliation
fesleğen basilic
festival festival
fethetmek conquérir, prendre
fetih conquête, prise
fetiş fétiche
fetişizm fétichisme
feveran jaillissement, effervescence
fevkalade extraordinaire, exceptionnel
fıçı tonneau, fût, futaille, barrique ***fıçı birası*** bière *(à la)* pression
fıkırdamak bouillonner, être en ébullition; ne pas tenir en place, être en effervescence
fıkra anecdote, chronique; paragraphe
fındık noisette ***fındık ağacı*** noisetier
fındıkkıran casse-noisette
fırça brosse, pinceau, blaireau ***fırça atmak*** disputer, engueuler, gronder
fırçalamak brosser, nettoyer avec une brosse
fır dönmek tournoyer
fırıldak fourberie ***fırıldak çevirmek*** user de ruse
fırıldakçı fourbe
fırın four, fourneau
fırıncı boulanger
fırlama charogne, voyou

F

fırlamak bondir, s'élancer, sauter, jaillir, rebondir, monter
fırlatmak jeter, lancer
fırsat moment opportun ***fırsat düşerse*** si l'occasion se présente ***fırsatı kaçırmak*** saisir l'occasion ***fırsattan yararlanmak*** profiter de l'occasion
F
fırsatçı profiteur
fırtına orage, tempête
fırtınalı orageux, tempétueux
fısıldamak chuchoter, murmurer
fısıldaşmak s'entretenir en chuchotant
fısıltı chuchotement, murmure
fıskıye jet d'eau
fıstık pistache, pignon
fışkı fumier
fışkın bourgeon
fışkırmak jaillir, gicler
fışkırtmak faire jaillir, éjaculer
fıtık hernie
fiberglas fibre de verre
fidan bourgeon, rejeton, plante, arbuste, plant
fide plant, pousse
fidye rançon
figan cri de détresse, lamentation, gémissement
figür figure
figüran figurant
fihrist table des matières, index
fiil action, acte, æuvre; *dilb.* verbe
fikir idée, vue, avis, opinion, pensée ***fikrinde olmak*** avoir l'idée de, avoir avis ***fikrini almak*** prendre l'avis de ***fikrini değiştirmek*** changer d'avis, changer d'idée, se raviser
fil éléphant
filarmonik philharmonique
filatelist philatéliste
fildişi ivoire
file filet
filika canot de sauvetage
filinta carabine
Filistin Palestine
Filistinli Palestinien
filiz minéral, minerai, rejeton
filizlenmek bougeonner
film film ***film çevirmek*** tourner un film ***film yıldızı*** vedette de cinéma, star ***filme almak*** filmer
filo flotte, escadrille
filotilla flottille
filoloji philologie
filozof philosophe
filtre filtre
final finale
finans finance
finanse etmek financer
fincan tasse
fingirdek coquet
Finlandiya Finlande
Finli finnois
firar fuite, évasion, exode, désertion ***firar etmek*** s'enfuir, déserter
firari fuyard; déserteur, évadé
firavun pharaon
fire déchet, fiente ***fire vermek*** subir du déchet
firkete épingle à cheveux
firma firme, raison sociale, maison de commerce
firuze turquoise
fiske chiquenaude ***fiske vurmak*** donner une chiquenaude
fiskos chuchotement
fistan robe
fiş fiche
fişek cartouche
fitil mèche, étoupille; séton ***fitil gibi sarhoş*** ivre-mort
fitne séduction; discorde, division, désordre, intrigue, cabale
fitneci intrigant

fitnelemek semer la discorde
fiyaka vantardise, fanfaronnade ***fiyaka yapmak*** se vanter, fanfaronner
fiyakacı vantard, fanfaron, hâbleur
fiyasko fiasco
fiyat prix, coût
fiyort fiord
fizik physique
fizikçi physicien
fiziksel physique
fizyoloji physiologie
fizyolojik physiologique
fizyonomi physionomie
fizyoterapi physiothérapie
flama flamme, fanion
floresan fluorescent
flört flirt ***flört etmek*** flirter
flüt flûte
fobi phobie
fodul hautain, présomptueux
fok phoque
fokurdamak bouillonner
folklor folklore
fon fond
fondöten fard, fond de teint
fonetik phonétique
fonksiyon fonction
form formulaire, formule
forma forme, moule, format
formalite formalité
formasyon formation
formül formule
forvet avant
fosfat phosphate
fosfor phosphore
fosil fossile
foto photo
fotoğraf photographie ***fotoğraf çekmek*** photographier, prendre la photo ***fotoğraf makinesi*** appareil photographique
fotoğrafçı photographe
fotokopi photocopie ***fotokopisini çekmek*** photocopier
Fransa France
Fransız Français
Fransızca langue française, le français
frekans fréquence
fren frein ***fren yapmak*** freiner; serrer le frein
frengi syphilis
frenlemek freiner, dominer, gouverner
freze machine à fraiser, fraise
frikik coup franc
fritöz friteuse
fuar foire
fuhuş prostitution ***fuhuş yapmak*** se prostituer
fukara pauvres
fukaralık pauvreté
fular foulard
fulya narcisse, jonquille
funda arbuste, broussailles, bruyères
fundalık brousse
futbol football ***futbol alanı*** terrain de football ***futbol topu*** ballon de football
futbolcu footballeur
fuzuli vain, inutile, superflu
fünye détonateur
füsun sorcellerie, séduction, enchantement, charme, magie
füze engin, fusée, missile, roquette

G

gaddar impitoyable, cruel, atroce
gaddarlık cruauté, atrocité
gaf gaffe ***gaf yapmak*** gaffer
gafil inattentif, imprudent, distrait

gafil avlamak surprendre, prendre de court ***gafil avlanmak*** être pris de court
gaflet inattention; inadvertance ***gaflete düşmek*** se tromper
gaga bec
gagalamak picoter, becqueter
gaip disparu, absent
gaklamak croasser, criailler
G
gala gala
galaksi galaxie
galabe victoire ***galebe çalmak*** vaincre
galeri galerie
galeta galette
galeyan bouillonnement, ébullition, colère
galiba probablement, vraisemblablement, il paraît que, je crois que, sans doute
galibiyet victoire
galip vainqueur, triomphant, victorieux ***galip gelmek*** vaincre, l'emporter sur
galon gallon
galoş galloche
galvanizlemek galvaniser
gam chagrin, regret, affliction
gamlı triste
gammaz dénonciateur, délateur, traître, mouchard
gamze fossette, æillade
gangren gangrène
gangster gangster, bandit
gani riche; abondant
ganimet butin, trophée
ganyan course de cheval
gar gare
garaj garage
garanti garantie ***garanti belgesi*** certificat de garantie ***garanti etmek*** garantir ***garanti vermek*** donner une garantie, une caution, garantir, répondre de
garantör caution
garaz, garez haine, rancune, malveillance ***garez beslemek*** avoir de la haine contre qn
gardırop garde-robe
gardiyan geôlier, gardien
gargara gargarisme ***gargara yapmak*** se gargariser
garip étrange, curieux; étranger; pauvre ***garibine gitmek*** paraître étrange
gariplik excentricité, originalité, singularité
garipsemek trouver étrange
gark noyade; submersion ***gark olmak*** se noyer, être noyé; être submergé; être couvert, comblé de
garnizon garnison
garp ouest
garson garçon, serveur
gasp usurpation, spolation, rapt, vol ***gasp etmek*** usurper, spolier
gâvur infidèle
gâvurluk infidélité, cruauté
gayda cornemuse
gaye but, fin, dessein, projet
gayet extrêmement
gayret zèle, empressement, effort ***gayret etmek*** s'efforcer de, tâcher
gayretli zélé, laborieux
gayri autre; plus, en outre ***gayri ihtiyari*** involontaire ***gayri menkul*** immeuble, immobilier; propriété immobilière ***gayri meşru*** illégitime ***gayri resmi*** non officiel ***gayri safi*** brut
gaz gaz, fluide ***gaz bombası*** bombe à gaz ***gaz maskesi*** masque à gaz ***gaz pedalı*** accélérateur ***gaz vermek*** mettre les gaz
gazal gazelle
gazap colère, courroux

gazel poésie lyrique
gazete journal, gazette ***gazete yazarı*** journaliste
gazeteci journaliste; marchand de journaux
gazetecilik journalisme
gazi triomphateur, victorieux
gazino casino
gazlı gazeux ***gazlı bez*** gaze de pansement
gazoz eau, limonade gazeuse
gebe enceinte, grosse ***gebe kalmak*** devenir enceinte
gebelik grossesse ***gebelik önleyici*** anticonceptionnel, contraceptif
gebermek mourrir, crever
gebertmek tuer
gece nuit ***gece gündüz*** nult et jour ***gece kulübü*** boîte de nuit ***gece yarısı*** minuit
gecelemek passer la nuit
geceleyin la nuit, pendant la nuit
gecelik chemise de nuit
gecikme retard, retardement
gecikmeden sans retard
gecikmek s'attarder, retarder, tarder, avoir du retard
geciktirmek retarder, attarder, différer
geç tard; tardif, avancé ***geç kalmak*** s'attarder, être en retard
geçen dernier, passant
geçenlerde dernièrement, récemment
geçer bon débit, courant
geçerli en cours, valable, valide
geçersiz invalide, caduc
geçici passager, transitoire, provisoire, temporaire ***geçici olarak*** provisoirement, temporairement
geçim revenu, ressources, vie, subsistance; accord, entente
geçimsiz incompatible, insociable, mauvais coucheur
geçimsizlik incompatibilité, insociabilité
geçindirmek nourrir, alimenter, faire vivre
geçinmek vivre; s'entendre; passer pour ***geçinip gitmek*** gagner sa vie
geçirgen perméable
geçirmek faire entrer, faire passer, laisser passer, faire traverser, accompagner, escorter
geçirtmek laisser passer, aider à passer, accompagner
geçiş passage ***geçiş hakkı*** droit de passer
geçişli transitif
geçişsiz intransitif
geçit passage, gorge, col, détroit; défilé, parade, revue ***geçit töreni*** défilé, parade, revue ***geçit vermek*** être traversé
geçkin trop mûr; âgé
geçmek passer; dépasser, surpasser; franchir, traverser; être valable, avoir cours
geçmiş passé, écoulé
geçmişte au temps passé
gedik bréche, trouée, percée
geğirmek éructer, roter
gelecek futur, avenir ***gelecek zaman dilb.*** futur
gelecekte à l'avenir
gelenek tradition, usages, coutume, mæurs
geleneksel traditionnel
gelgit marée
gelin mariée; bru, belle-fille
gelincik *hayb.* belette; *bitk.* coquelicot
gelinlik robe de mariée
gelir revenu, rente, salaire, appointement

G

gelişigüzel n'importe comment, au hasard
gelişim développement
gelişmek prospérer, croître, réussir, se développer
geliştirmek développer, perfectionner, épurer
gelmek venir, arriver, approcher, avancer; revenir, retourner; convenir, s'adapter, aller
gem mors, bride ***gem vurmak*** brider, freiner
gemi navire, bateau, bâtiment, vaisseau ***gemi mürettebatı*** équipage ***gemiye binmek*** s'embarquer
gemici marin, navigateur
gemicilik navigation
genç jeune ***genç adam*** jeune homme ***genç kız*** jeune fille
gençleşmek rajeunir
gençlik jeunesse
gene, yine encore, à nouveau, de nouveau
genel général, public ***genel kurul*** assemblée générale ***genel müdür*** directeur général ***genel olarak*** d'une manière générale, en règle générale ***genel sekreter*** secrétaire général
genelev bordel, maison close
genelkurmay état-major général
genellikle généralement, couramment, en général
genelleme généralisation
genellemek généraliser
general général
genetik génétique
geniş large, ample, vaste, spacieux
genişlemek s'élargir
genişletmek agrandir, amplifier, dila ter, reculer, élargir
genişlik largeur, étendu
geniz fosses nasales ***genizden ko nuşmak*** nasiller
genleşmek se dilater
genlik amplitude; prospérité
gensoru interpellation
geometri géométrie
geometrik géométrique
gerçek vrai, véritable, authentique, réel; vérité, fait, réalité; vraiment, véritablement ***gerçek yüzünü göstermek*** jeter le masque ***gerçeği söylemek*** dire vrai ***gerçeği söylemek gerekirse*** à vrai dire
gerçekçi réaliste
gerçekçilik réalisme
gerçekdışı irréel
gerçekleştirmek réaliser, acomplir, effecteur, exécuter, mettre en pra tique
gerçeklik vérité
gerçekten bel et bien, pour de bon, réellement, sérieusement
gerçi quoique, bien que, il est vrai, certes
gerdan cou, col
gerdanlık collier
gerdek chambre nuptiale
gereç matériel, matériaux
gerek nécessaire; il faut que, probab lement; nécessité, besoin
gerekçe justification, motif, motivation, raison
gerekli nécessaire, essentiel, indispen sable, requis
gerekmek falloir, devoir ***gerekirse*** s'il le faut, au besoin, en cas de beso in, à la rigueur
gereksinim, gereksinme besoin, né cessité
gereksinmek avoir besoin de
gereksiz inutile, superflu
gerektirmek appeler, demander, exi ger, nécessiter, requérir, réclamer

gergedan rhinocéros
gergef tendu; critique
gergin tendu
geri arrière, derrière; en arrière ***geri almak*** reprendre, retirer, rétracter ***geri çağırmak*** rappeler, faire revenir ***geri çekilmek*** reculer, se replier, se retirer ***geri çekmek*** reculer, retirer, rétracter ***geri çevirmek*** rendre, retourner ***geri dönmek*** retourner, revenir ***geri gelmek*** revenir ***geri getirmek*** ramener, rapporter ***geri gitmek*** retourner, faire marche arrière ***geri göndermek*** renvoyer; réexpédier ***geri götürmek*** remporter ***geri istemek*** réclamer, demander la restitution ***geri kalmak*** rester en arrière, retarder ***geri kalmış*** sous-développé ***geri püskürtmek*** refouler ***geri vermek*** rendre, restituer
gerici réactionnaire, rétrograde
gericilik réaction
geride en arrière
gerilemek reculer, rétrograder
gerilim tension, stress, voltage
gerilla guérilla
gerilmek se contracter, se crisper
gerinmek s'étirer
geriye en arrière ***geriye doğru*** vers l'arrière ***geriye bırakmak*** ajourner, retarder, remettre
germek tendre, étendre, allonger, tirer, étirer
gerzek con, manche
getirmek apporter, rapporter, amener, porter
gevelemek ronger, bredouiller
geveze bavard, loquace, jaseur
gevezelik loquacité ***gevezelik etmek*** bavarder, babiller, caqueter, jacasser
geviş rumination ***geviş getirmek*** ruminer
gevrek croquant, croustillant, friable, biscuit
gevremek devenir croquant, croustillant
gevşek peu serré, lâche, détendu, relâché
gevşeklik mollesse, relâchement
gevşemek se relâcher, mollir, se détendre
gevşetmek desserrer, relâcher, détendre
geyik cerf, daim
geyşa geisha, ghesha
gez hausse
gezdirmek promener, piloter
gezegen planète
gezgin voyageur
gezi voyage, excursion, promenade ***geziye çıkmak*** voyager, faire un voyage
gezici ambulant
gezinmek se promener, se balader
gezinti promenade, balade, randonnée, tour
gezme promenade ***gezmeye çıkmak*** promener à pied; voyager
gezmek se promener, faire une promenade, flâner; voyager, parcourir ***gezip tozmak*** flâner, vagabonder
gıcık accès de toux, bourru ***gıcık etmek*** agacer ***gıcığı tutmak*** avoir un accès de toux
gıcırdamak grincer, craquer, crier, crisser
gıcırdatmak faire grincer
gıcırtı grincement
gıda nourriture, aliments, vivres
gıdaklamak caqueter
gıdıklamak chatouiller, exciter
gıdıklanmak être chatouilleux;

chatouiller
gına contentement, suffisance ***gına gelmek/getirmek*** en avoir assez de qch
gıpta envie ***gıpta etmek*** envier
gırgır filet de pêche; drôle, bavardage, désopilant
gırtlak gorge, gosier, larynx
gırtlaklamak étrangler
gıyap absence, défaut
gıyabında en son absence
gibi comme, tel que; ainsi que, de même ***gibi görünmek*** affecter, faire mine de, sembler, passer pour
gider frais, dépenses
giderayak au dernier moment, juste avant de partir
gidermek dissiper, rattraper, réparer, ôter
gidiş départ, allure, condufe, attitude ***gidiş dönüş bileti*** billet aller et retour
girdap tourbillon, remous; piège
girgin entreprenant, habile, sociable
girift entrelacé, confus
girinti anse; baie
giriş entrée; prélude, introduction
girişim entreprise, tentative
girişmek commencer; entreprendre, tenter
Girit Crète
girmek entrer, pénétrer ***girmek yasaktır*** défense d'entrer
gişe guichet, bureau de location
gitar guitare
gitarist guitariste
gitgide de plus en plus, peu à peu, petit à petit
gitmek aller, marcher, passer, partir, s'en aller
gittikçe de plus en plus, au fur et à mesure
giydirmek habiller, vêtir, revêtir
giyecek vêtement, habit
giyim vêtement, habit, habillement ***giyim kuşam*** habits, vêtement
giyinmek s'habiller, se vêtir
giymek s'habiller, se vêtir, mettre
giysi vêtement, habit, costume
giyotin guillotine
giz mystère, secret
gizem mystère
gizemli mystèrieux
gizlemek cacher, dissimuler; camoufler, voiler
gizlenmek se cacher, se dissimuler
gizli caché, clandestin, secret, sourd ***gizli kapaklı*** secrètement ***gizli oylama*** scrutin secret ***gizli tutmak*** tenir secret, cacher ***gizliden gizliye*** en secret, secrètement, en cachette
gizlice en cachette, en secret, à la dérobée
gladyatör gladiateur
glikoz glucose
gliserin glycérine
gocuk pelisse
gocunmak être affligé, se fâcher
gofret gaufrette
gol but ***gol atmak*** marquer un but
golcü buteur
golf golf
golfstrim Golf Stream
gonca bouton
gondol gondole
goril gorille
gotik gothique
göbek nombril ***göbek bağı*** cordon omblical ***göbek bağlamak*** grossir ***göbek dansı*** danse du ventre
göbekli ventru
göç immigration, migration, émigration ***göç etmek*** émigrer, immigrer
göçebe nomade ***göçebe hayatı***

sürmek mener une vie nomade
göçebelik nomadisme
göçertmek emboutir
göçmek déménager; émigrer; s'effondrer, s'écrouler; s'affaisser; mourir
göçmen émigrant, immigrant, immigré
göğüs poitrine, sein
gök ciel ***gök gürlemek*** tonner ***gök gürültüsü*** tonnerre ***gök kubbe*** la voûte céleste ***gök mavisi*** bleu ciel; azur ***göklere çıkarmak*** porter aux nues
gökada galaxie
gökbilim astronomie
gökbilimci astronome
gökcismi corps céleste
gökdelen gratte-ciel
gökkuşağı arc-en-ciel
gökküresi sphère céleste
göktaşı météore
gökyakut saphir
gökyüzü ciel, voûte céleste
göl lac, étang
gölge ombre; silhouette ***gölge etmek*** ombrager, faire de l'ombre
gölgeli ombreux
gölgelik ombrage
gömlek chemise, chemisette
gömme enterrement, ensevelissement; thésaurisation; fiché, enfoui, encastré
gömmek enfouir, ensevelir, enterrer
gömü trésor caché
gömüt tombe, fosse
gön cuir; peau
gönder hampe
gönderen expéditeur
göndermek envoyer, faire parvenir, expédier, adresser, dépêcher
gönenç bien-être, prospérité
gönül cæur, sentiment, affection, amour; désir ***gönül eğlencesi*** plaisir ***gönül kırmak*** contrarier, fâcher ***gönül vermek*** aimer, tomber amoureux, s'attacher
gönülden avec plaisir, volontiers, de bon cæur, de bon gré
gönüllü volontaire
gönye équerre
göre selon, d'aprés, conformément à, suivant
görece relatif
görecilik relativisme
göreli relatif
görelilik relativité
görenek usage, coutume
görev devoir, fonction, charge, emploi, service, place
görevli employé, officier
görgü expérience, pratique, usage, savoir-vivre ***görgü kuralları*** convenances, protocole ***görgü tanığı*** témoin oculaire
görgülü expérimenté, poli, qui connait les usages
görgüsüz inexpérimenté, impoli
görkem gloire, pompe, solennité, splendeur
görkemli glorieux, magnifique, imposant, majestueux, pompeux, solennel
görmek voir, remarquer; s'apercevoir; visiter; rencontrer ***göresi gelmek*** avoir de la nostalgie de qch, manquer à
görmemiş parvenu
görsel visuel
görsel-işitsel audio-visuel
görülmemiş invisible, invisiblement
görümce belle-sæur, sæur du mari
görünmek être vu, se voir, être visible; paraître, sembler; apparaître
görünmez invisible, imperceptible

G

görünmezlik invisibilité
görüntü image
görünüm apparence, vue, aspect
görünüş apparence, vue, aspect ***görünüşe göre*** selon les apparences
görüş vue, opininon, point de vue, interprétation
görüşme entretien, conversation, causerie
görüşmek s'entretenir; fréquenter; discuter; se voir ***görüşürüz*** au revoir!, à bientôt!
gösterge indicateur, aiguille, compteur, tableau de bord
gösteri manifestation, démonstration, attraction, spectacle ***gösteri yapmak*** manifester
gösterici manifestant
gösteriş ostentation, montre, feinte, étalage
gösterişli clinquant, fastueux, pompeux, solennel
gösterişsiz modeste, simple
göstermek montrer, faire voir, indiquer, désigner; témoigner, manifester
göt **kb.** derrière, cul
götürmek emporter, enlever, porter, transporter, emmener; supporter, souffrir
götürü forfait ***götürü çalışmak*** travailler à la tâche ***götürü iş*** travail aux pièces
gövde tronc, corps, buste; charpente
göz æil, regard ***göz alabildiğine*** aussi loin que porte le regard ***göz alıcı*** clinquant, spectaculaire, voyant ***göz atmak*** jeter un coup d' æil sur ***göz dikmek*** convoiter, lorgner, viser ***göz etmek*** faire de l'æil à ***göz gezdirmek*** parcourir ***göz göre göre*** devant les yeux ***göz hekimi*** oculiste, ophtalmologue ***göz kamaştırıcı*** splendide ***göz kararıyla*** au jugé ***göz kestirmek*** oser, avoir le courage ***göz kırpmak*** cligner de l'æil ***göz koymak*** lorgner ***göz kulak olmak*** avoir l'æeil à, veiller sur ***göz önünde tutmak*** considérer, noter ***göz önüne almak*** envisager, prendre en considération ***göz ucuyla bakmak*** regarder du coin de l'æil ***gözden geçirmek*** jeter un coup d'æil, examiner, revoir, réviser ***gözden ırak olan gönülden de ırak olur*** loin des yeux, loin du cæur ***gözden kaçmak*** passer inaperçu ***gözden kaybetmek*** ne pas quitter des yeux ***gözden kaybolmak*** disparaître ***göze batmak*** sauter aux yeux ***göze gelmek*** prendre le mauvais æil ***gözlerini ayırmamak*** ne pas détourner les yeux ***gözlerini fal taşı gibi açmak*** écarquiller les yeux ***gözü açık*** éveillé; vigilant ***gözü başkasının malında olmak*** convoiter le bien d'autrui ***gözü korkmak*** s'épouvanter ***gözü pek*** hardi, audacieux, courageux, téméraire ***gözü yaşlı*** éploré ***gözünde tütmek*** désirer ardemment ***gözünden okumak*** lire dans les yeux ***gözüne ilişmek*** aviser ***gözünün içine bakmak*** regarder qn dans le blanc des yeux ***gözüyle bakmak*** tenir pour
gözaltı surveillance de la police ***gözaltına almak*** surveiller, interner
gözbebeği pupille, prunelle
gözcü sentinelle, observateur
gözdağı intimidation, menace ***gözdağı vermek*** intimider

gözde favori, préféré
göze cellule
gözenek pore
gözetim surveillance, observation
gözetlemek être aux aguets, épier, espionner, guetter, scruter
gözetmek garder, observer, surveiller, avoir soin de
gözkapağı paupière
gözlem observation
gözlemci observateur
gözlemek attendre; guetter, épier
gözlemevi observatoire
gözlemlemek constater, observer
gözlük lunettes
gözlükçü opticien
gözükmek se voir, apparaître, se montrer, faire son apparition
gözyaşı larme ***gözyaşı dökmek*** verser des larmes
grafik graphique
grafit graphite
gram gramme
gramer grammaire
gramofon phonographe
granit granit
granül granule
gravür gravure
grekoromen greco-romain
grev grève ***grev yapmak*** faire grève, se mettre en grève
greyfrut pamplemousse
gri gris
grip grippe ***grip olmak*** avoir la grippe
grup groupe
guatr goitre
gudde glande
guguk coucou
gulyabani loup-garou
gurbet séjour dans un pays étranger; éloignement de la patrie, exil
guruldamak gargouiller
gurultu gargouillement, gargouillis
gurup coucher du soleil
gurur orgueil, fierté, amour-propre ***gurur duymak*** s'enorgueillir *(de)*
gururlanmak être fier de qch
gururlu fier, orgueilleux, hautain
gübre engrais, fumier; fiente
gücendirmek blesser, froisser, vexer
gücenmek s'indigner, s'offusquer de, se formaliser, se froisser
güç puissance, force, vigueur, énergie; difficile, pénible, ardu, épineux ***güç durum*** situation difficile ***güç iş*** travail pénible, difficile ***gücüne gitmek*** affecter
güçlendirmek fortifier, raffermir, restaurer, tonifier
güçleştirmek rendre difficile, aggraver, compliquer
güçlü fort, puissant, énergique, musclé ***güçlü kuvvetli*** costaud, solide, vigoureux
güçlük difficulté, peine ***güçlük çıkarmak*** faire des difficultés ***güçlükleri yenmek*** aplanir les difficultés
güçsüz débile, faible, impuissant
güçsüzlük affaiblissement, carence, défaillance
güderi peau de daim, de chamois
güdü motif
güdük difforme
güdümlü dirigé, guidé ***güdümlü mermi*** projectile téléguidé
güfte paroles d'une chanson
güğüm broc
gül rose ***gül bahçesi*** roseraie ***gül gibi geçinmek*** vivre confortablement ***gülü seven dikenine katlanır*** point de roses sans épines
güldürmek faire rire, égayer, réjouir
güldürü comédie

G

güleç joyeux, souriant, riant
güle güle au revoir
güler yüzlü sincère, souriant
gülle boulet de canon
gülmece humour
gülmek rire, sourire, rigoler
gülsuyu eau de rose
gülücük sourire
gülümseme sourire
gülümsemek sourire
gülünç ridicule, drôle, bouffon, comique ***gülünç duruma düşmek*** se ridiculiser
gülüşmek rire ensemble, plaisanter
gümbürdemek tonner
gümbürtü bruit tonnant
gümeç rayon de miel
gümlemek éclater
gümrük douane ***gümrük beyannamesi*** déclaration en douane ***gümrük dairesi*** bureau de douane ***gümrük kontrolü*** contrôle douanier ***gümrük memuru*** agent de douane ***gümrük ödemek*** payer les droits de douanes ***gümrük muayenesi*** visite en douane ***gümrük vergisi*** impôt en douane ***gümrüğe tabi*** soumis à la douane
gümrükçü douanier
gümrüksüz exempté de douane, hors-taxe
gümüş argent ***gümüş kaplama*** argenté
gün jour, journée; soleil; clarté ***gün ağarıyor*** le jour se lève ***gün batışı*** coucher du soleil ***gün doğuşu*** lever du soleil ***gün gibi aşikâr*** c'est clair comme le jour ***gün görmek*** vivre heureux ***günden güne*** de jour en jour ***günlerden bir gün*** un beau jour ***günü gününe*** au jour le jour
günah péché ***günah çıkartmak*** confesser ***günaha girmek*** commettre un péché, pécher
günahkâr pécheur
günahsız innocent
günaydın bonjour
günberi périhélie
güncel actuel
güncellik actualité
gündelik journée, salaire; quotidien, journalier
gündelikçi salarié, journalier
gündem ordre du jour
gündüz jour, journée
gündüzün pendant la journée
güneş soleil ***güneş banyosu*** bain de soleil ***güneş banyosu yapmak*** prendre un bain de soleil ***güneş çarpmak*** prendre un coup de soleil ***güneş çarpması*** coup de soleil ***güneş gözlüğü*** lunettes de soleil ***güneş ışını*** rayon de soleil ***güneş sistemi*** système solaire ***güneş şemsiyesi*** ombrelle, parasol ***güneş tutulması*** éclipse solaire ***güneş yanığı*** hâle ***güneş yağı*** huile solaire ***güneşte*** au soleil
güneşlenmek se chauffer au soleil, prendre un bain de soleil
güneşli ensoleillé
güney sud, midi
güneybatı sud-ouest
güneydoğu sud-est
günlük journalier, quotidien, du jour
günübirlik jour de visite
güpegündüz en plein jour
gür touffu, dru, fourni
gürbüz robuste, costaud, solide
güreş lutte
güreşçi lutteur
güreşmek lutter
gürgen charme, orme
gürlemek gronder, rugir

gürüh bande
gürüldemek rouler, s'écrouler avec fracas; tonner
gürültü bruit, vacarme, fracas, tapage, tumulte ***gürültü yapmak/etmek*** faire du tapage, du bruit
gürültücü bruyant, chahuteur, tapageur, turbulent
gürz massue
gütmek garder, surveiller, conduire
güve teigne, mite
güveç terrine
güven confiance, sûreté ***güveni olmak*** avoir confiance en qn
güvence assurance, cautionnement, gage, garant, garantie
güvenç sûreté; sécurité; confiance
güvenilir sûr, sérieux
güvenlik sûreté, sécurité ***güvenlik konseyi*** conseil de sécurité
güvenmek avoir confiance, compter sur
güvenoyu vote de la confiance
güvensizlik défiance, insécurité, méfiance
güvercin pigeon, colombe
güverte pont de bateau
güvey nouveau marié
güya comme si, on dirait que
güz automne
güzel beau, belle, bel, joli, charmant; excellent, agréable ***güzel sanatlar*** beaux-arts
güzelleşmek devenir beau, belle; s'embellir
güzelleştirmek embellir
güzellik beauté ***güzellik kraliçesi*** reine de beauté ***güzellik uzmanı*** esthéticienne, visagiste
güzergâh passage, route
güzide élu, choisi, distingué
güzün en automne

H

ha hein! ah! tiens! mais oui!
ha bire sans relâche, sans cesse, continuellement, sans arrêt
haber nouvelle, information, avis, renseignement, annonce ***haber alma*** intelligence ***haber almak*** apprendre ***haber bülteni*** bulletin d'information ***haber vermek*** annoncer, informer, avertir, faire, savoir, faire part, aviser, communiquer, informer
haberci messager, précurseur
haberleşme communication
haberleşmek correspondre, communiquer
habis mauvais, méchant, malin ***habis ur*** tumeur maligne
hac pèlerinage ***hacca gitmek*** aller en pèlerinage
hacet besoin, nécessité
hacı pèlerin
hacıyatmaz poussah
hacim volume, étendue
haciz saisie ***haciz koymak*** opérer la saisie
hacivat pantin, arlequin, personnage bouffon du guignol turc
haczetmek saisir
haç croix
had limite, borne; mettre des bornes ***haddinden fazla*** excessif, démesuré, outre mesure, à l'excès ***haddini bilmek*** ne pas dépasser la mesure
hadde laminoir, filière
hademe garçon de bureau, huissier, appariteur, bedeau
hadım castrat, eunuque ***hadım***

etmek châtrer, castrer
hadise événement, fait, accident, incident, cas, aventure
haf (futbol) demi
hafız qui connait le Coran par cæur
hafıza mémoire
hafif léger; légèrement, facilement, aisément, à la légère ***hafife almak*** prendre à la légère
hafifçe légèrement
hafifletmek alléger, amortir, assourdir, modérer, tempérer
hafiflik légèreté, étourderie
hafiye détective
hafriyat excavation, fouille
hafta semaine ***hafta sonu*** week-end
haftalarca par semaines
haftalık hebdomadaire; semaine, salaire hebdomadaire
haftaym mi-temps
hain traître, felon, perfide
haiz porteur, muni
hak droit, justice, raison, titre ***hak etmek*** mériter ***hak vermek*** donner raison ***hak yemek*** ne pas donner raison ***hakkından gelmek*** punir, châtier
Hak Dieu ***Hakkın rahmetine kavuşmak*** mourir
hakan souverain, empereur
hakaret offense, outrage, injure, affront ***hakaret etmek*** offenser, insulter, injurier
hakem arbitre, juge
haki kaki
hakikat vérité
hakikaten en vérité
hakikatli sincère; affectionné, fidèle
hakiki vrai, véritable, authentique
hâkim juge; maître
hakir indigne ***hakir görmek*** mépriser, dédaigner
hakkaniyet justice, équité
hakketmek graver
hakkında à l'égard de, à propos de, au sujet de
haklamak vaincre, battre, mettre hors de combat
haklı qui a raison, qui a droit, juste ***haklı olmak*** avoir raison
haksız injuste, inique; injustement ***haksız çıkmak*** perdre la cause
haksızlık injustice, illégitimité ***haksızlık etmek*** faire tort à qn
hal état, condition ***halden anlamak*** compatir ***hali vakti yerinde*** cossu, avisé, riche
hal marché aux légumes, halles
hala tante *(sæur du père)*
hâlâ encore, toujours
halat cordage, câble, amarre
halbuki en réalité, pourtant, cependant, mais, or
hale auréole, halo
halef successeur
halel préjudice, atteinte, infraction ***halel getirmek*** porter atteinte, porter préjudice à, léser
halen à présent, actuellement
halı tapis
haliç estuaire
halife calife
halifelik califat
halis vrai, véritable, authenitique, sans mélange, pur
halk peuple, nation, public ***halk edebiyatı*** littérature populaire ***halk egemenliği*** souveraineté du peuple
halka anneau, bague, rond
halkçı populiste
halkoylaması référendum
hallaç cardeur
halletmek régler, résoudre; dissoudre, fondre

H

halt mélange ***halt etmek*** mélanger
halter haltère ***halter kaldırmak*** faire des haltères
ham pas mûr, vert, brut, cru
hamak hamac
hamal porteur
hamam bain, bain public
hamamböceği blatte, cafard
hamarat laborieux, appliqué, diligent, intrépide
hamdetmek rendre grâce à Dieu
hami protecteur, défenseur
hamil porteur
hamile enceinte
haminne grand-mère
hamiyet patriotisme
hamle assaut, élan, attaque, effort
hammadde matière première
hamsi anchois
hamule charge, chargement, cargaison
hamur pâte ***hamur açmak*** étendre de la pâte ***hamur işi*** pâte alimentaire ***hamur yoğurmak*** pétrir la pâte
han khan; hôtellerie, auberge, immeuble de rapport
hançer poignard
hançere larynx
hane maison, habitation
hanedan dynastie
hangar hangar
hangi quel, quelle, quels, quelles, lequel, laquelle, lesquelles
hangisi lequel, laquelle, lesquels, lesquelles
hanım dame; femme, demoiselle, mademoisele; épouse ***hanım evladı*** enfant gâté
hanımefendi dame, madame
hanımeli chèvrefeuille
hani et alors
hantal maladroit
hap pilule ***hap yutmak*** avaler des pilules ***hapı yutmak*** être perdu, être fichu, être dans de mauvais draps
hapis emprisonnement, réclusion, incarcération; prisonnier, détenu ***hapis cezası*** peine de prison
hapishane prison
hapislik détention
hapsetmek enfermer, mettre en prison, emprisonner, incarcérer, écrouer
harabe ruine
haraç tribut ***haraç vermek*** payer tribut
haram défendu par la religion, illicite, impur, souillé
harap en ruine, délabré; mal en point ***harap etmek*** détruire, démolir, dévaster
hararet chaleur
hararetle vivement, chaleureusemenet
hararetli chaleureux, chaud, fougueux, ardent
harbi d'une manière directe, sans crainte
harcama dépense
harcamak dépenser
harcırah frais de déplacement
harç mortier; taxe
harçlık argent de poche
hardal moutarde
harekât opération, mouvement, manæuvre
hareket mouvement; départ; action, activité; conduite, comportement, manières ***hareket etmek*** se mouvoir, agir, prendre le départ, partir ***hareket etmek üzere olmak*** être sur son départ ***harekete geçmek*** entrer en action, agir
hareketli actif, vivant

H

hareketsiz immobile, sans mouvement
hareketsizlik immobilité
harem harem; femme, épouse
harf lettre, caractère ***harfi harfine*** au pied de la lettre, à la lettre
harıl harıl à grand fracas, incessamment ***harıl harıl çalışmak*** travailler sans interruption
haricen extérieurement
harici extérieur
hariciye pathologie externe
hariç excepté, sauf
harika extraordinaire, exceptionnel, miraculeux, magnifique
haris avide, ambitieux
harita carte de géographie
harman battage, aire; mélange
harp guerre; *müz.* harpe
has propre; véritable, vrai, original, pur
hasar dommage, dégât, perte
hasat récolte, moisson, vendange ***hasat etmek*** moissonner
hasbıhal entretien, causerie ***hasbıhal etmek*** s'entretenir, causer
haset envie, jalousie ***haset etmek*** envier, jalouser
hâsıl produit ***hâsıl olmak*** provenir, résulter, s'accomplir
hâsılat rapport, revenu, produit, recette
hasım ennemi
hasımlık hostilité
hasır paille, natte
hasis avare, ladre
hasret regret, nostalgie, chagrin provenant de se sentir loin d'une personne ***hasret çekmek*** désirer revoir
hassa qualité, propriété
hassas sensible, impressionnable
hasta malade, patient ***hasta etmek*** rendre malade ***hasta olmak*** être malade, tomber malade ***hastası olmak kd.*** raffoler de, passionner pour
hastabakıcı infirmier, garde-malade
hastalanmak prendre mal, s'aliter, tomber malade
hastalık maladie
hastalıklı maladif, morbide
hastane hôpital ***hastaneye kaldırmak*** admettre dans un hôpital
haşarat insectes
haşarı indocile, indomptable, espiègle
haşere insecte
haşhaş pavot
haşin rude; âpre; rigoureux
haşlama bouilli
haşlamak échauder, faire bouillir; blâmer, tancer
haşmet majesté, magnificence, faste
haşmetli majesteux, magnifique
hat ligne, trait
hata faute, erreur, méprise, bévue ***hata yapmak*** commettre une faute
hatalı erroné, fautif, incorrect
hatır mémoire; déférence, respect, complaisance ***hatır senedi*** titre en l'air ***hatıra gelmek*** venir à l'esprit, se rappeler ***hatırı sayılır*** considérable, notable ***hatırında olmak*** avoir présent à la mémoir ***hatırından çıkmak*** oublier, échapper à ***hatırını saymak*** estimer qn ***hatırını sormak*** demander des nouvelles de la santé de qn
hatıra souvenir, mémoire ***hatıra defteri*** journal intime
hatırlamak se souvenir de, se rappeler
hatırlatmak rappeler

hatırşinas complaisant
hatim achévement, cessation
hatip orateur, prédicateur
hatmetmek lire jusqu'au bout
hatmi guimauve
hatta même, quand, bien même, même si
hattat calligraphe
hatun femme
hav duvet
hava atmosphère; temps; climat; air ***hava akımı*** courant d'air ***hava almak*** prendre l'air, s'aérer ***hava atmak*** crâner ***hava basıncı*** pression atmosphérique ***hava durumu*** situation du temps ***hava korsanı*** pirate de l'air ***hava köprüsü*** pont aérien ***hava kuvvetleri*** forces aériennes ***hava raporu*** bulletin météorologique ***hava savunması*** défense aérienne ***hava tahmini*** prévisions météorologiques ***hava yolları*** lignes aériennes
havaalanı aérodrome, terrain d'aviation
havacı aviateur
havacılık aéronautique, aviation
havadis nouvelle, information
havalandırma aération, ventilation
havalandırmak aérer; lever en l'air, faire voler ou flotter
havalanmak s'envoler, décoller
havale transmission, transfert, virement, mandat; ordre de payement ***havale etmek*** transférer, transmettre; charger, déléguer
havalı aéré, bien aéré, pneumatique
havali environs, alentours, entourage
havalimanı aéroport
havan mortier ***havan topu*** mortier, obusier
havari apôtre
havasız lourd, étouffant, accablant
havlamak aboyer, japper
havlu serviette, essuie-mains
havra synagogue, temple des Juifs
havsala entendement, intelligence, compréhension
havuç carotte
havuz bassin, piscine
havyar caviar
havza bassin
haya testicule
hayâ honte, pudeur
hayal imagination, fantaisie, hallucination, utopie, rêveries, songe, rêve; silhouette, ombre ***hayal kırıklığına uğramak*** être déçu ***hayal kurmak*** s'imaginer ***hayal meyal*** vaguement, confusément ***hayal meyal görmek*** entrevoir ***hayale dalmak*** se faire des illusions, se bercer d'illusions
hayalet apparition, fantôme, spectre
hayali imaginaire, fictif, fantastique ***hayali ihracat*** exportation imaginaire, en l'air
hayalperest visionnaire, rêveur
hayâsız sans pudeur, éhonté, impudent, cynique, effronté
hayâsızlık effronterie, impudence
hayat vie, existence
haydi allons! voyons! eh bien! allez! en route!
haydut brigand, bandit
hayhay! certainement oui, pourquoi pas, avec plaisir, volontiers
hayhuy brouhaha
hayıflanmak regretter, déplorer
hayır non, mais non! point du tout!
hayır bien, bienfait, bonté, æuvre; profit, avantage ***hayır işlemek*** faire le bien ***hayır kurumu*** société de bienfaisance ***hayra alamet değil*** c'est de mauvais augure

hayırsever bienfaiteur
hayırsız funeste, qui porte malheur
haykırış cri
haykırmak crier, s'écrier
haylaz oisif, fainéant; paresseux
haylazlık oisiveté, inaction, paresse, fainéantise
hayli assez, pas mal, bien, beaucoup
hayran admirateur, fan, fanatique ***hayran bırakmak*** étonner, émerveiller ***hayran olmak*** s'étonner, admirer, s'émerveiller de
hayranlık admiration
hayret stupéfaction, étonnement, surprise, ébahissement ***hayret etmek*** s'étonner, être étonné
haysiyet dignité, considération, honneur
haysiyetli considéré
haysiyetsiz sans considération
hayvan animal, bête ***hayvanat bahçesi*** zoo, jardin zoologique
hayvanbilim zoologie
hayvansal animal
haz joie, plaisir; goût, satisfaction ***haz duymak*** prendre plaisir ***haz vermek*** faire plaisir
hazan automne
hazım digestion
hazımsızlık indigestion
hazır prêt, disponible, fini, achevé; présent, actuel ***hazır durmak*** se tenir prêt ***hazır elbise*** costume de confection ***hazır ol!*** garde à vous! attention! ***hazır olmak*** être prêt, être disposé
hazırcevap qui a la répartie prompte
hazırlamak préparer, apprêter
hazırlanmak se préparer, s'apprêter
hazırlık préparation, préparatif ***hazırlık yapmak*** faire des préparatifs
hazin triste, mélancolique
hazine trésor, trésorie; Trésor public
haziran juin
hazmetmek digérer
heba chose futile, futilité ***heba etmek*** gaspiller, perdre, gâcher ***heba olmak*** s'en aller en pure perte
hece syllabe
hecelemek épeler
hedef but, objectif, visée, cible
hediye cadeau, don, présent ***hediye etmek*** donner, faire cadeau
hegemonya hégémonie
hekim médecin
hekimlik médecine
hektar hectare
hektolitre hectolitre
hektometre hectomètre
hela lieux d'aisances
helak perte, mort; épuisement, ruine ***helak olmak*** périr, mourir; être brisé de fatigue
helal chose permise par la religion; légitime; licite ***helal etmek*** donner de bon cœur
hele surtout, en particulier, enfin, voyons, au moins
helezon spirale
helikopter hélicoptère
helva manne, pâte au sucre
helyum hélium
hem et, aussi, et aussi, et puis
hemen aussitôt, tout de suite, immédiatement; à peu près, presque ***hemen hemen*** bientôt, presque
hemencecik prestement, en un clin d'æil
hemfikir unanime, du même avis
hemoglobin hémoglobine
hemoroit hémorroïde

hemşeri concitoyen, compatriote
hemşire infirmière, garde-malade
hemzemin geçit passage à niveau
hendek fossé, tranchée, ravin
hengâme bruit, tumulte, tapage, querelle
hentbol hand-ball
henüz à peine, encore
hep tout, toujours ***hep beraber*** tous ensemble
hepsi tout, tous
her chaque, tout ***her an*** en tout temps, en toute heure ***her birimiz*** chacun de nous ***her gün*** tous les jours, chaque jour ***her ne pahasına olursa olsun*** à tout prix ***her ne vakit*** chaque fois que ***her neyse*** n'en parlons plus ***her sefer*** chaque fois, toutes les fois ***her şeyden önce*** avant tout ***her yerde*** partout ***her zaman*** toujours, de tout temps
hercai instable, inconstant, indécis, versatile
hercaimenekşe pensée
hergele coquin, vaurien, fripon
herhalde certainement
herhangi quelconque ***herhangi bir kimse*** n'importe qui ***herhangi bir şey*** n'importe quoi
herif bougre, type, gars, mec
herkes chacun, tout le monde
hesap calcul, compte, évaluation ***hesap açmak*** ouvrir un compte ***hesap cüzdanı*** carnet de compte ***hesap defteri*** livre de comptes ***hesap etmek*** compter, calculer ***hesap hatası*** erreur de calcul ***hesap makinesi*** calculateur électronique ***hesap özeti*** extrait ***hesaba dahil etmek*** ajouter au compte ***hesaba geçirmek*** virer à un compte ***hesabı ödemek*** payer l'addition ***hesabını yapmak*** faire le compte
hesaplamak calculer, compter
hesaplaşmak régler ses comptes avec qn
hesaplı économique
hesapsız incalculable
hesapsızlık irréflexion; étourderie
heterojen hétérogène
heves désir, penchant, inclination ***heves etmek*** désirer
hevesli désireux; zélé
heybe besace
heybet majesté, prestance
heybetli majestueux, imposant
heyecan émotion, émoi, enthousiasme
heyecanlandırmak enthousiasmer, émouvoir, exciter
heyecanlanmak s'émouvoir
heyecanlı houleux, palpitant, émotif, ému
heyelan éboulement
heyet commission, comité, délégation, mission
heykel statue
heykeltıraş sculpteur
hezimet défaite, échec ***hezimete uğramak*** essuyer une défaite ***hezimete uğratmak*** infliger une défaite
hıçkırık sanglot, hoquet ***hıçkırık tutmak*** avoir le hoquet
hıçkırmak sangloter, pleurer
hıfzısıha hygiène
hımbıl bête, niais
hıncahınç trop plein, plein à craquer
hınç fureur, rage, colère, haine; vengeance ***hıncını almak*** se venger
hırçın revêche, acariâtre, grincheux
hırçınlık caractère hargneux
hırçınlaşmak s'irriter

hırdavat quincaillerie, bric-à-brac
hırgür dispute, querelle
hırıldamak râler
hırıltı râlement, râle
Hıristiyan chrétien
Hıristiyanlık christianisme
hırka cardigan
hırlamak râler; grogner
hırlaşmak se disputer
hırpalamak abîmer, endommager, détériorer; malmener

H

hırpani gueux, loqueteux, débraillé, minable
hırs désir, envie, convoitise, cupidité
hırsız voleur ***hırsız var!*** au voleur!
hırsızlık vol, larcin ***hırsızlık etmek*** commettre un vol
hırslandırmak mettre en colère
hırslanmak se mettre en colère
hırslı avide
hısım parent
hısımlık parenté, affinité
hışım rage, colère, accès de colère
hışırdamak froufrouter, bruire, chuinter
hışırtı frou-frou
hıyanet trahison
hıyar concombre, cornichon
hız vitesse, rapidité, promptitude, diligence ***hız yapmak*** faire de la vitesse
hızar scie
hızlandırmak accélérer, hâter, presser
hızlı vite, rapide, prompt
hibe don, donation
hiciv satire
hicvetmek satiriser
hicviye satire
hiç jamais, pas du tout, pas de, point ***hiç mi hiç*** nullement, pas du tout, point du tout ***hiç olmazsa*** au moins, du moins
hiçbir aucun ***hiçbir kimse*** personne, nul ***hiçbir şekilde*** aucunement, en aucun cas, nullement ***hiçbir yerde*** en aucun lieu, nulle part ***hiçbir zaman*** jamais
hiççilik nihilisme
hiddet colère, emportement, courroux, irritation
hiddetlenmek se mettre en colère
hiddetli furieux
hidrat hydrate
hidrodinamik hydrodynamique
hidroelektrik hydroélectrique
hidrofil hydrophile
hidrograf hydographe
hidrojen hydrogène ***hidrojen bombası*** bombe à hydrogène
hidrokarbon hydrocarbone
hidroklorik chlorhydrique ***hidroklorik asit*** acide chlorhydrique
hidroksil hydroxyle
hidrolik hydraulique
hidroloji hydrologie
hidrosfer hydrosphère
hidrostat hydrostate
hidroterapi hydrothérapie
hikâye récit, conte, narration, histoire, nouvelle
hikâyeci narrateur; conteur
hikmet sagesse, science; raison
hilafet califat
hilal demi-lune, croissant
hile ruse, astuce, finesse ***hile yapmak*** ruser, user de finesse ***hileye başvurmak*** recourir à la ruse
hilesiz vrai, pur, non falsifié
hilkat création
himaye protection; soutien, appui ***himaye etmek*** protéger, préserver, garantir
hindi dindon, dinde
hindiba chicorée

Hindistan Inde
hindistancevizi noix de coco, coco
hintkamışı bambou
hintyağı huile de ricin
hipermetrop hypermétrope
hipertansiyon hypertension
hipnotizma hypnotisme
hipodrom champ de courses, hippodrome
hipofiz hypophyse
hipotenüs hypoténuse
hipotez hypothèse
hippi hippie
his sentiment, sens
hisse part, portion, quote-part; action ***hisse senedi*** action
hissedar associé, actionnaire
hissetmek éprouver, sentir, ressentir
hitabe allocution, harangue
hitap etmek adresser la parole, s'adresser
Hitit Hittite
hiyerarşi hiérarchie
hiyeroglif hiéroglyphe
hiza alignement ***hizaya gelmek*** s'aligner
hizip clique
hizipçi fractionnel
hizmet service; bon office, emploi ***hizmet etmek*** servir
hizmetçi servant, domestique
hizmetkâr servant
hoca prêtre musulman, hodja; maître, maîtresse, instituteur, institutrice, professeur
hodbin égoïste, arrogant
hodbinlik égoïsme
hohlamak souffler
hokka encrier
hokkabaz prestidigitateur, jongleur
hokkabazlık prestidigitation ***hokkabazlık yapmak*** jongler
hol hall, entrée
holding holding
Hollanda Hollande
Hollandalı Hollandais, Néerlandais
homojen homogène
homolog homologue
homoseksüel homosexuel
homurdanmak grommeler, bredouiller, grogner, gronder, murmurer
hoparlör haut-parleur
hoplamak bondir, sauter, gambader
hoppa fripon, frivole
hor méprisable, vil ***hor görmek*** dédaigner, mépriser
horlamak ronfler; mépriser
hormon hormone
horoz coq ***horoz dövüşü*** combat de coqs
horozlanmak se rengorger, plastroner
hortlak vampire, revenant, fantôme, spectre
hortlamak ressusciter
hortum trombe; tuyau; cyclone
horultu ronflement
hostes hôtesse de l'air
hoş agréable, plaisant, gracieux, charmant, gentil, délicieux ***hoş geldiniz*** soyez le bienvenu ***hoş görmek*** tolérer ***hoşa gitmek*** plaire ***hoşuna gitmek*** agréer à ***hoşuna gitmemek*** déplaire à
hoşaf compote
hoşbeş échange de compliments
hoşça kal adieu!
hoşgörü tolérance, indulgence
hoşgörülü tolérant, indulgent
hoşgörüsüz intolérant
hoşlanmak aimer, plaisir, goûter
hoşnut satisfait, content ***hoşnut etmek*** satisfaire, contenter
hoşnutluk contentement, satisfac-

tion
hoşnutsuz mécontentement; insatisfaction, déplaisir
hovarda coureur; bon vivant, dépensier, galant
hovardalık débauche
hoyrat maladroit, gauche, malhabile
hödük croquant, goujat, malotru, rustre
höpürdetmek siroter
hörgüç bosse
höyük tumulus
hububat céréales
hudut frontière, limite
hukuk droit ***hukuk fakültesi*** faculté de droit ***hukuk müşaviri*** avocat-conseil
hukuki juridique, légale ***hukuki yoldan*** par voie de droit
hulasa extrait, résumé
hulya imagination, illusion, chimère
humma fièvre
hunhar féroce, sanguinaire
huni entonnoir
hurafe superstition
hurda déchet, rebut, bric-à-brac ***hurda demir*** ferraille
hurdacı marchand de bric-à-brac
huri houri, fée
hurma datte, dattier
husumet hostilité
husus affaire, matière, sujet
hususi privé, particulier, spécial
hususiyet propriété, particularité, caractéristique, originalité
hususunda à l'égard de, concernant
husye testicule
huşu humilité; soumission
huy caractère, coutume, habitude, tempérament, humeur
huysuz acariâtre, bourru, grincheux, méchant
huzur présence; paix, repos, tranquillité
huzurevi maison de retraite
huzursuz inquiet, nerveux
huzursuzlanmak s'agiter
huzursuzluk malaise, trouble
hücre cellule
hücum attaque, assaut ***hücum etmek*** attaquer, assaillir, s'élancer
hükmen par décision arbitrale, arbitralement
hükmetmek gouverner; supposer, admettre, penser, juger
hüküm pouvoir, autorité; jugement, décision, arrêt, verdict, sentence ***hüküm sürmek*** régner ***hüküm vermek*** juger
hükümdar souverain, monarque
hükümdarlık règne, souveraineté
hükümet gouvernement, cabinet ***hükümet darbesi*** coup d'état ***hükümet etmek*** régner, gouverner ***hükümet konağı*** hôtel de gouvernement ***hükümet merkezi*** capitale
hükümsüzlük nullité, invalidité
hükümran souverain
hükümranlık souveraineté
hümanist humaniste
hüner habileté, dextérité, adresse; talent
hünerli ingénieux, habile
hüngürdemek pleurer en sanglotant
hür libre, indépendant
hürmet respect, révérence, vénération, honneur ***hürmet etmek*** respecter, vénérer, honorer
hürmetli respectueux
hürriyet liberté
hüsran déception, désappointement, frustration ***hüsrana uğramak*** être déçu ***hüsrana uğratmak***

décevoir, frustrer
hüviyet identité ***hüviyet cüzdanı*** carte d'identité
hüzün tristesse, mélancolie
hüzünlü triste, affligé, funèbre

I

ıhlamur tilleul
ıkınmak gémir, respirer avec effort ***ıkına sıkına*** à grand-peine
ılgıt ılgıt lentement
ılıca source thermale
ılık tiède, tempéré
ılıklaştırmak tiédir
ılıklık tiédeur
ılımak s'attiédir
ılıman tiède
ılımlı modéré, modeste, sobre
ılımlılık modération, mesure, sobriété
ılıştırmak attiédir, dégourdir
ılıtmak tiédir
Irak Irak
ırak éloigné, lointain, distant
Iraklı Irakien
ıraklık éloignement, distance
ıraksak divergent
ırgalamak secouer, agiter
ırgat cabestan
ırk race ***ırk ayrımı*** ségrégation raciale
ırkçı raciste
ırkçılık racisme
ırmak fleuve, rivière
ırz honneur, chasteté, pudeur ***ırza geçmek*** violer
ısı chaleur
ısıl thermique
ısın calorie
ısındırmak accoutumer
ısınma chauffage
ısınmak chauffer, se chauffer, échauffer
ısıölçer calorimètre
ısırgan ortie
ısırık morsure
ısırmak mordre; piquer
ısıtıcı chauffe-eau
ısıtmak réchauffer, chauffer
ıska effleurement ***ıska geçmek*** effleurer
ıskarta rebut; écarté ***ıskarta mal*** marchandise de rebut, camelote
ıskonto escompte ***ıskonto etmek*** escompter
ıslah amélioration, réforme ***ıslah etmek*** améliorer, corriger ***ıslah olmaz*** incorrigible
ıslahat réformes
ıslahatçı réformiste
ıslahevi maison de correction
ıslak mouillé, trempé, moite, humide
ıslaklık humidité, moiteur
ıslanmak se mouiller, s'humecter
ıslatmak mouiller, tremper; battre, rosser
ıslık sifflement, coup de sifflet ***ıslık çalmak*** siffler
ıslıklamak siffler
ısmarlama commande; faite sur mesure
ısmarlamak commander; faire une commande
ıspanak épinard
ıspatula spatule
ısrar insistance, persistance ***ısrar etmek*** insister, persister
ısrarla avec insistance
ısrarlı insistant
ıssız désert, solitaire, inoccupé, vide
ıstakoz homard
ıstampa tampon encreur
ıstırap douleur, peine, chagrin, mal

ıstırap çekmek souffrir
ışık lumière, lueur, clarté
ışıklandırmak éclairer, illuminer
ışıklı plein de lumière, lumineux *ışıklı reklam* réclame lumineuse
ışıldak projecteur
ışıldamak luire, briller
ışıl ışıl d'un oeil étincelant
ışıltı éclat, lueur
ışımak poindre
ışın rayon
ışınım radiation
ıtır géranium; parfum, odeur agréable
ıtriyat parfum, parfumerie
ıvır zıvır guenilles
ızbandut hercule
ızgara gril; grillade

i

iade restitution, remboursement, renvoi, refus; extradition *iade etmek* rendre, restituer, rembourser, retourner, rejeter; vomir
iane assistance, secours, aide
iaşe nourriture, subsistance
ibadet prière, adoration, culte *ibadet etmek* adorer, faire ses prières
ibare terme
ibaret qui consiste, consistant
ibik crête
iblis satan, démon, diable
ibne saligaud, salopard
ibra décharge, quittance *ibra etmek* donner décharge, décharger
ibraz présentation *ibraz etmek* présenter, produire
ibre aiguille d'un appareil de mesure
ibret exemple, leçon *ibret almak* tirer une leçon *ibret olsun* servir de leçon
ibrik aiguière
ibrişim fil de soie tordue
icabet acceptation *icabet etmek* accepter
icap nécessité *icap etmek* être nécessaire, falloir
icar location, louage, bail *icara vermek* louer, donner en location, à bail
icat invention, création *icat etmek* inventer
icra exécution, réalisation, accomplissement *icra etmek* exécuter, mettre à exécution, accomplir, exercer, pratiquer *icraya vermek* mettre à exécution
icraat travail
iç intérieur; interne; dedans *iç açı* angle interne *iç açıcı* agréable *iç çamaşırı* sous-vêtement *iç çekmek* soupirer *iç deniz* mer intérieure *iç etmek* s'approprier; se saisir de *iç hastalıkları* maladies internes *iç içe* l'un dans l'autre *iç karartıcı* lugubre, maussade *iç politika* politique intérieure *iç savaş* guerre civile *iç sıkıntısı* inquiétude *içi geçmek* défaillir de faim *içi içine sığmamak* se ronger; se chagriner *içinden çıkamamak* ne pas pouvoir venir à bout de qch *içine doğmak* pressentir *içini dökmek* épancher son cœur; s'ouvrir *içten pazarlıklı* rusé; matois
içbükey concave
içderi derme
içecek potable, buvable; boisson
içedönük introverti
içekapanık mélancolique; sombre
içerde au dedans, à l'intérieur

içeri intérieur, dedans ***içeri almak*** faire entrer ***içeri girmek*** entrer; perdre
içerik contenu
içerlemek être en fureur
içermek contenir, comporter, embrasser, inclure
içevlilik endogamie
içgöç migration interne
içgüdü instinct
içgüdüsel instinctif
içgüvey gendre qui habite chez ses beaux-parents
içilir buvable, potable
içilmez non potable
içim goût de
için pour
içinde dans, dedans
içindekiler table des matières
içine dans ***içine çekmek*** boire, humer, respirer ***içine etmek*** bousiller
içişleri affaires intérieures ***İçişleri Bakanı*** ministre des affaires intérieures
içki boisson, liqueur ***içki içmek*** boire
içkici buveur, ivrogne, soûlard
içkulak oreille interne
içli sensible, sentimentale
içlidışlı intime
içme source d'eau minérale
içmek boire, prendre; fumer
içten sincère, cordial, intime
içtenlik sincérité, intimité, franchise
içtenlikle sincèrement
içtima assemblée
içtimai social
içyağı suif
içyüz surface intérieure
idam exécution capitale ***idam etmek*** exécuter
idame maintien
idare administration, gestion, direction, gouvernement ***idare etmek*** administrer, gérer, guider, gouverner
idareci administrateur, gérant
idari administratif
iddia prétention, affirmation ***iddia etmek*** prétendre, soutenir, affirmer
iddiacı opiniâtre, têtu, entêté
ideal idéal
idealist idéaliste
ideoloji idéologie
idman entraînement ***idman yapmak*** faire de l'entraînement
idrak intelligence, compréhension, conception, perception ***idrak etmek*** comprendre, saisir, percevoir
idrar urine ***idrar yolu*** urètre
ifa exécution, accomplissement ***ifa etmek*** exécuter, accomplir
ifade expression, énonciation; déposition ***ifade vermek*** être interrogé, déposer en justice ***ifadesini almak*** interroger
iffet chasteté
iffetli chaste
iflah salut; bonheur ***iflah olmak*** trouver le bonheur
iflas banqueroute, faillite ***iflas etmek*** faire faillite
ifrat démesure, excés, outrance ***ifrata kaçmak*** exagérer, outrer
ifraz séparation
ifrit démon ***ifrit kesilmek*** se mettre en boule
ifşa divulgation ***ifşa etmek*** divilguer, révéler
ifşaat révélations, divulgations
iftar rupture de jeûne ***iftar etmek*** rompre le jeûne
iftihar fierté, orgueil ***iftihar etmek*** être fier de

iftira calomnie, diffamation ***iftira etmek*** calomnier, diffamer
iftiracı diffamateur, calomniateur
iğ fuseau
iğdiş castrat ***iğdiş etmek*** castrer
iğfal séduction ***iğfal etmek*** séduire
iğne aiguille, épingle; injection, piqûre; dard ***iğne deliği*** le chas d'une aiguille ***iğne ipliğe dönmek*** n'avoir plus que la peau et les os
iğrenç dégoûtant, affreux, répugnant
iğrendirmek répugner, dégoûter
iğrenmek exécrer, vomir
ihale adjudication ***ihale etmek*** remettre, référer chargé de
ihanet trahison, traîtrise ***ihanet etmek*** trahir
ihbar avertissement, notification ***ihbar etmek*** avertir, informer, notifier, dénoncer
ihbarname notification
ihlal préjudice, infraction, dérogation ***ihlal etmek*** déranger, violer
ihmal négligence ***ihmal etmek*** négliger, omettre
ihmalci négligent
ihracat exportation
iharacatçı exportateur
ihraç exportation; expulsion; exclusion ***ihraç etmek*** exporter; exclure, expulser
ihsan faveur, grâce ***ihsan etmek*** accorder une grâce
ihtar avertissement, remarque; mise en demeure ***ihtar etmek*** avertir, exorter, rappeler
ihtilaf différend, désaccord, conflit
ihtilaflı litigieux
ihtilal soulèvement, insurrection; révolution
ihtilalci révolutionnaire
ihtimal possibilité, probabilité
ihtimam soin, sollicitude ***ihtimam göstermek*** soigner
ihtimamlı soigneux
ihtimamsız négligent
ihtiras ambition, avidité, passion, désir, cupidité, convoitise
ihtiraslı cupide, ambitieux, passionné
ihtisas spécialité, spécialisation
ihtişam faste, pompe, magnificence
ihtiva etmek contenir, renfermer, comprendre
ihtiyaç besoin, nécessité ***ihtiyacı olmak*** avoir besoin *(de)*
ihtiyar vieux, vieil; vieillard
ihtiyarlamak vieillir
ihtiyarlık vieillesse
ihtiyat prudence, précaution, circonspection; réserve; rechanger ***ihtiyat akçesi*** réserve
ihtiyatlı précautionneux, prudent, réservé, circonspect
ihtiyatsız imprévoyant, imprudent, indiscret
ihtiyatsızlık imprudence, imprévoyance
ihya animation, ravivage ***ihya etmek*** vivifier, animer, élever
ikamet séjour ***ikamet etmek*** habiter, demeurer ***ikamet yeri*** domicile
ikametgâh résidence
ikaz avertissement, remarque ***ikaz etmek*** faire remarquer
iken lorsque, quand, au moment où, pendant, durant
iki deux ***iki anlamlı*** équivoque, ambigu ***iki ayağını bir pabuca sokmak*** presser; bousculer ***iki dirhem bir çekirdek giyinmek*** se mettre sur son trente et un, s'habiller chic ***iki katlı*** à deux étages ***iki misli*** double ***iki nokta üst üste*** les deux points ***iki yakası bir ara-***

ya gelmemek être toujours à cours d'argent ***ikiye bölmek*** couper en deux
ikilem dilemme
ikilemek doubler
ikili bilatéral, binaire
ikilik désunion, discorde
ikinci deuxième, second
ikincil accessoire, marginal, secondaire
ikindi après-midi
ikircim scrupule
ikiyaşayışlı amphibie
ikiyüzlü hypocrite, sainte nitouche
ikiyüzlülük hypocrisie, dissimulation
ikiz jumeau, jumelle
iklim climat
ikmal accomplissement, achévement, ravitaillement ***ikmal etmek*** accomplir, achever, finir, parfaire
ikna persuasion, conviction ***ikna etmek*** convaincre, persuader, décider
ikram action d'offrir à manger ou à boire; bon accueil; rabais ***ikram etmek*** offrir, honorer
ikramiye gratification, prime, lot ***ikramiye kazanmak*** gagner le lot
ikrar aveu ***ikrar etmek*** avouer
ikraz prêt
iksir élixir
iktibas citation
iktidar pouvoir, autorité ***iktidara gelmek*** venir au pouvoir
iktidarsız impuissant
iktisaden économiquement
iktisadi économique
iktisap acquisition ***iktisap etmek*** acquérir, gagner
iktisat économie
iktisatçı économiste
il pays, province, département, préfecture
ilaç médicament, remède, médecine ***ilaç yazmak*** prescrire un médicament
ilah Dieu
ilahe déesse
ilahi hymne; divin
ilahiyat théologie
ilam grosse
ilan publication, avis, annonce, déclaration, promulgation; pancarte ***ilan etmek*** publier, proclamer, déclarer, afficher
ilave addition, supplément, annexe, appendice ***ilave etmek*** ajouter
ilçe sous-préfecture
ile avec, et, en, par
ilelebet éternellement
ilenç malédiction
ileri avant, en avant ***ileri atılmak*** se précipiter, se jeter en avant ***ileri gelenler*** les notables ***ileri gelmek*** provenir, résulter ***ileri gitmek*** aller en avant, avancer; exagérer, aller loin ***ileri sürmek*** affirmer, alléguer, invoquer, maintenir, objecter ***ileriyi görmek*** prévoir
ilerici progressiste
ileride à l'avenir
ilerlemek avancer; progresser, faire des progrès
iletim transmission
iletişim communication
iletken conducteur
iletkenlik conductibilité
iletki rapporteur
iletmek mener, porter, conduire, transporter
ilga abrogation, annulation, résiliation, abolition ***ilga etmek*** arrêter, abolir, abroger
ilgeç particule, préposition
ilgi rapport, relation, intérêt ***ilgi çekici*** intéressant ***ilgi göstermek***

s'intéresser à, intéresser ***ilgi zamiri*** pronom relatif
ilgilendirmek concerner, intéresser, regarder, viser
ilgilenmek s'intéresser
ilginç intéressant
ilgisiz apathique, décousu, indifférent
ilgisizlik apathie, indifférence
ilhak rattachement, annexion
ilham inspiration ***ilham etmek*** inspirer
ilik moelle; boutonnière
iliklemek boutonner
ilikli moelleux; boutonné
ilim science, savoir, connaissance ***ilim adamı*** savant
ilinti faufilure
ilişik contigu, joignant; annexe; rapport, relation ***ilişik olarak*** sous ce pli, ci-joint ***ilişik olmak*** être joint à
ilişki contact, rapport, relation
ilişmek se joindre, s'accrocher; toucher
iliştirmek joindre, unir, agrafer, attacher, accrocher
ilk premier; initial; premièrement, en premier lieu, préalablement ***ilk defa/kez*** pour la première fois ***ilk fırsatta*** à la première occasion ***ilk görüşte*** au premier abord, de prime abord ***ilk olarak*** d'abord, premièrement
ilkbahar printemps
ilke principe ***ilke olarak*** par principe
ilkel primitif
ilkin au début, d'abord, premièrement, à l'origine
ilkokul école primaire
ilköğretim enseignement primaire
ilkönce au préalable
ilkyardım aide d'urgence
illa, illaki absolu, sans réserve
illallah bon Dieu
ille absolu, sans réserve
illet maladie, mal
ilmek faufiler; nœud coulant
ilmi scientifique
ilmühaber quittance; acquit
iltica refuge; asile ***iltica etmek*** se réfugier
iltifat bon accueil, amabilité, gentillesse, bon accueil, compliment ***iltifat etmek*** complimenter
iltihap inflammation
iltimas faveur, protection, passe-droit ***iltimas etmek*** favoriser, protéger, appuyer, pistonner
ima allusion, insinuation ***ima etmek*** faire allusion, insinuer
imal fabrication, production, confection, façon ***imal etmek*** fabriquer, manufacturer, confectionner, faire
imalat production, fabrication, produit
imalatçı fabricant
imam imam
imambayıldı aubergines aux oignons préparées à l'huile
iman croyance, foi ***iman etmek*** croire ***imana gelmek*** revenir à la vraie religion
imansız incroyant, incrédule
imar construction ***imar etmek*** construire
imbat vent de mer
imbik alambic ***imbikten çekmek*** distiller
imdat secours
imece corvée
imge image
imgelem imagination
imgelemek imaginer
imha destruction, anéantissement, extermination; abolition ***imha et-***

mek détruire, anéantir, exterminer
imkân possibilité
imkânsız impossible
imla orthographe, dictée d'orthographe
imparator empereur
imparatoriçe impératrice
imparatorluk empire
imrenmek envier, désirer ardemment, convoiter
imtihan examen
imtiyaz privilège, concession
imtiyazlı privilégié
imza signature ***imza atmak*** signer ***imza sahibi*** signataire
imzalamak signer
imzasız non signé
in caverne, grotte, tanière, antre
inak dogme
inan croyance
inanç conviction, croyance, foi
inandırıcı persuasif
inandırmak persuader, convaincre, raisonner
inanılmaz incroyable, fabuleux, miraculeux
inanmak croire, avoir confiance
inat obstination, ténacité ***inat etmek*** s'obstiner, se buter, persister
inatçı têtu, obstiné, buté, entêté
inatçılık obstination
inayet providence
ince mince, fin, menu, délicat ***ince eleyip sık dokumak*** couper les cheveux en quatre
incebağırsak intestin grêle
incecik grêle, ténu
incehastalık tuberculose
inceleme recherce, examen, étude
incelemek examiner, étudier
incelik minceur, finesse, délicatesse, complaisance
incelmek devenir mince
inceltmek amaigrir, effiler
inci perle
incik contusion ***incik kemiği*** tibia.
İncil bible, évangile
incinmek se meurtrir, se contusionner; se froisser, se formaliser
incir figue
incitmek froisser, heurter, offenser, vexer
indirim réduction, rabais, abattement, décompte, escompte ***indirim yapmak*** accorder une remise à qn
indirmek descendre, faire descendre, baisser, abaisser, abattre
inek vache
ineklemek piocher, potasser
infaz exécution ***infaz etmek*** exécuter
infilak explosion ***infilak etmek*** exploser, éclater
İngiliz Anglais
İngilizce langue anglaise, anglais
İngiltere Angleterre, Grande-Bretagne, Royaume-Uni
inildemek gémir
inilti gémissement, plainte
inisiyatif initiative
iniş descente; pente ***iniş takımları*** trains d'atterrrissage ***iniş yapmak*** faire un atterrissage
inkâr négation, désaveu, dénégation, reniement, démenti ***inkâr etmek*** nier, démentir, désavouer
inkılap révolution
inkişaf développement ***inkişaf etmek*** se développer, évoluer
inlemek gémir, geindre
inme descente; apoplexie, paralysie
inmek descendre, s'abaisser; baisser; s'ecrouler, s'effondrer; atterrir
inorganik inorganique

insaf équité, justice, miséricorde; pitié ***insaf etmek*** avoir pitié, entendre la voix de la conscience
insaflı consciencieux
insafsız injuste, inique, inhumain, impitoyable
insafsızca injustement, cruellement, impitoyablement
insan homme ***insan hakları*** droits humains
insanbilim anthropologie
insanca avec bienveillance
insancıl humain, humanitaire
insaniyet humanité
insaniyetli humain; civil
insaniyetsiz inhumain
insanlık humanité ***insanlık dışı*** inhumain
insanoğlu homme
inşa construction ***inşa etmek*** construire, édifier, bâtir
inşaat construction ***inşaat malzemesi*** matériaux de construction ***inşaat mühendisi*** ingénieur de construction
intiba impression
intibak adaptation ***intibak etmek*** s'adapter
intihar suicide ***intihar etmek*** se suicider
intikal transmission, transition, transfert ***intikal etmek*** se transmettre; comprendre, saisir
intikam vengeance ***intikam almak*** se venger
intizam ordre, régularité
intizamlı régulier, ordonné
inzibat ordre, discipline
inziva solitude, retraite, isolement ***inzivaya çekilmek*** vivre en ermite, vivre isolé
ip corde, cordon, lacet, fil, ficelle ***ip atlamak*** sauter à la corde ***ipe çekmek*** pendre ***ipe sapa gelmez*** sans rime, ni raison
ipek soie ***ipek gibi*** soyeux
ipekböceği ver à soie
ipekli soyeux
ipince très mince
iplik fil
ipnotize etmek hypnotiser
ipnotizma hypnotisme
ipnotizmacı hypnotiseur
ipotek hypothèque ***ipotek etmek*** hypothéquer
ipsiz sans corde; vagabond
iptal annulation, abolition ***iptal etmek*** annuler, abolir; oblitérer
iptidai primitif
ipucu tuyau
irade volonté
iradeli volontaire
İran Iran
İranlı iranien; Iranien
irat revenu
irdelemek examiner
irfan connaissance, savoir
iri gros, corpulent, volumineux
irileşmek devenir gros, grandir
irilik grosseur, grandeur
irin pus
irinli purulent, suppurant
iriyarı corpulent, costaud, fort
irkilmek faire un mouvement brusque
İrlanda Irlande
İrlandalı Irlandais
irmik semoule
irsi héréditaire
irsiyet hérédité
irtibat rapport, connexion, liaison
irtica réaction, réactionnaire
irtical improvisation
irticalen par improvisation ***irticalen konuşmak*** improviser
irtifa hauteur, altitude

is suie ***is yapmak*** fumer
İsa Jésus-Christ
isabet action de frapper ***isabet etmek*** toucher, atteindre le but; agir ou parler à propos
ise si
ishal diarrhée ***ishal olmak*** avoir la diarrhée
isilik bouton de chaleur
isim nom; substantif ***isim takmak*** donner un surnom ***isim vermek*** donner un nom
iskambil carte à jouer; jeu de cartes ***iskambil oynamak*** jouer aux cartes
iskân peuplement, colonisation ***iskân etmek*** peupler
iskarpin escarpin
iskele débarcadère, embarcadère; échafaudage, échafaud; bâbord
iskelet squelette
iskemle chaise
iskete mésange
İskoçya Ecosse
İskoçyalı Ecossais
iskonto escompte ***iskonto yapmak*** escompter
iskorpit rascasse
İslam Islam
İslami islamique
İslamiyet Islamisme
İslav Slave
isnat attribution, imputation ***isnat etmek*** imputer
İspanya Espagne
İspanyol Espagnol
ispat argumentation, démonstration, raisonnement, preuve, argument ***ispat etmek*** prouver, démontrer
ispati trèfle
ispinoz pinson
ispirto alcool
ispiyon espion
israf prodigalité, gaspillage ***israf etmek*** prodiguer, dissiper, dilapider, gaspiller
İsrail Israël
İsrailli Israélien, juif
istasyon gare, station
istatistik statistique
istavrit saurel
istek désir, vouloir, demande, exigence, dessein, intention
istekli prêt, disposé, empressé
istem demande, désir
istemek désirer, souhaiter, vouloir, avoir l'intention, chercher à
istemli volontaire
isteri hystérie
istiap capacité, volume, contenance
istibdat despotisme, tyrannie
istida pétition, requête écrite
istidat dispositon, capacité, aptitude, talent, don
istidatlı doué
istif empilage, entassement, emmagasinage, stockage ***istif etmek*** empiler, amonceler, entasser, stocker ***istifini bozmamak*** ne pas bouger
istifa démission ***istifa etmek*** démissionner ***istifasını vermek*** donner sa démission
istifade avantage, profit, intérèt, utilité ***istifade etmek*** profiter, tirer profit, tirer parti, bénéficier
istifadeli avantageux, profitable
istifçi accapareur
istihbarat renseignements, informations ***istihbarat bürosu*** bureau de renseignements
istihdam emploi ***istihdam etmek*** occuper, employer
istihkak droit, créance, ration
istihkâm fortification, forteresse; génie

istikamet direction, sens, orientation
istiklal indépendance, autonomie, liberté ***istiklal marşı*** hymne national turc
istikrar stabilité, constance, fermeté
istikrarlı constant, durable, stable
istikrarsız instable, inconstant
istikraz emprunt
istila invasion, irruption ***istila etmek*** envahir, submerger
istim vapeur sous pression, vapeur
istimlak expropriation ***istimlak etmek*** exproprier

İ

istinat appui; soutien, base ***istinat duvarı*** mur de souténement ***istinat etmek*** s'appuyer, se baser
istirahat repos, pause ***istirahat etmek*** se reposer
istirham prière, demande, sollicitation ***istirham etmek*** prier, supplier, solliciter
istiridye huître
istismar exploitation ***istismar etmek*** exploiter
istisna exception
istisnai exceptionnel
istişare consultation ***istişare etmek*** consulter
İsveç Suède
İsveçli Suédois
İsviçre Suisse
İsviçreli Suisse
isyan soulèvement, révolte, insurrection, émeute ***isyan etmek*** se révolter, s'insurger
isyancı rebelle, révolté, insurgé
iş travail, occupation, affaire, emploi, service, fonction ***iş arkadaşı*** compagnon de travail ***iş bölümü*** division du travail ***iş çevresi*** quartier des affaires ***iş deneyimi*** expérience des affaires ***iş ilişkisi*** relation d'affaires ***iş mahkemesi*** tribunal de travail ***iş mektubu*** lettre d'affaires ***iş sözleşmesi*** contrat de travail ***işe girmek*** entrer en service ***işe koyulmak*** se mettre au travail ***işe yaramak*** faire l'affaire ***işe yaramaz*** futile, inutile ***işi düşmek*** avoir affaire à ***işten çıkarmak*** donner congé ***işten kaçmak*** fuir le travail
işadamı homme d'affaires
işaret signe, signal, marque, indice, symptôme ***işaret etmek*** signer ***işaret sıfatı*** adjectif démonstratif ***işaret vermek*** faire un signe ***işaret zamiri (adılı)*** pronom démonstratif
işaretlemek marquer, pointer, repérer
işbaşı commencement de travail
işbirliği collaboration, coopération ***işbirliği yapmak*** collaborer, coopérer
işbirlikçi collaborateur
işçi ouvrier, travailleur ***işçi sınıfı*** classe ouvrière
işemek pisser, uriner
işgal occupation ***işgal etmek*** occuper
işgücü main d'oeuvre
işgüzar laborieux, actif, empressé, zélé
işitmek entendre, ouïr, écouter
işkembe tripe, boyau ***işkembe çorbası*** soupe à la tripe
işkence torture, supplice, tourment, sévice ***işkence etmek*** torturer, tracasser, harceler
işlek passant
işlem opération, procédé
işleme fonctionnement; travail, façon, broderie, tapisserie; ornement

işlemek travailler, façonner, traiter, fonctionner
işlememek ne pas fonctionner
işletme exploitation, entreprise ***işletme müdürü*** directeur d'exploitation
işletmek faire travailler; mettre en marche, exploiter; tromper, faire marcher
işlev fonction
işlevsel fonctionnel
işlik atelier, studio
işporta éventaire, camelote
işportacı colporteur, camelot
işret beuverie, ivrognerie
işsiz sans-travail, chômeur ***işsiz olmak*** être en chômage
işsizlik chômage, désæuvrement ***işsizlik sigortası*** assurance-chômage
iştah appétit ***iştah açıcı*** appétissant, apéritif ***iştahı açmak*** ouvrir l'appétit, donner de l'appétit ***iştah verici*** appétissant ***iştahı kesmek*** couper l'appétit
işte voilà, voici ***işte geldim*** me voilà ***işte geldik*** nous voici arrivés
iştirak participation, concours, intérét ***iştirak etmek*** participer, prendre part à
işve coquetterie
işveli coquette
işveren employeur
işyeri bureau, office
it chien, gredin, coquin, gueux
itaat obéissance ***itaat etmek*** obéir
itaatli obéissant, docile
itaatsiz désobéissant
itaatsizlik désobéissance, indiscipline
italik italique
İtalya Italie
İtalyan italien; Italien
İtalyanca italien
itelemek repousser
itfaiye sapeurs-pompiers
itfaiyeci sapeur-pompier
ithaf dédicace ***ithaf etmek*** dédier, dédicacer
ithal importation ***ithal etmek*** importer ***ithal malı*** article d'importation, marchandises importées
ithalat importation
ithalatçı importateur
itham accusation, incrimination ***itham etmek*** accuser, incriminer
itibar considération, estime, honneur, crédit ***itibar etmek*** estimer ***itibar görmek*** être respecté
itici impulsif, rébarbatif
itikat foi, croyance ***itikat etmek*** croire
itikatlı croyant
itilaf entente, accord
itimat confiance, foi ***itimat etmek*** avoir confiance, compter sur
itimatname lettre de créance
itina soin, scrupule
itinalı soigneux, scrupuleux, méticuleux
itinasız insouciant, négligent
itiraf aveu, confession ***itiraf etmek*** avouer, confesser
itiraz objection, opposition, protestation ***itiraz etmek*** objecter, formuler des objections
itmek pousser, propulser
ittifak alliance, concorde
ittifakla unanimement
ittihat union
ivedi hâte, pressant, pressé, urgent
ivme accélération
iye possesseur
iyelik possession ***iyelik adılı (zamiri)*** pronom possessif
iyi bon, bien ***iyi geceler*** bonne nuit!

iyi gelmek être guéri, se rétablir, faire du bien à, réussir à ***iyi gün dostu*** ami des bons jours ***iyi hal kâğıdı*** certificat de bonne conduite ***iyi ki*** par bonheur ***iyi niyet*** bonne volonté ***iyi yolculuklar*** bon voyage!

iyileşmek être guéri, se rétablir

iyileştirmek amender, améliorer, guérir, remettre

iyilik bonté, bienveillance

iyilikçi bienfaiteur, bienveillant

iyiliksever bienfaiteur

iyimser optimiste

iyimserlik optimisme

iyon ion

iyot iode

iz trace, marque, sillon, piste, empreinte ***iz sürmek*** suivre une trace ***izinde olmak*** être sur les traces de qn

izafi relatif

izafiyet relativité

izah explication, interprétation, éclaircissement ***izah etmek*** expliquer, éclaircir

izale éloignement, aplanissement, suppression ***izale etmek*** supprimer, écarter, éloigner, libérer, débarrasser

izan intelligence

izci scout, éclaireur

izcilik scoutisme

izdiham foule, chaos, encombrement, bousculade

izdüşüm projection

izin permission, autorisation, agrément, approbation; congé, vacances, permission ***izin istemek*** demander la permission ***izin kâğıdı*** permis ***izin vermek*** donner, accorder la permission, consentir, permettre ***izinde olmak*** être en congé, en vacances ***izine çıkmak*** partir en vacances

İzlanda Islande

İzlandalı Islandais

izlemek suivre, emprunter, poursuivre, regarder

izlenim impression

izleyici spectateur

izmarit *hayb.* mendole; mégot

izolasyon isolation

izole isolé ***izole etmek*** isoler

izoterm isotherme

izzetinefis amour-propre

J

jaguar jaguar

jaluzi jalousie

jambon jambon

jandarma gendarmerie, gendarme

jant jante

Japon Japonais

Japonca japonais

Japonya Japon

jarse jersey

jartiyer jarretière

jelatin gélatine

jenaretör générateur

jenerik générique

jeofizik géophysique

jeolog géologue

jeoloji géologie

jeopolitik géopolitique

jeotermal géothermal

jeotermik géothermique

jest geste

jet jet

jeton jeton

jigolo gigolo

jilet lame de rasoir

jimnastik gymnastique

jimnastikçi gymnaste
jinekolog gynécologue
jinekoloji gynécologie
jiujitsu jiu-jitsu
joker joker
jokey jockey
jöle gelée
judo judo
jübile jubilé
Jüpiter Jupiter
jüpon jupon
jüri jury

K

kaba grossier, gros, épais, rustique ***kaba et*** fesse ***kaba saba*** grossière; grossièrement ***kaba söz söylemek*** dire une grossièreté ***kaba taslak*** simple projet
kabahat faute, délit ***kabahat etmek*** faire une faute; commettre un délit
kabahatli coupable
kabak courge, citrouille, potiron, courgette
kabakulak oreillons
kabalaşmak devenir grossier, se montrer grossier
kabalık grossièreté, impolitesse ***kabalık etmek*** se montrer grossier
kaban caban
kabarcık bulle, globule d'air; enflure, gonflement
kabarık enflé, gonflé, boursouflé
kabarıklık boursouflement
kabarmak gonfler; enfler, grossir; s'enorgueillir
kabartı boursouflement
kabartma relief
kabartmak faire gonfler, enfler; gonfler; augmenter; boursoufler
Kâbe Kaaba
kabız constipation ***kabız olmak*** être constipé
kabızlık constipation
kabile tribu
kabiliyet aptitude, capacité, talent
kabine cabine; cabinet
kabir tombeau, sépulcre
kablo câble ***kablo döşemek*** poser le câble
kabuk écorce, croûte, pelure, écaille, peau, enveloppe, cosse, coque ***kabuk bağlamak*** être couvert d'une écorce ***kabuğunu soymak*** peler, éplucher, écorcer
kabuklu couvert d'une écorce
kabul acceptation, accueil; consentement, acquiescement ***kabul etmek*** accepter, agréer, recevoir, admettre, adopter
kaburga côte
kâbus cauchemar
kabza poignée
kaç combien ***kaç kere*** combien de fois? ***kaç para*** combien sa coûte
kaça à combien, à quel prix
kaçak fugitif, fuyard, fuyant
kaçakçı contrebandier, fraudeur
kaçakçılık contrebande ***kaçakçılık yapmak*** frauder, trafiquer
kaçamak fuite; faux-fuyant; prétexte, échappatoire ***kaçamak yapmak*** user de faux-fuyants, trouver une échappatoire
kaçamaklı évasive
kaçık dingue, loufoque
kaçıklık folie
kaçınılmaz immanquable, inévitable, nécessaire
kaçınmak s'abstenir, éviter
kaçırmak introduire en contrebande, faire passer en contrebande; faire évader, manquer

K

kaçış fuite, évasion
kaçmak fuir, s'évader, s'en aller, s'enfuir; s'échapper, se sauver, prendre la fuite
kadar tant, tant que, autant, aussi, jusqu'à
kadastro cadastre
kadavra cadavre
kadeh verre, coupe ***kadeh kaldırmak*** lever son verre ***kadeh tokuşturmak*** trinquer
kademe degré, marche, échelon
kader destin, destinée, sort ***kaderin cilvesi*** une disgrâce ***kaderine boyun eğmek*** se résigner à son sort
kadı cadi
K
kadın femme, dame ***kadın doktoru*** gynécologue ***kadın terzisi*** couturier
kadınlık féminité, état de femme
kadınsı féminin; efféminé
kadırga grande galère
kadife velours
kadir puissant, capable
kadir valeur, estime ***kadir bilmek*** apprécier le mérite
kadran cadran
kadro cadre
kafa tête; mentalité ***kafa patlatmak*** se creuser la tête ***kafa şişirmek*** échauffer la tête ***kafa tutmak*** tenir tête ***kafasına sokmak*** enfoncer dans la tête, endoctriner ***kafasına takılmak*** obséder ***kafasını dinlendirmek*** s'aérer ***kafasını karıştırmak*** intriguer ***kafasını ütülemek*** raser
kafasız stupide; sot
kafatası crâne
kafein caféine
kafes cage, grille, grillage, jalousie
kâfi suffisant, assez
kafile convoi, caravane, cortège, bande
kâfir infidèle, incrédule
kâfirlik infidélité
kafiye rime
kafiyeli rimé
kafiyesiz manque de rime
kâğıt papier ***kâğıt oyunu*** jeu de cartes ***kâğıt sepeti*** corbeille à papier ***kâğıt üzerinde kalmak*** rester lettre morte
kâğıthelvası pâte douce en feuilles
kâh quelquefois; parfois; tantôt ***kâh ... kâh*** tantôt ... tantôt
kahır souffrance, chagrin, affliction, ennui ***kahır çekmek*** souffrir, endurer
kâhin devin, oracle
kahkaha éclats de rire ***kahkaha atmak*** éclater de rire
kahpe prostituée; perfide
kahpelik prostitution; perfidie, malhonnêteté
kahraman héros
kahramanlık héroïsme
kahretmek écraser, défaire, ruiner, mourir de chagrin, s'affliger
kahrolmak mourir de chagrin ***kahrolsun*** à bas ...!
kahvaltı petit déjeuner ***kahvaltı yapmak*** faire le petit déjeuner
kahve café ***kahve değirmeni*** moulin à café ***kahve fincanı*** tasse à café ***kahve içmek*** prendre un café ***kahve kaşığı*** cuiller à café ***kahve yapmak/pişirmek*** faire du café
kahverengi brun
kâhya intendant; gardien d'autoparc
kaide fondement, base, socle, piédestal; régle, règlement, principe
kâinat univers

kaka crottin ***kaka yapmak*** faire caca
kakao cacao
kakmak frapper, planter, ficher, clouer; pousser
kaktüs cactus
kâkül accroche- cæur, boucle
kala moins, avant
kalabalık foule, multitude, affluence
kalafat calfatage ***kalafat etmek*** calfater
kalan reste, restant
kalas poutre
kalay étain
kalaycı étameur
kalaylamak étamer; injurier, blasphémer, jurer
kalaylı étamé
kalbur crible ***kalburdan geçirmek*** passer au crible
kalburüstü élite, choisi
kalça hanche ***kalça kemiği*** os du bassin
kaldıraç levier
kaldırım pavé ***kaldırım mühendisi arg.*** flâneur, fainéant
kaldırmak soulever, lever, hausser; arrêter, supprimer, annuler, abroger; emporter, enlever, ôter, faire disparaître; réveiller
kale forteresse, citadelle, bastion, place forte
kaleci gardien de but
kalem crayon ***kalem kutusu*** plumier ***kalem ucu*** mine, plume ***kaleme almak*** rédiger
kalemtıraş taille-crayon
kalemaşısı greffe
kalender débonnaire; bohème
kalfa apprenti avancé dans un métier
kalıcı continuel, permanent
kalın épais, gros ***kalın kafalı*** esprit obtus, tête dure
kalınbağırsak gros intestin
kalınlaşmak s'épaissir
kalınlaştırmak épaissir
kalınlık épaisseur
kalıntı reste, débris
kalıp moule, forme, matrice; corps ***kalıba dökmek*** mettre sur la forme, mouler
kalıt héritage
kalıtçı héritier
kalıtım hérédité
kalıtımsal héréditaire
kalibre calibre
kalifiye qualifié ***kalifiye işçi*** ouvrier qualifié
kaligrafi calligraphie
kalite qualité
kaliteli de qualité
kalitesiz qalité inférieure
kalkan bouclier
kalker castine
kalkık élevé, dressé
kalkınma développement, relèvement, redressement
kalkınmak se relever, se développer, s'enrichir
kalkış départ
kalkışmak entreprendre, tenter, se permettre de, se mettre à
kalkmak se lever, se mettre debout; s'élever, se relever, être enlevé, ôté, aboli
kalleş trompeur; fourbe
kalleşlik tromperie
kalmak rester, demeurer, séjourner, stationner ***kaldı ki*** or, de plus
kalori calorie
kalorifer chauffage central
kalp cæur ***kalp atışı*** battement de cæur ***kalp hastalığı*** maladie du cæur ***kalp hastası*** cardiaque ***kalp krizi*** crise cardiaque ***kalbini kır-***

mak affliger, briser le cæur à ***kalbini vermek*** donner son cæur
kalp faux, falsifié
kalpak colback
kalpazan faux-monnayeur
kalsiyum calcium
kaltak selle, arçon
kalyon galion
kama poignard, coin
kamarot steward, gardien de cabine de bateau
kamaşmak être agacé, être ébloui
kamaştırmak éblouir, aveugler; agacer
kambiyo change
kambur bossu, bosse ***kamburu çıkmak*** devenir bossu
kamçı fouet, coup de fouet
kamçılamak fouetter; stimuler
kamelya camélia
kamera caméra
kameraman caméraman
kamış roseau, jonc, canne; phallus, pénis
kamp camp ***kamp kurmak*** camper ***kamp yeri*** lieu de camp, camping ***kampa girmek*** camper
kampana cloche, sonnette
kampanya campagne
kamufle etmek camoufler
kampus campus
kamu public ***kamu giderleri*** dépenses publics ***kamu görevi*** service public ***kamu hakları*** droits publics ***kamu hukuku*** droit public ***kamu yararı*** intérêt public
kamuflaj camouflage
kamufle camouflé ***kamufle etmek*** camoufler
kamulaştırmak nationaliser
kamuoyu opinion public
kamyon camion
kamyonet camionnette
kan sang ***kan ağlamak*** verser des larmes de sang ***kan akıtmak*** répandre, verser le sang ***kan aldırmak*** se faire saigner ***kan basıncı*** pression artérielle ***kan çıbanı*** clou ***kan dolaşımı*** circulation du sang ***kan grubu*** groupe sanguin ***kan kanseri*** leucémie ***kan kardeşi*** frère de sang ***kan kaybı*** perte de sang ***kan nakli*** transfusion de sang ***kan portakalı*** sanguine ***kan tahlili*** analyse du sang ***kan ter içinde kalmak*** suer trés fortement ***kan gütmek*** suivre une vendetta ***kanı durdurmak*** arrêter le sang
kanaat contentement, sobriété, retenue, modestie; conviction ***kanaat etmek*** se contenter
kanaatkâr sobre, qui se contente de peu, modeste
Kanada Canada
Kanadalı Canadien
kanal canal, conduit
kanalizasyon canalisation
kanama saignement
kanamak saigner
kanarya canari
kanat aile; nageoire; battant
kanatmak faire saigner
kanaviçe canevas, jute
kanca croc, crochet; crampon, grappin
kancık femelle; traître
kandırmak persuader, convaincre; séduire, corrompre, tromper
kandil lampe à huile
kanepe canapé
kangal corde
kangren gangrène
kanguru kangourou
kanı conviction, opinion
kanıksamak être blasé
kanıt preuve, argument

kanıtlamak prouver, argumenter
kaniş caniche
kanlı saignant, sanglant, sanguinaire
kanmak se laisser persuader, convaincre, croire, se laisser tromper; être rassasié, en avoir assez
kanser cancer
kanserli cancéreux
kansız anémique
kansızlık anémie
kantar balance romaine
kantin cantine
kanun loi ***kanun koymak*** donner des lois ***kanun kuvvetinde*** force de loi ***kanun namına*** au nom de la loi ***kanun tasarısı*** projet de loi ***kanuna aykırı*** illégal ***kanuna uygun*** légal, conforme à la loi
kanuni légal
kanunsuz illégal
kanyak cognac
kaos chaos
kap vaisselle ***kap kacak*** ustensiles, batterie de cuisine, vaisselle
kapak couvercle, clapet
kapaklanmak tomber la tête la premiére, faire un faux pas, trebucher
kapalı fermé, enfermé, bouché, barré, obstrué, clos; obscur; nébuleux ***kapalı çarşı*** bazar, marché couvert ***kapalı gişe oynamak*** jouer à bureaux fermés ***kapalı kalmak*** rester fermé ***kapalı tutmak*** tenir fermé ***kapalı oturum*** le huis-clos
kapamak fermer, enfermer, couvrir, recouvrir, boucher, cacheter, barrer, barricader
kapan trappe, piège; souricière ***kapana kısılmak*** tomber dans un piège
kapanık fermé, enfermé, clos
kapanmak se fermer, fermer, être fermé, s'enfermer, se boucher; s'obstruer; se prosterner
kaparo acompte, arrhes
kapasite capacité, contenance
kapatma odalisque; maîtresse
kapatmak enfermer, couvrir, recouvrir, fermer, boucher, cacheter, barrer, barricader, clôturer, arrêter; suspendre
kapı porte, portière ***kapı dışarı etmek*** mettre à la porte, vider, virer ***kapı kapı dolaşmak*** aller de porte en porte ***kapıyı çalmak*** sonner à la porte ***kapıyı yüzüne kapamak*** fermer la porte au nez de
kapıcı concierge, portier
kapılandırmak procurer une place
kapılmak être arraché, enlevé, emporté par violence; s'attacher, se laisser entraîner, séduire; se tromper
kapış action de saisir ***kapış kapış gitmek*** s'écouler bien
kapışmak se battre, se disputer
kapital capital
kapitalist capitaliste
kapitalizm capitalisme
kaplama plaqué, revêtement
kaplamak couvrir, recouvrir, envelopper, carreler, lambrisser
kaplan tigre
kaplıca station thermale
kaplumbağa tortue
kapmak arracher, s'emparer, attraper, enlever, dérober
kaporta capot
kapris caprice
kaprisli capricieux
kapsam envergure, fond, portée, teneur
kapsamak contenir

kapsül capsule; amorce
kaptan capitaine
kaptırmak se laisser arracher, enlever, emporter
kapuska ragoût de choux
kaput manteau militaire; capote
kar neige ***kar fırtınası*** tempête de neige ***kar yağmak*** neiger ***kardan adam*** le bonhomme de neige
kâr bénéfice, profit ***kâr etmek*** faire, réaliser un bénéfice gagner ***kâr payı*** part de bénéfice
kara noir; terre; malheureux, sombre, ténébreux, triste, lugubre, sinistre ***kara cahil*** illettré ***kara çalmak*** calomnier, diffamer ***kara haber*** nouvelle douloureuse ***kara kuvvetleri*** armée de terre ***kara liste*** liste noire ***karaya çıkmak*** débarquer, aborder
karaağaç orme
karabasan cauchemar
karabatak plongeon
karabiber poivre noir
karaborsa marché noir
karabulut nimbus
karaca chevreuil
karaciğer foie
Karadeniz Mer Noire
karafatma carabe
karahumma fièvre noire
karakalem crayon noir
karakış hiver rigoureux
karakol patrouille, sentineile, garde; poste, commissariat de police
karakter caractère, humeur, tempérament, nature ***karakter sahibi*** qui a du caractère
karakteristik caractéristique
karaktersiz sans caractère
karaktersizlik manque de caractère
karalamak noircir, ébaucher un texte; barbouiller
karaltı noirceur, silhouette
karambol carambolage
karamela caramel
karamsar pessimiste
karamsarlık pessimisme
karanfil æillet; girofle
karanlık obscurité, ténèbres ***karanlık basmak*** faire nuit ***karanlık oda*** cabinet noir
karanlıkta dans l'obscurité
karantina quarantaine ***karantinaya almak*** mettre en quarantaine
karar résolution, décision, sentence, conclusion ***karar almak*** prendre la décision ***karar vermek*** décider ***karara varmak*** arriver à conclusion ***kararını vermek*** se décider
karargâh quartier, quartier général
kararlaştırmak arrêter, convenir de, décider, fixer
kararlı résolu, décidé
kararmak noircir; s'obscurcir
kararname décret
kararsız indécis, inconstant, instable
kararsızlık inconstance, instabilité, irrésolution
karartma black-out
karartmak assombrir, noircir, obscurcir, éclipser
karasevda mélancolie
karasevdalı mélancolique
karasinek mouche
karasuları eaux territoriales
karatahta tableau noir
karatavuk merle
karate karaté
karavan caravane
karavana gamelle
karayel vent du nord-ouest
karbon carbone ***karbon kâğıdı*** carbone
karbüratör carburateur

kardeş frère, sæur
kardeşçe en frère, fraternellement, sincèrement
kardeşlik fraternité
kare carré
karekök racine carrée
kareli quadrillé
karga corbeau
kargacık burgacık illisible ***kargacık burgacık yazmak*** ne pas écrire droit
kargaşa bouleversement, chaos
kargaşalık désordre, trouble, soulèvement, insurrection
kargı lance, pique
kargo cargo
karı épouse, femme ***karı koca*** les époux
karın ventre, abdomen ***karın ağrısı*** colique ***karnı acıkmak*** avoir faim ***karnı doymak*** être rassasié
karınca fourmi
karıncalanmak fourmiller
karıncık ventricule
karış empan
karışık mêlé, mixte, mélangé; en désordre, pêle-mêle
karışıklık désordre, confusion, trouble
karışım mélange, mixture
karışmak se mêler, se confondre, s'embrouiller, se troubler
karıştırmak mêler, mélanger, confondre, embrouiller, remuer
karides crevette
karikatür caricature
karikatürcü caricaturiste
kariyer carrière
karlı neigeux
kârlı profitable, lucratif
karma mêlé, mélange, mixte ***karma okul*** école mixte
karmak imbiber, amalgamer, battre
karmakarışık embrouillé, pêle-mêle
karmaşık complexe, touffu
karnabahar chou-fleur
karnaval carnaval
karne carnet, bulletin, ticket de rationnement
karo carreau
karoser carrosserie
karpuz pastèque, melon d'eau
kârsız sans avantage, profit
karşı contre, en face de, vis-à-vis opposé, contraire; envers ***karşı çıkmak*** affronter, contester, s'opposer à ***karşı gelmek*** déroger à, enfreindre, tenir tête à ***karşı karşıya*** en regard, vis-à-vis ***karşı karşıya getirmek*** mettre en face ***karşı koymak*** s'opposer à, braver, contrecarrer, résister, soutenir ***karşı olmak*** être opposé à ***karşı yaka*** rive opposée
karşılamak aller à la rencontre, accueillir, compenser, pourvoir, satisfaire, subvenir à, traiter
karşılaşmak rencontrer, se rencontrer, croiser
karşılaştırmak mettre en face, en regard; confronter; comparer
karşılık réplique, répartie, réponse, riposte; couverture, contrevaleur, contrepartie ***karşılık olarak*** en réponse à ***karşılık vermek*** répliquer, répondre, repartir
karşılıklı réciproque, mutuel ***karşılıklı konuşmak*** parler à deux
karşılıksız découvert ***karşılıksız çek*** chèque sans provision
karşın malgré, pourtant, bien que, en dépit
karşıt opposé ***karşıt görüşlü*** dissident
karşıtlık contraste, opposition
kart carte; vieux, défraichi

kartal aigle
kartel cartel
kartlaşmak vieillir
karton carton
kartopu boule de neige ***kartopu oynamak*** se battre à coups de boules de neige
kartpostal carte postale
kartuş cartouche
kartvizit carte de visite
karyola lit
kas muscle
kasa coffre-fort, caisse
kasaba petite ville, bourgade, bourg
kasap boucher, charcutier; *(dükkân)* boucherie, charcuterie
kasatura baïonnette
kâse tasse, bol, écuelle
kaset cassette
kasık aine
kasılmak se contracter, se raccourcir; se vanter, fanfaronner
kasım novembre
kasımpatı chrysanthème
kasıntı somptueux, faste
kasırga tourbillon, ouragan
kasıt intention, préméditation, dessein
kasıtlı avec préméditation, intentionnel
kaside élégie
kasiyer caissier
kaskatı très dur
kasket casquette
kaslı musculaire
kasmak raccourcir, rétrécir, contracter, crisper, raidir ***kasıp kavurmak*** terroriser
kasnak poulie, tambour, cerceau, cercle, métier à broder
kasten à dessein, de propos délibéré, avec préméditation, exprès
kastetmek entendre, avoir l'intention de, viser
kasti prémédité
kasvet tristesse, mélancolie, ennui ***kasvet basmak*** s'ennuyer ***kasvet vermek*** ennuyer, assombrir
kasvetli triste; ennuyeux, lugubre, maussade, morne, sombre
kaş sourcil ***kaş çatmak*** froncer les sourcils ***kaş göz etmek*** faire des signes d'intelligence ***kaş yapayım derken göz çıkarmak*** gâter une chose ***kaşla göz arasında*** en un clin d'oeil
kaşağı étrille
kaşağılamak étriller
kaşarlanmak s'endurcir
kaşarlanmış endurci
kaşe cachet
kaşık cuiller, cuillère ***kaşık düşmanı*** personne inutile
kaşıkçıkuşu pélican
kaşımak gratter
kaşınmak se gratter; démanger, avoir des démangeaisons; désirer, vouloir une dispute
kaşıntı démangeaison
kâşif explorateur, inventeur
kaşkol cache-col
kat étage; couche; pli ***kat kaloriferi*** chauffage central par étage ***kat kat*** en plusieurs étages ***katını açmak*** effacer les plis
katafalk catafalque
katakulli tromperie
kataliz catalyse
katalog catalogue
katar train
katarakt hek. cataracte
katedral cathédrale
kategori catégorie
katetmek couper; traverser, franchir; rompre, parcourir
katı dur, solide, consistant, sec,

K

rigide, ferme, strict ***katı yükrekli*** qui a le cæur dur, sec
katılaşmak devenir dur, durcir, se durcir, s'endurcir, se solidifier
katılaştırmak raidir, solidifier
katık tout aliment que l'on mange avec le pain
katıksız pure, sans mélange
katılık dureté, raideur, rigidité
katılım participation
katılmak être ajouté, mélangé; suivre, se joindre, se mêler
katır mulet
katırtırnağı bitk. genêt
katışık mélange
katıyağ graisse
kati définitif, précis, catégorique
katil assassin, meurtrier
kâtip secrétaire
katiyen définitivement; rigoureusement
katkı contribution, additif, collaboration ***katkıda bulunmak*** contribuer
katkısız pur, propre
katlamak plier, plisser, redoubler
katlanmak se courber, se plier, être plié; consentir, accepter; se résigner, supporter
katletmek assassiner, tuer; massacrer
katliam massacre, tuerie, carnage
katma action d'ajouter ***katma bütçe*** budget annexe ***katma değer vergisi, KDV*** taxe sur la valeur ajoutée, TVA
katmak ajouter, adjoindre, attacher; mettre; mêler; faire accompagner
Katolik catholique
Katoliklik catholicisme
katot cathode
katran goudron
katranlamak goudronner
katsayı coefficient
kauçuk caoutchouc
kavak peuplier
kaval flûte de berger ***kaval kemiği*** péroné
kavalye cavalier
kavanoz pot de terre ou de verre
kavga querelle, dispute, rixe ***kavga aramak*** chercher querelle ***kavga etmek*** quereller, chicaner, se disputer, se quereller; en venir aux mains
kavgacı querelleur, hargneux, chicaneur
kavim peuple, peuplade, tribu
kavis arc, courbe
kavram concept, notion
kavramak prendre, serrer avec la main, empoigner, saisir; entourer, envelopper; comprendre
kavrayış compréhension, intelligence, conception
kavşak confluent, croisement, jonction
kavuk bonnet de drap
kavun melon
kavuniçi couleur d'un jaune rougeâtre et foncé
kavurma viande fricassée, viande rôtie; conserve de viande
kavurmak griller, rôtir, torréfier, fricasser; brûler
kavuşmak se joindre, se toucher; retrouver, se rencontrer, se revoir
kavuşturmak joindre; joindre les deux bouts
kaya roc, rocher, roche
kayabalığı gobie
kayağan ardoise
kayak ski ***kayak yapmak*** faire du ski, skier
kaybetmek perdre, égarer
kaybolmak se perdre, s'égarer
kaydetmek écrire, inscrire, enregis-

trer, immatriculer
kaydolmak se faire inscrire
kaygan glissant
kaygı souci, chagrin, anxiété, préoccupation
kaygılandırmak affliger, inquiéter, préoccuper
kaygılanmak se soucier de, s'inquiéter, se préoccuper
kaygılı soucieux, chagrin, affligé, inquiet
kayık canot, barque
kayıkçı canotier
kayıkhane hangar à canots
kayın bitk. hêtre; beau-frére
kayınbirader beau-frére
kayınpeder beau-père
kayınvalide belle-mère
kayıp perte, dommage, préjudice; disparu, perdu
kayırmak protéger, soigner, pistonner, favoriser
kayısı abricot ***kayısı ağacı*** abricotier
kayış courroie, lanière; ceinture
kayıt enregistrement; enchainement ***kayda geçirmek*** inscrire
kayıtlı réservé, inscrit
kayıtsız sans aucune réserve, indifférent
kayıtsızlık indifférence
kaymak crème
kaymak glisser, faire un faux pas, déraper
kaymakam sous-préfet
kaymaklı crémeux
kaymaz antidérapant
kaynak source, fontaine; jointure, soudure, origine, référence ***kaynak yapmak*** souder
kaynakça bibliographie
kaynaklanmak procéder de, résulter de, tenir à
kaynama ébullition, effervescence ***kaynama noktası*** point d'ébullition
kaynamak bouillir, entrer en ébullition; fourmiller; être soudé; ne pas rester tranquille; se souder
kaynana belle-mère
kaynanadili cactus
kaynar bouillant
kaynarca source d'eau chaude
kaynaşmak s'unir, se souder; fourmiller
kaynata beau-père
kaynatmak faire bouillir
kaypak glissant; esprit volage, inconstant
kaytan cordon, ficelle
kaytarmak user de faux-fuyant, s'en aller furtivement
kaz oie
kaza accident, sinistre ***kaza geçirmek*** avoir un accident ***kaza sigortası*** assurance d'accident ***kaza yapmak*** causer un accident ***kazaya uğramak*** subir un accident
kaza sous-préfecture
kazak tricot, chandail, pull-over; mari autoritaire et respecté
kazan chaudière, chaudron
kazanç gain, bénéfice, profit, avantage
kazançlı avantageux, lucratif, fructueux, productif
kazanmak gagner, acquérir, conquérir
kazara par hasard
kazazede sinistré
kazı excavation ***kazı yapmak*** excaver, faire des fouilles
kazık pieu, poteau, piquet, pilotis ***kazık atmak*** échauder
kazıkçı dupeur
kazıklanmak être dupé
kazımak gratter, racler, décrotter,

K

râper
kazıntı grattage
kazma pioche, pic
kazmak creuser, bêcher, fouiller
kebap rôti
keççap ketchup
keçe feutre
keçi chèvre ***keçileri kaçırmak*** dire des folies
keçiboynuzu caroube
keçiyolu sentier
keder peine, souci, chagrin, affliction, inquiétude, douleur
kederlenmek se faire du mauvais sang
kederli morne, plaintif
kedi chat
kedigözü feu arrière
kefal muge; cabot
kefalet caution, garantie, cautionnement
kefaletle sous caution ***kefaletle salıvermek*** mettre en liberté sous caution
kefaletname cautionnement
kefaret expiation, pénitence
kefe plateau d'une balance
kefen suaire, linceul ***kefeni yırtmak*** guérir
kefil caution, garant, répondant ***kefil olmak*** cautionner, garantir
kehanet prédiction, divination, oracle ***kehanette bulunmak*** prédire, prophétiser
kehribar ambre jaune
kek cake
kekelemek bégayer, bredouiller
kekeme bègue
kekemelik bégaiement
kekik thym
keklik perdrix
kekre âcre, âpre, rance
kekrelik âcreté, verdeur
kel teigne, teigneux; chauve; dénudé
kelebek papillon
kelek melon non mûr
kelepçe menottes ***kelepçe vurmak*** mettre les menottes
kelepir occasion ***kelepir otomobil*** volture d'occasion
keleş teigneux
kelime mot ***kelime oyunu*** jeu de mots
kelle tête ***kellesini uçurtmak*** trancher la tête, décapiter ***kelleyi koltuğa almak*** risquer sa vie
kellifelli respectable
kem mauvais ***kem göz*** regard méchant
kemal perfection
Kemalist Kémaliste
Kemalizm Kémalisme
keman violon
kemençe sorte de petit violon, rebec
kement lasso
kemer ceinture, ceinturon; arche, voûte, arc, arcade ***kemerleri sıkmak*** se serrer la ceinture
kemik os ***kemiklerini kırmak*** rompre, briser, casser les os à qn ***kemiği kırılmak*** se briser, se fracturer un os
kemikli osseux
kemirmek ronger, corroder, miner, user
kemiyet quantité
kem küm etmek être indécis, bafouiller
kenar bord, bordure, lisière, marge, ourlet ***kenar mahalle*** faubourg, banlieue ***kenara çekilmek*** s'effacer, se ranger
kenarortay médiane
kendi même, lui-même ***kendi***

başıma moi-même ***kendi halinde yaşamak*** vivre tel qu'il est ***kendinden geçmek*** s'évanouir ***kendine gelmek*** revenir à soi ***kendini -e adamak*** se dévouer à ***kendini -e vermek*** s'adonner, à, s'employer à, se donner à ***kendini beğenmiş*** suffisant, infatué, fat, hautain, présomptueux ***kendini bilmek*** se connaître soi-même ***kendini fasulye gibi nimetten saymak*** se croire beaucoup ***kendini kaybetmek*** perdre connaissance, être hors de soi ***kendini öldürmek*** se suicider ***kendini toparlamak*** récupérer, se reprendre, se ressaisir ***kendini tutmak*** se modérer

K

kendiliğinden automatiquement, spontané

kendim moi-même

kendimiz nous-mêmes

kendin toi-même

kendir chanvre

kendisi elle-même, lui-même, soi

kene tique

kenef lieux d'aisance, latrines, pissoir, vespasienne

kenet crampon, hampe

kenetlemek cramponner

kenetlenmek se cramponner

kenetli cramponné

kenevir chanvre

kent ville, cité

kepaze goujat, paltoquet, bafoué, éhonté ***kepaze etmek*** tourner en ridicule ***kepaze olmak*** s'avilir

kepçe louche, écumoire

kepçekulak qui a de grandes oreilles

kepek son; pellicule

kepekli pelliculeux

kepenk rideau de magasin, volet, rideau de fer

keramet miracle, oracle

kerata gredin, coquin, chausse-pied

kere fois

kereste bois de construction, bois de charpente, bois très dur

kerevet lit monté grabat

kereviz céleri

kerhane bordel, maison close

kerhen involontaire

keriz égout, goélette, vache à lait

kerkenez autour

kermes kermesse

kerpeten tenailles, davier

kerpiç pisé

kerrat cetveli table de multiplication

kerte degré

kertenkele lézard

kertik coche, encoche, brèche, entaille

kertikli ébréché

kertmek entailler

kervan caravane, train

kesat stagnation; marasme

kese bourse; sac, sachet; kyste, poche

keselemek frotter

keser doloire

kesen sécant

kesici tranchant

kesif dense, compact, épais

kesik coupé; entrecoupé; taillé; coupure ***kesik kesik*** discontinu, intermittent

kesiklik coupure, abattement

kesilmek être coupé, tranché; être taillé; être abattu; être interrompu

kesim coupé, taillé; abattement; secteur

kesin définitif, assuré, certain, décisif, exact, explicite, précis, sûr ***kesin olarak*** définitivement

kesinlik certitude, exactitude, précision

kesinlikle certainement, absolument
kesinti coupure, fragment ***kesinti yapmak*** défalquer, déduire
kesintisiz brut, de suite
kesir fraction
kesişmek s'entrecouper, s'entrecroiser, s'entendre sur un prix
kesit coupe
keskin tranchant, coupant, affilé; aigu; âcre ***keskin görüş*** vue perçante ***keskin zekâ*** esprit perçant ***keskin viraj*** virage prononcé
keskinleştirmek aiguiser, affûter
kesmek couper, tailler, trancher; décider, résoudre; interrompre; déterminer; égorger, tuer, abattre
kestane châtaigne; châtain ***kestane ağacı*** châtaignier ***kestane kebabı*** marron grillés
kestanerengi châtain
kestirme somme; raccourci ***kestirmeden gitmek*** raccourcir son chemin
kestirmek faire couper, faire abattre, retrancher; décider; évaluer, apprécier
keşfetmek découvrir, explorer; deviner; reconnaître
keşide tirage
keşideci tireur
keşif découverte, exploration; reconnaissance
keşiş ermite, moine
keşişleme vend du sud-est
keşke formule de souhait ou de regret
keşmekeş confusion, désordre, trouble, brouhaha
ket obstacle ***ket vurmak*** empêcher
ketçap ketchup
keten lin ***keten bezi*** lin
kevgir écumoire
keyfi arbitraire, despotique
keyfiyet qualité, circonstance, état; manière; affaire, question
keyif aise, bonne humeur; gaîté; plaisir ***keyif çatmak*** boire, se divertir ***keyif vermek*** enivrer ***keyf olmak*** s'enivrer ***keyfi kaçmak*** être troublé ***keyfi yerinde olmak*** être de bonne humeur
keyifli de bonne humeur; gai
keyifsiz de mauvais humeur, indisposé, souffrant
keyifsizlik indisposition
kez fois
keza de même, aussi, également
kezzap eau-forte, acide nitrique
kıble direction de la Mecque vers laquelle les Musulmans se tournent dans leurs prières; sud
Kıbrıs Chypre
Kıbrıslı chypriote
kıç derrière, croupe; poupe
kıdem ancienneté, antériorité
kıkırdak cartilage
kıl poil, cheveu ***kıl payı kurtulmak*** l'échapper belle ***kılı kırk yarmak*** couper les cheveux en quatre ***kılına dokunmak*** toucher à un cheveu de sa tête ***kılını bile kıpırdatmamak*** ne pas remuer le petit doigt
kılavuz guide, conducteur
kılavuzluk guidage, pilotage ***kılavuzluk etmek*** guider, orienter, piloter
kılcal capillaire ***kılcal damarlar*** vaisseaux capillaires
kılçık arête
kılıbık pantouflard; homme qui a peur de sa femme
kılıç épée, sabre, glaive ***kılıç çekmek*** tirer l'épée ***kılıçtan geçirmek*** massacrer

kılıçbalığı espadon
kılıf gaine, étui, enveloppe
kılık habillement, accoutrement, tenue ***kılık değiştirmek*** se déguiser
kılıksız mal habillé
kıllanmak se couvrir de cheveux, de poils
kıllı poilu, velu
kılmak faire, rendre
kılsız sans cheveux, chauve
kımıldamak bouger, remuer, se mouvoir
kımıldatmak bouger, mouvoir, agiter, remuer, mettre en mouvement
kın fourreau, gaine ***kınına koymak*** rengainer
kına henné
kınakına quinquina
kınamak blâmer, censurer, condamner, fustiger, reprocher
kınnap ficelle, corde
kıpırdamak bouger
kıpırdatmak mouvoir, remuer
kıpırtı mouvement, frétillement, bouillonnement
kıpkırmızı très rouge
kıpmak cligner des yeux
kır champs, campagne ***kır çiçeği*** fleur des champs
kır gris, grisâtre
kıraat lecture
kıraathane cabinet de lecture, café
kıracak casse
kıraç inculte
kırağı gelée blanche
kırat carat; qualité, valeur
kırbaç fouet, cravache
kırbaçlamak cravacher, fouetter
kırçıl gris
kırdırmak faire casser, rompre, briser; faire escompter un effet
kırgın fâché, blessé, froissé
kırgınlık fâcherie, ressentiment; courbature
kırıcı qui froisse, blesse
kırık cassé, rompu; cassure; fracture ***kırık dökük*** sans suite
kırıklık courbature
kırılır cassant, friable, fragile
kırılmak être cassé, brisé; casser, se casser se briser; se fâcher
kırılmaz incassable
kırıntı débris, fragments, éclat, miette
kırışık plissé, froissé, ridé
kırışmak se froisser; partager
kırıştırmak rider, froisser; flirter
kırıtmak faire des manières, minauder, se mouvoir coquettement
kırıtkan empressé à plaire, coquet
kırk quarante
kırkayak mille-pattes
kırkıncı quarantième
kırkmak tondre
kırlangıç hirondelle
kırlaşmak grisonner
kırmak casser, briser, rompre, fracasser; blesser, froisser, vexer, heurter, chagriner, outrager; escompter; s'enfuir; massacre
kırmızı rouge ***kırmızı şarap*** vin rouge
kırımızıbiber paprika, piment rouge, poivron rouge
kırmızılık rougeur
kırmızımsı, kırmızımtrak rougeâtre
kırpıntı coupures
kırpmak tondre, tailler
kırsal rural, rustique
kırtasiye papeterie
kırtasiyeci papetier; papeterie
kırtasiyecilik papeterie; bureaucratie
kısa court, petit, bref, sommaire

K

kısa çizgi trait d'union ***kısa çorap*** chaussette, socquette ***kısa dalga*** onde courte ***kısa devre*** court-circuit ***kısa gelmek*** être bref ***kısa kesmek*** écourter ***kısa sürede*** à bref délai ***kısa vadeli*** à court terme

kısaca brièvement, court

kısacası bref, en bref, en résumé, somme toute

kısalık brièveté

kısalmak devenir court; raccourcir, s'abréger, diminuer, se raccourcir

kısaltma raccourcissement, diminution; abrégé, réduction

kısaltmak raccourcir, abréger, écourter, diminuer

kısas représailles, loi du talion

kısık serré, comprimé, enroué, étranglé, rauque ***kısık ses*** voix rauque

kısım partie, part, portion, chapitre

kısır stérile, improductif ***kısır toprak*** sol stérile

kısırdöngü cercle vicieux

kısırganmak être avare

kısırlaştırmak stériliser

kısırlık stérilité

kısıtlama restriction

kısıtlamak restreindre

kısıtlayıcı restrictif

kısıtlı restreint

kıskaç pince, tenaille

kıskanç envieux, jaloux

kıskançlık envie, jalousie

kıskandırmak inspirer de la jalousie

kıskanmak envier, être jaloux

kıskıvrak étroitement

kısmak diminuer, amoindrir, comprimer; économiser, épargner

kısmen en partie, partiellement

kısmet part, sort, chance, fortune, destinée

kısmi partiel

kısrak jument

kıssa conte, récit, narration histoire

kıstak isthme

kıstas critère

kıstırmak serrer, surprendre, coincer; faire, laisser serrer, pincer, comprimer

kış hiver ***kış boyunca*** durant l'hiver ***kış sporları*** sports d'hiver ***kış uykusu*** sommeil hivernal ***kış uykusuna yatmak*** hiberner ***kışı geçirmek*** passer l'hiver ***kışın ortasında*** en plein hiver

kışın l'hiver, pendant l'hiver, en hiver

kışır écorce, coque, croûte

kışkırtıcı provocateur

kışkırtıcılık provocation

kışkırtmak exciter, stimuler, provoquer, inciter

kışla caserne

kıt peu, rare, en petite quantité ***kıt kanaat geçinmek*** joindre difficilement les deux bouts

kıta continent; *ask.* détachement; *yaz.* strophe

kıtır kıtır croquant, croustillant ***kıtır kıtır yemek*** croquer

kıtırdamak croquer

kıtlık disette, famine

kıvam consistance

kıvanç joie, plaisir ***kıvanç duymak*** avoir plaisir

kıvılcım étincelle, flammèche

kıvırcık crépu, frisé, bouclé ***kıvırcık marul*** salade

kıvırmak plisser, friser, ourler, onduler, plier, tordre; tortiller

kıvır zıvır peu important

kıvrak leste, agile; coquet

kıvranmak se tortiller

kıvrılmak être tordu, plissé, se

K

tortiller, s'accroupir, se tapir, se blottir
kıvrım tortillement; boucle crépu, cheveux crêpés; virage
kıvrıntılı tordu, tortueux, sinueux, contourné
kıyafet habillement, tenue, mise, accoutrement ***kıyafet balosu*** bal costumé
kıyak joli; charmant
kıyamet résurrection, jugement dernier, fin du monde; apocalypse, tumulte ***kıyamet gibi*** en très grand nombre ***kıyameti koparmak*** se fâcher rouge, se mettre en colère, faire une scène
kıyas analogie, comparaison
kıyasıya cruellement, impitoyablement, sans merci
kıyasla par analogie
kıyaslamak comparer
kıyı bord, rive, rivage, côte, littoral
kıyıcı sans pitié
kıyım action de hacher qch
kıyma hachis
kıymak hacher; conclure; faire du mal, tuer; ne pas épargner
kıymet valeur, prix ***kıymetten düşmek*** perdre de sa valeur
kıymetli précieux ***kıymetli maden*** métal précieux
kıymık écharde
kız jeune fille, fille, fillette; vierge ***kız çocuğu*** fille ***kız evlat*** fille ***kız kardeş*** sæur ***kız oğlan kız*** vierge
kızak traîneau, luge; cale, chantier ***kızak kaymak*** aller en luge, luger
kızamık rougeole ***kızamık çıkarmak*** avoir la rougeole
kızarmak rougir, frire; commencer à mûrir ***kızarıp bozarmak*** devenir pourpre, livide
kızartma rôtissage, friture; rôti pommes de terre frites
kızartmak rôtir, frire, faire rougir
kızdırmak agacer, fâcher, exciter, mettre en colère, irriter, vexer
kızgın très chaud, brûlant, ardent, en feu, embrasé; agité, ému, énervé, en colère
kızgınlık ardeur, excitation, irritation; chaleur
kızıl rouge, écarlate; *hek.* scarlatine
kızılağaç aune
Kızılay Croissant-Rouge
kızılcık cornouille
Kızılderili Peau-Rouge
Kızılhaç Croix-Rouge
kızılötesi infrarouge
kızışmak s'exciter, s'échauffer, s'animer, s'aviver
kızıştırmak échauffer, exciter, animer, attiser
kızlık virginité ***kızlık zarı*** hymen
kızmak rougir, chauffer, s'embraser; s'irriter, s'échauffer, s'emporter s'énerver, s'indigner
ki que
kibar distingué, gentil, élégant
kibarlık distinction, élégance, noblesse, gentillesse
kibir orgueil, fierté, arrogance
kibirlenmek s'enorgueillir de qch
kibirli orgueilleux, altier, hautain, arrogant
kibrit allumette
kifayet suffisance
kil argile, glaise
kiler garde-manger, cave, placard
kilim tapis ras
kilise église
kilit serrure
kilitlemek fermer à clé
kilitli fermé à clef
kilo kilo, kilogramme ***kilo almak*** grossir, prendre du poids ***kilo ver-***

K

mek maigrir
kilometre kilomètre ***kilometre kare*** kilomètre carré
kilovat kilowatt
kilovat saat kilowatt-heure
kim qui, qui est-ce ***kim o*** qui est-ce? ***kim olursa olsun*** n'importe qui
kimi certains ***kimi zaman*** parfois, quelquefois
kimlik identité ***kimlik kartı*** carte d'identité
kimse quelqu'un, personne
kimsesiz seul, sans famille
kimya chimie
kimyager chimiste
kimyasal chimique
kimyevi chimique
kimyon cumin
kin haine, ressentiment, rancæur
kinaye allusion
kinayeli qui se fait par allusion; qui fait allusion
kinci haineux, vindicatif
kinetik cinétique
kinin quinine
kip *dilb.* mode
kir crasse, saleté, ordure
kira loyer, location, louage ***kira ile tutmak*** louer, prendre qch en location ***kira ödemek*** payer son loyer ***kiraya vermek*** louer, donner en bail, donner qch en location
kiracı locataire
kiralamak louer, affréter, fréter
kiralık à louer ***kiralık oda*** chambre à louer
kiraz cerise ***kiraz ağacı*** cerisier
kireç chaux
kireçlemek enduire de chaux, blanchir à la chaux
kireçli calcaire
kireçkaymağı chlorure de chaux
kireçtaşı pierre à chaux
kiremit tuile ***kiremit fabrikası*** tuilerie
kiriş corde; poutrelle ***kirişi kırmak*** fuir
kirlenmek se salir, se crotter
kirletmek souiller, encrasser, contaminer, infecter, polluer, salir
kirli crasseux, impur, malpropre, sale
kirpi hérisson
kirpik cil
kist kyste
kişi homme, personne, individu, personnalité; quelqu'un
kişilik personnalité
kişisel personnel, individuel
kişnemek hennir
kitabe inscription, épitaphe
kitabevi librairie
kitap livre
kitapçı libraire
kitaplık bibliothèque
kitapsever bibliophile
kitle masse
kitlemek fermer à clef
klakson klaxon, corne ***klakson çalmak*** avertir, klaxonner
klan clan
klarnet clarinette
klasik classique
klasman classement
klasör classeur
klavsen clavecin
klavye clavier
klik clique
klima air-conditionné
klinik clinique
klişe cliché
klitoris clitoris
klor chlore
klorofil chlorophylle
kloroform chloroforme

koalisyon coalition
kobalt cobalt
kobay cobaye, cochon d'inde
koca époux, mari ***kocaya vermek*** marier
koca vieillard, vieux; grand, énorme, long, géant
kocamak vieillir
kocaman grand, énorme, géant, colossal
koç bélier ***Koç (burcu)*** le Bélier
koçan épi; talon, souche
kod code
kodaman huile, magnat
kodlamak coder
kof creux, vide; sot, ignorant
koğuş dortoir
kok coke
kokain cocaïne
kokarca putois
koklamak sentir, flairer
koklatmak faire sentir
kokmak sentir
kokmuş gâté, pourri, mauvais
kokteyl cocktail
koku odeur, parfum, lotion, senteur ***koku sürmek*** parfumer
kokulu parfumé, odorant, odoriférant
kokusuz inodore
kokutmak répandre une odeur; infecter, laisser pourrir
kokuşmak croupir
kol bras; manche; loquet ***kol gezmek*** croiser, patrouiller ***kol kola*** bras dessus, bras dessous ***kol saati*** montre-bracelet ***kollarına almak*** prendre dans ses bras
kola amidon, colle
kolaçan promenade ***kolaçan etmek*** battre, fureter, rôder
kolalamak amidonner, empeser
kolalı empesé
kolan sangle
kolay facile, aisé; facilement, aisément ***kolay gelsin!*** bon succès!, bonne chance!
kolayca facilement
kolaylaştırmak faciliter, simplifier
kolaylık facilité, simplicité
kolcu garde, gardien
kolej collège école privée
koleksiyon collection ***koleksiyon yapmak*** collectionner
koleksiyoncu collectionneur
kolektif collectif ***kolektif şirket*** société en nom collectif
kolektör collecteur
kolera choléra
kolestrol cholestérol
koli colis postal
kollamak s'occuper, prendre soin, être aux aguets, protéger, attendre, épier, guetter
kollu à manches
koloni colonie
kolonya eau de Cologne
kolordu corps d'armée
koltuk aiselle; fauteuil ***koltuk değneği*** béquille ***koltuğuna girmek*** prendre par le bras
kolye collier
koma coma ***komaya girmek*** entrer dans la coma
komandit şirket société en commandite
komando commando
kombina combinat
kombine combiné
kombinezon combinaison
komedi comédie
komedyen comédien
komik comique, marrant, plaisant, rigolo
komiser commissaire
komisyon commission

komisyoncu commissionnaire
komite comité
komodin table de nuit
kompartıman compartiment
kompas compas
kompetan compétent
komple complet
kompleks complexe
kompleksli complexé
kompliman compliment ***kompliman yapmak*** complimenter
komplo complot, conspiration, faction ***komplo kurmak*** comploter, tramer un complot
komplocu comploteur
komposto compote
kompozisyon composition
kompozitör compositeur
kompresör compresseur
komşu voisin; adjacent, avoisinant ***komşu ülke*** pays voisin
komşuluk voisinage
komut ordre, commandement
komutan commandant
komutanlık commandement
komünist communiste
komünizm communisme
konak résidence, hôtel privé, relais, station; étape
konaklamak stationner, résider
konca bouton
konç haut de bas
konçerto concerto
kondansatör condensateur
kondurmak poser, mettre, faire poser
konfederasyon confédération
konfeksiyon confection, prêt-à-porter
konferans conférence ***konferans vermek*** donner une conférence
konferansçı conférencier
konfor confort
konforlu confortable
konforsuz inconfortable
kongre congrès
koni cône
konjonktür conjoncture
konkordato concordat
konmak être mis, posé, placé; descendre, camper, cantonner; se poser
konser concert
konservatuvar conservatoire
konserve conserve
konsolos consul
konsolosluk consulat
kont comte
kontak contact, court-circuit
kontaklens verres de contact, lentilles cornéennes
kontenjan contingent
kontluk comté
kontrat contrat
kontratak contre-attaque
kontrol contrôle, surveillance, vérification, inspection ***kontrol etmek*** contrôler, vérifier
kontrplak contre-plaqué
konu sujet, objet, thème
konu komşu voisins et passants
konuk hôte, invité
konuksever hospitalier
konukseverlik hospitalité
konum position, location
konusunda au sujet de, l'égard de, sur
konuşma conversation, entretien, causerie; paroles, langage, propos
konuşmacı conférencier, orateur
konuşmak parler, dire, causer
konut domicile, habitation, logement
konvansiyonel conventionnel
konveks convexe
konvertibilite convertibilité
konvoy convoi

konyak cognac
kooperatif coopérative
koordinasyon coordination
koparmak arracher, détacher, couper, briser, dérachiner; faire, produire; cueillir
kopartmak faire couper, arracher
kopça agrafe
kopçalamak agrafer
kopmak se couper, se rompre, être coupé, rompu, se détacher, s'arracher, se déraciner
kopuk tombé, coupé, brisé; polisson, vagabond, gueux
kopya copie ***kopya çekmek*** copier ***kopya çıkarmak*** prendre copie
kor brasier, braise
K
kordiplomatik corps diplomatique
kordon cordon ***kordon altına almak*** fermer, bloquer
koreograf chorégraphe
koreografi chorégraphie
korgeneral général de corps d'armée
koridor corridor
korkak peureux, poltron, lâche, timide, apeuré
korkaklık poltronnerie, timidité
korkmak craindre, redouter, avoir peur, s'effrayer, prendre peur
korku crainte, peur, appréhension, anxiété, frayeur
korkuluk épouvantail; balustrade, parapet, garde-fou, rampe
korkunç horrible, affreux, terrible, épouvantable, effrayant
korkusuz intrépide, sans peur
korkutmak faire peur, effrayer; menacer; intimider
korna klaxon ***korna çalmak*** klaxonner
kornea cornée
korner corner
korniş corniche
koro chæur
korsan corsaire, pirate
korsanlık piraterie
korse corset
koru bois, bocage, bosquet
korugan forteresse, place forte
koruk raisin vert
koruma entretien, protection, sauvegarde
korumak garder; protéger, entretenir, défendre
korunmak être protégé, se ménager, prendre soin de sa santé, se garder
koruyucu protecteur, défenseur; préventif
kosinüs cosinus
koskoca très grand, gigantesque, énorme
koşmak courir
koşturmak faire courir
koşu course ***koşu alanı*** hippodrome ***koşu atı*** cheval de course
koşucu coureur
koşul condition
koşum harnais; attelage
koşuş course
koşuşma attroupement, rassemblement, action d'accourir en foule
koşuşmak courir ça et là, accourir en foule
koşut parallèle
kota contingent, quota
kotarmak distribuer
kotra cotre
kova seau ***Kova (burcu)*** le Verseau
kovalamak poursuivre, pourchasser, chasser
kovan ruche; douille
kovboy cow-boy
kovmak chasser, expulser, mettre à la porte

kovuk creux, vide; creux, cavité, trou, caverne
kovulmak être chassé
koy baie, anse, golfe
koyak vallée
koymak mettre, poser, placer; verser
koyu épais, visqueux; foncé
koyulaşmak s'épaissir, cailler, foncer
koyulaştırmak concentrer, foncer, lier, épaissir
koyulmak se mettre à, entreprendre
koyuluk épaisseur, consistance
koyun mouton, brebis ***koyun eti*** mouton
koyun sein
koyuvermek lâcher, libérer, émanciper, affranchir, lâcher prise
koz atout ***kozunu oynamak*** jouer atout
koza cocon
kozalak cône, pomme de pin
kozmetik cosmétique
kozmopolit cosmopolite
köfte boulette
köhne vieux, périmé; usé
kök racine; origine, source ***kök salmak*** enraciner ***kökünü kazımak*** exterminer, extirper
kökboyası garance
köken source, origine
kökenbilim étymologie
kökleşmek prendre racine, enraciner
köklü enraciné, fondamental
köknar sapin, pin sylvestre
kökten radical
köktenci radicaliste
köktencilik radicalisme
köle esclave
kölelik esclavage, servitude, servage
kömür charbon, houille
köpek chien
köpekbalığı requin
köpekdişi dent canine
köprü pont ***köprü kurmak*** jeter un pont
köpük écume, mousse
köpüklü écumeux, mousseux ***köpüklü şarap*** vin mousseux
köpürmek écumer, mousser, pétiller
köpürtmek faire écumer
kör aveugle ***kör etmek*** aveugler ***kör talih*** malchance ***körü körüne*** à l'aveuglette, aveuglément
körbağırsak cæcum, appendice
körebe colin-maillard
köreltmek émousser
körfez golfe
körlenmek, körleşmek s'émousser; perdre son activité, se rouiller
körletmek aveugler; émousser
körlük cécité; aveuglement
körpe frais, tendre
körpelik fraicheur
körük soufflet
köse imberbe, glabre
kösele cuir
köstebek taupe
köstek entrave
kösteklemek entraver
köşe coin, angle ***köşe başı*** coin d'une rue ***köşe kapmaca*** quatre coins ***köşeyi dönmek*** s'enrichir
köşebent cornière
köşegen diagonal
köşeli angulaire, anguleux ***köşeli parantez*** crochets
köşk villa, chalet, manoir
kötek rossée, bastonnade ***kötek yemek*** recevoir une volée, recevoir une bastonnade
kötü mauvais, défectueux, méchant

kötü gitmek aller mal, clocher ***kötü hava*** mauvais temps ***kötü kalpli*** malveillant ***kötü karakter*** mauvais caractère ***kötü söz*** méchanceté ***kötüye kullanmak*** abuser de

kötücül malin, malfaisant

kötülemek blâmer

kötüleşmek devenir mauvais, empirer

kötülük mal, méchanceté ***kötülük etmek*** faire du mal à

kötümser pessimiste

kötümserlik pessimisme

kötürüm paralytique, perclus, impotent

köy village, campagne

K

köylü villageois, paysan

köz braise; charbon ardent

kral roi

kraliçe reine

krallık royaume, royauté

kramp crampe

krampon crampon

krater cratère

kravat cravate

kredi crédit ***kredi açmak*** accréditer ***kredi kartı*** carte de crédit ***kredi mektubu*** lettre de crédit

krem crème

krema crème

kremalı crémeux

krematoryum crématorium, crémtoire

krep crêpe

kreş crèche, pouponnière

kriket cricket

kriko cric

kriminoloji criminologie

kristal cristal

kriter critère

kritik critique

kriz crise

krizantem chrysanthème

kroki croquis

krom chrome

kromozom chromosome

kronik chronique

kronoloji chronologie

kronometre chronomètre

kroşe crochet

kruvaze croisé

kruvazör croiseur

kuaför coiffeur

kubbe coupole, voûte, dôme

kucak giron, sein ***kucağına almak*** prendre sur ses genoux

kucaklamak étreindre, embrasser

kucaklaşmak s'étreindre, s'embrasser

kudret pouvoir, puissance, force

kudretli puissant

kudretsiz impuissant, faible

kudretsizlik impuissance

kudurmak avoir la rage, enrager, être furieux, vexé

kuduz rage ***kuduz aşısı*** vaccination contre la rage

Kudüs Jérusalem

kuğu cygne

kukla marionnette, fantoche

kukuleta capuchon

kukumav *hayb.* orfraie

kul esclave, serf; créature

kulaç brasse

kulak oreille; cheville ***kulak ağrısı*** otalgie ***kulak asmamak*** ne pas écouter ***kulak kabartmak*** tendre l'oreille ***kulak vermek*** prêter l'oreille ***kulakları çınlamak*** entendre ses oreilles tinter ***kulakları iyi işitmek*** avoir l'oreille fine ***kulakları uğuldamak*** avoir des bourdonnements d'oreille ***kulaklarını açmak*** ouvrir ses oreilles ***kulağı ağır işitmek*** avoir l'oreille dure ***kulağı***

delik averti ***kulağına söylemek*** chuchoter qch à l'oreille de qn ***kulağını çekmek*** tirer l'oreille à qn
kulakçık auricule
kulaklık écouteur; appareil acoustique
kulakmemesi lobe de l'oreille
kulakzarı tympan
kulampara pédéraste
kule tour, clocher
kulis coulisse
kullanılmış usé, usagé
kullanım usage
kullanış emploi
kullanışlı maniable, pratique, commode, rentable
kullanışsız incommode, inconfortable
kullanmak se servir, faire usage, utiliser, employer
kulp anse, manche
kuluçka couveuse; incubation ***kuluçka makinesi*** couveuse ***kuluçkaya yatmak*** couver
kulübe cabane, hutte, cabine, barque, guérite
kulüp club
kulvar couloir
kum sable, gravier; arène, plage
kuma deuxième femme
kumanda commandement ***kumanda etmek*** commander
kumandan commandant
kumanya vivres, provisions
kumar jeu, jeu de hasard ***kumar oynamak*** jouer ***kumarda kaybetmek*** perdre au jeu
kumarbaz joueur
kumarhane tripot, maison de jeu
kumaş étoffe, tissu
kumbara tirelire
kumlu sableux, sablonneux
kumpanya compagnie, société
kumpas compas
kumral châtain clair
kumru tourterelle
kumsal banc de sable, grève, plage
kumul dune
kundak bois de fusil; maillot; brandon, torche
kundakçı incendiaire
kundaklamak emmailloter, incendier
kundura soulier, chaussure
kunduracı cordonnier
kunduz castor
kupa coupe
kupkuru très sec
kupon coupon
kupür coupure
kur cour; cours ***kur yapmak*** faire la cour *(à)*
kura lot, sort, tirage au sort ***kura çekmek*** tirer au sort
kurabiye macaron
kurak sec, aride
kuraklık sécheresse, aridité
kural règle
kuraldışı exceptionnel
kurallı régulier
kuralsız irrégulier
kuram théorie
kuramsal théorique
Kuran le Coran
kurbağa grenouille, crapaud ***kurbağalama yüzmek*** nager à la brasse
kurban offrande, holocauste, sacrifice, victime ***kurban kesmek*** immoler une bête ***kurbanı olmak*** être *(la)* victime de
kurcalamak tripoter, manipuler; gratter; exciter, irriter
kurdele ruban
kurdeşen urticaire
kurdurmak faire tendre, dresser,

disposer; faire monter

kurgu montage

kuriye courrier

kurmak monter, dresser, élever, planter, ériger, instaurer, installer, instituer

kurmay état-major

kurnaz rusé, madré, fin

kurnazlık ruse, finesse, madrerie, adresse

kurs cours; disque

kursak jabot, gésier

kurşun plomb; balle ***kurşuna dizmek*** fusiller

kurşunkalem crayon

kurt loup, ver, larve, chenille ***kurt köpeği*** chien-loup

K

kurtarıcı sauveur

kurtarmak sauver, délivrer, débarrasser, libérer, affranchir; guérir

kurtlanmak produire des vers en se décomposant; être attaqué; s'impatienter

kurtlu véreux, vermoulu, qui a des vers

kurtulmak se sauver, se libérer, être délivré débarrassé; échapper, s'évader

kurtuluş délivrance, libération, salut

kuru sec, aride ***kuru fasulye*** haricot blanc ***kuru pil*** pile séche ***kuru soğuk*** froid sec ***kuru temizleme*** nettoyage à sec

kurucu fondateur ***kurucu meclis*** assemblée constitutionnelle

kurukafa crâne

kurul comité, commission

kurulmak être monté, fondé, tendu, dressé; faire l'important

kurultay congrès

kuruluş fondation, création, constitution, établissement

kurum association, société, établissement; morgue, pose; suie ***kurum satmak*** faire l'important, se rengorger

kurumak sécher, tarir

kurumlu poseur

kuruntu appréhension, inquiétude

kuruntulu inquiet, soucieux, scrupuleux

kurutma séchage, tarissement ***kurutma kâğıdı*** papier buvard

kurutmak sécher, faire sécher, dessécher, mettre à sec

kuruyemiş fruits secs

kurye courrier

kuskus couscous

kusma vomissement

kusmak vomir, rendre

kusur défaut, faute, vice manque, erreur, défectuosité ***kusur bulmak*** trouver à redire à ***kusur etmek*** manquer ***kusur işlemek*** commettre une faute ***kusura bakmamak*** excuser, pardonner

kusurlu défectueux, vicieux, incomplet, incorrect

kusursuz sans défaut, parfait, irréprochable

kuş oiseau ***kuş avlamak*** oiseler ***kuş beyinli*** écervelé ***kuş gübresi*** fiente ***kuş uçmaz kervan geçmez*** désolé ***kuş yemi*** millet

kuşak ceinture, sangle; génération; zone

kuşanmak ceindre

kuşatma encerclement; siège

kuşatmak ceindre, cerner, encercler, investir, assiéger

kuşbakışı à vol d'oiseau

kuşbaşı petits morceaux de viande

kuşet couchette

kuşkonmaz asperge

kuşku inquiétude, soupçon; angoisse, anxiété

kuşkucu incrédule, sceptique, soupçonneux
kuşkulanmak s'inquiéter, suspecter
kuşkulu inquiet, soupçonneux
kuşkusuz certainement, sans doute
kuşluk matinée, avant-midi
kuşpalazı diphtérie
kuşsütü objet introuvable
kuştüyü duvet, plume ***kuştüyü yastık*** coussin de plume
kuşüzümü raisin sec à petits grains
kutlama félicitation
kutlamak fêter, célébrer
kutlu heureux, content
kutsal sacré, saint, divin
kutsallık sainteté, divinité
kutsamak consacrer, bénir, sanctifier
kutu boîte, étui, coffre, carton
kutup pôle
Kutupyıldızı étoile polaire
kuvars quartz
kuvvet force, vigueur, énergie, puissance, autorité ***kuvvetten düşmek*** s'affaiblir
kuvvetlendirmek renforcer, fortifier
kuvvetli fort, solide
kuvvetsiz faible, débile
kuvvetsizlik faiblesse
kuyruk queue ***kuyruk acısı*** rancune ***kuyruğa girmek*** faire la queue
kuyrukluyıldız comète
kuyruksokumu sacrum
kuytu isolé, écarté
kuyu puits ***kuyu kazmak*** creuser un puits,
kuyumcu orfèvre
kuzen cousin
kuzey nord
kuzeybatı nord-ouest
kuzeydoğu nord-est
kuzgun corbeau, corneille
kuzu agneau
kuzukulağı oseille
kuzulamak agneler
kuzumantarı morille
Küba Cuba
kübik cubique
kübizm cubisme
küçücük tout petit, infime, minuscule
küçük petit, exigu, menu, court, bref, jeune ***küçük aptes*** petit besoin, pipi ***küçük çaplı*** petit calibre ***küçük düşürmek*** humilier, avilir, mortifier ***küçük harf*** minuscule
Küçükayı Petite Ourse
küçükbaş petit bétail
küçükdil luette du palais
küçüklük petitesse
küçülmek devenir petit, se rapetisser; être réduit; rétrécir, se rétrécir
küçültmek réduire, rapetisser, rendre plus petit, amoindrir; humilier
küçültücü humiliant
küçümsemek mépriser, dédaigner, déprécier, mésestimer
küf moisissure, moisi ***küf bağlamak*** moisir
küfe couffin, couffe, hotte
küflenmek moisir
küflü moisi
küfretmek injurier, jurer, blasphémer
küfür juron, blasphème, injure
küheylan cheval de race
kükremek tonner, rugir
kükürt soufre
kül cendre ***kül etmek*** réduire en cendre, ruiner ***kül tablası*** cendrier
külah bonnet ***külahıma anlat*** ne raconte pas d'histoires ***külahları değiştirmek*** se quereller
külbastı côtelette grillée

külçe lingot
külfet peine, fatigue
külfetli pénible
külfetsiz sans peine
külhanbeyi matamore
külliyat æuvres complètes
küllük cendrier
külot culotte, slip
kültür culture
kültürel culturel
kültürlü cultivé
kültürsüz inculte, sans culture
külüstür démodé ***külüstür araba*** tacot
kümbet coupole
küme tas, amas, morceau
kümebulut cumulus
kümes poulailler, basse-cour ***kümes hayvanları*** volaille
künk tuyau, conduite d'eau ***künk döşemek*** établir des conduites
künye matricule
küp jarre; cube ***küplere binmek*** entrer en fureur, se mettre dans une rage folle
küpe pendants, boucles d'oreilles
kür cure
kürdan cure-dents
küre sphère, globe, boule
kürek pelle, bêche
küremek travailler à la pelle, pelleter, déblayer, enlever avec une pelle
kürk fourrure, pelisse
kürkçü fourreur, pelletier
kürsü chaire, tribune
kürtaj curetage utérin
küskün fâché, brouillé, boudeur
küskünlük fâcherie, brouille
küsmek se fâcher, bouder, se brouiller
küspe tourteau
küstah insolent, impertinent, hardi, arrogant
küstahça insolement
küstahlık insolence, impertinence, audace ***küstahlık etmek*** avoir le toupet
küstümotu mimosa
küstürmek fâcher
küsur fraction; reste
küsüşmek se brouiller
küt non aigu
kütle bloc; masse
kütük souche; registre
kütüphane bibloithèque
kütürdemek rendre un bruit sourd, craquer
kütürtü bruit, tapage
küvet cuvette

L

labada patience
labirent labyrinthe
laboratuvar laboratoire
lacivert bleu foncé
laçka relâché ***laçka olmak*** se relâcher
laçkalık relâchement
lades sorte de philippine ***lades tutuşmak*** faire philippine
ladin épicéa
laf parole, mot ***laf ebesi*** moulin à paroles ***laf etmek*** parler, converser ***laf lafı açar*** un mot entraîne l'autre ***lafa karışmak*** se mêler à une conversation ***lafı ağzından almak*** tirer les vers du nez de qn ***lafı değiştirmek*** changer de conversation ***lafını kesmek*** couper la parole à qn
lafazan bavard, loquace, verbeux, babillard

lağım canal souterrain; égout, fosse d'aisances
lağımcı mineur
lağvetmek abolir, supprimer
lahana chou ***lahana turşusu*** choucroute
lahit tombe, tombeau, sarcophage
lahza moment, instant très bref
laik laïque, séculier
laikleştirmek laïciser
laiklik laïcisme
lakap surnom, sobriquet ***lakap takmak*** surnommer
lakayt indifférent
lake laqué
lakerda thon salé
lakırdı propos, mot, parole, discours, entretien, palabre, potin, commérage
lakin mais, cependant, pourtant
laklak cri de la cigogne; jaserie
lale tulipe
lam lame
lama lama
lamba lampe; lampion
lanet malédiction, imprécation ***lanet etmek*** maudire ***lanet olsun*** au diable!
lapa bouille, pâtée, purée; cataplasme
lappadak soudain
larenjit laryngite
larva larve
lastik gomme; caoutchouc; pneu
latife plaisanterie, bon mot, trait, taquinerie ***latife etmek*** plaisanter
latifeci plaisantin, taquin
Latin latin ***Latin harfler*** caractères latins
Latince latin
laubali familier, sans gêne, sans façon; intime
laubalilik familiarité, irrespect, inconvenance
lav lave
lavabo lavabo, évier
lavaj lavage
lavanta lavande
lavantaçiçeği lavande
layık digne, convenable, séant ***layık olmak*** mériter, être digne de
lazer laser
lazım nécessaire, indispensable ***lazım gelmek*** falloir
lazımlık vase de nuit, pot de chambre
leblebi pois chiches grillés
leğen cuvette
Leh Polonais
leh en faveur de, au profit de, pour, dans l'intérêt de ***lehimde*** en ma faveur, pour moi ***lehine*** en faveur de
lehçe dialecte, patois
lehim soudure, étain
lehimlemek souder
lehimli soudé
leke tache, souillure, défaut, honte ***leke çıkarmak*** détacher ***leke ilacı*** détachant ***leke yapmak*** tacher
lekelemek salir, faire une tache, souiller; déshonorer
lekelenmek se tacher
lekeli taché
lekelihumma typhus
lenf lymphe
leopar léopard
lesbiyen lesbienne
leş charogne ***leş gibi kokmak*** puer, sentir mauvais, empester
levazım nécessaire; munition; intendance
levha tableau, enseigne, panneau
levrek bar
levye levier
leylak lilas

leylek cigogne
leziz savoureux, succulent, bon
lezzet goût, saveur; plaisir; délice, jouissance
lezzetli savoureux, délicat, délicieux
lıkırdamak gargouiller
lıkırtı gargouillement
liberal libéral
liberalizm libéralisme
lider leader
lif filament, fibre
lig ligue
likör liqueur
liman port, rade
limon citron ***limon sarısı*** jaune citron
limonata limonade, citronnade
linç lynchage ***linç etmek*** lyncher
linyit lignite
lira livre
lirik lyrique
lisan langue, langage, parole, dialecte
lisans licence, concession
lise lycée
liseli lycéen
liste liste, relevé
literatür littérature
litografya lithographe
litre litre
liyakat dignité, mérite, capacité
liyakatli méritant; méritoire
liyakatsiz incapable, inapte
loca loge
lodos vend du sud-ouest
logaritma logarithme
loğusa accouchée
lojistik logistique
lojman logement
lokal local
lokanta restaurant
lokavt lock-out
lokma bouchée
lokmanruhu éther
lokomotif locomotive
lokum lokoum, bonbon turc
lombar sabord
lomboz hublot
lonca corporation
lop yumurta œuf dur
lort lord
lostra cirage de chaussure
losyon lotion
loş sombre
lökosit leucocyte
lösemi leucémie
lumbago lumbago
lüfer bonite
lügat dictionnaire, glossaire, lexique
lüks luxe, somptuosité; luxueux, somptueux, fastueux
lüle boucle; robinet; tuyau de pipe
lütfen de grâce, s'il vous plaît, s'il te plaît
lütfetmek vouloir bien, accorder, avoir la bonté de
lütuf bonté, complaisance; grâce, faveur
lütufkâr bienveillant, gracieux, aimable, complaisant
lüzum nécessité, besoin, exigence
lüzumlu nécessaire, indispensable, requis, utile
lüzumsuz inutile, superflu

M

maada excepté, en dehors de, autre que
maalesef malheureusement
maarif connaissances; instruction; éducation
maaş appointement, traitement, salaire

mabet temple
Macar Hongrois
Macarca hongrois
Macaristan Hongrie
macera aventure ***macera aramak*** chercher aventure ***macera romanı*** roman d'aventure
maceracı aventurier
macun pâte, mastic
maç match
maça pique ***maça beyi*** l'as de pique ***maça kızı*** dame de pique
maçuna grue
madalya médaille ***madalyanın ters yüzü*** le revers de la médaille
madde matière, substance; poste, article; paragraphe
maddeci matérialiste
maddecilik matérialisme
maddesel matériel
maddeten matériellement
maddi matériel ***maddi zarar*** dommages matériels
mademki puisque, attendu que, vu que
maden métal; mine, carrière; source ***maden cevheri*** minerai ***maden işçisi*** mineur ***maden mühendisi*** ingénieur des mines ***maden ocağı*** mine
madencilik exploitation des mines, exploitation minière
madeni métallique, minéral
madensuyu eau minérale
madrabaz escroc, filou
madrabazlık escroquerie, tromperie
maestro chef d'orchestre
mafiş fini
mafsal articulation, jointure
magazin magazine
magma magma
magnezyum magnésium
mağara caverne, grotte
mağaza dépot, magasin, boutique
mağdur qui a subi une injustice, lésé
mağduriyet privation, injustice
mağfiret rémission
mağlubiyet défaite, échec
mağlup vaincu, battu ***mağlup etmek*** vaincre ***mağlup olmak*** être vaincu
mağrur orgueilleux, arrogant
mağrurluk orgueil
mahal lieu, endroit, place
mahalle quartier
mahalli local
maharet habileté, capacité
maharetli habile, capable
maharetsiz inhabile, incapable
mahcubiyet honte, pudeur; timidité
mahcup timide, réservé, honteux, confus, penaud, humillié ***mahcup etmek*** faire honte à ***mahcup olmak*** avoir honte
mahdut limité, déterminé, défini
mahfaza étui, fourreau, écrin, boîte
mahıv destruction
mahiyet qualité, essence
mahkeme tribunal, cour ***mahkeme kararı*** décision du tribunal ***mahkeme masrafları*** frais de justice
mahkûm condamné, prisonnier ***mahkûm etmek*** condamner
mahkûmiyet condamnation
mahluk créature
mahmur langoureux
mahmurluk langueur, torpeur
mahmuz éperon
mahrem secret, confidentiel, clandestin
mahrum privé, dépourvu, dénué ***mahrum etmek*** priver
mahrumiyet privation
mahrut cône
mahsuben à valoir, à compte

mahsul produit, fruit, récolte
mahsur assiégé, cerné ***mahsur kalmak*** être assiégé
mahsus propre, particulier, exprès, à dessein
mahvetmek détruire, anéantir, consumer, ruiner, dévaster, perdre
mahvolmak être, anéanti, perdu, ruiné, détruit
mahzun triste, chagrin, affligé, abattu
mahzur inconvénient
mail penché, incliné
maiyet suite
majeste majesté
majör majeur
majüskül majuscule
makale article
makam autorité, fonction, charge
makara bobine, poulie
makarna macaroni
makas ciseaux, cisailles
makat coussin, carreau; anus
makber sépulture, tombeau
makbul accepté, admis; estimé ***makbule geçmek*** faire plaisir
makbuz quittance, acquit, reçu
maket maquette
maki maquis
makine machine ***makine mühendisi*** ingénieur mécanicien
makineleştirmek mécaniser
makineli avec machine ***makineli tüfek*** mitrailleuse
makinist mécanicien
makrama macramé
makro macro
maksat intention, but, vue, visée, dessein
maksatsız sans but
maksimum maximum
maktul tué, assassiné
makul raisonnable, logique; judicieux
makyaj maquillage ***makyaj yapmak*** se maquiller
mal bien, fortune, richesse, avoir, marchandise ***mal bildirimi*** déclaration des biens ***mal etmek*** s'approprier ***mal müdürü*** comptable d'un district ***mal mülk*** fortune ***mal olmak*** revenir à ***mal sahibi*** propriétaire
mala truelle
malak buffletin
malarya malaria
Malezya Malaisie
mali financier, pécuniaire; fiscal ***mali yıl*** année fiscale
malik possesseur
malikâne domaine, grande propriété
maliye finances ***Maliye Bakanlığı*** ministère des finances
maliyet prix de revient
Malta Malte
maltaeriği nèfle de Malte
malul infirme, invalide
malum connu ***malum olmak*** être connu
malumat connaissance, savoir, communication, information ***malumat almak*** s'enquérir, s'informer, se renseigner ***malumat vermek*** informer, aviser, instruire, mettre au courant
malzeme matériel, matériaux
mama repas
mamul fabriqué, manufacturé; façonné, produit
mana sens, signification, acception
manasız insignifiant, absurde
manastır monastère
manav fruitier
mancınık catapulte
manda buffle; mandat

M

mandal loquet, cheville, pince à linge
mandalina mandarine
mandıra bergerie, bercail, bouverie, étable
mandolin mandoline
manevi moral, spirituel
maneviyat moral ***maneviyatı bozulmak*** se démoraliser
manevra man æuvre ***manevra yapmak*** manæuvrer
manga escouade
mangal réchaud, brasero ***mangal kömürü*** charbon de bois
manganez manganèse
mangır obole, pognon
mâni obstacle, empêchement, en trave, contretemps, barricade, barrière ***mâni olmak*** empêcher, embarrasser, contrecarrer
mânia obstacle
manifatura manufacture
manikür manucure
manita mensonge, môme
manivela manivelle, levier
mankafa pauvre d'esprit, stupide, imbécile
manken mannequin
manolya magnolia
manometre manomètre
manşet manchette
mantar champignon; liège; bouchon
mantık logique
mantıklı logique, pondéré, raisonnable
mantıksız illogique, irrationnel
manto manteau
manyak maniaque
manyetik magnétique ***manyetik alan*** champs magnétique ***manyetik kutup*** pôle magnétique
manyetizma magnétisme
manyeto magnéto
manzara vue, spectacle, perspective
manzum en vers
marangoz menuisier
marangozluk menuiserie
maraton marathon
maraz maladie, mal
marazi maladif
mareşal maréchal
margarin margarine
marifet habileté, adresse, dextérité
marifetli habile
mariz maladif, chétif
marka marque, marque déposée
markalamak marquer
Marksist marxiste
Marksizm Marxisme
maroken maroquin
marpuç tuyau de narguilé
mars gain double ***mars etmek*** faire jeu double
Mars Mars
marş marche ***marş motoru*** démarreur
mart mars
martaval futilités, blagues, balivernes, fanfaronnade, gasconnade, hâblerie ***martaval okumak*** blaguer, hâbler, gasconner
martavalcı gascon, fanfaron
martı mouette
maruf connu, fameux, notoire, célèbre, renommé
marul laitue
maruz exposé, sujet à ***maruz kalmak*** être en butte à, être en proie à
masa table
masaj massage ***masaj yapmak*** masser
masajcı masseur
masal conte, histoire ***masal anlatmak*** raconter un conte ***masal gibi***

fabuleux, féerique, merveilleux
masatenisi ping-pong, tennis de table
maskara bouffon, déshonoré, ridicule
maskaralık bouffonnerie
maske masque
maskeli masqué ***maskeli balo*** mascarade, bal masqué
maskot mascotte
maslahat affaire, question, cas
maslahatgüzar chargé d'affaires
mason franc-maçon
masonluk franc-maçonnerie
masraf dépense, frais, débours ***masraf etmek*** dépenser ***masrafa girmek*** faire beaucoup de frais ***masraftan çekinmemek*** ne pas regarder à la dépense
masraflı dispendieux, onéreux
masrafsız sans frais
mastar infinitif
mastürbasyon masturbation
masum innocent
masumluk innocence
maşa pincettes
maşallah bravo! mes compliments! tiens, tiens!
maşrapa coupe à boire
mat mat, terne; faible, dépoli ***mat etmek*** faire échec et mat à ***mat olmak*** être mat
matara gourde, bidon
matbaa imprimerie
matbu imprimé
matem deuil ***matemini tutmak*** être en deuil, porter le deuil
matematik mathématique
materyalist matérialiste
matine matinée
matkap foreuse, perceuse
matrak bâton ***matrak geçmek*** se moquer de qn
matris matrice
maun acajou
mavi bleu
mavna gabare, péniche
maya ferment, levain, levure
mayasıl eczéma
maydanoz persil
mayhoş aigrelet, aigre-doux
mayın mine ***mayın taramak*** déminer, enlever des mines, draguer des mines ***mayın tarlası*** champ de mines
mayıs mai
mayısböceği hanneton
mayi liquide
maymun singe ***maymun iştahlı*** capricieux
maymuncuk passe-partout, rossignol
mayo maillot de bain
mayonez mayonnaise
mayonezli à la mayonnaise
maytap feu d'artifice
mazeret excuse; empêchement, obstacle, prétexte
mazgal créneau
mazı thuya
mazi passé
mazlum opprimé, tyrannisé
mazoşist masochiste
mazot mazout
mazur excusé, excusable ***mazur görmek*** excuser, pardonner
mebus député
mecal force
mecalsiz épuisé, exténué, sans forces
mecaz métaphore, sens figuré
mecazi figuré, métaphorique
mecbur forcé, contraint, engagé ***mecbur etmek*** forcer, contraindre, imposer ***mecbur olmak*** être obligé

M

mecburen forcément, obligatoirement
mecburi obligatoire ***mecburi iniş yapmak*** faire un atterrissage forcé
mecburiyet contrainte, engagement, obligation
meclis assemblée, réunion, conseil, parlement
mecmua revue, magazine
mecnun fou
mecra cours, conduit, méat
meç épée, fleuret; mèche
meçhul inconnu, ignoré
meddücezir flux et reflux
medeni civilisé, civil, civique ***medeni haklar*** droits civils ***medeni hukuk*** droit civil ***medeni kanun*** code civil
medeniyet civilisation
medet secours, aide, assistance
medrese école réligieuse
medyum médium
mefhum compris, sens
meftun admirateur
megafon mégaphone
megalomani mégalomanie
meğer or, donc, mais
mehil délai
mehtap clair de lune
mekân endroit, lieu, place, demeure, habitation
mekanik mécanique
mekanizma mécanisme
mekik navette ***mekik dokumak*** faire la navette
Mekke La Mecque
mektep école
mektup lettre
mektuplaşma correspondance
mektuplaşmak correspondre
melamin mélamine
melankoli mélancolie
melankolik mélancolique
melek ange
meleke habileté, dextérité, exercice, faculté
melekotu angélique
melemek bêler
melez mêlé, mélangé, métis, mulâtre
melezlemek croiser
melezleşmek se croiser
melhem onguent, pommade
melodi mélodie
melodram mélodrame
melon chapeau melon
meltem vent de mousson
melun maudit, infâme
memba source, fontaine; origine ***memba suyu*** eau de source, eau de fontaine
meme mamelle, sein, téton ***meme emmek*** têter ***meme vermek*** donner le sein, allaiter ***memeden kesmek*** sevrer
memeli mammifère
memleket pays, contrée; pays natal, village natal, ville natale, patrie
memnun content, satisfait, heureux, enchanté ***memnun etmek*** satisfaire, contenter ***memnun olmak*** être content
memnuniyet contentement, satisfaction
memur employé, fonctionnaire, agent
memuriyet fonction, mission, poste, emploi, charge
men interdiction, défense, prohibition, empêchement ***men etmek*** prohiber, interdire, empêcher
mendebur répugnant
menderes méandre
mendil mouchoir ***mendil sallamak*** agiter son mouchoir

mendirek brise-lames
menekşe violette
menfaat intérêt, utilité, profit, avantage ***menfaat sağlamak*** profiter, tirer profit, bénéficier
menfi négatif, facheux
menfur odieux, haïssable, détestable
mengene étau, presse
meni sperme
menkıbe légende
menkul transporté, transféré ***menkul mallar*** biens meubles
menopoz ménopause
mensucat textiles
mensup appartenant, relatif
menşe source, provenance, origine
menteşe charnière, gond
mentol menthol
menzil halte, station, étape
mera pâturage
merak curiosité, intérêt, goût, prédilection, passion; inquiétude ***merak etmek*** s'intéresser, se soucier de ***merak sarmak*** se passionner pour
meraklanmak se faire des soucis, se soucier, s'inquiéter
meraklı curieux, indiscret; soucieux, inquiet
meram but, intention, dessein ***meramını anlatmak*** s'expliquer projeter, décider
merasim cérémonie, usages
mercan corail
mercanada atoll
mercek lentille
merci autorité compétente
mercimek lentille
merdane rouleau
merdiven escalier, échelle
merhaba bonjour, bonsoir, salut
merhale étape
merhamet miséricorde, commisération, charité, pitié, compassion ***merhamet etmek*** avoir pitié, faire grâce
merhametli compatissant, clément, miséricordieux
merhem onguent, pommade
merhum défunt, feu, décédé
meridyen méridien
Merih Mars
merinos mérinos
merkep âne
merkez centre, siège, central ***merkez bankası*** banque centrale
merkezi central ***merkezi idare*** administration centrale
merkezci centraliste
merkeziyet centralisation
merkeziyetçi centraliste
merkezkaç centrifuge
mermer marbre
mermi projectile, obus
merserize mercerisé
mersin myrte
mersinbalığı esturgeon
mersiye orasion funèbre, élégie
mert courageux, vaillant
mertçe bravement
mertebe degré, grade
mertek poutre
mertlik bravoure
Meryem Marie
mesafe distance, espace, parcours
mesai efforts, travail
mesaj message
mesane vessie
mesela par exemple
mesele problème, affaire, question
mesire promenade
mesken habitation, logement
meskûn habité
meslek profession; métier
mesleki professionnel

meslektaş collègue, confrère
mest ivre, enthousiaste ***mest etmek*** griser, envirer ***mest olmak*** s'enivrer, se griser
mesul responsable
mesuliyet responsabilité
mesuliyetli responsable
mesut heureux
meşakkat peine, fatigue, difficulté ***meşakkat çekmek*** souffrir
meşale flambeau; torche
meşe chêne
meşgale occupation, affaire, travail
meşgul occupé, affairé, appliqué ***meşgul etmek*** occuper, déranger ***meşgul olmak*** s'occuper
meşguliyet occupation
meşhur fameux, renommé, célébre, connu
meşin cuir
meşru légal, légitime ***meşru müdafa*** légitime défense
meşrubat boisson, liqueurs
meşrutiyet gouvernement constitutionnel
meşum funeste, maudit
meta marchandise, objet
metabolizma métabolisme
metafizik métaphysique
metal métal
metalurji métallurgie
metamorfoz métamorphose
metan méthane
metanet solidité, fermeté ***metanet göstermek*** supporter un malheur
metanetli résistant, solide, fort
metanetsiz faible
metapsişik métapsychique
metazori par force
metelik sou ***metelik etmez*** cela ne vaut pas un sou ***meteliğe kurşun atmak*** n'avoir ni sou ni maille
meteliksiz fauché, sans le sou
meteor météore
meteoroloji météorologie
methetmek louer
methiye louange
metil méthyle
metilen méthylène
metin texte; ferme, solide, constant
metot méthode
metre mètre ***metre kare*** mètre carré ***metre küp*** mètre cube
metres maîtresse ***metres hayatı*** concubinage
metris retranchement, redoute
metro métro
metronom métronome
metropol métropole
metropolit métropolite
mevcudiyet existence
mevcut présent, existant; disponible, effectif, contingent ***mevcut olmak*** exister, être
mevduat dépôt en banque
mevki lieu, endroit, place; position
Mevla Seigneur, Dieu
mevsim saison, temps; époque
mevzi place; position
mevzu sujet, objet, matière
meydan place, champ ***meydan muharebesi*** bataille en rase campagne ***meydan okumak*** braver, défier ***meydan vermek*** causer ***meydana çıkarmak*** découvrir; dévoiler ***meydana çıkmak*** se faire jour ***meydana gelmek*** avoir lieu ***meydana getirmek*** composer, enfanter
meydanda visible
meyhane cabaret, bistrot, taverne
meyil inclinaison, pente
meyilli incliné, penché
meyletmek s'incliner
meymenet bonheur
meymenetsiz de mauvais augure

meyve fruit ***meyve salatası*** salade de fruits ***meyve suyu*** jus de fruits
mezar tombeau, sépulcre
mezarlık cimetière
mezat enchère, aux enchères
mezbaha abattoir
meze hors-d'æuvre
mezhep religion, secte
meziyet mérite; vertu, qualité
mezosfer mésosphère
mezun en permission, permissionnaire en congé; autorisé
mezuniyet permission, autorisation, congé
mezura mètre à ruban
mıh clou, clou à cheval
mıhlamak clouer, clouter
mıknatıs aimant
mıknatıslamak aimanter
mıknatıslı magnétique, aimanté

M

mıncıklamak pétrir entre ses doigts, piler, broyer
mıntıka zone, région; secteur
mırıldanmak murmurer, marmonner
mırıltı murmure, marmonnement
mırın kırın etmek refuser un service
mısır maïs
Mısır Égypte
Mısırlı égyptien
mısra vers
mışıl mışıl uyumak dormir à poings fermés
mıymıntı lambin, lourdaud, maladroit
mızıkçı tricheur
mızıkçılık tricherie
mızmız esprit vétilleux, tâtillon, difficile, mesquin, méticuleux
mızrak lance
mızrap plectre, médiator
miat délai, temps, terme
miço mousse
mide estomac ***mide ağrısı*** maux d'estomac, gastralgie ***mide bulantısı*** nausée ***mide iltihabı*** gastrite ***mide yanması*** brûlures d'estomac ***midesi ağrımak*** avoir mal au ventre ***midesi bozuk olmak*** avoir l'estomac dérangé ***midesi bulanmak*** avoir la nausée ***mideyi bozmak*** attraper une indigestion
midye moule
migren migraine
miğfer casque
mihenk pierre de touche
mihnet peine, souffrance
mihrak foyer
mihrap autel de mosquée
mihver axe, pivot
mika mica
mikrofilm microfilm
mikrofon micro, microphone
mikrop microbe ***mikrop kapmak*** s'infecter
mikroskop microscope
mikser mixer
miktar quantité, nombre
mil poinçon; mille
milat ère chrétienne ***milattan önce*** avant Jésus-Christ ***milattan sonra*** après Jésus-Christ
miligram milligramme
milimetre millimètre
milis milice
militarizm militarisme
millet nation; peuple ***millet meclisi*** assemblée nationale
milletlerarası international
milletvekili député
milli national ***milli bayram*** fête nationale ***Milli Eğitim Bakanı*** ministre de l'éducation nationale ***mili kıyafet*** costume national ***milli marş*** hymne national ***Milli Savunma Bakanı*** ministre de la défense nationale

milliyet nationalité
milliyetçi nationaliste
milyar milliard
milyarder milliardaire
milyon million
milyoner millionnaire
mimar architecte
mimarlık architecture
mimlemek marquer, noter
minare minaret
minber chaire de prédicateur dans une mosquée
minder coussin
mine émail
mineçiçeği verveine
mineral minéral
mini minuscule ***mini etek*** mini-jupe
minibüs minibus
minicik très petit
minik infime
minimini petit, coquet, gentil, mignon
minimum minimum
minnet obligation, gratitude ***minnet etmek*** demander la faveur de qn
minnettar reconnaissant, obligé
minnettarlık reconnaissance, gratitude
minör mineur
minüskül minuscule
mintan chemise
minyatür miniature
minyon mignon
miraç échelle; ascension
miras héritage, succession ***mirasa konmak*** hériter
mirasçı héritier
misafir hôte, hôtesse, visiteur, convive ***misafir odası*** chambre d'amis
misafirperver hospitalier
misafirperverlik hospitalité
misal exemple ***misal olarak*** par exemple
misil semblant, pareil, égal
misilleme représailles ***misilleme yapmak*** user de représailles
miskin paresseux, fainéant, nonchalant, empoté, balourd
miskinlik paresse, indolence, nonchalance
mistik mystique
misyoner missionnaire
mit mythe
miting meeting ***miting yapmak*** faire un meeting
mitoloji mythologie
mitoz mitose
mitralyöz mitrailleuse
miyavlamak miauler
miyop myope
miyopluk myopie
mizaç humeur, tempérament
mizah humour ***mizah gazetesi*** journal humoristique
mobilya meuble
mobilyalı meublé
moda mode, vogue; en vogue, à la mode ***moda olmak*** être en vogue, être à la mode ***modası geçmiş*** démodé, dépassé, périmé ***modayı takip etmek*** suivre la mode
model modèle
modern moderne, à la mode
modernleştirmek moderniser
modül module
modülasyon modulation
Moğol Mongol
Moğolistan Mongolie
mola repos, pause, halte
molekül molécule
moloz moelion; débris de construction
monaraşi monarchie
monitör moniteur
monogami monogamie

monografi monogrphie
monolog monologue
monopol monopole
monoteizm monothéisme
monoton monotone
monotonluk monotonie
montaj montage
monte etmek monter, asembler
mor violet
moral morale ***morali bozulmak*** se démoraliser ***morali düzelmek*** avoir un bon moral ***moralini bozmak*** démoraliser
morartı couleur violet
morartmak rendre violet
moratoryum moratorium
morfin morphine
morfoloji morphologie
morg morgue
morina cabillaud, morue
morötesi ultraviolet
M
mors morse ***mors alfabesi*** alphabet morse
moruk vieillard
morumsu, morumtırak bleuâtre, violacé
mostra échantillon, démonstration
motel motel
motif motif
motivasyon motivation
motor moteur
motosiklet motocyclette, moto
mozaik mosaïque
muadil égal, pareil, semblable
muaf exempt ***muaf tutmak*** exempter
muafiyet exonération, dispense; immunité
muallak pendu, suspendu, pendant ***muallakta olmak*** être en suspens
muamele traitement, procédé, opération, transaction, travail, façon ***muamele etmek*** traiter
muamma énigme
muaşeret bienséance, savoir-vivre, convenances
muavin aide, assistant, adjoint
muayene examen; inspection, contrôle, visite ***muayene etmek*** examiner
muayenehane cabinet *(de médecin)*
muayyen défini, fixé, déterminé
muazzam très grand, considérable, énorme
mubah licite, permis
mucibince selon, suivant, d'après
mucip cause, motif
mucit inventeur
mucize miracle, prodige ***mucize kabilinden*** par miracle
muço mousse
mudi déposant, titulaire d'un compte
muğlak fermé; obscur, confus, difficile à compendre
muhabbet amitié, affection, amour, rapport, entretien ***muhabbet etmek*** bavarder, causer ***muhabbet tellalı*** proxénète
muhabbetçiçeği réséda
muhabbetkuşu perruche
muhabere communication
muhabir correspondant, reporter, envoyé de presse
muhafaza garde, surveillance, conservation, préservation, protection, sauvegarde, entretien ***muhafaza etmek*** protéger, préserver, garantir, défendre, garder, surveiller, conserver
muhafız gardien, garde, surveillant ***muhafız kıtası*** garde du corps
muhakeme raisonnement, jugement; procès, instance, audience ***muhakeme etmek*** juger; réfléchir,

considérer
muhakkak certain, sûr, assuré; sûrement, certainement, sans faute
muhalefet opposition ***muhalefet etmek*** opposer ***muhalefet partisi*** parti d'opposition
muhalif contraire, opposé
muhallebi bouillie faite avec de la farine de riz et du lait
muharebe bataille, combat, lutte ***muharebe meydanı*** champ de bataille
muharip combattant, belligérant, guerrier
maharrik moteur, motrice; *mec.* provocateur
muhasara siège
muhasebe comptabilité
muhasebeci comptable
muhasip comptable
muhatap interlocuteur; tiré
muhayyile imagination
muhbir reporter; dénonciateur, mouchard
muhit milieu, ambiance
muhkem solide
muhtaç indigent, nécessiteux; pauvre ***muhtaç olmak*** avoir besoin de
muhtar maire
muhtelif différent, divers
muhtemel probable, possible, éventuel
muhterem estimé, honoré, honorable
muhteşem superbe, magnifique, fastueux, splendide, somptueux
muhteva contenu, teneur
muhtıra note; mémorandum
mukabele réplique, réponse, riposte ***mukabele etmek*** répondre, riposter, répliquer
mukabil vis-à-vis, opposé, contraire, contre
mukadderat destin
mukaddes sacré, saint
mukavele contrat, convention ***mukavele imzalamak*** signer un contrat ***mukavele yapmak*** conclure un contrat
mukavemet résistance ***mukavemet etmek*** résister, ne pas céder
mukavemetsiz sans résistance
mukavva carton
mukayese comparaison ***mukayese etmek*** comparer
mukayyet olmak s'appliquer avec assiduité
muktedir puissant ***muktedir olmak*** être capable, pouvoir
mulaj moulage
mum cire, bougie, cierge ***mumla aramak*** chercher midi à quatorze heures
mumya momie
mumyalamak embaumer
mundar sale
munis sociable, apprivoisé, doux
muntazam régulier ***muntazam olarak*** régulièrement
murakıp surveillant, réviseur, contrôleur
murat désir, vœu; intention
murdar sale, malpropre, impur
Musa Moïse
musallat obsédant, vexateur ***musallat olmak*** poursuivre, vexer, obséder, hanter
Musevi Israélite, Juif
Mushaf Coran
musibet malheur, calamité
muska amulette
muslin mousseline
musluk robinet
muson mousson

muşamba toile cirée, linoléum; imperméable
muşmula nèfle
muşta coup-de-poing
muştu bonne nouvelle
mutaasıp fanatique
mutaasıplık fanatisme
mutabakat accord, concordance, conformité ***mutabakata varmak*** être d'accord, se mettre d'accord, concorder
mutabık conforme, concordant ***mutabık kalmak*** être d'accord
mutat accoutumé, habituel, usuel; normal
muteber estimé, considéré, honoré; valable; notable
mutedil tempéré, modéré
mutemet homme de confiance
mutena soigneux
mutfak cuisine ***mutfak takımı*** ustensiles de cuisine
mutlak absolu, exprès
mutlaka absolument, à coup sûr
mutlakıyet autocratie
mutlu heureux
mutluluk bonheur
mutsuz malheureux
mutsuzluk malheur
muvafakat accord; consentement, adhésion ***muvafakat etmek*** consentir
muvaffak réussi ***muvaffak olmak*** réussir
muvaffakıyet réussite, succès
muvakkat provisoire, passager, transitoire
muvakkaten provisoirement, temporairement
muvazene équilibre, balance
muvazzaf chargé ***muvazzaf hizmet*** service actif
muvazzaflık service militaire actif
muz banane
muzaffer victorieux, vainqueur
muzır nuisible, préjudiciable
muzip maliceux, mutin, taquin
mübadele échange, troc, permutation
mübalağa exagération ***mübalağa etmek*** exagérer
mübalağalı exagéré
mübaşir huissier, audiencier
mücadele combat, lutte, querelle ***mücadele etmek*** lutter
mücahit combattant
mücellit relieur
mücerret abstrait
mücevher bijou, joaillerie
mücevherci bijoutier
müdafaa défense ***müdafaa etmek*** défendre, soutenir, protéger
müdafi défenseur
müdahale ingérence, intervention, médiation ***müdahale etmek*** s'ingérer, intervenir
müdavim assidu, habitué
müddet durée, délai, terme, temps, période
müdür directeur; principal
müebbet éternel; à vie, à perpétutié ***müebbet hapse mahkûm olmak*** être condamné aux travaux forcés à perpétuité
müessese établissement, entreprise
müessif regrettable, fâcheux, triste
müeyyide sanction
müfettiş inspecteur
müflis failli, banqueroutier
müfredat détails
müfreze détachement
mühendis ingénieur
mühim important
mühimmat munitions
mühlet délai, terme, temps ***mühlet***

vermek accorder un délai
mühür sceau, cachet
mühürlemek cacheter, sceller
mühürlü cacheté; scellé
müjde bonne nouvelle
müjdelemek annoncer une bonne nouvelle
mükâfat récompense ***mükâfat vermek*** récompenser
mükellef contribuable
mükemmel excellent, accompli, parfait, irréprochable, impeccable, complet
mükemmellik excellence, perfection
mükerrer double
mülakat entrevue, interview
mülayim accommodant, doux, tendre, complaisant
mülk propriété, biens, domaine
mülkiyet propriété, possession
mülteci réfugié
mümbit fertile
mümessil représentant
mümeyyiz examinateur
mümin croyant, fidèle
mümkün possible
münafık hypocrite
münakaşa dispute, querelle ***münakaşa etmek*** se disputer, se quereller, discuter
münasebet relation, rapport, liaison, correspondance ***münasebet kurmak*** se mettre en rapport
münasebetsiz inconvenable
münasip convenable, approprié, conforme ***münasip görmek*** juger bon
münazara dispute, discussion
müneccim astrologue
münevver éclairé; cultivé, un homme cultivé, instruit
münferit seul, isolé, séparé
münhal vacant
münzevi retiré, solitaire; ermite
müphem vague, douteux
müptela sujet, adonné, passionné, atteint
müracaat recours, demande ***müracaat etmek*** s'adresser, recourir, avoir recours
mürdümeriği prune de Damas
mürebbiye gouvernante
müreffeh aisé, dans l'aisance
mürekkep encre
mürekkepbalığı seiche
mürettebat équipage
mürettip compositeur, typographe
mürit disciple, novice
mürteci réactionnaire
müruruzaman prescription
mürüvvet humanité, générosité ***mürüvvetini görmek*** voir naître qn
mürver sureau
müsaade permission, autorisation, permis ***müsaade etmek*** autoriser, permettre, accorder
müsabaka concours
müsademe escarmouche
müsadere confiscation
müsait favorable, conforme, convenable
müsamaha tolérance ***müsamaha etmek*** laisser faire, être indulgent, tolérer
müsamahakâr indulgent
müsamere soirée, réunion
müsavi égal
müseccel inscrit, enregistré
müsekkin sédatif; calmant
müshil purgatif, purge
Müslüman musulman, mahométan
Müslümanlık religion musulmane, islamisme, mahométisme
müspet positif

müsrif prodigue, gaspilleur, dépensier
müstahak qui mérite, qui a droit à, digne ***müstahak olmak*** mériter, être digne
müstahdem employé
müstahsil producteur
müstahzar préparé, produit
müstakbel futur
müstakil indépendant, autonome
müstehcen licenceux, obscène, scabreux, impudique, érotique
müsterih tranquille ***müsterih olmak*** se tranquilliser
müstesna excepté, sauf
müsteşar conseiller, sous-secrétaire d'état
müsvedde brouillon, ébauche, minute de notaire
müşahede observation, constatation ***müşahede etmek*** observer, constater
müşahit observateur
müşavir conseiller
müşerref honoré ***müşerref olmak*** être honoré
müşfik tendre, affectueux, doux, compatissant
müşkül difficile, ardu, épineux
müşkülat difficultés, obstacles ***müşkülat çıkarmak*** faire des difficultés
müşkülpesent exigeant
müştemilat dépendances
müşterek commun, en commun, collectif, conjoint
müşteri client, acheteur
mütalaa observation, examen, étude, lecture; avis, opinion ***mütalaa etmek*** examiner
mütareke armistice
müteaddit nombreux, plusieurs
müteahhit fournisseur, entrepreneur
müteakip subséquent
mütecaviz dépassant, plus de
müteessir affligé, triste, touché, affecté ***müteessir olmak*** s'affliger, s'attrister
müteharrik mobile
mütehassıs spécialiste, expert
mütemadi prolongé, continuel, ininterrompu, continu
mütemadiyen continuellement, sans interruption, sans cesse
mütemayil enclin
mütercim traducteur
müteselsil enchaîné, solidaire ***müteselsil borçlu*** débiteur solidaire
müteşebbis entreprenant, entrepreneur
müteşekkil formé, constitué
müteşekkir reconnaissant
mütevazı modeste, humble, simple
mütevelli curateur
mütevellit enfanté, causé
müthiş terrible, horrible
müttefik allié
müvekkil mandant, client
müvezzi facteur
müzakere délibération, débat, pourparlers ***müzakere etmek*** débattre, négocier
müzayede enchère
müze musée
müzevir intrigant, imposteur, fourbe
müzevirlik imposture, fourberie
müzik musique
müzikal musical
müzikbilim musicologie
müzikçi musicien
müzikolog musicologue
müziksever amateur de musique, mélomane
müzisyen musicien

müzmin chronique

N

nabız pouls ***nabız atışı*** pulsation
nacak petite hache, hachette
naçar forcé
naçiz humble, modeste
naçizane humble
nadas jachère ***nadasa bırakmak*** jachérer
nadide rare
nadir rare
nadiren rarement
nafaka pension alimentaire
nafile inutile, inutilement, en vain ***nafile yere*** en vain, pour rien, en pure perte
naftalin naphtaline
nağme ton musical, mélodie
nahiye commune
nahoş mauvais, désagréable; déplaisant
nail olmak obtenir, parvenir, atteindre
naip régent
nakarat refrain
nakavt knock-out
nakden en argent comptant, au comptant, en numéraire
nakış broderie ***nakış işlemek*** broder
nakil transport, expédition, déménagement, transfert ***nakil vasıtaları*** moyens de transport
nakit argent comptant, numéraire
naklen par tradition ***naklen yayın*** retransmission
nakletmek transporter, déménager, emmener; raconter, rapporter
nakliyat transport, expédition
nakliyatçı expéditeur
nakliye transport
nal fer à cheval ***nalları dikmek*** crever, mourir
nalbant maréchal-ferrant
nalın soque, sabot
nallamak ferrer
nam nom; renommée, réputation; gloire ***nam kazanmak*** se faire un nom
namına au nom de
namağlup invaincu
namaz prière *(selon le rite musulman)* ***namaz kılmak*** faire sa prière, prier
name lettre
namert lâche
namertlik lâcheté
namlu canon
namus honneur, honnêteté, décence, pudeur, probité ***namus sözü*** parole d'honneur
namuslu honnête, chaste, correct
namusluluk chasteté, honnêteté
namussuz malhonnête, coquin
namussuzluk malhonnêteté, déshonneur
namzet candidat, soupirant, prétendant
nanay il n'y a pas
nane menthe ***nane yemek*** faire une bêtise, dire des bêtises
nanemolla douillet, mauviette
naneruhu essence de menthe, menthol
nanik pied-de-nez ***nanik yapmak*** faire un pied-de-nez
nankör ingrat
nankörlük ingratitude
nar grenade
nara grand cri, vocifération ***nara atmak*** crier, vociférer
narenciye agrumes

nargile narghilé
narh taxe ***narh koymak*** taxer
narin délicat, subtil; poli, élégant
narkotik narcotique
narkoz narcose
narsisizm narcissisme
nasıl comment ***nasıl olursa olsun*** n'importe comment ***nasılsınız?*** comment allez-vous?
nasılsa accidentellement
nasır callosité, durillon, cor
nasırlı calleux
nasihat conseil, avis ***nasihat etmek*** conseiller, donner des conseils
nasip part, portion, lot ***nasip olmak*** échoir, être donné
natüralist naturaliste
natüralizm naturalisme
natürel naturel
natürizm naturisme
natürmort nature morte
navlun fret
naylon nylon
naz minauderie, coquetterie ***naz etmek*** faire des minauderies, minauder ***nazı geçmek*** exercer une influence sur qn ***nazını çekmek*** se plier aux caprice de qn
nazar regard, coup d'æil, considération ***nazar boncuğu*** perle bleue ***nazar değmek*** attraper le mauvais æil ***nazarımda*** pour moi
nazaran selon, suivant, d'après
nazari théorique
nazariye théorie
nazarlık talisman, amulette
nazım vers, versification
nazik délicat, tendre, poli; fragile, frêle
nazikâne avec politesse, poliment, gracieusement
naziklik délicatesse, subtilité; grâce, élégance; politesse
nazlı capricieux, gâté
ne quoi, que ***ne kadar*** combien? ***ne oldu*** qu'est-ce qui est arrivé? ***ne olur ne olmaz diye*** pour toute éventualité ***ne olursa olsun*** de toute façon, n'importe quoi ***ne oluyor?*** qu'est-ce qui passe? ***ne var ne yok?*** qu'y a-t-il de neuf? ***ne zaman?*** quand? ***neye yarar?*** à quoi bon?
nebat plante
nebülöz nébuleuse
nebze petite portion
neci de quel métier
neden pourquoi, pour quelle raison; cause, raison ***neden olmak*** causer, amener, entraîner, occasionner
nedeniyle à cause de
nefer soldat
nefes souffle, respiration, haleine ***nefes almak*** respirer ***nefes darlığı*** asthme ***nefes vermek*** souffler ***nefesi daralmak*** être essoufflé, étouffé, avoir un accès d'asthme ***nefesi kokmak*** avoir l'haleine mauvaise
nefis le moi
nefis délicieux, exquis, savoureux
nefret dégout, horreur, aversion ***nefret etmek*** haïr, avoir horreur, abhorrer, détester, exécrer
nefrit néphrite
negatif négatif
nehir fleuve, rivière
nekahet convalescence, guérison, rétablissement
nekes inhumain, sordide
nektar nectar
nem humidité, moiteur
nemlendirmek humecter, mouiller
nemlenmek être humecté
nemli humide, moite, mouillé

nemrut impitoyable, arrogant
neolitik néolithique
neon néon
Neptün Neptune
nerde, nerede où
nereden d'où
neredeyse presque, quasi
neresi où
nereye où
nergis narcisse
nesil génération
nesir prose
nesne chose, objet
nesnel objectif
nesnellik objectivité
neşe joie, gaieté, entrain
neşelendirmek égayer, réjouir
neşelenmek devenir gai, se réjouir
neşeli joyeux, gai, de bonne humeur
neşesiz triste, morne ***neşesiz olmak*** être de mauvaise humeur
neşesizlik tristesse; morosité
neşretmek étendre, répandre, éditer, publier
neşriyat publication, émission, édition
neşter lancette
net net ***net gelir*** revenu net
netlik netteté
netice résultat, conséquence, conclusion ***netice almak*** achever, terminer ***netice itibariyle*** en fin de compte
neticesiz sans résultat, sans effet
nevale provisions, vivres
nevi espèce
nevralji névralgie
nevrasteni neurasthénie
nevroloji neurologie
nevropat névropathe
nevroz névrose
ney chalumeau
nezaket politesse, affabilité, courtoisie, galanterie, finesse, délicatesse, gentillesse, élégance
nezaketli gracieux
nezaketsiz malséant
nezaret surveillance, contrôle, vue ***nezaret altına almak*** placer sous contrôle, sous surveillance ***nezaret etmek*** surveiller
nezdinde près de, au près de, chez
nezle rhume ***nezle olmak*** être enrhumé ***nezleye tutulmak*** s'enrhumer, attraper un rhume
nışadır sel ammoniac
nice comment, combien, plusieurs
nicel quantitatif
nicelik quantité
niçin pourquoi, pour quelle raison ***niçin olmasın*** pourquoi pas?
nifak discorde, désunion, désaccord ***nifak sokmak*** semer la discorde
nihai final, définitive
nihayet fin, terme, bout, conclusion; enfin, finalement
nihayetsiz sans fin
nikâh contrat de mariage
nikâhsız concubinage
nikel nickel
nikotin nicotine
nilüfer nénuphar
nimet bienfaits, grâce, faveur, don du ciel
nine grand-mère
ninni berceuse ***ninni söylemek*** chanter une berceuse
nirengi triangulation
nisaiye gynécologie
nisan avril
nispet relation; proportion, comparaison; rapport
nispetle en comparaison de, par rapport à
nispetli proportionnel

nispetsiz disproportionné
nispetsizlik disproportion, discordance
nispi proportionnel ***nispi temsil*** représentation proportionnelle
nişan signe; trace, empreinte; cible, but; emblème; décoration; fiançailles ***nişan koymak*** faire une marque ***nişanı bozmak*** rompre les fiançailles
nişancı pointeur, tireur
nişanlanmak se fiancer
nişanlı fiancé
nişasta amidon
nitekim du reste, d'ailleurs
nitel qualitatif
nitelemek qualifier
nitelendirmek qualifier
nitelik qualité, qualification
nitrat nitrate
nitrogliserin nitroglycérine
niyaz prière, supplication ***niyaz etmek*** prier, supplier
niye pourquoi
niyet intention, dessein, projet, but ***niyet etmek*** avoir l'intention de, projeter, se proposer, compter ***niyeti bozuk olmak*** méditer de mauvais desseins ***niyetinde olmak*** avoir l'intention de
niyetli intentionné, qui fait voeu de jeûner
nizam ordre, arrangement, règle
nizamlı règlement
nizamsız désordonné, en désorde
Noel Noël ***Noel ağacı*** arbre de Noël ***Noel baba*** père Noël
nohut pois chiche
noksan manque, défaut, déficit, lacune, insuffisance, absence, défectuosité; insuffisant, incorrect, défectueux, incomplet
nokta point
noktalama ponctuation
noktalı ponctué ***noktalı virgül*** point-virgule
nonoş chéri
norm norme
normal normal ***normal olarak*** normalement
Norveç Norvège
Norveçli Norvégien
not notation, mention, note, point, remarque ***not etmek*** noter, enregister
nota note
noter notaire
nöbet service; tour, tour de rôle, crise; accès de fièvre ***nöbet beklemek*** être de garde, veiller, être de service
nöbetçi sentinelle, homme de garde
nörolog neurologue
nöroloji neurologie
nöron neurone
nötr neutre
nötrleşmek se neutraliser
nötron neutron
Nuh Noé ***Nuh'un gemisi*** l'arche de Noé
numara numéro; pointure; attraction, simulacre, singeries, truc
numaralamak numéroter
numarasız sans numéro
numune échantillon, exemple, spécimen
nur lumière, clarté, éclat, splendeur
nutuk discours ***nutuk çekmek*** pérorer ***nutuk vermek*** prononcer un discours
nüans nuance
nüfus habitants, population, âmes ***nüfus cüzdanı*** carte d'identité, extrait de naissance ***nüfus dairesi*** bureau de l'état civil ***nüfus kütüğü*** registre de l'état civil ***nüfus me-***

N

muru officier de l'état civil ***nüfus sayımı*** recensement
nüfusbilim démographie
nüfuz pénétration, influence, pouvoir, autorité ***nüfuz etmek*** pénétrer, influencer
nüfuzlu influent
nükleer nucléaire ***nükleer enerji*** énergie nucléaire
nükleon nucléon
nüksetmek récidiver
nükte esprit, bon mot ***nükte yapmak*** faire de l'esprit
nüsha copie, exemplaire
nüve noyau
nüzul apoplexie

O

o il, lui, elle; ce, et là, ces ... là; celui-là, celle-là ***o halde*** alors, donc ***o gün*** ce jour là ***o kadar*** tant, tellement ***o zaman*** alors, en ce temps-là ***ondan sonra*** alors, ensuite, après cela
oba tente, famille nomade
obelisk obélisque
objektif objectif
obua hautbois
obur gourmand, glouton, goinfre
oburluk gourmandise, gloutonnerie
ocak janvier
ocak foyer, âtre, cheminée; réchaud, four; chez-soi, home; famille; club, cercle ***ocağına incir dikmek*** détruire une famille
oda chambre, pièce ***oda hizmetçisi*** femme de chambre ***oda müziği*** musique de chambre
odacı huissier
odak foyer
odun bois, bûche; *mec.* mufle, bûche
oduncu bûcheron
odunkömürü charbon de bois
ofis office
ofsayt hors-jeu
oğalamak frotter; masser
oğlak chevreau
Oğlak le Capricorne ***Oğlak dönencesi*** Tropique du Capricorne
oğlan garçon, garçonnet, adolescent
oğmak masser
oğul fils; essaim
oğuşturmak frotter
oh oh! ***oh olsun*** c'est bien fait
oje vernis à ongles
ok flèche; timon ***ok atmak*** décocher une flèche
okaliptüs eucalyptus
okkalı lourd
oklava rouleau à pâtisserie
oksijen oxygène ***oksijen çadırı*** tente à oxygène
okşamak caresser, cajoler, frôler
oktan octane
oktav octave
okul école ***okula gitmek*** aller à l'école ***okuldan kaçmak*** faire l'école buissonnière
okumak lire, déchiffer; faire ses études, étudier; chanter à la turque
okumuş instruit, éclairé, savant, érudit, intellectuel
okunaklı lisible, déchiffrable
okunaksız illisible
okur lecteur
okutmak faire lire; enseigner, instruire, donner des leçons, faire apprendre
okuyucu lecteur; chanteur à la turque

okyanus océan
olabilir possible
olacak possible ***olacak gibi değil*** c'est impossible ***olacak şey değil*** c'est incroyable
olağan coutumier, ordinaire
olağanüstü extraordinaire, exceptionnel, inouï, merveilleux, miraculeux, prodigieux
olamaz impossible
olanak possibilité
olanaklı possible
olanaksız impossible
olanaksızlık impossibilité
olanca tout
olası probable, éventuel
olasılık probabilité
olay fait, événement, incident, accident, phénomène ***olay çıkarmak*** occasionner un incident
oldubitti fait accompli ***oldubittiye getirmek*** laisser qn devant un fait accompli
oldukça assez, passablement
olgu fait, phénomène
olgucu positiviste
olgun mûr, mûri, sage, raisonnable
olgunlaşmak mûrir
olgunlaştırmak mûrir, rendre mûr, faire mûrir
olgunluk maturité
olimpiyat olympiade ***olimpiyat oyunları*** Jeux olympiques
olmadık impossible
olmak être, devenir
olmamış pas mûr, vert
olmaz impossible
olmuş mûr, mûri
olta hameçon, ligne
oluk gouttière, caniveau, conduit, rainure
oluklu ondulée
olumlu affirmatif, positif
olumsuz négatif
olur d'accord
oluş être, essence, existence
oluşturmak former, constituer, composer
oluşum formation
omlet omelette
omur vertèbre
omurga carène, épine dorsale, colonne vertébrale
omurilik moelle épinière
omuz épaule ***omuz silkmek*** hausser les épaules ***omuzuna almak*** mettre sur l'épaule
omuzlamak prendre sur ses épaules
omuzluk épaulette
on dix
onamak approuver, agréer
onarım réparation, restauration
onarmak réparer, restaurer
onay agrément, approbation, assentiment, sanction
onaylamak ratifier, certifier, confirmer
onbaşı caporal
ondalık décimal, 10 pour cent ***ondalık kesir*** fraction décimale
ongun productif; béni
onlar ils, leur, eux, elles
onlu dix
onmak s'améliorer
ons once
onsuz sans lui
onu lui; le, la
onun son; sa; ses
onur honneur ***onur vermek*** honorer ***onurunu kırmak*** mortifier
onurlu hautain
opera opéra
operasyon opération
operatör opérateur
oportünist opportuniste

optik optique
optimist optimiste
ora, orası là, là-bas
orada là, dans cet endroit-là
oradan de là, de ce côté-là
orak faux
oran proportion
oransız disproportionné
orantı proportion
orantılı proportionnel ***orantılı olarak*** proportionnellement
oraya là, de ce côté-là
ordu armée
ordubozan trouble-fête
orduevi cercle d'officier
ordugâh camp
organ organe, membre ***organ nakli*** transplantation
organik organique
organizatör organisateur
organizma organisme
orgazm orgasme
orgeneral général d'armée
orijinal original
orkestra orchestre ***orkestra şefi*** chef d'orchestre
orkide orchidée
orkinos thon
orlon orlon
orman bois, forêt ***orman fakültesi*** faculté forestière
ormanlık boisé
ormancılık économie forestière
ornatmak substituer
orospu prostituée, putain, salope, fille de joie
orsa bâbord
orta milieu, centre; moyen, médiocre, médian ***orta boy*** taille moyenne ***orta dalga*** ondes moyennes ***orta direk kd.*** couche sociale moyenne ***ortada bırakmak*** quitter ***ortadan kaldırmak*** annihiler, anéantir, détruire, liquider, supprimer ***ortadan kaybolmak*** disparaitre ***ortasında*** au milieu de ***ortaya atmak*** soulever ***ortaya çıkarmak*** déceler, découvrir, dépister, éventer ***ortaya çıkmak*** paraître, s'avérer, s'offrir, se poser ***ortaya koymak*** accuser
ortaç participe
ortaçağ moyen age
ortada apparent, clair, flagrant, évident
ortaderi mésoderme
Ortadoğu Moyen Orient
ortak associé, commun, collectif; partenaire ***ortak çarpan*** multiplicateur commun, multiple commun ***ortak olmak*** être associé à ***Ortak Pazar*** Marché commun
ortaklaşa ensemle, en commun
ortaklık association, participation, société
ortakulak oreille moyenne
ortakyapım coopération
ortakyönetim coalition
ortalama moyen, en moyenne
ortalık alentour, lieu, parage, ici ***ortalık ağarıyor*** le jour pointe, se lève ***ortalık kararıyor*** la nuit tombe ***ortalığı karıştırmak*** exciter des troubles
ortam ambiance, environnement, milieu
ortanca hortensia
ortaparmak majeur, médius
orotopedi orthopédie
ortopedik orthopédique
oruç jeûne ***oruç tutmak*** observer le jeûne, jeûner
Osmanlı Ottoman ***Osmanlı İmparatorluğu*** l'Empire Ottoman
osurmak péter
osuruk pet, vent

ot herbe; foin
otağ tente impériale
otel hôtel
otlak pâturage, pacage
otlakçı parasite, pique-assiette
otlamak paître, pâturer, brouter; vivre en parasite, faire le pique-assiette
oto auto
otobiyografi autobiographie
otobüs autobus, bus
otokar autocar
otokrasi autocratie
otokritik autocritique
otomatik automatique ***otomatik olarak*** automatiquement
otomobil automobile, auto
otopark parking
otopsi autopsie
otorite autorité
otoriter autoritaire
otostop l'auto-stop ***otostop yapmak*** faire de l'auto-stop
otostopçu auto-stoppeur
otoyol autoroute
oturak siège, banquette; vase de nuit, pot de chambre
oturma séjour ***oturma izni*** permis de séjour ***oturma odası*** salle de séjour
oturmak s'asseoir, se mettre
oturtmak asseoir; placer, poser, installer
oturum séance, session, audience
otuz trente
ova plaine
oval ovale
ovalamak frotter, masser
ovmak frotter, masser
ovuşturmak frotter
oy voix, suffrage, vote ***oy pusulası*** bulletin de vote ***oy vermek*** voter
oya frange, feston
oyalamak lanterner, amuser, occuper, distraire, divertir
oyalanmak se laisser distraire; s'amuser, se divertir; perdre son temps, flâner
oybirliği unanimité des voix ***oybirliği ile*** à l'unanimité des voix
oylum volume
oyma ciselure, dentelure, taillade, découpure, sculpture
oymak creuser, fouiller, buriner, découper, poinçonner, taillader; canneler
oynak animé, mobile, inconstant; coquet, coquette
oynamak jouer, s'amuser, badiner; bouger; danser
oynaş amoureux, bien-aimé, bien-aimée, amant, amante, ami, amie
oynatmak faire jouer; perdre la raison; faire danser; mettre en mouvement, mouvoir, déplacer
oysa cependant, pourtant, néanmoins, or, toutefois, tout de même
oyuk creux; cavité
oyun jeu, amusement; partie, match; représentation; danse, jeu de hasard; tromperie, fraude ***oyuna getirmek*** entortiller ***oyunda kazanmak*** gagner au jeu ***oyunda kaybetmek*** perdre au jeu
oyunbozan trouble-fête
oyuncak jouet, joujou
oyuncu joueur, artiste
oyunlaştırmak dramatiser
ozan poête
ozon ozone

Ö

öbek amas, tas, groupe

öbür autre ***öbür dünya*** autre monde, l'au-delà ***öbür gün*** lendemain
öbürü l'autre
öcü ogre
öç vengeance ***öç almak*** se venger
öd bile; courage ***ödü kopmak*** s'effrayer, avoir peur
ödeme paiement, payement, versement ***ödeme emri*** ordre, avis de paiement ***ödeme yapmak*** effectuer un paiement, payer
ödemek payer, verser, régler, rembourser
ödemeli contre remboursement
ödenek indemnité, allocation
ödenti cotisation
ödeşmek être quitte
ödev tâche, charge, devoir
ödlek peureux; craintif
ödül prix, récompense ***ödül kazanmak*** prendre; gagner le prix
ödüllendirmek récompenser
ödün compensation ***ödün vermek*** donner une compensation
ödünç emprunt ***ödünç almak*** emprunter ***ödünç olarak*** à titre de prêt ***ödünç vermek*** prêter
öfke colère, fureur, emportement, indignation
öfkelendirmek hérisser, mettre en colère
öfkelenmek s'emporter, se mettre en colère
öfkeli furieux, en colère, faché
öğe élément
öğle midi ***öğle yemeği*** le déjeuner ***öğleden sonra*** après midi ***öğleyin*** à midi
öğrenci élève, écolier
öğrenim études ***öğrenim görmek*** faire ses études
öğrenmek apprendre
öğreti doctrine
öğretici didactique, instructif
öğretim enseignement, instruction ***öğretim görevlisi*** universitaire ***öğretim kurulu*** le corps enseignant ***öğretim yılı*** année scolaire
öğretmek enseigner, apprendre, instruire
öğretmen maître, professeur, instituteur ***öğretmen okulu*** école normale d'instituteurs
öğün ration, portion, plat
öğünmek se vanter
öğürmek tâcher de vomir; avoir des nausées; beugler
öğüt conseil, recommandation ***öğüt vermek*** conseiller
öğütmek moudre, broyer
öğütücü molaire
ökçe talon
ökse glu
öksürmek tousser
öksürük toux
öksürtmek faire tousser
öksüz orphelin
öküz bæuf
ölçek mesure; échelle
ölçmek arpenter, mesurer
ölçü mesure, pointure, dimension, étalon ***ölçü almak*** prendre les mesures ***ölçüyü kaçırmak*** outrepasser, dépasser, exagérer
ölçülü mesuré, pondéré, modéré
ölçüm mesurage
ölçüsüz démesuré, débridé
ölçüt critère
öldürmek tuer, abattre, assassiner
öldürücü mortel, fatal, funeste
ölgün fané, flétri, faible, épuisé
ölmek mourir, crever, décéder, expirer, périr, s'éteindre, trépasser
ölmez immortel
ölmüş mort, défunt, décédé

ölü mort, défunt, cadavre
ölüm mort; décès ***ölüm cezası*** peine de mort ***ölüm döşeğinde olmak*** être sur son lit de mort ***ölüm kalım meselesi*** question de vie ou de mort ***ölüm tehlikesi*** danger de mort ***ölüme mahkûm etmek*** condamner à mort
ölümcül mortel, fatal, funeste
ölümlü éphémère, mortel
ölümsüz immortel
ölümsüzleşmek s'immortaliser
ölümsüzleştirmek immortaliser
ömür vie, existence
ön devant, préliminaire ***ön ayak olmak*** être l'instigateur ***ön kapı*** porte devant ***önde*** devant ***önünde*** au devant ***önünü kesmek*** barrer le chemin
önce d'abord, avant, premièrement
önceden auparavant, jadis, à l'avance ***önceden bildirmek*** prédire ***önceden görmek*** anticiper, prévoir
önceki précédent, antérieur
öncel prédécesseur, devancier
önceleri autrefois
öncelik priorité
öncü précurseur; avant-garde; messager
öncül prémices
önder leader, chef
önek préfixe
önem importance, portée
önemli important ***önemli değil*** n'importe, peu importe, ça ne fait rien
önemsiz sans aucune importance, futile
önerge proposition, motion ***önerge vermek*** soumettre une proposition
öneri suggestion, offre
önermek proposer, offrir
öngörmek prévoir
öngörü prévoyance
önkol avant-bras
önlem mesure, précaution
önlemek prévenir, empêcher, réprimer
önleyici préventif
önlük tablier
önseçim élection primaire
önsel à priori
önsezi flair, instinct, intuition, prémonition
önsöz avant-propos, préface, introduction
önsözleşme contrat préliminaire
önyargı préjugé
öpmek embrasser, baiser
öpücük baiser, bise ***öpücük göndermek*** envoyer des baisers
öpüşmek s'embrasser
ördek canard; *hek.* urinal
ören ruine
örf usage, coutume, mæurs ***örf ve âdet*** us et coutumes
örfi idare état de siège
örgü tricotage; natte ***örgü yapmak*** tricoter, tresser
örgüt organisation
örgütlemek organiser
örgütlenmek s'organiser
örgütsel organisationnel
örmek tresser, tricoter, natter
örneğin par exemple
örnek modèle, exemplaire, échantillon; exemple ***örnek almak*** prendre modèle
örneklendirmek donner l'exemple
örnekseme analogie
örs enclume
örselemek malmener, meurtrir, contusionner, affaiblir, friper
örtbas etmek étouffer, cacher, dissimuler, camoufler

Ö

örtmek couvrir, recouvrir, cacher, voiler, envelopper, dissimuler; camoufler; fermer
örtü couverture, revêtement, couche, enduit, enveloppe
örtülü couvert, voilé, caché
örtünmek se couvrir, se protéger
örücü ravaudeur, stoppeur de vêtement
örümcek araignée ***örümcek ağı*** toile d'araignée
öte au delà, l'autre côté, plus loin ***öte yandan*** d'autre part, par ailleurs ***ötede beride*** çà et là ***öteden beri*** depuis longtemps
öteki l'autre ***öteki dünya*** l'autre monde
ötleğen fauvette
ötmek chanter; résonner
ötücü chanteur ***ötücü kuş*** oiseau chanteur
ötürü à cause de, en raison de
övgü louange, éloge, flatterie ***övgüye değer*** louable, méritoire
övmek louer, vanter, encenser, faire l'éloge
övünç vanterie
övüngen vantard, fanfaron
övünmek se vanter
öykü conte, histoire, récit
öykülemek narrer
öykünmek imiter
öyle ainsi, de cette manière, de la sorte, comme cela; tel, pareil, semblable, de ce genre ***öyle değil mi*** n'est-ce pas? ***öyle ise*** alors ***öyle ya da böyle*** de toutes façons
öylesine tant, tellement
öz essence; propre, pur, personnel, particulier; suc
Özbek Uzbek
Özbekistan Uzbekistan
özdek matière, substance
özdekçilik matérialisme
özdenetim auto-contrôle
özdeş identique
özdeşleşme identification
özdeşleşmek s'identifier
özdeşlik identité
özdevinim automatisme
özdeyiş maxime
özdirenç résistance
özek noyau
özel personnel, privé, spécial, particulier ***özel ad*** nom propre ***özel ders*** leçon particulière ***özel girişim*** entreprise privée ***özel mülkiyet*** propriété privée ***özel okul*** école privée ***özel sektör*** le secteur privé ***özel şoför*** chauffeur ***özel yaşam*** intimité
özeleştiri autocritique
özellik particularité, spécialité, trait
özellikle particulièrement, spécialement
özen soin, scrupule, sollicitude ***özen göstermek*** soigner, s'appliquer
özendirmek encourager, pousser, stimuler, tenter
özenli assidu, attentif, soigneux, soigné
özenti recherche, manière
özerk autonome
özerklik autonomie
özet résumé, extrait, sommaire ***özet olarak*** en résumé, brièvement
özetlemek abréger, résumer
özge autre
özgeçmiş curriculum vitae
özgü propre à
özgül spécifique ***özgül ağırlık*** poids spécifique
özgün authentique, original
özgür libre
özgürlük liberté
özlem nostalgie

özlemek désirer revoir, avoir la nostalgie de, manquer à
özleştirmek purifier
özlü concis, succinct, succulent
özne sujet
öznel subjectif
öznellik subjectivité
özseverlik narcissisme
özsu jus
özümleme assimilation
özümlemek assimiler
özümsemek assimiler
özür excuse, défaut, faute ***özür dilemek*** s'excuser, demander pardon à ***özür dilerim*** excusez-moi, je vous demande pardon, pardon
özürlü handicapé, infirme
özveri abnégation
özverili sacrifié
özyaşamöyküsü autobiographie

P

pabuç babouche, pantoufle, chaussure, soulier
paça partie inférieure de la jambe, pieds de mouton, de veau ou de bæuf; jambes ou bas de pantalon ***paçası düşük*** négligé, débraillé, souillon ***paçasını kurtarmak*** filer, décamper
paçavra chiffon, torchon, lavette
paçoz prostituée
padavra bardeau
padişah monarque, empereur, souverain
pafta plaque; planche, dépliant, volet
paha prix, coût, valeur ***paha biçilmez*** inestimable, inappréciable ***paha biçmek*** évaluer, estimer
pahalı cher, coûteux, précieux
pahalılaşmak augmenter
pahalılık cherté, prix élevé
pak pur, propre
paket paquet, colis
paketlemek empaqueter, envelopper
paklamak nettoyer, purifier, épurer
pakt pacte
pala cimeterre
palabıyık homme à moustaches larges et longues
palamar câble, amarre
palamut *hayb.* bonite, pélamide, pélamyde; *bitk.* gland du chêne
palan selle, bât
palanga palan
palaska cartouchière
palas pandıras soudain, à l'improviste, brusquement
palavra hâblerie, mensonge, fanfaronnade, blague
palavracı hâbleur, imposteur, blagueur, fanfaron
palaz caneton
paleografi paléographie
paleontoloji paléontologie
paleozoik paléozoïque
palet palette
palmiye palmier
palto paletot, manteau, pardessus
palyaço clown, paillasse
pamuk coton
pamukçuk aphte
Panama Panama
panayır foire, kermesse
pancar betterave
pancur persienne, jalousie
pandantif pendentif
panik panique ***paniğe kapılmak*** paniquer
panjur persienne, jalousie

pankreas pancréas
pano panneau
panorama panorama
pansiyon pension
pansiyoner pensionnaire
pansuman pansement ***pansuman yapmak*** panser
pantalon pantalon
panter panthère
pantomim pantomime
panzehir contrepoison, antidote
papa pape
papağan perroquet
papalık papauté, pontificat
papatya marguerite
papaz prêtre, abbé, curé, pasteur
papirüs papyrus
papyon næud papillon
para argent, monnaie ***para basmak*** battre monnaie ***para biriktirmek*** faire des économies ***para bozdurmak*** changer de l'argent ***para cezası*** amende ***para çantası*** porte-monnaie ***para harcamak*** dépenser de l'argent ***para havalesi*** mandat ***para kazanmak*** gagner de l'argent ***para politikası*** politique monétaire ***para saymak*** payer
parabol parabole
paradoks paradoxe
paraf parafe
parafe etmek parafer
parafin paraffine
paragraf paragraphe
paralamak mettre en pièces
paralanmak être déchiré
paralel parallèle
paralelkenar parallélogramme
paralı riche; payant
parametre paramètre
paramparça brisé en petits morceaux, déchiré en lambeaux ***paramparça etmek*** mettre en lambeaux ***paramparça olmak*** être brisé en petits morceau, être déchiré
parantez parenthèse
parasal monétaire
parasız sans argent, pauvre; gratis, gratuitement
parasızlık pénurie, impécuniosité, pauvreté
paraşüt parachute
paraşütçü parachutiste
paratoner paratonnerre
paravana paravent
parazit parasite
parça morceau, fragment, partie, pièce, parcelle ***parça başına*** aux pièces ***parça parça etmek*** mettre en morceau, morceler, lacérer, briser, dépecer ***parça parça olmak*** être mis en morceau, être déchiré
parçalamak débiter, déchiqueter, déchirer, désintégrer, fracasser, hacher, lacérer, rompre
parçalanmak se désintégrer, éclater
pardon pardon
pardösü pardessus
parfüm parfum ***parfüm sürmek*** parfumer
parıldamak étinceler, scintiller, briller, pétiller, luire
parıltı lueur, éclat, clarté
park parc ***park etmek*** parquer, stationner ***park yeri*** parking
parke parquet
parkur parcours
parlak brillant, luisant, étincelant; clair, éclatant; beau
parlaklık éclat, lueur, splendeur, clarté
parlamak briller, luire, reluire,

flamber, rayonner, resplendir, scintiller, étinceler; s'enflammer, s'allumer, prendre feu
parlamenter parlementaire
parlamento parlement
parlatmak cirer, lustrer, polir
parmak doigt ***parmak basmak*** mettre le doigt sur ***parmak izi*** empreinte digitale ***parmak kaldırmak*** lever le doigt ***parmakla göstermek*** montrer qn du doigt
parmaklamak toucher du doigt; agiter, exciter
parmaklık balustrade, grille, clôture, palissade
parodi parodie
parola mot de passe, mot d'ordre
pars léopard
parsa quête ***parsa toplamak*** quêter
parsel parcelle
parsellemek lotir, diviser en parcelle
parşömen parchemin
parti parti ***parti vermek*** donner un parti
partici partisan
partizan partisan
pas rouille
pasaklı sale, crasseux, malpropre, souillon
pasaport passeport
pasif passif
paskalya Pâques
paslanmak se rouiller, s'oxyder
paslanmaz inoxydable
paslı rouillé
paso permis de circulation
paspas paillasson
pasta gâteau
pastane pâtisserie
pastel crayon de couleur, pastel
pastırma viande salée et desséchée au soleil
pastil pastille
paşa pacha
pat aster; subitement
patak rossé, coups de bâton
pataklamak battre, rosser
patates pomme de terre
patavatsız indiscret, primesautier, sans-gêne
patavatsızlık indiscrétion, indécence
paten patin à glace ***patenle kaymak*** patiner
patent patente, brevet
patırdamak craquer, faire du bruit
patırtı tapage, tumulte, clameur
patırtılı bruyant, tumultueux
patik chausson
patika sentier
patinaj patinage, dérapage ***patinaj yapmak*** patiner, déraper
patiska batiste
patlak fendu, crevé, déchiré, crevasse, déchirure ***patlak lastik*** pneu crevé ***patlak vermek*** éclater, se déchaîner
patlama explosion
patlamak éclater, crever, exploser
patlatmak faire éclater, crever, percer
patlayıcı explosif
patlıcan aubergine
patoloji pathologie
patrik patriarche
patrikhane patriarcat
patron patron
pattadak, pattadan soudainement, à l'improviste
pavyon pavillon
pay part, lot, partage, portion, ration, quote-part ***pay etmek*** diviser, partager ***pay sahibi*** associé ***payı olmak*** avoir part, participer
payanda lambourde, étai

payda dénominateur
paydos repos, relâche, récréation
paye grade, rang, dignité
paylamak gronder, tancer
paylaşmak se partager, partager, participer à
paytak bancal, cagneux
payton phaéton
pazar marché, bazar; dimanche ***pazar yeri*** place du marché ***pazara gitmek*** aller au marché
pazarcı vendeur
pazarlık marchandage ***pazarlık etmek*** marchander
pazartesi lundi
pazen futaine
pazı biceps
peçete serviette
pedagog pédagogue
pedagoji pédagogie
pedal pédale
peder père
pederşahi patriarcal
pediatri pédiatrie
pedikür pédicure
pehlivan lutteur
pejmürde chiffonné, usé, râpé, misérable
pek très, fort, bien; dur, ferme, solide
pekâlâ bon, d'accord, bien, parfait, très bien
peki d'accord
pekişmek se fortifier, s'endurcir
pekiştirmek fortifier, endurcir, consolider, renforcer, raffermir
peklik dureté, solidité; constipation
pekmez moût de raisin
peksimet biscotte, galette
pelerin pèlerine
pelesenk baume
pelesenkağacı baumier
pelikan pélican
pelin absinthe
pelit gland
pelte gelée
peltek bègue; qui zézaie ***peltek konuşmak*** bégayer, zézayer
pelür pelure
pelüş péluche
pembe rose
pembemsi rosâtre
penaltı pénalty
pencere fenêtre
pençe griffe, serre; semelle
pençelemek griffer, lacérer
pençeleşmek combattre, lutter contre
penguen pingouin
peni penny
penis pénis, phallus, verge
pense pince
pepe bègue
pepelemek bégayer
pepsin pepsine
perakende en détail ***perakende fiyat*** prix de détail ***perakende satmak*** vendre au détail
perçem toupet
perçin rivet, cheville
perdah polissage
perdahlamak polir, lustrer
perdahlı poli, lustré
perde rideau, portière, cloison, écran; cataracte, maladie des yeux ***perde çekmek*** voiler ***perdeyi indirmek*** baisser le rideau ***perdeyi kaldırmak*** lever le rideau ***perdeleri kapatmak*** fermer les rideaux
perende culbute, saut périlleux ***perende atmak*** faire la culbute
pergel compas ***pergelleri açmak*** marcher vite
perhiz régime, diète, abstinence ***perhiz yapmak*** faire abstinence

P

perhizli abstinent
peri fée, génie ***peri gibi*** belle comme une fée
periskop périscope
perişan épars, dispersé; abattu, accablé, affligé, désemparé, désolé, malheureux ***perişan etmek*** ruiner, disperser; battre à plate couture; déconcerter, troubler ***perişan olmak*** périr
periyodik périodique
perma permanente
peron perron, quai
personel personnel
perspektif perspective
perşembe jeudi
peruk(a) perruque
pervane phalène; hélice
pervasız intrépide
pervaz cadre, bordure
pes bas, doucement ***pes dedirtmek*** vaincre, battre ***pes demek*** céder, abandonner, se reconnaître vaincu, se rendre ***pes etmek*** fléchir
pespaye vil, bas
pestil pâte de fruit ***pestilini çıkarmak*** battre qn comme plâtre
P
peş pan, derrière ***peşinde*** en quête de ***peşinde olmak*** être à la poursuite de qn ***peşinden koşmak*** courir après ***peşine takılmak*** être sur les talons de qn
peşin au comptant ***peşin alış*** achat au comptant ***peşin fiyat*** prix au comptant ***peşin para*** argent en espèces, argent comptant ***peşin para ödemek*** payer comptant
peşkir serviette
peşrev prélude
peştamal serviette de bain
petek alvéole, cellule d'abeille
petrol pétrole ***petrol boru hattı*** pipe-line ***petrol kuyusu*** puits de pétrole ***petrol rafinerisi*** raffinerie de pétrole
pey arrhes ***pey sürmek*** surenchérir, faire une enchère ***pey vermek*** donner, verser des arrhes
peyda clair, évident ***peyda etmek*** acquérir
peydahlamak s'acquérir
peyderpey l'un après l'autre, successivement
peygamber prophète
peynir fromage
peyzaj paysage
pezevenk entremetteur
pezevenklik proxénétisme ***pezevenklik etmek*** faire l'entremetteur
pıhtı caillot
pıhtılaşmak se coaguler
pılı pırtı fatras, broutilles, hardes
pınar fontaine
pırasa poireau
pırıldamak êtinceler, briller, chatoyer
pırıl pırıl radieux, avec éclat
pırıltı lueur, éclat, rayonnement
pırlamak voler
pırlanta brillant
pırtık déchiré
pısırık maladroit, empoté, pleutre, peu actif
pıtırdamak faire, produire un bruit léger
pıtırtı bruit léger
pıtrak lampourde
piç bâtard
pijama pyjama
pikap pick-up, tourne-disque
pike piqué
piknik pique-nique
pil pile
pilaki plat à l'huile et à l'oignon
pilav pilaf
piliç poulet

pilot pilote
pineklemek végéter
pingpong ping-pong
pinpon vieux, vieillard, sénile, décrépit
pinti avare, ladre, pingre
pintileşmek devenir avare
pintilik avarice, ladrerie, sordidité
pipo pipe ***pipo içmek*** fumer
piramit pyramide
pire puce ***pire gibi*** vif, agile ***pireyi deve yapmak*** exagérer
pirelenmek avoir des soupçons
pireotu pyrèthre
pirinç riz; laiton
pirzola côtelette
pis sale, malpropre, boueux, souillé, crasseux ***pis kokmak*** empester, puer, sentir mauvais
pisboğaz goinfre
pisibalığı limande
piskopos évêque
pislemek salir
pisletmek rendre malpropre, salir, faire des taches
pislik malpropreté, saleté, souillure, immondices, débris, excréments
pist piste
piston piston
pisuar pissoir, urinoir
pişik écorchure, excoriation
pişirim cuite
pişirmek cuire, faire cuire, faire la cuisine
pişkin cuit, bien cuit; mûr; éhonté, sans vergogne
pişman repenti ***pişman etmek*** faire repentir ***pişman olmak*** se repentir, regretter
pişmanlık repentir, regret
pişmek cuire, être cuit; mûrir; acquérir de l'expérience
piton python
pitoresk pittoresque
piyade piéton; fantassin, infanterie
piyango loterie ***piyango bileti*** billet de loterie
piyanist pianiste
piyano piano
piyasa marché ***piyasaya çıkarmak*** lancer sur le marché ***piyasaya çıkmak*** aller se promener à pied
piyes pièce de théâtre
piyon pion
pizza pizza
plaj plage
plak disque
plaka plaque d'immatriculation
plan plan, dessin ***plan kurmak*** projeter ***plan yapmak*** faire des projets
planlamak planifier
planör planeur
planya sorte de rabot, plane
plasenta placenta
plasman placement
plastik plastique ***plastik sanatlar*** arts plastiques
platform plate-forme
platin platine
plato plateau
platonik platonique
plazma plasma
plevra plèvre
podyum podium
poğaça pâte feuilletée
pohpoh flagornerie, adulation
pohpohçu flatteur, adulateur
pohpohlamak flatter, aduler
poker poker
polarma polarisation
polarmak polariser
polemik polémique
poliçe lettre de change, police d'assurance
poligami polygamie

poligon polygone
poliklinik policlinique
polimer polymère
polip polype
polis police; agent de police
politik politique
politika politique ***politika yapmak*** faire de la politique
politikacı politicien
Polonya Pologne
Polonyalı Polonais
pomat pommade
pompa pompe
pompalamak pomper
poplin popeline
popo postérieur, derrière
popüler populaire
porno pornographique
porselen porcelain
porsiyon portion
porsuk blaireau
porsumak se ramollir, se rider
portakal orange
portakalrengi orangé
portatif portatif, pliable
Portekiz Portugal
Portekizli Portugais
portföy portefeuille
portmanto portemanteau
portre portrait
posa sédiment, lie, marc, résidu
post peau de mouton ***postu kurtarmak*** se guérir ***postu sermek*** tuer
posta poste, courrier ***posta havalesi*** mandat-poste ***posta kartı*** cartepostale ***posta kutusu*** boîte aux lettres ***posta pulu*** timbre-poste
postacı facteur
postal chaussure portée par les soldats, godillot
postalamak envoyer par la poste, par voie postale, poster
postane bureau de poste
poster poster
postrestant poste restante
poşet pochette, sachet
pot impair, gaffe ***pot kırmak*** faire une gaffe
pota creuset
potansiyel potentiel
potasyum potassium
potin bottine
potpuri pot-pourri
poyra moyeu
poyraz vent du nord
poz pose ***poz vermek*** poser
pozisyon position
pozitif positif
pöf pouah!
pörsük flétri, ratatiné, flasque
pörsümek se ramollir; se rider
pösteki dépouille, peau de mouton ***pösteki saydırmak*** faire des difficultés
pranga galères, bagne ***prangaya vurmak*** condamner qn aux galères
pratik pratique
prens prince
prenses princesse
prensip principe
prenslik principauté
pres presse
prevantoryum préventorium
prezervatif préservatif
prim prime
priz prise
prizma prisme
problem problème
prodüksiyon production
prodüktivite productivité
prodüktör producteur
profesör professeur
profesyonel professionnel
profil profil

program programme
programcı programmeur
programlamak programmer
proje projet
projektör projecteur
proletarya prolétariat
proleter prolétaire
propaganda propagande ***propaganda yapmak*** faire de la propagande
propagandacı propagandiste
prosedür procédure
prospektüs prospectus
prostat prostate
protein protéine
Protestan protestant
Protestanlık protestantisme
protesto protestation ***protesto etmek*** protester
protokol protocole
proton proton
protoplazma protoplasme
prova épreuve, essayage ***prova etmek*** mettre à l'épreuve
provizyon provision
provokasyon provocation
provokatör provocateur
pruva proue
psikanalist psychanalyste
psikanaliz psychanalyse
psikiyatr psychiatre
psikiyatri psychiatrie
psikolog psychologue
psikoloji psychologie
psikolojik psychologique
psikopat psychopathe
psikoterapi psychothérapie
psikoz psychose
psişik psychique
puan point
puding pouding, pudding
pudra poudre
pudralamak poudrer
pudraşeker sucre en poudre
puf pouf
puflamak souffler fortement
pul timbre; paillette; écaille ***pul koleksiyonu*** collection de timbres-poste
pulcu philatéliste; vendeur de timbres
pulculuk philatélie
pulluk charrue
punt moment propice ***punduna getirmek*** trouver le monument propice, saisir l'occasion
punto point
pupa poupe ***pupa yelken gitmek*** aller à pleines voiles
puro cigare
pus brouillard
puset poussette
puslanmak se couvrir de buée
puslu nébuleux, brumeux
pusmak s'embusquer
pusu embuscade, guet-apens, embûche ***pusu kurmak*** tendre une embuscade ***pusuda olmak*** être aux aguets, épier ***pusuya düşmek*** tomber dans une embuscade
pusula boussole; billet ***pusulayı şaşırmak*** perdre la boussole, s'affoler
puşt homosexuel, garçon débauché
put idole
putperest idolâtre
putperestlik idolâtrie
putrel poutrelle
püflemek souffler
püfür püfür esmek souffler agréablement
pünez punaise
püre purée
pürtük protubérance, saillant
pürtüklü protubérant, raboteux,

rugeux
pürüz effilochure, défaut, obstacle, inconvénient; bavure
pürüzlü cahoteux, raboteux, compliqué
pürüzsüz lisse, net
püskül houppe, gland, houppette
püskürme éruption
püskürmek lancer, jeter, projeter, jaillir, asperger, éclabousser
püskürteç pulvérisateur
püskürtmek cracher, pulvériser, repousser, vaporiser

R

Rab Dieu
rabıta liaison, rapport, lien
rabıtalı ordonné, régulier, convenable
rabıtasız désordonné, incohérant, irrégulier
raca mahrajah ou maharadjah, radjah
racon règle
radar radar
radde degré, mesure, point
radikal radical
radikalizm radicalisme
radyan radiant
radyasyon radiation
radyatör radiateur
radyo radio
radyoaktif radioactif
radyoaktivite radioactivité
radyografi radiographie
radyolog radiologue
radyoloji radiologie
radyoskopi radioscopie
radyoskopik radioscopique
radyoterapi radiothérapie
radyum radium
raf rayon, étagère
rafadan à la coque
rafine raffiné
rafineri raffinerie
rağbet intérêt, succès; inclination, penchant; estime, recherche ***rağbet etmek*** désirer; avoir du penchant; rechercher, estimer ***rağbet görmek*** être en vogue, être recherché, obtenir du succès
rağmen malgré, en dépit de, bien que, nonobstant
rahat tranquillité, aise, bien-être; tranquille, commode, confortable, aisé, facile ***rahat durmak*** demeurer tranquille, être sage ***rahat etmek*** être à son aise, se reposer ***rahat yüzü göstermemek*** ne pas laisser de répit ***rahatına bakmak*** se mettre à son aise
rahatça confortablement, tranquillement
rahatlamak se reposer, être tranquille
rahatlık confort, commodité
rahatsız incommode, inconfortable, mal, souffrant ***rahatsız etmek*** déranger, embêter, ennuyer, gêner, importuner, perturber, troubler
rahatsızlanmak avoir mal à ...
rahatsızlık affection, dérangement, gêne, malaise
rahibe religieuse, sæur, nonne
rahim utérus, matrice
rahip moine, prêtre, abbé
rahmet pitié, miséricorde, pluie
rahmetli défunt, feu
rahvan amble
rakam chiffre, nombre
raket raquette
rakı espèce d'eau-de-vie anisée
rakım hauteur, altitude, cote

rakınrol rock and roll
rakip rival, émule, concurrent
rakipsiz défiant toute concurrence
ralli rallye
ramak kalmak s'en falloir de peu
ramazan ramadan
rampa dénivellation, rampe
randevu rendez-vous ***randevu almak*** prendre un rendez-vous ***randevu vermek*** donner un rendez-vous
randevuevi maison de tolérance, bordel
randıman rendement
rapor rapport ***rapor vermek*** faire un rapport, rapporter
raportör rapporteur
raptetmek attacher, lier, joindre
raptiye trombone, punaise
rasat observation
rasathane observatoire
rasgele par hasard, fortuitement ***rasgele*** bonne chasse!
raspa racloir, grattoir
raspalamak racler, gratter
rast gelmek rencontrer
rast getirmek réussir
rastık antimoine sulfuré
rastlamak rencontrer, tomber sur
rastlantı coïncidence, hasard, rencontre
rastlaşmak se rencontrer
rasyonalist rationaliste
rasyonel rationnel
raşitizm rachitisme
raunt sp. round
ray rail ***raydan çıkmak*** dérailler ***rayına girmek*** commencer à résoudre ***rayına oturtmak*** résoudre un problème
rayiç cours, prix
razı satisfait, content ***razı etmek*** amener à consentir ***razı olmak*** acquiescer, consentir
reaksiyon réaction
reaktör réacteur
realist réaliste
realizm réalisme
reçel confiture, marmelade
reçete ordonnance, recette, prescription
reçine résine
redaksiyon rédaction
redaktör rédacteur
reddetmek refuser, repousser, rejeter
redingot rédingote
refah bien-être, aisance
refakat accompagnement, compagnie, escorte ***refakat etmek*** accompagner, escorter
referandum référendum
referans référence
refleks réflexe
reflektör réflecteur
reform réforme ***reform yapmak*** réformer
reformcu réformiste
regülatör régulateur
rehabilitasyon réhabilitation
rehavet relaxation, relâchement, molesse; insouciance, négligence
rehber guide
rehberlik action de guider ***rehberlik etmek*** guider
rehin gage, hypothèque ***rehine koymak*** mettre, donner en gage, engager
rehine otage
reis président, chef, commandant
rejim régime ***rejim yapmak*** suivre un régime
rekabet rivalité, concurrence, compétition ***rekabet etmek*** concourir, rivaliser, faire concurrence, concurrencer

reklam réclame, publicité ***reklam ajansı*** agence de publicité ***reklam yapmak*** faire de la publicité
rekolte récolte
rekor record ***rekor kırmak*** battre un record
rekortmen recordman, recordwoman
rektör recteur
rektum rectum
rencide vexé, offensé ***rencide etmek*** blesser, froisser, vexer, désobliger
rençper cultivateur, laboureur
rende rabot
rendelemek raboter
rengârenk multicolore, bariolé
renk couleur, coloris ***renkten renge girmek*** être inconstant ***rengi atmak*** pâlir, se décolorer
renkkörlüğü daltonisme
renklendirmek colorer
renklenmek être coloré
renkli coloré, pittoresque
renksemez achromatique
renkser chromatique
renksiz décoloré
reorganizasyon réorganisation
repertuar répertoire
replik réplique
resepsiyon réception
resepsiyonist réceptionniste
reseptör récepteur
resim image, peinture, illustration, tableau, dessin, graphie ***resim çekmek*** photografier, prendre une photo ***resim yapmak*** dessiner, peindre
resimli illustré ***resimli roman*** dessin animé
resital récital
resmen officiellement
resmetmek tracer, dessiner, décrire, dépeindre
resmi officiel ***resmi kur*** cours officiel ***resmi gazete*** journal officiel ***resmi tatil*** jour férié
ressam peintre, dessinateur
restoran restaurant
restorasyon restauration
restore etmek restaurer
resul prophète
reşit majeur, adulte
ret refus, rejet
retina rétine
retorik rhétorique
reva convenable ***reva görmek*** trouver convenable
revaç valeur, crédit, vogue
revaçta en vogue ***revaçta olmak*** être en vogue
revak portique
reverans révérence
revir infirmerie
revizyon révision
revizyonist révisioniste
revü revue
rey avis, suffrage, vote, voix, opinion ***rey vermek*** voter
reyon rayon
rezalet scandale, infamie, déshonneur ***rezalet çıkarmak*** provoquer un scandale
rezene fenouil ***rezervasyon*** réservation
rezil déshonoré, ridicule, infâme, éhonté, ignoble, abominable ***rezil etmek*** ridiculiser ***rezil olmak*** faire une gaffe, être déshonoré
rezonans résonnance
rıhtım quai, dock
rıza consentement, assentiment, acquiescement, accord ***rıza göstermek*** consentir, donner son accord, son assentiment
rızk subsistance journalière; provi-

sion, vivres
riayet égard, considération, respect, observation ***riayet etmek*** avoir des égards, honorer, respecter, observer
rica prière, demande, sollicitation, requête ***rica ederim*** je vous en prie ***rica etmek*** prier, solliciter
ricat recul, retraite
ring ring
ringa hareng
risk risque ***riske sokmak*** risquer
riskli risqué, scabreux
ritim rythme
rivayet rapport, narration, rumeur
riyakâr hypocrite
riyakârlık hypocrisie
riziko risque
rizikolu hasardeux
robdöşambr robe de chambre
robot robot
roket fusée, roquette
rol rôle
rom rhum
Roma Rome
Romalı romaine
roman roman
romancı romancier
romans romance
romantik romantique
romantizm romantisme
Romanya Roumanie
Romanyalı roumain
romatizma rhumatisme
rondela rondelle
rosto rôti
rota route, parcours
rotasyon rotation
rozet rosette
rölyef relief
römork remorque
römorkör remorqueur
Rönesans Renaissance
röntgen radiographie ***röntgen çekmek*** radiographier
röntgenci radiologue, radiologiste
röportaj reportage
röportajcı reporter
röprodüksiyon reproduction
rötuş retouche ***rötuş yapmak*** retoucher
rövanş revanche
rugbi rugby
ruh âme, vie; esprit; vivacité, ardeur, énergie ***ruh doktoru*** psychiatre ***ruh hastalığı*** mélancolie, maladie mentale
ruhani spirituel
ruhbilim psychologie
ruhbilimci psychologue
ruhi psychique, psychologique
ruhsal psychique
ruhsat autorisation, permission, permis, licence; congé ***ruhsat almak*** obtenir la parmission ***ruhsat vermek*** accorder la permission
ruhsatlı autorisé, permis
ruj rouge à lèvres
rulet roulette
rulman roulement
rulo rouleau
Rum Grec
Rumca grec
Rumen Roumaine
rumuz signe
Rus Russe ***Rus salatası*** salade russe
Rusça russe
rutubet humidité, moiteur
rutubetlenmek être humide, mouillé
rutubetli humide
rüçhan préférence, avantage, prépondérance ***rüçhan hakkı*** droit de priorité, privilège
rüküş manque de goût

rüşt maturité
rüşvet pot-de-vin, corruption ***rüşvet almak*** prévariquer ***rüşvet vermek*** corrompre
rütbe grade, rang ***rütbe almak*** être gradé
rüya rêve, songe, rêverie, songerie ***rüya görmek*** rêver, faire un rêve
rüzgâr vent
rüzgârlı venteux

S

saadet bonheur, prospérité
saat horloge, pendule, montre, heure ***saat kaç*** quelle heure est-il? ***saat tutmak*** mesurer le temps ***saati saatine*** ponctuel ***saatli bomba*** bombe à retardement
saatçi horloger; *(dükkân)* horlogerie
sabah matin, matinée ***sabah güneşi*** soleil levant
sabahçı matinal
sabahlamak veiller jusqu'au matin
sabahları chaque matin, tous les matins
sabahleyin le matin
sabahlık saut-de-lit, robe de chambre
saban charrue ***saban sürmek*** labourer avec la charrue
sabık précédent, antérieur,
sabıka antécédent, récidive
sabıkalı repris de justice, récidiviste
sabır patience, persévérance ***sabrı tükenmek*** s'impatienter ***sabrını taşırmak*** impatienter, pousser à bout
sabırla avec patience
sabırlı patient
sabırsız impatient
sabırsızlanmak s'impatienter
sabırsızlık impatience
sabit fixe, constant, immobile, persévérant, stationnaire ***sabit fikir*** idée fixe
sabitleştirmek fixer
sabotaj sabotage ***sabotaj yapmak*** saboter
sabotajcı saboteur
sabretmek prendre patience, patienter
sabun savon, savonnette ***sabun köpüğü*** mousse de savon
sabunlamak savonner
sabunlu savonné
sabunluk porte savon
sabunotu saponnaire
sac tôle
sacayağı trépied
saç cheveu, chevelure ***saç boyası*** teinture pour les cheveux ***saç fırçası*** brosse à cheveux ***saç kurutma makinesi*** séche-cheveux ***saç saça baş başa olmak*** se prendre aux cheveux, se crêper le chignon
saçı başı ağarmak vieillir, être vieux ***saçını taramak*** se peigner ***saçlarını yolmak*** s'arracher les cheveux
saçak avant-toit, frange, bordure
saçaklı entouré de franges
saçılmak se répandre, se disperser, se découvrir, être dispersé
saçık répandu
saçkıran alopécie
saçma éparpillement, dispersion; plomb de chasse; absurde, bêtise, absurdité ***saçma sapan konuşmak*** dire des sottises
saçmak répandre, disperser, éparpiller, semer ***saçıp savurmak*** dilapider, dissiper

S

saçmalamak dire des sottises, radoter
saçmalık absurdité
saçsız chauve
sadaka aumône, charité
sadakat fidélité, dévouement, foi ***sadakat göstermek*** rester, être fidèle
sadakatli fidèle, dévoué
sadakatsiz infidèle
sade simple, modeste, facile, aisé
sadece seulement, uniquement, ne que
sadeleşmek se simplifier
sadeleştirmek simplifier
sadelik simplicité, modestie
sadet fait, essentiel, sujet, intention ***sadete gelmek*** venir au fait
sadeyağ beurre frais
sadık fidèle, loyal
sadist sadique
sadizm sadisme
sadrazam grand vizir
saf pur, clair, innocent, simple, naïf, candide
safari safari
safha phase, stade
safi net, pur
safir saphir
safkan de race, pur sang
saflık pureté, candeur, crédulité, naïveté, simplicité
safra bile; *den.* lest
safran safran, crocus
safsata sophisme; sottise
safsatacı sophiste; sot
sağ droit ***sağa*** à droite ***sağa dönmek*** tourner à droite ***sağda*** à droite ***sağdan gitmek*** serrer à droite
sağ vivant, en vie ***sağ kalanlar*** vivants ***sağ kalmak*** vivre ***sağ ol*** merci ***sağ olmak*** être en vie ***sağ salim*** sain et sauf
sağaçık ailier droit
sağalmak se guérir
sağaltıcı curatif
sağaltım traitement curatif
sağaltmak guérir, faire une cure
sağanak averse
sağbek arrière droit
sağcı droitier, conservateur
sağdıç garçon d'honneur
sağduyu bon sens, sens commun
sağgörü sagacité, perspicacité
sağgörülü sagace
sağhaf demi droit
sağım lait de vache
sağır sourd ***sağır olmak*** devenir sourd
sağırlık surdité
sağiç intérieur droit
sağlam solide, résistant, robuste, stable, valide ***sağlama bağlamak*** mettre qch en sûreté
sağlama mat. preuve
sağlamak assurer, fournir, obtenir, pourvoir, procurer, valoir
sağlamlaşmak se raffermir, se consolider
sağlamlaştırmak consolider, fortifier, raffermir, renforcer
sağlamlık fermeté, stabilité
sağlık santé ***sağlık durumu*** état de santé ***sağlık ocağı*** clinique de village ***sağlık sigortası*** assurance médicale ***sağlığına içmek*** boire à la santé de ***sağlığına kavuşmak*** se rétablir ***sağlığına kavuşturmak*** rétablir ***sağlığında*** de son vivant ***sağlığınıza*** à votre santé
sağlıkbilgisi hygiène
sağlıklı florissant, sain, vaillant, valide
sağmak traire
sağrı croupe

saha terrain, champ, espace
sahaf bouquiniste
sahan plat
sahanlık plate-forme, palier, perron
sahi vrai, réel, véritable
sahici vrai, véritable, authentique, original
sahiden vraiment, effectivement, en effet
sahil rivage, côté
sahip possesseur, propriétaire, maître, détenteur ***sahip çıkmak*** protéger ***sahip olmak*** bénéficier de, jouir de, posséder
sahipsiz abandonné
sahne théâtre, scène ***sahneye koymak*** mettre en scène
sahra campagne, désert
sahte faux, captieux, composé, postiche
sahtekâr falsificateur, faussaire, fraudeur
sahtekârlık tromperie, fraude, supercherie, contrefaçon
sair autre
saka porteur d'eau; *hayb.* chardonneret
sakağı morve
sakal barbe ***sakal bırakmak*** laisser pousser la barbe
sakallı barbu
sakalsız imberbe
sakar maladroit, gauche
sakat estropié, infirme, mutilé
sakatlamak estropier, mutiler
sakatlık mutilation, infirmité
sakınca inconvénient, objection
sakıngan circonspect, réservé
sakınmak se garder, éviter, s'abstenir, être sur ses gardes
sakız mastic, chewing-gum
sakin tranquille, paisible, silencieux, calme, habitant
sakinleştirmek pacifier, tranquilliser
saklamak cacher, conserver, couvrir, dissimuler, dérober
saklambaç cache-cache ***saklambaç oynamak*** jouer à cache-cache
saklanmak se cacher, se dissimuler
saklı caché, secret
saksağan pie
saksı pot de fleurs
saksofon saxophone
sal radeau
salak idiot, imbécile, nigaud, noix, goélette
salam saucisson, salami
salamura saumure, marinade
salata salade
salatalık concombre
salça sauce
saldırgan agressif; agresseur
saldırı attaque, agression, assaut
saldırmak fondre, se précipiter, se jeter, attaquer
saldırmazlık non-agression ***saldırmazlık paktı*** pacte de non-agression
salep orchis
salgı sécrétion
salgılamak sécréter
salgın contagieux; épidémie
salhane abattoir
salı mardi
salık recommandation; conseil ***salık vermek*** conseiller, préconiser, prêcher, recommander, suggérer
salıncak balançoire, escarpolette, hamac
salınmak osciller, se dandiner
salıvermek remettre en liberté, relâcher, congédier, lâcher, lâcher prise, ne pas tenir
salimen sain et sauf
salkım grappe

S

salkımsöğüt saule
sallamak secouer, ébranler, remuer, balancer, agiter
sallanmak balancer, se secouer, remuer, ballotter, vaciller, osciller, chanceler
sallantı secousse, ébranlement
sallapati sans égards
salmak étendre, lancer, lâcher, envoyer
salmastra garniture
salon salon, salle, hall
salt absolu ***salt çoğunluk*** majorité absolue
saltanat souveraineté, monarchie, règne, empire; pompe, magnificence ***saltanat sürmek*** régner
salvo salve
salya salive, bave
salyangoz escargot
saman paille ***saman altından su yürütmek*** agir en sourdine, être sournois ***saman nezlesi*** le rhume des foins
samanlık pailler
Samanyolu Voie lactée
samimi carré, cordial, familier, franc, sincère, étroit
samimiyet franchise, sincérité
samur zibeline
san réputation
sana te, à toi
sanat art, métier, habilité, profession ***sanat eseri*** œuvre d'art
sanatçı artiste
sanatoryum sanatorium
sanatsal artistique
sanayi industrie ***sanayi devrimi*** revolution industrielle
sanayileşme industrialisation
sanayileşmek s'industrialiser
sancak étendard, drapeau
sancı douleur, mal, colique
sancılanmak sentir une douleur aiguë, avoir mal, avoir la colique
sancımak causer une douleur aigué, faire mal
sandal sandale; barque, canot
sandalye chaise, siège
sandık caisse, coffre, malle
sandviç sandwich
sanı supposition
sanık prévenu, accusé, inculpé
saniye seconde
sanki comme si, on dirait que
sanmak croire, penser, supposer, imaginer, présumer
sansar fouine
sansasyon sensation ***sansasyon yaratmak*** causer une sensation
sansasyonel sensationnel
sansür censure ***sansür etmek*** censurer
santigram centigramme
santigrat centigrade
santilitre centilitre
santim centime
santimetre centimètre ***santimetre kare*** centimètre carré ***santimetre küp*** centimètre cube
santral central téléphonique ***santral memuru*** téléphoniste
santrafor avant-centre
santrhaf demi-centre
sap manche, poigne, tige
sapa écarté, détourné
sapak détour
sapan fronde
sapasağlam tout à fait sauf
sapık pervers, perverti, vicieux
sapınç déviation
sapıtmak perdre la raison, divaguer, déraisonner
sapkın errant; égaré
saplamak enfoncer, planter, percer, piquer

saplanmak s'enfoncer, s'embourber, s'accrocher
saplantı idée fixe, obsession
sapmak tourner, prendre, dévier, s'égarer, se fourvoyer
sapsarı tout à fait jaune ***sapsarı kesilmek*** pâlir
saptamak fixer, déterminer, établir, décider
saptırmak déformer, dévier
sara épilepsie
saralı épileptique
saraç sellier
sararmak devenir jaune, jaunir, devenir pâle, pâlir
saray palais, sérail
sardalye sardine
sardunya géranium
sarf dépense ***sarf etmek*** dépenser, employer, consommer
sarfınazar etmek renoncer à qch
sarfiyat dépenses, frais
sargı bande, bandage, bandeau ***sargı sarmak*** enrouler un bandage
sarhoş ivre, enivré, ivrogne, buveur, alcoolique, soûlard ***sarhoş etmek*** enivrer, griser, soûler ***sarhoş olmak*** s'enivrer, se soûler
sarı jaune, blond, pâle
S
sarıasma merle doré
sarık turban
sarılık jaunisse, ictère
sarılmak s'envelopper, s'enrouler, être entouré, enlacer, étreindre
sarımtırak jaunâtre
sarısalkım cytise
sarışın blond
sarih clair, précis, net, manifeste, évident
sarkaç pendule
sarkık pendant
sarkıntılık avances indiscrètes et grossières à une femme ***sarkıntılık etmek*** incommoder, importuner, tracasser *(une femme)*
sarkıt stalactite
sarkmak retomber, se pencher, pendre
sarmak envelopper, enrouler, embrasser, serrer dans ses bras, entourer, serrer, ceindre, grimper; plaire
sarmal spiral
sarman démesuré, énorme
sarmaş dolaş olmak s'embrasser étroitement
sarmaşık lierre
sarmısak ail
sarnıç citerne, réservoir
sarp abrupt, escarpé, raide ***sarpa sarmak*** devenir difficile
sarraf changeur
sarsak ébranlé; affaibli
sarsılmak s'agiter, être ébranlé; être secoué, chanceler, vaciller, être remué
sarsıntı ébranlement; secousse, cahots
sarsmak secouer, affliger, ballotter, bouleverser, choquer, entamer, ébranler
sataşmak chercher querelle, provoquer, embêter, taquiner, importuner
saten satin
sathi superficiel
satı vente ***satıya çıkarmak*** mettre en vente
satıcı vendeur, commerçant, commis
satıh superficie, surface
satılık à vendre
satılmak être vendu
satım vente
satın almak acheter

satır ligne; couperet
satırbaşı paragraphe
satış vente, écoulement, débit ***satışa çıkarmak*** mettre en vente
satmak vendre, écouler, débiter
satranç jeu d'échecs ***satranç oynamak*** jouer aux échecs ***satranç tahtası*** échiquier
Satürn Saturne
sauna sauna
sav thèse
savaş guerre, combat
savaşçı combattant, guerrier, lutteur
savaşmak combattre, guerroyer, lutter
savaşım combat, lutte ***savaşım vermek*** combattre, lutter
savcı procureur
savcılık parquet
savmak chasser, congédier, éluder
savruk étourdi, écervelé, maladroit, malhabile, empoté
savsak négligent, nonchalant, indolent, négligé, débraillé
savsaklamak négliger
savulmak faire place, se garer ***savulun*** faites place!
savunma défense
savunmak défendre, maintenir, plaider
savunmasız sans défense
savurgan prodigue, dépensier
savurganlık prodigalité, dissipation
savurmak jeter dans l'air, vanner, éparpiller, disperser, semer
savuşmak passer, se sauver, filer
savuşturmak échapper, éloigner, se débarrasser
saya partie de chaussure
sayaç compteur
saydam transparent, limpide
saydamlık transparence, limpidité
saye ombre; protection ***sayesinde*** grâce à, à force de
sayfa page
sayfiye maison de campagne, villégiature
saygı respect, considération; égard, déférence, réserve ***saygı göstermek*** respecter, honorer, vénérer ***saygılarımızla*** veuillez agréer l'expression de ma considération distinguée
saygıdeğer honorable, respectable, vénérable
saygılı déférent, respectueux, complaisant
saygın prestigieux, respectable
saygınlık crédit, dignité, prestige
saygısız irrespectueux, insolent, impertinent
saygısızlık insolence, impertinence
sayı nombre, quantité ***sayı saymak*** compter
sayıklamak délirer, déraisonner
sayılı compté, déterminé
sayım recensement, dépouillement
sayın cher, honorable, honoré
sayısal numérique
sayısız innombrable, infini
Sayıştay Cour des Comptes
saymaca nominal, arbitraire
saymak compter, dénombrer, énumérer, considérer, regarder, estimer, honorer, recenser ***sayıp dökmek*** énumérer
sayman comptable
saymanlık comptabilité
sayrı malade
sayrılık maladie
saz instrument de musique; roseau, jonc
sazan carpe
sazlık marais, jungle
seans séance
sebat persévérance, fixité, fermeté,

constance, persistance, endurance, résistance ***sebat etmek*** tenir bon, persévérer, endurer, persister

sebatlı ferme, tenance, décidé, persévérant, persistant

sebatsız inconstant, versatile

sebep cause, raison, motif ***sebep olmak*** causer ***sebebiyle*** à cause de

sebeplenmek se procurer, avoir les ressources

sebepsiz sans raison

sebil fontaine publique

sebze légume

sebzeci marchand de légumes

seccade tapis de prière

secde prosternation ***secde etmek*** se prosterner

seçenek alternatif

seçici électeur

seçik clair, évident

seçim choix, sélection, option

seçkin choisi, de choix, d'élite

seçme choix, élection; de choix, de qualité

seçmece au choix

seçmek choisir, distinguer, élire, discerner, sélectionner

seçmeli électif

S

seçmen électeur

seda voix

sedef nacre ***sedef hastalığı*** psoriasis

sedefotu rue

sedir divan, sofa

sedye brancard

sefa joie; plaisir ***sefa bulduk*** merci ***sefa geldiniz*** soyez le bienvenu ***sefa sürmek*** vivre dans les plaisirs

sefahat débauche

sefalet misère ***sefalet çekmek*** vivre dans la misère

sefaret ambassade

sefer voyage; guerre, campagne; fois

seferber mobilisé ***seferber etmek*** mobiliser

seferberlik mobilisation ***seferberlik ilan etmek*** proclamer la mobilisation

sefil misérable, malheureux

sefir ambassadeur

segman segment

seğirtmek courir

seher pointe du jour, matin, aurore, aube

sehpa chevalet, potence, gibet

sekiz huit

sekizinci huitième

sekmek marcher à cloche-pied, bondir, rebondir, ricocher

sekreter secrétaire

sekreterlik secrétariat

seks sex

seksek cloche-pied

seksen quatre-vingts

sekseninci quatre-vingtième

seksi voluptueux

seksüel sexuel

sekte arrêt, dommage, atteinte, interruption, suspension, cessation, préjudice ***sekte vurmak*** porter atteinte, porter préjudice, léser

sektör secteur

sel torrent, flot

selam salut, paix, salutation ***selam göndermek*** faire transmettre ses salutations à qn ***selam söyle*** mes respects à...

selamet salut, sécurité, tranquillité ***selamete çıkmak*** être délivré, arriver à une bonne fin

selamlamak saluer

selamlaşmak se saluer

sele corbeille; panier
selef prédécesseur
selim sain, sauf, sûr
seloteyp papier collant
selüloit celluloïde
selüloz cellulose
selvi cyprès
sema ciel
semaver samovar
semavi céleste
sembol symbole
sembolik symbolique
sembolizm symbolisme
semer bât
semere fruit; résultat
seminer séminaire
semirgin gras
semirmek engraisser, prendre de l'embonpoint, grossir
semiyoloji sémiologie
semiz gras, replet, engraissé
sempati sympathie
sempatik sympathique
sempatizan sympathisant
sempozyum symposium
semptom symptôme
semt quartier, environs, alentours, parages
sen tu, toi
senaryo scénario, livret
senato sénat
senatör sénateur
sendelemek faire un faux pas, trébucher, tituber, chanceler
sendika syndicat
sendikacı syndicaliste
sendikacılık syndicalisme
sendrom syndrome
sene an, année
senet effet, bon; titre, acte, instrument, document ***senet vermek*** dresser un acte
senetleşmek donner un acte
senfoni symphonie ***senfoni orkestrası*** orchestre symphonique
senin ton, ta, tes
senlibenli intime, familier ***senlibenli olmak*** être ami intime
sentetik synthétique
sentez synthèse
sepet corbeille, panier, cabas, hotte
sepi tannerie
sepici tanneur
sepilemek tanner
ser serre
seramik céramique
serap mirage
serbest libre, indépendant, autonome ***serbest bırakmak*** libérer, relâcher, élargir, émanciper ***serbest bölge*** zone franche ***serbest meslek*** profession libérale
serbestçe librement
serbestlik liberté
serçe moineau
serçeparmak auriculaire
seren vergue
serenat sérénade
sergi étalage, exposition
sergilemek exposer, étaler
seri prompt, rapide, accéléré, série
serin frais, froid
serinkanlı du sang-froid
serinlemek se rafraîchir, devenir froid
serinletmek rafraîchir, rendre froid
serinlik fraîcheur
serkeş désobéissant, indocile, rebelle
serkeşlik désobéissance, indocilité
sermaye capital, fonds
sermayeci capitaliste
sermayeli au capital de
sermayesiz sans capital
sermek étendre, étaler, déployer; négliger ***sere serpe*** sans égards

serpilmek étre répandu, saupoudré, arrosé, aspergé; grandir, croître
serpinti aspersion, pluie fine, ondée
serpiştirmek arroser, disperser, éparpiller, asperger
serpmek répandre, saupoudrer, arroser, parsemer, disséminer
sersem étourdi, stupéfait, ébahi, hébété, stupide, abasourdi
sersemlemek s'abrutir
sersemletmek abasourdir, stupéfier, étourdir
serseri vagabond, errant, rôdeur, bohème
serserilik vagabondage
sert dur, raide; fort, âpre; rude
sertifika certificat
sertleşmek devenir dur, raide
sertleştirmek rendre dur, raide, endurcir
sertlik dureté, raideur, rudesse; âpreté; force
serum sérum
serüven aventure
serüvenci aventurier
serüvenli d'aventure
servet richesse, fortune, biens
servi cyprès
servis service ***servis istasyonu*** station-service, garage ***servis yapmak*** servir
serzeniş reproche, blâme ***serzenişte bulunmak*** faire un reproche
ses voix, son, cri, bruit ***ses duvarı*** mur du son ***sesi kısılmak*** s'enrouer ***sesini çıkarmamak*** se taire ***sesini kesmek*** fermer sa bouche
sesbilgisi phonétique
sesleniş appel, cri
seslenmek appeler, héler
sesli sonore ***sesli harf*** voyelle
sessiz muet, silencieux, calme, placide ***sessiz harf*** consonne
sessizlik calme, mutisme, silence, tranquillité
set barrière, digue, barrage, barricade, terrasse
sevap œuvre pie, œuvre pieuse ***sevap işlemek*** faire œuvre pie
sevda amour, passion, fantaisie
sevdalanmak tomber amoureux
sevdalı amoureux
sevecen tendre, affectueux
sevgi amour, passion, attachement; affection, tendresse
sevgili aimé, cher
sevici lesbienne
sevimli attrayant, charmant, sympathique, aimable
sevimsiz antipathique, déplaisant
sevinç joie, allégresse, liesse
sevinçli joyeux, gai, hilare
sevindirmek faire plaisir, réjouir; enchanter, ravir
sevinmek se réjouir, être enchanté, ravi, charmé, jubiler
sevişmek s'aimer, flirter, faire l'amour
seviye niveau
seviyesiz inculte
sevk envoi, expédition, direction ***sevk etmek*** expédier, diriger, mener, pousser, conduire, stimuler, exciter, causer
sevkıyat expéditions, transport, envoi
sevmek aimer, chérir, affectionner, se plaire à, s'engouer, adorer, sympathiser
seyahat voyage, excursion, trajet ***seyahat acentası*** agence de voyage ***seyahat etmek*** voyager
seyir contemplation; promenade; voyage; marche, allure, train, spectacle
seyirci spectateur

seyis palefrenier
seyrek rare, clairsemé, espacé, peu serré, peu fréquent; rarement
seyreltmek diluer
seyretmek regarder, contempler
seyyar ambulant, mobile ***seyyar satıcı*** marchand ambulant
sezaryen césarien
sezdirmek laisser entendre, faire entendre
sezgi intuition, instinct
sezi intuition
sezinlemek sentir
sezmek sentir, pénétrer, comprendre, percevoir, deviner, entendre, prevoir
sıcak chaud ***sıcak tutmak*** tenir chaud ***sıcağı sıcağına*** toute chaude ***sıcaktan bunalmak*** avoir chaud
sıcakkanlı chaleureux
sıcaklamak avoir chaud
sıcaklık chaleur, température, ardeur, feu
sıçan souris, rat
sıçanotu mort-aux-rats
sıçankuyruğu queue-de-rat
sıçmak aller à la selle, chier, salir, gâter
sıçrama saut, bond, élan ***sıçrama tahtası*** tremplin
sıçramak sauter, bondir, rebondir, sautiller, gambader
sıçratmak faire sauter, bondir
sıfat attribut, qualité, épithète, adjectif, titre ***sıfatıyla*** en qualité de
sıfır zéro ***sıfırdan başlamak*** commencer de zéro
sığ peu profond
sığa capacité
sığdırmak introduire, faire entrer
sığınak refuge, abri, asile
sığınmak se réfugier, recourir à, avoir recours, chercher asile, demander asile
sığıntı intrus, pique-assiette, parasite
sığır espèce bovine, bæuf ***sığır eti*** viande de bæuf
sığırcık étourneau
sığırtmaç bouvier
sığışmak entrer, se serrer
sığmak entrer, pouvoir entrer, tenir
sıhhat santé, état de santé; exactitude, authenticité, jouir d'une bonne santé ***sıhhatinize*** à votre santé
sıhhatli sain
sıhhi hygiénique ***sıhhi tesisat*** plomberie
sık serré, étroit, restreint, épais, touffu, condensé, fréquent ***sık sık*** fréquemment, couramment, souvent
sıkboğaz etmek tordre le cou
sıkı étroit; restreint, serré; rigoureux, austère, fort, ardu ***sıkı çalışmak*** travailler ***sıkı fıkı*** intime ***sıkı tutmak*** tenir bien fort
sıkıcı gênant, embêtant, agaçant, importun, fâcheux, ennuyeux
sıkıdüzen discipline
sıkılgan gênant, ennuyeux
sıkılmak se serrer, se gêner, être troublé, s'ennuyer, être contrarié
sıkıntı gêne, ennui, embêtement, tracas, embarras, désagrément ***sıkıntı vermek*** causer de la gêne à qn ***sıkıntıdan patlamak*** mourir d'ennui, se raser
sıkıntılı anxieux, malaisé
sıkışık compact, serré, pressé ***sıkışık olmak*** être pressé
sıkışmak se serrer, se coincer, se rapprocher, faire de la place; être à court d'argent; ne pas avoir le

temps, être pressé
sıkıştırmak serrer, coincer, acculer, traquer, presser, faire entrer, comprimer, enfoncer, opprimer, resserrer, harceler
sıkıyönetim état siège
sıkkın ennuyé; fâché
sıklaşmak devenir fréquent, se faire plus compact ou plus dense, redoubler, se faire plus fréquent
sıklet pesanteur, gravité, poids, lourdeur
sıklık étroitesse, fréquence, densité
sıkmak serrer, presser, comprimer, forcer; gêner, oppresser, ennuyer, embêter
sıla pays natal ***sıla hasreti*** nostalgie, mal du pays ***sılaya gitmek*** retourner au pays natal
sınai industriel
sınamak essayer, prouver, éprouver, expérimenter
sınav examen, épreuve ***sınav başarmak*** réussir un examen
sınıf classe, espèce, catégorie ***sınıfta kalmak*** redoubler une classe
sınıflandırma classification
sınıflandırmak classifier, classer
sınır frontière, limite, lisière, confins, bornes ***sınırı geçmek*** passer la frontière
sınırdaş limitrophe
sınırdışı etmek déporter
sınırlama limitation
sınırlamak limiter, restreindre
sınırlandırmak limiter, localiser
sınırsız illimité, immense, infini
sıpa ânon
sır vernis, émail, tain
sır secret, mystère ***sır saklamak*** garder un secret ***sır vermek*** confier un secret
sıra rangée, file, rang, ordre, série, suite, queue, pupitre ***sıra kimin*** à qui le tour ***sıra olmak*** se ranger ***sıra sende*** c'est ton tour ***sıra sıra*** en rang; par ordre ***sırası gelmişken*** incidemment, à propos ***sıraya koymak*** mettre en rangs
sıraca scrofule, écrouelles
sıradağ chaine de montagnes
sıradan banal, commun, quelconque
sıralamak mettre en rang, ranger, aligner, énumérer
sırasız intempestif, déplacé, incongru, inopportun
sırça verre
sırdaş confident
sırf uniquement, seulement, simplement
sırık perche ***sırıkla atlama*** saut à la perche
sırılsıklam trempé, très mouillé ***sırılsıklam olmak*** tout trempé, trempé jusqu'aux os
sırım maroquin dur
sırıtkan ricaneur
sırıtmak ricaner, sourire bêtement; détonner, jurer
sırlamak émailler
sırma fil d'or ou d'argent, brocart ***sırma saçlı*** aux cheveux blonds
sırnaşmak importuner, incommoder, tracasser
sırt dos ***sırt çantası*** sac à dos ***sırt çevirmek*** tourner le dos à qn ***sırt sırta*** dos à dos ***sırtından geçinmek*** gagner au détriment de qn
sırtlamak prendre sur le dos, se charger, endosser
sırtlan hyène
sıska maigre, débile, malingre, chétif
sıtma malaria

sıva enduit, plâtre, badigeon
sıvacı plâtrier
sıvalı plâtré
sıvamak plâtrer, enduire, retrousser
sıvazlamak passer la main sur, frotter, caresser
sıvı liquide, fluide
sıvışmak filer, déguerpir, s'esquiver, se dérober
sıyırmak tirer, enlever, ôter, écorcher, érafler; égratigner
sıyrık éraflure, écorchure, égratignure
sıyrılmak être écorché; glisser, échapper, se débarrasser, s'en tirer
sıyrıntı éraflure
sızdırmak égoutter, laisser suinter, soutirer de l'argent; enivrer
sızı douleur, névralgie
sızıltı plainte, lamentation
sızıntı filet, infiltration
sızlamak faire mal, lanciner, se lamenter, gémir
sızlanmak se plaindre, se lamenter, maugréer, geindre
sızmak suinter, filtrer, transsuder; s'assoupir
sicil registre, état de service
sicim ficelle, cordon
sidik urine
sidiktorbası vessie
sidikzoru rétention d'urine
sifon siphon
siftah première vente du jour ***siftah etmek*** faire la première vente, commencer, dérouiller, étrenner
sigara cigarette ***sigara içmek*** fumer ***sigara içmek yasaktır*** défense de fumer ***sigara tiryakisi*** fumeur
sigorta assurance ***sigorta etmek*** assurer ***sigorto primi*** prime d'assurance ***sigorta şirketi*** compagnie d'assurances
sigortacı assureur
sigortalanmak s'assurer
sigortalı assuré
siğil verrue
sihir magie, sorcellerie, enchantement
sihirbaz magicien
sihirli ensorcelé, magique, enchanté
sik penis
silah arme ***silah altına almak*** appeler sous les drapeaux ***silah başına*** aux armes ***silah sesi*** coup de feu ***silah zoruyla*** par la force des armes ***silahına davranmak*** faire usage de ses armes
silahlandırmak armer
silahlanma armement ***silahlanma yarışı*** course aux armements
silahlanmak s'armer
silahlı armé ***silahlı kuvvetler*** la troupe ***silahlı saldırı*** attaque à main armée ***silahlı soygun*** vol à main armée
silahsız désarmé
silahsızlandırmak désarmer
silahsızlanma désarmement
silahşor mousquetaire
silecek essuie-glace
silgi gomme, torchon
silik dépoli, effacé
silindir cylindre ***silindir şapka*** haut-de-forme
silinmek s'essuyer, s'effacer; être essuyé, être frotté, nettoyé, être effacé, gratté
silinti effaçure, grattage, grattement, rature
silkelemek secouer
silkinmek se secouer
silkmek secouer, épousseter, branler, remuer

sille soufflet
silmek essuyer; frotter, nettoyer; gratter ***silip süpürmek*** balayer, engouffrer, faire table rase de
silo silo
silsile chaîne, enchaînement; série, suite; race, généalogie
siluet silhouette
sima visage, figure, physionomie
simetri symétrie
simetrik symétrique
simge symbole
simgecilik symbolisme
simgelemek symboliser
simgesel symbolique
simit petite pâtisserie en forme d'anneau
simsar courtier, commissionnaire
simsarlık courtage
simsiyah tout à fait noir
sinagog synagogue
sincap écureuil
sindirim digestion
sindirmek digérer, intimider, assimiler
sine sein, poitrine
sinek mouche, moucheron ***sinek avlamak*** flâner, paresser
sinekkapan attrape-mouches
sinekkaydı lisse comme un miroir
sineksıklet poids mouche
sinema cinéma
sinemasever cinéphile
sini grand plateau de cuivre servant de table à manger
sinir nerf; tendon; nervosité, tic, névrose mauvaise humeur ***sinir harbi*** guerre de nerfs ***sinir hastalığı*** névropathie; névrose ***sinir krizi*** crise de nerfs ***sinir sistemi*** système nerveux
sinirbilim neurologie
sinirlendirmek énerver, irriter, agacer, exciter
sinirlenmek s'énerver, s'exciter
sinirli nerveux, coléreux, irritable, rageur
sinirotu plantain
sinirsel nerveux
sinmek se faire petit, se recroqueviller, se tapir, se cacher
sinsi sournois, insidieux, narquois
sinsilik sournoiserie, dissimulation
sinüs sinus
sinüzit sinusite
sinyal signal; indicateur de direction
sipariş commande, demande ***sipariş etmek*** passer une commande
siper abri, tranchée, rempart, parapet
sirayet contagion, infection, propagation ***sirayet etmek*** passer par contagion, se transmettre
siren sirène
sirk cirque
sirke vinaigre
sirkülasyon circulation
sirküler circulaire
siroz cirrhose
sis brouillard, brume ***sis lambası*** phare antibrouillard
sisli brumeux, nébuleux
sismograf sismographe
sistem système
sistematik systèmatique
sistemleştirmek systématiser
sistemli systématique
site cité
sitem reproche ***sitem etmek*** reprocher
sitoplazma cytoplasme
sivil civil, en civil
sivilce bouton, acné
sivri pointu, aigu ***sivri akıllı*** de peu d'esprit

S

sivrilmek devenir pointu, s'aiguiser; grandir, se distinguer, percer
sivrisinek moustique
siyah noir
siyasal politique, diplomatique
siyaset politique, diplomatie
siyasi politique, diplomatique
siyatik sciatique
siz vous
-siz, -sız sans
size à vous
sizi vous
sizin vos
sizinki le vôtre, la vôtre
skandal scandale ***skandal yaratmak*** faire scandale, provoquer un scandale
skleroz sclérose
skolastik scolastique
skor score, marque
Slav slave
slogan slogan
smokin smoking
soba poêle
soda soda
sodyum sodium
sofa entrée, salle, corridor
sofizm sophisme
sofra table à manger ***sofra örtüsü*** nappe ***sofra takımı*** couvert, service de table ***sofraya oturmak*** se mettre à table, s'attabler ***sofrayı kaldırmak*** desservir ***sofrayı kurmak*** mettre le couvert
sofu dévot
sofuluk dévotion
soğan oignon
soğuk froid, frais, frigide ***soğuk algınlığı*** refroidissement ***soğuk almak*** prendre froid ***soğuk davranmak*** se montrer froid envers qn
soğukkanlı flegmatique, placide
soğukkanlılık flegme, sang-froid
soğukluk froideur, frigidité, antipathie; refroidissement
soğumak se refroidir, se rafraîchir
soğutmak rafraîchir, refroidir; se désaffectionner, se détacher
soğutucu rafraîchissant, réfrigérant, réfrigérateur
soğurmak absorber
sohbet conversation, entretien, causerie ***sohbet etmek*** s'entretenir, causer
sokak rue ***sokak çocuğu*** gamin, voyou ***sokak kadını*** traînée ***sokak kızı*** fille publique ***sokak lambası*** réverbère ***sokak ortasında*** en pleine rue ***sokağa çıkma yasağı*** couvre-feu
sokmak faire entrer, introduire, mettre dedans, enfoncer, plonger, fourrer; piquer
sokulgan entreprenant, sociable, engageant, insinuant
sokulmak s'enfoncer, s'insérer, s'insinuer, se glisser, se faufiler, s'infiltrer, approcher
sokuşturmak introduire, glisser, insérer, fourrer
sol gauche ***sola dönmek*** tourner à gauche ***solda*** à gauche
solaçık ailier gauche
solak gaucher
solaryum solarium
solbek arrière gauche
solcu gauchiste
solculuk gauchisme
soldurmak faner, flétrir, décolorer, déteindre, dessécher
solgun pâle, fané, flétri
solhaf demi gauche
soliç intérieur gauche
solist soliste
sollamak doubler, dépasser

S

solmak se faner, devenir pâle, se flétrir, pâlir, se décolorer, déteindre
solmaz qui n'est pas fané
solo solo
solucan ver
soluk fané, pâle, flétri, déteint, décoloré
soluk souffle, haleine, respiration ***soluk almak*** respirer, se reposer ***soluk borusu*** tube respiratoire ***soluk soluğa*** hors d'haleine ***soluk soluğa kalmak*** haleter, être à bout de souffle ***soluk soluğa koşmak*** courir à perdre haleine ***soluğu kesilmek*** perdre le souffle
solumak humer, respirer
solungaç opercule
solunum respiration ***solunum aygıtı/sistemi*** système respiratoire
som massif; *hayb.* saumon
somaki porphyre
somun miche; *tek.* écrou
somurtkan boudeur, grognon, renfrogné, bougon
somurtmak se renfrogner, bougonner, bouder
somut concret, tangible
somutlaştırmak concrétiser
son fin, terme, bout, conclusion, dénouement; dernier, final, terminal ***son bulmak*** expirer, se terminer, toucher à sa fin ***son defa olarak*** pour la dernière fois ***son derece*** rudement ***son gülen iyi güler*** rira bien qui rira le dernier ***son olarak*** en dernier ***son söz*** mot de la fin ***son vermek*** mettre fin ***son zamanlarda*** ces derniers temps ***sona ermek*** aboutir, expirer, s'achever, se terminer
sonbahar automne
sonda sonde
sondaj sondage
sonek suffixe
sonra après, ensuite, puis
sonradan après, plus tard, ultérieurement, par la suite ***sonradan görme*** parvenu ***sonradan görmek*** parvenir
sonraki dernier, suivant
sonrasız éternel, sans fin
sonsuz sans fin, infini, éternel
sonsuzluk infini, éternité
sonuç résultat, conséquence, compte, conclusion, effet ***sonuç olarak*** en somme
sonuçlandırmak avoir pour conséquence
sonuçlanmak aboutir, se terminer, s'accomplir
sonuçsuz sans résultat, sans effet
sonuçta au demeurant, en somme
sonuncu dernier
sonunda finalement, en fin de compte, au bout de
sopa bâton, barre, verge ***sopa atmak*** battre avec un bâton, bâtonner
sorgu interrogatoire, inquisition ***sorguya çekmek*** interroger, interpeller, questionner
sorguç panache, aigrette
sorgulamak interroger
sormak demander, questionner, s'informer de
soru question, interrogation ***soru işareti*** point d'interrogation ***soru sormak*** poser une question
sorumlu responsable
sorumluluk responsabilité, charge
sorumsuz irresponsable
sorumsuzluk irresponsabilité
sorun problème, question, affaire
soruşturma enquête, information, inquisiton, investigation

S

soruşturmak enquêter, se renseigner, s'informer, s'enquérir de
sos sauce
sosis saucisse
sosyal social ***sosyal bilimler*** sciences sociales ***sosyal güvenlik*** sécurité sociale ***sosyal sigorta*** assurance sociale
sosyalist socialiste
sosyalizm socialisme
sosyalleşme socialisation
sosyete société
sosyoekonomik socio-économique
sosyokültürel socioculturel
sosyolog sociologue
sosyoloji sociologie
sote sauté
Sovyet soviet
soy race, génération ***soy sop*** parents, famille
soya soja
soyaçekim hérédité
soyadı nom de famille
soyağacı arbre généalogique, généalogie
soydaş même race
soygun vol, pillage, rapine, brigandage ***soygun yapmak*** voler, dérober, piller, rapiner
soyguncu brigand, détrousseur
soykırım génocide
soylu noble, relevé
soyluluk noblesse
soymak écorcher, peler, déshabiller, dépouiller, spolier, voler, dérober, piller
soytarı bouffon, clown, pitre
soyulmak être volé, être écorché, s'écocher, être dépouillé
soyunmak se déshabiller, se dévêtir
soyut abstrait
soyutlamak abstraire
söğüş viande froide
söğüt saule
sökmek découdre, défaire, déraciner, extirper; arracher, détacher; déchiffrer, lire; dévisser
söktürmek faire découdre, défaire; faire arracher, détacher; faire lire; faire enlever
sökük décousu
sökülmek être décousu, se décoller, se défaire
sömestr semestre
sömürge colonie
sömürgecilik colonialisme
sömürgeleştirmek coloniser
sömürmek lamper, humer; exploiter
sömürü exploitation
söndürmek éteindre, étouffer; dégonfler, étancher
sönmek s'éteindre, se dégonfler
sönük éteint, dégonflé, terne, sans éclat
sövgü injure, juron
sövmek injurier, prononcer des jurons, jurer, pester, maudire, blasphémer
söylemek dire, parler, s'exprimer, chanter, confier, prononcer
söylence mythe, légende
söyleniş prononciation
söylenti rumeur, bruit, racontars
söyleşi conversation
söyleşmek converser avec qn; causer; s'entretenir
söyletmek faire parler; faire avouer
söylev discours
söz parole; promesse; mot ***söz almak*** prendre la parole ***söz dinlemek*** obéir ***söz etmek*** faire mention de ***söz istemek*** demander la parole ***söz konusu olmak*** être en cause ***söz vermek*** promettre ***sözü geçen*** ci-dessus, susmention-

né ***sözü geçmek*** avoir de l'autorité ***sözünden dönmek*** se dédire, dégager sa parole ***sözünü geri almak*** se dédire, se rétracter ***sözünü kesmek*** couper la parole ***sözünü tutmak*** tenir à sa parole ***sözünü tutmamak*** manquer à sa parole

sözbirliği convention

sözcü porte-parole, organe, interprète

sözcük mot

sözcükbilim lexicologie

sözde prétendu, soi-disant

sözdizimi syntaxe

sözel verbal

sözgelimi par exemple

sözleşme convention, accord, contrat

sözleşmek convenir, tomber d'accord, s'entendre

sözlü oral

sözlük dictionnaire

sözlükçü lexicographe

sözümona soi-disant

spagetti spaghettis

spazm spasme

spekülasyon spéculation

spekülatör spéculateur

sperma sperme

S

spiker speaker, annonceur

spor sport ***spor araba*** voiture de sport ***spor giyim*** vêtements de sport ***spor yapmak*** faire du sport

sporsever amateur de sport

stadyum stade

staj pratique, stage

stajyer stagiaire

standart étalon; standard

statik statique

statü statut

steno sténographie

step steppe

stereo stéréo

steril stérile

sterilize etmek stériliser

stetoskop stéthoscope

stok stock

stop stop ***stop lambası*** stop

stopaj stoppage

strateji stratégie

stratejik stratégique

striptiz strip-tease

striptizci strip-teaseuse

stüdyo studio

su eau; fluide, jus ***su baskını*** inondation ***su basmak*** inonder ***su birikintisi*** flaque ***su borusu*** conduite d'eau ***su dökmek*** pisser, uriner ***su gibi konuşmak*** parler couramment ***su gibi para harcamak*** dépenser sans compter ***su götürmez*** incontestable, sûr ***sudan ucuz*** à vil prix ***suya düşmek*** tomber à l'eau ***suya sabuna dokunmamak*** ne se mêler de rien ***suyuna gitmek*** se plier aux caprices de qn

sual question, demande, interrogation

suaygırı hippopotame

subay officier

sucuk saucisson

suç faute, délit ***suç işlemek*** commettre un délit, une faute

suçiçeği varicelle

suçlamak accuser, inculper, incriminer

suçlu coupable, délinquant

suçluluk culpabilité, délinquance

suçortağı complice, compère

suçsuz innocent, non-coupable

suçsuzluk non-culpabilité, innocence

suçüstü en flagrant délit ***suçüstü yakalamak*** prendre en flagrant

délit
Sudan Soudan
Sudanlı Soudanien
sufle soufflé
suflör souffleur
sugeçirmez imperméable; étanche
suiistimal abus ***suiistimal etmek*** abuser
suikast attentat, conspiration ***suikast yapmak*** conspirer contre
suikastçı conspirateur
sukabağı calebasse
sukemeri aqueduc
sulak aquifère, irrigable
sulama arrosage, irrigation, abreuvage
sulamak arroser, mouiller, irriguer
sulandırmak diluer, délayer, mouiller
sulanmak se liquéfier, être mouillé, irrigué, abreuvé; faire la cour; faire des avances
sulh paix ***sulh hakimi*** juge de paix ***sulh mahkemesi*** tribunal de paix
sultan souverain, monarque, empereur, sultan, sultane
sulu liquide, juteux; impertinent
suluboya aquarelle
sululaşmak devenir importun, fâcheux
sululuk impertinence
sulusepken giboulée
sumen sous-main
sunak autel
sundurma hangar, appentis
suni artificiel, factice
sunmak offrir, donner, présenter
sunturlu éclatant
sunu offert
sunucu présentateur, animateur, annonceur
supap soupape
sur muraille, rempart
surat visage, figure, gueule, bouderie ***surat asmak*** faire la moue, bouder ***suratından düşen bin parça olmak*** faire un visage long comme un jour sans pain
suratsız laid, boudeur
suret visage, copie ***suret çıkarmak*** copier, prendre copie
susam sésame
susamak avoir soif, être altéré
susamış altéré, assoiffé
susamuru loutre
suskun taciturne
suskunluk mutisme
susmak se taire, faire silence, ne dire mot
suspus olmak se taire
susta cran de sûreté
susturmak faire taire, imposer silence, réduire au silence
susuz assoiffé, altéré, non irrigué, aride
susuzluk soif, altération
sutopu water-polo
sutyen soutien-gorge
suvarmak arroser; abreuver
sübjektif subjectif
sübvansiyon subvention
süet daim
süklüm püklüm décontenancé
sülale famille, race
sülfat sulphate
sülük sangsue
sülün faisan
sümbül jacinthe, hyacinthe
sümkürmek se moucher
sümsük imbécile
sümük morve
sümüklü morveux
sümüklüböcek limaçon
sünepe empoté, ganache; niais, lourdaud
sünger éponge ***sünger çekmek***

passer l'éponge ***süngerle silmek*** éponger
süngertaşı pierre ponce
süngü baïonnette
sünnet circoncision ***sünnet etmek*** circoncire
sünnetli circoncis
süper kd. formidable ***süper benzin*** super
süprüntü balayure, ordures
süpürge balai
süpürgelik plinthe
süpürmek balayer
sürahi carafe
sürat vitesse, promptitude, hâte, rapidité, célérité, vélocite, diligence
süratli vite, prompt, rapide
sürç action de se tromper ***sürçü lisan*** lapsus
sürçmek broncher
sürdürmek faire durer, continuer, perpétuer, poursuivre
süre durée, délai ***süresi dolmak*** expirer, échoir
süreaşımı prescription
süreç processus
süregelen continuel
süregelmek continuer
süreğen chronique
sürek durée, prolongement ***sürek avı*** battu
sürekli durable, permanent, continu ***sürekli olarak*** constammant, en permanence
süreklilik continuité, permanence
süreksiz transitoire
süreli périodique
süresiz infini
sürgü herse; verrou, targette
sürgülemek herser; mettre le verrou
sürgün exilé, banni, proscrit, bannissement, exil, déportation; surgeon, pousse, rejeton ***sürgün etmek*** exclure, bannir, proscrire ***sürgüne göndermek*** bannir, exiler, reléguer
sürme khôl; verrou, tiroir; durée
sürmek conduire; exclure, bannir; étendre, enduire; frotter; faire avancer, marcher, ettre; labourer, défricher; durer ***sürüp gitmek*** persister, se traîner
sürpriz surprise
sürrealizm surréalisme
sürtmek frotter, flâner, traîner
sürtük coureuse, traînée
sürtünme friction
sürtünmek se frotter
sürtüşmek frotter
sürü troupeau; foule
sürücü automobiliste, chauffeur, conducteur ***sürücü belgesi*** permis de conduire
sürüklemek traîner, entraîner
sürükleyici intéressant, passionnant, prenant
sürüm débit, écoulement, vente
sürünceme retard, négligence, retardement
sürüncemede en souffrance, en suspens ***sürüncemede bırakmak*** traîner en longueur, laisser en suspens ***sürüncemede kalmak*** rester en souffrance
süründürmek réduire à la misère
sürüngen reptile
sürünmek ramper, traîner, se traîner, se glisser, se mettre à plat ventre, être réduit à la misère; se frotter, oindre
süs ornement, parure, bijoux, décoration, embellissement, toilette
süslemek parer; orner; embellir
süslenmek s'embellir, faire sa

toilette, se parer, s'orner
süslü orné, paré, luxueux, élégant
süt lait ***süt çocuğu*** nourrisson ***süt gibi*** laiteux ***sütten ağzı yanan ayranı üfleyerek içer*** chat échaudé craint l'eau froide
sütana, sütanne nourrice
sütbeyaz blanc comme neige
sütçü laitier
sütdişi dent de lait
sütkardeş frère de lait
sütlaç riz au lait
sütlü laiteux, lacté ***sütlü kahve*** café au lait
süttozu lait en poudre
sütun colonne
süvari cavalier
süzgeç filtre, passoire
süzgün maigri, étiolé; languide, langoureux
süzmek filtrer, passer au filtre, examiner, regarder, épier
süzülmek passer, glisser, être filtré, filtrer; planer

Ş

şadırvan fontaine avec jet d'eau
şafak aurore, crépuscule, aube ***şafak atmak*** avoir peur ***şafak söküyor*** le jour pointe
şaft arbre
şah shah, roi ***şaha kalkmak*** se cabrer
şahadet témoignage, déposition
şehadetparmağı index
şahane magnifique, somptueux, impérial
şahaser chef-d'æuvre
şahdamarı aorte
şahıs personne
şahin faucon
şahit témoin
şahitlik témoignage, déposition ***şahitlik etmek*** témoigner
şahlanmak se cabrer
şahmerdan pilon
şahsen personnellement, individuellement
şahsi personnel, individuel, privé
şahsiyet personnalité, individualité
şair poète
şaka plaisanterie, badinage, taquinerie ***şaka değil*** c'est sérieux ***şaka ediyorsunuz!*** vous plaisantez! ***şaka etmek*** plaisanter, badiner, taquiner ***şaka yapmak*** plaisanter, faire une plaisanterie ***şakadan anlamak*** entendre la plaisanterie ***şakanın sırası değil*** ce n'est pas le moment de plaisanter ***şakaya almak*** prendre en plaisanterie
şakacı taquin, plaisantin
şakak tempe
şakalaşmak se taquiner
şakımak chanter
şakırdamak craquer, claquer, crépiter
şakırdatmak faire claquer
şakırtı claquement, crépitement, cliquetis
şaki brigand, bandit
şakilik brigandage
şaklaban bouffon, plaisantin
şaklabanlık facétie, singeries
şaklamak claquer
şaklatmak faire claquer
şakrak joyeux, gai
şal châle
şalgam navet
şalter interrupteur, coupe-circuit
şamandıra bouée
Şamanizm chamanisme

şamar soufflet, gifle, claque ***şamar atmak*** souffleter, gifler ***şamar oğlanı*** bouc émissaire
şamata vacarme, bruit, tapage, brouhaha, chahut ***şamata etmek*** faire du tapage
şamatacı tapageur
şamdan chandelier, candélabre
şamfıstığı pistache
şampanya champagne
şampiyon champion
şampiyonluk championnat
şampuan shampooing
şan gloire, honneur, réputation ***şanına yakışmak*** convenir à la dignité de...
şanlı glorieux
şans chance, fortune, sort
şanslı chanceux, fortuné, heureux ***şanslı olmak*** avoir de la chance
şanssız malchanceux, malheureux
şanssızlık malheur, malchance
şantaj chantage ***şantaj yapmak*** faire du chantage
şantajcı maître chanteur
şantiye chantier
şap alun
şapırdatmak faire claquer les lèvres
şapka chapeau
şaplak soufflet, gifle ***şaplak atmak*** souffleter, gifler
şapşal lourdaud, idiot, maladroit
şarampol accotement
şarap vin
şarapnel shrapnel
şarbon charbon
şarıltı murmure de l'eau
şarkı chanson ***şarkı söylemek*** chanter
şarkıcı chanteur, chansonnier
şarküteri charcuterie
şarlatan charlatan
şarlatanlık charlatanerie
şart condition; clause; stipulation, réserve ***şart koşmak*** stipuler ***şart koymak*** poser, formuler des conditions
şartlı conditionnel
şartsız inconditionnel
şasi châssis
şaşakalmak être stupéfait, effaré, surpris
şaşalamak être étourdi, ébahi, stupéfait, abasourdi
şaşı louche
şaşırmak s'étourdir, être troublé, surpris, interdit, embarrassé, étonné; s'égarer, se tromper
şaşırtıcı étourdissant, foudroyant, saisissant
şaşırtmak choquer, confondre, déconcerter, démonter, dérouter, interloquer, stupéfier, étonner, épater
şaşkın étonné, étourdi, troublé, ébahi, badaud, stupide, confus ***şaşkına çevirmek*** abrutir, renverser ***şaşkına dönmek*** s'étourdir
şaşkınlık étourderie, trouble, stupéfaction, étourdissement, étonnement, ébahissement, ahurissement
şaşmak être surpris, s'étonner; dévier, faillir
şatafat éclat, faste, pompe
şato château
şayan digne
şayet si, au cas où, dans le cas où
şayia bruit, rumeur
şebboy giroflée
şebek babouin
şebeke réseau
şebnem rosée
şecere arbre généalogique
şef chef
şeffaf transparent, limpide

Ş

şefkat compassion, sollicitude, affection, tendresse
şefkatli tendre, affectueux
şeftali pêche
şehir ville, cité, métropole
şehirlerarası interurbain
şehit martyr
şehriye vermicelle
şehvani sensuel, voluptueux
şehvet volupté, sensualité
şehvetli charnel, lascif, sensuel, voluptueux
şehzade prince
şeker sucre, bonbon ***şeker hastalığı*** diabète
şekerci confiseur; *(dükkân)* confiserie
şekerkamışı canne à sucre
şekerleme bonbon; sieste
şekerli sucré
şekerlik sucrier
şekerpancarı betterave sucrière
şekil forme, figure, dessin, image, façon, manière, genre
şekilci formaliste
şekilcilik formalisme
şekillendirmek former
şekillenmek se former
şekilsiz informe, sans forme, déformé
şeklen en forme
şelale cascade; chute d'eau
şema schéma
şematik schématique
şemsiye parapluie
şen gai, joyeux, enjoué
şenlenmek se réjouir
şenlik gaité, allégresse, réjouissance, fête
şer mal
şerbet sirop, limonade, sorbet
şerbetçiotu houblon
şeref honneur, renom, réputation, estime ***şeref vermek*** honorer ***şerefinize*** à votre santé
şereflendirmek honorer
şerefli honorable
şerh commentaire, explication
şerit galon, ruban; ténia
şevk désir, ardeur, enthousiasme, zèle
şey chose, objet
şeytan diable, démon, satan ***şeytan kulağına kurşun*** touchons du bois
şeytanca satanique, diabolique, infernal
şeytanlık diablerie, malice, ruse, méchanceté
şık chic, élégant, gentil
şıkırdamak craquer, cliqueter
şıkırdatmak faire craquer
şıkırtı claquement
şıklık beauté, élégance
şımarık gâté
şımarıklık gâterie
şımarmak être gâté, devenir intraitable
şımartmak gâter
şıngırdamak cliqueter
şıngırtı cliquetis
şıpsevdi qui s'amourache vite
şıp şıp goutte à goutte
şıra jus de raisin
şırfıntı femme, donzelle
şırıldamak murmurer
şırıltı murmure
şırınga seringue ***şırınga etmek*** injecter
şiddet violence, intensité, véhémence, impétuosité, sévérité, rigueur, austérité ***şiddet kullanmak*** user de violence
şiddetlendirmek intensifier, aggraver, empirer
şiddetlenmek s'aggraver

şiddetli violent, fort, impétueux, véhément
şifa guérison, rétablissement ***şifa bulmak*** guérir, se rétablir, recouvrer la santé
şifahen oralement
şifahi verbal, oral
şifoniyer chiffonnier
şifre chiffre ***şifreyi çözmek*** déchiffrer
şifrelemek chiffrer
şifreli chiffré
şiir poésie, poème, vers
şiirsel poétique
şikâyet plainte, réclamation, lamentation, grief, complainte ***şikâyet etmek*** se plaindre, se lamenter
şike chiqué
şilep bateau moyen
Şili Chili
Şilili Chilien
şilte matelas
şimdi maintenant, à présent, de nos jours
şimdiden dès à présent
şimdiki actuel, présent
şimdilerde de nos jours, maintenant
şimdilik pour le moment, pour l'instant
şimşek éclair
şimşir buis
şirin sympathique, doux, aimable, joli
şirket société, association
şirret chicaneur, mauvais coucheur
şiş broche, brochette
şiş enflure, gonflement, tuméfaction; enflé, bouffi, gonflé
şişe bouteille, flacon
şişirmek enfler, boursouffler, gonfler, exagérer
şişkin enflé, gonflé
şişkinlik enflure, gonflement
şişko gros, obèse
şişlemek embrocher
şişlik influre, gonflement
şişman gros, obèse
şişmanlamak grossir, prendre du poids
şişmanlık embonpoint excessif, obésité
şişmek s'enfler, se gonfler, se tuméfier
şive idiotisme, parler, patois
şizofreni schizophrénie
şofben chauffe-bain, chauffe-eau
şoför chauffeur
şort short
şose chaussée
şoven chauvin
şöhret réputation, renommé, célébrité
şöhretli célèbre, fameux, réputé
şölen banquet, festin, régal
şömine cheminée
şövalye chevalier
şöyle ainsi, comme cela ***şöyle bir uğramak*** faire un saut chez ***şöyle böyle*** comme ci comme ça, passablement, cahin-caha ***şöyle ki*** à savoir
şu ce, ceci, cela, celui-ci, celle-ci ***şu anda*** actuellement, en ce moment ***şu halde*** donc ***şu var ki*** pourtant
şua rayon
şubat février
şube branche, division, section, succursale
şuh coquette, accorte, joyeuse
şura endroit ***şuradan*** d'ici ***şurası*** cet-endroit-ci
şûra conseil
şurup sirop
şut tir
şuur conscience
şuuraltı subsconscience

Ş

şuurlu conscient
şuursuz inconscient
şuursuzluk inconscience
şükran gratitude, reconnaissance
şükretmek rendre grâce, remercier
şükür action de grâces
şüphe soupçon, suspicion, doute, incertitude ***şüphe etmek*** soupçonner, douter, hésiter
şüpheci sceptique, soupçonneux
şüphelenmek soupçonner, douter
şüpheli douteux, soupçonneux
şüphesiz sans doute, incontestablement

T

ta jusque, jusqu'à
taahhüt engagement ***taahhüt etmek*** s'engager à, prendre l'engagement de
taahhütlü recommandé; en recommandé ***taahhütlü mektup*** lettre recommandée
taammüt préméditation
taarruz attaque, offensive, assaut, agression ***taarruz etmek*** attaquer ***taarruza geçmek*** prendre l'offensive
taassup fanatisme
tabak assiette, plat
tabaka couche, classe, catégorie
taban plante; semelle, plancher, base, fondement, sol ***taban tabana zıt*** diamétralement opposé ***tabanları yağlamak*** s'enfuir, filer
tabanca pistolet
tabansız poltron
tabela panneau, enseigne
tabelacı peintre d'enseignes
tabetmek imprimer, publier
tabi imprimeur, éditeur
tabi dépendant, soumis, sujet ***tabi kılmak*** assujettir ***tabi olmak*** dépendre
tabiat nature; tempérament, caractère ***tabiat kanunu*** loi de la nature
tabiatüstü surnaturel
tabii naturel; bien sûr, naturellement, évidemment
tabiiyet nationalité
tabip médecin
tabir expression, explication, locution ***tabir etmek*** expliquer, exprimer, appeler, nommer
tabla plateau; cendrier
tabldot table d'hôte
tablet tablette
tablo tableau
tabu tabou
tabur bataillon
tabure tabouret, escabeau
tabut cerceuil, bière
tabya ouvrage avancé; bastion
tacir marchand
taciz importunité, dérangement ***taciz etmek*** importuner, déranger, ennuyer, gêner
taç couronne, touche ***taç giymek*** se couronner
taçlı couronné
taçyaprak pétale
tadil modification, changement, amendement, modération ***tadil etmek*** modérer, modifier, changer, amender
taflan laurier
tafsilat détails
tafta taffetas
tahakkuk réalisation, confirmation ***tahakkuk etmek*** se réaliser, se confirmer
tahakküm domination
tahammül résistance, patience,

résignation ***tahammül etmek*** supporter, résister, patienter, se résigner
taharet purification
tahayyül imagination, méditation ***tahayyül etmek*** imaginer, méditer, se figurer
tahdit restriction, délimitation, limitation ***tahdit etmek*** limiter, délimiter, restreindre
tahıl céréales
tahin farine de sésame
tahkik enquête, vérification
tahkikat instruction, enquête
tahkim fortification ***tahkim etmek*** renforcer, fortifier
tahkimat fortification
tahkir insulte, outrage ***tahkir etmek*** mépriser, dédaigner, insulter
tahlil analyse ***tahlil etmek*** analyser
tahliye évacuation ***tahliye etmek*** évacuer; libérer, mettre en liberté
tahmin supposition, présomption, estimation ***tahmin etmek*** supposer, présumer, évaluer, estimer
tahminen à peu prés, approximativement
tahribat destruction, dévastation
tahrif falsification, altération ***tahrif etmek*** falsifier, changer, altérer
tahrik incitation, encouragement, excitation ***tahrik etmek*** mouvoir, actionner, agiter, encourager, exciter, inciter
tahrip destruction, dévastation, ravage ***tahrip etmek*** détruire, ruiner, dévaster, ravager
tahriş irritation, excitation ***tahriş etmek*** irriter
tahsil encaissement, perception; instruction, études ***tahsil etmek*** encaisser; faire ses études
tahsilat recettes
tahsildar percepteur
tahsis allocation, assignation ***tahsis etmek*** allouer, assigner
tahsisat allocation, fonds
taht trône ***tahta çıkmak*** monter sur le trône ***tahttan indirmek*** renverser du trône
tahta bois, planche
tahtakurusu punaise
tahterevalli bascule
tahvil transformation; *tic.* obligation
tak arche, arc
taka barque à voile
takas troc, compensation ***takas etmek*** compenser
takat force, capacité, pouvoir
takatsız sans force, faible, débile
takdim présentation ***takdim etmek*** présenter, offrir, soumettre
takdir appréciation, estimation, évaluation; providence ***takdir etmek*** apprécier, estimer, évaluer
takdis sanctification, bénédiction ***takdis etmek*** bénir
takı parure, terminaison
takılmak s'attacher, se fixer, s'accrocher, être suspendu; plaisanter, taquiner
takım appareil, groupe, ensemble, série; service; harnais; matériel, couvert; équipe, escouade
takımada archipel
takımyıldız constellation
takınmak attacher, fixer, porter, ceindre, prendre
takıntı relation
takırdamak claquer, craquer
takırdatmak faire claquer
takışmak se quereller avec qn
takibat poursuite
takip poursuite ***takip etmek*** suivre, poursuivre, filer; se succéder
takla culbute ***takla atmak*** faire des

T

culbutes
taklit imitation; contrefaçon; imité, copié, faux ***taklit etmek*** imiter, contrefaire
takma emprunté, faux ***takma ad*** surnom, nom d'emprunt, pseudonyme ***takma diş*** fausse dent
takmak fixer, attacher, accrocher, enchâsser
takoz cale, cheville
takriben approximativement, à peu près
takribi approximatif
takrir expression, élocution, motion
taksi taxi
taksim partage, division, répartition ***taksim etmek*** diviser, partager
taksimetre taximètre
taksit acompte, versement
taksitle à tempérament
taktik tactique
takunya sabot
takvim calendrier
takviye renfort, renforcement, consolidation, fortification ***takviye etmek*** fortifier, consolider, solidifier
talan pillage ***talan etmek*** piller
talaş copeau, sciure
talebe écolier, étudiant
talep demande, revendication, réquisition ***talep etmek*** revendiquer, demander, exiger, formuler une demande
tali secondaire, accessoire
talih sort, fortune, chance, hasard
talihli chanceux, veinard
talihsiz malheureux, infortuné
talihsizlik infortune, malchance, malheur
talim entraînement, enseignement, exercice ***talim yapmak*** s'exercer, s'entraîner, apprendre
talimat instructions, directives, ordres
talimatname règlement
talip demandeur, prétendant
taltif caresse, faveur, compliment ***taltif etmek*** caresser, favoriser, complimenter
tam entier, total, complet, plein, précis, intégral ***tam olarak*** en entier, complètement ***tam tamına*** exactement, ni plus ni moins ***tam zamanında*** au juste moment, en temps opportun
tamah avidité, avarice ***tamah etmek*** être avide de, désirer avec avidité, convoiter
tamahkâr avide, avare
tamam totalité; complet, fini, parfait, achevé, prêt
tamamen complètement, entièrement, totalement, absolument
tamamlamak achever, finir, terminer, compléter
tamamlayıcı complémentaire
tambur guitare à deux cordes
tamim circulaire
tamir réparation, restauration, raccommodement, raccommodage ***tamir etmek*** réparer, raccommoder
tamlama dilb. complément
tamlayan dilb. déterminant
tamlanan dilb. déterminé
tampon tampon ***tampon devlet*** état tampon
tamsayı nombre entier
tamtakır tout à fait vide, complètement vide
tan crépuscule du matin, aurore, aube
tane morceau, grain ***tane tane*** grain par grain ***tane tane konuşmak*** parler net, articuler

tanelemek granuler
tanecik granule
tangırdamak rendre un bruit sec
tangırtı bruit sec; cliquetis
tango tango
tanı diagnostic
tanıdık connaissance
tanık témoin ***tanık olmak*** assister à, être témoin de
tanıklık témoignage ***tanıklık etmek*** témoigner
tanım définition
tanımak connaître, savoir, faire la connaissance, reconnaître
tanımlama définition
tanımlamak définir
tanımlık article
tanınmak être connu, reconnu
tanınmamış inconnu
tanınmış connu, renommé, célèbre
tanış connaissance
tanışmak faire la connaissance de
tanıt preuve
tanıtlamak prouver, démontrer; faire preuve de ...
tanıtma, tanıtım présentation, promotion
tanıtmak lancer, présenter
tanjant tangente
tank réservoir; char; réservoir d'eau
tanker pétrolier, camion-citerne
tanksavar antichar
Tanrı Dieu
Tanrıbilim théologie
Tanrıça déesse
Tanrısal semblable aux dieux, divin
Tanrıtanımaz athéiste
Tanrıtanımazlık athéisme
tansık miracle
tansiyon tension artérielle ***tansiyon düşüklüğü*** hypotension ***tansiyon yüksekliği*** hypertension
tantana pompe; faste
tanyeli zéphyr
tanyeri aurore, aube
tanzim règlement, organisation, aménagement, élaboration, coordination, régularisation ***tanzim etmek*** régler, arranger, aménager, organiser, coordonner
tanzimat réforme
tapa bouchon, tampon
tapınak temple
tapmak adorer
tapon de mauvaise qualité, de pacotille
taptaze tout frais
tapu titre de propriété
taraça terrasse
taraf côté, part, partie, région ***taraf tutmak*** prendre le parti de qn
taraflı partial
tarafsız impartial, neutre, objectif ***tarafsız kalmak*** rester neutre
tarafsızlık impartialité, neutralité
taraftar partisan, supporter ***taraftar olmak*** être pour
tarak peigne; carde
tarama peignage, hachure
taramak peigner, carder; draguer; hachurer
taranmak se peigner
tarçın canelle
tarh plate-bande
tarım agriculture ***tarım ürünleri*** produits agricoles
tarımsal agricole, agraire, agronomique
tarif indication, définition, description ***tarif etmek*** indiquer, décrire, définir
tarife tarif
tarih histoire; date ***tarih koymak*** mettre la date
tarihçe historique, exposé, chronique

T

tarihçi historien
tarihi historique
tarihli daté
tarihöncesi préhistoire; préhistorique
tarihsel historique
tarihsiz sans date
tarikat ordre réligieux
tarla champ
tartaklamak maltraiter, brutaliser
tartı pesage, pesée, poids, mesure
tartılmak être pesé
tartışma dispute, querelle, discussion, débat
tartışmak se disputer, agiter, discuter, débattre
tartmak peser, délibérer
tarumar dissipé, dispersé
tarz manière, façon, mode
tarziye excuse
tas écuelle, timbale ***tası tarağı toplamak*** faire ses paquets
tasa chagrin, souci, préoccupation, inquiétude
tasalanmak se chagriner, s'affliger, se soucier, s'inquiéter
tasalı affligé, triste, inquiet
tasarı plan, projet
tasarım imagination
tasarlamak projeter, conjecturer, évaluer
tasarruf possession, disposition; épargne, économie ***tasarruf etmek*** posséder, disposer; épargner, économiser, faire des économies ***tasarruf sandığı*** caisse d'épargne
tasasız insouciant, indifférent
tasavvuf mysticisme
tasavvur projet, intention, conception, imagination, idée ***tasavvur etmek*** projeter, s'imaginer, se figurer
tasdik affirmation, ratification, confirmation ***tasdik etmek*** certifier, approuver, confirmer, ratifier, légaliser, authentifier, entériner
tasdikname certificat
tasfiye raffinage, épuration, liquidation ***tasfiye etmek*** raffiner, purifier, épurer, liquider
tashih correction, rectification
taslak ébauche, brouillon, esquisse, croquis
taslamak affecter, simuler, se donner des airs
tasma collier, laisse
tasnif classement, classification ***tasnif etmek*** ranger, classer, classifier
tastamam tout à fait complet
tasvip approbation ***tasvip etmek*** approuver
tasvir dessin, description, image, représentation ***tasvir etmek*** peindre, dessiner, décrire
taş pierre; en pierre ***taş gibi*** pierreux ***taş üstünde taş bırakmamak*** anéantir, raser ***taşa tutmak*** lapider ***taşı gediğine koymak*** avoir de la repartie
taşak testicule
taşbaskı, taşbasması lithographie
taşbebek poupard
taşıl fossile
taşıma port, portage
taşımacı transporteur
taşımacılık transport
taşımak porter, transporter, transférer
taşınmak se transporter, se transférer, déménager
taşınabilir portable
taşınmaz importable, immeuble, immobilier
taşırmak faire déborder

taşıt véhicule, moyen de transport
taşıyıcı porteur
taşkın débordé, exalté, enthousiaste, débordant
taşkınlık exaltation, hardiesse, enthousiasme
taşkömürü houille
taşküre lithosphère
taşlamak lancer des pierres; lapider
taşlı pierreux
taşmak déborder, se répandre, s'exalter, s'emporter
taşocağı carrière
taşra province
taşralı provincial
taşyuvarı lithosphère
taşyürekli cruel
tat goût, saveur ***tat almak*** goûter ***tat vermek*** donner le goût ***tadı kaçmak*** avoir un mauvais goût ***tadına bakmak*** goûter, déguster ***tadını çıkarmak*** savourer, jouir de
Tatar Tatare, Tartare
tatarcık cousin
tatbik adaptation, ajustement, application; exécution ***tatbik etmek*** appliquer, exécuter
tatbikat application, pratique, exercice
tatil repos, vacances, congé, jour férié; suspension ***tatil etmek*** suspendre, cesser ***tatile gitmek*** partir en vacances
tatlandırmak adoucir, sucrer
tatlı doux, savoureux, sucré, édulcoré; douceurs, dessert, friandises, confiture ***tatlı su*** eau douce ***tatlı şarap*** vin doux ***tatlıya bağlamak*** règler à l'amiable
tatlılaştırmak adoucir
tatlılık douceur
tatmak goûter, savourer
tatmin satisfaction, contentement ***tatmin edici*** satisfaisant ***tatmin etmek*** satisfaire, contenter ***tatmin olmak*** être satisfait
tatsız sans goût, fade, désagréable
tav degré de chaleur requis pour battre le fer; le bon moment, l'occasion ***tav vermek*** rougir
tava poêle à frire
tavan plafond ***tavan arası*** grenier, mansarde ***tavan fiyat*** prix maximum
taverna taverne
tavır attitude, manière, façon, allure, air, conduite
taviz concession, compensation ***taviz vermek*** faire des concessions
tavla écurie; jeu de trictrac
tavlamak rougir; battre le fer, séduire, enjôler, embobiner
tavsamak s'atténuer, se tempérer, se tasser, se calmer
tavsiye recommandation, conseil ***tavsiye etmek*** recommander, conseiller ***tavsiye mektubu*** lettre de recommandation, lettre d'introduction
tavşan lièvre, lapin ***tavşan yürekli*** pusillanime, peureux
tavşandudağı bec-de-lièvre
tavşankanı rouge foncé; thé fort
tavuk poule ***tavuk kümesi*** poulailler
tavukkarası héméralopie
tavus paon
tay poulain
tayf spectre
tayfa équipage, matelot
tayın ration
tayin désignation, nomination, fixation, détermination ***tayin etmek*** déterminer, désigner, nommer
tayyör tailleur

T

taze frais, récent, neuf, jeune, nouveau ***taze fasulye*** haricot vert
tazelemek renouveler
tazelik fraîcheur, nouveauté, primeur, jeunesse
tazı levrier
taziye condoléances ***taziyelerini bildirmek*** présenter, offrir ses condoléances
tazminat compensation, indemnisation, indemnité, dommages-intérêts ***tazminat davası*** action en dommages-intérêts
tazminat vermek indemniser, dédommager
tazyik pression, constriction
teamül usage
teati échange
tebaa ressortissant
tebdil modification, changement, altération; incognito
tebelleş olmak importuner
teberru donation, don ***teberruda bulunmak*** faire une donation, offrir
tebessüm sourire ***tebessüm etmek*** sourire
tebeşir craie
tebligat notification
tebliğ communiqué, notification, communication, signification, avis, annonce ***tebliğ etmek*** communiquer, signifier, notifier
tebrik félicitation, congratulation, compliment ***tebrik etmek*** féliciter, congratuler, complimenter
tecavüz dépassement, agression, attaque, viol, violation ***tecavüz etmek*** dépasser, outrepasser, transgresser, enfreindre, attaquer
tecelli manifestation, apparition; sort, destinée ***tecelli etmek*** apparaître, se présenter, se manifester
tecil ajournement, renvoi, remise, sursis ***tecil etmek*** surseoir, remettre, ajourner, différer
tecrit isolation, séparation ***tecrit etmek*** isoler
tecrübe épreuve, expérience, essai ***tecrübe etmek*** essayer, expérimenter, éprouver
tecrübeli expérimenté
tecrübesiz inexpérimenté
teçhiz dotation, équipage ***teçhiz etmek*** équiper, munir
teçhizat équipement, armement, munition, équipage
tedarik préparation ***tedarik etmek*** procurer, approvisionner, fournir
tedavi soin, traitement, cure ***tedavi etmek*** traiter, soigner
tedavül circulation, cours ***tedavülde olmak*** être en circulation ***tedavülden kalkmak*** se retirer de la circulation ***tedavüle çıkarmak*** mettre en circulation
tedbir précaution, mesure ***tedbirini almak*** prendre des mesures
tedbirli prudent, prévoyant
tedbirsiz imprévoyant, malavisé
tedhiş terreur
tedirgin incommode, inquiet ***tedirgin etmek*** incommoder, importuner
tedirginlik inquiétude
tediye paiement, payement
tedricen graduellement
teessüf regret ***tessüf etmek*** regretter, déplorer
teessür affliction, tristesse
tef tambour de basque
tefeci usurier
tefecilik usure
tefekkür réflexion, pensée
teferruat détails, particularité
teferruatlı en détail

tefsir explication, interprétation, commentaire ***tefsir etmek*** commenter, interpréter, expliquer
teftiş inspection, revue ***teftiş etmek*** inspecter, passer en revue
teğet tangent
teğmen lieutenant
tehdit menace ***tehdit etmek*** menacer
tehir retard, remise, ajournement ***tehir etmek*** remettre, différer, ajourner, retarder
tehlike danger, péril, risque ***tehlikede olmak*** être en danger ***tehlikeye atılmak*** courir un danger ***tehlikeye atmak*** compromettre, exposer, hasarder, mettre en danger ***tehlikeye sokmak*** mettre en danger
tehlikeli dangereux, périlleux
tehlikesiz sans danger
tek impair, seul, unique, un; afin que, seulement, pourvu que ***tek başına*** seul, tout seul ***tek tük*** sporadique ***tek yataklı oda*** chambre à un lit
tekanlamlı univoque
tekdir réprimande
tekdüze monotone
teke bouc
tekel monopole
tekelci monopoliste
tekelcilik monopolisme
tekelleştirmek monopoliser
teker roue
tekerklik monarchie
tekerlek roue
tekerlemek rouler
tekerlenmek être roulé, se rouler
tekeşlilik monogamie
tekhücreli unicellulaire
tekil singulier
tekin unique, seul, tranquille
tekir rouget
teklemek avoir des ratés
teklif proposition, offre, façon ***teklif etmek*** proposer, offrir
teklifsiz familier, sans façon
tekme coup de pied ***tekme atmak*** botter, donner un coup de pied
tekmelemek donner un coup de pied
tekmil accomplissement, achèvement, au complet
tekne auge, cuve, huche; coque, vaisseau, pétrin
teknik technique ***teknik arıza*** panne
teknikokul école technique
teknikoğretim enseignement technique
teknisyen technicien
teknoloji technologie
teknolojik technologique
tekrar répétition ***tekrar etmek*** répéter
tekrarlamak répéter, réitérer, redire
teksesli monophonique
teksif concentration, condensation ***teksif etmek*** concentrer, condenser
teksir multiplication, reproduction ***teksir etmek*** multiplier, augmenter ***teksir makinesi*** duplicateur
tekstil textile
tektanrıcı monothéiste
tektanrıcılık monothéisme
tektonik tectonique
tekzip démenti ***tekzip etmek*** démentir
tel fil; télégramme ***tel çekmek*** télégraphier ***tel örgü*** réseau de barbelés, réseau de fils de fer
telaffuz prononciation ***telaffuz etmek*** prononcer
telafi compensation, récupération,

réparation ***telafi etmek*** récupérer, compenser, réparer

telakki conception ***telakki etmek*** concevoir, considérer

telaş alarme, affolement, inquiétude, empressement, trouble, hâte, précipitation ***telaş etmek*** s'alarmer, s'empresser, être inquiet

telaşlanmak s'alarmer

telaşlı inquiet

telaşsız tranquille

telef perte, mort ***telef olmak*** être perdu, mourir

teleferik téléphérique

telefon téléphone ***telefon etmek*** téléphoner ***telefon kulübesi*** cabine téléphonique ***telefon rehberi*** annuaire téléphonique ***telefon santralı*** standard ***telefonu kapamak*** raccrocher

telefotografi téléphotographie

telekomünikasyon télécommunications

teleks télex

teleobjektif téléobjectif

telepati télépathie

teleskop télescope

televizyon télévision

telgraf câble, télégramme, dépêche ***telgraf çekmek*** câbler, télégraphier

telif compilation ***telif hakkı*** copyright

telkin inspiration, inculcation ***telkin etmek*** inspirer

tellemek câbler

tellendirmek orner avec des fils d'or et d'argent, agrémenter

telli de fil métallique, orné avec des fils d'or, paré de paillettes

telliturna grue couronnée

telsiz sans fil ***telsiz telgraf*** télégraphie sans fil, T.S.F.

telve sédiment

temas contact ***temas etmek*** contacter, être en contact, se toucher, prendre contact, se mettre en rapport ***temas kurmak*** joindre, toucher

temaşa spectacle, contemplation; représentation, théâtre

temayül penchant, inclination

tembel paresseux, fainéant

tembelleşmek devenir paresseux

tembellik paresse ***tembellik etmek*** flâner, paresser

tembih avertissement, recommandation ***tembih etmek*** avertir, ordonner, recommander

temel fondement, fondation, base; fondamental, principal, élémentaire ***temel atmak*** jeter les fondements ***temel taşı*** pierre angulaire, pierre de base

temelli fondé, basé

temelsiz sans fondement

temenni désir, souhait, vœu ***temenni etmek*** souhaiter

temin garantie, assurance ***temin etmek*** garantir, assurer, procurer

teminat garantie, gage, assurance, dépôt, cautionnement ***teminat mektubu*** lettre de garantie ***teminat vermek*** garantir

temiz propre, pur, net ***temize çekmek*** mettre au net

temizlemek nettoyer, curer, déblayer, décrasser, purger

temizlenmek se laver

temizlik propreté, nettoyage

temkin dignité, sérieux, gravité

temkinli sérieux, grave, pondéré

temmuz juillet

tempo tempo

temsil représentation ***temsil etmek***

représenter
temsilci représentant
temyiz discernement; cassation, appel ***temyiz mahkemesi*** cour de cassation
ten teint, peau
tencere casserole, marmite
teneffüs respiration; pause, récréation ***teneffüs etmek*** respirer
teneke fer-blanc ***teneke kutu*** boîte en fer-blanc
tenekeci ferblantier
teneşir table basse sur laquelle on procède à la toilette d'un mort
tenezzül abaissement, descente, chute, déchéance, diminution ***tenezzül etmek*** s'abaisser, daigner
tenha peu fréquenté, solitaire, inhabité, écarté, désert
tenis tennis ***tenis kortu*** court de tennis
tenkit critique ***tenkit etmek*** critiquer
tenkitçi critique
tenor ténor
tente banne, bâche
tentürdiyot teinture d'iode
tenya ver solitaire, ténia
tenzilat réduction
tenzilatlı réduit ***tenzilat yapmak*** faire une réduction ***tenzilatlı satış*** vente au rabais
teori théorie
teorik théorique
T
tepe colline, sommet, crête, cime, faîte ***tepeden inme*** soudain, brusque, inattendu ***tepeden tırnağa kadar*** de la tête au pieds ***tepesi atmak*** s'emporter
tepecik tertre, petite colline; stigmate
tepelemek assomer, battre
tepetaklak sur sa tête
tepinmek trépigner, piaffer, piétiner
tepişmek se chamailler
tepki réaction, contrecoup
tepkime réaction
tepmek ruer, reculer, repousser
tepsi plateau
ter sueur, transpiration, moiteur
terapi thérapie
teras terrasse
terazi balance; niveau ***Terazi (burcu)*** la Balance
terbiye éducation, politesse, civilité, dressage; assaisonnement, sauce ***terbiye etmek*** élever, instruire, éduquer; assaisonner; dresser ***terbiyesini takınmak*** se conduire bien ***terbiyesini vermek*** donner son éducation
terbiyeli bien élevé, décent
terbiyesiz mal élevé, fruste, impoli, incorrect
terbiyesizce impoliment
terbiyesizlik impolitesse, insolence
tercih préférence, priorité ***tercih etmek*** préférer
tercihan de préférence
tercihli préférentiel ***tercihli yol*** route prioritaire
tercüman interprète ***tercümanlık yapmak*** faire l'interprète
tercüme traduction ***tercüme etmek*** traduire, interpréter
tere cresson
tereddüt irrésolution, hésitation ***tereddüt etmek*** hésiter, balancer, barguigner, tergiverser
tereyağı beurre
terfi promotion, avancement ***terfi etmek*** être promu, avancer ***terfi ettirmek*** promouvoir
terhis libération, démobilisation ***terhis etmek*** libérer
terim terme
terk abandon ***terk etmek*** laisser,

quitter, abandonner
terki croupe
terkip composition, proposition, locution, mot composé
terlemek suer, transpirer
terletmek faire transpirer
terlik pantoufle
termal thermal
termik thermique
terminal terminal, terminus
termodinamik thermodynamique
termoelektrik thermoélectrique
termometre thermomètre
termos thermos
termosifon thermosiphon
termosfer thermosphère
termostat thermostat
terör terreur
terörist terroriste
ters envers, dos, revers, verso, opposé, contraire, à l'envers, de travers ***ters anlamak*** comprendre de travers ***ters gitmek*** aller du mauvais côté ***ters yönde*** en sens inverse
tersane arsenal maritime
tersim dessein
tersine à l'envers, au contraire ***tersine çevirmek*** renverser
tersinir réversible
terslemek réprimer, rudoyer
terslik malchance, mésaventure
tertemiz brillant de propreté
tertibat dispositif, arrangements, dispositions, organisation, mesures prises
tertip arrangement, composition, combinaison, projet; formule; complot ***tertip etmek*** arranger, mettre en ordre, composer, organiser, projeter
tertipli en ordre, ordonné, bien organisé
tertipsiz en désordre, désordonné, mal organisé
terzi tailleur, couturier, couturière
tesadüf hasard, rencontre, coïncidence ***tesadüf etmek*** rencontrer, tomber
tesadüfen par hasard, accidentellement
tescil enregistrement, inscription, immatriculation ***tescil ettirmek*** enregistrer
teselli consollation ***teselli bulmak*** se consoler de ***teselli etmek*** consoler, réconforter
tesir effet, influence, impression; portée ***tesir etmek*** influencer, faire impression; affliger; faire de l'effet, agir, être efficace
tesirli efficace, impressionnant
tesirsiz sans effet, inefficace
tesis établissement, fondation, constitution ***tesis etmek*** constituer, fonder, établir
tesisat installation
teskere brancard, civière
teskin apaisement ***teskin etmek*** calmer, apaiser
teslim livraison, remise ***teslim etmek*** livrer, rendre, remettre; reconnaître, avouer ***teslim olmak*** se rendre, céder ***teslim tarihi*** jour de livraison
teslimiyet soumission
teslis triplement, trinité
tespih chapelet; rosaire
tespit fixation ***tespit etmek*** fixer
test test
testere scie
testi cruche
tesviye nivellement, égalisation, arrangement, aplanissement; paiement ***tesviye etmek*** égaliser, niveler, aplanir, payer

teşbih comparaison, allégorie
teşebbüs entreprise, tentative, opération, démarche ***teşebbüs etmek*** entreprendre, faire une démarche, tenter
teşekkül formation, constitution, organisation, organisme ***teşekkül etmek*** se former, se constituer
teşekkür remerciement ***teşekkür ederim*** merci ***teşekkür etmek*** remercier
teşhir exposition, divulgation, publication ***teşhir etmek*** divulguer, publier, exposer
teşhirci exhibitionniste
teşhircilik exhibitionnisme
teşhis identification, diagnostic ***teşhis etmek*** reconnaître, identifier, diagnostiquer
teşkil formation, organisation, constitution ***teşkil etmek*** former, constituer, organiser
teşkilat organisation
teşkilatçı organisateur
teşkilatlandırmak organiser
teşkilatlı organisé
teşrif action d'honorer, de faire honneur; arrivée, visite ***teşrif etmek*** honorer de sa présence, faire l'honneur, visiter, venir
teşvik encouragement, exhortation ***teşvik etmek*** encourager, inciter, exhorter
tetanos tétanos
tetik détente; vif, alerte, agile ***tetikte beklemek*** être aux aguets
tetkik examen, étude ***tetkik etmek*** examiner, étudier
tevazu simplicité, modestie
tevcih orientation ***tevcih etmek*** tourner vers
tevkif arrestation, arrêt ***tevkif etmek*** arrêter, appréhender, écrouer
tevzi distrubition, répartition, partage ***tevzi etmek*** distribuer, répartir, partager
teyakkuz vigilance
teyel faufilure
teyellemek faufiler
teyp magnétophone
teyze tante
tez vite, agile, leste, alerte, vif
tez thèse
tezahür apparition, manifestation; symptôme ***tezahür etmek*** apparaître, se montrer
tezahürat ovation, vivats
tezat contraste, contradiction
tezek bouse
tezgâh établi, atelier, comptoir
tezgâhtar vendeur, vendeuse
tezkere billet, mot, lettre, permis ***tezkere almak*** être libéré du service militaire
tıbben médicalement
tıbbi médical
tıbbiye faculté de médecin
tıbbiyeli étudiant en médecin
tıfıl bambin, enfant petit
tığ aiguille à tricoter
tıkaç bouchon, tampon
tıkalı bouché, obstrué
tıkamak boucher, obstruer, embouteiller, bâillonner, barrer
tıkanıklık obstruction, embouteillage, emcombrement
tıkanmak être bouché, embouteillé, s'étouffer, suffoquer
tıkınmak s'empiffrer
tıkırdamak claquer, cliqueter
tıkırdatmak faire claquer, frapper
tıkırtı cliquetis, craquement
tıkıştırmak bourrer
tıkız compact
tıklım tıklım à craquer
tıkmak enfoncer, bourrer, parquer,

tasser
tıknaz qui a de l'embonpoint sans être gros, trapu, dodu
tıknefes asthme des chevaux
tıksırık éternuement
tılsım talisman
tılsımlı magique
tımar pansage
tımarhane asile d'aliénés ***tımarhane kaçkını*** fou à lier
tıngırdamak cliqueter, claquer
tıngırdatmak faire cliqueter
tıngırtı cliquetis, craquement
tınlamak retentir
tınmamak ne rien dire, garder le silence, ne pas s'en faire
tıp médecine
tıpa bouchon
tıpatıp entièrement, complètement, comme deux gouttes d'eau
tıpış tıpış yürümek trottiner
tıpkı conforme, semblable, exactement, pareil, la même chose
tırabzan balustrade, rampe
tıraş rasage ***tıraş etmek*** raser ***tıraş köpüğü*** mousse à raser ***tıraş kremi*** crème à raser ***tıraş makinesi*** rasoir ***tıraş olmak*** se raser, se faire couper les cheveux
tıraşlı rasé
tıraşsız non rasé
tırıs trot ***tırıs gitmek*** trotter, aller au trot
tırmalamak gratter, égratigner
tırmanmak grimper, escalader, gravir, se hisser
tırmık râteau
tırnak ongle, corne, sabot; griffe, serre; parenthèse ***tırnak cilası*** vernis à ongles ***tırnak işareti*** guillemets ***tırnak makası*** ciseaux à ongles ***tırnak törpüsü*** lime à ongles
tırpan faux
tırpanlamak faucher
tırtıklamak denteler, effilocher; déchirer; extorquer, arracher, dérober, voler
tırtıl chenille
tıslamak glousser, chuinter
ticaret commerce, négoce, trafic ***ticaret filosu*** flotte ***ticaret odası*** chambre de commerce ***ticaret yapmak*** faire du commerce
ticarethane maison de commerce, magasin, boutique
ticari commercial
tifo fièvre typhoïde
tiftik mohair
tifüs typhus
tik tic
tiksinç abominable, exécrable, infect
tiksindirici dégoûtant, répugnant, écæurant
tiksindirmek dégoûter, écæurer
tiksinmek se dégoûter, répugner, détester
tiksinti dégoût, répugnance, écæurement
tilki renard
timsah crocodile, alligator
timsal symbole
tin esprit
tinsel spirituel
tip type
tipi rafale de neige, tempête de neige
tipik typique
tipografya typographie
tiraj tirage
tirbuşon tire-bouchon
tire trait d'union
tirildemek trembloter
tiril tiril titremek trembler de tous ses membres

tiroit thyroïde
tiryaki grand fumeur, invétéré, adonné, épris, grand amateur, habitué
tişört tee-shirt
titiz pointilleux, méticuleux, vétilleux, minutieux
titizlik méticulosité, caprice, bizarrerie
titrek tremblotant, chevrotant
titremek trembler, frissonner, frémir, tressaillir
titreşim vibration
titreşmek frémir
tiyatro théâtre
tiz aigu, perçant
tohum graine, semence, pépin, germe, sperme
tok rassasié, assouvi, serré, compact ***tok olmak*** être rassasié
toka boucle
tokalamak boucler
tokalaşmak se serrer la main
tokat soufflet, gifle, raclée ***tokat atmak*** flanquer une gifle à
tokatlamak gifler
tokgözlü content de peu
toklu agneau
tokmak pilon, maillet, heurtoir
tokurdamak bouillonner
tokurtu bouillonnement
tokuşmak se heurter, s'entrechoquer, entrer en collision
tokuşturmak entrechoquer, trinquer
tomar rouleau
tombala tombola
tombalak grassouillet
tombul gras, dodu
tomruk tronc d'arbre, bouton
tomurcuk bourgeon, pousse
ton tonne; ton; *hayb.* thon
tonaj tonnage
tongaya basmak tomber dans un piège
tonik tonique
tonos voûte
tonton chéri
top balle, ballon, boule; *ask.* canon ***top oynamak*** jouer à la balle ***top oyunu*** jeu de balle ***topu atmak*** faire faillite
topaç toupie
topak rond, arrondi
topal boiteux
topallamak boiter, être boiteux
toparlak rond, arrondi
toparlamak réunir, rassembler
toparlanmak s'amonceler, être prêt
topçu artillerie ***topçu ateşi*** tir d'artillerie
toplaç collecteur
toplam total
toplama addition
toplamak assembler, rassembler, collectionner, ramasser, amonceler; additionner; amasser; ranger, cueillir
toplanmak se ramasser, se réunir, se rassembler, se rallier; s'attrouper, s'amonceler, s'accumuler, s'assembler, se masser
toplantı assemblée, rassemblement, réunion
toplardamar veine
toplaşmak se ramasser, se réunir
toplatmak faire ramasser, faire réunir, faire saisir
toplu ramassé, réuni, en commun, collectif ***toplu bakış*** vue d'ensemble, aperçu, tour d'horizon ***toplu konut*** habitation à loyer modéré ***toplu taşıma*** transport en commun
topluiğne épingle
topluluk communauté, société, corps, collectivité

toplum société
toplumbilim sociologie
toplumbilimci sociologue
toplumcu socialiste
toplumculuk socialisme
toplumsal social
toplusözleşme convention collective
toprak terre, terrain, sol
toptan en gros ***toptan ticaret*** commerce de gros ***toptan fiyat*** prix de gros
toptancı marchand de gros, grossiste
topuk cheville, talon
topuz massue; chignon
topyekûn complètement, entièrement
torba sachet, sac
torna tour
tornacı tourneur
tornavida tournevis
tornistan etmek retourner, faire demi-tour
torpil torpille, mine; piston
torpillemek torpiller
tortu lie, dépôt, marc, sédiment, résidu
torun petit-fils, petite-fille
tos coup de corne
tosbağa tortue
toslamak heurter, cogner, buter
tostoparlak rond
tosun jeune taureau; jeune homme robuste et beau
totaliter totalitaire
totem totem
toy novice, inexpérimenté, blancbec
toz poussière, poudre ***toz bulutu*** nuage de poussière ***toz kaldırmak*** faire de la poussière ***toz olmak*** filer, décamper ***tozunu silkmek*** secouer la poussière
tozlanmak se couvrir de poussière
tozlu poussièreux
tozluk guêtre
tozşeker sucre semoule
töhmet délit, soupçon
tökezlemek trébucher, buter
töre mœurs
törebilim éthique
tören cérémonie, fête
törpü râpe, lime
törpülemek râper, limer
tövbe pénitence, repentir, résipiscence ***tövbe etmek*** renoncer sous serment, jurer
tövbekâr pénitent
trafik circulation ***trafik işareti*** panneau de signalisation ***trafik kuralları*** code de la route ***trafik polisi*** police de la route ***trafik sıkışıklığı*** embouteillage, encombrement
trafo transformateur
trahom trachome, conjonctivite granuleuse
trajedi tragédie
trajik tragique
traktör tracteur
Trakya Thrace
trampa troc, échange ***trampa etmek*** troquer
trampet tambour, tambourin
tramvay tramway
transfer transfert ***transfer etmek*** transférer
transformasyon transformation
transformatör transformateur
transit transit
travers traverse
travma trauma
tren train ***trene binmek*** prendre le train
tribün estrade, tribune
trigonometri trigonométrie

triko tricot
trilyon trillion
troleybüs trolleybus
tropikal tropical
tröst trust
tual toile
tufan déluge
tugay brigade
tuğamiral contre-amiral
tuğgeneral générale de brigade
tuğla brique
tuhaf curieux, étrange, drôle, bizarre
tuhafiye mercerie, bonneterie
tuhafiyeci chemisier, bonnetier; mercerie
tuhaflık singularité, bizarrerie, drôlerie
tuluat improvisation
tulum outre, salopette
tulumba pompe
tumturak pompe, somptuosité
tunç bronze
Tunus Tunisie
tur tour, promenade ***tur atmak*** se promener
turfanda en sa primeur, de primeur
turist touriste
turistik touristique
turizm tourisme ***turizm acentesi*** bureau de tourisme ***Turizm ve Tanıtma Bakanlığı*** ministère de tourisme et de l'information
turkuaz turquoise
turna grue
turnabalığı brochet
turne tournée ***turneye çıkmak*** partir en tournée
turnike tourniquet
turnuva tournoi
turp radis
turşu pickles, cornichons ***turşu kurmak*** mettre qch en conserve
turuncu orangé, orange
turunç orange amère
tuş touche
tutam poigné, pincée
tutanak procès-verbal
tutar montant
tutarlı cohérent
tutarsız incohérent
tutkal colle
tutkallamak coller
tutku passion, ambition
tutkulu passioné, ambitieux
tutkun épris, passionné; amoureux
tutmak tenir, saisir, empoigner, toucher, garder; occuper, engager, louer; entraver; considérer comme, attraper, arrêter
tutsak prisonnier
tutsaklık captivité
tutturmak faire tenir, insister, se mettre, entreprendre
tutuk hésitant, pusillanime, timoré, paralysé, paralytique
tutuklamak arrêter
tutuklu détenu, prisonnier
tutukluluk détention
tutulmak être pris, attrapé, retenu; être paralysé; tomber amoureux; s'éclipser
tutum attitude, conduite, manière d'agir; économie
tutumlu économe
tutumsuz dépensier, prodigue
tutunmak se contenir, se retenir, s'accrocher, se cramponner
tutuşmak s'enflammer, s'allumer, prendre feu; se quereller, en venir aux mains
tutuşturmak allumer, enflammer
tuvalet toilette, waters, w.-c. ***tuvalete gitmek*** aller au cabinet
tuz sel ***tuz ekmek*** saler
tuzak piège, embuscade, guet-

apens, attrape, traquenard, trébuchet ***tuzak kurmak*** tendre un piège ***tuzağa düşmek*** tomber dans un piège
tuzla saline
tuzlama salaison
tuzlamak saler
tuzlu salé; cher
tuzluk salière
tuzsuz non salé, sans saveur, fade
tüberküloz tuberculose
tüccar marchand, négociant
tüfek fusil ***tüfek atmak*** tirer un coup de fusil
tükenmek finir, être consumé, être épuisé
tükenmezkalem stylo à bille
tüketici consommateur
tüketim consommation
tüketmek consommer, finir, épuiser, tarir, affaiblir
tükürmek cracher
tükürük crachat, salive
tül tulle
tülbent mousseline, batiste
tüm entier, total, complet, tout
tümce phrase
tümdengelim déduction
tümen division
tümgeneral général de division
tümleç *dilb.* complément
tümler complémentaire
tümör tumeur
tümsek petite colline
tümtanrıcılık panthéisme
tünaydın bonsoir
tünek perchoir
tünel tunnel
tünemek percher, se percher
tüp tube
tür espèce, genre, sorte
türban turban
türbe mausolée
türdeş homogène
türedi parvenu
türemek se produire, émerger, prendre corps
türetmek dériver
türev dérivée
Türk Turc
Türkçe la langue turque, le turc
Türkiye Turquie ***Türkiye Cumhuriyeti*** République de Turquie
Türkmen Turkmène
Türkoloji philologie turque
türkü chanson
türlü divers, différent
tütmek fumer, filer
tütsü fumigation
tütsülemek fumer
tütün tabac ***tütün içmek*** fumer
tüy poil, plume, plumeau ***tüy gibi*** très léger ***tüyler ürpertici*** atroce ***tüyleri ürpermek*** frémir
tüylenmek se remplumer
tüylü poilu, duveté
tüymek filer, décamper, se tailler
tüysüz déplumé, imberbe, blanc-bec
tüzel juridique
tüzelkişi personne juridique
tüzük statut, règlement

U

ucube monstre, curiosité, chose curieuse
ucuz bon marché, à bon compte ***ucuz almak*** acheter bon marché ***ucuz atlatmak/kurtulmak*** l'échapper belle
ucuza à bon marché
ucuzlatmak diminuer les prix
ucuzluk bon marché

uç pointe, bout, extrémité, terminal ***uç uca*** bout à bout ***ucunu kaçırmak*** perdre le fil
uçak avion ***uçakla*** par avion ***uçakla gitmek*** aller en avion
uçaksavar défense contre avions *DCA*
uçandaire soucoupe volante
uçantop volley-ball
uçarı effréné, indomptable
uçkur cordon de caleçon
uçmak voler, s'envoler; s'évaporer; se volatiliser
uçsuz sans bout ***uçsuz bucaksız*** immense, sans fin
uçuk éruption; pâle, décoloré
uçurmak faire voler; jeter en l'air; évaporer, volatiliser
uçurtma cerf-volant
uçurum précipice, abîme, gouffre
uçuş vol, volée
uçuşmak voleter, voltiger
udi joueur de luth
ufacık très petit, infime, minuscule
ufak petit, menu; faible, insignífiant, médiocre ***ufak çapta*** petit, peu ***ufak tefek*** bagatelle; insignifiant ***ufak ufak*** peu à peu
ufaklık marmot
ufalamak réduire en petits morceaux, concasser, réduire en miettes, émietter
ufalanmak s'effriter
ufalmak rapetisser, raccourcir, s'amoindrir, se rétrécir, rétrécir
uflamak respirer après la fatigue
ufuk horizon
uğrak escale
uğramak visiter, passer, faire escale; être victime, essuyer, éprouver
uğraş occupation
uğraşı occupation
uğraşmak s'occuper, travailler; peiner, s'efforcer, tâcher
uğraştırmak occuper, donner de la peine, de la fatigue, susciter des embarras
uğuldamak bourdonner, bruire, ronfler
uğultu bourdonnement, rumeur
uğur chance, bonheur ***uğur getiremek*** porter bonheur
uğurlu qui porte bonheur, faste
uğursuz sinistre, néfaste, funeste
uğursuzluk mauvaise chance, fatalité, malchance, malheur
ukala pédant
ukalalık pédanterie
ulaç gérondif
ulak courrier, messager
ulam catégorie
ulamak ajouter, joindre
ulan hé!
ulaşım transport, communication
ulaşmak parvenir, arriver, atteindre
ulaştırma communication ***Ulaştırma Bakanlığı*** Ministère des Communications
ulaştırmak faire parvenir
ulu grand, énorme, sublime
ululamak honorer, rendre honneur à
ululuk grandeur, majesté
ulumak hurler
uluorta en l'air; vide de sens
ulus nation
ulusal national
ulusallaştırmak nationaliser
ulusçu nationaliste
ulusçuluk nationalisme
uluslararası international
umacı croque-mitaine, loup-garou, épouvantail
ummak espérer, attendre, s'attendre, escompter

U

umman océan
umulmadık imprévu, inattendu
umum tout, entier, général, universel
umumi général, universel, public
umumiyetle en général
umur affaires, occupations ***umurumda bile değil*** je m'en fous
umursamak se soucier, s'intéresser
umut espérance, espoir ***umut beslemek*** avoir un espoir ***umut etmek*** espérer, avoir de l'espoir ***umut ışığı*** lueur d'espoir ***umut vermek*** promettre, donner l'espoir ***umudu boşa çıkmak*** décevoir ***umudu kesmek*** perdre l'espoir ***umudunu bir şeye bağlamak*** mettre son espoir en qch
umutlu plein d'espoir
umutsuz désespéré, sans espoir
umutsuzluk désespoir, désespérance ***umutsuzluğa düşmek*** désespérer, se désespérer
un farine
unlamak fariner
unlu farineux
unsur élément, principe
unutkan oublieux, distrait
unutmak oublier, négliger
unutulmaz inoubliable
unvan titre
ur tumeur
Uranus Uranus
uranyum uranium
urgan grosse corde
us entendement, raison, sagesse
usanç dégout, satiété ***usanç getirmek*** être dégoûté, blasé, se dégoûter, s'ennuyer, se lasser
usandırıcı ennuyeux, gênant, agaçant, importun
usandırmak blaser, agacer, ennuyer, importuner
usare jus, sève, suc
usavurmak raisonner
usçu rationaliste
usdışı irrationnel
uskumru maquereau
uskur hélice
uslanmak se corriger, se ranger
uslu sage, tranquille
ussal rational
usta maître; adroit, expert
ustabaşı maître d'æuvre
ustalık adresse, dextérité, doigté, maîtrise
ustura rasoir
usul méthode, procédé, mode, maniére; procédure; tout bas, à voix, basse, doucement
uşak serviteur, domestique, valet
uşaklık servitude, esclavage
ut luth
utanç honte ***utancından yerin dibine girmek*** être pénétré de honte ***utanç verici*** honteux, infâme, scandaleux
utandırmak faire honte, confondre
utangaç honteux, pudique, chaste, pudibond, timide
utangaçlık honte, puderur, chasteté; timidité
utanmak avoir honte, se gêner
utanmaz éhonté, impudent, dévergondé
utku triomphe, victoire
uvertür ouverture
uyak rime
uyandırmak réveiller, éveiller; exciter, provoquer
uyanık éveillé, réveillé; dégourdi, déluré, fripon
uyanıklık lucidité, vigilance
uyanış réveil
uyanmak s'éveiller, se réveiller
uyaran stimulant

uyarı avertissement
uyarıcı stimulant
uyarlama adaptation
uyarlamak adapter
uyarmak avertir; stimuler
uydu satellite
uydurma ajustement, invention; forgé, controuvé, fictif
uydurmak adapter, ajuster, coordonner, harmoniser; imaginer, inventer, fabriquer
uyduruk inventé, controuvé
uygar civilisé
uygarlık civilisation
uygulama application, pratique
uygulamak appliquer, pratiquer
uygulamalı appliqué
uygulayım technique
uygun conforme, convenable, propre à ***uygun gelmek*** convenir à ***uygun görmek*** consentir
uygunluk convenance, commodité, concordance, conformité
uygunsuz déplacé, incommode, inconvenant, indécent
uygunsuzluk inconvenance
Uygur Oygour
uyku sommeil, repos ***uyku hapı*** somnifère ***uyku tulumu*** sac de couchage ***uykusu gelmek*** avoir envie de dormir
uykusuzluk insomnie, veille
uyluk cuisse
uymak convenir, être convenable, aller, seoir; s'adapter; s'accorder, se conformer, suivre
uyruk sujet
uyrukluk nationalité
uysal conciliant, accommodant, traitable, docile
uyuklamak s'assoupir, sommeiller, somnoler
uyum adaptation, assortiment, concordance, entente, harmonie
uyumak dormir, coucher, s'endormir
uyumamak veiller, ne pas dormir
uyumlu assorti, harmonieux
uyumsuz discordant, inadapté à
uyuntu indolent
uyurgezer somnambule
uyuşmak s'engourdir; tomber d'accord, s'accorder, s'entendre, s'arranger
uyuşmaz incompatible
uyuşmazlık désaccord, différend, divergence
uyuşturmak engourdir, calmer, apaiser
uyuşturucu stupéfiant, anesthésique, narcotique ***uyuşturucu kullanmak*** se droguer
uyuşuk engourdi, abasourdi; paresseux
uyuşukluk léthargie, mollesse, nonchalance, stupeur
uyutmak endormir, retarder
uyuz gale, galeux ***uyuz olmak*** avoir la gale
uyuzböceği gale
uyuzotu herbe à la gale
uzak loin, lointain, éloigné, distant ***uzak akraba*** parent éloigné ***uzak durmak*** s'abstenir de ***uzak olmak*** être éloigné ***uzak tutmak*** tenir éloigné de ***uzakta*** au loin, loin ***uzaktan*** de loin ***uzaklık*** distance, éloignement
uzaktan kumanda commande à distance, télécommande
Uzakdoğu l'Extrême-Orient
uzaklaşmak s'écarter, s'éloigner
uzaklaştırmak exclure, écarter, éloigner
uzaklık distance; éloignement
uzama prolongement
uzamak s'allonger, se prolonger;

U

augmenter
uzanmak s'allonger, se vautrer
uzatma prolongation, prolongement, extension
uzatmak prolonger, allonger, rallonger, proroger
uzatmalı prolongé
uzay espace ***uzay geometri*** géométrie dans l'espace ***uzay mekiği*** navette de l'espace ***uzay yolculuğu*** voyageur de l'espace
uzayadamı astronaute, spationaute
uzaygemisi vaisseau spatial
uzgörür clairvoyant
uziletişim télécommunication
uzlaşma entente, arrangement, accord, compromis
uzlaşmak s'entendre, s'arranger, se mettre d'accord
uzlaştırmak concilier, accommoder, réconcilier
uzman spécialiste, expert
uzmanlık spécialité
uzun long, grand, allongé, prolongé; détaillé ***uzun atlama*** saut en longeur ***uzun boylu*** de grande taille ***uzun menzilli*** à longue portée ***uzun ömürlü*** vivace ***uzun sözün kısası*** en bref ***uzun vadeli*** à long terme ***uzun zamandan beri*** depuis longtemps ***uzun yol*** long chemin
uzunçalar microsillon
uzunluk longueur
uzuv organe, membre
uzyazım telex

ücra inhabité, désert, éloigné, écarté
ücret salaire, coût, gages, honoraires, rétribution
ücretli salarié
üç trois ***üç aşağı beş yukarı*** à n'importe quel prix
üçboyutlu à trois dimensions
üçgen triangle
üçkâğıt artifice
üçkâğıtçı trompeur, fourbe, tricheur
üçkâğıtçılık tromperie
üçüncü tiers, troisième
üçüz triplés
üflemek souffler, gonfler
üfürük souffle
üfürükçü sorcier, guérisseur, charlatan
üğrüm nutation
üleşmek se partager
üleştirmek partager
ülke pays, territoire
ülkü idéal
ülser ulcère
ültimatom ultimatum
ültraviyole ultraviolet
ümit *bkz.* umut
ün renommée, célébrité, gloire, honneur
üniforma uniforme
üniversite université
ünlem exclamation, interjection
ünlü connu, renommé, célèbre, illustre, fameux
rdün Jordanie
üre urée
üreme reproduction ***üreme organları*** organes de reproduction
üremek se reproduire, se multiplier
üretici producteur
üretim production ***üretim araçları*** moyens de production
üretken productif
üretkenlik productivité
üretmek élever; produire, fabriquer

ürkek timoré, timide, pusillanime, ombrageux
ürkeklik crainte, appréhension, timidité, pusillanimité
ürkmek s'effaroucher, avoir peur, s'effrayer; s'emballer
ürküntü alarme; panique
ürkütmek effaroucher, effrayer, épouvanter
ürolog urologue
üroloji urologie
ürpermek frémir, frissonner; avoir la chair de poule
ürümek aboyer, japper
ürün produit, moisson, production
üs base
üslup style
üst partie supérieure, dessus, haut, surface; supérieur ***üst baş*** accoutrement, habillement
üstat maître
üstbitken épiphyte
üstçavuş sergent-chef
üstçene mâchoire supérieure
üstderi épiderme
üstdudak lèvre supérieure
üste en sus de ***üstesinden gelmek*** aplanir, surmonter, triompher de
üsteğmen lieutenant
üstelemek insister
üstelik par-dessus le marché, de plus, en outre
üstgeçit passage supérieur
üstlenmek assumer, revendiquer
üstübeç céruse
üstün supérieur, éminent, extra, excellent ***üstün olmak*** exceller, primer, prédominer ***üstün tutmak*** préférer
üstünde au-dessus de, sur
üstüne dessus, sur ***üstüne almak*** assumer, se charger de ***üstüne basmak*** mettre le doigt dessus
üstünkörü superficiellement, négligemment
üstünlük avantage, bénéfice, excellence, supériorité, prépondérance
üstüpü étoupe
üstyapı superstructure
üşengeç paresseux, indolent
üşenmek répugner à agir
üşümek avoir froid
üşüşmek accourir en foule, s'amasser, fondre, s'attrouper
üşütmek se refroidir, prendre froid, s'enrhumer
ütopya utopie
ütü fer à repasser ***ütü tahtası*** planche à repasser
ütülemek repasser, flamber
üvey beau-, belle- ***üvey anne*** belle-mère ***üvey baba*** beau-père ***üvey erkek kardeş*** demi-frère ***üvey kız*** belle-fille ***üvey kız kardeş*** demi-sæur ***üvey oğul*** beau-fils
üvez petite mouche
üveyik pigeon ramier
üye membre, sociétaire ***üye olmak*** être membre, adhérer à, s'affilier à
üzengi étrier
üzere sur le point de, en train de ***üzere olmak*** être en passe de faire
üzerinde au-dessus de, sur, au delà de, au sujet de ***üzerinde durmak*** insister sur
üzerine là-dessus
üzerlik rue
üzgün triste, attristé, affligé, désolé
üzgünlük tristesse, affliction, désolation
üzmek affliger, navrer, indigner, vexer, tourmenter, agacer, peiner, attrister
üzücü ennuyeux, triste, fâcheux

üzülmek regretter, déplorer, se tourmenter

üzüm raisin ***üzüm salkımı*** grappe de raisin ***üzüm bağı*** vignoble

üzüntü ennui, tourment, peine, chagrin ***üzüntü vermek*** causer de la peine des ennuis ***üzüntüsü olmak*** avoir de la peine, avoir du chagrin

üzüntülü désolé, sombre, soucieux

V

vaat promesse ***vaat etmek*** promettre

vaaz sermon, prédication, préche ***vaaz vermek*** prêcher, sermonner

vacip indispensable, obligatoire

vade terme, délai, échéance ***vadeli hesap*** compte à terme ***vadesini uzatmak*** prolonger le délai

vadi vallée

vaftiz baptéme ***vaftiz anası*** marraine ***vaftiz babası*** parrain ***vaftiz etmek*** baptiser

vagon wagon ***vagon restoran*** wagon-restaurant

vaha oasis

vahim dangereux, grave, sérieux, fâcheux

vahiy révélation faite à un prophète, inspiration

vahşet sauvagerie, inhumanité, brutalité, violence

vahşi sauvage, barbare, farouche, féroce

vahşice sauvagement

vahşilik sauvagerie

vaiz prédicateur, prêcheur

vajina vagin

vaka événement, fait, incident, cas

vakar dignité, gravité

vakfetmek consacrer, destiner, vouer

vakıf fondation pieuse

vâkıf averti, informé, renseigné

vaki olmak arriver, avoir lieu

vakit temps, moment, heure, époque ***vakit geçirmek*** passer le temps ***vakit kaybetmeden*** sans perdre de temps ***vakit kazanmak*** gagner du temps ***vakit nakittir*** le temps, c'est de l'argent ***vakit öldürmek*** tuer le temps

vakitsiz intempestif

vakitsizce intempestivement

vakur grave, sérieux

vale valet

valf valve

vali gouverneur

valide mère

valiz valise

vallahi par Dieu

vals valse ***vals yapmak*** valser

vampir vampire

vana valve

vantilatör aérateur, ventilateur

vapur bateau, navire, vapeur, paquebot

var il y a, il existe ***var etmek*** créer ***var olmak*** exister ***varı yoğu*** tout ce qu'il a

varagele avancer et reculer

vardiya vigie

varış arrivée

varil tonneau, baril, fût

varis hek. varice

vâris huk. héritier

varlık existence, entité, être; fortune, richesse

varlıklı cossu, fortuné, huppé, opulent

varmak arriver, parvenir à, se monter à

varoluş existence
varoluşçuluk existentialisme
varoş faubourg
varsayım supposition, hypothèse
varsaymak présumer, supposer
varyasyon variation
vasat moyen, médiocre
vasıf décrit, qualité
vasıta moyen
vasıtasıyla au moyen de
vasi tuteur
vasiyet testament; dernières volontés ***vasiyet etmek*** tester
vasiyetname testament
vaşak lynx
vat watt
vatan patrie
vatandaş compatriote, citoyen
vatansever patriote
vatanseverlik patriotisme
vatansız sans patrie
vatka ouate
vazelin vaseline
vazgeçirmek détourner, dissuader
vazgeçmek renoncer; abandonner, abdiquer
vazife devoir, tâche, fonction, charge, emploi, mission
vazifelendirmek charger, mandater, déléguer
vaziyet situation, position, posture
vazo vase
ve et
veba peste
vebal responsabilité morale, malédiction
veciz concis, laconique
vecize maxime, devise, aphorisme
veda adieu, congé ***veda etmek*** faire ses adieux, prendre congé
vedalaşmak se faire des adieux, prendre congé l'un de l'autre
vefa fidélité, constance
vefalı fidèle, constant
vefasız infidèle, inconstant, perfide
vefasızlık inconstance, infidélité
vefat mort, décès ***vefat etmek*** mourir, décéder
vehim illusion; crainte, inquiétude, appréhension, soupçon, souci ***vehime kapılmak*** s'illusionner
vehimli soucieux, inquiet, scrupuleux
vekâlet mandat, procuration, intérim; ministère ***vekâlet vermek*** donner procuration, habiliter
vekâleten par intérim, par procuration
vekâletname procuration
vekil représentant, ministre; agent; délégué, mandataire ***vekil tayin etmek*** nommer un mandataire
vektör mat. vecteur
velet enfant, mioche
velhasıl enfin, bref, en résumé, en un mot
veli tuteur
veliaht héritier présomptif
velinimet bienfaiteur
velvele tumulte, rumeur
veranda véranda
veraset héritage, succession, hérédité
verecek dette
verem tuberculose
veresiye à crédit ***veresiye almak*** acheter à crédit
verev oblique, biais
vergi impôt, contribution, tribut; don, droit, taxe ***vergi beyannamesi*** déclaration d'impôts ***vergi koymak*** imposer ***vergi mükellefi*** contribuable
vergilendirmek imposer, taxer
veri donnée
verici émetteur, transmetteur

verim produit, rendement
verimli productif, fructueux, fécond
verimlilik fertilité, fécondité, productivité
verimsiz improductif, stérile, infructueux
veriştirmek vitupérer, déblatérer
vermek donner, accorder, octroyer, remettre, céder; prêter; attribuer
vernik vernis, laque
verniklemek vernir
vesaire et ainsi de suite
vesait moyens
vesayet tutelle
vesika document
vesile prétexte, occasion ***vesilesiyle*** à l'occasion de
vestiyer vestiaire
vesvese suspicion, soupçon, inquiétude
vesveseli soupçonneux, inquiet, méfiant, tourmenté
veteriner vétérinaire
veto veto ***veto etmek*** mettre son veto
veya ou
vezin poids, rythme, mesure
vezir vizir, ministre
vezne caisse
veznedar caissier
vınlamak siffler, bourdonner
vızıldamak bourdonner
vızıltı bourdonnement, sifflement
vicdan conscience ***vicdan azabı*** remords
vicdanlı consciencieux
vicdansız scélérat
vida vis
vidalamak visser
video video
Vietnam Vietnam
Vietnamlı Vietnamien
vilayet province, préfecture
villa villa, chalet
vinç grue
viraj virage
viran en ruine, vieux, délabré
virgül virgule
virtüöz virtuose
virüs virus
viski whisky
vişne griotte
vitamin vitamine
vites vitesse ***vites değiştirmek*** changer de vitesse ***vites kolu*** levier de changement de vitesse ***vites kutusu*** boîte de vitesses ***vites küçültmek*** rétrograder
vitrin vitrine, devanture
viyaklamak crier, pousser des cris, vagir
viyola viole
viyolon violon
viyolonsel violoncelle
vize visa
vizite visite, honoraire du médecin
vizon vison
vodvil vaudeville
volan volant
voleybol volley-ball
volkan volcan
volkanik volcanique
volt volt
volta roulis, zigzag; promenade
voltaj voltage
volüm volume
votka vodka
vukuat événements, incidents, faits
vuku bulmak arriver, avoir lieu
vurdumduymaz insensible
vurgu accent
vurgulamak accentuer
vurgulu accentué
vurgun amoureux; accaparement ***vurgun vurmak*** accaparer
vurguncu accapareur

vurmak frapper, battre, cogner, heurter, percuter, taper; abattre, assommer, tuer, blesser
vurulmak avoir le béguin de *(pour)*, s'enticher de
vuruş coups, battements
vuruşmak se battre, combattre, lutter
vücut existence, corps ***vücut bulmak*** prendre corps ***vücuda getirmek*** engendrer créer

Y

ya assurément, certes; si, mais, ou, oui; et; tiens! non! c'est incroyable! ***ya ... ya da*** soit ... soit
yaban sauvage, inculte, désert, dépeuplé, étranger ***yabana atmak*** ne pas faire cas de, ne pas prendre en considération
yabanarısı guêpe, bourdon
yabancı étranger ***yabancı dil*** langue êtrangère ***yabancı düşmanlığı*** xénophobie
yabancıl exotique
yabancılaşma aliénation
yabancılaşmak s'aliéner
yabandomuzu sanglier
yabangülü églantine
yabanıl sauvage
yabani sauvage, farouche
yabankazı oie sauvage
yabanördeği canard sauvage
yabansı étrange; curieux
yâd etmek évoquer, remémorer, rappeler
yadırgamak se sentir étranger, se sentir dépaysé, renié, avoir de la peine à se familiariser
yadigâr souvenir
yadsımak nier, désavouer, renier
yafta affiche, placard
yağ huile, beurre, graisse ***yağ çekmek*** flatter ***yağ sürmek*** étaler du beurre; enduire de graisse
yağcı flatteur
yağcılık flatterie
yağdanlık burette à huile
yağış pluie
yağışlı pluvieux
yağlamak huiler, graisser, lubrifier
yağlanmak être huilé; être graissé
yağlı huileux, graisseux; gras
yağma pillage, butin ***yağma etmek*** piller, saccager
yağmacı pillard, pilleur
yağmacılık pillage
yağmak pleuvoir; arriver, se produire en abondance
yağmalamak piller, écumer
yağmur pluie ***yağmur yağmak*** pleuvoir ***yağmurdan kaçarken doluya tutulmak*** aller de mal en pis
yağmurlu pluvieux
yağmurluk imperméable, ciré
yahni civet, ragoût
yahu hé!, holà!, dites donc!
Yahudi juif
Yahudilik judaïsme
yahut ou, ou bien
yaka col, collet; rive, côte ***yaka paça etmek*** empoigner au collet ***yaka silkmek*** détester qch, en avoir assez de qch ***yakasını bırakmamak*** accaparer, obséder ***yakayı kurtarmak*** s'en tirer
yakacak combustible
yakalamak saisir, attraper, s'emparer de, empoigner, mettre la main sur
yakamoz phosphorescence
yakarış imploration

Y

yakarmak implorer, invoquer
yakı emplâtre, vésicatoire
yakıcı ardent, caustique, âcre
yakın proche, près, voisin, familier, intime ***yakın akraba*** proche parent ***yakın dost*** ami intime
yakında bientôt, prochainement, près
yakından de près
Yakındoğu Proche-Orient
yakınında au bord de, auprès de, dans les parages *(de)*, près de
yakınlaşmak s'approcher, s'avancer
yakınlaştırmak approcher; avancer
yakınlık affinité, proximité, rapprochement, voisinage
yakınmak geindre, se lamenter, se plaindre
yakınsak fiz. convergent
yakışık convenance ***yakışık almak*** être convenable, séant, convenir
yakışıklı beau
yakışıksız inconvenant, indigne, indécent
yakışmak seoir, aller bien, s'ajuster
yakıştırmak rendre séyant, adapter, ajuster, attribuer, trouver, digner
yakıt carburant, combustible
yaklaşık approximatif ***yaklaşık olarak*** par approximation
yaklaşım approche, démarche
yaklaşmak s'approcher, approcher
yaklaştırmak approcher, rapprocher
yakmak brûler, allumer, mettre le feu; incendier ***yakıp yıkmak*** dévaster, ravager
yakut rubis
yalak auge
yalamak lécher; effleurer
yalan mensonge; mensonger, faux, controuvé ***yalan söylemek*** mentir
yalancı menteur, trompeur, faux
yalanlamak démentir, contredire
yalanmak se lécher
yalapşap superficiellement
yalaz flamme
yalçın abrupt, escarpé
yaldız dorure, argenture, vernis
yaldızlı doré, argenté
yalı rivage, rive; villa
yalın nu, simple
yalınayak nu-pieds
yalınkılıç l'épée nue
yalıtım isolation
yalıtmak isoler
yalnız seul, solitaire; seulement, cependant, toutefois
yalnızlık isolement, solitude
yalpa roulis ***yalpa vurmak*** rouler
yaltaklanmak flatter, aduler, flagorner, faire le beau
yalvarış imploration, prière, supplication
yalvarmak supplier, implorer
yama pièce, raccomodage
yamaç côte, penchant, versant
yamak aide, apprenti
yamalı rapiécé
yamamak rapiécer, raccommoder, ravauder
yaman fort, étonnant, épatant, maître
yamanmak être raccommodé
yampiri courbe
yamuk trapèze; courbé; intrigues
yamyam cannibale
yan côté, flanc; latéral ***yan bakmak*** faire preuve d'hostilité ***yan çizmek*** escamoter, s'en aller furtivement ***yan yana*** côte à côte ***yandan*** de flanc ***yanı başında*** à la proximité de ***yanına kalmak*** rester impuni
yanak joue
yanal latéral
yanardağ volcan
yanardöner chatoyant

yanaşık approché
yanaşmak approcher, accoster, aborder
yanaştırmak faire approcher, rapprocher
yandaş partisan, adhérent
yangı inflammation
yangın incendie, feu ***yangın çıkarmak*** mettre le feu, incendier ***yangın söndürmek*** éteindre l'incendie
yanıcı combustible
yanık brûlure
yanılgı faute, erreur, méprise
yanılmak se tromper, faire erreur, faillir, pécher
yanılmaz infaillible
yanıltmak tromper, induire en erreur
yanında auprès de, à côte de, près de
yanıt réponse ***yanıt vermek*** relever, répondre
yanıtlamak répondre
yani c'est-à-dire, à savoir
yankesici pick-pocket
yankı écho
yankılanmak faire écho, retentir, répercuter
yanlış faute, erreur; erronné, incorrect, inexact ***yanlış yapmak*** commettre une faute
yanlışlık erreur, bévue, malentendu
yanmak brûler, se consumer, prendre feu, s'allumer, être incendié
yansımak se réfléchir
yansıtmak réfléchir, refléter, renvoyer
yansız neutre, impartial, objectif
yansızlık impartialité, neutralité
yantümce proposition subordonnée
yapağı laineux
yapay artificiel
yapayalnız tout à fait seul
yapı construction, édifice; bâtiment; structure, construction physique
yapıbilim morphologie
yapıcı positif, constructif
yapım production, manufacture, fabrication, régie
yapımcı producteur
yapımevi fabrique, usine
yapıntı fiction
yapısal structural
yapışık collé, adhérent
yapışkan poisseux, visqueux, collant, gluant
yapışmak se coller, adhérer, coller, importuner
yapıştırıcı adhésif, colle
yapıştırmak coller, attacher
yapıt æuvre, ouvrage
yapmacık artificiel, composé, guindé
yapmacıklı pincé, recherché
yapmak faire, exécuter, pratiquer; opérer; fabriquer, construire, bâtir; arranger, préparer, apprêter
yaprak feuille; feuillet
yaptırım sanction
yapayalnız tout à fait seul
yar précipice, gouffre, abîme
yara blessure, plaie
yaradılış création, nature, caractère
yaralamak blesser, atteindre, balafrer
yaralanmak être blessé
yaralı blessé
yaramak être utile à, servir, faire du bien
yaramaz méchant, coquin, espiègle, fripon
yaramazlık espièglerie, méchanceté
yaranmak plaire, complaire
yarar bénéfice, utilité, intérêt ***yararı dokunmak*** servir à
yararlanmak profiter, utiliser
yararlı avantageux, médicinal,

profitable, utile ***yararlı olmak*** profiter à
yararlık bravoure
yararsız inutile
yarasa chauve-souris
yaraşmak aller bien; convenir
yaratıcı créateur
yaratık créature
yaratmak créer, enfanter, susciter
yarbay lieutenant-colonel
yardakçı flatteur
yardakçılık flatterie
yardım aide, secours, assistance ***yardım etmek*** aider, seconder, assister, contribuer à, prêter assistance à ***yardımına koşmak*** secourir, venir en aide à
yardımcı aide, assistant ***yardımcı fiil*** auxiliaire
yardımlaşmak s'entr'aider
yardımsever bienfaisant, philanthrope
yargı arrêt, jugement, sentence
yargıç juge, magistrat
yargılamak juger
Yargıtay cour de cassation
yarı moitié, demi, à demi, de moitié ***yarı final*** demi-finale ***yarı fiyatına*** à moitié prix ***yarı şaka yarı gerçek*** mi-figue mi-raisin ***yarı yarıya*** à moitié ***yarı yolda*** à mi-chemin
yarıcı fendeur
yarıçap rayon
yarık fente, crevasse; fendu
yarıküre hémisphère
yarılamak faire la moitié
yarılmak se fendre, être fendu, se crevasser, se lézarder
yarım demi, incomplet, défectueux ***yarım pansiyon*** demi-pension ***yarım saat*** une demi-heure
yarımada péninsule
yarımgün à mi-temps
yarın demain ***yarın akşam*** demain soir ***yarın sabah*** demain matin
yarısaydam semi-transparent
yarış course, concurrence ***yarış atı*** cheval de course ***yarış etmek*** faire la course
yarışma compétition, concours, concurrence, épreuve
yarışmacı compétiteur, concurrent
yarışmak concourir, courir
yarıyıl semestre
yarkurul commission
yarmak fendre, percer, lézarder, crevasser, fendiller
yas deuil ***yas tutmak*** porter le deuil
yasa loi ***yasa tasarısı*** projet de loi
yasadışı illégal, illégitime
yasak défense, interdiction, prohibition; défendu, interdit ***yasak etmek*** interdire, prohiber
yasaklamak défendre, interdire, prohiber, proscrire
yasal légal, légitime, régulier
yasama législation ***yasama gücü*** pouvoir législatif
yasemin jasmin
yaslamak appuyer
yaslanmak s'appuyer
yaslı en deuil
yassı plat, plan, aplati, ras
yastık coussin, oreiller ***yastık yüzü*** taie d'oreiller
yaş humide, mouillé, trempé
yaş âge ***yaş günü*** anniversaire de naissance ***yaşını göstermek*** paraître son âge
yaşam vie ***yaşam düzeyi*** le niveau de vie ***yaşam tarzı*** mode de vie
yaşamak vivre, être en vie, être vivant, exister
yaşamöyküsü biographie
yaşarmak s'humecter, se mouiller, devenir humide, larmoyer, pleurer

yaşatmak faire ou laisser vivre, ressusciter, ranimer
yaşayış vie; manière de vivre; train de vie, mode
yaşıt du même âge
yaşlanmak être vieux, vieillir
yaşlı âgé, vieux, vieille
yaşlılık sénilité, vieillesse
yat yacht
yatak lit ***yatak çarşafı*** drap de lit ***yatak odası*** chambre à coucher ***yatak yapmak*** faire le lit
yataklı fourni de lits ***yataklı vagon*** wagon-lit
yatakhane dortoir
yatalak grabataire
yatay horizontal
yatık couché, penché, courbé
yatılı pensionnaire ***yatılı okul*** pensionnat ***yatılı öğrenci*** interne, pensionnaire
yatır saint
yatırım investissement, placement
yatırmak coucher, déposer, engager, investir, placer, étendre
yatışmak s'apaiser, se calmer, se tranquilliser, se tasser
yatıştırıcı calmant, sédatif, tranquillisant
yatıştırmak calmer, apaiser, bercer, pacifier, rassurer
yatkın penchant, apte à, enclin à
yatkınlık aptitude
yatmak se coucher, coucher; se plier, se courber; gésir; être alité, garder le lit
yavan maigre; fade; insipide
yavaş lent; lentement, doucement ***yavaş yavaş*** petit à petit, lentement, doucement
yavaşça doucement, lentement
yavaşlamak ralentir, se ralentir
yaver aide-de-camp
yavru petit, enfant
yavuklu amant, amante
yavuz énergique, excellent, sévére, superbe, terrible
yay arc; ressort ***Yay (burcu)*** le Sagittaire
yaya à pied; piéton ***yaya geçidi*** passage clouté ***yaya gitmek*** aller à pied ***yaya kaldırımı*** trottoir
yayan à pied ***yayan gitmek*** aller à pied
yaygara tapage, cri, tumulte, vocifération, criaillerie ***yaygarayı basmak*** faire du tapage
yaygaracı tapageur, criailleur
yaygı étalage
yaygın diffus
yaygınlaşmak se généraliser
yayık baratte
yayılımcı impérialiste
yayılmak être étendu, déplié, se disperser, se répandre, être diffusé
yayım publication
yayımcı éditeur
yayımlamak publier
yayın publication, édition; promulgation
yayınevi maison d'édition
yayınım diffusion
yayla plateau
yaylı à ressort
yaylım salve ***yaylım ateşi*** feu de salve
yaymak étendre, déplier, répandre, propager
yayvan large, plat
yaz été
yazar auteur
yazgı destin
yazı écriture; calligraphie ***yazı dili*** langue littéraire ***yazı işleri müdürü*** rédacteur en chef ***yazı maki-***

Y

nesi machine à écrire
yazıhane office, étude
yazık dommage
yazılı écrit ***yazılı sınav*** examen écrit
yazılım logiciel
yazılmak s'écrire; s'inscrire; se faire inscrire
yazım orthographe
yazın en été; littérature
yazınsal littéraire
yazışmak s'écrire, correspondre
yazıt inscription
yazlık villégiature ***yazlığa gitmek*** aller en villégiature
yazmak écrire, rédiger; inscrire
yazman secrétaire
yedek provision, stock; de réserve ***yedek parça*** pièce de rechange ***yedek subay*** officier de réserve
yedi sept
yedinci septième
yedirmek faire ou laisser manger; donner à manger; tolérer
yegâne unique
yeğ meilleur, préférable; mieux
yeğen neveu, nièce
yeğlemek préférer
yeis désespoir
yekûn total
yel vent
yele crinière, crin
yelek gilet
yelken voile ***yelken açmak*** hisser les voiles ***yelken indirmek*** larguer les voiles
yelkenli avec des voiles; voilier
yelkovan aiguille des minutes
yellenmek péter
yelpaze éventail
yeltenmek tenter, essayer, entreprendre
yem fourrage, pâtée, mangeaille; appât
yemek manger; ronger
yemek repas, mets ***yemek borusu*** tube digestif ***yemek listesi*** menu ***yemek pişirmek*** faire la cuisine ***yemek salonu*** salle à manger
yemekhane réfectoire
yemin serment ***yemin etmek*** jurer, prêter sermert
yeminli assermenté, juré
yemiş fruit
yemlemek appâter, donner la becquée
yemlik auge, râtelier
yemyeşil tout à fait vert
yen manche de vêtement
yenge femme du frère ou de l'oncle
yengeç crabe ***Yengeç (burcu)*** le Cancer ***Yengeç dönencesi*** tropique du Cancer
yeni nouveau, moderne, neuf, frais, inconnu, récent ***yeni yıl*** Nouvel An
yeniçeri Janissaire
yeniden de nouveau
Yenidünya le Nouveau monde, l'Amérique
yenik rongé, piqué des vers; vaincu, battu
yenilemek renouveler, rénover
yenileşmek se renouveler
yenileştirmek moderniser, rajeunir, rénover
yenilgi défaite; échec ***yenilgiye uğramak*** être vaincu
yenilik nouveauté
yenilikçi novateur
yenilmek être vaincu; perdre au jeu
yenir mangeable, comestible
yenişmek lutter
yeniyetme jeune
yenmek vaincre, battre, triompher
yepyeni tout à fait neuf
yer terre, sol, terrain, lieu, champ, emploi, place, endroit ***yer almak***

prendre place ***yer değiştirmek*** changer de place ***yere atmak*** jeter par terre ***yere düşmek*** tomber à, par terre ***yere inmek*** atterrir ***yerin kulağı var*** les murs ont des oreilles ***yerini almak*** succèder à ***yerini tutmak*** suppléer à

yeraltı souterrain ***yeraltı geçidi*** passage souterrain

yerbilim géologie

yerçekimi gravité

yerel local

yerelması pomme de terre

yerfıstığı arachide, cacahuète

yergi satire

yerinde bienséant, juste, pertinent ***yerinde saymak*** piétiner

yerine à la place de ***yerine geçmek*** relayer, remplacer, suppléer, succéder à ***yerine getirmek*** accomplir, effectuer, exaucer, exercer, exécuter, remplir ***yerine koymak*** remettre, remplacer, reposer, substituer

yerinmek se dégouter

yerkabuğu croûte terrestre

yerleşik établi

yerleşmek s'installer, se placer, s'établir, se fixer

yerleştirmek placer, peser, établir, implanter, installer

yerli indigène, aborigène, autochtone ***yerli malı*** production locale ***yerli yerinde*** à sa place convenable

yermek dénigrer, rabaisser, satiriser

yermeli péjoratif

yermerkezli géocentrique

yersarsıntısı tremblement de terre

yersiz sans abri, déplacé, inconvenant

yeryuvarlağı globe terrestre

yeryüzü terre

yeşermek verdir, feuiller

yeşil vert; non-mûr

Yeşilay Croissant vert

yeşilaycı kd. antialcoolique

yeşillik verdure

yeşim jade

yetenek aptitude, capacité, compétence, don, faculté, talent, portée

yetenekli capable, compétent, doué, talentueux

yeteneksiz incapable, inhabile

yeter assez, suffisant

yeterince assez, suffisamment

yeterli honnête, honorable, suffisant

yeterlik aptitude, capacité

yetersiz insuffisant, incompétent, inefficace

yetersizlik carence, insuffisance

yeti faculté

yetim orphelin

yetinmek se contenter de

yetişkin mur, adulte, formé

yetişmek suffire, arriver, parvenir, atteindre, joindre; arriver à temps; être élevé; croître, pousser

yetiştirmek faire arriver, faire parvenir à temps; élever, cultiver

yetke autorité

yetki autorisation, autorité, pouvoir ***yetki vermek*** donner procuration, habiliter, autoriser

yetkili attitré, autorisé, compétent

yetkin perfectionné

yetkinlik perfection

yetmek suffire; atteindre

yetmiş soixante-dix

yığılmak s'accumuler, se ramasser

yığın tas, amas, masse

yığınak concentration

yığıntı fouillis, échafaudage

yığmak amonceler, entasser, masser

yıkamak laver, baigner

yıkanmak se laver, se baigner
yıkıcı destructeur, destructif
yıkık démoli, renversé, abattu, détruit
yıkılış effondrement, écroulement
yıkılmak être démoli, renversé, se renverser, s'effondrer, s'écrouler, s'affaisser
yıkım ruine, démolition
yıkıntı ruines, décombres
yıkmak démolir, renverser, ruiner
yıl an, année
yılan serpent
yılanbalığı anguille
yılancık érysipèle
yılankavi en limaçon
yılbaşı jour de l'an, Nouvel An
yıldırım foudre
yılıdırımsavar paratonnerre
yıldırmak terrifier, terroriser, effrayer, agacer
yıldız étoile, astre; astérisque; vedette ***yıldız falı*** horoscope
yıldızböceği ver luisant
yıldönümü anniversaire
yılgı terreur
yılgın effrayé; terrorisé
yılışık flatteur, importun, collant
yılışıklık importunité
yılışmak flagorner
yıllanmak s'éterniser, rester depuis un an
yıllık annuel, annuaire
yılmak se sentir découragé, prendre peur, avoir peur, craindre
yıpranmak s'user
yıpratıcı épuisant, usant
yıpratmak user, élimer, fatiguer
yırtıcı féroce, carnassier, rapace ***yırtıcı hayvan*** fauve, bête féroce ***yırtıcı kuş*** oiseau de proie
yırtık déchiré; déchirure; *mec.* déluré, effronté
yırtınmak s'égosiller, se démener
yırtmaç fente, échancrure
yırtmak déchirer, esquiver, lacérer, éluder
yiğit vaillant, brave, courageux
yiğitlik bravoure, vaillance, courage
yine encore une fois, de nouveau, également ***yine de*** du plus belle, néanmoins, pourtant, quand même
yineleme répétition
yinelemek répéter, redire
yirmi vingt
yitik perdu
yitirmek perdre, égarer, paumer
yitmek s'égarer, se perdre
yiv rainure; cannelure
yiyecek aliment, vivres
yiyici gourmand, vorace
yobaz bigot, cagot, fanatique
yoga yoga
yoğun épais, compact, concret, consistant, dense, intense, intensif
yoğunlaşmak se condenser, s'intensifier
yoğunlaştırmak condenser, concentrer, intensifier
yoğunluk densité, épaisseur
yoğurmak pétrir; former, façonner
yoğurt yogourt, yaourt
yok inexistant, absent, manquant, invisible, enlevé, anéanti, détruit ***yok etmek*** anéantir, annihiler, dissiper, détruire, exterminer ***yok olmak*** disparaître, périr ***yok pahasına*** pour un morceau de pain ***yok yere*** pour rien, en vain
yoklama appel, examen, inspection
yoklamak tâter, palper, examiner, passer en revue, inspecter, faire l'appel
yokluk non-existence, manque, néant, absence; pauvreté

yoksa ou, sinon, sans quoi, autrement, ou bien
yoksul pauvre, indigent
yoksulluk pauvreté, indigence
yoksun dépourvu ***yoksun bırakmak*** priver, frustrer, dépourvoir qn de qch
yokuş montée, pente ***yokuş aşağı*** en descendant ***yokuş yukarı*** en montant ***yokuşa sürmek*** faire des difficultés
yol voie, chemin, route, sentier; méthode, route, sentier; manière, façon; moyen ***yol açmak*** aboutir à, donner lieu à, amener, causer, engendrer ***yol arkadaşı*** compagnon de voyage ***yol göstermek*** guider, montrer le chemin ***yola gelmek*** se ranger ***yola koyulmak*** se mettre en route ***yoldan çıkmak*** dérailler ***yolu düşmek*** passer par hasard ***yoluna koymak*** régler ***yolunda*** en voie de ***yolunu şaşırmak*** s'égarer ***yoluyla*** par la voie de
yolcu voyageur, passager
yolculuk voyage
yoldaş compagnon, camarade
yollamak envoyer, expédier
yollu rapide, vite; coquette
yolluk frais de déplacement, frais de voyage, provisions de voyage
yolmak arracher, déraciner, épiler
yolsuz lent; inconvenant; irrégulier; inadmissible
yolsuzluk irrégularité, illégalité
yonca trèfle
yonga copeau
yontma taillé ***yontma taş devri*** paléolithique
yontmak tailler, sculpter
yordam habileté; ordre, bienséance
yorgan couverture
yorgun fatigué, las, épuisé, éreinté
yorgunluk fatigue, lassitude, épuisement, surmenage
yormak fatiguer, lasser, ennuyer; interprêter
yortu féte religieuse chrétienne
yorucu fatigant, épuisant, lassant
yorulmak se fatiguer, être las
yorum interprétation, commentaire
yorumcu commentateur
yorumlamak commenter, interpréter
yosma jeune femme d'une beauté provocante, coquette
yosun mousse
yosunlu couvert de mousse
yoz dégénéré
yozlaşmak dégénérer
yön direction, sens; côté, face ***yön değiştirmek*** changer de direction
yönelik à l'usage de
yönelim orientation, inclination
yönelmek se diriger, tendre à
yöneltmek braquer, orienter
yönerge instruction, directive, consigne
yönetici administrateur, gérant
yönetim administration; gestion; régime; régie
yönetmek administrer, gérer, gouverner, manier, mener, régir
yönetmelik statut, régulation
yönetmen metteur en scène, réalisateur, régisseur
yönlendirmek canaliser, orienter
yöntem méthode
yöntembilim méthodologie
yöntemli méthodique
yöre environs; alentours
yöresel local
yörünge orbite
yudum gorgée, trait
yufka tendre, subtil; faible, délicat;

pâte de farine feuilletée ***yufka yürekli*** compatissant
Yugoslav Yougoslave
Yugoslavya Yougoslavie
yuha à bas! ouh!
yuhalamak conspuer, huer, siffler
yukarı partie supérieure, dessus
yukarıda en haut ***yukarıda sözü edilen*** lesdites
yukarıdan d'en haut
yukarıya haut ***yukarıya çıkmak*** monter
yulaf avoine
yular licou
yumak pelote, flocon
yummak fermer
yumruk poing, coup de poing
yumruklamak battre à coups de poing
yumulmak être couvert; être serré; se jeter
yumurcak bambin, gamin, gosse, marmot, mioche, môme
yumurta œuf ***yumurta akı*** blanc d' œuf ***yumurta sarısı*** jaune d' œuf
yumurtalık coquetier, ovaire
yumurtlamak pondre
yumuşacık mollet
yumuşak mou; doux ***yumuşak başlı*** docile, débonnaire
yumuşakça hayb. mollusque
yumuşaklık douceur, mollesse
yumuşamak se ramollir; devenir mou
yumuşatmak amollir; calmer; mollir
Yunan Grec
Yunanistan Grèce
Yunanca grec, langue grecque
yunusbalığı dauphin
yurt pays natal, patrie; foyer, maison
yurtsever patriote
yurtseverlik patriotisme
yurttaş compatriote, citoyen
yurttaşlık citoyenneté
yutkunmak avaler sa salive; hésiter à dire
yutmak avaler, déglutir, dévorer, engloutir
yutturmak faire avaler; tromper
yuva nid, foyer, repaire; alvéole, globe, orbite ***yuva kurmak*** faire son nid ***yuva bozmak*** dénicher
yuvar sphère
yuvarlak rond, arrondi, circulaire ***yuvarlak rakkam*** chiffre rond
yuvarlamak rouler
yuvarlanmak rouler, se rouler, tomber, dégringoler
yüce haut, élevé, auguste; éminent
yücelik majesté, élévation
yücelmek s'élever
yüceltmek exalter, glorifier, grandir
yük fardeau, charge, chargement ***yükünü tutmak*** s'enrichir
yüklem attribut
yüklemek charger, embarquer
yüklenmek se charger, assumer
yüklü chargé
yüksek haut, élevé ***yüksek atlama*** saut en hauteur ***yüksek basınç*** haute pression ***yüksek fırın*** haut-fourneau ***yüksek fiyat*** prix élevé ***yüksek sesle*** à haute voix
yükseklik hauteur, élévation
yüksekokul école supérieure
yükseköğrenim enseignement supérieur
yükseliş élévation
yükselme élévation, augmentation
yükselmek s'élever, monter, rehausser
yükselti altitude, élévation
yükseltmek relever, hausser, hisser, rehauser, remonter, surélever, élever

yüksük dé à coudre
yüküm obligation
yükümlü obligé, chargé
yükümlülük charge
yün laine, en laine
yünlü de laine, en laine
yürek cæur; courage, hardiesse ***yürek çarpıntısı*** palpitations ***yürekler acısı*** lamentable, déchirant
yüreklendirmek encourager, animer
yürekli courageux, hardi
yüreksiz sans courage, poltron
yürekten ardemment, sincèrement
yürümek marcher, aller, aller à pied, se déplacer, avancer
yürürlük validité ***yürürlükte olmak*** être valide, avoir cours ***yürürlükten kalkmak*** tomber en désuétude ***yürürlüğe koymak*** valider
yürütme exécuteur ***yürütme gücü*** puissance exécutrice
yürütmek faire marcher
yürüyen roulant ***yürüyen merdiven*** escalier roulant
yürüyüş marche, allure, démarche, train
yüz visage, figure; face; endroit ***yüz akı*** honneur ***yüz göz olmak*** devenir familier ***yüz vermek*** faire bon visage à qn ***yüz yüze*** face à face ***yüze gülmek*** flatter ***yüzüne söylemek*** dire en face ***yüzünü ekşitmek*** faire des grimaces
yüz cent ***yüzlerce*** centaines
yüzbaşı capitaine
yüzde pour cent
yüzey face, surface, étendu
yüzgeç nageoire
yüzkarası opprobre, déshonneur
yüzlemek couvrir, garnir
yüzleşmek se confronter
yüzleştirmek confronter
yüzme nage ***yüzme havuzu*** piscine
yüzmek nager, flotter; écorcher, peler
yüznumara toilette, lavabo
yüzölçümü superficie, surface
yüzsüz déluré, effronté, impudent
yüzsüzlük effronterie, impudence
yüzücü nageur
yüzük bague, anneau
yüzükoyun sur le poitrine
yüzükparmağı annulaire
yüzünden à cause de, suite de, dû à
yüzyıl siècle

Z

zaaf faiblesse
zabıt procès-verbal, constat ***zabıt tutmak*** dresser un procès-verbal
zabıta police, agent de police
zaçyağı acite sulfurique
zafer victoire, triomphe, succès ***zafer kazanmak*** remporter une victoire
zafiyet faiblesse, débilité
zağar chien de chasse
zahire provision, céréale
zahmet peine, fatigue; embarras, difficulté, dérangement ***zahmet çekmek*** souffrir ***zahmet etmek*** se donner la peine de, se fatiguer ***zahmete sokmak*** déranger
zahmetli pénible; fatigant
zahmetsiz facile, sans peine
zakkum laurier-rose
zalim cruel, tyrannique, barbare, inhumain, implacable; despote, tyran
zam augmentation, majoration, supplément

zaman temps, époque; délai ***zaman kazanmak*** gagner du temps ***zaman zaman*** de temps en temps ***zamana uymak*** suivre le temps ***zamanında*** en son temps ***zamanla*** dans la suite des temps
zamanaşımı prescription
zamanlama temporisation
zamanlamak temporiser
zambak lis, lys
zamir pronom
zamk colle, gomme
zamklamak coller, gommer
zampara coureur de filles
zamparalık galanterie; débauche ***zamparalık etmek*** courir les jupons
zan croyance, présomption, conjecture, soupçon
zanaat métier, profession
zanaatçı artisan
zangırdamak vibrer ou trembler avec fracas
zangırtı tremblement, mouvement fort
zangoç sonneur de cloches
zannetmek croire; soupçonner
zapt etmek prendre; usurper, s'emparer, saisir
zar pelure, membrane; dé ***zar atmak*** lancer les dés
zarafet élégance, grâce, gentillesse
zarar dommage, perte, préjudice détriment ***zarar vermek*** desservir, dégrader, endommager, léser ***zararı karşılamak*** dédommager ***zararı yok*** cela ne fait rien, ça ne fait rien ***zararına*** au préjudice de ***zararına satış*** vente à perte
zararlı nuisible, malfaisant, nocif, néfaste
zararsız inoffensif, anodin
zarf enveloppe; *dilb.* adverbe
zarflamak mettre sous enveloppe
zarif fin, spirituel; élégant, chic, gracieux, gentil, délicat
zaruret nécessité, urgence; misère
zaruri nécessaire
zat personne, individu, personnage
zaten d'ailleurs
zatürree pneumonie
zavallı pauvre, misérable, minable
zayıf faible, maigre, chétif, débile, fragile ***zayıf nokta*** point faible
zayıflamak maigrir, amaigrir
zayıflık affaiblissement, faiblesse; amaigrissement, maigreur
zayi perdu ***zayi etmek*** perdre
zayiat pertes ***zayiat vermek*** avoir des pertes
zebani démon
zebra zèbre
zedelemek tourmenter, maltraiter
zefir zéphyr
zehir poison, venin
zehirlemek empoisonner, intoxiquer
zehirli vénimeux, toxique, vénéneux
zehirsiz non-toxique
zekâ intelligence, sagacité
zeki intelligent
zelzele tremblement de terre, séisme
zemberek ressort, spiral
zembil corbeille, cabas, couffe, couffin
zemin sol, terre, terrain, champ, niveau, fond, plancher ***zemin katı*** rez-de-chaussée
zencefil gingembre
zenci nègre
zengin riche, opulent, huppé
zenginleşmek s'enrichir
zenginlik richesse, opulence
zeplin zeppelin
zerdali abricot alberge
zerdüşt zoroastre

zerk injection ***zerk etmek*** injecter
zerre atome, molécule
zerrin jonquille
zerzavat légumes
zerzavatçı marchand de légumes
zevk goût; plaisir; distraction ***zevk almak*** prendre plaisir, s'amuser, se distraire ***zevk vermek*** plaire, réjouir ***zevki çıkmak*** être bien goûté ***zevkini çıkarmak*** goûter avec plaisir ***zevkini düşünmek*** s'occuper que de son plaisir
zevklenmek se réjouir
zevkli réjouissant; amusant; divertissant
zevksiz dépourvu de goût
zevzek qui a le caractère léger, fréluquet
zeytin olive
zeytinyağı huile d'olive
zıbarmak s'assoupir, rêver
zıbın vêtement capitonné des bébés
zıkkım poison
zıkkımlanmak se gorger de nourriture
zılgıt gronderie; réprimande ***zılgıt yemek*** être grondé; être réprimandé
zımba poinçonneuse, perforateur, emporte-pièce
zımbalamak perforer, poinçonner
zımbırdatmak jouer maladroitement
zımpara émeri ***zımpara kâğıdı*** papier émeri, papier de verre
zıngırdamak trembler fortement
zınk diye durmak s'arrêter soudainement
zıpçıktı parvenu
zıpır folâtrerie
zıpırlık folatrerie ***zıpırlık etmek*** folâtrer
zıpkın harpon
zıpkınlamak harponner
zıplamak bondir, rebondir, sauter, sautiller, danser
zırdeli fou
zırh cotte de maille, armure, cuirasse
zırıldamak grogner, vociférer, criarder
zırıltı grognement, bruit, querelle
zırlamak brailler
zırnık orpiment
zırtapoz hurluberlu
zırva balivernes, charabia, fadaises
zırvalamak divaguer
zırzop toqué
zıt contraire, opposé, inverse; contrariété, opposition ***zıttına gitmek*** contrarier
zıtlık contradiction
zıvana gond, tube ***zıvanadan çıkmak*** devenir fou
zibidi gueux, déguenillé
zifaf entrée du mari auprès de la nouvelle mariée ***zifaf gecesi*** nuit de noces
zifir suie d'un tuyau de pipe ***zifiri karanlık*** obscur, ténébreux
zifos éclaboussure
zift poix
ziftlemek enduire de poix
zihin esprit, intelligence, mémoire ***zihinde tutmak*** avoir présent à la mémoire ***zihni karışmak*** se confondre l'esprit
zihinsel intellectuel, mental
zihniyet mentalité
zikzak zigzag ***zikzak yapmak*** zigzaguer
zikzaklı en zigzag
zil cymbale, sonnerie ***zil zurna sarhoş*** très ivre
zimmet dette, passif ***zimmetine geçirmek*** détourner
zina adultère

zincir chaîne, fers ***zincire vurmak*** enchaîner, mettre aux fers
zindan cachot, bagne ***zindana atmak*** mettre au cachot
zinde vif, vivant; fort, vigoureux
zira car, parce que
ziraat agriculture
zirai agricole
zirve sommet
zirzop hurluberlu
ziyade très, trop, davantage, plus ***ziyade olsun*** merci
ziyadesiyle excessivement
ziyafet banquet, festin ***ziyafet vermek*** donner un banquet
ziyan dommage, perte, préjudice ***ziyan etmek*** subir un dommage ***ziyanı yok*** cela ne fait rien
ziyaret visite ***ziyaret etmek*** visiter, rendre visite
ziyaretçi visiteur
ziynet parure, ornement
Zodyak zodiaque
zonklamak élancer
zoolog zoologiste
zooloji zoologie
zor force, vigueur, violence, contrainte, difficulté, peine; difficile, dur, ardu, pénible ***zor gelmek*** être difficile pour qn ***zor kullanmak*** user de force ***zora gelememek*** aimer la besogne faite ***zorunda bırakmak*** obliger ***zorunda kalmak*** être obligé de
zoraki par force, à contre-cæur, forcé
zoralım confiscation
zorba malandrin, forban; brigand
zorbalık violence, injustice ***zorbalık etmek*** agir avec violence
zorbela bon gré mal gré
zorla par force ***zorla almak*** extorquer, forcer, usurper
zorlamak forcer, obliger, contraindre
zorlanmak être forcé
zorlaşmak devenir difficile, ardu, épineux
zorlayıcı coercitif
zorlu fort, vigoureux, violent
zorluk difficulté
zorlukla avec difficulté
zorunlu nécessaire, essentiel, forcé, indispensable, obligatoire
zorunluk nécessité
zulmetmek opprimer, persécuter, tyranniser
zulüm oppression; tyrannie; injustice
zücaciye verrerie
züğürt fauché
züğürtlük dèchev ***zührevi*** vénérien ***zührevi hastalıklar*** maladies vénériennes
zülüf boucle de cheveux
zümre groupe; classe, catégorie
zümrüt émeraude
züppe dandy, snob, poseur
züppelik fatuité, snobisme
zürafa girafe
zürriyet génération, reproduction descendance

LEKELER

LKE	UYRUK (DİL)
Afghanistan /afganistan/ Afganistan	**afghan, e** Afganlı; Afganca
Afrique de Sud /afrik d s d/ G ney Afrika	**africain, e du Sud** G ney Afrikalı
Albanie /albani/ Arnavutluk	**albanais, e** Arnavut; Arnavutça
Algérie /aljeri/ Cezayir	**algérien, ne** Cezayirli
Allemagne /alömany/ Almanya	**allemand, e** Alman; Almanca
Angleterre /anglöter/ İngiltere	**anglais, e** İngiliz; İngilizce
Arabie /arabi/ Arabistan	**arabe** Arap; Arapça
Argentine /arjantin/ Arjantin	**argentin, e** Arjantinli
Australie /ostrali/ Avustralya	**australien, ne** Avustralyalı
Autriche /otriş/ Avusturya	**autrichien, ne** Avusturyalı
Belgique /beljik/ Belçika	**belge** Belçikalı
Brésil /brezil/ Brezilya	**brésilien, ne** Brezilyalı
Bulgarie /b lgari/ Bulgaristan	**bulgare** Bulgar; Bulgarca
Canada /kanada/ Kanada	**canadien, ne** Kanadalı

Chili /şili/
Şili

chilien, ne
Şilili

Chine /şin/
Çin Çinli; Çince

chinois

Cuba /k ba/
K ba

cubain, ne
K balı

Danemark /danmark/
Danimarka

danois, e
Danimarkalı

Écosse /ekos/
İskoçya

écossais, e
İskoçyalı

États_Unis /etaz ni/
Amerika Birleşik Devletleri

americain, e
Amrikalı; Amerikanca

Égypte /ejipt(ö)/
Mısır

égyptien, ne
Mısırlı

Espagne /espany(ö)/
İspanya

espagnol, e
İspanyol; İspanyolca

Éthiopie /etyopi/
Etyopya

éthopien, ne
Etyopyalı

Finlande /fenlad/
Finlandiya

finlandais, e ((finnois))
Finlandalı ((Finlandalı; Fince))

France /frans/
Fransa

français, e
Fransız; Fransızca

Grèce /gres/
Yunanistan

grec, grecque
Yunanlı; Yunanca

Hollande /oland/
Hollanda

hollandais, e
Hollandalı

Hongrie /ongri/
Macaristan

hongrois, e
Macar; Macarca

Inde /end/
Hindistan

indien, ne
Hintli

Indonésie /endonezi/

indonésien, ne

Endonezya	Endonezyalı
Irak /irak/ Irak Iraklı	**irakien, ne**
Iran /iran/ İran İranlı	**iranien, ne**
Irlade /irland/ İrlanda	**irlandais, e** İrlandalı
Israël /israel/ İsrail	**israélien, ne** İsrailli
Italie /itali/ İtalya	**italien, ne** İtalyan; İtalyanca
Japon /japon/ Japon	**japonais, e** Japon; Japonca
Jordanie /jordani/ Ürd n	**jordanien, ne** Ürd nl
Liban liban/ L bnan	**libanais, e** L bnanlı
Libye /libi/ Libya	**libyen, ne** Libyalı
Malaysia Malezya	**malais, e** Malezyalı
Maroc /marok/ Fas	**marocain, e** Faslı
Mexique /meksik/ Meksika	**mexicain, e** Meksikalı
Norvège /norvej/ Norveç	**norvégien, ne** Norveçli; Norveçce
Pakistan /pakistan/ Pakistan	**pakistanais, e** Pakistanlı

Palestine /palestin/
Filistin

palestinien, ne
Filistinli

Pologne /polony/
Polonya

polonais, e
Polonyalı; Lehçe

Portugal /port gal/
Portekiz

portugais, e
Portekizli; Portekizce

Roumanie /rumani/
Romanya

roumain, e
Rumen; Romence

Russie /r si/
Rusya

russe
Rus; Rusça

Scandinavie /skadinavi/
İskandinavya

scandinave
İskandinavyalı

Slovaque /slovak/
Slovakya

slovaque
Slovakyalı

Suède /s ed/
İsveç

suédois, e
İsveçli; İsveçce

Suisse /s is/
İsviçre

suisse
İsviçreli

Syrie /siri/
Suriye

syrien, ne
Suriyeli

Tchèque /çek/
Çek

tchèque
Çek

Thaïlande /tayland/
Tayland

thaïlandais, e
Taylandlı

Tunisie /t nizi/
Tunus

tunisien, ne
Tunuslu

Turquie /t rki/
T rkiye

turc, turque
T rk; T rkçe

Yougoslavie /yugoslavi/
Yugoslavya

yougoslave
Yugoslav

DİĞER FRANSIZCA YAYINLARIMIZ

FRANSIZCA FİİL ÇEKİMLERİ VE KULLANILIŞLARI

Bu kitapta Fransızcada en çok kullanılan fiillerin çekimleri eksiksiz ve çok açık bir şekilde tablolar halinde verilmiştir.

Fiilin çekiminden sonra o fiil hakkında kısa bir açıklama, daha sonra o fiilden oluşan örnek cümleler ve deyimler verilerek o fiilin en doğru kullanımı gösterilmiştir.

Fransızca Dilbilgisi kurallarının tam ve doğru olarak öğrenilmesi için bu kitabın çalışılması ve bir referans kitabı olarak kullanılması son derece önemlidir.

16 x 23 cm. 456 sayfa

HIZLI FRANSIZCA ÖĞRETİM SETLERİ

Fransızcayı evinde çalışarak kolay ve hızla öğrenmek isteyenler için ideal bir öğretim seti.

Her yaştan, her eğitim seviyesinden kişilerin anlayabileceği bir öğretim yöntemiyle, sıfırdan başlayarak ileri düzeyde Fransızca öğrenilmesini sağlar. İki aşamadan oluşmaktadır. Her bir set yaklaşık 500 sayfayı bulan 2 kitap ve 2 CD'den oluşmaktadır.

Hızlı Fransızca öğretim setleri birlikte temin edilip, hiç ara verilmeden çalışılabileceği gibi her basamak ayrı ayrı da çalışılabilir.

DİL ÖĞRETİM KİTAPLARI

FRANSIZCA İLKADIM

Fransızcayı başından başlayarak adım adım öğrenmek isteyenlere..
16 x 23 cm. 246 sayfa, renkli, 2 telaffuz CD'li

30 GÜNDE FRANSIZCA

Fransızcayı kolay, hızlı ve doğru olarak öğrenmek isteyenler için
14 x 20 cm. 442 sayfa, renkli, 3 telaffuz CD'si

RESİMLERLE FRANSIZCA

Fransızcayı resimli roman okuma rahatlığında öğreten bir kitap
13,5 x 19,5 cm. 224 sayfa

FRANSIZCA DEYİMLER

Fransızcada en çok kullanılan deyimler örnek cümlelerle anlatılmıştır
13,5 x 19,5 cm. 192 sayfa

FRANSIZCA GÜNLÜK KONUŞMALAR

Günlük konuşma dilinde en çok karşılaşılabilecek diyalog örnekleri
13,5 x 19,5 cm. 206 sayfa

FRANSIZCA OKUNUŞ SÖYLENİŞ KURALLARI

Fransızcaya özgü ses ve okunuş bilgileri, örnek okunuşlar
11 x 16 cm. 192 sayfa

SÖZCÜK ÖĞRETİM MATERYALLERİ

FRANSIZCADE EN ÇOK KULLANILAN İLK 3 BİN SÖZCÜK

ilk bin, ikinci bin ve üçüncü bin ayrı renkte, örnek cümleli
13 x 18,5 cm. 212 sayfa, renkli

FRANSIZCADE EN ÇOK KULLANILAN İLK 1000 SÖZCÜK

sözcüğün cinsi, okunuşu, anlamı ve cümle içinde kullanılışı
10 x 16 cm. 224 sayfa, renkli

FRANSIZCA SÖZCÜK ÖĞRENME KARTLARI

en çok kullanılan ilk bin, ikinci bin ve üçüncü bin sözcük ayrı ayrı...
her bir sözcük, ön yüzde Fransızca, arka yüzde Türkçe, aynı kartta

CEP KARTLARIYLA FRANSIZCA SÖZCÜKLER

çeşitli konularda sınıflandırılmış sözcükler, okunuşları ve anlamları
her bölüm ayrı kartta, cepte taşınabilecek büyüklükte, pratik

SÖZLÜKLER

FRANSIZCA MİNİ SÖZLÜK

Fransızca-Türkçe/Türkçe-Fransızca, 10 bin sözcük
6 x 8 cm. 556 sayfa

FRANSIZCA CEP SÖZLÜĞÜ

Fransızca-Türkçe/Türkçe-Fransızca, 20 bin sözcük
8 x 11 cm. 540 sayfa, renkli baskı

FRANSIZCA EL SÖZLÜĞÜ
Fransızca-Türkçe/Türkçe-Fransızca, 20 bin sözcük
7,5 x 10,5 cm. 500 sayfa, renkli baskı, plastik kapaklı
FRANSIZCA REHBER SÖZLÜK
Fransızca-Türkçe/Türkçe-Fransızca, 20 bin sözcük
7,5 x 15 cm. 400 sayfa, renkli baskı
FRANSIZCA STANDART SÖZLÜK
Fransızca-Türkçe/Türkçe-Fransızca, 35 bin sözcük
12 x 16 cm. 500 sayfa, renkli baskı
FRANSIZCA MODERN SÖZLÜK
Fransızca-Türkçe/Türkçe-Fransızca, 70 bin sözcük
14 x 20 cm. 950 sayfa, renkli baskı, iplik dikiş, ciltli ve şömiz kaplı
FRANSIZCA BÜYÜK SÖZLÜK
Fransızca-Türkçe/Türkçe-Fransızca, 140 bin sözcük
16 x 24 cm. 1540 sayfa, renkli, iplik dikişli, ciltli, şömiz kaplı

KONUŞMA KILAVUZLARI

FRANSIZCA KONUŞMA KILAVUZU
Fransızca konuşmak isteyenler için günlük konuşma örnekleri
13 x 18,5 cm. 460 sayfa
PRATİK FRANSIZCA EL KİTABI
Fransızlarla diyolog kurmanın en pratik, en kolay yolu
11 x 19 cm. 448 sayfa, rekli
FRANSIZCA CEP KILAVUZU
Konuşma Kılavuzu Kitabının daha pratik, cep versiyonu...
9,5 x 13,5 cm. 502 sayfa

MESLEKLER İÇİN FRANSIZCA

Fransızlarla konuşma durumunda olan bazı meslek çalışanları için, işleriyle ilgili pratik, bol örnek cümleli, vazgeçilmez bir kitap
GARSONLAR İÇİN FRANSIZCA .... 11 x 16 cm. 202 sayfa
TEZGAHTARLAR İÇİN FRANSIZCA .... 11 x 16 cm. 188 sayfa
OTELLER İÇİN FRANSIZCA .... 11 x 16 cm. 220 sayfa

FRANSIZCA HİKAYE KİTAPLARI

Öğretim amacıyla hazırlanmış, basitten zora doğru derecelendirilmiş, bir sayfa Fransızca, karşısında Türkçeleri olan hikayeler...
ZENGİN İLE YOKSUL (1a) .... 11 x 16 cm. 180 sayfa
BÜYÜK YAZAR (1b) .... 11 x 16 cm. 188 sayfa
SİHİRLİ EL (1c) .... 11 x 16 cm. 170 sayfa

BALONLA SEYAHAT (2a) .... 11 x 16 cm. 188 sayfa
ORMANDA SERÜVEN (2b) .... 11 x 16 cm. 164 sayfa
KÖTÜ BİR RÜYA (2c) .... 11 x 16 cm. 218 sayfa

DİĞER YAYINLARIMIZDAN BAZILARI...

FRANSIZCA DİLBİLGİSİ TABLOSU

Fransızca dilbilgisini bir bakışta ve tablolar halinde öğrenmekiçin
10 x 28 cm. 16 bölüm

TURİSTİK FRANSIZCA KONUŞMA TABLOSU

Temel deyişleri içeren, örnekleri bir tablo halinde görmek isteyenlere
11 x 20 cm. 14 bölüm

DİĞER DİLLERDEKİ YAYINLARIMIZIN

İNGİLİZCE

Sözlükler

İngilizce Mini Sözlük
İngilizce Cep Sözlüğü
İngilizce El Sözlüğü
İngilizce Rehber Sözlük
İngilizce Standart Sözlük
İngilizce Modern Sözlük
İngilizce Büyük Sözlük
İngilizce Büyük Deyimler Sözlüğü
İngilizce Aktif Sözlük
İngilizce Kolej Sözlük
İngilizce İlköğretim Sözlüğü
İngilizce Teknik Terimler Sözlüğü
İngilizce Ticari Terimler Sözlüğü
İngilizce Fen Terimleri Sözlüğü
İngilizce Turizm Terimleri Sözlüğü
İngilizce Tekstil Terimleri Sözlüğü

Sözcük Öğretim Materyali

İngilizcede İlk 1000 Sözcük
İngilizcede İlk 3000 Sözcük
Cep Kartlarıyla İngilizce Sözcükler
Cep Kartlarıyla Temel İngilizce
İngilizce Sözcük Öğrenme Kartları

Konuşma Kılavuzları

İngilizce Konuşma Kılavuzu
Pratik İngilizce El Kitabı
İngilizce Cep Kılavuzu
İngilizce Hemen Konuşma Kıl.
Turistik İngilizce Tablosu

Dil Öğretim Kitapları

İngilizce İlkadım -1 (CD'li)
İngilizce İlkadım -2 (CD'li)
30 Günde İngilizce (CD'li)
30 Günde İleri İngilizce (CD'li)
Tembeller İçin İngilizce (CD'li)
İngilizce Deyimler-1
İngilizce Deyimler-2
Resimlerle İngilizce
İngilizce Günlük Konuşmalar
İngilizce Okunuş-Söyleniş Kuralları

Dil Öğretim Setleri

Hızlı İngilizce 1. Basamak
Hızlı İngilizce 2. Basamak
Hızlı İngilizce 3. Basamak
Hızlı İngilizce 4. Basamak

Gramer Kitapları

İngilizce Dilbilgisi
İleri İngilizce Dilbilgisi
Bir bakışta İngilizce Dilbilgisi
İngilizce Dilbilgisi Tablosu
İngilizcede Güçlükler ve Çözümleri
İngilizce Çeviri Tekniği

Çocuklar İçin İngilizce

İngilizce İlk Basamak
Resimli İngilizce Sözcükler
İngilizce Öğretim Seti

İngilizce-Türkçe Hikayeler
Mektup (1a)
İhtiyar Adamın Dükkanı (1b)
Fakir Balıkçı (1c)
Adanın Esrarı (2a)
Nehirde Macera (2b)
Yedi Oyun (2c)
Arabistan Geceleri (3a)
Prens ve Arkadaşı (3b)
Kayıp Elmas (3c)
Güliver'in Seyahatleri (4a)
Emil ve Dedektif (4b)
Oscar Wilde'dan Hikayeler (4c)

İngilizce Hikayeler
The Lost Diamond
Tales of Oscar Wilde

Meslekler İçin İngilizce
Şoförler İçin İngilizce
Oteller İçin İngilizce
Sekreterler İçin İngilizce
Garsonlar İçin İngilizce
Tezgahtarlar İçin İngilizce
Sağlık Personeli İçin İngilizce

ALMANCA

Sözlükler
Almanca Mini Sözlük
Almanca Cep Sözlüğü
Almanca El Sözlüğü
Almanca Rehber Sözlük
Almanca Standart Sözlük
Almanca Modern Sözlük
Almanca Büyük Sözlük
Almanca Teknik Terimler Sözlüğü
Almanca Turizm Terimleri Sözlüğü
Almanca Tekstil Terimleri Sözlüğü

Sözcük Öğretim Materyali
Almancada İlk 1000 Sözcük
Almancada İlk 3000 Sözcük
Cep Kartlarıyla Almanca Sözcükler
Almanca Sözcük Öğrenme Kartları

Dil Öğretim Kitapları
Almanca İlkadım -1 (CD'li)
Almanca İlkadım -2 (CD'li)
30 Günde Almanca (CD'li)
Almanca Deyimler
Resimlerle Almanca
Almanca Günlük Konuşmalar
Okunuş-Söyleniş Kuralları

Dil Öğretim Setleri
Hızlı Almanca 1. Basamak
Hızlı Almanca 2. Basamak

Gramer Kitapları
Almanca Dilbilgisi
Almanca Fiil Çekimleri ve Kullan.
Almanca Dilbilgisi Tablosu
Almanca Çeviri Tekniği

Konuşma Kılavuzları

Almanca Konuşma Kılavuzu

Pratik Almanca El Kitabı

Almanca Hemen Konuşma Kıl.

Almanca Cep Kılavuzu

Turistik Almanca Tablosu

Meslekler İçin Almanca

Oteller İçin Almanca

Garsonlar İçin Almanca

Tezgahtarlar İçin Almanca

Almanca-Türkçe Hikayeler

Rüya (1a)

Mavi Kuş (1b)

Maymunlar Ülkesi (1c)

Kaptan Norman'ın Sırrı (2a)

Küçük Polisler (2b)

Müller'in otomobili (2c)

Şehrazat'tan Hikayeler (3a)

Çalınan Taç (3b)

İki Düşman (3c)

Almanca Hikayeler

Die Geschichten von Anatolien

Es War einmal, Es War Keinmal

RUSÇA

Sözlükler

Rusça Cep Sözlüğü

Rusça Rehber Sözlük

Rusça Standart Sözlük

Rusça Modern Sözlük

Rusça Büyük Sözlük

Sözcük Öğretim Materyali

Rusçada İlk 1000 Sözcük

Rusçada İlk 3000 Sözcük

Cep Kartlarıyla Rusça Sözcükler

Rusça Sözcük Öğrenme Kartları

Gramer Kitapları

Rusça Dilbilgisi

Rusça Dilbilgisi Tablosu

Meslekler İçin Rusça

Oteller İçin Rusça

Garsonlar İçin Rusça

Tezgahtarlar İçin Rusça

Dil Öğretim Kitapları

Rusça İlkadım (CD'li)

30 Günde Rusça (CD'li)

Resimlerle Rusça

Rusça Okunuş-Söyleniş Kuralları

Dil Öğretim Setleri

Hızlı Rusça Birinci Basamak

Hızlı Rusça İkinci Basamak

Konuşma Kılavuzları

Rusça Konuşma Kılavuzu

Pratik Rusça El Kitabı

Rusça Cep Kılavuzu

Turistik Rusça Tablosu

Rusça-Türkçe Hikayeler

Olga'ya Mektup (1a)

Eski Dükkan (1b)

Balıkçının Karısı (1c)

ARAPÇA

Sözlükler
Arapça Cep Sözlüğü
Arapça Standart Sözlük

Sözcük Öğretim Materyali
Arapçada İlk 1000 Sözcük
Cep Kartlarıyla Arapça Sözcükler

Gramer Kitapları
Arapça Dilbilgisi

Konuşma Kılavuzları
Arapça Konuşma Kılavuzu

Dil Öğretim Kitapları
Arapça İlkadım (CD'li)
30 Günde Arapça (CD'li)
Resimlerle Arapça
Arapça Okunuş-Söyleniş Kuralları

Dil Öğretim Setleri
Hızlı Arapça Birinci Basamak
Hızlı Arapça İkinci Basamak

Arapça-Türkçe Hikayeler
Sihirli Kaval (1a)
Kırmızı Ayakkabılı Kedi (1b)
Sihirli Köşk (1c)

İTALYANCA

Sözlükler
İtalyanca Cep Sözlüğü
İtalyanca Standart Sözlük
İtalyanca Modern Sözlük
İtalyanca Büyük Sözlük

Sözcük Öğretim Materyali
İtalyancada İlk 1000 Sözcük
Cep Kartlarıyla İtalyanca Sözcükler

Gramer Kitapları
İtalyanca Dilbilgisi

Konuşma Kılavuzları
İtalyanca Konuşma Kılavuzu
İtalyanca Cep Kılavuzu

Dil Öğretim Kitapları
İtalyanca İlkadım (CD'li)
30 Günde İtalyanca (CD'li)
İtalyanca Deyimler
Resimlerle İtalyanca

Dil Öğretim Setleri
Hızlı İtalyanca Birinci Basamak
Hızlı İtalyanca İkinci Basamak

İtalyanca-Türkçe Hikayeler
Son Gülen İyi Güler (1a)
Çok Konuşan Adam (1b)
Carlo ve Kedisi (1c)

İSPANYOLCA

Sözlükler
İspanyolca Cep Sözlüğü
İspanyolca Standart Sözlük
İspanyolca Modern Sözlük
İspanyolca Büyük Sözlük
Sözcük Öğretim Materyali
İspanyolcada İlk 1000 Sözcük
Cep Kartlarıyla Sözcükler
Gramer Kitapları
İspanyolca Dilbilgisi
Konuşma Kılavuzları
İspanyolca Konuşma Kılavuzu

Dil Öğretim Kitapları
İspanyolca İlkadım (CD'li)
30 Günde İspanyolca (CD'li)
İspanyolca Deyimler
Resimlerle İspanyolca
Dil Öğretim Setleri
Hızlı İspanyolca Birinci Basamak (
Hızlı İspanyolca İkinci Basamak (2
İspanyolca-Türkçe Hikayeler
Kayıp Palto (1a)
Odasız Ev (1b)
Sihirli Ada (1c)

YUNANCA

Sözlükler
Yunanca Cep Sözlüğü
Yunanca Standart Sözlük
Sözcük Öğretim Materyali
Yunancada İlk 1000 Sözcük
Cep Kartlarıyla Yunanca Sözcükler

Dil Öğretim Kitapları
Yunanca İlkadım (CD'li)
30 Günde Yunanca (CD'li)
Gramer Kitapları
Dilbilgili Modern Yunanca
Konuşma Kılavuzları
Yunanca Konuşma Kılavuzu

TÜRKÇE

Dil Öğretim Kitapları
İngilizler İçin Kolay Türkçe
Arnavutlar İçin Kolay Türkçe
Boşnaklar İçin Kolay Türkçe
Gramer Kitapları
Türkçe Dilbilgisi
İngilizler İçin Türkçe Gramer

Dil Öğretim Setleri
İngilizler İçin Türkçe Seti
Almanlar İçin Türkçe Seti
Ruslar İçin Türkçe Seti
Konuşma Kılavuzları
İngilizler İçin Türkçe Konuşma Kıl.
Almanlar İçin Türkçe Konuşma Kıl.

HOLLANDACA

Sözlükler

Hollandaca Cep Sözlüğü
Hollandaca Standart Sözlük
Hollandaca Modern Sözlük

Sözcük Öğretim Materyali

Hollandacada İlk 1000 Sözcük
Cep Kartlarıyla Sözcükler

Konuşma Kılavuzları

Hollandaca Konuşma Kılavuzu
Hollandaca Cep Kılavuzu

Dil Öğretim Kitapları

Hollandaca İlkadım (CD'li)
30 Günde Hollandaca (CD'li)

Dil Öğretim Setleri

Hızlı Hollandaca Birinci Basamak
Hızlı Hollandaca İkinci Basamak

Hollandaca-Türkçe Hikayeler

Cam Üstü Masa (1a)
Sevgi mi Para mı (1b)
Hugo ve Ayısı (1c)

BOŞNAKÇA

Boşnakça Cep Sözlüğü
Boşnakça Standart Sözlük
Boşnakça Konuşma Kılavuzu
30 Günde Boşnakça

PORTEKİZCE

Portekizce Cep Sözlüğü
Portekizce Standart Sözlük
Portekizce Konuşma Kılavuzu
30 Günde Portekizce

DANİMARKACA

Danimarkaca Cep Sözlüğü
Danimarkaca Standart Sözlük
Danimarkaca Konuşma Kılavuzu

MACARCA

Macarca Cep Sözlüğü
Macarca Konuşma Kılavuzu

LEHÇE

Lehçe Cep Sözlüğü
Lehçe Standart Sözlük
Lehçe Konuşma Kılavuzu
30 Günde Lehçe

NORVEÇÇE

Norveççe Cep Sözlüğü
Norveççe Standart Sözlük
Norveççe Konuşma Kılavuzu

İSVEÇÇE

İsveççe Cep Sözlüğü
İsveççe Konuşma Kılavuzu

RUMENCE

Rumence Cep Sözlüğü
Rumence Konuşma Kılavuzu

FİNCE

Fince Cep Sözlüğü

MAKEDONCA

Makedonca Cep Sözlüğü
Makedonca Konuşma Kılavuzu

BULGARCA

Bulgarca Cep Sözlüğü
Bulgarca Konuşma Kılavuzu

ARNAVUTÇA

Arnavutça Konuşma Kılavuzu

GÜRCÜCE

Gürcüce Standart Sözlük
Gürcüce Konuşma Kılavuzu

ERMENİCE

Ermenice Konuşma Kılavuzu

İBRANİCE

İbranice Konuşma Kılavuzu

JAPONCA

Japonca Cep Sözlüğü
Pratik Japonca El Kitabı
Meslekler için Japonca
30 Günde Japonca (CD'li)

ÇİNCE

Çince Standart Sözlük
Çince Konuşma Kılavuzu
Çince İlkadım (CD'li)
30 Günde Çince (CD'li)

KORECE

Korece Konuşma Kılavuzu
30 Günde Korece

FARSÇA

Farsça Cep Sözlüğü
Farsça Konuşma Kılavuzu
Farsça En Önemli 1000 Sözcük